입보리행론 강해 2

대승불법의 정수, 팔만사천법문의 심요!

입보리행론 강해 2

བྱང་ཆུབ་སེམས་དཔའི་སྤྱོད་པ་ལ་འཇུག་པ་
Bodhisattvacaryāvatāra, 入菩提行論

산티데바 게송

진메이펑춰 린포체 강설 | **수다지 켄포** 중국어 광석

지엄 한글 편역

온주사

머리말

『입보살행론』(입보리행론)[1]은 대승 불법을 배우는 사람이 빠뜨릴 수 없는 논전이다. 티베트불교의 각 파에 소속된 모든 정규 사원의 수행자들은 모두 이 논을 배우고 수행하는데, 이미 보편적인 관념을 형성하여 만약 진실한 수행인이 되고자 한다면 반드시 『입보살행론』에 정통해야 한다고 여긴다.

이 논이 이와 같이 추앙을 받는 이유는 당연히 그 내용 때문이다. 논은 정밀하게 계통적으로 보리심을 일으키고, 보살행을 배우는 대승보살은 반드시 체계적으로 수학해야만 함을 분명하게 밝히고 있다. 뿐만 아니라 게송은 간명하고 유창하여 평범한 언어 속에 깊은 의미를 함축하고 있다. 또 아주 절실하게 수행자가 보통 범부에서 보살로 진화되어 가는 과정에서 반드시 소통시키고 없애야 하는 심리 장애를 하나하나 대응하여 해결해 주고 있다. 그래서 『입보살행론』은 7세기 중엽 세간에 나온 이후, 빠르게 인도와 카시미르 지역으로 전파되어 학습하는 사람들이 점점 많아졌으며, 수백 년 동안 100여 편이 넘는 관련 주석서가 전래되었다.

9세기 초 『입보살행론』이 티베트에 전해진 이후, 대대로 고승대덕들이 폭넓게 전파하였는데 티베트에 지금까지 남아 있는 주석서는 20여

---

[1] 보통 중국에서는 '입보살행론', 한국에서는 '입보리행론'으로 번역하여 사용한다.

편이다. 원전의 게송은 티베트 지역에서 보전寶典으로 수행자들의 입에서 입으로 회자된다. 『입보살행론』은 티베트불교의 수행자라면 반드시 배우고 실천해야 하는 논서이다.

이처럼 인도와 티베트 불제자들의 중시를 받는 불학의 명저가 중국 불교 역사에서는 천여 년 동안 줄곧 중시되지 못했다. 비록 송대의 한역본이 있으나, 지금까지 강의한 승려가 없으며 주석을 붙인 사람도 없었다. 본인은 그 원인을 함부로 서술하지 않고, 잠시 보류해 두어 천하의 승려와 지식인들이 함께 깊이 연구하는 데로 미룰 것이다.

내가 이 논을 풀이한 것은 법왕 여의보 진메이펑춰께서 1998년 결정한 4년 설법 계획의 인연에 기초를 두어 이루어진 것이다. 1998년, 법왕 여의보는 홍신虹身 성취[2]의 성지 라롱의 조용한 곳에서 사부대중 제자들을 위하여 『백업경』을 강의하였다.

그때 제자들이 인과에 대한 바른 견해를 일으키도록 인도하여, 제자들은 인격과 계율 측면에서 견고하게 지속적으로 수행하게 되었다. 1999년부터 시작하여 법왕 여의보는 8천여 명의 제자들에게 『입보살행론』의 대소大疏를 강의하여 대중 제자들이 보리심을 내어 대승보살도의 이해와 실천으로 들어가도록 인도하였다. 이때 학원에는 늘 상주하며 법을 구하는 688명의 한족漢族 사부대중이 있었고, 잠시 머무는 사람도 100여 명이 있었다. 동시에 383명의 대중은 『입보살행론』 외우기를 하였다. 그런데 한족 제자들은 중국어로 된 자세한 주석서(廣疏)가 없어 매우 힘들어했다. 그들은 여러 차례 나에게 소疏

---

2 높은 단계의 수행 중에 청정한 광명의 식識을 성취하면 업식의 몸이 무지갯빛의 광명신으로 변하는 것을 말한다.

를 번역해 줄 것을 부탁하였다.

최초의 계획에 따라 나는 인도와 티베트 두 곳의 중요한 여러 가지 주소注疏를 열람하여 이 논을 세밀하게 풀이하고 싶었다. 그러나 정말로 중국의 한 학자가 "본래 나는 오로지 지식을 배우고 싶었고, 속세와 접촉하길 원하지 않았다. 그러나 몸은 마음대로 되지 않아 보고 싶지 않은 사람을 만나야 하고, 말하고 싶지 않은 말을 해야만 하고, 하고 싶지 않은 일을 해야만 했다."라고 말한 것과 같은 처지에 놓였다. 뿐만 아니라 주석을 집필하는 기간에 나는 또 『대원만전행문大圓滿前行文』을 번역하고 『불교과학론佛敎科學論』을 짓는 등 많은 업무를 보느라 쉴 겨를이 없었다. 이와 같이 바쁜 가운데 원래의 계획을 실천할 방법이 없었다. 그러나 이전에 『입보살행론』에 대하여 여러 차례 스승에게서 배운 적이 있고, 또 여러 종류의 대소大疏를 연구한 적이 있었다. 그러므로 이전에 공부한 내용을 가지고 이 논의 중요한 뜻을 해설하였다. 이 『입보살행론 광석』에 대하여 본인은 비교적 만족한다. 왜냐하면 광석廣釋에서는 논의 각 요점에 대하여 설명을 하여 뒷사람들이 이 논을 연구하는 데 비교적 전면적인 참고를 할 수 있는 자료를 제공하였기 때문이다.

나는 불제자들이 이 『입보살행론 광석』에 의지하여 듣고 탐구하는 수행을 중시하길 바란다. 또한 지금과 같은 시대에 해탈을 구하는 수행자들은 반드시 계율 지킴을 수행방법으로 삼음이 첩경임을 자세하게 알아야만 한다. 가르침에 따라 행하고(起行), 의심과 삿된 견해를 깨끗이 없애고, 다시 견고하고 정묘(穩固捷妙)한 보리도에 따라 수행해야 한다. 그렇지 않으면 탁한 세상의 대중들은 많은 장애의 인연

속에서 성공의 희망이 상당히 멀 것이다. 많은 수행자들 또한 불교의 현재 상황을 정확하고 확실하게 인식해야 한다. 믿고·이해하고·행하고·증득하는(信解行證) 보리도 순서에 있어 우선 교학적으로 설명하여 체계를 세우는 것을 더욱 중시해야만 할 것 같다. 현재 불교를 책임지는 승가는 경·율·론 삼장의 강습을 더욱 중시해야만 한다. 예를 들어 듣고서 생각을 일으켜 수행하는 것은 사실 삼장 경론을 여읠 수 없다. 오직 한 가지 방편문에 국한된 폐쇄적인 수행법을 내세우는 것은 안 된다. 그리하면 광대무변한 교법을 강설하여 널리 펴고 전수해 줄 사람이 없을 정도에까지 이르게 된다.

『입보살행론』은 서방 각국에서 20세기 초부터 여러 문자의 번역본이 있었는데, 중국어 본은 지금에 이르기까지 송대 천식재天息災의 『보리행경菩提行經』, 융련隆蓮 법사가 1950년대에 번역한『입보살행론 광석入菩薩行論廣釋』, 여석如石 법사가 번역한 번역본이 있을 뿐이다. 이 논의 원문 게송은 여석 법사가 세 차례 수정한 번역본을 선택하였다. 이 번역본은 원문의 뜻에 맞고, 유창하여 이해하기 쉽고 문구가 아름답다. 얻기 어려운 훌륭한 작품으로 여석 법사가 그 번역문을 세 차례 수정한 엄격한 태도는 충분한 미덕이 된다. 의정義淨[3] 법사는 일찍이 "후현들이 만약 번역에 신중하게 임한 이 뜻을 알지 못한다면 경전 대하기를 쉽게 여길 것이다."라고 말하였다. 그러므로 모든 후학

---

3 의정(義淨, 635~713): 중국 당나라 때 스님으로 649년 서역으로 구법 여행을 떠나 서역 각지에서 범어로 된 불경을 가져와 번역하였다. 측천무후로부터 삼장三藏의 호를 하사받았고, 저서에는『남해기귀내법전南海寄歸內法傳』,『대당서역구법고승전大唐西域求法高僧傳』 등이 있다.

들은 앞선 사람의 고충을 알아 그 은덕을 생각해야만 한다.

이 광석은 이미 상·중의 책이 출간되었고, 내 자신 본래 쓸데없는 말을 많이 할 뜻이 없었지만 하책이 인쇄에 들어가면서 제자들이 여러 차례 서序를 써주기를 청하여 물릴 수 없었다. 뜻에 따라 몇 마디 말로 그 청을 위로하며, 모든 일이 순조롭기를 바란다!

때는 마침 석가모니 부처님 탄신일(降天)을 맞아, 불학원에 있는 티베트족 거사림居士林의 왕생극락 대법회를 거행하는 은백색 장막 안에서 쓴다.

2000년 11월 18일
수다지 합장

일러두기

1. 인명과 지역명은 중국어 표기법에 따라 적는다.
2. 인명과 지역명이 사전에 나타나지 않는 것은 각주를 생략한다.
3. ( )는 단어의 부가적 설명 혹은 중국어 발음상의 원어를 표기한다.
4. 『입보리행론』 원작자의 산스크리트어 음역은 '산티데바'이나, 이곳에선 중국어 의역인 적천寂天보살을 채용한다.
5. 『입보리행론』은 『입보살행론』으로 불리기도 한다. 한글 번역 초판본은 수다지 켄포가 사용한 대로 『입보살행론 광석』이었는데, 재간행본에서는 책명을 『입보리행론 강해』로 바꾸었다.
6. 『입보리행론』은 본문 중에서 『입행론入行論』으로 표기한다.

머리말 · 5

일러두기 · 10

    3) 요익유정계饒益有情戒를 배움 · 17

        (1) 마땅히 부지런히 타인을 이롭게 함 · 17

        (2) 타인을 이롭게 하는 방식 · 21

    4) 끝내는 말 · 58

  4. 계학을 원만히 실천하는 기타 요점 · 61

    1) 널리 설함 · 61

        (1) 계학으로 정화하는 인연 · 61

        (2) 마땅히 배워야 할 범위 · 76

        (3) 배우고 수행하는 원칙 · 87

    2) 맺는 의의 · 88

제6품 인욕忍辱 · 93

  1. 성냄의 허물과 참음의 공덕을 생각함 · 95

    1) 숨겨진 환란 · 96

    2) 드러난 환란 · 103

        (1) 마음에 안락을 여윔 · 103

        (2) 벗과 우정을 무너뜨림 · 105

        (3) 화냄의 환란을 총결함 · 107

2. 인욕을 닦는 법 · 110

　1) 화내는 원인을 제거함 · 110

　　(1) 화를 내는 인연 · 110

　　(2) 화내는 원인을 없애기를 권함 · 112

　　(3) 화냄을 제거하는 방법 · 116

　　(4) 화내는 원인을 찾아내 힘써 끊음 · 121

　　　① 화내는 경계의 구별 · 123

　　　② 화냄을 제거함 · 125

　　　　A. 내가 손해 입음을 인하여 화냄을 막아 제거함 · 125

　　　　　a. 마땅히 몸의 고통을 참음 · 125

　　　　　b. 마땅히 업신여기는 고통을 참음 · 145

　　　　B. 내 것이 손해 입음으로 인하여 화냄을 소멸함 · 149

　　　　　a. 무생법인을 자세히 관찰함 · 149

　　　　　b. 참음의 이익을 생각함 · 169

　　　　C. 적이 잘됨을 질투하여 화냄을 소멸함 · 260

　　　　　a. 적이 칭찬 받음을 기뻐함 · 260

　　　　　b. 적이 복락 얻음을 기뻐함 · 273

　　　　　c. 적이 이익 얻음을 기뻐함 · 275

　　　③ 자기 욕망이 꺾임에 대해 화냄을 막아 제거함 · 283

　　　　A. 적이 해함을 성냄 · 283

　　　　B. 자기 이익이 손해 입음을 참음 · 290

　　　　　a. 세간 이익이 손해 받음을 성내지 아니함 · 290

　　　　　b. 자기 덕이 손상됨을 화내지 아니함 · 311

　　2) 유정을 공경함 · 346

　　　(1) 복을 이루는 밭임을 생각함 · 346

　　　(2) 부처님께서 기뻐하심을 생각함 · 360

　　　(3) 부처님께서 싫어하심을 생각함 · 383

제7품 정진精進 · 401

1. 정진에 힘쓰도록 권함 · 403

2. 정진하는 방법 · 406

　1) 정진하지 않음을 방비함 · 406

　　(1) 정진의 바른 뜻 · 406

　　(2) 정진하지 않음을 인식함 · 410

　　(3) 게으름을 방비하는 방법 · 413

　　　①방일하기 좋아하는 게으름을 방비함 · 413

　　　　A. 게으름의 원인을 살핌 · 413

　　　　B. 게으름을 방비하는 방법 · 415

　　　　　a. 죽음의 고통을 관상함 · 415

　　　　　b. 내생의 고통을 관상함 · 440

　　　　　c. 방일하지 않도록 권함 · 444

　　　②하찮은 것을 탐착하는 게으름을 방비함 · 448

　　　③선행을 겁내는 게으름을 방비함 · 450

　　　　A. 두려워 겁냄을 대치함 · 450

　　　　B. 용맹심을 내어 노력함 · 453

            a. 정진해야 성불함을 사유함 · 453
            b. 수행의 고통은 경미한 것임을 사유함 · 457
            c. 점차 닦아 어렵지 않음을 사유함 · 462
            d. 보살에게는 고픔가 없고 즐거움뿐임을 사유함
              · 465
  2) 정진력을 증장함 · 475
    (1) 정진을 돕는 여건을 증장함 · 475
      ① 총괄하여 설함 · 475
      ② 별도로 설함 · 477
        A. 신심과 원력의 힘 · 477
          a. 신심과 원력의 대상 · 477
          b. 신심과 원력의 중요함 · 481
          c. 신심과 원력을 내는 조건 · 489
        B. 용맹의 힘 · 504
          a. 대략 설함 · 504
          b. 널리 설함 · 511
        C. 환희의 힘 · 540
          a. 선업을 행하는 기쁨 · 540
          b. 선과를 생각하는 기쁨 · 547
          c. 환희의 모습 · 549
        D. 버리는 힘 · 550
    (2) 바른 앎과 생각으로 힘써 행함 · 553
    (3) 경안을 힘써 행함 · 567

제8품 선정禪定 · 571

1. 사마타를 힘써 닦기를 권함 · 573

2. 사마타에 장애가 되는 인연을 끊음 · 576

  1) 육진의 인연을 끊음 · 576

    (1) 세간을 탐착하는 원인을 분명히 앎 · 576

    (2) 끊어 없애는 방법 · 579

      ①대적해 다스림을 분명히 앎 · 579

      ②번뇌를 대적해 다스리는 법 · 582

        A. 가족과 친구의 애착을 버림 · 582

        B. 이익과 존경받기의 탐착을 버림 · 609

        C. 세속 인연 버리기를 권함 · 619

      ③산에 거주하는 이익을 사유함 · 625

        A. 도반이 훌륭함 · 625

        B. 주거가 훌륭함 · 628

        C. 환경이 훌륭함 · 630

        D. 여읨이 훌륭함 · 633

        E. 마음 정돈이 훌륭함 · 641

        F. 산중 암자에 거주하기를 권함 · 645

3) 요익유정계饒益有情戒를 배움

(1) 마땅히 부지런히 타인을 이롭게 함

前理旣已明 應勤饒益他 전리기이명 응근요익타
慧遠具悲者 佛亦開諸遮 혜원구비자 불역개제차

위에서 설명한 도리를 분명하게 안 뒤에는,
타인을 이롭게 하기 위해 정근해야 한다.
깊고 먼 지혜를 갖춘 대비 부처님께서는
보살에게 몸과 입의 차계遮戒를 부분적으로 허락하셨다.

앞에서 이미 보살의 섭률의계·섭선법계를 일일이 밝혔다. 이 학처를 닦은 뒤 6바라밀과 사섭법으로 정진하여 일체중생을 이롭고 즐겁게 해야 한다. 수행자들은 모두 안다. 대승보살의 모든 학처는 그 근본 출발점이 바로 일체중생을 이롭게 하는 것이다. 아티샤 존자 역시 강조하였다. 대승과 소승은 보리심으로 구분한다. 수행자가 보리심을 발하여 대승으로 들어간 뒤, 자신의 일체 마음과 언행은 모두 중생을 이롭게 하는 것을 출발점으로 삼는다. 섭율의계·섭선법계를 닦아 자기의 선근을 성숙되게 한 뒤 짝의 도움이 없는 사람, 어리석은 사람, 은혜가 있는 사람, 근심 고통이 있는 사람 등 11류의 유정이 원하는 것에 따라 요익유정계 짓는 것을 닦는다.

중생에 대하여 이익행을 짓는 과정에서 만약 어떤 행위가 부득불 율의계와 저촉된다면 그때 어떻게 취사해야만 하는가? 만약 타인을 이롭게 하기 위하여 율의계를 범한다면 지옥에 떨어질 것인가? 여기에서 만약 진실로 중생을 이롭게 하는 중에 부득불 몸과 입의 율의를 위반함에 대하여 석가모니불 역시 허락하셨다. 부처님께서 이러한 허락을 내린 것은 결코 마음대로 결정한 것이 아니다. 그것은 삼세 일체에 통달한 매우 깊은 지혜와 끝없는 대비에 근거한다. '깊고 먼 지혜와 자비를 갖춘 자'는 부처님을 가리킨다. 부처님께서는 근본지혜와 후득지혜를 원만하게 하여 만법을 다 드러나게 하셨다. 만약 중생이 악업을 지어 타락한다면, 부처님께서는 무애자재와 무연대비에 의지하여 반드시 구원할 것이다. 그러므로 부처님께서 허락한 개차법을 우리는 방편에 따라 다 행할 수 있다.

중생에게 큰 이익이 있을 때 부처님께서는 일반 상황 아래에서 금지한 몸과 입으로 짓는 7가지 나쁜 업 등 율의계를 범해도 된다고 허락하였다. 『선교방편경』에서 "상단의 우두머리가 대비大悲로 한 악인을 죽여 다겁 생사의 윤회를 타파하였다."라고 말하였다. 이 일화를 수행자들은 모두 안다. 본사 석가모니불이 보살수행 시 대비를 갖춘 상단 우두머리로 환생하여 보살행을 행할 때 한 흑인이 짧은 창을 들고 500명의 보살을 죽이려고 모의하였다. 그가 악행 때문에 지옥에 떨어지는 것을 제지하기 위하여 대비심의 상주는 차라리 자신이 지옥에 가길 원하는 대비로 창 든 흑인을 죽였다. 이 용맹한 발심에 의지하여 대비심의 상주는 십만 대겁의 자량을 원만하게 하였다. 이외에 또 바라문 성숙이 바라문 여자를 구하기 위하여 대비심을 일으킨 일화가 있다. 스스로 범행을 깨뜨리고 바라문 여자와 결혼을 하였는데, 이 대비에 의지하여 또한 일만 겁의 자량을 원만하게 하였다.

근수취자 린포체의 강의에서 역시 이 두 교증을 인용하였다. 그러나 화지 린포체의 『대원만전행인도문』에서 설명한 것은 조금 다르다. 아마도 뽑아온 경전이 다르기 때문일 것이다. 이것은 별 의혹할 만한 것이 아니다. 다른 경전은 부처님께서 다른 근기의 중생에 맞추었거나 다른 때와 곳에서 말씀하셨기 때문이다. 부처님께서는 소승계에서는 엄격하게 금지한 율의를 대승 근기의 수행자에게는 중생을 요익되게 하기 위하여 몸과 입의 금계를 파할 수 있음을 허락하였다. 『입행론』 강의에서는 몸과 입의 7가지 금계에 대한 허락을 자세하게 설명하였다. 이는 『대원만전행인도문』에 있는 것과 같다.

『학집론』에서도 『선교방편경』을 인용하여 출가한 보살이 유정을 이롭게 하기 위하여 별해탈계의 근본계에 대해서도 범함을 허락한 곳이 있음을 설명하였다. 『보운경』에서도 같은 종류의 교증이 있다. 쫑카빠 대사의 『보리정도보살계론菩提正道菩薩戒論』에서 이 7가지 개차開遮에 대하여 『유가사지론』을 광범하게 인용하여 자세하게 밝혔다. 경전의 이러한 허락과 금지는 모두 궁극적으로 중생을 이롭게 하기 위한 것이다. 일반 상황에서 중생을 해치는 것을 방지하기 위하여 금지를 만들었다. 이 허락한 것은 특별한 상황에서 불쌍히 여기는 마음을 갖춘 것으로써 악을 행한 것이 아니다. 이는 악행이 아닐 뿐만 아니라 큰 선행이기도 하다. 그러나 이것은 반드시 진실하고 굳세게 타인을 요익되게 하는 마음에 의지하여야만 한다. 일반 수행자는 다만 불쌍히 여기는 마음과 유사할 뿐이기 때문에 허락할 수 없다. 수행자들은 마땅히 계론을 자세히 읽어보아야 한다.

우리 일반 범부들은 입으로는 타인을 요익되게 하기 위한 것이라고 말하거나, 혹은 불쌍히 여기는 마음과 비슷한 것으로 여법하지 않은 각종 행위를 한다. 이러한 것들은 모두 자신의 악업을 계속하는 것으로 절대 하락되지 않는다. 마음속의 탐욕과 성냄, 번뇌를 끊지 않아 이 번뇌를 원인으로 삼아 일을 행하면, 각자의 입으로 말하는 것이 아무리 미묘하고 마음속으로 아무리 아름다운 것을 생각한다고 해도 계율과 위배된다면 반드시 불가사의한 업보를 불러올 것이다. 일부 사람들은 경전의 이와 같은 일화나 허락함을 보고 이것을 이유로 삼아 나쁜 일을 하려고 한다. 이러한 사람은 절실하게 조심해야 한다. 사자가 뛰어넘는 산골짜기를 이리가 따라서 뛰어넘을 수 없다. 범부에게는 대보살 같은 지혜와 연민히 여기는 마음이 없다. 그러므로 대보살의 행위를 범부는 완전하게 본받아 실행할 능력이 없다. 근수취자 린포체는 강의에서 "출가한 보살은 음행계·살생계에 대하여 허락되지 않는다. 만약 진실로 중생을 이롭게 하기 위하여 부득불 행하였다면, 먼저 계를 버려야만 하고 나중에 행할 수 있다."라고 말한다. 그 역시 많은 교증敎證과 이증理證을 인용하였지만 여기에서는 다시 설명하지 않는다.

  총괄하건대, 이러한 허락은 부처님께서 깊고 먼 지혜로써 세밀하고 오묘한 인과를 관찰하여 내린 것이다. 물들지 않은 청정한 보리심을 얻은 제 보살행의 경지는 매우 미세하여 행하기 어려운 곳이다. 우리는 마땅히 자기 마음을 관찰하여, 자기가 이러한 능력·경계를 구족하지 않았다면 성실하게 율의계를 따라 행해야 한다. 뿐만 아니라 수행자들은 반드시 주의해야 한다. 이러한 허락은 다만 몸과 입의 율의에 제한될 뿐, 마음에 대해 금지하는 계는 어느 장소·때를 막론하고 모두 허락되지 않는다. 제법의 선악이 모두 마음속 희망으로부터 결정되고, 마음이 청정하지 않으면 몸과 입의 제업이 모두 청정하지 않기 때문이다.

(2) 타인을 이롭게 하는 방식

食當與墮者 無怙住戒者 식당여타자 무호주계자
己食唯適量 三衣餘盡施 기식유적량 삼의여진시

자신의 음식물을 악도에 떨어진 사람,
의지할 곳 없는 가난한 사람, 청정계에 안주한 사람들에게 나눠주고,
자신은 다만 적당한 분량의 음식을 먹을 뿐이다.
가사·경서·발우·법기를 제외하고 그 나머지 재물은 전부 보시해야 한다.

재물 보시는 주로 재가 보살이 닦는 법이다. 만약 출가 보살이라면 법보시를 위주로 하고 생활은 탁발 걸식으로 행한다. 만약 적은 음식물을 구걸했다면 네 몫으로 나누어야 한다. 세 몫은 위로 공양하고 아래로 보시하며, 한 몫은 자신이 누린다. 우선, 금강상사와 모든 부처님, 보살·본존·공행·호법 등 청정계율에 안주한 사람에게 공양해야 한다. 이때 주의해야 할 점은 성존 등의 수승한 대상에게 새것을 바쳐야 한다. 즉 얻은 음식은 자신이 먹기 전에 신선하고 정결한 부분으로 공양 올린다.

예를 들면 오늘 한 공기 음식과 청청한 샘물 한 잔을 얻었다면,

자신이 먹기 전에 우선 약간을 취하여 상사 삼보에게 공양한다. 이것을 '헌신'이라고 한다. 여기에서 '청정계율에 안주한 사람'은 계율을 지키는 범행자, 걸식하는 비구, 산에 머물면서 고행하는 유가사 등을 포함한다. '악도에 떨어진 중생'은 악업 때문에 타락한 중생을 가리킨다. 이러한 중생 중에 어떤 것은 볼 수 있게 나타난다. 예를 들면 개나 물고기 등과 같은 축생이다. 어떤 것은 숨겨진 모양이라 범부의 육안으로 볼 수 없다. 예를 들면 아귀, 지옥 중생 등이다.

축생에게 먹이를 주는 것은 비교적 간단하다. 한편으로 그들에게 먹을 것을 주면서 한편으로 경과 주문을 외어 그들을 위하여 발원하여 공덕을 회향한다. 그들이 빨리 고통에서 벗어나 즐거움을 얻길 바란다. 아귀, 죽음 중생을 위하여 먹을 것을 베푸는 것은 의궤주를 염하면서 가피해 주어야 누릴 수 있다. 시식할 때 대비로 그들을 위하여 공덕을 회향하여 그들이 빨리 악도에서 벗어나기를 원한다.

의지할 곳 없는 가난한 사람들은 옛날에 보시하고 복덕을 쌓지 않았기 때문에 현재 매우 가난하여 먹을 것과 입을 것이 부족한 채 매우 비참한 환경에 처해 있다. 우리가 매번 음식물을 얻을 때 그들에게 일부분을 나누어주어야 한다. 이렇게 위로 공양하고 아래로 보시한 뒤, 남은 음식물을 자신이 먹을 수 있다. 율장에서 이에 대하여 자세한 규정이 있다.

자신이 음식물을 얻어먹을 때 적당해야만 하고 너무 많이 먹어서는 안 된다. 『친우서』에서 "밥을 먹는 것은 약을 먹는 것과 같아서 양을 알아 탐욕과 성냄을 없앤다. 교만을 살찌우지 않고 몸을 지키는 데 안주하고자 한다."라고 말하였다. 너무 많이 먹으면 몸이 살찔 것이고 이 때문에 게으른 마음이 일어날 것이다. "아, 내가 이렇게 뚱뚱하다니, 복덕이 정말 괜찮아."라고 생각하며 많이 먹으면 대단히 어리석다. 어떤 사람들은 점심을 먹고 오후 내내 혼수상태에 있다. 이것은 너무 많이 먹었다는 것을 증명한다.

밥을 먹는 것이 너무 적어서도 안 된다. 만약 너무 적으면 신체가 쇠약해져 문·사·수를 행할 정력이 없다. 상사 삼보에 대한 신심도 생기지 않는다. 특히 초학자는 생활이 너무 곤란하면 생활 유지를 위하여 마음이 분산될 것이다. 배불리 먹지 못했을 때 마음속에서 기아의 고통을 억제하기 어렵고 신체도 유지할 방법이 없다. 만약 자신의 음식물이 너무 적으면 보시하지 않는 것도 허가된다. 경전에서는 음식물 방면에서도 수행자에게 중도에 따라 행할 것을 요구한다. 너무 극단적인 절제를 선택해서는 안 된다. 우리가 중국에 가면 많은 신도들이 우리에게 많이 먹을 것을 요구한다. 적게 먹으면 그들은 기뻐하지 않으면서, 점점 더 많이 먹고 더 잘 먹을수록 공덕은 더 커진다고 말한다. 이 설법에 어떤 근거가 있는지 모르겠지만 아마도 그들의 전통적인 가르침일 것이다.

다른 재산 방면에서 출가자는 삼의·발우·경서·법기 외에 그 나머지 일체는 버려야만 한다. 출가자의 삼의는 보시할 수 없는데, 계율에서 허락을 한 적이 없다. 삼의는 출가자와 외도·세속 사람들이 외모상에서 구분되는 표지이다. 만약 가사를 보시하는 출가자가 있다면 아마도 그는 환속하고 싶어 하는 것이다. 어떤 사람들은 계율을 알지 못하여 상사의 은덕은 큰데, 스스로 다른 공양할 것이 없다고 느껴 자신의 가사를 상사에게 공양하는데 이것은 안 되는 것이다.

修行正法身 莫爲小故傷 수행정법신 막위소고상
行此衆生願 迅速得圓滿 행차중생원 신속득원만

정법을 수행하는 신체를 갖고
작은 선을 위한다는 이유로 함부로 손상시켜서는 안 된다.
신체에 의지하여 정법을 수행하는 것은
신속하게 중생의 소원을 만족시키는 능력을 얻게 한다.

사람 몸은 정법을 닦는 기초이다. 불법을 닦고 중생을 제도하고자 하면 사람 몸이 관건이다. 큰 필요가 없으면 절대 마음대로 신체를 손상시켜서는 안 된다. 대승보살 학처에는 규정이 있다. 만약 중생에게 이익이 크지 않은데 작은 선을 위하여 사지 등 몸의 일부분을 자른다거나, 혹은 늘 먹지 않고 마시지 않고 바른 이익이 없는 고행을 행하여 자기 몸을 학대한다면 이것은 외도의 행위이고 허락되지 않는 것이다. 우리가 정법을 닦는 데 수승한 사람 몸은 과거 여러 겁 동안 계를 지키고 복을 쌓아 얻은 선과이다. 이 사람 몸을 이용하여 넓은 자량을 원만하게 하고 무량 중생을 이롭게 할 수 있다. 이렇게 귀중한 법 닦는 도구를 함부로 손상시킨다면 이것은 자타 중생에게 매우 무책임한 행위이다.

현재 중국·티베트에서는 손가락을 태우고 몸을 불살라서 부처님에게 공양하는 사람들이 있다. 이러한 것은 경전에서도 말하였다. 그러나 경전에서 말한 것은 결코 표면적인 형상을 말함이 아닐 뿐만 아니라 심오한 밀의(『법화경』「약왕보살본사품」을 수행자들은 반복해서 자세히 열독한다)를 가지고 있다. 만약 자신의 견해와 신심이 일정한 계층에 도달하지 않으면, 다만 육신을 태운 것일 뿐 집착하는 견해를 태우는 것은 아니다. 이러한 행위는 결코 큰 의미가 없다. 뿐만 아니라 만약 작은 소원 때문에 혹은 개인의 해탈을 위해서 자신의 신체를 손상시키는 것은 대승보살에게는 절대 허락되지 않는 것이다.

선근이 있어 대승 법문에 들어온 사람의 입장에서 말하자면, 사람 몸은 아주 희유하여 얻기 어려운 진귀한 보물이다. 사람 몸이라는 보물에 의지하여 빠르게 보리를 성취하여 중생의 각종 희망을 만족시킬 수 있다. 가령 우리에게 건전한 신체가 없다면 중생을 이롭게 하는 많은 사업을 진행할 방법이 없다. 이에 대해서 경론에서는 사람 몸이 보물이고 해탈의 배이며, 우리가 삼계에서 나와 남을 해탈시키는 좋은 도구 등이라는 많은 가르침을 편다. 성천 논사는 『사백론』에서, "비록 몸을 원수처럼 볼지라도, 오히려 신중하게 지켜야만 계가 원만하고 수명이 오래 가 대복덕을 쌓을 수 있다."고 말하였다. 우리는 한편으로 자기 신체의 구성요소를 인식하여 탐착하지 않고 신체 때문에 악업을 지어서는 안 된다. 또 한편으로 효과적으로 이 도구를 이용하여 그것이 충분히 작용을 발휘하여 대복덕을 쌓고 중생을 이롭게 해야 한다. 이 과정에서 만약 쉽게 손상시키는 것이라면 현종·밀종을 막론하고 경속經續에서 이에 대하여 금지한다.

悲願未清淨 不應施此身 비원미청정 불응시차신
今世或他生 利大乃可捨 금세혹타생 이대내가사

대비심이 아직 청정해지기 전에,
멋대로 자기 신체를 보시해서는 안 된다.

현생이나 내생의 큰 이익을 이루기 위해서라면
몸 버리는 것을 고려할 수 있다.

각기 다른 단계의 수행자의 마음의 흐름 가운데에 연민히 여기는 마음인 대비심의 단계 역시 다르다. 처음 불문에 들어온 우리 범부들에게 유사한 자비심이 있다고 해도 이러한 연민히 여기는 마음은 결코 그렇게 견고하고 청정한 것이 아니다. 왜냐하면 그것은 결국 범부가 마음의 흐름 가운데의 불쌍히 여기는 마음에 자기만을 이롭게 하는 성분을 가지고 있기 때문이다. 인도 포포달 논사가 말하길, "아직 친구와 원수를 평등하게 대할 수 없을 때에 대비심은 아직 청정하지 않다. 초지 이상을 증득해서야 대비심이 청정하다고 본다."라고 하였다. 선천 논사도 말하길, "보통 출가자는 삼의조차도 보시하지 못하는데 하물며 신체이겠는가! 아직 오르기 전에 함부로 자기 신체를 보시해서는 안 된다."라고 하였다. 근휘 린포체도, "초지보살 이상은 자기 신체를 보시할 수 있다. 초지에 오르기 전에는 가령 가행지에 있을지라도 그 대비심은 아직 청정하지 않다."라고 말하였다. 이 교증은 청정 대비심과 신체 보시의 한계를 매우 분명하게 말해 준다.

그러나 신체를 보시한 모든 사람이 이미 초지에 올랐는가? 이것도 반드시 그러한 것은 아니다. 앞에서 세 명의 논사가 말한 것은 다만 대원칙일 뿐, 결코 특수한 상황을 배제하지 않는다. 상사 여의보가 "원칙에 따라 말하자면 청정 대비심은 초지 이상의 보살이어야 갖춘다. 그러나 특수한 상황에서 아직 오르지 못한 범부의 그 불쌍히 여기는 마음이 매우 강렬하여 또한 이 때문에 신체를 보시하는 경우도 있다.

아티샤 존자에게 '달마르지다'라고 불리는 상사가 있다. 그가 아직 초지에 오르지 않았을 때 자기의 육체를 다른 사람에게 보시하였다. 그가 아직 공성을 증득하지 못하였기 때문에 매우 큰 고통이 일어났다. 그러나 그의 대비심이 매우 맹렬하여서 후회하는 마음이 생기지 않았다."라고 말하였다.

일반 상황에서는 대비심이 아직 청정해지기 전에 신체 일부를 보시할 수 없다고 규정한다. 이에 두 가지 원인이 있다.

첫째, 범부들의 대비심은 아직 청정하고 견고하지 않기 때문에 신체를 보시한 후 후회하는 마음이 일어나기 매우 쉽다. 몸에 대한 집착이 아직 다 끝나지 않은 범부는 시작할 때 어떤 인연 때문에 몸을 보시하겠다는 서원이 아마 일어날 수 있다. 그러나 진정 육신을 덩어리로 잘라낼 때 그는 이 고통을 참기 어렵다. 그때 마음속에서 자연 후회하는 마음이 생기면 육신을 보시하는 공덕이 전부 무너진다. 그러므로 대비심이 아직 청정해지기 전에 신체를 버리는 것은 허락되지 않는다. 이 점을 우리는 분명하게 알아야 한다. 도반들은 마음속으로 일체중생을 위하여 신체를 버린다고 발원할 수 있다. 그러나 진정 실행하려고 하면 자신의 대비심이 청정해졌을 때에만이 가능하다.

둘째, 육신을 보시할 때 보시 받는 자를 관찰하는 능력을 갖추어야 한다. 만약 상대가 삿된 악마라면 전적으로 각자의 신체를 파멸시키기 위함이며, 또 다른 정신 이상자가 당신에게 신체를 요구하면, 이 두 가지 상황은 '이익이 큰 범위'에 속하지 않는다. 각자가 경솔하게 신체를 버리는 것은 바른 이익이 없을 뿐만 아니라 도리어 과실이 있다.

『허공장경』에서 "때가 아닌데 육신을 보시하는 것은 악마의 삿된 업이 된다."라고 말한다. 시기·인연이 아직 성숙되기 전에 신체를 보시하는 것은 악마의 사업에 속하는 것으로 악업이다. 우리는 이 경교의 인증을 기억해야 한다. 만약 자신이 아직 범부인데 대비심이 청정하기 전에 무모하게 신체를 보시하고 따라서 또 후회하는 마음이 일어나는 것은 앞에서 말한 선법 공덕을 훼멸시킨다. 뿐만 아니라 이것 역시 아마도 삿된 악마의 유혹이 불법 사업을 중단시키기 위하여 신체를 요구한 것일 수 있다. 이때 각자가 신체를 버리는 것은 조금도 의미가 없다. 또 자신에게 불량한 업보를 가져온다. 걀참제 대사가 강의에서 말하되, "다른 사람 사랑하길 자기 몸처럼 하는 청정 비심이 성취되기 전에 신체를 버려서는 안 된다. 그렇지 않다면, 도리어 악마의 사업이 된다."라고 하였다. 다른 사람을 사랑하기를 자기처럼 하는 것, 다른 사람의 신체와 자기 신체를 평등하게 보아 아끼는 것, 우리는 이러한 경계를 가지고 있는가? 만약 이러한 자타평등의 청정 대비심을 닦아 증득하지 않았다면, 함부로 몸을 보시해서는 안 된다.

　만약 육신을 보시할 때, 시기·인연이 이미 성숙되었다면 그때 큰 이익을 이루기 위하여 몸 버리는 것을 닦을 수 있다. 그러나 역시 그 한계가 있다. 만약 각자가 조건을 구비했을 뿐만 아니라 자신이 육신을 보시하는 것이 중생에게 큰 이익이 있다는 것을 분명하게 이해할 수 있다면 이때 그대는 육신을 보시할 수 있다. 티베트의 지광 존자는 불법 사업을 널리 펴기 위하여 의연하게 생명을 바쳤기 때문에 많은 중생을 이롭게 하였다. 중국불교에서 불법을 위하여, 중생을 이롭게 하기 위하여 자기 생명을 바친 일화들 역시 적지 않다. 이는 바로 그 가운데 매우 분명한 예이다. 우리가 만약 청정 대비심을 갖추었다면 진정으로 많은 중생을 이롭게 할 수 있을 때 목숨을 불법 사업에 바치는 것을 경전에서도 허락하였다. 뿐만 아니라 이것으로 광대한 자량을 쌓을 수 있고 더 크게 유정을 이롭게 할 수 있다.

無病而覆頭 纏頭或撑傘 무병이복두 전두혹탱산
手持刀兵杖 不敬勿說法 수지도병장 불경물설법

병이 없으면서도 머리에 모자나 수건을 쓰고 있는 사람,
혹은 양산을 들고 있는 사람,
손에 무기를 들고 있는 사람 등,
상사와 정법을 공경하지 않는 사람에게 법을 말해서는 안 된다.

중생을 이롭게 하는 계를 닦을 때 정법을 말하여 중생을 인도하는 것은 가장 중요한 수행이다. 근수취자 린포체는 강의에서 설법의 공덕 이익과 방법 등을 널리 폈다. 우리는 여기에서 널리 설명하지 않는다. 왜냐하면 이 문제는 『대원만전행』과 다른 경론에서 자세하게 설명하였기 때문이다. 자아 해탈과 타인의 이익을 바라는 모든 사람들은 여법하게 듣고, 불법을 전하는 이 중요한 부분을 거쳐야 한다. 『묘법연화경』에서 "법을 듣는 사람이 성불하지 못하는 사람은 하나도 없다."라고 말한다. 나는 이 한마디가 법을 듣는 공덕과 중요성을 설명하기에 충분하다고 생각한다. 그러나 법을 전하고 법을 들을 때 일정한 방식이 있다. 그것에 따라 여법하게 행하면 공덕이 있다. 이에 대해 화지 린포체는 "만약 우리가 법을 듣는 방식이 여법하지 않으면 공덕을 얻을 수 없을 뿐만 아니라 도리어 많은 잘못이 있다."라고

말하였다.

　불법을 전할 때 위의가 구족하지 않은 사람에게 법을 설해서는 안 된다. 머리에 모자 같은 것을 쓰거나 수건을 두른 것이 그중의 두 가지이다. 질병이 없다면 모자를 쓸 수 없고 수건 혹은 기타 물건으로 머리를 덮거나 둘러서는 안 된다. 당연히 만약 병·두통이 있어 반드시 모자를 쓰거나 수건을 둘러야 된다면 허락할 수 있다. 그러나 병도 없고 통증도 없는데 이렇게 하는 것은 큰 잘못이다. 본사 석가모니불이 제정한 율의에 근거하면, 법을 설할 때 반드시 25가지 위의에 주의해야만 한다. 그중에 머리에 쓰거나 두르는 등을 허가하지 않는 것에 대한 규정이 아주 분명하다. 그가 어느 종파인가에 상관없이 부처님께서 직접 설한 율장에 대해서는 늘 인정해야만 한다. 수행자들이 법을 듣거나 불법을 전할 때 반드시 이 점을 주의해야만 한다. 법을 들을 때 반드시 신발을 벗고 책상다리 혹은 가부좌하여 앉아야만 한다. 뿐만 아니라 단정해야만 한다. 일부 초학자들은 아마도 모르고 그러했겠지만, 법을 들을 때 신발을 신고 있으며 앉는 자세도 위의에 맞지 않는다. 만약 각자가 계를 받은 출가자라면 이렇게 하는 것은 불제죄를 지은 것이다. 만약 거사라면 역시 자성죄를 범한 것이다.

　노천에서 상사의 전법을 들을 때 만약 태양이 심하게 내리쬐거나 혹은 비·눈이 내리는 등 열악한 날씨를 만났어도 상사가 허락하지 않으면 우산이나 양산을 펴들고 법을 들을 수 없다. 불법 듣기 어려움을 사유하면서 일체 추위와 더위를 참아야만 한다. 이로써 공덕자량을 쌓는다. 법을 들을 때 또한 칼이나 창 따위의 무기를 손에 들어서는 안 되고 지팡이 등도 들어서는 안 된다. 만약 병이 있어 걷기가 불편하면 지팡이를 몸 주변에 들고 있는 것은 허락된다. 그러나 무기류는 만약 상사를 보호하기 위한 것이라면 가지고 있을 수 있지만, 이외에 출가자는 평상시 이러한 물건들을 멀리해야만 한다. 대승보살이 만약 이런 위의를 갖추지 않은 사람을 만난다면 법을 전할 수 없으며, 모든 상사와 정법을 공경하지 않는 사람에게는 법을 설할 수 없다. 만약 듣는 사람이 공경심을 갖추지 않고 위의를 갖추지 않은 것을 분명히 알았는데 그들에게 법을 전한다면, 당신은 별해탈계와 보살계를 범한 것이고 법의 가피력도 없어질 것이며, 청중과 자신에게 모두 이익이 없다. 뿐만 아니라 그들이 공경심이 없다면 법에 대하여 삿된 견해를 일으켜 악도에 떨어지기 쉽다.

　존경심과 신심은 법을 듣는 사람이 반드시 갖추어야 하는 두 가지 조건이다. 만약 이를 갖추지 못했다면 법 듣는 공덕을 얻기 어렵고 삿된 견해를 일으키기 쉽다. 만약 각자가 이런 환경에 처해 있다면 잠시 법을 듣지 않는 것이 더 낫다. 앉아서 자신의 마음 씀을 청정하게 한 후 다시 들어도 늦지 않다. 만약 각자가 법을 전하는 상사라면 이렇게 법을 듣는 사람에게는 법을 전하는 것을 잠시 쉬는 것이 마땅하다. 그렇지 않으면 나와 남에게 모두 손해가 있다.

　우리가 현종·밀종 등 어느 법문을 수학하든지 공경과 신심이 관건이다. 만약 신심과 존경심을 갖추지 않으면, 본사 석가모니불이 직접 그대에게 매우 깊은 각종 법의를 전수해 주더라도 그대는 법익을 얻을 수 없다. 역대 전승 상사들도 이렇게 강조하였다. 만약 자신이 상사에 대하여 진실한 신심과 존경심을 구족하였다면 일체 공덕과 가피를 얻을 수 있다.

감뽀빠 대사가 밀라레빠 존자 곁을 떠날 때 "제가 언제 제자를 섭수할 수 있습니까?"라고 물었다. 존자가 그에게 "그대는 언제 현재의 마음과 다르게 바뀌겠는가? 나 이 늙은이를 대하는 마음이 진정 부처님과 다름이 없이 여겨진다면, 그때 그대는 제자를 섭수할 수 있다."라고 알려주었다. 각자가 만약 진정으로 전승 상사에 대하여 거짓 없는 신심이 일어났다면 상사의 일체 공덕이 반드시 각자의 마음의 흐름 중에 생길 것이다. 그때 각자가 제자를 섭수하고 법을 전하는 것을 모두 할 수 있다.

역사상 많은 성취자들 역시 상사에 대한 신심과 공경심에 의지하여 성취하였다. 화지 린포체의 근본 상사인 루라야 존자가 이전에 깊은 산 바위 동굴에서 문을 닫고 힘들게 몇 년을 수행하였다. 어느 날 그가 산 동굴에서 밖으로 나와 휴식을 하였다. 그날 햇빛은 따사롭고 짙푸른 하늘에 둥실둥실 순백색의 상서로운 구름이 연이어 수놓아져 있었다. 루라야 존자가 하늘을 우러러보고 있는데, 흰 구름 하나가 그의 상사 지비광 존자가 안주하고 있는 방향으로 떠가는 것을 보고 "저 흰 구름 아래쪽에 나의 상사가 계시는구나!"라고 생각하였다. 참을 수 없이 스승을 생각하는 강렬한 정과 불가사의한 존경심과 신심이 존자를 혼절하게 하였다. 나중에 깨어났을 때 지비광 존자의 모든 대비 지혜가 완전히 그의 모습 속으로 녹아 들어가 스승과 제자의 혜심이 하나가 되어 구별이 없게 되었다. 수행자들은 한번 생각해 보아라. 만약 그대들이 이러한 신심과 공경을 구족하였다면 그대는 이미 성취를 얻은 것과 같다.

우리는 자신이 의지한 적이 있고 법익을 얻은 적이 있는 상사에 대하여 모두 공경심을 가져야만 한다. 그렇지 않고 각자가 어떤 상사에게는 일정한 공경심을 가지고 있고 또 다른 상사에게는 오히려 버리는 마음을 가지고 있다면, 그렇게 하는 것은 각자가 현재 의지하는 상사가 얼마나 위대한가에 상관없이 그대를 해탈 성취케 할 방법이 없다. 우리가 지난날 고승대덕들을 보면, 그들에게는 많은 상사가 있지만 그들은 집착하지 않았다. 자신의 모든 상사에 대하여 공경하여 상사들의 가피가 마음속에 녹아들게 하여 위대한 성취를 얻었다. 공경심의 중요성을 여기에서 반복하여 강조한다. 자리에 있는 모든 사람이 마음속에 단단히 기억하길 바란다.

莫示無伴女 慧淺莫言深 막시무반녀 혜천막언심
于諸淺深法 等敬漸修習 우제천심법 등경점수습

동행하는 사람이 없는 부녀자에게는 법을 말해서는 안 된다.
지혜가 천박한 사람에게는 또한 깊고 넓은 법의를 설명하지 않는다.
심오하거나 또는 평범한 불법에 대하여 동등하게 공경해야 하고 아울러 순서에 따라 전수하고 닦는다.

이 게송은 불법을 전수하는 과정에서 주의해야만 하는 세 가지를 밝혔다.
첫째, 동행하는 사람이 없는 부녀자에게는 법을 말해서는 안 된다. 비구계에서 비구는 다른 사람이 동행하지 않은 여인 앞에서 법을 설할 수 없다고 규정했다. 당연히 설법하는 상사가 만약 재가자의 모양이라면, 마찬가지로 역시 혼자 있는 여인들 앞에서 법을 설할 수 없다. 대승 경전에서도 이에 대하여 명확한 규정이 있다. 수행자들은 이 점을 알아야 한다. 가령 계율 청정한 설법 상사(비구)라 하더라도 동행자가 없는 여자 앞에서 법을 설명하는 것은 바로 비구계의 부정죄를 범한 것이 된다. 중죄를 범하거나 가벼운 죄를 범한 것이 된다. 뿐만 아니라 여인 무리에게 이처럼 설법하는 것은 염오를 일으키기 쉽다. 최후에는 근본계를 범하기 매우 쉽다. 동행이 없는 여인에게 설법하여 받는 가장 엄중한 업보는 타인의 비방을 받아 삼보를 오염시키는 것이다. 이 과실에 수행자들이 오염되지 말기를 바란다.

수행자들이 앞으로 법을 펴는 과정에서 만약 불법을 널리 드날리어 진실로 타인을 이롭게 하려고 한다면, 여자를 데리고 밖으로 나가지 않는 것이 가장 좋다. 이렇게 여인을 가까이하는 것은 무슨 의미도 없고 어떤 이익도 없을 것이다. 더욱이 그가 만약 범부라면 수행을 오래 했어도 세속의 애정이 그를 얽매기 쉽다. 아티샤 존자가 말하길, "출가한 비구의 가장 큰 마장은 무엇인가? 여자이다."라고 하였다. 무구광 존자도 후학들에게 남자 수행인의 가장 큰 장애 요소는 교활한 여자라고 반복하여 밝혔다. 진정한 수행인은 근원을 훼손시키는 여인을 멀리해야만 한다. 『월등경』・『보적경』에서도 여인들의 각종 잘못을 말하였다. 여인들의 번뇌는 확실히 비교적 무겁고 함께하지 못할 과실들이 많다. 만약 대보살이 아니면 말법 시대에 여인을 섭수하는 것은 어떤 의미도 있지 않을 것이다.

그렇다면 여인은 어떻게 상사의 가르침에 의지할 것인가? 여자 수행인들은 여법하게 상사에 의지하려고 하면 우선 자신의 발심이 반드시 청정해야 한다. 상사에 의지할 때 만약 세간 애정이 마음속에서 뒤섞인다면 상사·정법에 대한 청정 신심·공경심이 오염되어 청정 법연도 깨질 것이다. 이렇게 하면 매우 안정되지 않은 변화를 불러올 것이다. 우리 모두는 세간 사람의 각종 정감이 늘 변화 다단한 것을 본다. 어떤 안정도 없고 말할 만한 지속성도 없다. 세간 남녀는 업연 때문에 애정을 일으킨다. 종종 쌍방의 원한으로써 교차하여 맺어진다. 세속 감정은 혼란스러운 업식에 불과하다. 청정하지도 않고 믿을 수도 없다. 출세간의 법을 닦는 수행인이 되어 만약 상사에 의지할 때 이러한 오염된 애정의 마음을 가지고 있다면, 마침 상사와 제자 사이에서 신뢰의 관계를 유지하는 불법에 위반되어 최후에는 위험해진다.

이전에 상사 여의보는 티베트 여승들에게 엄숙하게 가르침을 주었다. 여자들의 질투심은 보편적으로 무겁다. 만약 잘 다스리지 않는다면, 많은 여인들이 상사에 의지할 때 종종 이로 인하여 많은 시시비비가 일어날 수 있다. 수행자들은 여법하게 상사에 의지하려면, 먼저 어리석은 오염심과 진정한 공경심·신심을 구분하여 스스로 마음의 흐름 가운데 탐심·질투 등의 오염을 끊어버려야 한다. 제자가 상사에 의지할 때는 마땅히 존경하고 믿어 맡기고 정법에 수순한 청정심으로 의지하여야 한다. 이러한 기초가 생긴 뒤에야 진정 상사에 의지할 수 있고 일체가 여법하게 이뤄질 가능성이 있다. 더욱이 젊은 여자들이 말하고 일하는 각 방면의 위의가 만약 여법하지 않으면, 계율에 대하여 중시하는 상사는 그들을 보고서 섭수하길 원하지 않는다. 많은 법사들이 결코 대비심이 없는 것이 아니다. 그러나 여자들만이 갖는 번뇌인 탐심·질투 등의 각종 오염심 때문에 이들 법사가 고려하지 않을 수 없다.

우리가 만약 인도해 주는 좋은 상사를 얻을 수 없다면, 황량한 윤회 사막 속에서 아무런 목적지 없이 유랑하며 고통 받을 뿐이다. 이러한 방면에서 수행자들은 늘 사고해야만 한다. 이 늙은이는 오늘 이러한 말들을 하였다. 아마도 수행자들을 계발시키고 이롭게 할 수 있을 것이다. 어쩌면 이익이 없을 수도 있다. 각자 세심하게 돌이켜 살피길 바란다. 다시 한 번 강조한다. 여자들이 상사에 의지할 때 믿음·공경심과 탐심 번뇌를 구분하여 무엇이 진정한 믿음과 공경심인지를 분명하게 하길 바란다. 청정한 믿음과 공경심이 생긴 뒤 상사에 의지하여 정법을 닦아야 기초가 있게 되고 진정한 원만 인연이 생기게 된다.

지혜가 천박한 사람에게는 또한 깊고 넓은 법의를 설명하지 않는다. 만약 지혜가 천박한 사람, 예를 들어 소승 근기의 사람에게 법을 전할 적에 '수승한 사람 몸을 얻기 어렵다'거나 '인과는 허망한 것이 아니다' 등과 같은 출리심 방면의 법을 말할 수 있다. 그러나 '중관리희공성中觀離戲空性'이나 '여래장 광명' 등과 같은 매우 깊은 대승법의를 설명할 수는 없다. 이러한 법을 만약 근기가 열악한 사람에게 설명한다면 그는 신봉하지 않을 뿐만 아니라 삿된 견해를 내어 악업을 지을 가능성이 있다. 말하는 사람도 이 때문에 죄를 짓는다. 『지장경』에서도 말하였다. 대승 그릇이 아닌 성문 앞에서 대승 불법을 펴서는 안 된다. 만약 말하였다면 말한 사람이 악도에 떨어진다. 이 점은 우리가 설법하기 전에 듣는 사람의 근기를 관찰할 것을 요구한다. 만약 정확하게 상대를 이해할 수 없다면 마음대로 설법해서는 안 된다.

심오하거나 평이한 불법에 대하여 동등하게 공경해야만 하고 아울러 순서에 따라 전수받고 닦는다. 모든 불법에 대하여 얕고 깊음을 떠나, 인천승의 법에서 위없는 밀법에 이르기까지 평등한 공경심으로 대해야 한다. 우열을 시비 분별하여 취사해서는 안 된다. 쫑카빠 대사는 『보리도차제광론』에서 "만약 이것은 수승한 법이고 저것은 저열한 법이라고 말한다면, 이와 같은 것은 법을 비방하는 것이 된다."라고 말한다. 이 한계와 죄과를 분명하게 말하였다. 예를 들어 그가 대승법은 수승하고 성문승의 법은 수승하지 않다고 말한다면 이미 불법을 비방하는 것이다. 또 이 법은 이치에 맞고 저 법은 이치에 맞지 않는다고 함은 법을 비방한 것이 된다. 일부 사람들이 말하되, "티베트불교는 이치에 맞고 중국불교는 이치에 맞지 않는다."라고 하는 것과 같다. 이러한 설법은 분명 법을 비방하고 업을 악하게 하는 것에 속한다. 수행자들은 늘 주의해야 한다. 그렇지 않으면 우리는 평상시 대화하고 변론하는 중에 이 죄를 범하여 떨어지기 쉽다. 만약 이 죄과를 범했다면, 상사 여의보는 "우리가 극락세계에 왕생하는 데 가장 큰 악연은 바로 법을 비방한 죄이다."라고 말한다. 당연히 수행자들은 평상시 분명하게 부처님의 모모 법은 공덕이 없다고 말하지 않을 것이다. 그러나 어떤 사람들은 늘 "이 법은 수승하고 저 법은 수승하지 않아. 오직 아미타불 정토 법문만을 닦을 수 있고 다른 법은 닦을 수 없어……."라고 말한다. 이러한 설법들은 확실히 잘못된 것이다. 왜냐하면 본사 석가모니불은 중생의 근기 따라 각기 다른 원력에 맞게 다른 법문을 폈다. 어떤 법이 각자의 발원에 맞지 않지만, 어떤 중생들에게는 오히려 매우 적합하고 매우 수승하다. 우리는 세간법으로써 마치 입맛이 다른 사람들이 밥 먹으면서 분석하는 것처럼 역시 이 결론을 얻을 수 있다. 하지만 어느 교파인가를 막론하고 티베트불교·중국불교·남방불교·대승·소승 등 모든 교파는 원융하다. 우리는 마땅히 모든 교법에 대하여 청정심으로 관하고 평등하게 공경해야 한다. 이것이 진정으로 불법을 홍양하고 부처님의 혜명을 잇는 것이다.

모든 중생은 근기와 인연이 다르므로 닦는 방법과 성취 속도가 모두 다르다. 이 차이 외에 불법에는 고하 우열의 구분은 없다. 본사 석가모니불이 전한 각 법문은 순금·마니보와 같아서 모두 진리이고 모두 중생을 해탈시키는 보주이다. 각 법문은 모두 지혜방편으로 사람을 건네주는 것이지 자기가 지니는 것이 아니다. 많은 사람들이 이 도리를 알지 못하고 오염된 마음으로 법문의 우열을 분별하는 데 집착하여 많은 악업을 짓는다.

於諸利根器 不應與淺法 우제이근기 불응여천법
不應捨律行 經呪誑惑人 불응사율행 경주광혹인

대승근기의 학인들에게는
소승의 낮은 불법만을 가르쳐서는 안 된다.
어느 곳에서건 율의계를 버리지 말 것이며,
하나의 경이나 하나의 진언을 전부인 양 속여서는 안 된다.

『구사론』 등 경론에서는 중생의 근기를 계층과 종류로 분류하였다. 우리는 통상 예리한 근기, 둔한 근기의 두 종류로 구분한다.

예리한 근기의 중생 입장에서 말하자면, 발심과 지혜가 모두 비교적 날카로워 깊고 넓은 교법을 받아들일 수 있다. 그러므로 그들에게는 대승 6바라밀 법문 등과 같은 매우 깊은 불법을 전수해야만 한다. 그들에게 성문·연각승의 법만을 전수해서는 안 된다.

『가섭청문경』에서는 보살이 법을 전하면서 피해야만 하는 4가지 잘못을 말하였다. 상근기 중생에게 심심 법의를 펴지 않은 것이 바로 그중의 하나이다. 대승보살은 법을 전하기 전에 반드시 교화 받는 사람의 근기를 관찰하여 상응하는 법문을 전수해야만 그들에게 큰 이익을 얻게 할 수 있다. 만약 전하는 법이 듣는 사람의 근기와 원력에 적합하지 않으면, 듣는 사람이 큰 이익을 얻을 수 없고 신심을 낼 수 없다.

'어느 곳에서건 율의계를 지킨다'라고 함은 각자가 비록 중관의 공성에 대하여 깨달음이 있을지라도 삼보에 귀의하고 인과를 취사하는 등에 의지하여 행하는 방면의 규칙을 위반해서는 안 됨을 말하는 것이다. 각자의 깨달음이 얼마나 높은가에 상관없이 죄업을 끊어버리는 보살의 율의계는 버려서는 안 된다. 이 원인은『섭결택보살지』에서, "이 세 가지 계(섭율의계·섭선법계·요익유정계)는 율의계를 섭지하는 것을 통하여 다 화합하게 하는 것으로, 만약 이에 대하여 정진하여 지킬 수 있다면 나머지 둘도 정진하여 지킬 수 있다. 만약 이것에 대하여 지킬 수 없다면, 나머지 둘에 대해서도 지킬 수 없다. 그러므로 만약 율의계를 범한다면 보살의 일체 율의를 무너뜨린 것이 된다."라고 하였다.

현재 어떤 사람들은 늘 다른 사람 앞에서 "현재 나는 닦을 만한 게 없다. 선법도 존재하지 않고 악법도 존재하지 않는다. 일체가 모두 대공성이다. 크게 공한 가운데 일체가 모두 존재하지 않는다."라고 큰소리친다. 그는 이것으로써 율의계를 버리고 여법하지 않은 일을 많이 한다. 이러한 사람은 오직 악업을 지을 뿐이다. 연화생 대사가 "견해가 허공보다 높아, 인과를 취사하는 것이 더욱 섬세하다."라고 말하였다. 우리에게 얼마나 높은 깨달음이 있는가를 논할 것 없이, 역시 인과를 취사하는 등의 미세한 계율을 버려서는 안 된다. 다른 사람을 인도하기 위하여 자신이 모든 위의를 버려서는 안 된다. 또 다른 사람이 선을 행하고 악을 끊는 것을 버리도록 권해서는 안 된다. 만약 그대 개인의 삿된 견해와 삿된 말 때문에 다른 사람들이 선법을 행하는 인연을 끊었다면, 그대 자신의 죄에 죄를 더한 것으로 더 큰 악업을 짓는 것이다.

　법을 전할 때 다만 한 부의 경이나 진언 하나로 모두인 양 부연하여 신도를 속여서는 안 된다. 본사 석가모니불은 우리에게 무수한 법문을 전하였다. 각 법문들은 매우 깊은 의미를 가지고 있으며 모두 중생을 해탈시키는 방편이다. 모든 부처님의 말은 우리 해탈을 구하는 사람들이 필요로 하는 가르침이다. 문·사·수의 방법으로 점차로 깊이 들어가서 순서대로 사유하고 닦아야 한다. 그러나 말법 시대의 어떤 사람들은 도처에서 "각자가 경 하나를 읽고 부처님의 명호 하나를 염하기만 하면 된다. 다른 것은 배울 필요 없다."라고 떠들어댄다. 이것은 분명 사람을 미혹시키는 것이다.

　현재 중국에서나 티베트 국외에서 일부 사람들이 "각자가 경 하나·명호 하나·진언 하나를 염하기만 하면 된다. 이외에는 무엇도 배울 필요가 없다."라고 공언한다. 이러한 설법은 확실히 여법하지 않다.

비록 부처님 명호를 수지하고 심주를 염한 공덕이 커서 한 번 나무불(귀의게)을 염송해도 모두 불도를 이룬다는 불가사의한 공덕이 있다고 해도, 이것이 결코 모든 문제를 해결할 수는 없다. 우리의 번뇌는 형형색색으로 종류가 매우 많기 때문에 각각 다른 방편법으로 다스려야 한다. 일부 경전에 비록 "모 경·모 진언을 꾸준하게 염하면 불도를 성취한다."라고 하는 모종의 설법이 있기는 하지만, 이 설법에는 요의 혹은 불요의가 있거나, 혹은 근기에 따라 말하는 비밀한 뜻이 있어 글자만으로 이해할 수는 없다.

어떤 사람들은 단지 하나의 부처님 명호·한 부의 경을 읽어야만 하고 다른 것은 닦을 필요가 없다고 한다. 이 관점에 따르면, 다른 선법은 닦을 필요가 없고 자량을 쌓을 필요가 없는가? 삼장 십이부 경론이 더 이상 전수되고 닦을 필요가 없는가? 이러한 관점은 확실히 단편적인 설법으로 불교의 보편적 수행법을 대표할 수 없다. 적천보살은 여기에서 특별히 대승법문을 닦는 수행자들을 각성시켰다. 법을 넓히고 중생을 이롭게 하는 과정에서는 단편적인 방법에 국한될 수 없다. 널리 듣고 많이 배워야만 부처님의 궁극 밀의와 여러 방편을 깨달아 자기가 훌륭하게 지혜와 복덕을 쌓아 타인을 이롭게 하는 광대한 능력을 얻을 수 있다.

대승보살은 널리 듣고 많이 배워 갖가지 선교방편을 장악한 뒤 각기 다른 중생을 대하여 다른 방편법을 써야만 한다. 곧 대상에 따라 가르침을 편다. 중생이 어떤 법문을 사용해야만 해탈을 얻는가에 따라 그들에게 그 법문을 전수한다. 이 점을 실행하려면, 법을 전하는 사람은 반드시 상당한 공덕이 있어야 한다. 근수취자 린포체는 강의에서, "말법 시대에 법륜을 전하려면 반드시 신통을 얻어야 한다. 만약 신통이 없다면 법륜을 전하는 것은 진행하기 어렵다. 왜냐하면 우리는 중생의 근기를 알 방법이 없기 때문이다."라고 말한다. 아티샤 존자는 『보리도등론』에서 "만약 새에게 날개가 나지 않았다면 허공을 날 수 없다. 만약 신통력과 거리가 있으면 유정을 이롭게 할 수 없다."라고 말한다. 그러므로 우리는 널리 듣고 많이 배워야만 한다. 아직 성취하기 전에는 적정한 곳에 머물면서 중생을 요익되게 하기 위하여 정근하여 수행해야 한다.

牙木與唾涕 棄時應掩蔽 아목여타체 기시응엄폐
用水及淨地 不應棄屎尿 용수급정지 불응기시뇨

치목齒木·콧물·침·가래침은
흙으로 묻어야 하며,
사용하는 수원과 청정한 땅에
함부로 대소변 등을 버리는 것은 부끄러운 일이다.

요익 유정계를 닦는 중에 또한 위의로 타인을 요익되게 하는 수행을 포괄한다. 대승 수행자가 만약 위의를 구족하면 다른 사람이 보고 믿음을 내게 할 수 있다. 또 이를 통하여 중생이 불법에 대하여 듣고, 수행하는 데로 들어가도록 인도한다. 반대로 수행자 자신이 악업을 지으면 다른 사람이 보고 신심을 일으키지 못하며 또한 인도할 방법이 없다. 우리 수행자는 출가자이건, 혹은 재가자이건 상관없이 일상에서 반드시 공공 위생을 중시하여 타인이 자신에 대하여 삿된 견해를 내거나 싫어하는 마음을 내는 것을 방지해야 한다.

'치목'은 옛 인도 사람들이 사용한, 치아를 닦던 나무라고 계율에서 분명하게 설명하였다. 일반적으로 버드나무 가지, 백양나무 가지 등 부드러우면서 향기 있는 나무를 입안에 넣고 씹어 치아를 청결하게 한 뒤 뱉어낸다. 현재의 껌과 유사하다. 이를 깨끗하게 한 나무를 버린 뒤 제때 흙으로 덮어야 한다. 그렇지 않으면 다른 사람이 이렇게 더러운 물건을 보면 구역질이 날 것이다. 또 콧물·가래 같은 더러운 것도 함부로 버려서는 안 된다. 은폐된 곳에 버리고 빨리 흙으로 덮어야 한다. 다른 사람이 향유하는 청정한 수원이나 풀밭과 꽃밭에서 기분 좋게 대변·소변을 버려서 청정한 환경을 파괴해서도 안 된다.

총괄하건대, 자신이 어떤 더러운 물건을 버렸을 때 타인을 위한다고 생각하여 제때 적당하게 처리해야 한다. 세간·출세간을 막론하고 더러운 물건을 찬탄하는 사람은 없다. 자연환경을 보호하여 자타의 수행과 생활을 간섭받지 않게 할 수 있고, 뿐만 아니라 청정하고 아름다운 환경은 사람의 마음을 가볍고 편안하게 할 수 있다. 수행자는 여법한 위의로써 생활환경의 청결을 보호한다. 세상 사람들이 본 뒤 수행자에게 청정심·공경심과 신심을 일으킬 수 있고, 이 때문에 요익을 얻는다.

食時莫滿口 出聲與咧嘴 식시막만구 출성여렬취
坐時勿伸足 雙手莫揉搓 좌시물신족 쌍수막유차

음식을 먹을 때 입에 가득 채워서는 안 되고,
소리를 내고 입을 크게 벌려 먹지 말아야 한다.

양다리를 쭉 펴고 앉아서는 안 되고,
양손을 무례하게 비벼 소리를 내서는 안 된다.

밥 먹을 때 반드시 여법한 위의가 있어야만 한다. 계율에서 이에 대하여 역시 상세한 규정이 있다. 개인용 서재나 혹은 대중 강당을 막론하고 여법하게 앉아야만 한다. 음식을 먹을 때 입을 너무 크게 벌리고 음식물을 입안 가득하게 넣고 게걸스럽게 먹는 것들은 위의에 맞지 않는다. 밥 먹을 때 말을 해서는 안 되고 각종 소리를 내어서도 안 된다. 아주 침착하게 한 입씩 천천히 먹어야 한다. 한편으로 바른 앎과 바른 마음집중을 지키고 음식물의 맛에 따라 탐욕과 성냄의 망념을 내어서는 안 된다.

앉을 때 일반적으로 책상다리나 가부좌하여 앉아야 한다. 만약 두 다리를 펴고 벌려 앉는다면 매우 무례함을 나타낸다. 손을 씻을 때 두 손은 힘껏 비벼서는 안 된다. 소리 내는 것을 방지하고 두 손을 돌려가며 씻어야 한다. 먼저 한 손으로 다른 손을 깨끗이 씻고 다시 바꾸면 된다. 우리가 일상생활에서 행동하는 가운데 만약 양호한 위의를 유지할 수 있으면, 자신의 바른 앎과 바른 마음집중은 잘 유지될 수 있다. 다른 사람이 본 뒤, 역시 출가자에 대하여 좋은 인상을 생기게 할 수 있다. 그래서 삼보에 대하여 청정 믿음을 일으켜 이익을 얻는다.

車床幽隱處 莫會他人婦 차상유은처 막회타인부
世間所不信 觀詢而舍棄 세간소불신 관순이사기

3. 바른 앎, 바른 마음집중으로 마음을 수호함

차나 침대 등 은밀한 곳에서
다른 사람의 여인과 단독으로 같이 있어서는 안 된다.
세상 사람들에게 삼보를 존경하고 믿지 못하게 할 수 있는
모든 행위는 자세하게 관찰한 뒤에 버려야 한다.

다른 사람들이 볼 수 없는 은밀한 곳, 예를 들면 마차·배·방 등에서 출가한 보살이 동행하는 남자 없이 부녀와 단독으로 함께 있을 수 없다. 재가 보살 역시 다른 집의 부녀와 단독으로 함께 있을 수 없다. 이렇게 하는 것은 타인의 비방을 불러오기 쉽기 때문에 자기 수행에 불리하다.

대승 수행자는 어느 곳을 가든 그곳 세속 사람들에게 믿음을 일으키지 못하는 행위는 하지 않아야 한다. 그렇지 않으면, 다른 사람이 보기에 그가 밥 먹고 길을 가고 말을 하는 것들이 여법하지 않고 때에 합당하지 않다면, 곧 그에 대하여 삿된 견해를 일으킨다. 세간의 풍속과 습관의 각종 금기를 만약 자신이 알거나, 혹은 스스로 관찰을 통하여 이해한 뒤에는 최대한 피해야 한다. 만약 자신이 그곳의 풍습을 잘 알지 못하면 적합한 사람에게 물어보아야 한다. 현지의 각종 금기를 자세하게 이해하고 아울러 그것에 따라 충돌되는 행위를 버린다. 다른 사람에게 믿음을 일으킬 수 있는 일은 힘껏 행해야만 하는데, 이러한 것들은 매우 중요하다.

상사 여의보는 말하되, "우리 불법을 배우는 학자들은 반드시 세상 사람들에게 모범이 되는 행을 일으켜야만 한다. 자신의 행위가 다른 사람이 보아 마음에 들어 신심을 일으키게 할 수 있어야 한다. 다른

사람에게 신심을 일으키지 못하는 일은 모두 버려야 한다. 계율에서 규정한 학처는 성실하게 지켜야 한다."라고 하였다. 세간 사람들은 보이는 일체에 대하여 청정심으로 관할 수 없다. 그들의 출가자에 대한 평론은 일반적으로 겉으로 드러나는 위의를 통하여 본다. 만약 출가자의 행주좌와 밥 먹고 일 하는 모든 것이 고요하고 온유한 것을 본다면, 그들은 저절로 신심과 공경심을 일으켜 점점 불문에 들어와 불법을 닦게 될 것이다.

  어떤 사람들은 불법을 배운 뒤 언행과 행동 방면의 위의를 조금도 배우지 않아 여전히 재가자의 거친 행동거지를 보인다. 보아하건대, 거칠고 무례하여 다른 사람들이 보면 바로 그에게 삿된 견해가 생긴다. "아, 이 사람은 일반 재가자와 같구나. 조금의 단정함도 모르다니……." 이러한 비난을 피하고 삼보의 성스럽고 순결한 모습을 유지하기 위하여 모든 불제자는 바른 앎과 바른 마음집중으로 자신을 관찰하여 늘 여법한 위의를 지켜야 한다.

    單指莫示意 心當懷恭敬 단지막시의 심당회공경
    平伸右手掌 示路亦如是 평신우수장 시로역여시

손가락 하나로 뜻을 표하지 말고,
마음에 공경을 담아
오른손을 평평하게 펴서 해야 하며,
길을 알려줄 때에도 이와 같이 해야 한다.

  다른 사람이 길을 묻거나 사람에 대하여 물으면서 우리에게 방향·장소를 가리켜 줄 것을 요구할 때 단지 손가락 하나를 펴서 가리켜서는 안 된다. 이것은 매우 무례한 행위이며 위의에 맞지 않는 행위이다. 대승보살은 모든 중생에게 성실하고 자애롭게 대해야 한다. 마음에 공경심을 품고 온화하게 물어보는 사람에게 가리켜 준다. 가리키는 방식은 오른 손바닥을 사용하며, 다섯 손가락은 쭉 펴서 모으고 손바닥은 위를 향하며, 손가락 끝은 가리켜야만 하는 곳을 향한다. 그리고 분명하게 상대방이 알아야 하는 답을 알려준다.

우리 모두는 아마 비슷한 경험이 있을 것이다. 다른 사람에게 길이나 어떤 장소를 물을 때 만약 다른 사람이 열정적이면서 예의 있게 자신에게 대답해 주거나 가리켜 준다면, 자신은 분명 그에게 감격과 공경심이 생길 것이다. 수행자가 되어 늘 이처럼 여법하게 마음을 다하여 사람을 돕는다면, 그 사람은 반드시 삼보에 대하여 믿음과 공경심을 일으킬 것이다.

> 肩臂莫揮擺 示意以微動 견비막휘파 시의이미동
> 出聲及彈指 否則易失儀 출성급탄지 부즉역실의

> 큰 폭으로 팔을 휘두르지 마라.
> 뜻을 나타낼 때는 작은 동작,
> 음성, 혹은 손가락을 튕기는 방법으로 해야 한다.
> 그렇지 않으면 장중한 위의를 잃기 쉽다.

대승 수행자는 무슨 일을 하건 행위가 반드시 고요하고 장중해야 하며 경솔하거나 거칠어서는 안 된다. 평상시 길을 걷거나 다른 일을 할 때 아무런 이유 없이 팔을 크게 휘둘러서는 안 된다. 신체의 각 부분도 세차게 움직여서는 안 된다. 예를 들면 머리를 흔들고 어깨를 들썩이고 발로 차는 등 이러한 행위들이 다른 사람 앞에서 있어서는 안 된다.

근수취자 린포체는 말하되, "만약 급한 일이 있거나 중생을 이롭게 할 필요가 있다면 이러한 위의도 허가할 수 있다."라고 하였다. 그 의미는 독사·홍수 같은 위험한 일을 당해서는 우리도 큰 걸음으로 뛸 수 있다는 것이다. 때로 다른 사람을 이롭게 하는 긴급한 사건, 예를 들면 사람이 깊은 물에 빠졌거나, 어떤 사람에게 위급한 병이 나서 병원으로 보내 구원해야 하는 경우, 화재 등의 사건을 만났을 때 역시 신속하게 행동할 수 있다. 그러나 이러한 때를 제외하고 모두 거칠게 행동해서는 안 된다. 온 신체의 동작은 침착하고 온유해야 한다.

어떤 사람들은 아마 여전히 군인이나 운동선수의 습관을 가지고 있을 수 있다. 아침에 일어나면 바로 몸을 풀기 시작한다. 길을 걸을 때는 크게 제자리걸음을 하고 팔을 크게 휘두른다. 옆에서 보기에 그다지 보기 좋지 않다. 이 때문에 삿된 견해를 일으킬 수 있다.

다른 사람에게 뜻을 나타내 보이거나 인사 등을 할 때에도 동작을 크게 해서는 안 되고 큰소리로 떠들어서도 안 된다. 격에 맞는 동작과 낮은 목소리를 해야만 하고, 혹은 손가락을 튕기는 방법으로 다른 사람에게 뜻을 나타낸다. 예를 들면 우리가 한곳에서 일을 할 때 각자가 어떤 사람에게 공구를 건네 달라고 요구하려면 손가락을 튕겨 상대에게 알릴 수 있고, 또 오른 손바닥을 이용하여 손가락을 펴

공구를 가리킴으로써 뜻을 나타내기도 하며, 낮은 목소리로 상대에게 알릴 수도 있다. 만약 거리가 너무 멀더라도 큰소리로 불러서는 안 되고 직접 걸어가면 된다.

생활의 자질구레한 일들에서 우리가 만약 늘 바른 앎과 바른 마음집중을 지키려고 한다면 이러한 위의는 반드시 지켜야 한다. 마음속으로 늘 안녕과 고요를 유지하고 있는 수행자는 밖으로 드러나는 언행도 반드시 이처럼 여법하게 온유할 것이다. 공공장소에서 만약 늘 위의를 여법하게 지킬 수 있다면 다른 사람들이 이러한 장엄하고 침착한 모습을 보고 즉시 삼보에 대하여 믿음과 공경심이 생길 것이다. 수행자들은 모두 현재 태국·미얀마 등지 사람들의 삼보에 대한 숭고한 믿음 정도가 매우 높다는 것을 안다. 그 원인은 남방불교 출가자들의 훌륭한 위의와 분리할 수 없다.

우리들의 행위가 만약 여법하지 못하고 매우 거칠고 사나우면, 외부 사람의 입장에서 볼 때는 조금의 수양도 없는 것이다. 원래 삼보에 대하여 믿음이 없는 사람은 믿음을 일으킬 수 없고, 원래 믿음을 가지고 있던 사람도 믿음을 잃거나 퇴보하기 쉽다. 이렇게 중생을 이롭게 인도할 수 없다면 우리 역시 죄업을 지은 것이다. 중생의 선근 신심은 매우 미묘하여, 때로 우리의 행위가 조금 여법하지 못하면 어떤 중생들은 이 때문에 삿된 견해를 일으킨다. 어떤 경우 우리 행위가 그들에게 신심과 기쁨을 일으키게 하는 부분이 있으면, 어떤 사람들은 이 때문에 즉시 불문에 들어올 수 있다. 더욱이 현재 이 시대는 진정한 청정심으로 외부환경을 대할 수 있는 사람이 매우 적다. 우리는 늘 삼가고 진실하게 율의를 지켜야만 하며 타인의 삼보에 대한 믿음을 무너뜨려서는 안 된다.

『반야섭송』에서 "소위 계율을 지킨다는 것이 바로 중생을 보호하는 것이다."라고 말한다. 만약 중생이 당신에 의지하여 인연이 되었는데, 늘 탐욕심과 성내는 마음을 내고 삿된 견해를 일으킨다면 그것은 바로 각자가 계율을 청정하게 지키지 못했음을 증명한다. 우리가 평상시에 볼 때 미세한 학처는 아마도 그렇게 중요하지 않다고 느낄 수 있다. 그러나 중생을 지키는 각도에서 본다면 이러한 학처들은 자신이 중생을 이롭게 하는 근본 서계에 관련된 것이다. 그러므로 반드시 여법하게 행해야 한다.

중생을 지키려면 그들이 삿된 견해를 일으키게 해서는 안 되고 신심을 내어 이익을 얻게 해야 한다. 이 점은 반드시 우리가 율의를 잘 지키는 것에 의지해야만 한다. 그리고 또 지혜로써 관찰하고 물으며, 일정한 범위 내에서 중생을 따라야 한다. 예를 들면 중국에는 중국의 풍속 습관이 있고 티베트에는 티베트의 풍속 습관이 있다. 각 민족과 각 지역에는 모두 특수한 풍속이 있다. 다른 곳에 가면 우리는 자세하게 분별하고 분석하여 최대한 그들에게 익숙하지 않은 행위는 끊어버려 그들이 삿된 견해를 일으키지 않게 해야 한다. 만약 이렇게 하지 못하면 대승 불법이 중생을 이롭게 하는 근본 희망이 허사가 될 것이다. 가령 각자가 마음속으로 생각하길, "어쨌든 나는 계율을 범하지 않았으니 다른 사람이 어떻게 생각해도 상관하지 않아."라고 한다면, 이러한 생각은 매우 위험하다. 만약 각자가 중생을 제도하려고 한다면 이러한 생각은 반드시 바로잡아야 한다. 더욱이 현재 말법 시대의 중생은 대승 불자가 그들을 적극적으로 인도하지 않으면 삿된 악마가 그들을 유혹하여 불구덩이 속으로 뛰어들도록 하는데, 설마 이것을 눈 뜨고 보고 있겠는가!

『보운경』에서 "다른 사람에게 신심을 일으키게 하지 못하는 행위를 제거하는 것이야말로 유일한 정법이다."라고 말한다. 『허공장경』에서도 말하되, "소위 청정행이라는 것은 바로 다른 사람에게 믿음을 일으키지 못하는 일을 멀리하는 것이다. 보살은 늘 이에 열심히 해야 한다."라고 하였다. 이러한 것들은 모두 중생을 지키는 것이 보살도를 행하는 수행자의 가장 중요한 임무임을 강조한 것이다. 이를 위하여 우리들은 청정하고 장엄한 위의를 지켜야만 하고 또한 많은 사람들이 비방하고 싫어하는 행위를 피해야만 한다. 이 점을 수행자들이 세심하게 사유하여 일상생활에서 삼가 신중하게 행하기를 바란다.

睡如佛涅槃 應朝欲方臥 수여불열반 응조욕방와
正知幷決志 覺已速起身 정지병결지 각이속기신

잠을 잘 때는 부처님께서 열반할 때의 자세와 같이
희망의 방향인 오른쪽 옆구리로 눕는다.
자기 전에 바른 앎과 바른 마음집중을 유지하며,
아울러 깬 뒤 즉각 일어나야 한다고 결심한다.

잠은 사람들이 매일 생활하는 가운데 중요한 활동이다. 앞에서도 우리는 말한 적이 있다. 자기 전후에 바른 앎과 바른 마음집중을 유지하고 여법하게 행해야 한다. 수행자는 밤을 세 부분으로 나누어야 한다. 앞과 뒤의 밤은 선법을 닦는 데 정진하고 가운데 밤은 쉰다.

잘 때 가장 좋은 것은 앉아서 자는 것이다. 만약 앉아서 잘 수 없으면 사자가 누운 자세를 취하여 자야만 한다. 사자가 누운 자세가 바로 세존이 열반할 때의 자세이다. 머리는 북쪽으로 얼굴은 서쪽으로 하고 오른쪽 옆구리로 눕는다. 왼쪽 다리는 오른쪽 다리를 누르고 오른손은 구부려 아래로 베고 왼손은 펴서 몸의 좌측에 놓는다. 이러한 자세를 취하여 자는 데에는 깊고 미묘한 도리가 있다.

부처님께서 열반하려고 할 때 끝없는 지혜로써 사자가 누운 자세의 공덕이 매우 크다는 것을 아셨기 때문에 이러한 자세를 취하셨다. 우리들은 모두 본사 석가모니불의 제자로서 늘 이러한 자세로 자야 한다. 습관이 된 뒤에 역시 이렇게 눕는 자세로 죽음을 맞이한다. 연화생 대사는 『육도중음인도문六道中陰引導文』에서 "어느 세계의 중생을 막론하고 죽을 때 만약 사자가 눕는 자세를 유지할 수 있다면 악도에 떨어지지 않을 것이다. 뿐만 아니라 선도의 과위를 얻을 수 있다."라고 말하였다. 이전에 상사 여의보도 "우리가 소나 말 등의 방생이 죽으려고 하는 것을 볼 때, 만약 기회가 있다면 가장 좋은 것은 그들의 머리는 북쪽으로 얼굴은 서쪽으로 향하게 하고, 오른쪽 옆구리로 눕게 하는 것이다. 이렇게 하면 그들은 악도에 떨어지지 않을 것이다. 우리 식구나 친구들이 죽을 때도 가장 좋은 것은 이러한 방향으로 눕게 하는 것이다."라고 말하였다.

죽음에 가까운 사람이 만약 이러한 눕는 자세를 취할 수 있다면 고통이 줄어든 채 편안하게 죽을 수 있을 뿐만 아니라 악도에 떨어지지 않을 것이다. 이전에 사행 비구니가 학원에서 원적했을 때 사자의 누운 자세로 편안하게 우리와 작별하였다. 당시 우리 도반들은 매우 부러워하였고 또한 감동하여, 자신의 생명이 끝날 때 역시 이렇게 조금의 두려움도 없이 편안하게 눕기를 발원하였다. 나는 우리 범부들이 어찌되었건 결국에는 모두 죽는다는 것을 생각한다. 앞에는 오직 죽음이라는 한 길밖에 없다고 말할 수 있다. 죽지 않는 사람은 하나도 없으며, 이 때문에 우리는 늘 관상하고 이러한 눕는 방식으로 죽음을 맞이하도록 연습해야 한다.

경전에서 말하였다. 사자는 짐승의 왕으로 그 특유의 훌륭한 점을 가지고 있다. 자연 규율에 따라 잠잘 때에도 네 가지 독특한 불공 공덕을 가지고 있다. 우리가 만약 사자의 눕는 방식을 취한다면 역시 같은 공덕을 갖출 수 있다.

첫째, 잠잘 때 몸이 매우 느슨하다. 우리가 사자의 눕는 방식을 써서 자면 몸의 각 부분이 모두 느슨해져서 충분한 휴식을 할 수 있다.

둘째, 잠잘 때 바른 마음집중을 잊지 않는다. 사자는 잠자면서 바른 마음집중을 잊지 않을 수 있으며 산란하지 않을 수 있다. 우리가 이 눕는 방식에 따라 자면 선법을 닦는 바른 마음집중을 잊지 않을 수 있다.

셋째, 사자는 잠든 후 단잠이나 깊은 혼침에 빠지지 않아 정신이 맑고 깨어 있는 상태에 있을 수 있다. 우리가 이에 의거하여 또한 이와 같이 할 수 있다면 망령된 잠에 미혹되어 산란해지거나 빠지지 않을 수 있다. 일반 사람들은 잠든 뒤에 즉시 혼미해지는 것과 같게 된다. 자신이 죽었는지 살아 있는지 알지 못하는 것이 마치 깊은 진흙 못 속에 빠져 있는 것과 같다.

넷째, 사자는 잠든 뒤 악몽을 꾸지 않는다. 우리가 이에 따라 잔다면 역시 악몽의 산란한 꿈을 꾸지 않을 수 있으며, 늘 길몽과 청정한 꿈을 꿀 수 있다.

이러한 눕는 방식을 취하여 잠자기 전에 마음속으로는 '바른 앎과 결연한 의지'를 생각해야 한다. 바른 앎과 바른 마음집중은 우리에게 바른 법을 분명하게 깨닫고 기억하고 유지하도록 상당한 관수를 요구한다. 잠잘 때 닦는 법은 매우 많다. 우리가 밀법을 강의할 때 역시 많은 꿈 광명 속의 수행법을 전하였다. 그것에 의지하여 신속하게 법성을 깨달아 다른 지역의 정토를 다닐 적에 갖가지 변화, 날아다니는 등의 신통을 얻을 수 있다.

현종에도 꿈 광명 속의 수행법들이 있다. 이를테면 잠자기 전에 침실 안에 광명이 충만해 있음을 관상하거나, 혹은 본사 석가모니불의 광명이 자신을 비추고 있음을 관상하고 광명의 경계에서 편안하게 잠든다. 근훠 린포체는 강의에서 역시 맥팽 린포체의 수행법 비결을 설명하였다. 아침에 자신이 막 사람 몸 얻은 것을 관상하니 어린아이이다. 점심에 자신이 장년이 된 것을 관상한다. 오후에는 노년이 된 것을 관상한다. 저녁에 막 잠들려 할 때 죽음에 임하는 중음이 되었음을 관상한다. 이미 잠들어 꿈 꿀 때에는 법성의 중음이 된 것을 관한다. 아침에 깨어났을 때 세상에 난 것을 관상한다. 이러한 관수는 무상의 마음이 바로 일어날 수 있고, 잠자는 가운데에서도 맑은 바른 앎과 바른 마음집중을 유지할 수 있다.

'결연한 의지'의 내용은 느끼고 나서는 빨리 몸을 일으키는 것이다. 아침에 깨어나면 빨리 일어나야 한다. 정례 등의 활동을 하여 스스로

3. 바른 앎, 바른 마음집중으로 마음을 수호함

정신을 맑게 깨운다. 그리고 정좌하고 꿈의 경계를 기억하여 청정하지 못한 꿈의 경계에 대하여 참회한다. 어떤 사람들은 아침에 깨어날 수 없어 자명종이 다시 울어도 효과를 발휘할 수 없다. 수행자들은 잠자기 전에 마음속으로 굳세게 내일 아침 반드시 몇 시에 깨어나야 한다고 생각해야 한다. 마음의 역량은 불가사의하여 내일 아침 반드시 제때에 깨어난다. 나는 스스로 늘 이러한 체험을 한다. 기본적으로 자명종을 필요로 하지 않으며, 스스로 제때 예정된 시간에 일어날 수 있다. 깨어난 뒤 반드시 즉시 몸을 일으켜야 한다. 그렇지 않으면 다시 혼침에 빠질 수 있다. 새벽에 깨는 즉시 일어나는 습관을 기른 뒤에는 아침에 일어나는 것에 어려움이 없을 것이다.

어떤 사람들은 저녁에 잘 때 늘 악몽을 꾸어 망령된 생각에 흩어져 수행에 많은 장애가 있다. 이러한 것들은 모두 자신이 좋은 습관을 기르지 않은 것이고, 사자의 눕는 방식 등 여법한 자세를 취하지 않은 것이며, 마음속에서도 바른 앎과 바른 마음집중을 지켜 기르지 않은 것이다. 경전에서 "얼굴을 위로 향해 눕는 것은 탐심이 생기기 쉽다. 얼굴이 아래로 향하여 눕는 것은 성내는 마음을 일으키기 쉽다. 온갖 여법하지 않은 눕는 방식은 각종 무명번뇌를 일으킬 것이다."라고 말한다. 사자가 눕는 방식으로 잠자면 무명번뇌를 일으키지 않을 뿐만 아니라 넓은 지혜를 일으킬 것이며, 불가사의한 공덕이 있다. 수행자들 가운데 사자가 눕는 방식으로 잠자는 것이 습관 되지 않은 사람은 지금부터 시작하여 고치는 것이 가장 좋다. 그렇지 않으면 저녁에 자서 아침에 일어나지 못하게 되며, 정신없이 죽어가니 얼마나 안타까운 일인가! 만약 사자의 눕는 방식을 지킨다면, 죽음의 신이 오더라도 두려워할 필요가 없다. 또한 번거롭게 다른 사람이 그대를 위하여 몸을 바로잡을 필요가 없다. 스스로 여법하게 누워 오직 마음으로 왕생 비결을 기억하기만 해도 다른 사람이 기억을 도와주기를 애태울 필요가 없게 된다.

『입행론』의 이 내용에서 말한 것은 우리의 평상시 행위준칙으로, 행주좌와의 자잘한 행위에서 위의를 지녀야만 한다는 것이다. 이러한 것들은 계율에 자세하게 설명되었다. 이 논에서 서술한 것은 그중 주요 부분이다. 우리 수행자가 일상생활에서 반드시 준수해야 하는 행위준칙이다. 각자가 출가자이건 아니면 재가신도이건 간에, 만약 이 내용들의 계율을 잘 배울 수 있다면 반드시 청정하게 지켜야 위의가 사람에게 신심을 일으킬 수 있다. 티베트불교, 중국불교, 혹은 남방불교를 막론하고 어떤 종파의 수행자라도 모두 이 행위준칙을 배워야 한다. 왜냐하면 이것이 불교도의 가장 기초적인 학습 내용이기 때문이다. 수행자들은 중국에서 『사분율』을 배운 적이 있고 숲속에서 머문 적이 있다. 이 논에서 말한 것이 중국불교의 전통과 일치함을 알아야 한다. 수행자들 중 일부는 외국에서 남방불교 상좌부 수행자의 위의를 배운 적이 있으며, 여기에서 말한 것과 같다. 이 논은 대승 논전에 속할지라도 본사 석가모니불이 전한 행위준칙을 포괄하여 받아들였기 때문에 대소승 종파와 구별이 없다.

이러한 위의를 매 수행자는 이치상 마땅히 일상 속에서 여실하게 지켜야 한다. 당연히 초학자에게는 좀 힘든 점이 있다. 그러나 자신이 늘 바른 앎과 바른 마음집중을 지킨다면 반드시 이 준칙들을 원만하게 행할 수 있다. 적천보살은 바른 앎과 바른 마음집중의 장에서 이

위의들을 설명하였으니 그 원인 또한 이와 같은 것이다. 만약 바른 앎과 바른 마음집중으로 삼문을 관조하고 지킨다면 늘 자신을 일깨운다. "현재 나는 무엇을 하고 있나? 부처님께서 우리에게 이렇게 걷고 말하고 밥 먹고 잠자야 한다고 가르쳤다. 나는 마땅히 여법하게 행해야 한다." 이것으로써 이전의 여법하지 못한 습관을 고칠 것이다.

이러한 행주좌와 위의들을 문자로 이해하기는 쉽다. 그러나 여기에서는 우리에게 다만 이해할 뿐인 것을 요구하는 것이 아니라, 수행자들이 여실하게 행하기를 요구한다. 그러므로 여기에서 여러 차례 반복하여 설명하였다. 반드시 수행자들에게 언제 어디서나 이것으로써 자신에게 요구할 것을 일깨운다. 늘 바른 앎과 바른 마음집중을 유지하여 실제 행동에서 여실하게 이러한 내용들을 닦아야 한다. 수행은 무시이래 악습과의 투쟁이다. 그러므로 생활 속의 모든 작은 일에서부터 시작하여 조금씩 쌓아 습관을 들여 나가야 한다. 이러한 위의들에 의지하면 자신의 마음을 반드시 조복시킬 수 있다. 그렇지 않으면 자신의 행위는 나날이 방만해져 자기 마음의 번뇌를 조복시키려 해도 불가능하다. 우리의 행주좌와, 사람과 사물을 대하는 방면에서 만약 여법한 위의를 지킬 수 있다면, 자신의 수행에만 유리할 뿐 아니라 세상 사람들에게도 적극적인 의미가 있다. 만약 위에서 말한 것 같은 위의를 할 수 있다면, 세상 사람들은 반드시 칭찬할 것이며 이를 통하여 믿음과 공경심을 일으킬 것이다.

4) 끝내는 말

菩薩諸行儀 經說無有盡 보살제행의 경설무유진
然當盡己力 修持淨心行 연당진기력 수지정심행

보살의 제반 행위는
경에서 수없이 말씀하셨듯이
힘을 다하여
마음을 정화하고 지키고 닦는 것이어야 한다.

바른 마음집중을 갖추어 마음 닦는 행위를 배우는 과목에서 섭율의계·섭선법계·요익유정계 등 각종 보리심을 수지하는 행위를 강의했다. 이 게송이 총 결어이다.

보살학처는 대승 경전에서 밝힌 것이 한량없다. 중생에게는 갖가지 근기의 소원이 있어서 불보살은 그들을 제도하기 위하여 무량한 가르침과 계를 펴서 끝없는 수행 방법을 보이셨다. 이러한 학처들은 일일이 다 헤아릴 방법이 없다. 6바라밀의 보시를 예로 들면 몸 보시, 법보시, 무외보시, 각 보시의 발심·대상·가행 등 이 수행법은 바다처럼 넓어 끝이 없다. 우리에게 익숙한 『화엄경』「입불사의해탈경계보현행원품」에 보현보살의 10대 행원에서 말한다. "이와 같이 허공계가 다하고 중생계가 다하고 중생번뇌가 다해도, 내가 여기에서 따라 배우는 것은 다하지 않는다." 고승대덕들의 논전에서도 이에 대하여 많은 설명이 있다. 그러나 이 바다처럼 넓은 보살행을 귀납하자면 자기 마음을 청정하게 다스리고 자신의 보리심을 청정하게 하고 원만하게 하는 것과 떨어질 수 없다. 우리 무명의 어리석음에 오염된 범부들의 마음을 청정무구하고 중생을 요익되게 하는 보리심으로 정화시키는 것이 바로 궁극의 수행법이며 다함없는 법문의 유일한 목적이다.

 이 논의 앞부분에서 설명한 각종 마음 닦는 행들은 모두 우리가 늘 바른 앎과 바른 마음집중을 지켜 자기 마음을 지키고 조복시켜 오염에서 멀어지도록 인도한다. 만약 우리가 자기 마음을 지키고 정화시킬 수 없다면, 번뇌가 허술한 것을 틈타 들어와 자기 마음을 오염시킨다. 『허공장경』에서 말하되 "문풍지의 틈이 생겼을 때 바람이 바로 불어들어 올 것이다. 마음이 더러워졌을 때 악마의 무리가 틈탈 만한 기회가 될 것이므로, 보살은 반드시 자기 마음을 정화시켜야 한다."라고 하였다. 우리가 만약 늘 바른 마음집중을 지킬 수 없으면, 오염된 생각이 조금 일어났을 때 악마 대중이 즉각 기회를 얻어 우리의 선법 공덕을 무너뜨린다. 이 때문에 모든 역량을 다하여 마음을 정화시키는 각종 행의를 닦는다. 이러한 행의 종류는 비록 무량하고 끝이 없어 우리 초학자가 일일이 다 할 수 있는 방법은 없을지라도, 이 논의 앞에서 이미 우리들을 위하여 기본 방법을 나열하였다. 이러한 방법들은 우리가 바른 앎과 바른 마음집중으로 자기 마음을 조복시키고 청정하게 하도록 보살학처의 근본을 꽉 잡을 수 있게 인도한다. 우리가 늘 이 근본을 잡고 있다면, 자신의 수행이 진정 보살도에 부합할 수 있어 모든 행위가 의미 있도록 변화시킨다. 만약 이 근본을 잃는다면, 각자가 하루 종일 경을 읽고 좌정하고 예배하고 많은 법을 닦아도 선법을 흉내 내는 것일 뿐이다.

 우리는 외부환경의 모양에 집착해서는 안 된다. 표면적인 모양이 얼마나 당당한가에 상관없이, 마음이 청정하지 않으면 진정한 선법에 속하지 않는다. 진정한 선법은 청정한 원력을 발하는 것이다. 역대 고승대덕의 가장 수승한 가르침들은 모두 수행인이 마음을 닦아야 함을 가르치고 경계한다. 청정심을 수지하려면 늘 자기 마음을 관찰하여 마음이 청정 지혜와 자비를 유지하게 하고, 번뇌 오염이 일어날 때 즉각 바른 앎과 바른 마음집중으로 다스려야 한다. 적천보살은 여기에서 "우리는 모든 역량을 다해 이러한 행위의 근본인 자기 마음을 청정하게 닦아야 한다."라고 말한다. 행行자를 빼더라도 이것이 우리 모든 보살학처의 중심이다.

  수행인이 마음의 흐름 가운데 만약 늘 번뇌에 오염되어 있다면 악업은 끊임없이 쌓이고 선업은 하루하루 적어진다. 그러면 수행자라고 할 수 없으며 세간의 악업을 짓는 보통 중생들과 차이가 없다. 세간의 지혜로운 사람들은 매일 세 차례 자신의 언행과 마음을 살펴 악을 제거하고 선으로 향하게 한다. 우리는 출세간의 수행자가 되어 만약 몸과 마음을 살필 수 없다면 부끄러워해야만 하지 않겠는가?

  당연히 우리 보통사람들은 비록 힘을 다해 닦더라도 때론 번뇌가 일어나는 것을 벗어나기 어려워 잘못을 저지른다. 이때 마땅히 제때에 다스리고 참회하여 청정심을 지켜야 한다. 아래에서 적천보살은 또한 우리를 위하여 죄업을 참회하고 정화하는 방편을 설명한다.

4. 계학을 원만히 실천하는 기타 요점

1) 널리 설함

(1) 계학으로 정화하는 인연

> 晝夜當各三 誦讀三聚經 주야당각삼 송독삼취경
> 依佛菩提心 悔除墮罪餘 의불보리심 회제타죄여
>
> 매일 아침저녁으로 각각 세 차례
> 『삼취경』을 독송하라.
> 부처님의 보리심에 의지하여
> 근본 타락죄 이외의 나머지 죄를 참회하고 제거해야 한다.

만약 죄업을 참회하는 법문이 없다면 우리 수행자들은 분명 성취할 방법이 없다. 초학자는 갖가지 업연 때문에 앞에서 말한 율의에 대하여 범하고 저촉하는 것을 벗어나기 어렵다. 그래서 우리는 매일 참회를 닦아 청정법으로 돌아가야 한다. 참회를 닦는 횟수는 아침과 저녁 각 세 차례이다. 시간을 고정하지 않아도 괜찮지만, 가장 좋은 것은 새벽, 오전, 오후, 초저녁, 저녁, 늦은 저녁 6시에 각각 한 차례 참회하는 것이다.

이전의 대수행자들은 이 방면에서 우리에게 많은 본보기를 남겨주셨다. 그들은 매일 법을 닦고 참회하는 시간을 고정했을 뿐만 아니라, 자신의 삼문 행위가 여법하지 않은 것을 발견할 때마다 또한 즉각 참회를 닦았다. 우리는 최소한 아침저녁 두 차례의 참회 수행은 지켜야 한다. 만약 실제로 하지 못한다면, 매일 한 차례는 반드시 닦아야 한다. 만약 이것도 할 수 없다면 수행자라고 할 수 없게 된다. 만약 범부라면 아침부터 저녁까지 지은 죄업을 세려고 해도 셀 수 없기 때문이다. 『지장보살본원경』에서 "남섬부주 중생들은 마음이 일어나면 업이 아닌 것이 없고 죄가 아닌 것이 없다."라고 말한다. 이렇게 많은 죄업을 만약 제때에 참회하지 않는다면 어떻게 청정심을 지킬 가능성이 있을 수 있겠는가?

참회를 닦는 방식은 『삼취경』을 낭독하는 것이다. 『삼취경』은 바로 우리가 통상 읽는 『삼십오불참죄문』이다. 본문 내용에 예참, 수희, 회향 등 세 가지 수행법이 있기 때문에 『삼취경』이라고 부른다. 티베트 불교에서 수행자는 이를 특히 중시하여 화지 린포체는 『대원만전행』에서도 언급하였다. 만약 밀종 참회 의궤를 독송하고 닦을 능력이 없다면 『삼취경』을 읽어 죄업을 참회하는 것이 가장 좋다. 한문 『대장경』에는 이 참회문에 몇 가지 번역본이 있다. 그러나 큰 차이는 없다.

나는 이전에도 여러 차례 언급한 적이 있다. 수행자들이 이 참회문 독송으로 매일 아침저녁의 일과로 삼길 바란다. 이 참회 의궤는 매우 수승하다. 왜냐하면 삼십오불이 보살행지에서 발심했을 때, 특히 장래 중생의 죄업 장애를 없애려 한다고 발원하였기 때문이다. 이 참회 의궤를 닦는 사람은 부처님과 보리심에 의지하여 근본 타락죄 이외의 나머지 죄를 참회하고 제거할 수 있다. 삼십오불의 원력과 가피에 의지하고 자신의 보리심에 의지하여 근본 타락죄 이외의 각종 죄업을 청정하게 할 수 있다. 근본 타락죄는 그 나머지 참회 방법에 의지하여 역시 참회할 수 있다.『학집론』에서 말하되, "꿈에서 허공장보살을 친견하고 현전에 안주하여 참회를 구하였다."라고 하였다. 허공장보살 수지를 통하여 근본 죄에 떨어지는 것을 참회한다. 근본 타락죄 이외 보살계의를 위배한 죄, 예를 들면 중하 두 품이 범한 죄, 사십오악이 지은 여러 죄업은『삼취경』에 의지하여 참회하여 청정해질 수 있다. 본사 석가모니불이『미륵사후경』에서 "자씨여, 후오백세에는 정법이 쇠미해진다. 자칭 내가 보살이라고 하는 경우가 있다. 저들은 신·구· 의 업을 지키지 못하여 중죄를 많이 짓고 악업을 많이 행한다. 나는 지난날 지은 모든 악업을 청산하기 위하여『삼취경』의 법문을 말한다." 라고 말하였다. 여기에서『삼취경』의 중요성과 작용을 아주 분명하게 설명하였다.

『우파리소문경』에서도 말하되, "만약 보살이 오무간 죄를 범하여 여자로 태어난 죄에서 나머지 죄를 짓는 것에 이르기까지, 바로 삼십오 불에게 밤낮으로 홀로 간절하게 참회해야 한다."라고 하였다.『삼취 경』의 작용은 이처럼 중요한데, 애석하게도 어떤 사람들은 이에 대하여 조금도 중시하지 않는다. 흐릿하게 계를 받고서 매일 계를 범하고 죄를 짓는다. 그러나 그들은 참회 방법조차도 알지 못하고 또한 죄업을 참회한다는 생각을 한 적도 없으니, 이러한 사람들은 확실히 매우 불쌍하다.

『정계대승경』에서 말하되, "오랜 세월 동안 한량없는 몸으로 여러 무거운 업을 쌓고 지었으니, 자성죄 지은 것을 참회하여 죄업과 장애가 다시 생기지 않고 늘어나지 않는다."라고 하였다. 오랜 세월 생사윤회 속에서 끝없는 죄업을 지었다. 만약 스스로 참회하거나 거듭 계를 받으면, 원래의 죄업이 다시 생기지 않고 늘어나지 않을 것이다. 경에서는 비유로 설명하였다. 바다로 가서 보물을 찾는 상단 주인은 만약 배가 부서지면, 본래는 바다 속에 빠져 죽을 것이다. 그러나 그가 만약 부서진 배의 널빤지를 잡고 있으면, 또한 순리대로 언덕에 도달하여 새로운 삶을 얻을 수 있다. 마찬가지로, 근본 계를 깬 사람은 본래 지옥에 떨어진다. 그러나 그가 만약 대비심에 의지하여 참회하고 율의를 거듭 지킨다면 악도에 떨어지지 않을 것이다. 뿐만 아니라 순리대로 선도의 피안에 도달할 수 있다. 말법 시대의 많은 중생은 이 교증을 본 뒤에 신심이 생겨야 한다. 우리 말법 시대의 중생은 번뇌가 깊고 무겁기 때문에 어떤 사람들은 불법을 배운 뒤, 별해탈계인지 보살계인지를 막론하고 모두 저촉되고 범한 점이 있다. 본래 이러한 심각한 죄업을 지으면 악도에 떨어진다. 그러나 이 사람이 보리심을 버리지만 않는다면, 삼보와 보리심의 가피에 의지하여 타락하지 않을 뿐만 아니라 순리대로 저 언덕에 도달할 수 있다.

　참회는 각 타락죄를 범한 사람들에게 해탈의 기회를 제공한다. 일반 수행자의 입장에서 말하자면『삼취경』을 염송하는 것이 가장 상응하고 유력한 참회 방법이다. 우리는 늘 보살율의의 죄업들을 범하기 쉬운데, 이 참회 방법에 의지하여 청정하게 할 수 있다. 이렇게 중요한 수행법을 수행자들 모두가 더욱 중시하기를 희망한다. 티베트 지역의 각 파에서 닝마파와 겔룩파의 수행자들은 이에 대하여 특히 중시하고 쫑카빠 대사는 직접 삼십오불 참회문을 지었다. 중국 정토종의 아침저녁 예불에서도 이 경문을 독송한다. 그러나 평상시 염송하는 사람은 현재 매우 적은 듯하다. 수행자들 각자가 스스로 죄업을 참회하고자 하는 수행자라고 느낀다면 매일 끊임없이 염송 수행하는 것이 가장 좋다.

爲自或爲他 何時修何行 위자혹위타 하시수하행
佛說諸學處 皆當勤修習 불설제학처 개당근수습

자신이나 타인의 이익을 위하여,
어떤 상황에서 어떤 법을 닦는가를 막론하고,
부처님께서 말한 학처에 따라
모두 정진 수학해야 한다.

우리 대승보살은 학처를 원만하게 지켜야 한다. 우선 죄업을 청정하게 해야 하는데, 이 죄업 참회 수행에서는 결코 매일 『삼취경』이나 '금강살타 심주'를 염하기만 하면 괜찮은 것이 아니다. 전면적이고 원만하게 각종 학처를 닦아야 한다.

'자신이나 타인의 이익을 위하여'는 우리가 자신과 중생을 위하여 무시이래의 고통스런 윤회 속에서 해탈하는 것을 설명한다. '어떤 상황에서 어떤 법을 닦는가를 막론하고'는 우리는 언제 어떤 법문을 닦는가를 막론하고 발심에서부터 성불에 이르기까지의 모든 수행이 내재하고 있는 것을 포괄한다. 이러한 것들은 모두 '모두 부처님께서 말한 학처'에 따라야 한다. 부처님께서 경전에서 가르친 것을 행한다.

티베트 경에서 부처님께서는 대승보살의 학처에 대하여 매우 세밀하게 설명하였다. 범부가 어떻게 발심하는가, 발심한 뒤 어떻게 길을 걷고 밥 먹는가, 마음의 동요를 관조하는 것 등에서부터 십지를 거쳐 불과를 증득하기까지 모든 수행법을 여리여실하게 우리에게 분명하게 설명하였다. 예를 들어 『보운경』에서는 수행자가 도시나 다른 지방에 갔을 적에 어떤 행의를 닦아 중생을 제도해야 하는가를 자세하게 설명하였다. 『화엄경』「정행품」에서는 대승 수행자의 일상생활 속 141가지 행위 발심에 대하여 더욱 상세하게 서술하였다.

부처님께서 말한 이러한 학처는 학인들이 듣고 생각한 뒤, '정근 수학하여야만' 하므로 점점 절실하게 집행할 것을 요구한다. 만약 귀를 쫑긋 세우고 한번 들어보고 그러한 뒤에 한쪽에 던져버리는 것일 뿐이라면, 이렇게 하는 것은 어떤 작용도 일으킬 수 없을 것이다. 마치 『수목격언水木格言』에서 말한 것과 같다. 물을 돌 속으로 스며들게 하는 것은 백 년이 지나도 효과가 없다. 혹은 곰이 옥수수 막대기를 비틀어 하나를 따내고 하나를 버리면, 최후에는 하나도 먹지 못하는 것과 같다. 우리가 단지 경론 전승을 듣고 법본을 수집하기만 할 뿐 실제로 닦지 않는 것은 역시 큰 의미가 없다.

우리가 만약 이 가르침들을 잘 알아 늘 그것으로 헤아리고 자신에게 요구하여 성실하게 실제로 닦을 수 있다면 매우 빠르게 여법한 수행자로 변할 것이다. 나는 이 수행법이 주로 의지하는 것은 지혜가 아니라고 생각한다. 어떤 사람들은 결코 높은 지혜를 가지고 있지 않지만, 그는 상사 선지식의 가르침을 진정한 마니보처럼 여겨 정대하고 성실하게 모든 학처를 받들어 행하면 공덕 역시 끊임없이 늘어난다. 어떤 사람들은 바라는 수준은 높지만 실제 능력은 없으니 작은 부분에서부터 착수하여 닦으려고 하지 않는다. 어떤 사람들은 도중에 포기한다. 이 두 가지는 우리가 수행하면서 결연하게 끊어버려야 하는 잘못이다. 왜냐하면 『입행론』에서는 지혜장 이외에 설명하는 것이 매우 깊은 견해가 아니라 주로 마음, 구체적 행위가 인도하는 것이기 때문이다. 뿐만 아니라 아주 세밀하게 수행자의 평상시 여법하지 않은 마음과 행위를 자세하게 설명하였다. 우리가 만약 바라는 수준은 높지만 실제 능력은 없는 것이 아니고 또 포기하지 않으며 아주 성실하게 가르침에 따라 행한다면, 단지 그중의 한 게송에서 말한 요구를 행할 뿐이라고 하더라도 그것은 마니보보다도 더 가치가 있다.

佛子不需學 畢竟皆無有 불자불수학 필경개무유
善學若如是 福德焉不至 선학약여시 복덕언부지

보살에게 오명五明 등
필요하지 않은 지식은 하나도 없다.
좋은 방편으로 모든 학처를 배우고 닦는 수행자는
복덕이 어찌 신속하게 늘어나지 않을 것인가?

수행자가 위없는 보리심을 발한 뒤, 많은 유정을 이롭게 하기 위하여 넓은 지식을 배워야 한다. 예를 들면 내명內明·인명因明·성명聲明·공교명工巧明·의방명醫方明 및 소오명小五明 등처럼 세·출세간의 온갖 학문을 반드시 배우고 정통해야 한다. 부처님께서는 보살행을 반드시 오명五明 속에부터 찾아야 한다고 말하였다. 맥팽 린포체는 『명경론明

鏡論』에서 역시 오명을 배운 공덕을 찬탄하였고 아울러 경전을 인용하여 말하였다. 십지 위를 얻은 보살도 오명을 배워야 하는데 하물며 우리 아직 등지登地하지 못한 수행인에 있어서이랴!

세·출세간의 모든 학문을 닦아 만사만물에 실상과 진리에 통달하는 것은 대승 수행자가 중생을 이롭게 하고 일체지지를 증득하는 길이다. 미륵보살은 『경관장엄론經觀莊嚴論』에서 말하였다. 만약 오명에 정통하지 못하다면 성자도 일체지지 과위를 얻지 못할 것이다. 불교 역사에서 그러한 대승 불법을 닦은 고승대덕들은 이 방면에서 우리에게 많은 본보기를 남겨주었다. 맥팽 린포체처럼 내명 방면에서 스스로 일체 현밀경속顯密經續에 통달하였으며, 세간 학문 방면에서는 성명에서 목축업 등에 이르기까지 각종 세간 기예 학문들에 치밀한 저술을 남겼다.

중국불교사에서 당대 일행一行 선사는 국내외에 이름을 날린 천문학자이다. 명대 묘봉妙峰 선사는 건축 공정·주조 방면에서 역시 훌륭한 전문가이다. 우리가 고승대덕의 전기를 번역하면 많은 유사한 기록을 발견할 수 있다. 중생을 이롭게 하기 위하여 그들은 출세법을 닦았을 뿐만 아니라 세간법 방면에서도 정통할 필요가 있었고, 심지어 어린아이들의 놀이에 대해서도 배우려고 했다. 역시 이러한 원인에 기초한 것이라고 말할 수 있다. 『육조단경』에서 말하였다. "불법은 세간에 있어, 세간의 깨달음에서 벗어나지 않는다. 세상을 떠나 보리를 찾는 것은 마치 토끼 뿔을 구하는 것과 같다."

보리심을 발한 수행자가 만약 세·출세간 학문 기예를 정근 수학한다면 복덕이 시시각각 늘어난다. 그가 배운 모든 지식, 예를 들면 의술·목공·시계 수리·소 기르기·농사짓기 등의 지식 기술은 그로 하여금 어떤 직업의 사람을 만나더라도 '동료'가 되게 할 수 있으며, 그들을 이롭게 하고 제도하는 방편이 될 수 있다. 보살이 세간 학문을 학습하는 것은 세간의 일반 사람들과 같지 않다. 세간의 발심이 청정하지 않은 사람들은 그들이 세간 학문을 배운 것이 중생과 자기에게 모두 이익이 있지 않을 것이다. 그러나 대승보살은 보리심으로 섭지하여 그들이 배운 일체가 중생을 이롭게 하는 역량으로 바뀔 수 있다. 티베트인의 속담에 "지혜로운 사람은 선교방편으로 섭수하여 일체가 지혜로 변한다. 의술이 고명한 의사의 눈에는 모든 초목이 약재이다."라고 말한다. 대승보살이 배운 모든 학문은 중생을 제도하는 선교방편으로 변할 것이다. 이 때문에 그 지식이 많을수록 자량을 쌓는 것도 빠르고 많다.

우리는 몇 부 경론을 듣고 사유하고 한두 개의 의궤를 염할 줄 안다고 스스로 한 법문을 전문적으로 닦는 것이 충분하다고 여겨서는 안 된다. 넓은 자량을 쌓아 여래 과위를 얻고 다른 중생을 섭수하고자 한다면, 반드시 세·출세간의 모든 학문을 널리 듣고 두루 배워야 한다. 배운 것이 많을수록 자타 중생들에게 더욱 이익이 될 것이다.

直接或間接 所行唯利他 직접혹간접 소행유리타
但爲有情利 回向大菩提 단위유정리 회향대보리

직접 혹은 간접을 막론하고
일체 행위는 타인을 이롭게 하기 위한 것이어야 한다.
뿐만 아니라 유정을 이롭게 하기 위하여

일체 공덕은 모두 무상대보리에 회향한다.

우리가 무상보리심을 내어 대승보살도로 들어간 뒤, 배우고 행하는 것들은 모두 타인을 이롭게 하기 위한 것이고 끝없이 윤회하는 중생이 해탈을 얻도록 하기 위하여 행하는 것이어야 한다. 이외에 다른 일을 해서는 안 된다.

중생을 이롭게 하는 사업은 일반적으로 두 가지로 나뉜다.

하나는 직접 중생을 이롭게 하는 것으로, 이를테면 경을 강의하고 법을 전하여 중생이 악을 끊고 선을 행하도록 인도하는 것이다. 혹은 의식 재물을 보시하는 것, 살해되려는 유정을 구제하여 방생하는 것 등이다. 직접적으로 중생을 요익되게 할 수 있는 많은 방법이 있다. 방생과 관련하여 나는 줄곧 수행자들에게 간절하게 권면하니 자신의 능력을 다해 행해야만 한다. 각자의 발심이 청정하거나 청정하지 않거나를 막론하고 중생이 살해됨을 당하여 두려워하고 고통스러워할 때, 만약 당신에게 그들을 구제해 줄 방법이 있다면 그것이 바로 직접적으로 중생을 제도하여 그들이 두려움과 공포 속으로부터 해탈을 얻게 하는 것이다. 이 과정에서 방생 의궤로써 그들을 지켜주어 그들이 부처님의 명호나 진언을 듣게 하면 궁극에 해탈하여 성불하는 종자를 심는 것이다. 또한 잠깐의 의궤 염불 행위로 인천선도에 태어나는 복보를 얻는다.

중생을 직접 이롭게 하는 이러한 선법은 우리가 어떤 곤란함을 만나더라도 느슨하게 해서는 안 된다. 설령 한 중생의 생명을 구하는 것일 뿐이라 하더라도 수행자들이 정진 노력할 만한 가치가 있다.

나는 수행자들이 이러한 능력을 구족하고 있다고 생각한다. 설령 가장 평범한 출가자나 신도라 하더라도 수행자들은 다른 사람에게 방생을 권하거나 스스로 몇 생명을 해탈 구원할 능력을 가지고 있다. 현재 이 시대는 방생이 가장 직접적이고 가장 행하기 쉬운 중생 구제이다. 뿐만 아니라 불법을 전도하는 것에도 매우 깊고 큰 의의를 가지고 있다.

각각의 중생 입장에서 말하자면 생명은 자신의 가장 귀한 보물이다. 만약 생명에 위협을 만났을 때라면, 그 나머지 일체는 기꺼이 버리기를 원한다. 소·양 등의 동물은 도살될 때 모두 방울방울 눈물을 흘린다. 죽음을 두려워하는 감정은 우리 인류와 조금도 다르지 않다. 가령 수행자들이 직접 이러한 참상을 보거나, 혹은 여기에서 자신이 그들과 같은 환경에 처했다고 관상한다면, 참기 힘든 자비와 연민이 반드시 자연스럽게 생겨날 것이다. 이때 우리는 왜 아주 빠르게 그들에게 구원의 손을 뻗지 않는가!

직접 중생을 요익되게 하는 것은 능력을 구비한 고승대덕이라면 무량한 좋은 방편을 가지고 있다. 예를 들면 관정·전법·경전 강의·법 닦기 같은 방법으로 그들에게 가피하고 인도함을 통하여 무량 중생이 안락으로 들어가고 해탈 피안으로 들어간다. 그러나 불법을 처음 배운 범부들은 이러한 능력이 없다. 이때 다른 방식을 취할 수 있다. 즉 간접 방식으로 중생을 요익되게 한다. 이 방식은 자신이 성실하게 보리심을 내고 부지런히 듣고 사유하고 수행하는 등을 포괄한다. 이 일체가 모두 간접적으로 중생을 이롭게 하는 것이다.

직접·간접에 상관없이 우리의 행은 타인을 이롭게 하는 행위여야만 한다. 본사 석가모니불은 『반야섭송』에서 "보살의 신·구·의 삼문 행위는 전부 이타적인 행위이며, 중생이 안락과 이익을 얻는 원인이어야 한다."라고 말한다. 만약 우리의 모든 마음과 언행이 중생을 이롭게 할 수 있다면, 자신이 대승 불법을 닦는 것은 확실히 큰 의의가 있다. 만약 표면적으로는 타인을 이롭게 하는 데 있지만 실제적으로 그 발심이 자신을 이롭게 하기 위한 것이라면, 이러한 행동은 대승 불법과 거리가 매우 멀다. 범부는 강렬하게 자아에 집착하여 일체 행위가 모두 자신의 이익을 둘러싸고 있다. 그러나 대승보살은 강렬한 보리심 원으로써 그의 매 순간 행위에서부터 꿈속의 심행에 이르기까지 모두 중생을 이락利樂하게 하기 위한 것이며, 또한 중생 안락의 인因이다. 우리는 자세하게 자신의 삼문 행위를 관찰하고 자리와 이타를 구분하여 대승보살의 경계에 접근하도록 노력해야 한다. 중생을 요익되게 하는 진실하고 견고한 심원이 생긴 뒤 자신의 언행은 힘 있게 중생을 이롭게 할 수 있다.

　보살행을 닦는 중에 모든 선법 공덕은 조금도 남김없이 중생에게 회향하고 자타 궁극 보리에 회향해야 한다. 공덕이 크고 작음에 상관없이 우리가 이러한 발원과 회향을 할 수만 있다면, 불가사의한 공덕이 있어 중생에게 헤아릴 방법이 없는 이익이 있을 것이다. 이 점은 『화엄경』등 많은 경론에서 매우 분명하게 설명하였다. 앞에서 7지 공양을 설명할 때 역시 말하였다. 발원 회향은 선법 공덕을 총집시킬 수 있다. 역량을 집중시켜 소원을 성공시키는 것은 중생을 요익되게 하는 가장 수승한 방편법이다. 우리 범부들은 잠시도 중생을 널리 이롭게 할 능력이 없지만, 방편법을 닦음으로 인하여 삼보의 불가사의

한 가피력과 자신의 청정 원력의 역량으로써 중생에게 광대한 이익이 있게 된다.

 공덕을 무상보리에 회향하면 역량을 집중하여 신속하게 목표에 도달할 수 있고 또 자신의 공덕 선근을 지켜 훼멸시키지 않을 수 있다. 보리를 얻기 전에 이 선근은 소실되지 않을 뿐만 아니라 점점 늘어나는 데에 이를 것이다. 이를테면 『대집경』「무진의보살품」에 말한, "비유하자면, 하늘에서 내리는 빗방울 하나가 바다에 떨어지면 그 방울이 비록 보잘 것 없지만 끝내 없어지지 않는다. 보살 선근이 보리로 향하기를 원하는 것 역시 또 이와 같이 없어지지 않는다."라고 한 것과 같다.

 이 논 제1품과 제3품에서도 회향의 공덕을 말하였다. 우리가 어떤 착한 일을 하건 간에 즉시 무상보리에 회향하는데, 이 선근은 성불에 이르기까지 없어지지 않을 것이다. 뿐만 아니라 끊임없이 늘어나 자신과 타인에게 다함없는 이익을 가져올 것이다. 이러한 수승한 방편을 우리는 반드시 뛰어나게 통달하고 늘 운용하여 자신의 일체 이타행이 조금도 남김없이 무상보리도에 모이게 해야 한다.

舍命亦不離 善巧大乘義 사명역불리 선교대승의
安住淨律儀 珍貴善知識 안주정율의 진귀선지식

생명을 버릴지언정
대승법의를 따를 것이며
청정한 보살율의와
진귀한 선지식을 버리지 않는다.

대승불법을 닦으려면 반드시 대승 선지식이 보살계와 대승법의를 전수하는 것에 의지해야 한다. 선지식의 가피 인도에 의지하여야 자신이 비로소 순리대로 통달할 수 있고, 아울러 대승보살행의 실행에 들어가야 비로소 수행 공덕을 일으킬 수 있다. 이 때문에 여법하게 대승 경계를 얻은 선지식에 의지하는 것이 대승 수행자의 일체 공덕이 나오는 곳이며 수행의 핵심이다. 보리행을 원만하게 하고 싶어 하는 모든 수행자는 차라리 생명은 버릴지언정 선지식을 떠날 수는 없다.

대승의 상을 갖춘(具相) 선지식은 마땅히 두 가지 조건을 갖추어야 한다.

첫째, 대승법의에 정통하는 것이다. 그는 대승법의에 충분히 정통하여 보살학처에 대하여 통달할 수 있으며, 제자를 섭수하고 인도할 수 있다. 만약 그가 박학다문이 아니라면, 역시 대승법문 전체에 대하여 일정한 이해가 있어 그 안의 내외 밀의에 통달해야 한다.

둘째, 반드시 청정 보살율의에 안주해야 한다. 대승율의는 요컨대 원행보리심에 포괄된다. 만약 대승 선지식이 마음의 흐름 가운데 큰 자비심을 가지고 수승한 보리심을 구족한다면 청정계율의 기초가 생긴 것이다. 만약 보리심을 갖추지 않는다면, 그 누가 의지하더라도 실제로 어떤 이익을 얻을 수 없다. 진정 상을 갖춘 대승 선지식은 반드시 대비와 지혜를 포함하는 진실한 보리심을 구족해야 한다. 이러한 상사가 진정한 여의보이니 천백만 겁 동안에도 만나기 어렵다. 만약 이러한 선지식의 섭수를 얻었다면, 스스로 가령 운명의 고난을 만나더라도 역시 곁을 떠날 수 없다.

『사법경四法經』에서 말하되, "보리심이 생겨난 후에 운명의 고난을

4. 계학을 원만히 실천하는 기타 요점

만날지라도 진귀한 선지식에 의지해야 한다."라고 하였다. 상사에 의지하는 공덕과 필요성, 의지하는 방법을 우리는 이미 반복해서 말하였고 역대 전승 상사도 우리에게 많은 가르침을 주었다. 대승법문에서 만약 학인이 자격을 갖춘 선지식에 의지하지 않는다면 부처님의 가르침의 요의 차제 수행을 전면적으로 이해하고 섭렵할 방법이 없다. 선지식의 가피가 없다면 스스로의 마음의 흐름 가운데 청정 성숙을 얻기 어려워 범부의 습관으로부터 해탈할 방법이 없고 수행도 시종 성공할 방법이 없다.

　대승 선지식은 우리 보리도상의 인도자이고, 가르침과 가피의 근본이며, 우리가 불법을 닦는 요점이다. 그러므로 부처님께서는 우리에게 차라리 생명을 버릴지라도 상사를 떠나서는 안 된다고 알려준다. 그러나 현재 불법을 배우는 많은 사람들은 상사가 말한 것이 다소 그의 마음에 부합되지 않은 점이 있거나, 혹은 그가 상사 가르침의 밀의를 잘못 알아 번뇌가 일어나면 바로 상사를 버리고 심지어 상사를 비방한다. 그들이 상사를 선택하는 것은 슈퍼에서 상품을 고르는 것과 같다. 뿐만 아니라 현재 이러한 사람들이 특히 많다. 이러한 행위의 죄과는 헤아릴 수가 없으니, 역시 법을 닦는 과정에서 가장 큰 악연과 불행이다. 우리들 중 어떤 사람들에게는 아마도 이와 유사하여 여법하지 않은 부분이 많이 있을 것이다. 수행자들이 마음의 흐름을 잘 살펴 이러한 번뇌 악업을 참회하길 바란다.

(2) 마땅히 배워야 할 범위

應如吉祥生 修學侍師規 응여길상생 수학시사규
此及餘學處 閱經卽能知 차급여학처 열경즉능지

『화엄경』의 덕생동자 해탈법문에서처럼
스승에게 의지하는 방법을 배워야 한다.
스승을 모시는 방법과 보살학처에 관련하여
대승 경전을 읽고 알아야 한다.

어떻게 선지식에 의지할 것인가에 관련하여 『화엄경』의 길상생전吉祥生傳 경문에서 비교적 자세하게 서술하였다. 길상생(덕생동자)은 선재동자 53참례자 중의 한 선지식이다. 그 경문에는 선재동자가 길상생자와 길상혜녀를 참방한 것을 기재하였다. 그들은 선재동자에게 어떻게 선지식에 의지하는가를 알려준다. 선재동자는 가르침에 따라 많은 선지식을 참방하였고, 미륵보살의 비밀 국토에 들어가고, 최후에는 또 문수보살에 의지하여 모든 법문에 통달한다. 선재동자는 이로 인하여 선지식에 의지하는 무량 공덕을 찬양하였다.

우리가 선지식에 의지하는 과정에서는 경에서 말한 원칙을 따라야 한다. 모든 고행을 두려워하지 않고 모든 삿된 견해와 악연을 없애고 여법하게 스승 섬기는 법을 닦는다. 그대들 대부분은 『화엄경』을 보았다. 나는 이전 오대산에 있을 때 역시 한문본 『화엄경』을 열람한 적이 있다. 선재동자가 선지식에 의지한 경력을 보고 스스로 확실하게 큰 수확이 있었다.

선재동자가 의지한 선지식 중에는 각양각색의 화현보살이 있었다. 예를 들면 승시바라문은 어리석은 마음이 매우 심각하게 나타났고, 또 감로파왕은 마왕의 방식을 보여 대단히 성내는 마음을 나타내었다. 또 파수밀다는 기녀의 모습으로 세간에 나타났다. 만약 우리의 상사가 이러한 모양을 나타낸 것을 본다면 아마 즉시 삿된 견해를 일으킬 것이다. 그러나 선재동자는 길상생 선지식의 스승을 섬기는 가르침을 굳게 지켜 조금도 삿된 견해를 내지 않고 청정심으로 여법하게 이들 대선지식에 의지하여 결국 성취를 얻었다. 우리가 만약 또 이러한 청정심으로 생명을 버리고 상사에 의지할 수 있다면, 상사의 마음의 흐름 가운데의 일체 지혜가 자신의 마음의 흐름 가운데 신속하게 일어날 수 있다.

　스승을 모시는 방법과 보살학처에 관련하여 대승 경전을 읽고 알아야 한다. 선지식에 의지하는 이러한 학처, 그 나머지 모든 보살학처와 관련하여 대승 경전을 열독하기만 하면 이해할 수 있다. 이 논에서는 보살계의 구체적 계의 모습에 대하여 자세하게 설명하지 않았다. 여기에서 설명한 것은 바른 앎과 바른 마음집중으로 보살계를 지키는 근본 방법이다. 보살계의 구체적인 학처에 관하여는 대승 경전의 『화엄경』과 『보운경』에 비교적 상세하게 서술하였다. 기타 『지장경』·『대승사법경』 등에도 서술이 있다. 적천보살은 여기에서 우리에게 이 수승한 경전을 열람하고 대승보살의 구체적인 학처를 배워야만 한다고 알려준다.

　대장경을 열독하는 것과 관련하여 나는 늘 생각한다. 현대의 불제자는 확실히 이 방면에서 매우 부끄러울 정도로 수준이 떨어진다. 세상 사람들 대부분은 자신이 종사하는 직업의 지식에 대하여 광범하고 전면적으로 배우는 것 같다. 그런데 우리는 불제자가 되어 십 부 경전에 통달한 사람도 매우 적다. 티베트 대장경에서 본사 석가모니불께서 설한 경전이 티베트어로 번역된 것이 108상자에 있다. 전부를 말할 필요도 없고 진정으로 그중 한 상자에 정통한 학인도 매우 적다. 중국에서 불법을 배우는 사람 가운데에도 여러 경전에 통달한 사람이 매우 적다. 본사 석가모니불께서 후인들에게 이렇게 많은 경전을 펴셨는데, 우리가 여러 부에 학습하여 통달하는 것은 말할 것도 없고 많은 사람들은 경전을 본 적조차도 없이 죽는다면, 가까스로 원만한 사람 몸을 얻었는데 백천만겁 동안 만나기 어려운 수승한 보전들을 열람할 기회를 잡지 못하니 대단히 애석한 일이다. 우리가 소승·대승 경전을 막론하고 늘 열독하여 분별을 부처님의 지혜 바다 속으로 융합해 들어가게 하여, 장기적으로 이렇게 훈습되면 자기 수행에 반드시 지대한 진보가 있을 것이다.

經中學處廣 故應閱經藏 경중학처광 고응열경장
首唐先閱覽 尊聖虛空藏 수당선열람 존성허공장

경장에서 보살학처를 광범하게 폈으므로,
경전을 읽는 데 부지런해야 한다.
근본 타락과 참회법을 상술한
『성허공장경』을 먼저 열람해야 한다.

대승 경전에서는 상세하고 광범하게 보살학처를 설명하였다. 보살의 각종 행의 세부 사항에 대하여 역시 아주 정미한 찬술이 있다. 우리가 이러한 구체적인 수행방법들을 이해하려면, 경장에 깊이 들어가 열람에 정진해야만 한다. 그러나 경장은 넓고 광범한데, 어느 곳부터 시작하여 보는가? 만약 각자가 진정 대승보살학처를 이해하고 싶다면, 우선 『성허공장경聖虛空藏經』을 열독해야 한다. 이 경에는 또 다른 번역본이 있는데 『허공장반야바라밀경』이라고도 부른다.

경에서는 주로 보살 근본 타락죄와 참회하여 청정함으로 돌아가는 방편을 설명하였다. 허공장보살의 특별한 공덕 위력에 의지하여 수학자의 계율을 원만하고 청정하게 한다. 그러나 현재 중국의 불교를 배우는 사람들은 이 경에 대하여 거의 중시하지 않는 것 같다. 중국불교를 관찰하면, 주로 배우는 것이 『무량수경』·『금강경』·『법화경』 등 늘 보는 몇 부 경뿐인 것 같다. 많은 사람들이 이미 출가한 지 몇 년이 되었지만 많은 경을 열람하였다고 말하지 못한다. 10부 경의 명칭조차도 본 적이 없고 또 들은 적도 없는 출가인이 많다. 구마라집·의정·현장 등 대번역가들이 매우 정성을 다해 번역해낸 보전을 현재 중시하는 사람이 매우 적은 것 같다.

우리가 불법을 닦고 생활하는 과정에서 많은 난제들을 급하게 해결해야 한다. 만약 경론을 열람할 수 있다면, 반드시 상사에게 물어야 해결할 수 있는 것은 아니다. 부처님과 지난날의 대성취자, 논사들이 많은 문제를 분명하게 경론에 써놓았다. 어떤 문제의 그 본말 지엽, 전후 관계, 어떻게 해결하는가 등 이러한 것들을 모두 세밀하게 풀이하였다. 우리가 현재 단지 몇 부 경만을 가지고 기본 견지를 연구할 뿐이라면 구체적인 수행방법에 있어 실마리를 풀 방법이 없다. 많은 경을 열람하기 좋아하는 사람들은 평상시 매우 어렵다고 느끼는 문제, 다스리기 어려운 번뇌를 종종 생각 없이 경론을 펴서 완전한 답안을 얻어 모든 의문과 난점들이 모두 풀어진다.

부처님의 가르침을 만약 완전하게 다른 사람이 풀이하고 전수한 것에 의지한다면, 이것은 불가능한 것이다. 수행자들 중에 대부분의 사람들은 지혜 역시 충분하고 각종 순연도 구족하다. 수행자들이 열심히 배우기를 좋아한다면, 반드시 널리 부처님의 가르침에 통달할 수 있고 경장 속의 많은 보물을 얻을 수 있다. 진정으로 이처럼 수학하는 사람들이 있어 정법을 지켜 전파하면, 불교도 오직 형상뿐인 것으로 변하지 않을 것이다.

亦當勤閱讀 學處衆集要 역당근열독 학처중집요
佛子恒修處 學集廣說故 불자항수처 학집광설고

또 『일체학처집요』를
재삼 읽고 연구해야 한다.
보살이 늘 수학하는 율의는
『학집론』에 넓고 깊고 자세한 논술이 있기 때문이다.

적천보살은 여기에서 특별히 우리에게 깊고 자세하게 『학집론學集論』을 연구해야 한다고 가르친다. 『학집론』은 적천보살이 장경을 열독할 때의 경전 필사본에 의거해 편집하여 완성한 보살 수학 체계를 만든 것으로 27섭송, 장행 4,200송, 모두 19품이 있다(한문 번역본에는 18품이 있을 뿐이다. 대정장 32책 75~145쪽, 모두 25권). 이 논저는 넓은 보살학처를 서술하였고 경을 인용한 것이 105부가 넘으며, 중간에는 또한 정밀한 논의가 있다.

『입행론』내용의 대부분은 『학집론』에서 끌어왔다. 『학집론』을 보지 않았으면 『입행론』을 잘 배워야 한다. 그러나 많은 부분 이해하기가 곤란한 부분이 있을 것이다. 왜냐하면 『입행론』은 비교적 간략하게 설명하였고, 『학집론』은 일체 보살학처의 요긴한 곳을 모두 모은 것으로 매우 자세하게 설명되었기 때문이다.

『학집론』19품의 명칭을 나열하면, 수행자들은 아마도 중간에서부터 여러 가지를 볼 것이다. 1. 집보시학품集布施學品, 2. 호지정법품護持正法品, 3. 호법사품護法師品, 4. 공품空品, 5. 집이난계학품集離難戒學品, 6. 호신품護身品, 7. 호수용품護受用品, 8. 청정품淸淨品, 9. 인욕품忍辱品, 10. 정진품精進品, 11. 아란야품阿蘭若品, 12. 치심품治心品, 13. 염처품念處品, 14. 자성청정품自性淸淨品, 15. 정명수용품正命受用品, 16. 증장승력품增長勝力品, 17. 공경작례품恭敬作禮品, 18. 염삼보품念三寶品, 19. 증복품增福品(이 품은 한역본에서 18품 말미에 덧붙여 있다). 적천 논사는 경장에 깊이 들어가 우리에게 이 논저를 남겼다. 수행자들에게 바라니, 진정 보살행의를 통달하여 넓히고 싶은 사람은 반드시 여러 차례 읽어야만 한다.

或暫閱精簡 一切經集要 혹잠열정간 일체경집요
亦當偶披閱 龍樹二論典 역당우피열 용수이논전

또한 가끔 간단하게 정리해 놓은
『일체경집요』를 보아야 한다.

또 용수보살이 지은
『학집론』과 『경집론』을 같이 보아야 한다.

상술한 저 많은 경론에 대하여, 만약 읽고 연구할 시간이 없다면, 적천보살은 우리에게 먼저 『경집론』을 읽을 수 있다고 알려준다. 이 논전은 적천보살이 장경을 열람할 때의 필기로서 말과 내용이 모두 매우 정제되어 있으면서 간략하다. 대승보살학처는 대승 경전을 인용하여 요점을 간명한 방식으로 설명하여 교리의 비결을 잘 갖추고 있다. 동시에 만약 조건이 허락된다면, 역시 용수보살이 지은 두 논전 『학집론』·『경집론』을 열독해야 한다. 이 수승한 논전을 읽으면, 대승보살의 각 학처에 대하여 분명히 자세하고 전면적으로 이해할 수 있을 것이다.

적천 논사가 지은 『경집론』은 한문 대장경에도 있다. 송대 법호法護 번역사가 번역한 것으로 명칭은 『대승보요의론大乘宝要義論』(대정장 32책 49~75쪽, 모두 10권)이라 한다. 티베트어로 된 『논장』 중에도 적천 논사가 지은 『경집론』이 있다. 논에서는 사람 몸 얻기 어려움, 보리심의 진귀함, 여러 가지 마업 끊기, 보리심학처 등의 내용을 설명하였다. 그리고 용수보살이 지은 두 논저(『경집론』·『학집론』)를 수행자들은 모두 열람해야만 한다. 왜냐하면 『입행론』은 비결 형식으로 보살 행의를 설명하고 있고, 이러한 구체적 행의는 『경집론』·『학집론』에 광범하게 설명되어 있기 때문이다. 우리가 만약 보리심을 점점 늘리고 싶어 한다면 이러한 완전한 수학체계를 분명하게 해야 한다. 자신의 마음속에 완전한 이해와 인상을 둔 뒤 실천 속에서 닦다보면,

물이 흐르는 곳에 도랑이 생기듯이 매우 순조롭게 나아갈 수 있다.

經論所未遮 皆當勤修學 경론소미차 개당근수학
爲護世人心 知己卽當行 위호세인심 지기즉당행

경론에서 금지하지 않은
모든 부분은 부지런히 수학해야 한다.
세상 사람들의 신심을 유지하기 위하여
모든 학처를 성실하게 행해야 한다.

총괄해서 말하자면, 본사 석가모니불과 후세 고승대덕들이 말한 교전 중에 금지하지 않은 학처를 우리는 전심전력하여 실천 수행해야 한다. 앞에서 우리는 분명한 개차[1]의 많은 학처를 배웠다. 그 분명한 금계, 곧 '잠깐도 해서는 안 되는' 행위에 대하여 우리는 분명히 알면서 고의로 범해서는 안 된다. 이외에 점잖은 행의들도 닦아야 한다.

당연히 점잖은 행의에는 몇 가지 상황이 있다. 불보살의 허락 하에 금계를 어겨도 되는 부분, 정진 수행의 권유 혹은 명문으로 규정을 하지 않은 경우는 자타 중생에 대하여 유익한 행위라면 이러한 것들은 모두 이에 포괄된다. 이러한 학처들은 결코 고대인의 전통 습관이 아니며, 또한 일반인들의 가르침도 아니다. 만법 본성을 철저하게 증득한 부처님께서 우리에게 보여준 수승하고 미묘한 바른 수행이다. 우리는 이에 대하여 어떤 고려나 망설임을 두어서는 안 된다. 그것을

---

[1] 보살행을 위해 계율을 범하기도 하는 것을 말한다.

따라 한 발씩 해 나가야만 하고, 목숨을 아끼지 말고 몸소 열심히 행하여야 한다.

부처님께서 설한 일체 경전은 그 목적이 모든 중생에게 궁극 이익을 얻게 하고, 대승보살들이 그것을 따라 중생을 인도하여 삼보에 대하여 신심과 공경심을 일으켜 점점 해탈의 도에 들어가게 하는 데 있다. 우리는 대승 수행자가 되어 세상 사람들의 상사 삼보에 대한 신심, 세간 진리(윤회·인과)에 대한 신심을 유지하기 위하여 모든 능력을 다하여 학처를 닦아야만 한다.

출가자이건 혹은 재가 수행자이건 간에 수행자들이 중생의 신심·발심원력을 지키지 않는다면, 그것은 수행자들이 불법을 닦는 것이 이미 방향을 잃고 수행자들의 보살계도 청정하지 않다는 것을 증명한다. 티베트나 중국 지역, 어느 시대의 고승대덕을 막론하고 그들은 세간 사람들의 신심을 지키는 것에 대하여 특히 중시하였고, 중생들이 신심·선근이 물러나거나 잃지 않게 하기 위하여 그들은 곳곳에서 엄격하게 율의를 준수하여 취하고 버렸다. 일을 할 때 큰 일 작은 일을 막론하고 다른 사람들이 그로 인하여 삼보에 대하여 삿된 견해를 일으키고 회의를 일으키지 않을까를 고려하였다. 그러므로 매우 진지하게 그 번거로움을 싫어하지 않고 크고 작은 모든 일을 아주 안정되게 처리하여 타인에게 분명하게 설명하였다. 만약 어떤 일이 타인의 불신을 유발할 수 있다고 생각했을 때는 즉시 '나무처럼 안주'하고 행동을 하지 않았다.

우리는 보살학처를 들은 뒤 세상 사람들의 삼보에 대한 신심을 지키기 위하여, 세상 사람들이 이익을 얻게 하기 위해, 모든 역량을 다해 절실하게 학처에 따라 행해야 한다. 이 학처들을 서면 상에 방치해두고 말 속에 머물게 해서는 안 된다. 이것이 진정 중생을 이롭게 하고 불법을 펴는 큰일에 관계된 것이다. 『보만론』에서 말하되, "만약 불법적인 일을 행한다면 세상 사람들이 모두 좋아하지 않는다. 한 번 악심이 야기하는 것을 생각하면 세상 사람들이 고통의 과보로 고통스러워하는 일이 많다."라고 하였다. 『보운경』에서도 말하되, "대승 불자는 중생을 보호하고 자량을 원만하게 하기 위하여, 모든 언행은 여법하게 고요를 훈련시켜야 한다."라고 하였다.

이러한 교증들은 우리가 율의에 따라 여법하게 행해야 함을 매우 분명하게 말한다. 한편으론 스스로 자량을 쌓을 수 있고, 또 한편으론 세간 사람들의 삼보에 대한 신심을 유지하여 그들의 복덕 선근을 보호할 수 있어 안팎으로 관계가 중대하다. 만약 율의를 지키는 것이 단지 자기 한 개인의 일일 뿐 다른 사람과 무관하다면, 이것은 잘못된 관점이다. 당연히 한 수행자가 율의의 학처를 범하였는데, 만약 참회하지 않는다면 반드시 고통을 느낄 것이다. 인과가 허망하지 않다는 것은 말할 것도 없다. 그러나 그가 학처를 위반하여 해를 끼친 것은 그 자신뿐만이 아니라 불법 홍포와 타인의 진퇴와 관련되어 있다. 왜냐하면 다른 사람이 수행자의 방종한 행위를 보고 이 때문에 신심을 잃고 삿된 견해를 일으키고, 심지어 삼보를 비방하여 그들이 악업을 지어 악도로 타락하도록 인도하고 또 세상 사람들의 삼보에 대한 신심을 잃도록 유도할 것이기 때문이다.

우리는 이러한 도리를 분명하게 안 뒤, 만약 여전히 성실하게 계율을 지키지 않는다면 그것은 근본적으로 불교도라고 할 수 없다. 더욱이 대승보살이라고 말할 수도 없다. 불교도가 되어 중생에 대하여 자비심을 품는 것은 기본 자질이다. 진정한 대승 불자인 그는 시시각각 중생을 돌볼 것이고 시시각각 중생을 섭수하고 중생을 요익되게 할 것이다. 중생의 선근·신심은 불꽃이 막 일어난 것과 같이 매우 약해 외부 도움이 없으면 성하게 일어날 방법이 없다. 대승보살이 만약 그들을 도와 인도하지 않는다면, 악연을 지어 그들의 '잠깐 맹아로 복을 닦는 뜻'이 찰나에 없어진다. 중생의 삼보에 대한 신심은 정법을 닦는 선의가 일어나기 쉽지 않다. 하루아침에 일어났다가 좌절을 당해 부서지니 확실히 매우 애석하다. 어떤 유루 재산을 잃는 것보다 애석하다. 만약 악연을 만나지 않는다면, 그들은 이 선근에 의지하여 점점 인도를 얻어 궁극 해탈도로 들어갈 수 있다. 그런데 현재 다른 사람의 여법하지 않은 행위 때문에 이러한 대복덕 근인根因이 훼멸되었고, 이 손실은 계산할 방법이 없다. 이 악연을 만든 사람의 잘못도 헤아릴 방법이 없다.

그러므로 수행자들은 반드시 여법하게 학처를 행하여 '세상 사람들의 마음'을 지켜야 한다. 만약 능력이 있다면 최대한 다른 사람의 삼보에 대한 신심을 늘리게 해야 한다. 만약 이러한 능력이 없다면, 역시 방일하지 말고 전심전력으로 일하며, 세상 사람들의 신심과 선근을 꺾는 것을 방지하여 자신과 타인이 세세생생 고통에 이끌리지 않게 해야 한다.

(3) 배우고 수행하는 원칙

再三宜深觀 身心諸情狀 재삼의심관 신심제정상
僅此簡言之 卽護正知義 근차간언지 즉호정지의

항상 지혜로써
몸과 마음의 상태를 여러 차례 살펴야 한다.
총괄해서 말하자면,
이것이 바로 바른 앎을 지키는 요의이다.

이 게송은 본 장 내용의 총결이다. 이 장에서는 우리가 보살계를 받은 뒤, 학처를 지키기 위하여 바른 앎과 바른 마음집중으로 신심을 지키는 것을 분명하게 밝혔다. 이러한 내용을 종합해서 말하자면, 바로 우리가 언제나 여법하게 지혜로써 삼문을 관찰하여 번뇌에 휘둘리지 않고 무기 상태에 빠지지 않아 자신의 행위가 학처에 순종하게 되도록 가르친다. 이 일은 수행자의 가장 중요한 대사大事이다. 왜냐하면 보통사람들에게 공통된 병통이 있는데, 바로 자신을 돌이켜 살피지 않고 늘 자신의 마음 언행에 대하여 제때 여실하게 이해할 수 없고 여법하게 선악 업을 취사선택할 수 없어 이 때문에 늘 번뇌에 흔들려 악업을 짓는 것이다. 가령 우리가 모든 행위에 앞서 지혜로써 관찰하여 여법하게 분별하여 취사할 수 있다면 어찌 악업 지을 기회가 있을 수 있겠는가?

본 장의 100여 개 게송이 여기에서 그 내용을 총괄 귀납하여 우리가 학처를 지키는 비결, 곧 "어느 때에라도 지혜로써 신심 삼문의 상태를 여러 차례 살펴야 한다."라는 것을 얻었다. 이것 역시 바로 바른 앎을 지켜 잃지 않는 요의의 성상이다. 대승 수행자들이 만약 일상에서 늘 이 비결을 행할 수 있다면 그는 반드시 학처를 매우 청정하게 지킬 수 있어 자신과 타인을 널리 이롭게 할 수 있다.

경전에서 말한다. 보살이 늘 자신의 마음을 관찰하는 것은 선을 행하고 간혹 악 짓는 것을 억제하는 데 달려 있다. 만약 선법을 행한다면 환희가 일어나고 아울러 수희하여 정해定解가 생겨난다. 만약 악법을 행한다면 기쁘지 않게 되어 모든 방편을 다하여 악업을 제지한다. 늘 깨어 있는 마음 상태로써 자신의 삼문을 관찰하여 악을 버리고 선을 행한다. 이러한 사람을 진정한 수행자·진정한 지자智者라고 부를 수 있다. 용수보살은 말하되, "선묘하게 자신의 신어의身語意를 관찰하여 깨어 있는 상태에서 자신과 타인을 이롭게 한다."라고 하였다. 이것이 바로 지자智者이다. 수행자들이 지자가 되고 싶다면 자신의 모든 역량을 다하여 이 비결을 닦아야 한다.

2) 맺는 의의

法應恭謹行 徒說豈獲益 법응공근행 도설기획익
唯閱療病方 疾患云何愈 유열료병방 질환운하유

이 학처들은 몸소 힘써 행해야만 한다.
입으로만 말할 뿐이라면 어찌 이익을 얻을 수 있겠는가?
처방전을 읽기만 할 뿐이라면
병이 어찌 나을 수 있겠는가?

이 게송은 우리에게 가르침대로 실제 수행하도록 권면하는 가르침이다. 앞에서 바른 앎과 바른 마음집중으로 자기 마음 지키기, 보살계를 지키는 각종 방법을 설명하였다. 이 법들은 우리가 들은 뒤 몸소 부지런히 실천해야만 하고 결코 입으로 말하기만 하는 것은 안 된다고 요구한다. 우리가 만약 입으로만 '바른 앎과 바른 마음집중을 지킨다.'라고 말할 뿐, 실제로 닦지 않으면 번뇌를 조복시키고 학처를 지킬 수 없다. 수행자들은 이에 대하여 분명하게 이해해야 한다.

우리는 불법을 듣고서 반드시 마음속으로 신심을 일으켜야 한다. 그리고 아주 성실하게 실천해야 한다. 이렇게 해야지만 진정으로 자기 마음의 번뇌를 항복시켜 이익을 얻을 수 있다. 만약 명목상 입으로만 말하는 것일 뿐이라면, 설령 각자가 그럴듯하게 말할 수 있을지라도 열심히 실천하지 않으면, 말하고 먹는 것이 충분하지 않아 이러한 사람들은 진정한 이익을 얻을 수 없다. 마치 환자가 약 처방을 읽기만 할 뿐 약을 먹지 않는 것과 같다. 설령 가장 적절한 묘방일지라도 질병에 효과가 있을 수 없다.

용수보살도 말하되, "비록 논을 많이 배웠을지라도 닦지 않으면 무익하다. 비록 밝은 등을 가지고 있을지라도 맹인에게는 이익이 없다."라고 하였다. 맹인이 손에 비록 밝은 등을 들고 있다 하더라도 그들 자신에게는 조금의 이익도 있지 않을 것이다. 단지 불법을 듣기만 하고 실천하여 닦지 않는 사람 역시 이와 같은 것이다. 경전에서도 "이 법을 닦지 않으면, 참다운 법성을 보지 못한다. 이를테면 사람이 개울가에 가서 마시지 않으면 어찌 갈증을 해소하겠는가."라고 말한다.

우리가 불법을 배울 적에는 가장 먼저 정법을 듣고 사유해야 한다.

듣고 사유한 뒤에는 수행해야 한다. 불법을 듣는 것은 당연히 공덕이 있다. 그러나 스스로 마음의 흐름 가운데의 번뇌 질병을 다스리고자 한다면, 반드시 불법의 미묘한 처방을 듣고 사유한 것에 따라 약을 복용해야 한다. 생활 속에서 불법을 표준으로 삼아 자신을 헤아리고 요구하여 나머지 습기를 고친다면, 이것을 바로 정법의 감로를 마시고 실천 수행하는 것이라고 한다.

수행은 결코 반드시 하루 종일 문 걸어둘 것을 요구하지 않는다. 바른 앎과 바른 마음집중을 지키고 자기 마음의 번뇌 오염을 정화시킬 것을 요구한다. 만약 바른 앎과 바른 마음집중을 지킬 수 없다면 매일 산속 동굴에 살더라도 진정한 수행자가 아니다. 어떤 사람들은 사람의 무리에서 멀리 떨어지는 것을 좋아하여 이렇게 하는 것이 바로 수행이라고 여기지만, 결코 반드시 그러한 것은 아니다. 만약 각자가 불법에 따라 행하고 늘 바른 앎과 바른 마음집중으로 자신의 삼문을 관찰할 수 없다면, 마치 감산 대사가 말하되, "말하는 도는 쉽고 체득하는 도는 어렵다. 잡념이 일어나지 않으면 늘 한가롭다. 세상일의 번뇌는 늘 장애가 되니, 깊은 산의 정좌도 부질없다."라고 한 것과 같다.

우리들의 수행은 외부환경에 기탁해서는 안 된다. 이 5품에서 서술한 수행 비결을 들은 뒤, 걷고 말하고 밥 먹고 잠자는 등 어느 때고 말한 것처럼 바른 앎으로써 삼문을 관찰하고 바른 마음집중을 자기 마음에 늘 묶어두어야 한다. 점차 불량한 습기를 바꾸어 모든 행위가 정도正道에 들어가고 모든 마음, 언행이 여법하여 자타 중생을 이롭게 할 수 있는 진정한 불자가 되도록 해야 한다. 많은 말은 이익이 없으니,

수행자들이 늘 심신을 관찰하여 안정되고 여리如理하게 행하기를 바랄 뿐이다.

入菩提行論

제6품

인욕忍辱

미륵보살

1 성냄의 허물과 참음의 공덕을 생각함

5품에서 말한 것은 지계바라밀이며, 이 6품은 인욕바라밀에 대해 논하고 있다. 인욕품의 주된 내용은 성냄 끊어버리기, 인욕행 닦기, 중생들 공경하기 세 방면이다. 보살행을 닦는 과정에서 성냄의 번뇌를 끊어버리지 못한다면 매우 큰 장애를 불러와 많은 해로움을 끼칠 것이다. 이것을 인식한 후 힘껏 분노의 마음을 끊어 각종 방편으로 인욕을 닦아야 한다. 뿐만 아니라 유정이 성불을 돕는 공덕임을 인식하고 일체 유정을 공경해야 한다. 본 품에는 중요한 수행 비결이 많이 있다.

　티베트의 불교 수행인들이라면 이 장을 매우 중시한다. 어떤 대덕은 늘 단독으로 본 품을 전수하여 제자가 인욕행을 닦도록 인도한다. 왜냐하면 범부들에게는 자신만의 번뇌가 있기 때문이다. 어떤 경우는 탐욕심이 무겁고 어떤 경우는 성내는 마음이 무겁다. 각각 다른 번뇌 습관은 끊어버려야만 하고 반드시 이 방편법문 등에 의지하여 다스려야만 한다. 성내는 마음이 특히 강렬한 사람의 입장에서 말하자면 본 품은 특히 중요하다. 성격이 좋지 않아 분노해서 쉽게 성내는 사람이 만약 이 장을 듣고 익힐 적에 인욕 비결을 마음에 새겨 일상생활에서 반복해서 관하고 닦으면, 반드시 자신의 성냄 분노의 습관을 감소시키고 끊어버릴 수 있다. 이 장에서 밝힌 비결에 대하여 나는 분명한 체험을 한 적이 있다.

비록 대원만·대수인 중에 번뇌를 치료하는 비결이 있어도 어떤 상황에서는 인욕품의 번뇌 치료 비결을 운용하는 것이 매우 상응하는 힘이 있다. 수행인들 중의 어떤 사람들은 앞의 몇 품을 듣고 익히는 과정에서 또한 이러한 이득이 있을 것이니, 적천보살의 대비 지혜로써 가피를 얻어 이전에 다스리기 어려웠던 많은 번뇌를 현재는 아주 잘 끊으며 제어할 수 있다. 그러므로 언행 방면에서도 많은 변화가 이루어진다.

성냄은 모든 번뇌의 적 중에서 가장 맹렬하고 난폭한 적이라고 말할 수 있다. 평상시 늘 매우 여법한 수행자가 일단 분노가 일어나면 그의 언행이 매우 무섭게 변하는 것을 볼 수 있다. 이러한 사나운 번뇌를 제어하기 위하여 이 장에서는 134수 게송을 이용하여 각각의 각도에서 수승한 여러 방편법을 서술하였다.

상사 삼보의 가피력과 매우 깊은 이 비결에 의지하여 나는 수행인들이 자신의 모습을 바꾸고 조련시킬 수 있다고 믿는다. 이것은 맥팽린포체가 말한 "『입행론』 인욕품의 갑옷을 걸치면 어떠한 분노의 적이 형형색색 마술로 변화를 일으켜 공격해 들어오더라도 자신의 지혜 체(신체)를 훼손시킬 수 없다."라고 한 것과 같다.

1) 숨겨진 환란

　　一嗔能摧毀　千劫所積聚　일진능최훼　천겁소적취

施供善逝等 一切諸福善 시공선서등 일체제복선
보살에게 한 생각의 성내는 마음을 일으키면
천겁 동안 부처님께
보시하고 공양한 모든 선행으로 쌓은
모든 복덕 선근을 무너뜨린다.

성냄을 다스리고자 한다면, 반드시 먼저 이 번뇌의 위험성을 인식해야 한다. 그러므로 이 인욕품의 첫 게송에서 성내는 마음의 무서운 파괴력을 말하였다. 성내는 마음을 한 번 일으킨 것이 천겁 동안 성존 등을 공양하여 쌓은 복덕을 훼손시킬 수 있다.

이 게송을 해석할 적에 예전의 각 논사들에게 많은 변론이 있다. 주로 변론한 문제는 한 번 성낸다는 것의 구체적 정의, 성내는 구체적 대상, 복덕을 무너뜨리는 자세한 범위의 한계 등이며, 이러한 문제에 대하여 깊은 지혜의 안목이 없어 범부의 분별로 가리기 어렵다. 중국불교에서 홍일弘一 대사는 이 문제에 대해서도 『화엄경』・『불유교경』을 인용하여 논술을 전개했으나 구체적으로 정의를 내릴 부문에 있어서는 상세한 분석이 없고, 티베트불교에서는 이러한 문제에 대하여 세밀한 분석이 많이 있다. 우리는 여기에서 간단한 분석을 하여 수행인들이 이 문제의 세세한 항목을 분명하게 인식하는 데 편리하게 하고자 하며, 동시에 섬세하게 사유하고 분석하는 습관을 배양케 하고자 한다.

우선 '한 번 성내다(一瞋)'를 분석해 보자. '일一'은 시간을 가리킨다. 근휘 린포체의 강의에서는 '일을 이루는 찰나'라고 정의하였다. 즉 어떤 일을 하는 처음부터 끝까지의 시간이다. 어떤 사람은 '한 번 성내면' 시간이 좀 길 수 있다. 몇 분, 한두 시간 여전히 성이 나 있다. 어떤 사람은 성내는 시간이 단지 잠깐일 뿐이다. 얼굴이 잠시 어두웠다가 바로 구름 걷히듯 정상을 회복한다. 여기에서의 '일'은 미미한 찰나가 아니다. 만약 이러하다면, 범부는 성낸 마음을 인식할 방법이 없다. '진瞋'은 여기에서 정도가 매우 맹렬한 성냄과 분노를 가리킨다. 논사들의 주석에서는 '강하고 힘 있는 화내는 마음'이라고 정의하였다. 성내는 마음의 더 구체적인 정의는 『유가사지론』에서 오상五相(증오심·인내하지 못하는 마음·원한·중상모략·덮어 가린 마음) 으로 나누었다. 이 오상이 전부 구족한 것을 성내는 악업을 원만하게 한다고 일컫는다. '한 번 성냄'의 정의와 관련하여 쟁론이 비교적 적고 여기에서도 많이 서술하지 않는다. 요컨대 마음에 흐르는 해로운 악업의 하나이다.

성냄이 무너뜨린 복덕 선근과 관련하여 쟁론이 많다. 이 논에서 말한 것은 천겁 동안 공양하고 보시하여 쌓은 복덕이다. 『입중론』에서는 백겁 동안 공양·보시·지계로 쌓은 복덕이라고 말한다. 이 두 논의 차이는 성내는 대상이 다름으로 인하여 야기된 것이다. 『입중론석』에서, "범부는 성내어 백겁의 선행을 무너뜨리고, 보살은 성내서 천겁의 선행을 무너뜨린다."라고 말한다. 성내는 대상은 일반적으로 네 가지가 있다. 상위 보살이 하위 보살에 대한 것, 하위 보살이 상위 보살에 대한 것, 동등한 보살이 서로 성내는 것, 보살 아닌 사람이 보살에게 성내는 것이다. 『입중론』에서 말한 것은 상위 보살이 하위 보살에게 성낸 것이고, 이 논에서 말한 것은 하위 보살 혹은 보살이 아닌 사람이 상위 보살에게 성낸 것이다. 이 때문에 백겁과 천겁의 차이가 있다. 어떤 논사는 이 두 논의 차이가 인용한 경전이 달라서 생긴 것이라고 말한다. 『입중론』이 근거한 것은 『만수실리유무경曼殊室利游舞經』이다. 이 경에서는 말한다. "만수실리는 소위 성냄으로 백겁의 선근을 무너뜨릴 수 있다." 『입행론』에서 근거한 것은 『보적경』이다. 이 경에서는 말한다. "한 번의 성냄은 천겁 동안 쌓은 선을 무너뜨릴 수 있다." 수행인들이 만약 『대지도론』・『유가사지론』을 편다면, 자세한 교증과 논술을 많이 볼 수 있다.

성냄이 훼손시킨 선근과 관련하여, 쿼롱빠 논사・쫑카빠 대사・근상취자 린포체는 모두 회향과 보리심이 섭수하는 모든 선근이 성냄에 의해 무너질 수 있음을 포괄한다고 말한다. 쫑카빠 대사는 말한다. 보살에게는 분명 보리심이 있다. 그러나 경론에서는 말했다. 그들은 성냄을 일으켜 복덕 선근을 훼손시킬 것이고, 이로써 보리심과 회향이 섭수하는 복덕 선근이 성냄에 의해 꺾일 수 있다는 것을 미루어 증명하였다. 또한 일부 논사들은 『화엄경』과 『대집경』의 교증을 인용하여 보리심이 거느리는 선근은 금강보배나 바다로 떨어진 빗방울과 같아서 보리를 얻기 전에는 멸하지 않을 것임을 설명하였다. 근휘 린포체의 강의에서 역시 이미 회향한 선근과 보리심이 거느리는 선근은 성냄에 훼손되지 않을 것이라고 말한다. 당연히 우리는 상술한 교증에서 설명한 것을 이해할 수 있다. 강렬한 악연이 없는 상황에서 회향 보리가 이끄는 선근은 분명 잃어버리지 않을 것이다. 만약 강렬한 성냄의 악연이 있다면, 보리심과 회향이 섭수하는 선근 역시 훼손될 수 있다. 이 변론을 수행인들은 연구하여 분석해야 한다. 또한 교증을 찾아 중국불교에서 논사가 분석한 적이 있는지 찾아보아야 한다.

선근은 복덕을 따르는 선근과 해탈을 따르는 선근으로 나뉜다. 전자는 유루 복덕 자량(선근)이고 후자는 지혜 자량이다. 많은 논사들이 두 가지 중에 복덕 선근은 훼손될 수 있다고 인정하였다. 지혜 자량은 훼손될 수 있는가 없는가? 이 역시 많은 변론이 있다. 다른 논저에서도 말하였다. 원보리심이 섭수하는 선근은 성냄에 의해 훼손될 수 있고, 행보리심이 섭수하는 선근은 훼손될 수 없다. 성냄이 훼손시킨 것과 관련하여 복덕 선근이 나타낸 것이지 종자가 아니라는 것 등 많은 다른 관점이 있다. 여기에서 우리는 간략함을 따르고 광범하게 서술하지 않는다.

어찌 되었건 간에 이미 보리심을 일으킨 불자가 성을 내는 것에 대하여 그 업보가 매우 심각하며, 앞의 1품에서는 "부처님께서는 이 같은 사람이 반드시 지옥에 떨어질 것이며, 그 성내는 마음이 얼마나 긴 찰나인가에 따라 지옥에서 그만큼의 겁 동안 업보를 받는다."라고 말한다. 『경집론』에서는 『삼마지왕경』을 인용하여 "만약 서로 성낼 것 같으면, 청정계와 다문이 구제할 수 없고 참선 선정이 구제할 수 없고 보시 공양 역시 구제하지 못한다."라고 말하였다. 자량을 쌓고 싶어 하는 모든 수행자는 전심전력하여 이러한 잘못을 범하는 것을 피해야 한다.

罪惡莫過嗔 難行莫勝忍 죄악막과진 난행막승인
故應以衆理 努力修安忍 고응이중리 노력수안인

성냄보다 더 악독한 죄과는 없고
인욕보다 더 어려운 고행은 없다.
그러므로 온갖 바른 이치와 방편으로써
인욕을 닦는 데 노력해야 한다.

모든 죄업 중에서 성내는 마음처럼 심각하게 수행에 장애를 주고 복덕 선근을 끊어버리는 것은 없다. 수행인들은 자성죄와 불타가 제정한 계율을 어긴 죄에는 많은 종류가 있다는 것을 안다. 그러나 이러한 죄업들 중 어느 것이 찰나에 모든 복덕 선근을 훼손시킬 수 있겠는가?

예를 들면 수행자가 탐욕에 흔들려 계율을 무너뜨려 악업을 지은 것은 선근이 자라는 것을 억제한다. 그러나 이전에 이미 쌓은 복덕 선근이 훼손될 것인가? 우리는 경론에서 훼손시킬 수 있다는 관점을 본 적이 없다. 기타 어리석음·게으름·질투 같은 것도 역시 이와 같다. 그러나 성냄은 다르다. 그것은 선법이 늘어나는 것을 억제할 수 있을 뿐만 아니라 이전에 쌓은 복덕 선근을 전부 훼손시킬 수 있는 것이다.

성냄 분노가 일어나면 천겁 동안 쌓은 복덕 선근을 한 찰나에 전부 무너뜨릴 수 있다. 이러한 악업의 파괴력은 확실히 다른 사람을 두렵게 한다. 『학집론』에서는 많은 교증을 인용하여 성냄이 모든 악업 번뇌 중에 가장 심각한 죄업임을 자세하게 논술하였다. 『불유교경』에서는 "성냄의 해로움은 모든 선법을 파괴한다. …… 공덕을 위협하는 것에 성냄보다 더한 것이 없다."라고 말하였고, 천태 지자 대사는 "성내는 마음이야말로 수행자가 불법을 잃어버리는 근본이다."라고 설하고 있다. 이러한 설법의 의미는, 성냄은 수행자로 하여금 불법 공덕을 지키는 것을 무너뜨리게 하는 가장 심각한 악업이라는 것이다.

성냄 번뇌가 이처럼 맹렬한 파괴력을 가지고 있기 때문에 우리는 그것을 다스려야만 한다. 그러나 인욕을 닦는 것은 매우 힘들다. 보시·지계의 고행을 닦는 과정에서 인욕을 닦는 고행에 비할 수 있는 것은 아무것도 없다. 모든 사람은 대개 분노의 마음을 낸 경험을 가지고 있다. 예를 들면 다른 사람이 아무 이유 없이 자기를 때리고 모욕을 주면 처음에는 아마 참을 수 있을 것이나, 일정한 정도에 이르면 자신의 마음은 갑자기 화산처럼 폭발한다. 분노의 정서는 마그마가 짙은 연기를 사방으로 내뿜는 것과 같다. 두 눈을 둥그렇게 뜨고 치아를 꽉 깨물며 머리의 혈관은 아주 크게 팽창된다. 이때 인욕을 일으켜 평정을 유지하고자 한다면 그 어떤 것을 하는 것보다 어렵다.

성질이 난폭하고 조급한 사람들은 평상시에 먹지 않고 입지 않아도 기아·추위·더위에 기본적으로 편안하게 대처할 수 있다고 해도, 성난 마음이 폭발했을 때 인욕하는 것은 매우 어렵다. 이때 그가 들은 적이 있는 불법도 효과를 발휘하지 못하고 도반들이 어떻게 충고하더라도 안 된다. 심지어 상사가 어떻게 말하고 불보살이 어떻게 말해도 안 된다. 사람의 성냄이 극한에 다다랐을 적에는 그 스스로 정말 강력한 대응 방법으로 대치할 수 없다면 외부의 사람이 아무리 충고해도 효과를 발휘하기란 아주 어려운 일이다. 이럴 때 참으려고 한다면 이것보다 더 어려운 일은 없다. 용수보살도 『친우서』에서 "용감하게 나아가는 수행은 인욕만 한 것이 없다."라고 말한 바 있다. 실로 정진 등의 수행법은 인욕을 능가할 수 없는 것이다.

파괴력이 가장 큰 성냄의 분노를 다스리려고 한다면 각종 교리에 의지하여 깊고 자세하게 관찰 사유하고 모든 방법을 운용하여 성내는 마음을 항복시키는 인욕을 닦아야 한다. 적천보살은 이에 대해 수승한 교리 방편들을 본 품에서 체계적으로 서술하고 있는데, 나는 인욕을 닦는 그러한 비결을 믿는다. 성냄의 분노가 아주 심각한 사람들이 계통에 따라서 듣고 사유하면 자신의 성냄이 반드시 점차 약해지며, 그 뿌리를 제거함에 이르러 인욕바라밀의 공덕이 성취될 것이다.

2) 드러난 환란

(1) 마음에 안락을 여읨

若心執灼嗔 意卽不寂靜 약심집작진 의즉부적정
喜樂亦難生 煩躁不成眠 희락역난생 번조불성면

마음에 화내는 고통을 가지고 있다면
마음이 평정을 얻을 수 없어
기쁨과 안락이 일어나기 어려우며,
불안하여 잠을 잘 수 없다.

마음속에 성냄의 분노를 품고 있는 사람은 조금의 평정도 가질 수 없어, 그의 마음은 불속에서 구워지고 있는 것처럼 참을 수 없이 타는 고통을 가지고 있다. 성냄의 독한 불이 타오르기 때문에 마음속 나쁜 생각은 냄비 속의 기름이 쉬지 않고 끓어오르는 것처럼 근본적으로 평정을 이룰 방법이 없다. 밥도 먹을 수 없고 잠도 잘 수 없으며, 평상시에 더할 수 없이 좋은 안락도 이때에는 그 기쁨을 느낄 수 없고, 심신은 안에서부터 바깥까지 조금의 안락한 느낌도 가지지 못할 것이다.

사람이 마음속으로 성냄을 품으면 그의 모든 안락은 무너져 즉시 "심신의 즐거움이 일어나기 어렵고 마음이 번거롭고 성질이 조급하여 앉고 눕는 것이 편안하지 않은 상태"로 빠질 것이다. 그러한 성내는 마음의 번뇌가 비교적 무거운 사람을 관찰하면 그들이 늘 이러한 고통을 가지고 있음을 발견할 수 있고, 그들은 종종 성냄의 번뇌에 흔들려 다른 사람과 충돌을 일으키며 일이 지난 뒤 줄곧 분노 속에 있게 되고, 언행에서 늘 초조하고 사납고 산만한 정서를 드러내며, 모든 안락 희열이 마치 그에게서 멀리 떠난 것 같다. 본사 세존께서는 "성내는 마음을 일으키는 사람은 얼굴이 한 찰나에 매우 추하게 변한다."라고 말한다. 설령 바깥으로 가장 좋은 장식물로 장식한다고 해도 조금의 장엄함도 드러낼 수 없다. 그의 귀한 침대가 더할 수 없이 편안하다고 해도 평안하게 잘 수 없다. 이리저리 뒤척거려 가시나무 속에 있는 것과 같다. 늘 성냄 정서의 자극을 받은 사람은 대부분 고혈압·심장병·위장병·불면증·정신분열증 등 많은 질병을 일으킬 것이다.

앞에서 말한 "보살에 대하여 한 생각의 분노를 일으키면, 천겁 동안 쌓은 복덕 선근을 훼손시킬 것이다."라는 허물을, 어떤 사람들은 아마도 직접 볼 방법이 없기 때문에 의혹을 일으킬 것이다. 그러나 성냄이라는 이러한 볼 수 있는 잘못에 대하여서는 모두 알 것이다.

(2) 벗과 우정을 무너뜨림

縱人以利敬 恩施來依者 종인이리경 은시래의자
施主若易瞋 反遭彼弑害 시주약이진 반조피시해

설령 재물이나 은혜를 베푼 주인을
존경하며 의지하는 사람들이라도
주인이 쉽게 성낸다면
그에게 대들며 죽이려고 한다.

　설령 어떤 사람이 재산이 많고 지위가 높아 늘 권속에게 높은 자리와 재산의 이익을 베풀지라도, 그가 늘 크게 성을 내어 권속의 마음을 해친다면 최후에는 권속이 그의 베푼 은혜에 보답하지 않을 뿐만 아니라 도리어 모반하고 성내는 마음을 일으켜 그를 살해한다. 사료를 펴보면 이러한 사건들을 많이 발견할 수 있다. 세간의 영웅들은 종종 자신의 분노를 누를 수 없어 권속의 모반을 초래하고 스스로 죽임의 화를 가져온다.
　마음속 성내는 분노를 끊지 못하면 밖으로 아주 많은 이익을 베풀더라도 다른 사람을 다스려 자신의 사업을 이룰 수 없다. 부처님께서는 "성냄은 성내는 사람의 명예를 무너뜨려 현생과 내생에 사람들이 그를 보기 좋아하지 않게 될 수 있다."라고 말하였다. 크게 성내는 사람은 자신의 명예를 무너뜨려 현생과 내세에 다른 사람이 그를 보는 것을 즐겁게 여기지 않을 것이다. 타인을 이롭게 하고자 하는 수행자는 이러한 잘못을 반드시 힘껏 피해야 한다.

嗔令親友厭 雖施亦不依 진령친우염 수시역불의
若心有嗔恚 安樂不久住 약심유진에 안락불구주

성냄은 친척 친구들로 하여금 자신을 싫어하게 한다.
비록 은혜를 베풀어 끌어들일지라도 역시 의지하려 하지 않는다.
만약 마음에 성냄을 품는다면
절대 안락한 생활을 누리지 못할 것이다.

　쉽게 분노하는 사람이 성격도 포악하고 조급하여 억제하지 못한다면, 그의 친척 친구들도 그를 싫어하여 떠날 것이다. 친구들은 말할 것도 없고 그 자신의 부모나 아내, 자식들도 그를 버릴 것이다. 세간에 도량이 좁고 성격이 사나운 사람에게 의지하고 가까이하려는 사람은 없다. 보살이나 성자가 아니고서야 그의 성냄을 기꺼이 받아주는 사람은 없기 때문이다.
　사람들은 늘 "어떤 사람이 비록 나의 친척일지라도 그 성질이 너무 나쁘면, 그에게 가까이 가면 바로 내 마음속에 번뇌가 일어나 두려워진다. 그러므로 아무래도 그와 좀 멀리 있는 것이 좋다."라고 말한다. 이러한 예는 우리가 일상생활 속에서 많이 볼 수 있다. 이렇듯 쉽게 성내는 사람은 친척들도 싫어하는데 하물며 타인에게 있어서이겠는가? 설령 그에게 많은 재물이 있어 늘 은혜를 베풀 수 있을지라도 친척들 역시 그에게 의지하길 원하지 않는다. 성내는 자는 독사처럼 늘 다른 사람을 해치려고 하니 누가 독사와 한 곳에서 생활하려고 하겠는가!
　마음속에 늘 성냄을 품고 있는 사람은 현생과 내세에서 모두 안락하게 살 수 없으며, 그의 마음속은 늘 성냄의 불에 타는 고통이 있고, 외부에서도 그와 같이 살기를 원하는 사람이 없다. 그렇다면 그의 현생은 어디에서 안락을 얻을 수 있겠는가? 그의 복덕 선근이 성냄의 불꽃에 무너진 뒤 내세에서도 역시 늘 고독의 고통 속에 있을 뿐이다.

(3) 화냄의 환란을 총결함

嗔敵能招致 如上諸苦患 진적능초치 여상제고환
精勤滅嗔者 享樂今後世 정근멸진자 향락금후세

성냄의 적은 위에서 말한
온갖 잘못과 고통을 불러올 수 있다.
부지런히 힘을 다해 성냄의 번뇌를 소멸시키는 사람은
반드시 현생과 내세에서 안락을 누릴 수 있다.

앞의 게송에서 성냄의 번뇌 적이 불러오는 고통을 숨겨진 환란과 직접 드러나는 환란의 두 종류로 나누었다. 위에서 내포한 환란은 "보살에 대하여 한 생각의 분노를 일으키면 천겁 동안 쌓은 복덕 선근을 잃을 것이다."와 "성냄보다 심한 죄과는 없다."라고 한 것을 가리킨다. 이러한 환란들을 우리가 비록 바로 볼 수는 없더라도 성인의 가르침이나 비유의 판단에 의지하여 매우 분명하게 알 수 있고, 위 게송의 내용 중에 드러나 있다. 그 예문을 보면, 뜻이 고요하고 안정되지 못함, 기쁨과 안락을 얻지 못함, 번열증으로 잠을 못 이룸, 도리어 은혜를 베푼 자에게 살해를 당함, 친족과 벗이 싫어하고 믿지 않음,

행복에 오래 안주하지 못함 등이다. 당연히 이것은 적천보살이 간략한 문자로 몇 가지 개괄성의 총결을 한 것이다. 자세하게 분석한다면 성내는 마음이 불러오는 고통은 그 종류와 심각성을 말로 다 표현할 수 없다. 『입중론』・『보성론』・『학집론』에서도 이에 대하여 분명한 서술이 있다.

성냄의 끝없음에 대하여 우리 각자는 모두 분명하게 인식해야 한다. 수행인들이 반복해서 기억하고, 아울러 주위에서 경험한 온갖 성냄의 고통에 대하여 분석을 하고 이에 대하여 진실한 이해를 낼 수 있다면 『입행론』의 인욕 갑옷을 나의 노파심에서 우러나오는 충고를 사용하지 않아도 당신은 반드시 자동적으로 입을 수 있다.

총명 영리한 사람은 당연히 성냄과 원한 번뇌의 엄중한 고통과 환란을 안 뒤에 자신의 성냄과 원한의 번뇌를 없애려고 한다. 그러면 열심히 성냄을 소멸시키는 것이 어떠한 이익이 있는가? 논에서는 "반드시 현생과 내세에서 안락을 누릴 수 있다."라는 것으로써 개괄하였다. 부지런히 성냄을 소멸시키는 것은 온갖 수승한 방편으로 성내는 마음을 소멸시켜 제거하는 것을 가리킨다. 아래의 문장에서는 성냄의 인・과・본체 등을 관찰하고 각 방면으로부터 깊이 들어가 각 방편법을 세밀하게 설명할 것이다. 만약 이 비결들에 따라 마음의 흐름 가운데 성냄의 번뇌를 꺾어버릴 수 있다면 현생에서 매우 즐겁게 생활할 수 있고, 내세에서도 이로 말미암아 얻는 선업 과보의 안락을 누릴 수 있다.

여기에서의 '향락'은 세간의 인천 안락을 향유하는 것을 포함하고, 또 출세간의 무루 법락을 포함한다. 『보살지론』에서 "인욕을 닦은 사람은 성냄을 항복시킬 수 있기 때문에 즐겁지 않은 것이 없다. 죽을 때 천인도 강림하여 음악을 연주하는 가운데 그를 영접할 것이다."라고 말한다. 『반야섭송』에서도 "인욕의 갑옷을 입은 사람을 야만인의 독화살이 어찌 해칠 수 있겠는가? 인욕의 덕은 화살을 꽃송이로 변화시키니, 저 사람의 아름다운 이름이 사방에 전해진다."라고 말한다. 이러한 것들은 모두 인욕을 닦은 자가 세간의 안락을 얻을 수 있음을 설명한다. 용수보살은 『친우서』에서 인욕수행자에 대하여, "최종 불퇴전의 과위를 얻으니, 부처 지위를 증득하면 능히 진심嗔心이 소멸된다."라고 말하였다. 『묘비청문경』에서도 "인욕을 닦는 사람은 적은 공력과 작은 고통으로 바라밀을 원만하게 할 수 있다."라고 말한다. 이 교증들은 인욕을 닦은 자가 출세간의 무루열반을 얻을 수 있다고 설명한다.

총괄하건대, 성냄에는 위에서 말한 것과 같은 큰 환란이 있고, 인욕을 닦아 성냄을 소멸시키면 세·출세간의 온갖 안락을 얻을 수 있다. 이러한 도리를 분명하게 알 수 있으면 성냄을 제거하고 인욕을 닦고자 하는 결심이 분명 생겨날 것이다. 한편 성내는 마음의 번뇌를 항복시키려고 한다면 우선 성내는 마음을 일으키는 원인을 이해하고 그 근본을 찾아내어야 효과적이고 철저하게 끊어버릴 수 있다. 이에 따라 아래에서는 성냄이 일어나는 원인을 분석하기 시작한다.

2 인욕을 닦는 법

1) 화내는 원인을 제거함

(1) 화를 내는 인연

> 強行我不欲 或撓吾所欲 강행아불욕 혹요오소욕
> 得此不樂食 瞋盛毁自他 득차불락식 진성훼자타
>
> 억지로 싫어하는 일을 하게 하거나,
> 하고 싶어 하는 일을 막는 등
> 성냄을 돕는 이러한 원인들을 만나면
> 성내는 마음이 바로 치성하여 자신과 타인을 타락시킨다.

성내는 마음이 자라는 원인에는 두 가지가 있다. 하나는 다른 사람으로 하여금 '억지로 내가 하고 싶어 하지 않는 것을 하게 하는 것'이다. 즉 받아들이기를 원하지 않는 일을 타인이 억지로 하게 한다. 다른 하나는 '내가 하고 싶어 하는 것을 막는 것'이다. 즉 매우 바라는 일을 타인이 함부로 막는 것이다. 게송에서는 이 둘을 '성냄을 자라게 하는 원인'으로 비유한다. 성냄의 번뇌라는 적은 이 두 가지 '즐기지 않는 음식'인 마음이 좋아하지 않는 인연을 얻은 뒤에는 바로 그의 힘을 늘려 나와 타인의 모든 안락을 무너뜨릴 것이다.

다른 사람이 억지로 내가 싫어하는 일을 하게 하거나 하고 싶어 하는 일을 막는 것, 이 두 가지 상황은 거의 모든 사람이 겪은 적이 있다. 이 두 가지 상황을 만난다면 범부들 마음속에는 자연 기쁘지 않은 정서가 생겨날 것이다. 이러한 기쁘지 않은 정서는 마치 성내는 마음의 '태풍 속의 온상'과 같다. 성내는 마음의 태풍이 이것에 의지하여 누를 수 없는 폭풍으로 왕성하게 발전하고 그가 접촉하는 모든 것을 부러뜨릴 수 있다.

바라는 것을 이루지 못하거나 바라지 않는 것이 와서 기쁘지 않은 정서를 야기하면 이것이 성냄을 폭발시키는 사전 원인이고, 성냄이 치성해 자신과 타인을 해치는 것은 그 결과이다. 이 둘 사이의 원인과 결과 관계는 수행인들이 반드시 주의해야 한다. 예를 들어 어떤 사람이 집을 지을 결정을 하고 땅을 팔 때 타인의 담장과 정원에 인접하여 바로 문제가 발생하였다고 하자. 쌍방 중에 한 사람은 '내가 바라지 않는 것을 행하는 것', 곧 타인이 자신의 신성한 영역을 점령한다고 생각할 것이고, 다른 한 사람은 '내가 하고 싶은 것을 막는 것', 곧 타인이 자신의 집 짓는 작업을 막는다고 생각할 것이다. 즉 성내는 마음을 자라게 하는 원인이 갖추어진 것이다. 이때 쌍방이 이 점을 분명하게 알고 이러한 성내는 마음이 일어나는 원인을 만났을 적에 주의를 기울이고 아울러 자신을 각성시킬 수 있다. 그러나 마음을 다스려 자신을 억제하지 못한다면, 성내는 마음은 불처럼 일어나 자신과 타인의 공덕 선근을 불살라 자신과 타인이 현생과 내세에서 끝없는 고통을 받도록 이끌 것이다. 이러한 이치를 자세히 사유해

즉시 묘법으로 다스려 성냄 번뇌가 자라게 하는 원인을 제거한다면 불선한 업보가 발생하지 않을 것이다.

수행이 좋지 않은 사람은 이러한 도리들을 분명하게 알 수 없다. 그들은 『천고경天鼓經』에서 말한, "번뇌의 땔나무가 일으킨 성냄의 불은 결국 나와 남 모두를 태워 없앨 일체 재난을 불러온다."라고 한 것과 같다. 끊임없이 기쁘지 않은 일을 회상하고 집착함으로써 자신의 번뇌에게 '불안함의 음식'을 먹여, 결국에는 '성내는 마음이 바로 치성하게 일어나 자신과 타인을 훼손시킬 것'이라는 두려운 업보를 불러오는 것을 말하는 것이다. 우리가 섬세하게 관찰하면 이와 유사한 일을 얼마든지 발견할 것이다. 그 원인은 언제나 자신 속에 잠재되어 있으며 또한 수시로 몸에서 발생할 수 있는 것이다.

(2) 화내는 원인을 없애기를 권함

故應盡斷除 嗔敵諸糧食 고응진단제 진적제양식
此敵唯害我 更無他餘事 차적유해아 갱무타여사

그러므로 나는 전력을 다해 철저하게
성냄의 적을 살찌우는 자양분을 끊어버려야 한다.
왜냐하면 나를 해치는 것은
이 원수 이외에 다른 것은 없기 때문이다.

불안한 정서가 성냄이라는 적을 살찌우는 '양식'이라는 것을 인식하면 우리들은 바로 이 근원을 꽉 잡고 철저하게 제거하거나 혹은 효과적으로 성냄이란 적의 해로움을 예방할 수 있다. 비록 범부가 인욕하는 것은 매우 어렵지만, 이 논이 여기에서 밝힌 수승한 비결을 장악할 수 있다면 불안한 정서를 끊어버리고 인욕을 닦는 것이 결코 어려운 일은 아니다.

일반인들이 성내는 마음이 생기는 것은 종종 타인의 언행이 자신을 저촉하는 부분이 있기 때문에 불안한 정서가 일어나는 것이다. 이러한 정서의 기초 위에서 성내는 마음은 비로소 자라날 수 있다. 만약 불안한 정서가 없다면 성내는 마음은 아무 연고 없이 생기지 않을 것이다. 이러한 불안한 정서가 막 시작되었을 때는 결코 그렇게 위력적인 것이 아니다. 우리가 만약 바른 앎과 바른 마음집중을 갖추어 이 다스리는 방편법을 장악한다면 그것을 제어하고 없애버리는 것 역시 쉬울 것이다.

불안한 정서의 근원은 아집과 집착하는 대상이다. 집착이 강한 사람일수록 불안한 정서가 생기는 기회가 더욱 많을 것이다. 성냄 번뇌가 무거운 사람들은 자아와 외부환경에 대한 집착이 강하여 일단 역경을 만나면 바로 마음속에서 불안한 정서가 일어난다. 뿐만 아니라 그러한 정서는 그의 집착을 따라 끊임없이 자라날 것이니, 마치 화로 속에 마른 장작을 넣으면 불이 점점 왕성해지듯이, 불안한 마음 태도가 심각해질수록 성냄 역시 거세져서 억제할 방법이 없는 정도까지 이른다.

우리가 만약 출세간의 지혜를 구족한다면 나와 내가 집착하고 있는 것이 담박해진다. 그에 따라 역경과 장애를 만나 다른 사람이 자신에게 어떠한 좌절과 상처를 만들어준다고 해도, 큰 불안한 정서는 일어나지 않을 것이고 성냄의 불 역시 일어나지 않을 수 있다. 당연히 범부로서 분명 견디기 어려운 마음들이 조금 있을 것이나 바른 앎과 바른 마음집중으로 자신의 마음을 조절한다면, 분별과 집착에서 주의력을 분산시켜 최대한 평정을 유지하고 순리대로 인욕해 나갈 것이다.

예를 들어 내 손안의 이 보온 컵을 다른 사람이 억지로 가져갔을 경우, 만약 내가 처음부터 이를 실제의 문제로 생각하지 않고 그것은 몽환 중의 가상일 뿐이라는 것을 알면, 꿈속에서 어떤 사람이 자신의 재물을 뺏어간 것과 같으니, 이것이 꿈임을 알고 난 뒤 어떻게 불안한 정서가 일어날 수 있겠는가? 혹여 우리가 모든 법이 무생의 공허한 환영이라는 것을 알 수 없을지라도 걸림 없이 탁 트인 마음을 유지하기만 한다면 불안한 정서 역시 그렇게 쉽게 일어나지 못하는 것이다. 다른 사람이 컵을 가져가지 않았더라도 컵은 언젠가 소멸될 날이 있을 것이다. 다른 사람에게 집을 빼앗겼다 해도 앞으로 자신이 다시 지을 조건이 있을 것이다. 친척, 친구들이 다른 사람에게 손해를 받아 심지어 죽임을 당했다 해도 역시 별일이 아니다. 천하에 파하지 않는 연회는 없듯이 사람은 결국 죽으므로, 나는 자신의 책임을 다해 불법을 닦아 그들을 제도하면 된다. 다른 사람이 나를 죽이는 것 역시 대단한 일이 아니다. 업보가 성숙되어 이 연극이 상연될 차례가 되었을 뿐이니, 스스로 일평생 불법을 잘 배울 수 있었다면 역시 만족해야 한다. 이와 같이 할 수 있다면 성냄의 불이 성하게 타오를 까닭이 없다.

그러나 중요한 문제는 우리가 너무 큰 집착을 가지고 있으며 마음도 넓게 유지할 수 없다는 데에 있다. 만약 사람들이 "이것은 나의 재산이고 나의 명예이며 나의 권리이다. 아무개가 이렇게 말하는 것은 전부 옳은 것이 아니며, 전부 나를 해치는 것이다."라고 하면서 늘 그러한 마음 상태에 빠져 있다면, 고슴도치처럼 변하여 도처에서 다른 사람과 충돌을 일으킬 것이다.

성냄의 번뇌는 팔만사천 번뇌마군 중에서 매우 사나운 마왕이므로, 수행자는 이에 대하여 충분한 주의를 두어 평상시 미리 준비해야만 한다. 그렇지 않으면 그것은 우리를 갑작스럽게 습격하여 수많은 악연의 고통을 만들어 줄 것이다. 평상시의 준비 작업은『입행론』에서 밝힌 비결을 배우고 듣고 사유하는 것이 가장 좋다. 이 비결들은 성냄의 번뇌 마군을 무너뜨리고 제거하는 지혜 맹장이다.

바른 앎과 바른 마음집중으로 몽환을 지혜롭게 보아 넓고 집착 없는 마음 상태를 지켜 철저하게 성냄 적의 식량을 끊어버린다. 나는 평상시 많은 사람과 교제를 하고, 또 늘 이러한 관상수행을 한다. 만약 어떤 사람이 칼을 가지고 와 나를 벤다면 나는 반드시 참고 움직이지 않으려고 하며, 설령 그가 나를 죽이려고 한들 내 의지대로 죽을 수도 없고 살 수도 없으니, 나는 역시 인욕을 닦으려 한다. 이것은 내가 수행인들에게 듣기 좋은 말을 들려주려는 것이 아니다. 과거에 나는 줄곧 이렇게 발심했다. 설사 진실로 이러한 상황을 만났을 때 내가 완전히 이처럼 할 수 있을지는 감히 말할 수 없으나, 현재에도 이러한 발심은 견고하다. 만약 수행인들이 평상시에도 늘 이러한 관상수행을 한다면 어느 날 악연을 만난다 해도 마음이 쉽게 평정을 유지하여 성냄의 식량도 쉽게 늘어나지 못할 것이다. 이러한 방편법문을 수행인들이 아주 상세하게 듣고 사유하기를 희망한다.

그 자양분(원인)을 제거하여 성냄의 적을 철저하게 소멸시키지 않고 도리어 끊임없이 그에게 먹이를 주어 길러 그 힘이 점점 늘어가게 한다면, 성냄은 모든 악독한 방법을 다 써서 현생에서 우리를 괴롭힐 것이며, 우리가 죽은 뒤에는 조금의 동정심도 없이 우리를 삼악도의 불구덩이에 던질 것이다. 그가 하는 유일한 일이 바로 우리를 해치고 괴롭히는 것이니, 그는 그 작업에 매우 전심전력할 것이다.

우리가 마음의 흐름에 '불안함'이라는 식량을 주기만 한다면, 성냄의 마음은 바로 이에 의지하여 우리를 불행한 환경에 이르게 할 것이다. 성냄의 마음은 한 그루 독나무처럼 필사적으로 '불안한' 독액을 빨아들여 '불행'의 독과를 기른다. 그 동기에서부터 결과에 이르기까지 모두 불안함의 악한 독이며, 이러한 악랄한 적에 대하여 만약 쉬지 않고 식량을 먹인다면 정말 매우 어리석은 일이다. 성냄의 마음은 암흑과 같아 그것이 존재하면 안락의 광명은 절대 존재하지 않을 것이며, 그러므로 우리는 신중하게 반성하여 늘 분노를 끊어버리고 화냄의 원인 또한 끊는 것을 잊지 말아야 한다.

(3) 화냄을 제거하는 방법

遭遇任何事 莫撓歡喜心 조우임하사 막요환희심
憂惱不濟事 反失諸善行 우뇌부제사 반실제선행

어떠한 역경과 장애를 만나더라도
환희심의 경계는 흔들리지 말아야 한다.
근심하고 걱정하는 마음은 일에 도움이 되지 않을 뿐더러
모든 선행을 시들게 한다.

인생의 여정은 영원히 그렇게 평탄하고 화평하지만은 않을 것이다. 선악 업력이 뒤섞임으로 인하여 세상에 던져진 사람은 역경이나 악연들을 만나지 않을 수 없고, 특히 불법을 닦을 적에 각종 순조롭지 못한 미혹한 업과 마장이 가득하다. 수행자는 이러한 것들을 만났을 적에 절대 자신의 환희심을 어지럽혀서는 안 된다. 소위 환희심은 불안함과 상반된 마음 상태로, 세간·출세간 선업으로 인하여 삶을 이끄는 각종 유쾌한 안온심을 포괄하며, 그것은 불법을 수념하여 일어난 신심과 승해심[2]이라고 정의된다.

수행자가 환희심을 지속하는 것은 매우 중요하다. 그 안에 심오한 도리가 많이 있는데 보통의 차원에서 말하자면, 만약 한 사람이 늘 평화롭고 안락한 환희심을 유지할 수 있다면 외부환경에 쉽게 바뀌지 않으며 일을 할 때 고도의 집중을 할 수 있어 성공하기 쉽다. 만약 늘 우울하고 즐겁지 않다면 법을 닦고 일을 하는 것을 순리대로 진행시킬 방법이 없으니, 바로 신체조차도 감당할 수 없을 정도로 병들고 야윌 것이다.

단증 활불은 『어떻게 고통을 마주할 것인가』를 썼는데, 수행인들이 읽으면 큰 계발이 될 것이다. 나는 또 수행인들을 위해 『어떻게 행복을 유지할 것인가』를 써야만 한다고 생각하며, 수행인들이 복락을 닦고 지키게 하는 법문은 마치 고대의 대수행자처럼 어떤 환경에서도 비할 데 없이 안락한 생활을 하게 한다. 우리는 밀라레빠 존자의 전기를 보았다. 존자는 산에서 수행할 적에 옷도 없고 음식도 없었으며, 그를

---

[2] 승해심은 바른 지견과 신심으로 지녀 인간관계에 의해 유혹되거나 환경에 의해 흔들리지 않는 것을 말한다.

참배하러 온 승려들은 존자의 생활이 매우 고통스럽다고 여겼으나 존자가 밤낮을 가리지 않고 불법의 감로 속에 빠져 있어, '존자가 마음에 따라 하는 일들이 모두 대락법계에 있다'는 것을 어찌 알았겠는가. 입에 따라 읊조리는 『팔종쾌락가』 안에서 밝힌 행복을 다른 사람은 맛보기 어렵다. 이전에 비로자나 역경대사(서기 8세기)[3]가 다른 사람의 모함으로 유배되었을 때 역시 수행자의 쾌락가를 불렀다. 이 대수행자들은 마음속으로 불법에 대한 수승한 견해의 신심 속에 안주하여 일생 쾌락한 마음 상태를 유지한다. 외부환경이 아무리 험난할지라도 그들의 수행을 줄게 하거나 동요시킬 수 없다.

일반적인 범부는 비록 이러한 높은 정도까지 도달할 수 없다 하더라도, 고통을 만났을 적에 짜증내지 않으면서 지낼 수 있다. 안락을 만났을 적에 역시 탐욕과 집착 속에 지내지 않을 수 있다. 이것이 사람으로 살아가는 기본 원칙이다. 『월등경』에서는 "안락한 상황을 만났다 해도 탐욕을 일으켜서는 안 되고, 고통스런 환경을 만났다 해도 짜증을 내어서는 안 된다."라고 말한다. 평정한 마음 상태를 지킬 수 있다면 우리의 생활은 안락하고 원만할 것이며 수행 역시 나날이 진보할 것이다.

악연을 만났을 적에 만약 우울해하고 즐겁지 않은 정서가 자신의 마음에 침투해 들어오게 한다면 일에 도움이 되지 않을 뿐만 아니라 더 큰 번뇌를 불러올 수 있다. 심지어 성내는 마음이 크게 일어나 철저하게 보완하고 바꿀 기회를 상실하게 하여 여러 생 동안 쌓아온

---

[3] 티베트불교의 가장 먼저 출가한 7인 중의 한 분이며 역경 대사이다. 금강승 밀법을 전하여 현교 대사들의 반대에 부딪혔다.

선행을 잃고 지금과 장래의 생활이 모두 고통 속으로 빠져들게 된다.

우리들 대부분은 악연을 만난 경험을 가지고 있다. 예를 들면 병이 나거나 병을 앓은 후 병 때문에 고통스럽고 우울하다면 질병을 치료하는 것에 무익하다. 병의 상태를 더욱 악화시켜 약을 복용해도 효과를 낼 수 없고 점점 성내는 마음을 일으킬 것이며, 병마를 가져온 알 수 없는 대상을 원망하거나 의사가 자신을 잘 치료해 주지 않는다고 원망하여 그 결과 점점 병이 심해질 것이다. 반대로 질병을 만났을 때 여전히 활달하고 즐겁고 기쁜 마음을 유지한다면 비록 중병이라도 가벼워질 수 있다.

『입행론대소』에서 "만약 다른 사람이 나의 머리를 벤다면, 그에게 성내는 마음을 내어서는 안 될 뿐만 아니라 자신의 환희심을 잃어서는 안 된다."라고 말하였다. 오늘날 많은 사람들이 이렇게 실행하려면 어려운 점이 많으나 이 좌절 고통들을 직면할 때 교리에 따라 행할 수 있어야 한다. 다른 사람의 무의식적인 공격, 자기를 해치는 뜬소문들, 자기의 요긴한 재물들을 가져가는 것, 따귀 한 대 맞는 것, 머리를 때려서 몇 개의 혹을 만드는 것 등등에 직면했을 때, 참을 수 없어 우울증이 계속해서 깊이 들어오게 하면 인욕바라밀을 또 어디로부터 말하겠는가? 하지만 이러한 것들이 자신의 환희심을 어지럽히지 못하게 한다면 외부환경의 악연이 자신의 마음 닦음을 돕는 아주 좋은 증상연으로 변화될 수 있을 것이다.

각 수행자들은 자신의 지난날 업력에 따라 법을 닦는 동안 역경과 고난을 만나야만 하는 것을 면하기 어려우며, 이러한 때가 바로 자신이 수행하는 인연을 경험하는 것이다. 티베트인의 속담에 "즐거울 적에는 수행인들 모두가 수행자 같지만, 좌절을 만나게 되면 각자의 번뇌가 바로 드러날 것이다."라고 한 것이 있다. 이때 우울함이 일어나서는 안 된다. 특히 남자들이 한편으로 매우 화를 내고 한편으로 대성통곡하며 눈물을 흘리는 것은 나약하고 마음이 붕괴되는 표현이다.

세상 사람의 고통과 악연은 수행자에 비하여 더 많으나 그의 생활이 가볍고 유쾌한 마음을 유지하는 사람은 상대적으로 그렇게 마음을 갖지 못하는 사람에 비하면 안락한 것이다. 한 번은 내가 라싸에 참배하러 가서 큰 개인 여관에서 머물렀다. 그때 여관 주위에 10여 명의 거지가 살았는데, 그들은 낮에는 밖으로 구걸을 하러 나가고 밤에는 한곳에서 노래 부르고 춤추며 즐겁게 지냈다. 그러나 여관의 주인이 나와 대화할 적에 얘기하는 것은 전부 걱정과 고뇌여서, 그가 완전히 비참한 생활 속에 빠져 있는 것 같아 나는 당시 매우 놀랐다. 사람의 괴로움과 즐거움은 확실히 외부환경에 달려 있는 것이 아니라 생활에 대한 마음의 태도에 달려 있음을 알았다.

세간 사람들도 오히려 낙관적인 마음 상태로써 곤란을 안락으로 바꿀 수 있는데, 우리 수행자에게는 더 수승한 비결이 있는데 왜 할 수 없겠는가? 『보적경』에서 "만약 마음이 자재함을 얻으면, 모든 법 가운데 역시 자재하다."라고 말한다. 환희롭고 자재한 마음을 유지할 수 있다면 모든 역경 속에서 성냄을 유발하는 우울한 정서에서 멀어지니, 모든 외부환경의 곤란함도 자신의 이해타산에 긴밀한 관계가 없는 것으로 변한다.

(4) 화내는 원인을 찾아내 힘써 끊음

若事尙可爲 云何不歡喜 약사상가위 운하불환희
若己不濟事 憂惱有何益 약이부제사 우뇌유하익

아직 일을 바로잡을 수 있다면
어찌 환희의 마음을 내지 못하겠는가?
일을 이미 고칠 수 없다면
화내고 우울해하는 것이 또 무슨 이익이 있겠는가?

이 게송은 적천보살이 수행자의 역경을 대하는 정확한 마음 태도를 가르친다. 자신이 생활하고 수행하는 중에 악연을 만났을 때 자세하고 냉정하게 관찰해야 하며, 아직 일을 보완할 수 있다면 성내고 우울해해서는 안 되며 불행 중의 다행으로 여겨야 한다. 혹 절망에서 삶을 얻은 것처럼 기뻐하고 가볍게 집중하는 마음 상태를 유지하며 힘껏 구제하는 일을 진행해야 하며, 일이 이미 보완할 방법이 없는 지경에 이르렀다면 더욱 화내고 우울할 필요가 없다. 왜냐하면 그러한 것들은 자신을 해치는 것 외에 아무 소용이 없기 때문이다.

이러한 방법은 아마 수행인들이 이전에 알았을 것이지만 이해했다고 할 수 있는 것은 아니다. 진정으로 일상생활 속에서 운용해야 하고 수행과 생활을 결합시켜 반복하여 단련해야 비로소 실행되는 것이다. 예를 들면 현재 어떤 사람이 그대에게 한 대야의 찬물을 뿌린다면, 이때 일반인의 반응은 당연히 이 때문에 놀라 허둥대며 분노할 것이다. 상대방을 원망하며 탓하고 심지어는 상대와 말다툼하고 싸우며 그 결과 더 많은 고통을 야기할 뿐이다. 만약 그대가 지혜를 충분히 가지고 있다면 이러한 때 냉정하게 관찰할 수 있다. 이에 대처해, "다행히 뜨거운 물이 아니군! 이건 무슨 큰일이 아니야."라고 생각하면서 단지 곧 닦고 깨끗한 옷으로 바꾸어 입기만 하면 화냄을 바꿀 수 있다.

만약 그 사람과 다툰다면 타인을 해치고 자신도 이 때문에 고통을 느낄 것이며, 당시 추위를 좀 더 견뎌야 할 것이다. 즉시 심기를 평화롭게 하여 뛰어가서 옷을 바꿔 입으면 그 결과 풍랑이 가라앉을 것이고, 만약 자신의 수행이 부족하다면 이러한 작은 문제의 업보는 시끄러울수록 더 커지고, 세간의 많은 모순들은 작은 일에서 일어난다. 작년 나의 고향에서 어떤 사람이 150원짜리 카펫 때문에 쉬지 않고 다투다가 그 결과 두 사람을 죽였다. 가령 세상 사람들 모두가 여기에서 설명한 대처하는 방법을 장악할 수 있다면 세계 전쟁에서부터 집안 풍파에 이르기까지 의심할 것 없이 많이 줄어들 것이다.

근휘 린포체는 이 논에서 『문수상사교언』을 강의하면서 "만약 일이 발생했다면, 쌀보리가 바닥에 흩어진 것처럼 그대는 여전히 주울 수 있다. 그러면 이 때문에 환희의 마음을 잃을 필요가 없다. 만약 일이 깨진 그릇 같은 경우라면 구제할 수 없다. 그대가 더 성낸다 하더라도 무슨 의미가 있겠는가."라고 말한다. 이 비유를 만약 수행인들이 늘 기억할 수 있다면 생활 속의 많은 번거로운 일들을 피할 수 있다. 아주 어렸을 적에 한 번은 조심하지 않아 그릇을 하나 깨었고 어머니가 이 때문에 화를 내었다. 나는 곧 "어머니, 제가 이미 잘못을 했는데, 어머니가 화를 낸다고 해도 깨진 그릇은 합칠 수 없어요.

앞으로 제가 주의해서 다시 그릇을 깨지 않을 거예요."라고 말했다. 그리하여 자신에게 이러한 생활과 수행의 지혜에 대한 인식이 있었기 때문에 현생에서도 순리대로 많은 역경을 건너갔다.

나는 수행인들이 이 비결을 반복하여 외워 관할 수 있기를 바란다. 만약 악연을 만났을 때 익숙하게 운용할 수 있다면 어떻게 악연 때문에 성냄이 강하게 일어나 자신과 남을 훼손시킬 수 있겠는가?

① 화내는 경계의 구별

不欲吾與友 歷苦遭輕蔑 불욕오여우 역고조경멸
聞受粗鄙語 于敵則反是 문수조비어 우적즉반시

자신과 친구들이
고통을 겪고 경멸을 받거나
거친 말과 비방하는 말을 듣기를 원하지 않으나,
적에 대해서는 도리어 이와 반대이다.

'진정으로 인욕을 닦는 것'에 들어가기 전에, 우리는 먼저 자신의 성냄과 원망의 경계에 대하여 분석해야 한다. 앞에서 우리는 이미 성내는 원인, 즉 타인이 '내가 하고 싶어 하지 않는 것을 하게 하는 것'과 '내가 하고 싶어 하는 것을 막는 것'을 분석하였다. 이 게송은 하고 싶어 하지 않는 것과 하고 싶어 하는 것의 대상에 대하여 더욱 분명하게 밝혔다.

아집이 있는 보통 중생들이 희망하지 않고 만족하지 않는 대상을 총괄하면 네 가지에서 벗어나지 않는다. 고통 받고 경멸당하며 거친 말과 비속한 말을 듣는 것이다. 뿐만 아니라 중생의 강렬한 자기 집착 때문에 그들은 자신의 친구나 가족에 대하여 역시 이 네 가지 바라지 않는 경계를 만나지 않길 원한다. 만약 자신과 친구가 이렇게 원하지 않는 경계를 만나면 즉시 우울해져 크게 성낼 것이고, 반대로 아집을 가지고 있는 범부는 적에 대하여 '적대'의 분별을 가지며 그래서 늘 적이 이 네 가지 원하지 않는 경계를 만나길 바라고, 만약 어떤 사람이 적이 이러한 것들 받는 것을 방해한다면 그들은 또한 이 때문에 크게 성낼 것이다. 글자 상으로 이 게송의 내용을 해석하면 위에서 말한 8가지 바라지 않는 것과 4가지 바라는 것, 합쳐서 12가지 성냄 경계이다.

　이 게송의 내용을 더 깊이 들어가 자세하게 분석하면, 강의에서는 36가지 불욕경不欲境과 36가지 소욕경所欲境으로 나눌 수 있다고 말한다. 하고 싶지 않는 측면에서 분석하면 고통을 겪고 싶지 않고, 경멸을 당하고 싶지 않고, 거친 말과 저속한 말을 듣고 싶지 않다. 자신의 친구가 고통·경멸·거친 말·저속한 말을 듣지 않기를 바란다. 적이 고통을 겪고, 경멸을 당하고, 거친 말을 들으며, 저속한 말을 듣는 것을 피하지 못하기를 바란다(혹은 적이 안락하고, 존중을 받으며, 사랑스런 말을 듣고, 존경의 말을 듣는 것을 얻지 못하기를 바란다). 이 12가지 불욕경은 시간 측면에서 과거·현재·미래 등 3종류로 나뉘어 36가지 불욕경을 이룬다.

　바라는 것의 측면에서 분석하면, 자기 자신이 안락하고, 존중받으며, 사랑스런 말을 듣고, 경어를 듣기 바란다. 자신의 친구들도 이와 같기를 바란다. 자신의 적은 고통과 경멸과 거친 말과 저속한 말을 겪기를 바란다. 이 12가지 소욕경은 각각 과거·현재·미래 등 3종류로 나뉘고 이렇게 모두 36가지 소욕경이다.

우리는 이 72가지 화냄의 경계를 이해한 뒤 세세하게 대조하여 반성할 수 있다. 자신이 어느 것에 특별한 집착을 두고 있는지, 자신의 성을 내는 근간을 찾아낸다면 바로 전력을 다해 제거할 수 있다.

② 화냄을 제거함
A. 내가 손해 입음을 인하여 화냄을 막아 제거함
a. 마땅히 몸의 고통을 참음

樂因何其微 苦因極繁多 낙인하기미 고인극번다
無苦無出離 故心應堅忍 무고무출리 고심응견인

윤회 속에서 안락의 인은 매우 드물고
고통을 불러오는 인연은 매우 많다.
고통이 없다면 출리심이 일어나지 않으므로
결연하게 고통을 참아야 한다.

성내는 경계에 대하여 분석을 한 뒤, 게송은 다시 각기 다른 성내는 경계에 대하여 일일이 인욕을 닦도록 우리를 인도한다. 윤회 속에 빠진 중생으로서 고통을 편안하게 받아들이고자 한다면 인욕을 닦아야 하고, 안락을 누리고자 한다면 반드시 낙인(樂因: 5계 10선[4])을 수지하

---

[4] 5계五戒는 가장 기본적인 계율로 불살생(不殺生: 생명을 죽이지 않음), 불투도(不偸

여야 한다. 하지만, 중생 입장에서 말하자면 선법을 닦는 인연은 매우 적고 악업을 짓는 인연은 매우 많다.

『지장경』에서 "남염부제 중생은 마음을 일으키고 생각을 움직이는 것이 업이 아닌 것이 없고 죄가 아닌 것이 없다."라고 말한다. 화지린포체는 『대원만전행인도문』에서 중생이 소유한 의복, 음식 등의 필수품은 악업을 지음으로써 이루어질 뿐이어서 결국에는 이 때문에 끝없는 악도 고통을 받아야 한다고 분석하였다. 선업을 짓는 것은 매우 적은데, 마음을 일으키고 생각을 움직여 옷 입고 밥 먹고 차 마시는 모든 것들이 고인苦因을 만들고 있다. 이 때문에 윤회하는 중생의 고통이 어찌 많지 않을 것인가?

부처님께서는 『정념경』에서, "윤회는 바늘 끝과 같아 영원히 조그만 행복도 없다."라고 말하였다. 미륵보살도 "더러운 변에는 향기가 없고, 오도윤회 가운데에는 안락이 없다."라고 말하였다. 『법화경』 「비유품」 또한 "삼계에 안락이 없는 것은 마치 불타는 집과 같다. 모든 고통이 가득하여 매우 두렵다."라고 말한다. 고통스런 독의 불이 시도 때도

盜: 남이 주지 않은 것을 갖지 않음), 불사음(不邪婬: 삿된 음행을 하지 않음), 불망어(不妄語: 거짓말을 하지 않음), 불음주(不飮酒: 정신을 흐리게 하는 술이나 약물을 먹지 않음)를 말한다. 10선은 '열 가지 선한 행위(선업)'로 몸으로 짓는 선한 업에 불살생, 불투도, 불사음 3가지가 있고, 입으로 짓는 선한 업에 불망어, 불악구(不惡口: 모진 말을 하지 않음), 불기어(不綺語: 진실이 없는 꾸민 말을 하지 않음), 불양설(不兩舌: 이간질하는 말을 하지 않음) 3가지가 있다. 마지막으로 마음으로 짓는 선한 업에 불탐욕(不貪欲: 탐욕을 일으키지 않음), 불진에(不瞋恚: 성을 내지 않음), 불사견(不邪見: 인과법을 부정하는 그릇된 견해를 일으키지 않음) 3가지가 있다.

없이 윤회하는 중생을 에워싸고 불타오르고 있다.

'고통이 없다면 출리심이 일어나지 않을 것'이라는 것은, 우리가 비록 윤회의 고통을 느끼기를 원하지 않을지라도 고통은 불법을 믿는 동기가 되며 중생이 불문으로 들어가도록 돕는 조연助緣이 된다는 것이다. 왜냐하면 고통을 받아야 중생은 비로소 윤회를 떠날 마음을 일으킬 것이기 때문이며, 사유를 통해 세간의 온갖 고초가 일어나는 원인을 알게 되기 때문이다. 나는 많은 사람들이 출가한 원인을 이해한다. 그것은 어떤 고난을 만남으로 인하여 윤회하는 세간의 고제苦諦에 대한 이해를 얻었기 때문이다. 그래서 세간의 고통을 참을 수가 없어 윤회를 벗어나는 해탈의 길을 찾아 출가하여 수행하게 된 것이다. 이런 의미에서 수행인들은 고통에 감사할 수 있다.

무구광 존자는, "고통의 손해를 입고 정법을 만나 해탈도를 얻으니 손해의 은혜가 크다. 고통스럽고 우울해하다가 정법을 만나 안락을 얻으니 고통의 은혜가 크다."라고 말하였다. 고통을 받았기 때문에 세상을 싫어하고, 세상을 싫어하는 마음이 있음으로 인하여 비로소 해탈을 추구한다. 예를 들면 『사백론四百論』에서 "만약 세상을 싫어하지 않는다면 어떻게 적멸이 있겠는가."라고 한 것과 같다. 고통은 자신의 수행에 대하여 이처럼 향상시키고 촉진시키는 작용이 있다. 그러므로 우리는 굳센 용기를 가지고 직면하여 참아서 고통을 도의 쓰임으로 전환시켜야 한다.

『공덕묘병功德妙瓶』에서는, "고통 중에 어떤 것들은 무시이래 악업의 결과이다. 어떤 것은 옛 업이 불러온 과가 아니라, 갑작스럽게 타인이 해치는 것을 당해 이른 것이다. 어떤 것은 불법의 고행을 닦으면서 이른 것이다. 어떤 고통이건 간에 인욕을 잘 닦은 사람은 그것을 안락으로 바꿀 수 있다."라고 말하였다. 이러한 경론들에 의거하여 고통은 두 가지로 나뉜다. 하나는 시작도 없던 윤회 속에서 악업을 지어 고통의 업보를 받는 것이다. 다른 하나는 지난날의 선업이 불러온 것으로, 자신이 고통을 받기 때문에 자신이 해탈도로 들어가도록 압박하는 것이다. 만약 이 두 가지 고통을 받지 않았다면 천인처럼 늘 안일함을 느껴 우리는 해탈도로 들어갈 수 없고 수행 역시 성공할 수 없을 것이다. 우리는 어떤 고통을 만났을 때 자신의 마음이 나약해져 도피해서는 안 되며, 충분히 고통을 직시하고 고통을 참을 수 있다면 수행은 아주 큰 발전이 있을 것이다. 이전의 고승대덕들은 어떤 좌절의 악연을 만나더라도 굳건하게 인욕을 행하여 이것을 자신의 공덕으로 바꾸고 중생을 이롭게 하는 공덕 사업으로 전환시켰다.

나이가 어리고 경력이 적은 수행자라면 어떤 고통 고난을 받은 적이 없을 수 있다. 하지만 업력에 따라 윤회 속을 유전하였으니 고통이 없을 수 없어 심신의 고통이 때로 맹렬하게 나타날 것이다. 이러한 때 수행인들이 나약한 상태에 빠지면 인욕이란 무기를 굳건하게 들 수가 없고, 고통이 그를 패배시켜 점점 무력하게 하고 견디기 힘들게 할 것이다. 자신의 생명 역시 꺼진 재와 같이 변하여 눈앞의 모든 것에 실망하고 불안해하며 인과의 업보에 대한 취사와 상사 삼보에 대한 신앙심 등 모든 수행에서 물러서는 결과를 부를 것이다.

이렇듯 마음이 자재하지 못하고 굳건하게 참을 수 없다면 자신의 모든 행위는 치명적인 장애를 받을 것이다. 반면에 마음이 기쁘고 견실하면 스스로 염불·정좌·관상·독경 등을 행하더라도 모두 순리적이고 원만하게 진행될 것이다. 자신의 마음에 인욕행이 견실하여 두려움이 없을 때 모든 유정들에 대하여 진솔한 자애와 연민을 낼 수 있으며, 그들을 대신하여 모든 고통을 받기를 원한다.

고통을 겪을 적에 "매우 고통스럽다. 참기 어렵다." 따위의 스스로 암시하고 괴롭히는 말을 해서는 안 되며, 잘 참아 나가면서 좀 안정한 뒤에 세세하게 자기 마음을 관찰하기 시작한다. 자신이 배운 지식을 전부 사용하여 고통이 도대체 어떤 성분을 가지고 있는지, 자기 마음이 어느 위치에 있는지, 어떻게 일을 진행하고 있는지 한번 본다. 오로지 지혜의 빛이 마음속을 주시할 때 틀림없이 고통의 암흑은 흔적도 없을 것이다.

초학자가 반드시 이러한 지혜로운 방법을 장악할 수 있는 것은 아니나 걱정할 것 없고, 그가 만약 이러한 법문들을 닦을 수 없거나 혹은 역량이 충분하지 못하다면 좀 고요하게 하여 심한 분별망상을 안정시켜야 한다. 그리고 스스로에게 묻되, "내가 이렇게 고통스러운 것이 무슨 의미가 있는가? 자신이 자신을 괴롭힐 뿐이다. 삼계의 부모중생은 나보다 배나 더 심각한 고통을 받고 있는데, 나는 오직 자신만을 생각할 뿐이니 현재 나는 자타를 바꾸는 수행법[5]을 관상해야만 한다."라고 해야 한다.

까담파[6]의 대사들은, "만약 자기 마음이 특히 고통스러우면 즉각

---

[5] 티베트불교에서 통렌 수행이라고 하며, 자신의 행복이 중생에게 흘러가고 중생의 고통이 모두 자신에게 들어온다고 관상하는 것을 말한다.

[6] 티베트불교 종파 중의 하나이며, 아티샤 존자의 삼주요도를 그 교리의 기반으로 한다. 중돈빠가 종파를 건립하고 부충와, 뷔뛰와, 진아와에 의해 널리 전해졌다.

자신이 현재 받는 고통으로 삼계 윤회 중생의 모든 고통을 대신 받는다고 관해야 하며, 이것으로써 자신이 받은 고통이 공덕으로 변한다."라고 말한다. 이때 자신이 받은 고통이 많을수록 무량한 중생의 고통이 줄어들고 자신이 쌓은 공덕도 많아질 것이다. 만약 이렇게 관상하지 않는다면 자신이 받은 고통이 조금도 의미 없을 뿐만 아니라 수행하는 데 장애를 만들 수 있다. 우리가 이렇게 관상수행하는 것을 지성스런 자비심으로 맹렬하게 발원할 수 있다면, 중생의 고통에 대한 연민이 자신의 행복에 대한 바람을 초과할 때 자신의 고통은 아마도 즉시 없어질 것이다. 용감하고 강인한 마음 상태를 가지고 있다면 이렇게 수승한 비결을 관상수행하여 틀림없이 고통을 도의 쓰임으로 바꿀 수 있을 것이다.

苦行伽那巴 無端忍燒割 고행가나파 무단인소할
吾今求解脫 何故反畏怯 오금구해탈 하고반외겁

　저 고행하는 외도 자나빠는
아직도 의미 없이 신체를 태우거나 베이는 고통을 참는다.
　지금 나는 해탈의 큰 이익을 구하면서
어째서 도리어 고통 받기를 두려워하는가?

'외도 자나빠'는 고대 인도의 고행을 신앙으로 하는 남인도 자나빠 지방 사람들을 가리킨다. 고행을 신앙으로 하는 자나빠의 외도들은 매년 가을 초9일에 시작하여 삼일 동안 자신의 신체를 태우거나 신체 일부를 베어서 그들이 신봉하는 신령에게 진리를 구걸하였다. 자나빠 사람들은 월식 때 또한 온갖 방법으로 신체를 찢고 불태운다. 인도에서 이러한 외도의 고행은 단지 고대의 전설로만 남아 있는 것이 아니라 지금까지 존재하는 것이다.

예를 들면 대자재천을 신앙하는 외도 신도들은 종종 소위 '신의 은총'을 얻기 위하여 갖가지 방법으로 자아 학대를 진행하고, 어떤 외도들은 범천을 닦기 위하여 자신의 머리를 베며, 어떤 외도는 철사·철 갈고리로 신체를 뚫고 찢어 자신의 피로 신에게 제사지내는 등 사람들이 상상하기 어려운 온갖 자아 학대 행위가 있다. 그들의 이러한 소위 고행은 그들에게 무슨 선법 성취를 가져다줄 수도 없고 그들을 위해 업장을 없앨 수도 없다. 오직 자해만 있을 뿐 근본에 진실한 의미가 없으나 그들은 모두 끝없이 이러한 고통을 참는다.

우리가 불법을 닦는 목적은 자타 일체중생의 궁극 해탈이고 모든 부모중생이 최종의 안락을 얻게 하기 위함이니, 이렇게 위대하고 숭고한 사업을 위하여 무슨 이유가 있어 고통 받는 것을 두려워하겠는가? 불법을 닦는 과정에서 추위·질병·피곤 등을 직면하는 것을 우리는 조금의 나약함도 없이 참아야 하니, 성불 사업은 공중누각·수중월영水中月影처럼 허황된 것이 아니다.

지난날의 고승대덕들을 돌이켜보면, 그들은 분명한 사실로써 우리에게 고난을 두려워하지 않고 선지식의 가르침과 인도에 의지하여 수행한다면 자리이타의 사업이 반드시 성공할 수 있음을 알려주고 있다. 나는 고승의 전기에서 당 현장법사가 인도에 경을 구하려 가는 부분을 보고 늘 눈물을 흘렸다. 우리 후대의 법을 배우는 사람들은 왜 이러한 것을 본받을 수 없으며, 무슨 이유로 수행 중의 작은 고통과 해로움을 참을 수 없는가?

> 久習不成易 此事定非有 구습불성이 차사정비유
> 漸習小害敵 大難亦能忍 점습소해적 대난역능인
>
> 오랜 시간 익혀서 변하지 않는 것,
> 이러한 일들은 절대 없다.
> 점점 작은 손해부터 참는 것을 닦으면
> 큰 고난이 닥치더라도 충분히 참을 수 있다.

중생들이 집착하고 아끼는 모든 법은 오랜 시간 습관이 되어 이루어진 것이다. 어떤 어려운 일이라도 습관이 되면 천천히 적응하기 쉽게 변하고, 변하면 자연스레 어떤 곤란도 없어진다는 것을 우리는 각자의 생활 속에서 경험했을 것이다.

예를 들면 막 티베트어를 배웠을 때는 낯설고 매우 어려우며 발음·쓰기·문법 등이 모두 자기에게 골칫거리가 되나 진정으로 공부를 하면 천천히 마음먹은 대로 되어 더 이상 힘들다고 느끼지 않을 것이며, 아주 긴 진언을 염송할 때 우리는 목을 길게 빼고 머리를 흔들며 말을 더듬지만 일단의 시간이 지나 익숙해진 뒤에는 또한 유창하게 외울 수 있으며 어떤 곤란함도 없다. 상사 여의보는, "듣고 사유하고 수행하는 것들이 모두 이와 같다. 반드시 익숙해지는 과정이 있어야만 한다. 습관이 된 뒤에는 더 이상 어떤 곤란도 겪지 않을 것이다."라고 말한다.

어떤 일을 할 적에 오랜 시간을 거쳐 연습한다면 습관으로 변하여 어찌 자연스러운 일이 되지 않겠는가? 습관의 역량은 불가사의하여 틀림없이 그렇게 되지 않을 수 없다. 샤카 빤디따가 말하되, "어떠한 일을 막론하고 습관이 되면 작은 어려움이 없어지듯이, 불법에 대한 학습이 뛰어나고 밝아지면 불법을 닦는 것도 그다지 어렵지 않게 된다."라고 말하였다. 인욕을 닦을 때 만약 오랫동안 닦을 수 있다면 우선 미세하고 작은 손해를 참도록 습관을 들인다. 예를 들면 다른 사람의 자신에 대한 차가운 말·희롱·모욕·주먹으로 치는 것 등 아주 작은 손해들을 날마다 참는 것을 견지한다. 일정한 시간이 지난 뒤, 이러한 인욕이 자연스럽게 습관으로 변하여 점차 비교적 큰 손해에 대해서도 감당할 능력이 생길 것이며, 인욕의 역량이 습관화되어 성숙해진 뒤에는 타인의 온갖 손해의 고뇌 내지는 살해를 직면하더라도 태산처럼 평안하게 참을 수 있어 어떤 곤란함도 없게 된다.

용수보살은 말하되, "유정의 공덕과 잘못은 바로 습관을 이루고, 습관은 또한 자기 자신에 의지하므로 우리는 힘써 선법 공덕을 닦아야 한다."라고 하였다. 우리는 모두 해탈을 바라는 사람이므로 악업의 습관을 버리고 선법 공덕을 쌓도록 노력해야 한다. 만약 작은 부분에서부터 착수하여 적극적이고 주동적으로 연습할 수 있다면 장차 반드시 인욕선인 같은 인욕 역량을 가질 수 있을 것이고, 이로써 신속하게 거대한 복덕 자량을 쌓을 수 있게 된다. 만약 능동적으로 습관을 들일 수 없고 현재의 아주 작은 고뇌에 대해서도 참을 수 없다면, 장차 큰 악연의 고통을 만났을 때 어떻게 대응할 수 있겠는가? 참지 못하고 성을 내는 잘못은 앞에서 이미 자세하게 설명하였다. 인욕행을 닦는 것에 대하여 『입중론』에서는 "인욕행으로 원만한 상호를 이루어

선지식이 반기며, 보살의 방편으로 남의 잘못을 내 것으로 삼는다. 이 공덕으로 죽은 뒤 인천에 태어나면 지은 바 중죄는 모두 다한다."라고 말하였다. 우리 불법을 닦는 사람들은 모두 이 공덕을 마땅히 힘써 추구해야 한다.

어떤 사람들은 아마도 "비록 오랜 기간 습관이 되어 고뇌를 참을 수는 있을지라도, 그러한 악연 고통을 직면하였을 적에 자신의 내면에는 틀림없이 여전히 고통스런 느낌이 있을 것이다."라고 생각할 것이다. 이 때문에 인욕을 닦을 용기를 잃는다면 이것은 사람의 비이성적인 생각이다. 오랫동안 인욕에 습관이 들어 일정한 정도에 도달한 뒤라면 크고 작은 고통이 더 이상 우리를 고통스럽게 하지 않고 안락함을 느끼게 할 것이다. 『부자상회경』에서, "세존에게는 모든 법 안락행이라 불리는 삼매가 있다. 만약 누군가 이 삼매를 증득하면 이 보살은 일체법에 따라 즐거움을 느낄 뿐 고통을 받지 않는다."라고 하며, 또 "만약 지옥의 고통을 가지고 그를 핍박해도 항상 안락의 생각에 안주한다."라고 말하였다.

인욕은 오랜 수행에 의지하여 자연스레 습관화할 수 있다. 기왕에 이와 같다면 우리들은 또 어째서 환희의 마음으로 수행에 노력하지 않는가? 수행인들은 모두 인욕도가 원만하지 않으면 대수인[7]·대원만[8]

---

[7] 대수인은 티베트불교 까규파의 수행요결이며, 인도 말기 유가행 성취자가 직접 전한 것으로, 일불승의 견수행과를 총섭한다. 그 교의는 선종의 심지법문과 가까우며, 티베트불교의 정법안장이라 일컬어진다.

[8] 대원만은 티베트불교 닝마파의 최상의 수행방법이다. 마음의 체가 순진무구함을 깨달아 마음이 비어 밝고 깨끗한 하나의 도리에 안주함을 설하며, 중국 선종의 심지법문에 가깝다.

의 현생 성취와 자리이타의 과위는 자신과 현저하게 멀어진다는 것을 알며, 인욕을 행함이 결코 크게 곤란함이 있는 것은 아니므로 반드시 최선을 다해 수행해야 한다.

일상생활에서 인욕을 닦을 기회는 매우 많다. 우리가 언제 어디서고 자신의 마음을 관찰한다면 마음의 흐름 중에 고통을 감수하며 참기를 원하지 않는 생각이 많음을 발견할 수 있다. 예를 들면 우리는 겨울 아침에 추워서 일어나기 싫어하며, 강당에 오래 앉아 허리 아픈 고통을 받기 싫어하며, 여기저기 마구 돌아다니고 싶어 한다. 이때가 바로 인욕을 닦을 기회이다. 특히 단체생활을 할 때에는 사소한 충돌들을 피하기 어려운데, 이때에 참을 수 없다면 소위 수행이라는 것이 무슨 소용이 있겠는가?

비록 범부들로서 제불보살처럼 인욕바라밀을 성취할 능력은 없을지라도, 우리는 보리심을 발원한 불자들이다. 부모중생을 제도하기 위하여 불과를 증득하려는 서원을 세웠으므로 이를 위하여 반드시 일상생활에서 모든 크고 작은 곤란에 직면하여 아주 성실하게 인욕 수행을 실행해야 한다.

蛇及蚊蝱噬 飢渴等苦受 사급문맹서 기갈등고수
乃至疥瘡等 豈非見慣耶 내지개창등 기비현관야

일상생활에서 뱀이 물고 모기가 물거나,
기아와 갈증의 고통 내지 옴이 생기는 등,
늘 보는 병통에 대하여
어찌 우리는 인내하는 것이 습관이 되지 못하는가!

우리는 자연환경에서 오는 생활 가운데 작은 고통은 습관화되어 잘 견딘다. 예를 들면 인도에서는 뜨겁고 습기 찬 기후환경 때문에 자연계에 많은 뱀과 모기 등이 있어 사람들은 늘 그것들에게 물린다. 일상에서는 기갈과 질병의 고통이 많다. 이러한 고통은 사람의 일상에서 결코 피할 수 없는 것이며 또한 참기 어려운 것이라 느낄 수 있지만, 오래 지나면 역시 습관화되어 결코 이것들을 고통이라고 느끼지 않을 것이다. 고통 또한 오랜 시간 습관이 되어 이루어진 집착이기 때문에 이 집착을 끊기만 한다면 고통도 많이 줄어들 것이다. 이 점을 진정으로 이해할 수 있다면 인욕의 고통에 대해서도 견디기 아주 쉬어질 것이다.

어떤 사람들은 아마도 "고통은 우리의 아주 확실한 느낌이다. 결코 내가 그것에 생각을 일으키지 않아도 실지로 참기 힘든데 어떻게 집착으로 이루어진 것일 수 있는가?"라고 말할 것이나, 집착은 장기간 습관이 되어 이루어진 착각일 뿐만 아니라 보통사람들이 당장 식별할 수 있는 것이 아니다. 무구광 존자는 일찍이 『연화유무경』의 화시 바라문 공안을 인용하여 설명하되, "화시 바라문은 아주 짧은 시간 동안에 자신이 호랑이라는 것을 관상하고 최후에 역시 정말 호랑이로 변하였다. 저 사람들의 무시이래의 습기가 또 어떻게 집착으로 이루어지지 않을 수 있겠는가?"라고 하였다.

우리는 이에 대하여 분명하게 인식해야 하고, 한때의 고통을 실상으로 여기는 착각에 미혹되어 인욕을 행하는 용기를 잃어서는 안 된다. 사람들은 일상에서 어렵지 않게 작은 고통에 대한 인욕을 습관 들일 수 있다. 우리들은 선지식의 가르침에 의지하여 지혜로써 고통을 허망한 것으로 자꾸 관하면 모든 것을 참는 청정한 습관을 이루게 된다.

故于寒暑風 病縛捶打等 고우한서풍 병박추타등
不宜太嬌弱 若嬌反增苦 불의태교약 약교반증고

그러므로 추위·더위·비바람 등의 기후 변화와
질병·속박·구타 등의 손해를
참지 못해서는 안 된다.
참지 못하면 해로움의 고통이 더욱 증가될 것이다.

삼계는 순수한 고난의 집합처이다. 남섬부주 중생의 입장에서 말하자면, 추위와 더위의 변화·바람과 서리·비·눈의 엄습·질병의 괴로움·다른 사람에 의한 밧줄 몽둥이 등의 타격 등 온갖 고난이 계속되고 끊이지 않아 각각의 사람들에게 겹겹의 고뇌를 갖게 한다. 이러한 크고 작은 고난을 만났을 때 우리는 절대 나약하여 그것들을 직시하는 용기와 역량을 잃어서는 안 된다.

앞 게송에서 고통은 일종의 집착이거나 착각이라고 말하였다. 그것은 사람들이 자기 마음속에서 잘못 집착하는 느낌일 뿐, 외부환경과는 결코 필연적 관계가 없는 것이다. 똑같은 외부환경도 사람들의 마음이 다름에 따라 각기 다른 느낌을 일으킬 수 있다. 이것은 마치 돌로 약한 질그릇을 내리친다면 질그릇은 반드시 깨질 것이고, 튼튼한 철 그릇을 내리친다면 철 그릇은 어떤 파손도 입지 않은 채 오히려 돌이 부서지는 것과 같다.

마음이 만약 철처럼 강하다면 외부환경에 꺾여 고통을 불러오지 않을 것이나, 사람의 마음속은 나약하고 무력하여 외부환경의 아주 작은 곤란도 그에게 매우 큰 고통의 느낌을 가져다줄 수 있다. 바로 티베트인의 속담에서 말한, "지나치게 나약한 사람은 헤아릴 수 없는 해로움의 원인을 가지고 있다."라고 한 것과 같다.

우리의 수행 중에 이러한 나약함은 아주 심각한 장애이다. 수행과정에서 어떤 상사에 의지하거나 어떤 환경에 있었는지에 상관없이 악연은 분명히 만난다. 만약 나약하여 역경을 감당하지 못한다면 악연의 장애에 부딪혔을 때 넘어져 일어나지 못한다. 그렇게 되면 성취가 쉽고 빠른 인욕법문을 닦아 이룰 방법이 없고, 상사와 도반들이 아무리 격려를 하고 도움을 주더라도 수행의 길에서 앞으로 나아갈 수 없다. 불교사에서 보면 역경과 고난을 경험하지 않은 수행자는 없다. 우리는 수행자들의 전기에서 그들에게 같은 점이 있음을 발견할 수 있는데, 그것은 바로 그들 모두가 굳게 참으면서 어떤 고난도 감당할 수 있었던 수행자라는 것이다.

"너무 나약하여 참을 수 없는 데까지 이르러서는 안 된다. 만약 마음이 나약하여 참지 못하면 손상의 고통이 도리어 증가될 것이다." 이 구절의 법어를 나는 가장 염송하기 좋아하고 늘 이 구절로 나 자신을 격려하고 나약한 마음의 적을 물리치며, 이 내용으로 수행에 매진할 수 있을 뿐만 아니라 생활에 대해서도 반드시 없어서는 안 되는 강령으로 삼는다. 만약 수행인이 이 구절을 마음에 충분히 융화시킬 수 있다면, 수행생활 중에서 많은 불필요한 고뇌 역시 연기처럼 소멸될 것이고 굳세고 강인한 인욕행도 자연스럽게 얻을 것이다.

有人見己血 反增其堅勇 유인견기혈 반증기견용

有人見他血 驚慌復悶絶 유인견타혈 경황부민절

此二大差別 悉由勇怯致 차이대차별 실유용겁치

故應輕害苦 莫爲諸苦毁 고응경해고 막위제고훼

어떤 이는 자신의 상처에서 피가 나는 것을 보고 더욱 용기를 내고 어떤 이는 남이 피 흘리는 것을 보고 놀라 혼절하기까지 한다. 이 차이는 마음이 견고하거나 나약함에 따라 생기는 것이다. 그러므로 손해의 고통을 가볍게 여겨 이에 집착하지 않도록 하라.

손해의 고통을 직면하여 굳센 사람은 그 용기를 증강시킬 수 있고 나약한 사람은 놀라 어쩔 줄을 몰라하고 우울해한다. 이 두 가지는 완전히 다른 모습의 표현으로 사람들의 생활에서 분명하게 볼 수 있다. 적천보살은 여기에서 사병들이 전쟁할 때의 모습을 예로 들어 극심한 고통이 본래 사람들을 무너뜨릴 수는 없으며, 나약하고 비겁한 마음 상태를 가진 사람이 고통 때문에 상처를 입게 된다는 것을 설명하였다.

사병들이 포진하여 서로 죽일 적에 종종 적의 병기에 찔림을 당해 피를 흘린다. 용감한 사람은 자신이 상처를 입어 피 흘리는 것을 보고 위축되지 않을 뿐만 아니라 도리어 더욱 용감해진다. 용기가 배가 되어 목숨을 걸고 싸운다. 그러나 나약한 사람은 타인이 피 흘리는 것을 보면 자신은 조금도 상처를 입지 않았어도 놀라 불안해하며 어쩔 줄 모른다. 심지어 기절까지 한다.

이러한 이야기는 많은 역사 소설에서 볼 수 있다. 어떤 용사는 몸에 큰 상처를 입고도 전쟁터로 달려 나갈 수 있고, 어떤 나약한 사람은 몸에 상처를 입지 않았는데도 종종 상대가 죽이러 오기도 전에 놀라 기절해 버린다. 티베트 사람들은 용감하여 싸우는 것을 좋아한다. 그래서 이러한 이야기는 거의 모든 지방에 있으며, 나는 어렸을 때 아주 많이 들었다.

 옛적 어떤 지역에 한 사람이 있었는데, 들에서 원수와 만났고 상대방이 총을 쏘아 그의 복부를 명중시켜 창자가 상처에서 흘러나왔다. 그러나 그는 상처를 허리띠로 잘 싸맨 뒤 용감하게 긴 칼을 휘두르며 원수를 쫓아가 상대를 무찌르고 나서야 비로소 자신도 넘어졌다. 또 중국에 한 사람이 있었는데, 그는 다른 사람과 싸울 적에 그의 친구가 상처를 입어 피를 흘리는 것을 보고 그도 즉시 땅에 넘어져 "아, 내가 죽임을 당하려고 한다."라고 절망하였다.

 이 두 사람은 동시에 피를 보았지만 그 결과는 천양지차였다. 이것은 결코 외부환경이 달라서 일어난 것은 아니다. 또한 몸의 힘이 강하고 약한 차이에서 온 것이 아니다. 완전히 마음의 상태가 다름으로 인하여 야기된 것이다. 이것으로써 우리는 외부환경의 고난은 그 자체가 결코 사람을 훼손시키거나 패배시킬 수 없다는 것을 볼 수 있다. 용감하고 굳센 사람은 고난을 용기 있는 힘으로 바꾸어 그의 장애를 없앨 수 있다. 저 나약하고 비겁한 사람이 실패하여 넘어지는 것은 완전히 그 스스로가 나약하여 생긴 것이며, 그의 잘못된 집착이 만든 것이다.

 의지의 용감함과 비겁함은 많은 차이를 불러올 수 있다. 그러므로 우리는 수행과정에서 손해의 고통을 가볍게 보아야 하고 고통에 너무 집착하여 타격을 받아서는 안 된다. 고통을 가볍게 여긴다는 것은 굳세고 용감한 마음 태도로써 모든 고난을 경시하는 것을 가리킨다. 이것은 굳세고 용감한 마음 태도이며 굳은 믿음과 안정된 이해를 갖춘 마음 태도이다. 이러한 지혜가 생겼으면 모든 고통 악연의 환상을 알 수 있으며, 자신의 수행은 수미산왕과 같아 모든 고난에 동요되거나 무너지지 않을 것이다. 만약 이러한 용감하고 굳센 지혜를 갖출 수 없다면 그의 도를 향한 마음은 매우 위험할 것이다. 악연 역경이 함께 오면 바로 무너질 수 있다.

나약한 의지는 수행하는 과정에서의 큰 장애이다. 왜냐하면 우리는 출가하여 해탈을 구하는 데 뜻을 두었기 때문에 스스로 도를 배우는 데 정진하는 마음은 마치 한 사람의 미약한 힘과 같은데, 시작도 없는 옛적부터의 습기 번뇌가 겹겹의 장애를 이룸이 마치 '만 명'과 같다. 한 사람과 만 사람이 싸우니 만약 심지가 나약하다면 어떻게 성공할 가능성이 있겠는가?

나는 일부의 사람들이 아주 작은 악연을 만나 자신의 도를 향한 마음과 수행이 바로 꺾이는 것을 보았다. 사실 애석한 일이다. 수행자가 되어 재산, 생명을 잃는 것은 결코 안타깝지 않다. 만약 자신의 결심, 지혜가 꺾인다면 우리의 진정한 수행의 생명은 하나도 남김없이 없어진다. 이것이야말로 가장 애통한 일이다.

부처님께서는 『화엄경』에서 "번뇌를 끊기 위하여 굳센 마음을 일으켜야 한다. 집착을 끊기 위하여 타인을 높이는 마음을 일으켜야 한다."라고 말한다. 『사십이장경』에서는 "승려들이 도를 배울 적에는 그 마음을 견지하여 용감하게 정진해야 하고 앞길을 두려워하지 않아야 한다."라고 말했다. 우리가 법을 구하는 수행과정에서 만약 이러한 가르침들을 명심하여 수승한 믿음으로 상사 삼보에게 기도할 수 있다면, 모든 고통과 해로움을 가볍게 여길 수 있고 또한 모든 고난에 훼손되지 않을 것이다!

智者縱歷苦 不亂心澄明 지자종력고 불란심징명
奮戰諸煩惱 雖生多害苦 분전제번뇌 수생다해고
然應輕彼苦 力克貪嗔敵 연응경피고 역극탐진적
制惑眞勇士 餘唯弑尸者 제혹진용사 여유시시자

지혜로운 사람은 고난을 잘 참아
마음의 맑고 청명함이 흔들리지 않는다.
번뇌와 힘껏 싸우면서
비록 많은 역경이 있을지라도
모든 고난을 가볍게 보아
분투노력하여 탐진 번뇌 적을 항복시킨다.
번뇌 적을 조복시켜야 진정한 용사이니,
그 나머지는 시체를 죽이는 것뿐이다.

어리석고 나약한 사람은 고난을 만났을 때 마음이 번잡해지고 의지가 혼란스러워져 주관이 하나도 없어진다. 오직 가련하게 업의 바람에 따라 떠돌 뿐이다. 지혜로운 사람의 입장에서 말하자면, 그는 굳센 의지와 모든 법을 밝게 살피는 지혜를 가지고 있어 고난을 만났을 적에 스스로의 마음이 맑고 밝아 경솔하게 불안해하거나 우울해하는 정서를 가지지 않을 것이다. 샤카 빤디따는 "지혜로운 사람은 설령 지혜를 다 썼다 하더라도 절대 어리석은 자의 길로 나아가지 않는다."라고 말하였다. 그의 지혜는 마치 삼림의 큰불과 같아서 악연 광풍이 강할수록 지혜의 큰불은 더욱 맹렬하여 불쌍히 여기는 마음의 뜨거운 힘이 더욱 번성하게 일어난다.

『월등경』에서, "늘 환희 공경의 마음을 갖추고 고요함에 안주한다."라고 말하였다. 이것이 바로 수승한 대승 지자의 마음 상태이다. 환희·공경·적정을 갖춘 마음은 외부환경의 모든 모습이 '마치 공허한 꽃처럼 혼란이 나타날 뿐'이라는 것을 헤아려 볼 수 있다. 당연히 고요함과 맑음, 밝음을 유지하여 어떤 역경에도 동요되지 않을 것이다. 우리가 분명히 보아야 할 예는 바로 역대 고승대덕들의 외부의 변괴에 놀라지 않고 혼란에 대처하여 동요하지 않는 초연한 태도이다.

시작도 없던 옛적부터 이어온 습관 때문에 번뇌 습기가 겹으로 모든 범부의 앞에 가로놓여 있다. 이러한 것을 극복하려고 할 적에 자연스럽게 '많은 손해와 고통'을 만난다. "분투노력하여 싸운다."라는 것은 온갖 묘한 방편으로 번뇌를 다스리는 것을 가리키는 것이다. 『묘비청문경』에서는, "탐심을 끊기 위하여 부정관과 백골관을 수지한다. 성내는 마음을 끊기 위하여 대자대비심을 수지한다. 어리석은 마음을 끊기 위하여 십이연기를 관수한다."라고 말하였다. 이 법문들을 닦을 적에 시작 없는 옛적부터 내려온 습기와 역행하여 행하는 것이기 때문에 이때 우리의 업식에서 자연스럽게 많은 고통이 일어난다. 마치 독을 흡입하여 습관이 된 사람이 독을 끊고 치료하는 과정에서 역시 피할 수 없이 고통을 받아야 하는 것과 같다. 그러나 번뇌를 철저하게 끊기 위하여 우리는 굳세고 참을성 있게 이 모든 것을 받아들여야 하고, 크게 지혜롭고 크게 용감한 마음으로 저 고통들을 가볍게 보아야 한다. 크게 지혜롭고 크게 용감한 '힘'으로 탐심과 진심의 적을 극복한다.

진실한 지혜를 증득하기 전에 우리는 모든 법의 공한 본질을 알 방법이 없다. 또한 피할 수 없이 습기에 끌려 다니면서 모든 고통이 일어난다. 홍일 대사가 막 출가했을 때 그의 일본인 아내 설자雪子는 정을 버릴 수가 없어서 사원으로 뛰어가 그에게 처와 자녀를 버리지 말아달라고 애원하였다. 당시 대사는 마음을 굳게 먹고 거절하였다. "지금부터 나를 살아 있는 사람이라고 생각하지 마시오."라고 말하고 용감하게 번뇌를 이겨내었다.

우리 많은 사람들은 결국 범부로서 세간 오욕육진에 집착하는 습기를 제거하지 못한다. '원하는 것을 얻지 못하였을 때' 고통은 일어날 것이나 수행자가 되어 이러한 고통에 너무 집착해서는 안 된다. 수행인들은 모든 부처님의 가르침을 듣고 생각하는 데 노력해야 하며, 여법하게 선지식에 의지하고 상사 삼보의 가피와 자신의 신심·용기·노력에 의지하여 우선 이 유혹이 환영과 같다는 것을 이해하고 믿어야 한다. 이해하였다면 두려워할 만한 것이 아무것도 없음을 알고 고난이 많을수록 신심을 더욱 맹렬하게 늘려 용감하게 앞으로 나아가며, 아주 뛰어나게 각종 방편법문을 배우고 운용하여 증상에 맞추어 약을 먹는다.

"분투노력하여 탐진 번뇌 적을 항복시켜야 한다."라는 것은 강력하게 탐욕·성냄 등과 같은 번뇌를 굴복시키는 것이다. 이렇게 '의혹을 제거' 할 수 있어야 비로소 '참된 용사'이다. 세간의 소위 용사라는 이들이 굴복시킨 적은 다만 '끝내 반드시 스스로 늙어 죽는' 시체에 불과할 뿐이다. 가령 그가 전쟁에서 천여 명을 죽일 수 있을지라도 이 천여 명은 사실 자연적으로 죽게 되니, 그는 다만 적의 신체를 훼손시킬 수 있을 뿐 타인의 마음을 조복시킬 방법은 없다.

마음이 아닌 신체는 시체라고 볼 수 있으니, 세간의 용사는 단지 '시체를 죽이는 자'라고 부를 수 있을 뿐이다. 세간에서 적을 죽이는 것은 매우 어리석은 자나 짐승도 이와 같이 할 수 있으니, 이렇게 하는 것을 어찌 용감하다고 하겠는가? 반면에 큰 용기와 지혜로 번뇌라는 대적을 조복시킬 수 있는 사람은 끝없는 중생들 속에서 마치 대낮의 별처럼 드물게 보이니, 그들이야말로 진정한 용사이다.

b. 마땅히 업신여기는 고통을 참음

苦害有諸德 厭離除驕慢 고해유제덕 염리제교만
悲愍生死衆 羞惡樂行善 비민생사중 수악락행선

손해와 고통은 수행자에게 많은 이익이 있으니
그러한 염리심으로 교만과 오만을 제거하여
생사고해 속의 중생을 불쌍히 여기고
악행을 부끄러워하고 선행을 즐길 수 있다.

범부들은 고통과 손해가 사람이 살아가는 장애이며 안락에 거스르는 것이라고 여길 수 있기 때문에 그것을 만나길 원하지 않지만, 이것은 단지 표면적인 견해일 뿐 만약 지혜를 사용하여 분석한다면 굳세고 참을성 있는 수행자 앞에 고통과 손해는 공덕의 일면을 드러낼 것이다. 고통은 마치 양날을 가진 칼과 같아, 나약한 사람의 입장에서는 치명적인 위해물이고 굳센 수행자의 입장에서는 강하고 유력하게 도를 돕는 인연이다. 적천보살은 여기에서 모든 법을 꿰뚫는 지혜로써 고통과 손해의 다섯 가지 이익을 총괄하였다.

첫째, '염리심.' 고통과 손해는 사람들이 염리심을 일으키도록 촉진시킬 수 있으며, 앞부분에서 이미 "고통이 없으면 염리심을 내지 못한다."고 설명하였다. 수행인들이 불교사를 되돌아보면 싯다르타 태자가 네 문을 주유하다가 생로병사의 고통을 보고서 갑자기 도를 구하고자 하는 마음을 일으켰고, 연화색 비구니는 비참한 경험으로 인하여 세속에 대하여 염리심을 내었으며, 이 때문에 출가한 후 일심으로 도를 향하여 결국 아라한의 적멸과를 증득하였다. 밀라레빠나 홍신虹身 성취자 반마등덕 등은 고난을 통하여 도에 들어가지 않음이 없었으니, 고행으로 철저하게 법성을 증득하였다.

각자의 인생길을 돌아볼 때, 온갖 고난의 좌절이 없었다면 우리 중 몇 사람이 세간 윤회에 대한 염리심을 일으킬 수 있었겠는가? 얼마나 많은 사람이 불법에 깊이 들어가려고 생각할 수 있겠는가? 만약 고통과 손해의 이러한 공덕을 생각할 수 있다면 우리는 반드시 태연자약하게 고통과 손해를 마주할 수 있을 것이다.

둘째, '교만을 제거함.' 고통의 경험은 강력하게 사람들의 교만을 제거할 수 있다. 우리의 일생이 만약 모두가 순조롭고 원만하다면, 그로 인해 반드시 커다란 교만심을 불러와 현실에 대하여 밝고 지혜롭게 인식할 방법이 없을 것이다. 더욱이 한 수행자가 되어 수행과정에서 손해와 고통에 좌절한 경험이 조금도 없다면, 자신의 부족한 부분과 과실을 인식하기 어려우며 이 때문에 공경과 신심을 일으키기 어렵다. 수행 중에 만약 늘 고난의 시금석을 만났다면, 이에 의지하여 분명하게 자신의 수행 정도를 인식할 수 있다. 평상시 스스로에게 자못 자부심이 되는 것, 이를테면 복덕·지혜·인욕 등은 좌절을 당했을 때 경험을 얻을 수 있고 헤아릴 수 있으며, 아울러 교만을 제거하고 겸손해지며 이때 상사 삼보에 대한 신심·공경심도 증강될 수 있을 것이다.

셋째, '생사고해 속에 빠져 있는 중생을 불쌍히 여김.' 고통은 수행자에게 삼악도의 윤회 중생에 대하여 불쌍히 여기는 마음을 격발시킬 수 있다. 범부가 직접 체험하지 않는다면 다른 중생이 참는 고난을 이해할 수 없으며, 우리가 병이 난 뒤에 비로소 병고를 가진 중생이 얼마나 도움과 위안을 필요로 하는지 알 수 있고, 기갈과 추위, 더위의 체험이 있어야 이러한 고통에 빠진 중생들이 얼마나 고통스러운지 알 수 있다.

요컨대, 스스로 살을 베이는 고통을 겪은 뒤에야 자신의 마음을 미루어 남에게까지 미칠 수 있고, 생사고해 속에 빠져 있는 부모중생에 대하여 참기 어려운 연민을 일으킬 수 있다. 어떤 수행자들은 불쌍히 여기는 마음을 줄곧 닦을 수 없는데 그 관건은 경험이 없거나 고통을 관상하지 않는 데 있다. 예를 들면 8열 지옥 중생의 불에 타는 고통을 관하는 것은 그에게 모호한 개념이며 범부들은 아마도 분명하게 관상하기 어려울 것이고, 자신이 만약 불꽃에 타거나 뜨거운 물에 디는 것을 경험했거나 혹은 시험 삼아 지옥 불 가까이 있는 것 등을 관상한다면, 지옥에서의 타는 고통은 반드시 자신에게 참기 어려운 연민을 일으키게 할 수 있다.

　넷째와 다섯째, '악 짓는 것을 부끄러워하고 선행하는 것을 즐김.' 사람들이 고통에 대하여 살을 에는 체험을 한 뒤에는 악업이 자신과 타인에게 무서운 업보를 가져다준다는 것을 분명하게 알 수 있으며, 이로써 다시 다른 사람을 고통스럽게 하는 악업을 짓는 것을 부끄러워하고, 나아가 선업을 행하는 기쁨을 일으켜 평안하고 즐겁게 선을 닦는 데 노력한다. 더욱이 수행자는 악연 고통을 만났을 때 그 고통은 지난날의 악업이 불러온 것임을 알기 때문에 악업에 대하여 더욱 삼가 피하고 선업에 대하여 더욱 정진하여 닦는다. 이 점을 나는 수행인들이 체험이 있으리라 생각한다.

　최근 우리가 직면하고 있는 고난의 문제와 관련하여, 수행인들은 한마음 한뜻으로 항상 삼보에게 기도하면 되고 이 과정에서 수행인들은 고통스러워해서는 안 되니, 괴로워함으로 어떤 문제를 해결할 수는 없다. 나는 수행인들이 반드시 정법으로 현실을 대면하고 외부환경이 어떠한가에 상관없이 수행인들이 처한 환경에서 안정하길 바란다. 인욕바라밀을 행할 수 있다면 어떤 고통도 참기 어려운 문제는 생기지 않을 것이다.

　우리는 모두 불제자로서 자비롭게 참아야 하고 성내는 마음, 불법적 폭력 수단을 사용하여 역경에 대항해서는 안 된다. 불제자로서 그 누구이든지, 그가 어떤 사람이든지에 상관없이 대자대비로 대해야 한다. 만약 성내고 불만스런 정서를 가지고 있다면 자신의 '때 없이 존귀한 씨앗'을 오염시킬 것이며, 또한 어떤 문제도 해결할 수 없으니 이는 매우 어리석은 행위이다. 외부환경의 고통과 손해는 자신의 수행에 여러 가지 촉진 작용을 하는데, 그것을 스스로 이용하지 못하고 도리어 악업을 짓는 데 이용한다면 이는 어리석은 행위가 된다.

진정한 불제자가 만약 안정된 마음 상태를 유지할 수 있다면, 안락한 환경도 좋고 역경도 좋으며 모두 그의 수행을 향상시키는 보조 인연이 될 것이다. 현재 인욕품을 공부하면서 역경이 나타난다면, 이것은 수행인들이 신심과 인욕의 힘을 단련하도록 돕는 좋은 기회이므로 각자가 담담하게 직면하기를 바란다.

B. 내 것이 손해 입음으로 인하여 화냄을 소멸함
a. 무생법인을 자세히 관찰함

> 不嗔膽病等 痛苦大淵藪 부진담병등 통고대연수
> 云何嗔有情 彼皆緣所成 운하진유정 피개연소성
>
> 풍이나 담병 등
> 고통이 생기게 하는 곳에 화내지 않는다면
> 왜 유정중생들에게 성내겠는가?
> 그들은 또한 각종 인연이 모여 이루어진 것일 뿐이다.

사람들이 다른 사람에게 성을 내는 것은 그가 악연의 역경을 만들어 자신을 해쳤다고 여기기 때문이다. 적천보살은 여기에서, 자세하게 분석한다면 이 원인은 매우 불합리하다고 지적하였다. 우리가 자신에게 가해지는 모든 손해에 대하여 성냄으로 보복해야 하는가? 결코 이와 같지 않다. 일상에서 심하게 사람들을 해치는 것은 풍이나 담·해소 등 각종 질병보다 더하지 않다. 사람들은 이러한 질병의 고통을 만났을 때 질병에게 성을 내지는 않는다. 그러나 자신을 해치는 유정에 대하여 도리어 맹렬한 성냄을 일으킨다. 자신을 해치는 유정과 고통을 주는 직접적 원인인 질병의 고통에 대하여 이처럼 확연하게 다른 태도를 지니는 현상은 좀 이상하다.

어떤 사람들은 아마도 풍·담 등의 질병은 인연이 모여 생겨난 현상으로 그들 스스로가 주재하지 않으므로 그것들에 성낼 필요가 없다고 말할 것이다. 그러나 유정들이 자신에게 해를 끼친 것 역시 인연이 모인 것으로 스스로 주재하여 일으킨 것이 아니다. 원수라는 적 자체는 오온이 임시로 합하여 이룬 것으로, 업풍의 움직임에 따라 갖가지 마음 행위를 탄생시킨다. 이 인연의 화합으로 인하여 우리에게 해치는 행위를 할 뿐, 그들 역시 자주적이지 않은 것이 마치 꼭두각시 인형과 같다. 적은 인연의 실이 끌어 움직이는 대로 온갖 행동을 하여 우리를 해친다.

질병이나 유정의 해 끼침이 마찬가지로 인연이 모여 일어나게 하는 것이라면 우리가 무슨 이유로 유정들에게 성내고 꾸짖겠는가? 자세하게 한번 생각해 보자. 이러한 성냄의 질책은 확실히 아무런 이치도 없다. 단지 어리석어서 실로 있다고 착각해서 이러한 우스꽝스러운 집착이 생겼을 뿐이다. 그러나 지혜로운 사람의 눈에는 질병의 고통과 기타 중생이 만든 고통, 이 두 가지는 마치 거울 속의 그림자처럼 모든 인연이 임시로 모여서 일어난 것으로, 모두 무슨 성낼 만한 것이 없다.

如人不欲病 然病仍生起 여인불욕병 연병잉생기
如是不欲惱 煩惱强涌現 여시불욕뇌 번뇌강용현

병 앓기를 바라지 않을지라도
질병은 여전히 생기는 것처럼
바라지 않아도 업연의 핍박 속에
번뇌는 여전히 용솟음쳐 올라올 것이다.

다른 사람이 우리에게 고통을 불러일으키는 것은 단지 인연이 모여 생겨나는 것일 뿐 자발적인 것이 아니다. 적천보살은 여기에서 병이 난 것을 비유로 더 한층 나아가 분석하였다. 사람들은 평상시에 어떠한 질병도 자신에게 다가오기를 원하지 않으나, 업력이 나타났을 때 몸의 4대가 조화롭지 못하여 각양각색의 질병이 예고 없이 저절로 자신을 고통스럽게 할 것이다. 이는 모든 사람이 경험하는 것이다.

병 없기를 바라더라도 병고를 당하는 것을 벗어나기 어렵고, 질병의 고통 자체는 자주적 역량이 없는 것으로서 인연에 따라 가합하여 생겨난 것일 뿐이듯이, 타인이 우리를 괴롭히고 해치는 것 역시 자주적일 수 없으며 업연의 핍박일 따름이다. 사람은 대부분 타인을 해치길 원하지 않으며, 설령 성격이 난폭한 사람일지라도 그 역시 번뇌를 일으켜 타인과 원수가 되는 것을 원하지 않는다. 하지만 비록 그의 마음속에서 번뇌를 일으켜서는 안 된다는 판단이 분명할지라도 업력 습기가 나타나고, 인연이 핍박할 때 피동적으로 번뇌를 일으켜서 다른 사람을 해치는 온갖 행위를 한다.

우리가 만약 자신의 번뇌를 관찰한다면 매우 분명하게 방어할 수 있을 것이며, 번뇌는 질병과 같아 업력이 나타날 때 자주적일 수 없으므로 수행인들은 자신을 살펴 타인을 관용해야 하고, 타인이 우리에게 해를 끼칠 때에는 연민과 이해를 일으켜 조금도 원망하지 않고 참아야 한다.

心雖不思瞋 而人自然瞋 심수불사진 이인자연진
如是未思生 瞋惱猶自生 여시미사생 진뇌유자생

화를 일으키고 싶지 않을지라도
사람들은 여전히 자연스럽게 성을 낸다.
성냄을 일으키려고 의도하지 않을지라도
여전히 화는 일어난다.

성냄의 원인과 과정을 분석하면 조금도 주체적인 것이 없다. 결코 본인 스스로 그것을 주재하고 있는 것이 아니며 단지 인연 조건이 구족되었기 때문에 성냄이 자발적으로 일어날 뿐이다. 성냄의 기인으로 분석하면, 사람들의 내심은 비록 성냄을 일으키고 싶지 않아도 일반적인 범부 입장에서 말하자면 자주적일 수 없어, 성냄의 인연이 모였을 때 저절로 폭발하는 것이다.

이 과정에서 설령 자신이 의도적으로 어떻게 해서든 성냄을 일으키지 않겠다는 주동적인 심리 준비 과정이 없다면 성냄 역시 자동적으로 일어날 것이다. 수행인들이 자세하게 자신이 성냄을 일으키는 원인·과정을 관찰한다면 역시 이것들은 단지 습관적인 집착 과정일 뿐, 결코 우리의 자주적인 역량에 달려 있는 것이 아님을 발견할 수 있다.

그러므로 우리는 분명하게 알아야 한다. 성냄 번뇌는 인연이 모여 일어나는 법으로 그것에는 주인이 없고 어떠한 실체가 존재하지 않으며, 단지 무명 습기를 기다려서야 비로소 이러한 번뇌가 일어날 뿐이다. 이와 같다면 우리가 어떤 화가 일어나려는 기미를 느낄 때 또 어떻게 다른 사람을 원망하고 성낼 수 있겠는가?

所有衆過失 種種諸罪惡 소유중과실 종종제죄악
彼皆緣所生 全然非自力 피개연소생 전연비자력

모든 크고 작은 과실,
각양각색의 가볍고 무거운 죄악,
그것들은 모두 인연으로 생겨나는 것이어서
자주적 역량이 전혀 없다.

'모든 크고 작은 과실'은 성내는 마음을 위주로 하는 탐심·어리석음·질투·교만 등 5가지 근본 번뇌와 20가지 지말 번뇌를 가리킨다. '모든 죄악'은 번뇌가 일으키는 온갖 죄업을 가리키고 이를테면 살인·도적질 등 모든 악업이며, 이러한 번뇌 죄업은 성내는 마음과 같이 모두 인연에 따라 모여서야 비로소 나타나는 것이다. 자력으로 일어나는 독립적인 주체가 없고 모든 것이 인연으로 일어나는 도리는 많은 경론에 아주 자세하게 서술되어 있다. 『석량론』에서 "여러 인연이 모였을 적에 그 과가 어떻게 생기지 않겠는가?"라고 말한다. 모든 사물이 드러나고 일어나는 원인은 바로 인연이 모여 구족된 것이며, 만약 진일보하여 근원을 따라간다면 『원각경』에서 "마치 허공의 아지랑이처럼 공에서 생겨난다."고 말한 것처럼 그러할 것이며, 근본적으로 실제로 있는 본체·원인을 찾을 수 없다.

산골짜기에서 메아리를 들을 수 있지만 이 빈 골짜기의 음 그 자체는 결코 자동적·자주적으로 나타날 수 없으며 단지 인연의 만남에 의지할 뿐이다. 뿐만 아니라 인연 조건이 구족하기만 하면 그것은 반드시 피동적으로 출연하여 우리에게 듣게 할 수 있다. 나는 수행인들이 이 도리를 분명하게 알 것이라고 생각한다. 세간의 모든 법을 관찰하면 빈 골짜기의 메아리와 같지 않은 것이 없다. 그것들은 독립적이고 자주적일 수 없으며 단지 각종 외부 힘에 따라서 겨우 나타날 수 있을 뿐이다. 자연계에서 크게는 우주 전체에, 작게는 분자·원자에 이르기까지 완전히 독립적으로 존재하는 법을 찾는 것은 근본적으로 불가능하다.

자세하게 사유 관찰하면 이 도리들은 그다지 어려운 것이 결코 아니다. 성내는 사건이 나타났을 적에 우리는 그것이 연기법이며, 성내는 마음과 성내는 사람들은 근본적으로 자주성이 없다는 것을 알 수 있다면 고요하고 평안하게 타인의 성냄을 참을 수 있다. 바로 자조제 대사가 강의에서 말하되, "이 이치를 사유하여 알기 때문에 성냄을 없애야 한다. 마치 물이 아래로 흘러가는 것에 대하여 성내서는 안 됨을 아는 것과 같다."라고 한 것과 같다.

彼等衆緣聚 不思將生嗔 피등중연취 불사장생진
所生諸嗔惱 亦無已生想 소생제진뇌 역무이생상

또 함께 모인 많은 인연은
분노를 생기게 하는 의지가 있는 것도 아니다.
인연이 일으킨 성냄 등의 번뇌에는
"내가 이미 생겨났다."라는 주체적 생각이 없다.

위에서 말한 것과 같다면 타인의 해 끼침을 만났을 때 타인에 대해서 성내고 탓할 수 없다. 그렇다면 별도로 죄의 괴수를 찾을 수 있는가? 그렇지 못하면 어떤 사람은 뱃속 가득 불만이 차 발설할 곳이 없다 하여 어지러이 번뇌를 일으킬 것이다. 이 게송은 계속하여 화나게 하는 인연이 책임이 있는지 없는지를 분석하여 결국 인연을 탓해서는 안 됨을 설명한다. 왜냐하면 한곳에 모여 분노를 일으키는 많은 인연은 화를 내야만 한다는 생각을 가지고 있지 않기 때문이다.

성냄의 번뇌를 일으키는 온갖 인연은 또한 주체적이지 않고 그것들은 결코 주동적으로 성냄을 일으키는 의지를 가지고 있지 않다. 성냄을 일으키기 위해서는 일반적으로 대상이 있어야 한다. 또한 외부환경을 느끼는 감각기관을 필요로 하며, 그 다음은 의식의 중간역할도 필요하다.

예를 들면 우리가 한 사람을 보고서 화를 낸다면, 이 사건에서는 먼저 화를 내는 대상의 존재가 있고 눈·귀로 보고 듣고 느끼면서 다시 불만스런 분별을 내어 성냄을 일으키는 등이다. 이 성내는 마음은 도대체 누구로부터 주동적으로 일어나는가? 외부환경이나 눈·귀 등 육근은 자연히 성냄을 일으킬 수 없으며, 곧 외부환경과 육근이 갖추어지지 않았을 때 독자적으로 화를 내지 못한다. 그렇다면 세 인연이 한곳에 모여 상의하는 것을 통하여 성내는 마음을 만드는 것인가?

이것 또한 그럴 수 없는 것이, 마치 차갑고 뜨거운 공기가 균일하지 않아 바람을 만들어내는 것도 근본적으로 어느 한 인연이 주동적·의도적으로 만드는 것이 아닌 것과 같다. 뿐만 아니라 각 인연 자체도 또한 인연에 따라 일어나는 것이지 결코 의도를 가진 한 조종자가 있는 것이 아니다.

성냄 등의 번뇌가 생겨난 뒤 관찰한다면, '인연이 일으킨 성냄 등의 번뇌'는 인연이 모여 생겨난 진심의 과이며 그것은 또한 잠깐의 연이 일어난 현상일 뿐, 독립적이고 자주적인 본체는 없고 마치 건축 재료가 모여서 집을 완성한 것과 같다. 집은 단지 우리가 편안하게 거주하는 것의 가명에 불과하지 결코 그 자체가 실존하는 주체를 가지고 있는 것은 아니다. 그 스스로는 "나는 이미 다 건축된 집이다."라는 따위의 주체 관념을 가지고 있지 않을 것이다.

진심번뇌의 과果 역시 이와 같아, "내가 이미 생기었다."라는 따위의 주체적 집착 관념이 없다. 그것은 자아 주체적 관념이 있지 않고, "내가 이미 생기었다."라는 자아 주체 의지를 가지고 있지도 않다. 어떠한 세간법도 모두 의도가 있어서 생겨난 것이 아니고, 생겨남 역시 의지가 없으므로 모두 각종 조건이 구족한 뒤에 나타날 뿐이다.

『도간경』에서, "저 무명이 주체의 관념이 없으니 아상이 행에서 일어나고, 행이 주체의 관념이 없으니 아상이 무명으로부터 일어난다."라고 말하였다. 생명 윤회를 구성하는 전체 세간의 기본 규율인 12연기는 모두 인연에 따라 생겨나며 앞의 조건이 구족하면 후자는 아무런 자주성도 없이 탄생된다. 그의 주인을 찾고 그의 책임자를 찾으려고 한다면 영원히 찾을 수 없다. 그 인因에는 주인이 없으며 그 과정에도 주인이 없고 그 과果에도 주인이 없다. 이 도리를 명백하게 안다면 우리가 받은 성냄에 대하여 누구를 찾아 책임지게 하고 누구를 원망하겠는가?

"모든 법은 연기로 생겨난다." 이것이 바로 부처님께서 말한 것이다. 부처님께서는 일찍이 실상을 후대 사람들에게 알려주었지만 우리는 오히려 무명으로 마음을 덮고 쌓아온 습관을 돌이키기 어려워 맹목적으로 원한을 일으키니, 이것은 단지 자신의 무명을 찾아 성냄의 책임을 물을 뿐이다.

縱許有主物 施設所謂我 종허유주물 시설소위아
主我不故思 將生而生起 주아불고사 장생이생기

비록 수론외도의 소위 '주물'이나,
'진아'라고 가정하는 무엇이나
'주'와 '아'는 스스로 "나는 장차 어떤 법을 낼 것이다."라고
뜻을 세워 모든 법을 낼 수 없다.

앞의 여러 게송에서 성냄과 성내는 자는 독립적이고 자주적으로 일어난 법이 아님을 분석하였다. 그러나 수론외도들은 모든 법은 모두 자주적인 인을 가지고 있다고 주장하였는데, 여기에 대해 적천보살은 특히 배척하였다.

수론외도의 관점은 『칠보장』·『징청보주론澄淸宝珠論』·『입중론·선해밀의소善解密意疏』 등 논전에서 비교적 자세하게 논파되었다. 여기에서 우리는 이러한 삿된 견해에 대하여 광범한 소개를 하지

않고 단지 게송의 뜻에 맞게 단도직입적으로 풀이할 뿐이다. 수론외도는 모든 아는 것을 25제諦로 귀납하였다. 그중에서 신아神我는 모든 법을 포괄하지만, 법을 만드는 자는 아니다. 정情·진塵·암暗의 삼덕이 평형을 이룰 때의 '자성'은 신아의 모든 경계를 내는 인이 된다. 신아는 의식이고 그 나머지는 모두 무정법이다. 신아와 자성은 늘 있는 법이다.

 그들의 관점을 분석하면, 신아·자성은 항상 있는 법이며 신아는 고락 등을 실로 있는 법으로 포괄할 수 있다고 하나 이런 관점은 성립할 수 없는 것이다. 왜냐하면 주主·아我는 늘 불변하는 법이 되기 때문이고 이미 늘 불변하는 법이 된다면 마치 허공처럼 항상 변동이 없으니, 그렇다면 어떻게 또 갖가지 작용과 감각의 느낌이 있을 것인가? 늘 있는 주·아가 만약 탄생시키는 온갖 작용과 감각의 느낌이 있을 수 있다면 그것은 이미 변하여 불변하는 법이 아닌 것이다. 이 때문에 항상 존재하는 주·아가 자주적으로 "나는 성냄과 탐욕을 내려고 한다."라고 뜻을 세우고 이로 말미암아 탐욕·성냄 등의 법이 생겨나도록 할 수는 없다. 다시 말해 그들은 자성이 무정법이라고 인정하므로 뜻을 세워 생기게 하는 능력은 있을 수 없다. 신아는 또한 만든 법이 없고, 이미 만든 법이 없으므로 뜻을 두어 성냄을 일으키는 기능을 갖지 않는 것이다.

  不生故無果 常我欲享果 불생고무과 상아욕향과
  于境則恒散 彼執永不息 우경즉항산 피집영불식

 자성이 상주하여 생겨나지 않는 것임을 인정한다면 그것이 만든 과가 있을 수 없다.

생기는 과를 따르고자 하는 아我가 역시 늘 불변하는 것이라면, 그런 상주하는 아(常我)는 영원히 산란하게 경계에 집착할 것이며, 이러한 집착은 또한 영원히 멈추지 않을 것이다.

위의 게송에서 이미 수론외도에서 세운 주물·신아는 모두 자주적으로 법을 만드는 기능이 없다는 것을 분석하였고, 이것으로써 성냄 번뇌에 자주적인 인이 있다는 삿된 견해를 깨뜨렸다. 이 게송은 또 주물·신아를 분별하여 물리쳤다. 수론외도는 주물(자성)이 늘 있는 법이라는 것을 인정하였고, 또 그것으로부터 그 나머지 23가지 현상을 일으킨다는 것을 인정하였다. 이러한 관점은 사실 자체적으로 모순된다. 왜냐하면 생기지 않는 항상 있는 법은 생멸변화가 있을 수 없기 때문이다. 이미 생멸변화가 없는데 어떻게 생겨난 과가 있을 것인가? 수론외도는 또 신아의 의식이라는 법이 있어 모든 현상을 포용하며 일체 법에 두루 미치고 아울러 늘 있는 법이라는 것을 인정하였다. 신아는 늘 있고 변하지 않으며, 또 일체 법을 두루 향유할 수 있다면, 그것은 늘 불변하며 산란되게 외부환경에 집착하여 영원히 '외부환경을 받아들이는' 가운데에 빠져 있어야 한다. 뿐만 아니라 영원히 같은 외부환경에 집착해야 한다. 왜냐하면 상유법이며 불변의 법이기 때문이다. 그러나 실제로 어떤 외부환경이 존재할 적에 눈·귀 등 의식이 단지 그것에 따라 집착한다. 외부환경이 없어진 뒤, 안식 등도 그것에 따라 없어진다. 이것들은 모두 의식이 분명한 무상법이라는 것을 설명한다. 그 가운데 어떻게 항상 변하지 않는 신아 의식이 있어 존재할 수 있겠는가?

彼我若是常 無作如虛空 피아약시상 무작여허공
縱遇他緣時 不動無變異 종우타연시 부동무변이

만약 승론파가 허락한 '아'가 진정 상주하고 불변하는 것이라면
그것은 마치 허공처럼 조금도 작용이 없어야 한다.
설령 기타 외연을 만났더라도
그의 불변하는 자성에 영향을 끼치지 못할 것이다.

각종 외도의 삿된 견해 중에 수론파와 승론파가 양대 주요 파라고 말할 수 있다. 기타 외도 종파는 모두 이 둘을 기초로 성립되었다. 앞에서 수론외도가 성냄 등의 모든 법에 신아인 주인이 있다는 관점을 승인한 것을 물리쳤다. 이제 승론 외도의 관점을 깨뜨리려고 한다.

승론외도 역시 '상주하는 나'를 세웠다. 그들의 소위 상주 아我에는 몇 가지 특징이 있다. '상주하는 나'는 만법을 만든 사람이고 무정법이며 상주하고 변하지 않는 법으로 만법을 누릴 수 있다. 그들의 관점에 따르면 고통·쾌락·탐욕·성냄 등의 법은 '아'로 말미암아 자주적으로 생겨나는 내무정법內無情法이다.

그들이 인정한 '아'는 상유법이면서 어떤 작용을 할 수 없음을 결정하는데, 이 도리는 앞에서도 설명하였다. 만약 '아'에게 성냄 번뇌를 일으키는 작용이 있다는 것을 인정한다면, '아'가 상주한다는 관점은 성립할 방법이 없다. 만약 '아'가 상유법이라고 인정한다면 결단코 무위법의 허공과 같을 것이며, 어떠한 짓는 자와 지어진 것도 있을 수 없으며, 어떤 삶의 내용도 있을 수 없다.

승론외도는 이 결점을 보충하기 위하여, 그 설을 원만하게 하여

'아'는 비록 상주하고 불변하는 무정법일지라도 구생연俱生緣[9]을 보조로 빌려 여러 가지 외부환경법 등을 일으킬 수 있다고 주장한다. 이것 역시 분명히 속이는 논조이다. 만약 '아'가 진정으로 상주하고 불변하는 것이라면, 구생연을 만남으로 인하여 변동이 있을 수 없다. 만약 변동이 있다면 그 소위 '상'이 또 어떻게 성립할 수 있겠는가? 인연이 갖추어지지 않을 때 그들의 '아'는 늘 있는 불변법이다가 인연이 구족할 적에 또 바로 변동할 수 있는 무상법으로 되어 버리니, 이 어찌 모순이 아니겠는가?

作時亦如前 則作有何用 작시역여전 즉작유하용
謂作用卽此 我作何相干 위작용즉차 아작하상간

만약 인연을 만나 행할 때 '아'가 예전과 같다면
이 행함이 무슨 쓰임이 있겠는가?
만약 그 행함이 바로 여전히 이 '아'와 같다면
'나'와 '행함'은 또 무슨 관계인가?

승론외도는 '아'가 인연을 만나 작용을 하여 외부환경의 제법을 일으킬 적에 여전히 예전과 같으니, 역시 상주하는 자성을 유지하고 있다고 말한다. 만약 이러하다면, 이 인연은 또 어떻게 '아'에 대하여 작용을 하여 '아'가 모든 법을 일으키게 하는가? '아'가 여전히 변동이 없는 항상 있는 법이기 때문이다. 기왕에 항상 있는 법인즉 허공처럼

---

[9] 구생연俱生緣은 어떤 법이 함께 일어나는 조건을 말한다.

인위적인 작용이 없다. 설령 수만 가지 연이 허공 같은 상주법과 만나더라도 허공 상주법에 대하여 작용을 일으킬 수 없다.

그러므로 승론외도에서 인정한 '아'는 변동이 없되, 구생연을 만나 모든 법을 낼 수 있다는 관점 역시 성립할 방법이 없다. 만약 불변하면서 늘 있는 '아'가 연을 만나 여전히 불변을 유지하면서, 동시에 또 '작용'이 있는 것임을 인정한다면, 이것은 바로 "석녀가 연을 만나 그 석녀의 본 모습을 변화시키지 않으면서, 동시에 또 아들을 낳을 수 있다."라고 말하는 것과 같으니, 정말 우스운 말이다!

승론외도는 또 억지로 말한다. 상주불변의 '아'에 따르는 것은 불가사의한 '대도'로, 그 작용도 본래 이렇게 불가사의하다. 기왕에 이와 같다면, 수행인들의 이 불가사의한 작용과 '아'가 또 무슨 관계가 있는가? 수행인들은 '아'에 변동이 없고 '상유자성常有自性'을 유지하고 있음을 인정하기 때문에 허공처럼 앎이 없고 변동이 없는데, 이와 같다면 어떤 법도 그것에 대하여 작용이 없으며 또한 어떤 관계도 있지 않을 것이다. 작용이 '아'와 관계가 없다면 어떻게 '아'가 자주적으로 성냄 등의 모든 법을 일으킬 수 있겠는가? 이러한 '그 작용이 바로 이와 같다고 설함'의 설법은 사실상 스스로 그 말을 원만하게 하는 억지 혹은 근거 없는 호언장담에 불과할 뿐이다.

우리는 여기에서 외도 종파에 대한 논파를 대략적으로 설명하였다. 이러한 것들을 설명하는 것은 수행인이 외도의 관점을 학습함으로 인하여 생겨난 집착을 제거하기 위해서이며, 또한 우리가 앞으로 온갖 무명의 삿된 설을 판단하고 파하기 위해서이다. 현재 시대의 입장에서 말하자면, 수론외도 혹은 승론외도와 유사한 종파 및 기타 외도의 온갖 삿된 설과 전도된 견해는 도처에서 세상 사람들을 미혹시키고 속인다. 우리가 만약 익숙하게 이 분석·판별하는 법을 장악하고 논파하는 방법에까지 이를 수 있다면 중생을 이롭게 하는 사업에 큰 도움이 된다.

是故一切法 依他非自主 시고일체법 의타비자주
知己不應嗔 如幻如化事 지이불응진 여환여화사

이렇듯 모든 법은 다른 연들이 모임으로 인하는 것이지,
자주적으로 성립하는 것이 아니다.
이 이치를 안다면
모든 환영과 같은 일들에 성내서는 안 된다.

위 게송에서 이미 온갖 대표적인 삿된 견해를 깨뜨려버렸고, 지금은 다시 정면에서부터 관찰하고 분석하여 정확한 결론을 낼 수 있었다. 모든 법은 다른 연緣과 합함에 의지하여 생겨났으며 결코 자주적으로 스스로 이룬 것이 아니다. 월칭 논사는 『입중론』에서 매우 깊은 지혜로써 '모든 법이 자체에서 생하지 않으며, 타에서 생하지 않으며, 함께 생하지 않으며, 원인 없이 생기지 않음'을 관찰하였고, 세간 중생의 무명 습기를 대하여 오차 없이 인연으로 생긴 것을 인정하였다. 인달와 대사 역시 "4생을 인정할 수 없으니, 제5생인 연기생을 인정해야만 한다."라고 말한다. 그러나 이 연기생은 본질적으로 역시 무생대공無生大空의 환화일 뿐이다.

성내고 해치고 손해를 끼치고 번뇌하는 모든 법도 예외가 아니다.

그것은 독립적이고 자주적으로 태어날 수 없으며 인과 연 없이 생겨나는 것이 아니다. 어떤 특정한 인연이 모였을 때만이 비로소 나타날 수 있다. 우리 대부분은 『입중론』과 『중론』을 들은 적이 있고 법무아를 결택하는 중관 이론을 배웠다. 수행인들은 '금강설인金剛屑因' 이론을 가지고 그 현현이 자생하는 것인지, 타생하는 것인지, 공생하는 것인지, 무인생하는 것인지 관찰하고 반복해서 사유하고 분석한 뒤, 성내고 해치는 본체에 대하여 분명한 인식이 생길 것이며, 꿈 같고 환상 같은 모든 법에 대해서도 집착을 끊을 수 있다.

연기로 생긴 것은 자성이 공空한 도리를 안 뒤에도 우리 세상에서 비록 성냄·번뇌 등의 법이 여전히 끊이지 않고 드러날지라도, 이때는 이미 이 법들은 실질적인 것이 없는 것으로 마치 마술의 변화처럼 연기력으로 현현한 환상일 뿐임을 알았다. 그런데 또 무슨 성냄을 일으킬 만한 가치가 있을 수 있겠는가! 큰 공空의 연기 환상 속에서 성내어 해치는 자와 피해자, 성냄 자체, 이것들은 모두 주체가 없는데, 그대가 누구에게 성내고 괴로워해야만 하는가? 어리석은 집착의 습기에 지배당하면서 많은 사람들은 번뇌와 고통 때문에 성을 낸다. 그러나 실제로는 맹인이 허공을 붙잡고 기어 올라가는 것처럼 부질없이 업을 지을 뿐이다.

『경관장엄론』에서 "모든 법이 환상 같다는 것을 알아 윤회의 태어남을 연극 같이 관하면, 흥성하고 쇠퇴할 때 번뇌 고통을 두려워하지 않는다."라고 말한다. 생활 속에서 흥망성쇠의 변화는 누구도 피할 수 없다고 말할 수 있다. 그러나 우리가 만약 보살처럼 삶이 꿈인 줄 알지 못하면 헛되이 온갖 고통을 겪고 항상 번뇌 속에 빠진다.

그러므로 모든 법이 아지랑이 같다는 지혜를 깨닫는 것은 매우 중요하다. 우리가 비록 잠시라도 경지를 증득한 보살처럼 늘 윤회가 꿈 같다는 경계를 관하는 데 안주할 방법은 없지만, 이러한 경계를 비슷하게 깨닫고 또 안주하는 것을 노력할 수는 있다.

비록 온갖 차원에서 다름이 있을지라도, 수행자는 악연·고난·쇠퇴를 만났을 때에 나약함이나 두려움을 가져서는 안 된다. 또한 안락·흥성·순연을 만났 때 그 이유를 잊고 지나치게 오만해서는 안 된다. 이 점은 모든 수행자가 가져야만 한다. 평안한 마음 상태를 유지하여, 득의양양하지 않고 두려워하거나 고통스러워하지 않아야 한다. 환상 같고 꿈 같고 변화하는 것 같은 세계에 안주한다면 진중하게 자신을 다스려 평정한 물을 건너고 격류가 소용돌이치는 험난한 여울을 건너갈 수 있다.

선종 3조 승찬 대사는 『신심명』에서, "평상심이 한결같으면, 망념이 스스로 다하여 깨끗해진다."라고 말하였다. 수행자가 만약 평온하고 바른 심성에 안주할 수 있다면, 모든 업경이 저절로 다하여 흔적도 남지 않는다. 무구광 존자는 인욕 수행법을 밝힐 때 "모두 허공의 성질과 같은 줄로 관찰할 것이니, 기쁨과 근심이 털끝까지 다하여 우열이 없다. 비록 상대성에 집착하나 옳지 않으니, 마땅히 모든 평등성에 부지런히 힘써야 한다."라고 말한다. 수행자는 상사 삼보의 가피를 구하고 가능한 빨리 이 평안한 마음과 평등성에 안주하는 것을 증득하는 데 노력해야만 한다. 그러면 모든 외부환경이 꿈 같고 환상처럼 보인다. 이때 고통·쾌락·기쁨·근심의 온갖 분별이 자연스럽게 멈추어져 어떤 고뇌의 상황에서도 태연자약하게 참을 수 있다.

由誰除何嗔 除嗔不如理 유수제하진 제진불여리
嗔除諸苦滅 故非不應理 진제제고멸 고비불응리

물되, 만약 모든 것이 환상 같다면 누구로부터 성냄 번뇌를 제거해야 하는가?
성냄을 제거한다는 것은 이치에 맞지 않는다.
대답하되, 성냄을 없애야 고통을 제거할 수 있다.
그러므로 이치에 맞지 않는 곳은 없다.

모든 것이 꿈 같고 변화하는 것 같아 성냄을 불러오는 것이 환화여서 자신이 성내는 마음을 내는 것 역시 꿈 같아 실체가 없는 것이라면, 우리가 어찌 반드시 성냄을 제거해야 하는가? 모든 것이 공성이어서 실질적인 것이 없는데, 그것을 소멸시키려고 하는 것이 또 이치에 맞는가? 어떤 사람들은 승의제勝義諦와 세속제世俗諦를 분명하게 구분하지 못하고 잘못된 망상 속에서 깨달음의 경계를 말하니 필연적으로 이러한 의문을 낼 수 있다.

이미 실상을 깨달은 경계에서 드러난 모든 법은 환영이고 몽상이다. 그러나 집착의 습기가 진하고 두터워 우리 범부의 입장에서 말하자면, 모든 법이 생겨남 없이 환화 같다는 실상을 볼 방법이 없다. 법성이 크게 공한 속에서 나타나는 삼라만상이 보통사람 앞에서는 아주 실질적인 것이다. 이러한 강렬한 잘못된 집착은 매우 힘이 있어 늘 우리에게 강렬한 고통을 가져다준다.

특히 성냄 번뇌의 나쁜 습기가 공성을 증득하기 전에 가져오는 고통은 그 나머지 모든 번뇌를 뛰어넘는다. 그래서 승의 중에는 비록 성냄을 제거하는 일이 필요 없을지라도 세속에서는 오히려 성냄 번뇌의 고통을 없애버리는 것이 중요하다. 두터운 집착 습기 중에서 우리는 반드시 굳센 인욕 집착으로 성냄 집착을 다스려야 한다. 환상 같고 꿈 같은 세계에서, 환상 같고 꿈 같은 인욕으로, 환상 같고 꿈 같은 성냄을 다스린다. 이렇게 하면 비로소 철저하게 성냄이 가져오는 환상 같고 꿈 같은 고통을 단절하고, 환상 같고 꿈 같은 해탈과 안락을 얻을 수 있다.

故見怨或親 非理妄加害 고견원혹친 비리망가해
思此乃緣生 受之甘如飴 사차내연생 수지감여이

그러므로 원수나 친구가
이유 없이 나를 해칠 때
'이러한 손해들은 인연이 모여서 생겨난 것이다.'라고 생각하고
안락을 만난 것처럼 흔연히 받아들여야 한다.

일상생활에서 사람들은 늘 타인의 해 끼침을 만난다. 일부 사람들, 혹은 사람이 아닌 것들 중의 원수는 이유 없이 자신에게 많은 악연·구타·비방·모욕·질병 등을 지어준다. 또 일부 친구들은 잘 지내다가 어떤 시점에 이르러서는 모르는 사람처럼 안면을 바꾼다. 아무 이유 없이 많은 시비를 다투어 우리에게 심신의 손해를 가져다주기도 한다. 이와 유사한 일들은 각자 직접 경험한 적이 있을 것이다.

이전에는 이러한 일을 겪을 때 아마 어떻게 자기 마음을 조복시켜야 하는지 알지 못했을 것이다. 그러나 이제는 『입행론』을 듣고 사유하였

고 어떻게 참는지를 배웠다. 이때는 즉시 '이것은 바로 인연으로 생겨난 것'임을 생각해야 한다. 마음을 이러한 경계에 안주한 뒤 모든 고통을 직면하고 흔연히 안락을 만난 것처럼 받아들일 수 있다.

이러한 손해들은 인연이 모여서 생겨난 것임을 생각하여 흔연히 안락을 만난 것처럼 받아들여야 한다. 아마 좀 노력해야 하니 쉽지는 않을 것이다. 나의 상사는 일찍이 "모든 법이 인연으로 생겨난다는 것이 불법의 관건이다. 이 이론을 분명하게 안다면 진정으로 불법에 들어갈 수 있다."라고 말한다. 부처님께서는 설법하는 과정에서 인연으로 생겨나는 것에 대하여 자세하게 밝혔다. 예를 들면 『조탑공덕경』에서 "모든 법이 인연에 따라 생겨나는 것을 나는 인연이라고 말하며, 인연이 다하기 때문에 없어진다고 내가 이와 같이 설한다."라고 말한다. 이 같은 게송은 당시 붓다 제자 중에 거의 모든 사람들이 암송하던 법구이다. 현재 티베트불교에서 역시 이에 대하여 매우 중시하여 불법의 상징으로 삼아 불상을 장식하는 데 사용하기까지 한다.

모든 법이 인연으로 생겨난다고 말하는 것은 우선 모든 법에는 독립적이고 자주적인 주체가 없으며, 또한 불변하는 것이 아님을 말하는 것이다. "인연에 따라 생겨난 법은 자성이 없다."라는 것은 『십이문론』의 주요 관점이다.

낮은 단계에서 말하자면 성냄·해 끼침 등 모든 법은 주체가 없고 또 누가 자주적으로 일으킬 수 있는 것이 아니다. 앞에서 우리는 이에 대하여 분석하였다. 좀 깊이 들어가 이해하자면, 성냄·손해 등은 연으로 일어난 것이고 본체는 곧 공성이어서, 보통 중생의 무명 습기를 보자면 큰 공의 본체 위에 이러한 환상의 현현이 있을 뿐이다.

손해를 만났을 때 마음속에서 그것은 인연으로 일어난 것일 뿐 본성은 공한 것이라는 깊고 깊은 법의에 계합할 수 있다면 바로 말할 수 없는 안락을 일으킬 수 있다. 이 점은 수행인들이 진실하게 수행하고 견지해야만 도달할 수 있다. 그러나 이 단계에 도달할 수 없다면 역시 다른 각도에서 살펴볼 수 있다.

기왕에 성냄과 손해 등의 법이 연기로 생겨나는 것이라면 이 성냄의 주체를 찾을 수 없다. 그래서 성내게 하는 주체가 없으므로 성냄을 종식시킨다. 성냄을 종식시킨 뒤 한걸음 나아가 관찰한다. 타인이 자신에게 끼친 손해는 자신이 지난날 지은 악업 업보의 성숙이며, 현재 이로써 업보를 소멸할 수 있으니 어찌 기꺼이 받아들이지 않겠는가? 혹은 생각할 수 있다. 이것은 자신의 선업이 불러온 것이다. 이것으로써 자기의 오만을 제거하고 자신의 출가하려는 마음, 불쌍히 여기는 마음을 증강시킬 수 있고 빠르게 인욕바라밀 등을 이룰 수 있다. 이렇게 얻기 어려운 수행 인연은 안락을 만난 것처럼 받아들여야 한다.

b. 참음의 이익을 생각함

若苦由自取 而人皆厭苦 약고유자취 이인개염고
以是諸有情 皆當無苦楚 이시제유정 개당무고초

만약 고통을 자기 뜻대로 선택할 수 있다면
사람들은 모두 고통을 원치 않을 것이다.

이 때문에 일체 유정들은
고통이 없어야 하는데 사실은 이와 상반된다.

모든 고통과 성냄의 해로움은 인연이 모인 충동 속에서 일어나는 것으로 세상 사람들이 자주적으로 취사할 수 있는 것이 아니다. 가령, 사람들이 자주적으로 조절할 수 있다면 온 세간에는 고통 받는 존재가 있어서는 안 된다. 왜냐하면 세간에서 고통 받기를 원하는 사람은 없기 때문이다.

사람뿐만 아니라 가장 저급의 유정조차도 고통 받기를 원하지 않는다. 만약 자주적 능력이 있다면, 어떤 크고 작은 고통들도 유정들에게서 천리 밖으로 멀어질 것이고 안락한 생활을 얻을 것이다. 근등추배 대사는, "다리 없는 지렁이도 안락을 갈구하고 눈 없는 개미도 안락을 갈구한다. 요컨대, 이 세상 중생들은 모두 자신의 안락을 위하여 바쁘다."라고 말하였다. 또 어떤 고인은 "천하의 중생들은 모두 이익을 향해 내달린다. 천하의 중생들은 모두 이익을 위해 나아간다."라고 말한다.

이 세간에서 우리들이 가는 곳마다 관찰하건대, 곳곳에서 고통을 피하고 안락으로 나아가기 위하여 매우 바쁘게 움직이는 중생들을 볼 수 있다. 도시에서 시끌벅적거리고 바쁘게 일하느라 쉬지 않는 사람들의 생활에서는 더욱 이 점을 볼 수 있다. 비록 사람들이 고통을 조절하고 있다고 생각하지만 실제로 인과에 밝지 못한 사람들은 고통과 안락을 자주적으로 조절할 방법이 없다. 윤회하는 중생이 받는 것은 완전히 원하지 않는 고통이다. 모든 사람의 심신은 안팎으로 온갖 고통을 가지고 있어 번뇌를 일으키고 압박받으며, 근본적으로 자율적인 역량은 털끝만큼도 없다. 그래서 악업의 해 끼침을 만날 때 상대가 번뇌의 부린 바 되어 자기 뜻대로 조절할 방법이 없었음을 이해하고, 이것에 대하여 우리가 성냄이나 원한을 내어서는 안 된다.

或因己不愼 以刺自戮傷 혹인기불신 이자자륙상
或爲得婦心 憂傷復絕食 혹위득부심 우상부절식
縱崖或自縊 呑服毒害食 종애혹자액 탄복독해식
妄以自虐行 于己作損傷 망이자학행 우기작손상

어떤 이는 스스로 조심하지 않기 때문에
칼이나 가시 등에 찔려 상처를 입고
어떤 이는 여색이나 재산을 구하여
상심에 겨워 음식을 끊기까지 한다.
어떤 이는 벼랑에서 뛰어내리거나 자살을 하고
독약이나 유해한 음식물을 먹는다.
이렇듯 온갖 죄행으로
자신의 신체를 해치고 손상시킨다.

세상 사람들은 자신의 신체와 생명을 가장 귀한 것으로 여겨 집착한다. 그러나 업력이 나타나 강렬한 번뇌에 충격을 받으면 사람들은 종종 평상시 가장 집착하는 목숨을 돌아보지 않고 스스로를 해치고 훼손시킨다.

이 게송의 앞부분에서는 먼저 어떤 사람이 업연에 이끌려 조심하지 않고 스스로 해치는 사례들을 나열하였다. 사람들은 누구도 자신을 해치고 싶어 하지 않는다. 그러나 이것은 자신이 제어할 수 없는 인연에 의해 일어난 법이다. 우연히 조심하지 않아 칼에 다치고 가시에 찔리는 것 같은 현상을 우리들은 모두 경험한 적이 있다. 신문 잡지를 펴보면 공사장의 사고나 교통사고가 거의 매일 끊이지 않는다. 인연이 다가옴에 따라 무의식적으로 스스로를 해칠 수 있고 타인에 대한 해 끼침도 더욱 피할 수 없게 된다.

어떤 사람들은 재산·미색·명예 등을 추구하기 위하여 정신력과 정력을 다 낭비한다. 걱정으로 정신을 상하게 하고 분노하고 절망하면서, 심지어 음식을 끊고 벼랑에 몸을 던지며 목을 매고 독약을 마시는 등 온갖 어리석고 극단적인 행동으로 자신을 해친다. 이러한 참극은 우리 이 세간에서 고대·현대를 막론하고 끊임없이 이어져 왔다. 세상 사람의 업력은 확실히 불가사의하여 아주 많은 사람들이 허황된 욕망을 추구하다가 종종 어떤 사물, 예를 들면 이성·재산·지위 등에 대한 특별한 집착을 만족시킬 수 없으면 우울해하고 절망하며 거대한 고통 번뇌에 사로잡힌다. 이를 스스로 참고 억제할 수 없을 때에는 폭주와 마약 등으로 자신을 마취시키고 때로는 심지어 자살까지 한다.

이러한 사람들은 확실히 불쌍한 멍청이들이다. 인도의 대덕이 말하되, "자살은 거대한 고통을 다음 세상으로 가져가 계승하는 것일 뿐, 근본적으로 어떤 문제를 해결할 수 없다. 그러므로 부처님께서는 삼승 계에서 명확하게 자살을 막았다. 우리들이 더 큰 고통을 만나더라도 용감하게 맞닥뜨려야만 한다. 도피는 해결책이 아니다. 오직 용감하게 마주해야만 고통을 해결할 수 있다."라고 하였다. 그러나 무지한 세상 사람들은 종종 번뇌 고통에 제어되고 조금의 이성도 없어 냉정하게 이러한 문제들을 고려할 수 없고 오직 업력에 따라 부침하고 떠돌 뿐이며, 때로는 맹목적으로 다른 사람을 해치고 고의로 자신을 해치기도 한다. 이들이 번뇌에 제압되어 스스로 주인이 될 수 없는 비참한 환경에 처해 있다는 것에 생각이 미친다면 우리가 어찌 그들의 자멸과 타인을 해치는 행위에 대하여 연민을 일으키지 않을 수 있겠는가?

自惜身命者 因惑尙自盡 자석신명자 인혹상자진
況于他人身 絲毫無傷損 황우타인신 사호무상손

강렬한 번뇌의 힘에 이끌려서
사랑스런 자신의 몸까지도 죽이는데
하물며 타인의 몸에 대하여
어찌 해를 입히지 않겠는가?

아집을 가진 중생의 입장에서 말하자면, 가장 귀하고 사랑스런 것으로 자신의 생명보다 더한 것이 없다. 생명이 위태로움을 만났을 때 중생들은 종종 모든 재산·지위 등을 버릴 수 있다. 평상시에도 갖은 수단으로 이 집착을 지킬 것이다. 그러나 번뇌가 강렬하게 앞에 나타났을 적에 중생은 평상시와 아주 상반되게 스스로 목숨을 방치하고 돌아보지 않아 심지어는 스스로 훼손시키기까지 한다.

앞의 게송에서 많은 사람들이 탐심과 진심이 강렬하게 나타났을 때 온갖 수단을 강구하여 자신을 죽인 예들을 말하였다. 상사 여의보는, "세간의 많은 중생들은 탐욕과 성냄의 번뇌가 매우 강렬하다. 예를 들면 어떤 사람들은 분노가 일어났을 때 종종 자신을 화로 죽인다. 어떤 사람의 부모가 자식 때문에 화가 나서, 최후에는 결국 죽었다는 이야기를 수행인들은 아마도 들었을 것이다. 또 어떤 중생은 탐심이 치열하게 일어나면 종종 이 때문에 우울해하고 고민하다가 심지어 자살까지 한다."라고 말한다. 중생의 업력은 확실히 불가사의하다. 우리는 주위 사람들이 평상시 자신의 신체와 생명에 대하여 그렇게 집착하다가, 일단 번뇌에 억눌리면 음식을 끊고 독약을 마시며 높은 데서 뛰어내리는 등 이러한 일들을 매일 보고 있다.

  중생은 번뇌의 충동 속에서 자신의 신체와 생명에 대하여 오히려 이와 같이 손상시킨다. 그렇다면 같은 상황에서 다른 중생에 대한 해 끼침은 더욱 피할 방법이 없다. 일반적으로 범부의 경우, 평상시 다른 사람의 신체와 생명에 대한 애착은 자기 자신에 대한 애착에 비할 수가 없다. 사람이 번뇌가 일어났을 때 자기 자신이 그렇게 집착하고 아끼는 신체를 스스로 학대한다면, 이치적으로 타인에 대해서도 역시 손해를 끼칠 수 있을 것이다. 이 점을 탓할 수는 없다. 사람은 번뇌의 충동질로 평상시의 마음 상태와 모양이 모두 변화를 일으킬 것이며 마치 미친 사람처럼 변하여 생각하는 것, 말하는 것, 행동하는 것이 아주 크게 평상시와 달라 옆 사람이 보아도 일깨워줄 수가 없다. 사실 이때 이 사람 역시 심신과 언행을 자주적으로 할 정신이 없어 매우 불쌍한 상태에 빠진 것이다. 이 점을 이해할 수 있다면 우리가 그에게 손해를 입었을 때 어찌 그를 원망하고 탓할 수 있겠는가?

  안타깝게도 많은 사람들이 『입행론』의 이 수승한 비결을 한쪽에 방치해두고 일상생활에서 늘 성냄의 고뇌를 받는다. 이는 마치 용수보살이 말하기를 "바닷가에 서서 갈증의 고통을 겪으면서도 바닷물을 마시지 않는다."라고 한 것과 같다. 나는 수행인들이 이러한 묘법들을 진실하게 닦고 익혀 자신에게 융화시키길 바란다. 이렇게 해야 비로소 마니보를 지녀 곤궁해지는 데 이르지 않는다.

故于害我者 心應懷慈愍 고우해아자 심응회자민
慈悲縱不起 生瞋亦非當 자비종불기 생진역비당

그러므로 나를 해치는 사람에 대하여
마음속으로 자비심을 품어야 한다.
설사 불쌍히 여기는 마음을 내지 못하더라도
그에게 성내는 마음을 품어서는 안 된다.

위에서 이미 사람들이 번뇌에 속박당하여 자주성이 없음을 분석하였다. 자기의 몸도 죽이고 해치는 것을 걱정하지 않는데, 다른 중생을 해치고 괴롭히는 짓을 하는 것은 말해 무엇 하겠는가? 이 도리를 분명하게 안 뒤에는 타인이 언행으로 우리를 해쳤을 때 마음속으로 이 때문에 불쌍히 여기는 마음을 내어 이러한 사람들을 자비심으로 받아주어야 하고, 설령 순간 불쌍히 여기는 마음을 낼 수 없을지라도 비이성적으로 성냄을 내어서는 안 된다.

대승 불자가 되어 우리는 보리심계를 받았고, 일체중생을 이롭게 하려고 한다는 것을 발원하였으며, 그러므로 중생이 해치는 것을 직면하였을 때 이치상 그들에게 불쌍히 여기는 마음을 내어야 하고,

뿐만 아니라 중생이 업보의 윤회 속에 빠진 것을 생각해야 한다. 선지식의 섭수가 없고 여래의 가르침도 들은 적이 없어 옳고 그름을 판단하지 못하니, 미망의 세간에서 끊임없이 각양각색의 고통을 받고 있는 것이다.

『무량수경』에서, "중생이 성냄에 미혹되고 색과 재물을 탐하는 것을 영원히 멈추지 못하니, 애석하다, 슬픔이여!"라고 말한다. 이러한 상황에서 그들의 생각과 언행은 피할 수 없이 타인을 해친다. 어떤 중생들은 비록 선지식의 가르침을 들을 수 있는 기회가 있을지라도 번뇌의 혼란을 억제할 방법이 없어 악업을 지어 타인을 해친다. 이 도리를 이해한 뒤 우리가 어찌 불쌍하게도 자주성이 없는 부모중생들에게 성냄을 일으킬 수 있겠는가?

경전에서는 "설령 중생이 산왕山王 같은 철추로 나를 때리고 천백구지 겁 동안 나를 해치더라도 상대에게 성내는 마음을 내어서는 안 된다."라고 말한다. 또 "중생이 설령 이처럼 해칠지라도 나는 저에 대하여 역시 크게 불쌍히 여기고 구호하는 마음을 내어야 한다."라고 말한다. 우리의 수행이 만약 상당한 정도에 이르지 않았다면, 타인의 해 끼침에 직면하여 분명 불쌍히 여기는 마음을 내기 어렵다. 그러나 최소한 스스로 성내는 것을 억제하여 타인과 쟁론이나 투쟁 등 여법하지 않은 행위를 해서 찰나에 심각한 죄업 짓는 것을 방지해야 한다.

범부는 적천보살의 모든 가르침을 완전히 행할 방법이 없다. 그러나 일부 조항일지라도 마음에 숙지하고 가르침에 따라 행할 수 있다면 대단한 수행자로 변할 것이다. 최소한 중생에게 성내는 마음을 내지 않고 참을 수 있는 사람이 될 수 있다.

2. 인욕을 닦는 법

　외국의 어느 대덕이 "이전에 나는 소승법을 듣고 사유한 적이 있다. 그래서 마음속으로 자신이 적멸의 안락과를 얻으려고 발원하였다. 나중에 『입행론』을 배워 들었다. 그래서 자신이 반드시 중생을 제도해야 하고, 중생에게 다가가야 하며, 고뇌에 속박 받는 중생을 떠나는 것이 아님을 깨달았다."라고 말한다. 많은 수행자들은 세간을 떠나 사람 없는 곳에서 수행하기를 원하며 중생과 접촉하길 원하지 않는다. 수행인들의 발심을 분석하면 일부분은 확실히 중생이 의식적이거나 무의식적이거나 가한 해 끼침을 참을 수 없거나, 혹은 참기를 원하지 않기 때문에 이러한 자기를 이롭게 하는 심리를 낸다. 수행인들이 이 가르침을 듣고 사유하여 연민을 일으킬 수 있다면, 어떻게 중생의 번뇌가 나타남으로 인하여 마음이 산란해질 수 있으며 세간에서 도피할 수 있겠는가? 굳세게 고뇌하는 중생을 마주했을 때 우리는 인욕을 닦을 많은 기회를 가질 수 있고 아집 번뇌를 다스려 자량을 쌓을 수 있다. 이처럼 큰 도움이 되는 인연을 우리가 무슨 이유로 피하겠는가?

設若害他人 乃愚自本性　설약해타인 내우자본성
嗔彼則非理 如嗔燒性火　진피즉비리 여진소성화
若過是偶發 有情性仁賢　약과시우발 유정성인현
則嗔亦非理 如嗔烟蔽空　즉진역비리 여진연폐공

남에게 해를 끼치는 것이
어리석은 자의 본성이라면
화를 내는 것은 옳지 않으니

태우는 것이 본성인 불에게 화를 내는 것과 같다.
잘못은 단지 순간적으로 발생한 것이고
중생의 본성은 선량한 것이므로
그들에게 성내는 것도 합리적이지 않다.
허공에 낀 연기를 나무라는 것과 같다.

중생들이 남을 해치는 것은 그들의 본성이 이와 같아서인가? 여기에서는 이 방면에서 관찰을 한 뒤에 우리가 성냄을 끊어버리도록 인도한다.

만약 중생의 본성이 바로 타인을 해치는 성질을 가지고 있다면, 예를 들어 어느 어리석은 사람이 있는데 그가 매일매일 나를 때리고 욕할 경우를 당하여, 나는 그에 대하여 철저한 관찰을 통하여 분석하여 그의 본성이 바로 이처럼 타인을 성나게 하고 해치는 성질을 가지고 있어 누구를 접촉하건 간에 해치는 습성이 있음을 발견하였다면, 나는 그에게 성내는 마음을 내어야만 하는가, 아닌가? 좀 더 사유하면 성을 내어서는 안 된다는 결론을 얻을 수 있다. 왜냐하면 그의 본성이 이와 같아 누구를 접촉하더라도 이처럼 해치는 성질을 가지고 있다면, 결코 나 개인에게만 이러한 가해를 하는 것이 아니기 때문이다.

불은 태울 수 있는 어떤 물체를 만나더라도 그의 연소 성질은 변하지 않을 것이며, 선택적으로 일부를 태우지 않을 것이기 때문이다. 만약 불에 덴 사람의 마음이 정상이라면 절대 이 때문에 불에게 크게 성내어 불이 자신을 태워서는 안 된다고 탓하지 않을 것이다. 만약 그가 불에게 성낸다면 사람들은 그의 어리석음을 비웃을 것이다. 마찬가지로, 만약 어리석은 자의 본성에 바로 타인을 해치는 성질을 가지고 있어 대상을 불문하고 접촉하는 모든 사람을 해치려고 한다면, 그대가 해를 받았기 때문에 그에게 성내고 질책하는 것 역시 매우 웃음거리가 될 만하고 어리석은 행동이다. 이것 역시 어떤 사람이 평지에서 넘어지고서 땅에게 성내고 심지어 철추를 들고 땅을 파면서 분풀이했다는 우스갯소리와 같으니 어리석고 우스운 일이다.

또 다른 방면에서 관찰하자. 만약 중생의 본성이 선량하여 타인을 해치는 성질이 없는데 그들이 다른 사람을 해친 잘못이 단지 우연히 발생한 것이라면, 해를 입은 사람은 그들에게 성내며 해쳐야 되는가? 이것 역시 그렇게 해서는 안 된다. 대승 교리를 듣고 사유한 사람은 중생의 본성이 바로 붓다이며, 번뇌는 단지 잠시 일어난 미혹의 먼지일 뿐이라는 것을 안다.

『석량론』에서, "마음의 자성은 빛이고 모든 번뇌는 객이고 먼지이다."라고 말한다. 중생의 잠깐 잘못은 청정한 푸른 하늘에 우연히 일어난 구름과 같다. 만약 중생이 잠시의 잘못 때문에 중생 자체에게 성내고 그들이 어떻게 나쁜지를 원망하고 질책한다면, 이것은 완전히 이치에 맞지 않는 성냄이다. 마치 허공이 우연히 구름에 가려졌는데 어떤 사람이 허공이 쾌청하지 않다고 성내고 질책하는 것과 같다. 이것은 매우 어리석은 행위이다.

많은 사람들은 손해를 직면하였을 때 이러한 이성적인 관찰과 사고를 하지 않고 단지 자신의 습관에 따라 반응하여 처리하면서 맹목적으로 성내어 자신과 타인을 해칠 뿐이다. 현재 이미 밝은 지혜의 사유 방법을 듣고 사유하였으므로, 생활 속에 운용하고 반복적으로 자신을

단련하여 이 지혜가 신속하게 자신 속으로 융화되어 들어가게 해야
한다.

> 棍杖所傷人 不應嗔使者 곤장소상인 불응진사자
> 彼復嗔使故 理應憎其嗔 피부진사고 이응증기진
>
> 매 맞는 사람의 아픔은 곤장 때문이니,
> 곤장을 치는 사람에게 성내서는 안 된다.
> 곤장을 사용하는 사람 역시 진심嗔心이 시킨 것이니,
> 진심에게 화를 내는 것이 마땅하리라.

이 게송은 손해 받는 과정을 분석하도록 인도한다. 어떤 사람이 곤장으로 타격을 받는 현장을 관찰하면 누가 그 사람을 해친 주범이어야 하는가?

타인이 칼이나 몽둥이 등 흉기를 사용하여 자신을 해칠 때 일반인들은 습관적으로 "이 나쁜 사람, 그가 나를 해쳤어."라고 생각할 것이다. 마음속으로 확실하게 흉기를 사용한 사람이 주범이라고 단언하고 그에게 성을 낸다. 사실 밝은 지혜의 분석 관찰을 거치지 않고서 잘못된 결론을 얻은 것이다. 만약 자세하게 이 과정을 분석한다면, 손해를 받은 가장 직접적인 원인은 곤장 등 흉기이다. 흉기들의 타격으로 우리가 고통을 받게 되므로 그것들이 주범이며 직접적으로 손해를 조성하는 원흉이다. 이치에 준해서 말하면, 이 직접 손해를 준 것을 버려두고 그것을 사용하는 사람에게 성내고 탓해서는 안 된다.

일반인들의 사유 방식에 따라 곧 "틀렸어. 곤장은 자주성이 없어.

그것은 공구일 뿐이야. 조종하는 자의 조종 속에서만이 나를 해칠 수 있어. 그러므로 나는 흉기를 사용한 사람을 탓해야만 해."라고 생각할 것이다. 이러한 생각은 또 틀렸다. 이 품 앞의 내용에서 이 사람 역시 자주성이 없으며, 그는 단지 진심 번뇌의 손 안에 든 공구 같을 뿐이라고 분석하였다. 그는 성내는 번뇌의 조종 속에서 조금의 자주적 역량도 없이 번뇌가 지시하는 대로 다른 사람을 해친다. 주범을 찾으려고 한다면, 이치상 진심嗔心 번뇌를 찾아야만 옳다. 그것이야말로 진정한 죄악의 괴수이다.

여기해서 행한 적천보살의 분석은 사람들이 습관적인 사유 방식 속에서 알고 있는 사물과 사물의 실제 상황과는 큰 차이가 있으며, 잘못된 사유 방식은 끝없이 자신과 타인을 훼손시키는 성냄의 마음과 언행을 이끌어냄을 지적하고 있다. 월칭 논사는, "이것은 유정의 잘못이 아니라 번뇌의 허물이며, 지혜로운 사람은 잘 살펴 모든 유정들에게 성내지 않는다."라고 말하였다. 『사백론』에서도, "비록 환자가 마귀의 부림 때문에 분노할지라도 의사는 성내어 탓하지 않으며, 부처님께서도 번뇌를 앎으로 중생에게 미혹되지 않는다."라고 말한다.

지혜를 갖춘 사람은 중생의 온갖 잘못이 번뇌가 시킨 것이라는 것을 볼 수 있다. 그러므로 중생에게 성내지 않고 주의력을 번뇌를 다스리는 곳에 둔다. 이러한 지혜롭게 일 처리하는 사유 방식을 만약 우리가 반복적으로 암송하여 염두에 두고 늘 일상 수행에 응용한다면, 많은 손해와 역경을 만나더라도 이치와 법대로 대처하여 그것 때문에 맹목적이고 무지하게 성내는 마음을 일으키지 않을 것이다.

我昔于有情 曾作如是害 아석우유정 증작여시해
旣曾傷有情 理應受此損 기증상유정 이응수차손

예전에 나는 유정들에게
유사한 손해를 가한 적이 있다.
유정들을 해친 적이 있는 나는
인과법에 따라 같은 손해를 받아야 한다.

타인이 우리에게 해를 가하는 것은 그의 마음의 흐름 가운데 성냄 번뇌가 지시하는 것 때문이다. 이러한 번뇌 또한 당연히 인연이 탄생시킨 법이다. 이 인연을 따라 거슬러 올라가면 최후에 자신을 해친 원흉을 찾을 수 있는데, 결코 다른 사람이 아니라 바로 자신이다.

적천보살은 말한다. 우리가 지금 받는 손해는 이치상 당연히 받아야만 하는 것이다. 왜냐하면 우리가 이전에 다른 유정들에게 유사한 악업을 지었기 때문이다. 시작도 없는 생사를 떠도는 중에 모든 중생은 의심할 것 없이 온갖 악업을 지은 적이 있고 많은 유정을 해친 적이 있다. 이 업들이 천백만 겁 이전에 지은 것인지 아니면 얼마 멀지 않는 과거에 지은 것인지에 상관없다. 경전에서는 "설령 백천 겁을 지났을지라도 업보는 소멸하지 않는다."라고 말한다. 어찌 되었건 간에 그것들은 우리 범부들에게 인과응보에 상응하는 과보를 가져온다. 세상 사람 누구도 인과규율을 뛰어넘을 수 없다. 이미 자신이 지난날 다른 사람을 해친 적이 있는데 다른 사람이 현재 똑같이 자신을 해친다면, 이것은 인과규율에 맞는 일이므로 조금도 원망 없이 인욕해야 한다.

우리는 아마 이런 일을 체험한 적이 있을 것이다. 자신이 현생에 어떤 사람들에게 특별하게 잘해 주는데 그는 오히려 시종 만족하지 못하고 끊임없이 자신에게 심신의 해 끼침을 가져온다. 때로는 근본적으로 어떤 여법하지 않은 일을 하지 않았는데도 다른 사람이 아무 이유 없이 나를 비방하고 희롱하며 온갖 손해와 고통을 가져다줄 수 있다. 이러한 상황들은 바로 자신이 지난날 지은 죄업 때문이고 현재 인연이 성숙하여 그 과보가 나타난 것이다. 자신이 만나는 모든 것은 그 특정한 인연을 가지고 있으며 절대 까닭 없이 발생할 수 없다. 『법구경』의 강의 중에 한 공안은 이 문제를 잘 설명하고 있으며 그 내용은 다음과 같다.

아주 오래전, 어느 부녀자가 암탉 한 마리를 키웠다. 암탉이 고생스럽게 알을 품어 병아리로 부화시키고 나자, 그 부녀자는 병아리를 모두 먹어버렸다. 어미 닭은 당연히 자식을 사랑하였기 때문에 마음에 원한을 품고 악한 발원을 하였다. "이 나쁜 여자가 나의 자식들을 다 먹어치우다니! 내생에는 나도 너의 아이들을 먹어 버릴 거야!" 인과 원력은 허망 되지 않아 그 부녀자는 나중에 어미 닭으로 태어났고 그 어미 닭은 고양이로 태어났다. 전생의 업력 때문에 어미 닭이 새끼를 부화시킬 때마다 고양이가 바로 전부 먹어치웠다. 어미 닭은 마찬가지로 성냄을 일으켜 나쁜 발원을 하였다. "이 나쁜 고양이가 늘 나의 자식들을 먹어치우는구나. 내생에 나 역시 이와 같이 할 거야!" 이 한 쌍의 원수가 죽은 뒤, 고양이는 어미 사슴으로 태어났고 어미 닭은 표범으로 태어났다. 어미 사슴이 낳은 새끼 사슴을 표범이 인정사정없이 먹어치웠다. 이 윤회의 비극은 반복해서 이루어진다.

석가모니께서 세상에 왔을 적에 어미 사슴은 나쁜 발원 때문에 죽은 뒤 나찰녀가 되었고, 표범은 죽은 뒤 여자가 되었다. 나찰녀가 또 여인의 어린아이를 먹으려고 할 때 그 부녀자는 너무 두려워 아이를 껴안고 세존 앞으로 구호해 줄 것을 요청하려고 달아났다. 이때 이 한 쌍의 원수는 하나는 쫓고 하나는 도망하여 세존 앞에 왔다. 세존의 자비로운 가피는 여러 생에 걸친 이 원수들을 편안하게 해주었다. 그리고 그녀들에게 법을 말해 주어, 그녀들이 전생의 악연을 분명하게 알게 하였다. 붓다의 역량에 힘입어 그녀들은 마침내 악연을 끝맺고 비참한 인과에서 벗어났다.

세간 윤회에서 이러한 악연에 빠진 중생들은 확실히 헤아릴 수 없이 많다. 우리가 악연을 만났을 때 만약 여전히 이것이 악업이 현현한 것이라는 것을 알지 못하고 원수로써 원수 갚는 것을 내려놓지 못한다면, '어미 닭과 고양이'의 비극 역시 우리 사이에서 끝없이 벌어진다. 이 공안을 통해 만약 수행인들이 느끼고 각성하는 점이 있다면 어찌 손해 입는 고통의 과보를 담담하게 참지 않겠는가?

敵器與我身 二皆致苦因 적기여아신 이개치고인
雙出器與身 于誰該當嗔 쌍출기여신 우수해당진

그의 칼과 나의 몸,
이 두 가지가 모두 아픈 고통의 원인이다.
그가 칼로 나의 몸을 찌른다면
이 두 원인 중 누구에게 화를 낼 것인가?

2. 인욕을 닦는 법 185

우리가 손해를 받아 고통이 생기는 과정을 다시 보자. 자신의 신체는 사실 고통의 책임을 져야 한다. 고통을 받는 사건에서 원수의 흉기와 우리의 신체는 고통을 부르는 필수 불가결한 인연이며, 만약 병기의 타격이 없다면 우리는 자연히 가해를 받지 않을 것이고, 마찬가지로 만약 신체가 없다면 우리도 손해를 입지 않을 것이다. 왜냐하면 신체가 없다면 곤봉은 때릴 수 있는 곳이 없기 때문이며, 가령 가해하는 천만 종류의 병기가 있다 하더라도 허공을 베는 것과 같을 것이고 나에게 어떤 손해도 입히지 못할 것이다. 적의 병기와 우리의 몸, 이 두 가지가 동시에 구족했을 때만이 손해의 고통이 생기게 된다.

그렇다면 성냄이 일어나려고 할 때 둘 중의 누구를 상대해야만 하는가? 둘이 모의하여 악행을 저질렀다면 이치상 그중의 하나만을 추궁할 수는 없고, 만약 성냄이 일어나려고 하면 적의 병기에 대응하고 또 자신에게 대응하여 동시에 똑같이 원망하고 탓해야 한다. 지혜로 관찰하기 전에 사람들은 늘 고통을 받은 것 때문에 타인을 원망하고 외부환경을 원망한다. 지금 그 안의 자세한 것들을 분석한 뒤 우리는 분명하게 알아야 한다. 원래 자신의 신체 역시 손해를 받는 악연을 불러오는데, 내가 어떻게 다른 사람에게만 성내고 탓할 수 있겠는가?

身似人形瘡 輕觸苦不堪 신사인형창 경촉고불감
盲目我愛執 遭損誰當嗔 맹목아애집 조손수당진

사람의 신체에는 몸의 종기처럼
조금만 닿으면 참을 수 없는 고통이 있는데,
내가 갈애에 눈이 멀어

이것으로 상처받는 것은 누구에게 화를 낼 것인가?

　이상의 분석을 통하여 우리는 자기 몸도 고통을 부르는 인연이라는 것을 발견하였다. 이제 더 나아가 자기 몸을 분석하여 몸에 집착하는 어리석은 아집이야말로 성내야 하는 대상이라는 것을 찾았다. 사람의 신체는 매우 나약하여 외부환경인 지수화풍이 조금만 침범해도 바로 훼손될 수 있다. 아주 약간의 냉열·통증·기갈이 몸에 작용할 적에도 고통을 유발할 수 있다. 온 신체가 큰 종기와 같아 이물질이 조금 접촉하거나, 심지어 작은 미물에 물린 것조차도 특별히 참기 어렵다고 느낄 수 있다.

　우리가 느끼는 고통은 절대다수가 신체로 말미암아 일어나는 것이다. 신체가 없다면 우리에게 이렇게 큰 고통은 있지 않을 것이다. 무구광 존자는 "이 몸은 모든 고통과 불행의 근원이며 지극히 큰 번뇌의 원천이다."라고 말한다. 신체가 사실 우리가 고통을 받아 성냄 번뇌를 일으키는 근원이다. 그러나 지혜가 없는 우리들은 어리석음에 마음이 가려 맹목적으로 신체를 '나'가 담긴 곳으로 여겨 탐착한다. 하루 종일 이 큰 종기를 에워싸고 음식물을 먹여 기르고 치장하는 등 쉬지 않고 탐하고 아낀다.

　고통 번뇌의 근원인 큰 종기에 대하여 맹목적으로 탐착하는 것은 몸을 내가 있는 곳이라고 여겨 집착하기 때문이다. 그러므로 그 신체가 손상을 당했을 때 사람들은 종종 타인에 대하여 크게 성낸다. 그러나 이치대로 관찰한다면, 고통의 근원은 자신의 신체이며 자신의 신체에 대한 맹목적 애착이므로, 고통의 원인인 신체에 성내고 탓해야 한다.

그러므로 다만 어리석은 아집에 대하여 크게 질책할 수 있을 뿐이니, 어찌 타인에게 성내고 탓할 수 있겠는가?

愚夫不欲苦 偏作諸苦因 우부불욕고 편작제고인
旣由己過害 豈能嗔于人 기유기과해 기능진우인

어리석은 자는 고통을 원하지 않으면서도
고통의 인연에 집착해 고통을 짓는다.
이 같이 자기 악업의 과보로 고통을 받는데
남에게 화를 내는 것이 무엇이란 말인가?

세간 범부들은 맹목적인 아집을 가지고 있어 윤회의 법칙에 대하여 조금도 몰라 매우 어리석은 가운데 있다. 비록 가장 어리석은 사람도 작은 고통도 받길 원하지 않으며, 심지어 바늘 끝만큼의 작은 고통도 받기를 원하지 않는다. 그러나 그들의 생각이 비록 이와 같을지라도 행위는 이것과 아주 상반되어 완전히 반대로 치달린다. 고통을 초래하는 열 가지 불선법에 대하여 사람들은 거의 짓지 않은 적이 없다. 일반 세상 사람들의 평상시 마음과 생각, 언행을 분석하면 일거수일투족이 탐·진·치 등 고통의 원인에 속하지 않는 것이 얼마나 되는가? 이렇게 많은 고통의 원인을 지었으므로 끊이지 않는 업보의 닥침은 스스로 지어 스스로 받는 것인데 어찌 하늘을 원망하고 남을 탓할 수 있겠는가?

『불설업보차별경』에서, "모든 중생은 업에 매여 있고 업에 의지하여 자신의 업에 따라 윤회한다."라고 말하였다. 경에서는 어떤 업을 지었고 어떤 보응을 얻었는가의 가르침을 많이 풀이하였다. 예를 들면 살생한 자는 단명의 업보를 얻고, 먹는 것에 탐욕을 부리는 자는 병이 많은 업보를 얻고, 나쁜 탐욕을 일으킨 자는 아귀 업보를 얻는다.

　우리는 전생에 타인을 해친 악업 때문에 현재 마찬가지로 업보를 얻는다. 그러므로 타인의 해 끼침을 만났을 때 이것이 "자신의 업에 따라 돌아온" 악업의 업보라는 것을 깊이 생각해야 하며, 조금의 원망도 없이 인욕해야 한다. 많은 사람들이 손해를 당했을 때, 사실을 사유하고 관찰하여 피해 받는 근원을 따져보지 않고 이것을 가지고 맹목적으로 타인에게 성내고 질책한다. 가령 인과규율을 완전하게 이해할 수 없을지라도 만약 심기 평온하게 분석한다면, 사회 도처에서 제멋대로 나쁜 짓 하는 범죄가 최후에 처벌받는 사례 속에서 역시 이 도리들을 추론할 수 있다. 범죄가 자신의 죄행 때문에 처벌을 받을 때 만약 법을 집행하는 사람에게 성낸다면 그것은 조금의 도리도 없는 것이다. 우리가 손해를 받았을 때 역시 분명히 자신의 과실 때문에 초래한 것이므로 타인에게 분노해서는 안 된다.

譬如地獄卒　及諸劍葉林　비여지옥졸　급제검엽림
旣由己業生　于誰該當嗔　기유기업생　우수해당진

예를 들면 지옥의 무서운 옥졸이나
두려운 칼날 잎의 나무숲 형벌 등은
본래 모두 자신의 악업이 변하여 생긴 것인데
지옥죄인은 누구에게 화를 낼 것인가!

중생은 윤회 속에서 자신의 죄업 때문에 고통을 받는다. 가장 명확한 예는 지옥에 떨어지는 것보다 더 심한 것은 없다. 중생은 성내는 마음 등 악업을 지은 것 때문에 지옥에 떨어져 각양각색의 고통을 받는다. 예를 들면 소의 머리, 말의 얼굴 등 흉악한 모양의 옥졸이 손에 각종 병기를 들고 베고 갈라 죽인다. 강철로 된 몸과 입을 가진 사나운 금수나 파충류가 찢고 물어 삼킨다. 칼날 숲·불구덩이·철기둥 산·칼끝 평원 등 각양각색의 두려운 지옥 형벌이 있다.

이러한 고통의 원인은 모두 중생 자신이 죄를 짓고 마음을 악하게 한 것 때문에 환영으로 나타나는 것이다. 대승 현종·밀종의 많은 경론에서는 이에 대하여 자세하게 소개하였다. 지옥 중생이 고통을 받을 적에 그들은 누구에게 성내야 하는가? 옥졸·칼날 숲 따위를 원망하는가? 그것은 다만 아무 의미 없이 업을 짓는 것일 뿐이다. 이 외부환경들은 자신이 죄를 짓고 마음을 악하게 한 것 때문에 환영으로 나타나는 것이므로 자신이 지은 악과를 만약 타인에게 되돌린다면 이것은 지극히 어리석은 행동이다.

우리가 사람들 사이에서 받는 모든 고통은 지옥 중생이 고통을 느끼는 도리와 같다. 크고 작은 고통의 외부환경은 아주 작은 병통조차 어느 하나 악업의 과보가 아닌 것이 없다. 화지 린포체는 "윤회 속의 모든 것은 달리 지은 사람이 있는 것이 아니며, 또한 우연히 발생한 것이 아니다."라고 말한 적이 있다. 모두 우리의 선업과 악업으로 받는 과인데 고통을 받을 때 어찌 타인을 원망할 수 있겠는가? 인과응보의 공안은 아주 많아서 우리는 많이 듣고 보았다. 그중에서 오달 선사의 공안은 수행인들이 들은 뒤 어떤 감상이 있었을 것이라고 나는 생각한다.

오달悟達 선사는 당나라 때의 대덕으로 계율과 학문에 모두 정통하여 당시 수행자의 본보기가 되었고 당 왕조에서도 그를 국사로 삼아 존경하였다. 한 번은 황제가 그에게 침향 옥좌를 공양하였다. 선사는 옥좌에 있으면서 자신도 모르는 사이 약간의 오만한 마음을 일으켰고, 호법선신이 이 때문에 그를 떠났다. 그때부터 선사의 넓적다리 무릎에 점점 사람 얼굴 같은 악창이 자라났다. 악창의 귀·코·눈썹·눈 등이 완전하였을 뿐만 아니라 그 입으로는 밥을 먹을 수도 있었다. 악창이 자란 뒤 통증은 골수까지 미쳐 오달 선사는 하루 종일 편안할 수 없었다.

황제는 천하 명의를 소집하여 각종 방법을 찾았지만 이 괴병을 치료할 수 없었다. 이때 오달 선사는 자신이 예전에 병을 앓는 노승을 돌봐준 적이 있었는데, 그 노승이 병이 나은 뒤 헤어질 적에 "당신에게 앞으로 곤란한 일이 생기면, 팽주彭州 구룡산九龍山으로 나를 찾아오시오."라고 당부한 것을 생각해내었다. 선사는 천신만고 끝에 그 신기한 노승을 찾아 구룡산에 가서 찾아온 이유를 설명하였다.

노승은 바로 선사에게 산 뒤쪽의 샘으로 가서 샘물로 악창을 씻으라고 하였다. 씻고 있을 적에 악창이 갑자기 입을 열어 말하길, "당신은 『서한서西漢書』를 본 적이 있는가? 조착晁錯이 나의 전생이고, 원앙袁盎이 바로 당신의 전생이오. 그해에 당신이 조착을 베어 참하였고 이 때문에 나는 9대 동안 당신을 찾아 원수를 갚으려고 했소. 그러나 당신은 줄곧 청정계율을 지키는 고승이어서 나는 기회가 없었는데, 이번에 당신 마음에 오만함이 일어나 비로소 기회를 잡았소. 지금 가낙가 존자가 감로수로 가피를 주어 나를 천도해 주어 당신의 업을 소멸시켰기 때문에 우리의 원한은 이로써 풀어졌소!"라고 하였다. 오달 선사는 물을 부어 악창을 씻었는데 통증으로 기절하였다. 깨어났을 때 종기는 나아 흔적도 없었다. 이 인연으로 선사는 『수참문(三昧水懺)』을 지어 사람들이 지난 업을 참회하도록 인도하였다.

이 공안은 많은 전적에 기록되어 있다. 이 공안을 생각할 때마다 나는 매번 마음이 서늘해진다. 모든 사람의 신변에서는 조금도 예외 없이 유사한 원수나 채권자가 보복할 기회를 엿보고 있다. 우리가 병고 등 악연을 만났을 때 또 크게 성낸다면 원한에 원한을 더하는 격이니, 쌓인 업이 어떻게 끝날 수 있겠는가? 수행인들 각자가 굳게 기억하길 바란다.

宿業所引發 令他損惱我 숙업소인발 영타손뇌아
因此若墮獄 豈非我害他 인차약타옥 기비아해타

본인의 숙업에 이끌려서
그들로 하여금 나를 해치게 하는 일들이 생긴다.
이 일로 그들이 지옥에 떨어진다면
내가 결국 그들을 해친 것이 아닌가?

다른 사람이 나에게 성을 내며 해를 끼치는 것은 단지 우리 자신의 악업에 의해 받는 업보로서, 스스로 책임져야 하는 것은 이미 분석하였다. 그러나 이 과정에서 우리는 더 심각한 잘못을 했으니, 그것은 바로 이 때문에 그가 고통의 과보를 받게 한 것이다.

다른 사람이 나를 해치는 것은 당연히 인연이 없을 수 없다. 인간 세상의 모든 일은 그 특정한 인연이 불러온 것이다. 우리가 타인의 해 끼침을 받았을 적에 그 원인을 궁구해 보면, 자신이 지난날 유사한 악업을 지어 타인을 해친 것 때문이며, 현생에서 서로 만났을 때 자연 타인이 나에게 성내는 마음을 일으키어 온갖 해를 끼친 것이다. 즉 우리가 해 끼침을 받는 것은 단지 묵은 빚을 갚는 것일 뿐이니 그를 원망해서는 안 된다.

그러나 지난날의 악업 때문에 타인이 현재 성냄의 악업을 짓도록 끌어들인다면, 타인은 우리의 지난날 죄 때문에 끌려 들어와 성내는 마음을 내고, 이 악업으로 인해 지옥으로 떨어지는 고통 과보를 받는다. 표면적으로 볼 때 그가 나를 해치고 있지만, 전체적으로 볼 때 나의 지난날 죄 때문에 그로 하여금 고통의 심연으로 떨어져 긴 겁 동안 고통 받도록 이끄는 것이다. 그러므로 그를 가엾게 여기고 공덕을 그에게 회향하지는 못할지언정 도리어 성을 낸다면 우리의 양심은 어디에 있는 것인가?

이 점에 대하여 수행인들은 아주 잘 생각해야 한다. 평상시 우리의 지혜는 이처럼 섬세하고 깊은 관찰을 할 방법이 없어 다른 사람이 자신을 해쳤으므로 다른 사람의 잘못이라고 여기나, 현재 작자의 교훈 속에 여기에서 자기에게 큰 잘못이 있다는 것을 성찰하였다. 다른 사람이 나의 지난 죄 때문에 지옥에 떨어지는 고통스런 과보를 얻었으므로 우리는 자신의 지난 죄에 대하여 증오하는 마음을 일으키고 전심전력으로 참회해야 하며, 만약 이러한 도리를 생각할 수 있다면 우리는 타인의 해 끼침에 대해서도 원망을 내지 않을 수 있고 조금의 성냄도 없이 참을 수 있다.

『조량심령지광照亮心灵之光』에서, "불교 교리가 특출하고 가장 사람을 이끌어 들이는 특징은, 번뇌의 진상을 분명하게 인식케 하는 것이다. 어떠한 종교든 번뇌를 인식하고 번뇌를 다스리는 측면에서 불교와 비교할 수 있는 것은 없다."라고 말하였다. 수행자들이 자신의 성냄 번뇌를 다스리려면 반드시 이 특징을 따라야만 한다. 『입행론』의 이 수승한 가르침을 반복적으로 사유하고 관상하여, 이 지혜들이 마음속에 융화되어 들어가 번뇌의 진면목을 인식하고 다스리게 해야 한다. 이와 같이 손해의 고통을 만났을 적에 습관적으로 이 법보를 이용할 수 있다면, 설령 약간만 운용한다 하더라도 성내는 마음의 번뇌를 힘 있게 다스려 끊을 수 있다. 하지만 인욕행을 반복적으로 관하여 닦을 수 없다면, 설령 오랫동안 법을 들었을지라도 마음의 흐름과 불법에 서로 거리가 생겨 감로수를 보면서도 목말라 죽을 뿐이다.

依敵修忍辱 消我諸多罪 의적수인욕 소아제다죄
怨敵依我者 墮獄久受苦 원적의아자 타옥구수고
若我傷害彼 敵反饒益我 약아상해피 적반요익아
則汝粗暴心 何故反嗔彼 즉여조폭심 하고반진피

원수의 해 끼침에 의하여 인내를 수행함으로써
나의 악업은 많이 정화된다.
그러나 나의 숙세 업으로 말미암아
그들은 긴긴 고통의 지옥에 떨어진다.

나는 그들에게 가해자이고
그들은 나에게 은혜자이다.
전도된 생각에 마음이 길들여지지 않은 그대여!
어찌하여 화를 내는가?

원수의 손해 고통이 없다면 또한 인욕을 닦을 기회가 없다. 예를 들면 경에서 말하였다. "만약 성냄 경계가 생기지 않는다면, 어떻게 인욕을 닦는다고 말하겠는가?" 수행과정에서 만약 타인의 온갖 해 끼침에 따라 인욕을 닦을 수 있다면 아주 빨리 인욕바라밀을 원만하게 할 수 있다. 경전에서 타방 세계의 대보살이 일찍이 사바 세간을 매우 찬탄한 적이 있는데, 바로 이 세계에는 각종 마음에 들지 않는 불완전한 것이 있기 때문에 보살들이 보시·인욕 등을 닦을 기회를 가지게 되어 빠르게 거대한 공덕을 쌓게 된다.

역사상 많은 고승대덕들은 원수의 해 끼침 등 인욕 환경을 만났을 때 마치 보물·선지식을 만난 것처럼 기뻐하였다. 왜냐하면 그들은 진실로 '적에 의지하여 인욕을 닦아', '나의 모든 죄를 소멸'시킬 수 있다는 것을 체득하였기 때문이다. 『섭바라밀다론』에서 "능히 손해 받는 마음을 거둠은 거친 불에 뿌리는 빗물 같다. 현재와 뒤에 오는 모든 분노는 인욕을 통하여 제거된다."라고 말하였다. 『입중론』에서도 "내가 기왕에 악업으로 윤회하는 줄 앎에, 능히 지난날 지은 악업과를 영원히 끝낼 수 있다."라고 말한다. 이 교증들은 인욕을 닦아야 지난날 지은 악업을 다 소멸시킬 수 있으며, 이로써 현생과 내세의 많은 고통을 제거한다고 설한다.

죄업을 끊어버리는 이 공덕은 완전히 원수가 돕는 것에 의지하여 얻지만, 그들은 이 때문에 악도에 떨어져 지극히 큰 고통을 받아야 한다. 가령 이 과정을 관해 본다면 사실 우리는 원수에게 해를 끼치고 그들이 도리어 우리에게 인욕을 닦을 기회를 준 것임을 알 수 있다. 즉 원수가 자신을 희생하여 우리에게 귀중한 기회를 내려주는 것이다. 우리가 그것에 힘입어 인욕을 닦는다면 바로『보살지론』에서, "상속심의 업 일어남을 참을 수 있으면 내세에 원수는 많이 없고 기쁨은 많이 있게 되며, 임종할 때 후회가 없으며 사후에 인천의 세계에 태어나게 된다."라고 말한 것과 같을 것이다.『섭바라밀다론』에서도 "인욕은 묘장엄의 색신을 이루니, 공덕이 단정하고 장엄하여 상호가 갖춰진다."라고 말한다. 이와 같은 공덕을 이룰 수 있는 좋은 기회는 완전히 원수가 내려준 것이며, 이 은덕은 헤아릴 방법이 없다.

이러한 사실을 분명하게 인식하고 존중할 수 있다면 무슨 이유로 타인의 손해에 대하여 은덕을 갚지 않겠는가? 또 무슨 이유로 타인을 증오하고 한탄하겠는가? 자신이 지난날에 은혜와 원수에 매여 전도된 악업을 많이 지었음을 한번 생각해 본다면, 앞으로 다시 타인의 손해 고뇌를 만났을 때 또 무슨 이유로 기쁘게 인욕하지 않겠는가?

낭르당빠 대사는 "상대가 비록 이치에 맞지 않게 함부로 해로움을 끼친다고 해도, 나는 그가 선지식으로 보이기를 원한다."라고 말한다. 이전의 고승대덕들은 타인이 자신에게 해를 가할 적에 꿰뚫는 지혜로써 타인이 선지식임을 관찰하여 공경 정대할 수 있었다. 우리도 현재 이 도리를 분명하게 알았으며, 설령 한때는 성냄을 참을 수가 없었을지라도, 최소한 언젠가는 성냄을 종식시켜야만 한다. 그렇지 않으면 어떻게 은혜를 원수로 갚는 소인이 되지 않겠는가?

若我有功德 必不墮地獄 약아유공덕 필불타지옥
若吾自守護 則彼何所得 약오자수호 즉피하소득

만약 나에게 발심하여 인내를 수행한 공덕이 있다면
지옥에는 가지 않을 것이다.
내가 자발적으로 계를 지키고 인욕을 닦으면
그들이 얻는 바가 무엇이겠는가?

    성냄을 인욕하는 것에 대한 분석이 여기까지 이르렀을 적에 많은 사람들에게 의문이 일어날 것이다. 성내어 나를 해치는 사람은 지옥으로 떨어지는데, 그 원인은 나의 지난 업이 불러온 것이다. 그렇다면 나는 이 때문에 지옥으로 떨어질 것인가?
    우리를 해친 사람은 지옥으로 떨어진다. 그 원인은 비록 우리의 지난 업이 유발한 것일지라도 이 과정에서 우리들은 그를 해치려는 발심을 가지지 않았고, 다만 연민으로 인욕을 닦는 선법을 발원했을 뿐이다. 이와 같은 발심은 선한 것이고, 바른 행동 역시 선법이며, 행동을 결정하는 것도 선법이므로 우리의 인욕을 닦는 선법 공덕은 결코 지옥으로 떨어지는 고통의 과를 초래하지 않을 것이다.
    나는 타인의 가해에 의지하여 인욕을 닦을 수 있다. 그렇다면 타인은 그로 인하여 이익을 얻을 것인가? 비록 우리가 타인의 가해에 의지하여 인욕을 닦는 공덕을 이루지만, 이 과정에서 자신이 인욕을 닦는 발원을 일으킨 것이고 바른 앎과 바른 마음집중으로 자신의 육근 작용을 지켜 선법을 성취한 것이며, 개인이 발심하여 선법을 닦는 것은 그 공덕 역시 발심하여 수지한 자 본인이 얻은 것일 뿐이므로 타인이 어찌 얻을 수 있겠는가? 그리고 타인의 손해는 그 원인이 성냄 번뇌이고, 그 행위는 손해 악업이며, 그 결과 역시 악도일 것이다.

모든 선업과 악업은 발심이 착한지 악한지에 따라 결정되는 것으로 단지 행위의 표면적 형상을 따르는 것일 수는 없다. 예를 들면『공덕장』에서, "단지 선악의 마음에 따라 차별할 뿐, 선악의 모양이 큰지 작은지에 따르지 않는다."라고 말하였다. 악하고 저열한 심념 행위는 악과를 부르고, 선량한 심념 행위는 선과를 부를 것이니 인과규율은 바로 이와 같다.

만약 인을 통하여 과가 생기는 것이 마음을 근본으로 하고 각자의 원함에 따름을 위주로 한다는 것을 안다면 위에서 서술한 의문은 쉽게 없어지며, 타인이 비록 나 때문에 지옥에 떨어질지라도 나 자신에게는 자비로운 선한 마음과 인욕의 선법 공덕이 있기 때문에, 인욕을 닦으면서 악도에 떨어지는 악보는 없을 것이다. 타인이 비록 우리가 인욕을 성취하도록 도울 수 있을지라도, 타인의 발심은 성냄 번뇌이기 때문에 공덕을 얻을 수 없다.

쫑카빠 대사 역시 "마음이 선한 경지에서는 도 역시 선하고 마음이 악한 경지에서는 도 역시 악하다."라고 말하였다. 중국의 선사도 "좋은 마음은 운명 또한 좋으니, 부귀가 늙을 때까지 계속된다."라고 말하였다. 당연히 악한 사람을 의지하여 선법을 닦는 것이, 만약 수행자가 발심이 광대한 보살이라면 회향 공덕과 상대의 고통을 대신 받는 수행법을 통하여 해를 끼친 자의 고통을 경감시킬 수 있고, 최후에는 또한 점점 그가 선을 닦아 안락으로 들어가도록 인도할 것이다. 그러나 어찌되었건 간에, 성내는 마음의 번뇌로 악을 지은 사람은 악업으로 공덕을 얻을 수 없을 것이다.

若以怨報怨 則敵不護罪 약이원보원 즉적불호죄
吾行將退失 難行亦毀損 오행장퇴실 난행역훼손

만약 앙갚음으로 해를 끼친다면
그들이 업을 참지 못해 화내어 죄 짓게 하는 것이니,
이로 인해 나의 수행은 퇴보하고,
인욕의 고행은 손상을 입는다.

이것 역시 의문을 풀어주는 게송이다. 어떤 사람들은 아마도 생각할 것이다. 기왕에 다른 사람에게 손해 번뇌를 끼친 것이 사실 그 사람에게 요익행이라면, 내가 타인의 가해를 만났을 때 원망으로 원망을 갚아 타인 역시 인욕을 닦도록 재촉할 수 있는가?

이러한 생각은 합리적이지 않다. 타인의 가해를 직면하여 만약 원수를 원수로 갚는다면 문제는 점점 심각해질 것이다. 왜냐하면 타인이 가해행위를 저지를 적에 그의 마음은 번뇌에 덮여 있어 자주성이 없기 때문이다. 만약 이때 가해에 저항하는 것을 만난다면 마치 불에 기름을 붓는 격이어서 성내는 마음은 더욱 치성해질 것이고, 그는 이러한 상황에서 근본적으로 인욕을 닦는 것을 고려할 수 없어 다만 그의 악업을 증가시킬 뿐이다.

뿐만 아니라 만약 우리가 이렇게 한다면 인욕 역시 훼손될 것이며 자신의 보살행도 퇴보할 것이다. 수행인들 중에 별해탈계 혹은 보살계를 지키는 수행자는 평상시 반드시 '사문사법沙門四法'의 원칙에 따라 행한다는 것을 안다. 욕은 입으로 갚지 않고, 구타는 손으로 갚지 않고, 성냄과 분노는 성냄과 분노로 상대하지 않으며, 단점 들추는 것은 단점 들추는 것으로 상대하지 않는다. 원한으로 원한을 갚는다면 이 또한 대승 소승 수행자가 반드시 준수해야 하는 행위준칙을 위반하는 것으로서, 평상시 행하기 어려운 것 인내함을 닦은 공덕 역시 찰나에 다 무너질 것이다. 그 최종 결과는 타인에게 무익하고 자기에게 해가 되므로 원한으로 원한을 갚는 행위는 절대 취해서는 안 된다.

사문사법은 모든 불제자의 기본 행위준칙이며, 또한 우리가 평상시 가장 중요하게 수지해야 하는 것이다. 수행자로서 이 준칙을 포기하거나 위배한다면 그의 수행은 바로 아무 의미 없는 것으로 변할 것이다. 현재 사회에는 엉망진창인 영화·책들이 있는데, 그들 작가들은 기본적인 불교 교의를 알지 못하면서 마음대로 함부로 이야기를 꾸며 불제자 얼굴에 먹칠을 한다. 어떤 사람이 출가자의 옷을 입고 성냄 번뇌 때문에 손에 흉기를 들고 세상 사람들과 싸우고 죽인다면, 미치광이가 아니라면 그는 불교에 대하여 조금도 알지 못하는 어리석은 사람이거나 어떤 악한 세계의 화신이다.

나는 붓다의 제자가 되어 어떤 환경에서 어떤 사건을 만나더라도 사문사법은 위배할 수 없다고 생각한다. 현재 사회가 얼마나 복잡한지 문밖을 나가면 안전하지 않아서 할 수 없이 무기를 가지고 몸을 보호해야 한다고 어떤 사람들은 말한다. 나는 조금도 이러한 주장에 찬성하지 않으며 또한 그렇다고 여기지도 않는다. 불제자가 되어 유일한 의지처는 바로 상사 삼보이고, 몸을 지키는 무기는 바로 대자대비와 인욕의 철갑이다.

　가사를 입고 머리를 깎고서 손에 칼이나 창을 들고 성내는 마음을 크게 내어 중생을 해치는 것보다는 좀 일찍 죽어 불교의 체면을 손상시키는 것을 면하게 하는 것이 더 낫다. 이 자리에 있는 수행인들은 모두 불법을 들은 적이 있다. 만약 마음 내면이나 외부환경의 행위로부터 합격점을 받은 불제자 노릇을 하고 싶다면, 수행인들은 이 가르침을 반드시 단단하게 기억하길 바란다. 자기 마음을 면화처럼 유순하게 조정한다면 어떤 성내는 환경을 만나더라도 "나무처럼 안주한다."라고 하는 비결로 인용할 수 있다.

　　　心意無形體 誰亦不能毀 심의무형체 수역불능훼
　　　若心執此身 定遭諸苦損 약심집차신 정조제고손
　　　輕蔑語粗鄙 口出惡言辭 경멸어조비 구출악언사
　　　于身旣無害 心汝何故瞋 우신기무해 심여하고진

마음과 뜻은 몸을 갖고 있지 않아서
누구도 언제라도 부술 수가 없다.
묻되, 마음이 몸을 진정으로 애착한다면
어찌 육체의 고통으로 해를 입지 않는가?
경멸하거나 저속한 말,
그리고 입에서 나오는 나쁜 말,
이런 것들이 그대 육체에 해를 끼치지 못한다면
어찌하여 그대의 마음은 그렇게 화를 내는가?

2. 인욕을 닦는 법

다른 사람의 희롱, 비방과 질책에 직면했을 때 어떻게 인욕을 닦아야 하는가? 적천보살은 여기에서 수승한 수행법을 서술하였다. 우리는 이 수행법을 세심하게 듣고 사유해야 하고 역시 늘 사용하여 자신의 번뇌를 다스려야 한다. 일상생활에서 언어의 비방을 받는 일은 의심할 것 없이 적지 않으며, 이때 우리는 논에서 말한 것처럼 그것에 대하여 자세한 관찰을 해야 한다. 타인의 나에 대한 모욕이나 손해가 나의 마음을 해쳤는가? 아니면 나의 몸을 해쳤는가? 만약 이 두 가지가 손해를 받지 않았다면 어디에 또 손해를 받을 사람이 있을 것인가?

우선 자신의 마음을 보자. 다른 사람이 비난할 적에 손상을 받는가? 손상이 있다면 세간에서는 아마도 그에게 반격을 가하는 것을 당연시 할 것이다. 그러나 마음을 관찰해 보자. 그것은 어떤 모양인가? 어디에 있는가? 설사 수행인들이 남보다 뛰어난 지혜를 가지고 있더라도 마음이 모양이 있는지, 처소가 있는지를 볼 수는 없다.

마음은 어떠한 형체의 실질이 없다. 몸의 내부나 등 뒤 어디에도 머물지 않는다. 부처님께서는 『보적경』에서, "가섭아, 이 마음은 외부에 따라서 있지 않고 내부에 따라서 있지 않고 둘 가운데에 따라서 있지 않다. 두루 찾았지만 인연할 수 있는 것이 없다."라고 말하였다. 『능엄경』에서 부처님께서는 또한 아난을 향하여 7처(신체 안·신체 밖·눈의 내면·눈감고 뜨는 곳·눈길 가는 곳·중간·일체 집착 없는 곳)에서 마음을 찾지 못함을 증명하였다.

이 일곱 곳에서 마음이 성립될 방법은 없다. 마음은 형체·처소가 없는 것이 마치 허공과 같아 자연 그것을 훼손시킬 수 없다. 평상시 어떤 사람들은 무엇이 마음을 상하게 하였는지를 따지며 마음이 기만·

모욕 받은 것 등을 말하지만 사실 관찰한다면 연고가 없다. 만약 자신의 보고 듣고 깨닫고 아는 마음을 깊이 관찰한다면, 그 본체는 석녀의 아들과 같아 근본적으로 손해를 받을 가능성이 존재할 수 없다. 이 이치를 우리가 이해할 수 있다면 가해에 직면했을 때 마음이 해 끼침을 입는다는 잘못된 집착을 소멸시킬 수 있다.

마음은 형체가 없으니 비방이나 손해를 받지 않을 것이다. 그렇다면 신체는 비방이나 손해를 받을 것인가? 신체는 지수화풍의 무정법으로 이루어진 것이어서, 그 본체는 어떤 고락의 느낌도 있지 않을 것이다. 고락의 느낌이 없다면, 역시 어떤 손해를 입는 문제도 존재하지 않을 것이다. 심신 이외에, 우리에게 또한 기타 고통을 받을 만한 것은 없으나 범부들은 타인의 비난을 만났을 때 늘 괴로움이 일어나 성을 내게 되니 그 안의 원인은 또 무엇인가?

"만약 마음에서 신체가 나이며 혹은 내가 있는 곳이라고 집착한다면, 어찌 각종 고통의 손해를 만나지 않겠는가?" 논에서의 답안은 바로 이 두 구절이다. 그런데 각 논사의 강의에서 이것에 대하여 다른 해석을 하였다. 어떤 강의에서는 이 두 구를 "만약 자신의 마음이나 몸을 '나'가 있는 곳이라고 집착한다면 비방이 고통스러운 것이 될 것이다."라고 해석하였다. 어떤 강의에서는 이 구절이 타인의 질문에 답하는 변론문이라고 해석한다.

여기에서 우리는 후자의 해석을 따른다. 왜냐하면 앞쪽에서 적천보살은 마음은 형체가 없기 때문에 비방에 손해 받지 않을 것이라고 말했기 때문이다. 그러나 상대방은 인정하지 않고 반박하여 말하길, "마음은 반드시 손해를 입을 것이다. 예를 들면 마음은 신체가 나이거나, 내가 있는 곳이라고 집착하여, 신체가 손해를 받았을 때 마음은 이 때문에 고통을 느낀다. 그러므로 마음이 성을 내는 것 역시 도리가 있다."라고 한다.

이러한 변론은 당연히 성립할 수 없다. 왜냐하면 언어의 비방은 신체에 대하여 어떤 손해도 줄 수 없다. 이로써 마음 역시 해를 입지 않을 것이다. 그렇다면 마음은 무슨 이유로 성을 내는가? 게송에서 '경멸輕蔑'은 무시하고 경시하는 태도를 가리키고, '어조비語粗鄙'는 거칠고 비속한 말을 가리킨다. 이것들은 신체에 어떤 해 끼침도 없고, 설령 수많은 중생이 어떤 사람의 신체에 대하여 나쁜 말을 한다고 해도 신체 자체는 또한 어떤 느낌도 있지 않을 것이다. 이미 신체에 손해가 없다면 마음이나 몸에 대한 집착이 아주 심각하다고 하더라도 손해 없는 바깥 경계인 몸에 대해서 어떤 성낼 만한 이유가 없다.

그러나 기특한 점은 여기에 있다. 마음 자체에 손해가 없고 마음이 집착하는 신체에 대해서도 손해가 없다. 그러나 마음은 여전히 성내고 우리는 생각이 트이지 않으므로 할 수 없이 마음 자체에 반문한다. "마음, 그대는 무슨 이유로 성내는가?" 그 근원을 찾아 올라가면 다만 무명의 망령된 집착이 기괴한 짓을 하는 데 달려 있을 뿐, 그 나머지 어떠한 정당한 이유도 있을 수 없다.

우리가 일상생활에서 피할 수 없는 것은 비방의 말들을 들어야 한다는 것이고, 만약 이때 바른 앎과 바른 마음집중을 지킬 수 없다면 무명 습기의 지시에 따라 분명 아무 영문도 모른 채 본래 있어서는 안 되는 손해·모욕 등의 고통을 받고 이 때문에 크게 성내어 다른 사람과 충돌하는 것을 면할 수 없다.

나는 불제자들 일부는 특히 이에 대하여 절실하게 주의해야 한다고 본다. 수행인들 중 일부가 서로 변론하기 시작하여 천천히 다툼으로 변한다. 손해 작용 없는 논쟁에서 성냄이 일어나 최후에는 방문을 닫아걸고 다시는 타인과 접촉하지 않겠다고 결심한다. 이러한 현상은 매우 위험하다.

석가모니 부처님께서 세상에 있을 적에, 어느 두 명의 나이 든 비구와 한 명의 젊은 비구가 불법을 논쟁하다가 말다툼이 벌어졌다. 그중의 한 비구가 특히 화가 나서 집으로 돌아가 문을 닫아걸고 침대에 누웠는데, 생각할수록 분해서 결국 화가 나 죽었다. 뿐만 아니라 죽은 뒤에 즉시 독사로 변하였다. 당시 세존께서 신통력으로 이 일을 아시고 사리자를 시켜서 독사를 깨우쳐 성내는 마음을 버리게 하도록 했으나, 사리자가 아무리 깨우쳐 주어도 독사는 기세등등할 뿐 방에서 나오려고 하지 않았다. 지혜 제일 사리자 존자는 할 수 없이 그냥 돌아와 세존에게 그 사실을 알렸다. 세존은 이어서 신통 제일인 목건련 존자를 보내었지만 여전히 효과가 없었다.

사위성 사람들이 이러한 말을 듣고 이 희귀한 일을 보려고 모여들었다. 세존은 그 독사에게 방에서 나오도록 가피를 내리고, 뱀과 말다툼을 한 두 비구가 서로 참회하고 자신의 잘못을 인정하게 하였다. 그 독사가 눈물을 흘렸다. 세존은 "그대가 악업을 지었을 때 눈물을 흘리지 않았는데, 지금 과보가 성숙되어서야 눈물을 흘리는 것은 또 무슨 의미가 있느냐?"라고 질책하였다. 독사와 다른 두 비구가 마음속으로부터 성낸 악업을 참회하고 난 뒤, 세존은 대자대비한 불법을 설하여 독사로 하여금 빨리 악도에서 벗어나도록 가피를 주었다. 이와 유사한 공안이 티베트나 중국불교에 많이 있으니 수행인들이 간혹 들은 적이 있을 것이다. 각자가 그것을 경계로 삼기를 바란다.

모든 말은 텅 빈 골짜기의 메아리처럼 우리의 심신에 조금도 손해가 없으나, 그 사실이 비록 이와 같을지라도 만약 이 점을 분명하게 인식하고 굳게 기억하지 않는다면, 어리석은 아집 습기가 끊이지 않고 계속 우리를 붙잡아 끝없이 비방당하고 성내는 번뇌의 위험 경계로 밀어 넣을 것이므로, 붙잡혀서 지옥에 떨어지길 원하지 않는 수행자는 힘껏 실을 삼는 아집을 끊어 번뇌에 승리해야 한다.

謂他不喜我 然彼于現後 위타불희아 연피우현후
不能毀損我 何故厭譏毀 불능훼손아 하고염기훼

비방 때문에 남들이 나를 미워한다 해도
그들이 이 생이나 다른 생에도
나를 해치지 못하니,
나는 무엇 때문에 미워함을 받아들이지 못하는가?

어떤 사람들은 이유를 찾아 말한다. 비록 심신이 원망과 훼손에 손상당하지 않을 수 있지만, 비방은 기타 사람들이 그에게 싫어하는 마음, 증오하는 마음을 일으키도록 이끌 것이며, 이 때문에 그는 자연 비방하는 자에게 성을 내니 이것 역시 합리적인 것이라고.

범부들은 타인이 자신에게 싫어하고 증오하는 것을 만났을 적에 마음 안에서 바로 기쁘지 않은 정서가 일어날 것이다. 만약 이것이 어떤 자의 자신에 대한 비방·희롱 때문에 일어난 것임을 발견한다면 성내는 마음 역시 자연스럽게 자라난다. 그러나 우리가 계속해서 이 과정을 분석한다면, 성내는 마음이 일어나는 것도 사실은 아무 의미가 없다.

  비방은 진실로 나를 비방하는 사람의 나에 대한 불쾌감을 불러올 수 있다. 하지만 그가 나를 미워해도 그것이 나의 현생이나 내생을 훼손시키지는 못할 것이다. 나 자신의 수행이 원만하다면 다른 사람이 나를 얼마나 미워하고 증오하는가에 상관없이 나의 현생에 손해가 있지 않으며, 마찬가지로 내세도 그것 때문에 손해를 입어 악보를 얻지 않을 것이기 때문이다. 기왕에 자신의 현생과 내세에 모두 손해가 없다면 비방에 대하여 성내는 마음을 일으킬 필요가 전혀 없다.

  모든 사람은 평생 유언비어들을 만날 것이다. 담담하게 대처하여 이것들을 마음에 두지 않으면 된다. 집착하지 않는다면, 당면한 질책·조소 혹은 등 뒤에서의 비방·유언비어 등은 저절로 소멸되어 우리에게 손해가 있지 않을 것이다. 중돈빠 존자는 말하되, "다른 사람이 그대에게 듣기 싫어하는 말 하는 것을 들었다면, 그대는 텅 빈 골짜기의 메아리로 관해야 한다. 이렇게 하면 자기 마음은 그것 때문에 불쾌하지 않을 것이다. 불쾌하지 않다면 성냄 번뇌가 있지 않을 것이다. 성내는 마음의 번뇌가 없다면 우리는 성취의 기회를 가질 수 있다."라고 하였다. 반대로, 만약 우리 마음속에 성냄이 존재한다면 성취의 기회는 있을 수 없다. 『부자청문경』에서도, "만일 사람이 성내고 분노하면 성불하지 못한다. 그러므로 항상 자비심을 관해야 한다."라고 말했다.

  만약 줄곧 순조로운 환경에 있다면 자신의 성냄 번뇌를 발견하기 쉽지 않다. 우리들 중의 일부 수행자들은 평상시 다른 사람과 접촉하지 않을 때에는 듣고 사유하는 수행이 괜찮아 보여도, 외부환경과 접촉하였을 때는 바로 번뇌 습기가 드러나게 된다. 나는 수행인들 중에 일부는 주동적으로 항상 일을 주관하고 주위의 도반들과 늘 접촉하면서 우선 사원이라는 이 환경에서 자신을 단련하고 점검해야 한다고 생각한다. 이렇게 하면 수행에 아주 좋은 발전하는 인연이 될 수 있다. 만약 그렇지 못하면 수행인들은 늘 '온실' 속에서 생활하다가 일단 집밖으로 나가면 비바람 눈보라가 한꺼번에 몰려와 앞날의 운명 역시 우울할 수 있다. 때로 수행자가 사람들을 많이 접촉하는 것이 수행에 큰 도움이 있을 수 있어 문을 닫아거는 작용보다 더 좋다. 어떤 사람들은 문을 닫고 오랜 동안 수행하였지만 일단 문을 열고 나오면 탐욕스런 마음, 성내는 마음이 여전히 심하다. 만약 사람들을 많이 접촉할 수 있고 마음과 시야를 좀 더 넓힐 수 있다면, 자아라는 작은 테두리 안에서 벗어나기 쉽고 또한 자신의 부족한 부분을 발견하기 쉬울 것이라고 나는 생각한다. 그렇지 않으면 수행인들이 줄곧 문을 꼭꼭 닫아걸고 자신을 컴컴한 동굴 속에 가두어 최후에는 아무것도 볼 수 없게 된다. 예전에 라싸 근처에 한 쌍의 도반이 있었다. 한 명은 좌선을 좋아하고 한 명은 탑 도는 것을 좋아하였다. 좌선을 좋아하는 사람이 탑을 도는 사람에게 말하길, "나는 현재 어느 정도의 경계까지 도달하여 조용한 환경을 필요로 하니, 자네는 나를 방해하지 마라." 하였다. 탑을 도는 사람이 물었다. "정말이오?" 답하길, "정말이다. 나는 현재 선정을 아주 잘 닦아야 한다."라고 하였다. 그래서 탑을 도는 사람이 "그대가 좌선을 해야 한다면, 그대는 또한 똥을 먹어야 할 것이다."라고 말했다. 정면에서 한바탕 욕을 먹자 좌선하기를 좋아하는 사람이 발끈하여 성내고는 즉시 반격하였다. "너야말로 똥을 먹어야지……." 탑을 도는 사람은 고요하게 그가 다 말하기를 기다려, "맞아! 각자가 얻은 경계가 수승하군!"이라고 말했다.

중국불교에서도 역시 불인佛印 선사와 소동파의 이 방면에 관련된 이야기가 있다. 소동파가 호북성 황주黃州로 좌천되어 관직에 있을 적에, 늘 강을 사이에 두고 서로 바라보는 불인 선사와 경과 선에 대하여 담론하였다. 소동파는 좌선을 좋아하였을 뿐만 아니라 자신이 깨달은 것이 꽤나 된다고 여기었다. 하루는 어떤 생각이 문득 떠올라 시 한 수를 지었다. "하늘 중의 하늘에게 머리를 조아리니, 가느다란 광선이 대천세계를 비추네. 팔풍이 불어도 움직이지 않고 단정하게 자금색 연화대 위에 앉아 있네." 강 건너 불인 선사에게 사람을 보내어 인증을 구하였는데, 선사는 편지를 받아 한번 보고는 "대단한 어투군. 자신이 팔풍에도 움직이지 않게 되었다고 여기다니!"라고 말했다. 곧 편지 끝에 몇 자를 덧붙이고서 편지를 가져온 사람에게 주어 가져가서 소 학사에게 보이게 했다. 학사가 받아서 보니, 시 게송 뒤쪽에 "방귀를 뀐다! 방귀를 뀌어!"라고 비평을 썼다. 네 글자에 그는 불같이 화를 내고 배를 준비하라고 명령하였다. 직접 강을 건너 불인 선사와 담판을 지으러 갔다. 막 절 입구에 가까웠을 때 선사는 만면에 웃음을 머금은 채 맞이하러 나와, "하하, 팔풍에도 움직이지 않는 대단한 소 학사께서 뜻밖에도 '방귀 한마디'의 바람에 강을 건너왔구려. 환영합니다, 환영하오!"라고 말했다.

여기에서 나는 두문불출하는 것을 반대하는 것이 아니다. 문을 닫아거는 것은 모든 부처님 보살과 고승대덕들이 가장 수승한 고요함을 닦는 방편이다. 그러나 외부 사람과 접촉하길 원하지 않고 현실을 도피하여 사람이 없는 곳에 숨고서 스스로 높은 경계까지 수행했다고 여기는 것은 우물 안 개구리일 뿐이다. 우리 모두는 각자 자신을 반성하고 점검해야 한다. 만약 타인의 언어 비방을 담담하게 대면할 수 없다면, 이른바 자신의 수행이라는 것이 또 말할 만한 무슨 경계가 있겠는가?

謂碍利益故 縱我厭受損 위애이익고 종아염수손
吾利終須舍 諸罪則久留 오이종수사 제죄즉구류

말하되, 이 같은 비방은 이익을 장애하므로
명리를 해치는 비난을 싫어한다.
임종 시 부와 명예는 가져가지 못하나,
죄악은 마음의 흐름 중에 남는다.

위에서 비록 비난이 자신의 현생과 내생에 훼손이 없다고 분석하였을지라도, 어떤 사람들은 이에서 나아가 다음과 같은 이유를 찾을 수 있을 것이다. 비록 그와 같더라도, 누군가가 나를 비방하는 것은 내 현생의 명예·이익에 손해가 되므로 내가 그에게 성을 내는 것도 이치가 없는 것은 아니다. 비방은 명예와 이익에 훼손을 가져올 수 있다. 표면적으로 보았을 때 사실이 아닌 것을 타인이 만약 도처에서 우리에게 유언비어를 퍼뜨리거나 혹은 온갖 저속한 말로 잘못을 질책하고 조소하면, 어떤 사람들은 듣고 나서 바로 더 이상 공경스럽게 대하지 않는다.

그러나 이것 역시 성내는 이유가 될 수 없다. 왜냐하면 당신이 아무리 명예·이익이 훼손되는 것을 싫어하여 갖은 수단을 써서 그것을 지켜나가더라도 결국 모든 명리는 수행인들에게서 멀어질 것이기 때문이다. 이것은 누구도 피할 수 없는 사실이다. 세간 일체는 무상하니 수행인들은 최후 어느 날에는 죽을 것이다. 죽을 때 역시 이 세상의 모든 이익·명예·가족 등을 떠나지 않을 수 없다. 그때는 한 푼의 돈, 한 뿌리의 풀조차도 가져갈 수 없다. 『교왕경』에서 "왕이 죽음에 이르렀을 때 재물이나 가족·친구들이 같이 가지 못한다. 그러나 그가 어디를 가더라도 업은 그림자처럼 바짝 뒤를 따른다."라고 말한다. 임종할 때 현세의 모든 명리는 수행인들에게 아무런 작용을 하지 못한다. 그러나 수행인들이 생전에 명리를 위하여 다른 사람과 성내고 다툰 것 등의 각종 악업은 오히려 전해지며, 그림자처럼 붙어서 없어지지 않고 그의 죽음·중음·후세에 헤아릴 수 없는 고통을 가져온다. 현생의 짧고 작은 명리를 위하여 크게 성내서 자신의 긴 안락에 손상을 초래하니, 이것은 매우 어리석은 행동이며, 또한 머리를 가지고 있는 사람이라면 할 수 없는 멍청한 일이다.

어떤 사람들은 비록 인욕을 닦아야 하는 이치를 알지라도 비방을 당했을 때 즉각 성난 기세가 마음을 충동하여 관련된 가르침을 먼 하늘 밖으로 던져버리고 목숨 걸고 미워한다. 이러한 유형의 사람들은 이것이 바로 깊고 두터운 악업 습기의 표현임을 주의해야 한다. 철저하게 참회하고 잘 반성하지 못한다면 마치 '독사의 삼촌'처럼 스스로 화가 나서 스스로를 죽일 수 있다.

티베트인에게 "어떤 이가 뉘우치지 못하면 마치 독사의 외삼촌과 같다."라는 말이 있다. '독사의 외삼촌'은 티베트어로는 '작爵'이라고 불리는 작은 벌레이다. 이 벌레는 사람이 희롱하고 해치는 것을 매우 싫어한다. 어떤 사람이 풀을 이용하여 이 벌레를 도발하면 얼마 지나지 않아 '독사의 외삼촌'은 바로 "파!" 소리를 내며 폭발하여 내장이 전부 터져 죽는다.

세간에는 스스로 성질을 부려 죽는 사람 역시 적지 않지만, 그들은 불법을 알지 못하므로 너무 지나치게 질책할 수는 없다. 그러나 수행자 중에 만약 이러한 수행법을 들은 적이 있는데도 여전이 이와 같다면 이는 '작'보다 더 어리석고 불쌍한 것이다.

寧今速死歿 不願邪命活 영금속사몰 불원사명활
苟安縱久住 終必遭死苦 구안종구주 종필조사고

지금 당장 죽을지언정
삿된 방법으로 구차히 편안하게 살길 원하지 않는다.
설령 오래 살 수 있을지라도
결국에는 필시 죽음과 타락의 고통에 직면할 것이다.

삿된 삶은 정당하지 않은 수단으로 이익을 취하여 생활하는 것을 가리킨다. 『보만론』에서, "꾸밈은 이익과 존경을 위하기 때문에 위선으로 언행을 가장한다. 아첨은 이익과 존경을 위하기 때문에 먼저 듣기 좋은 말을 한다. 측면에서 얻을 것을 구하여서 타인의 재물을 칭찬하고, 이익을 구하기 편함을 찾아 마주보고 타인을 속여 현재 얻은 것을 거짓 칭찬한다."라고 말한다. 속임·아첨·비겁한 구걸·방법을 꾸며서 구함·이익으로 이익을 구함 등과 같은 다섯 가지 수단으로 이익을 구하는 것이 삿된 삶이다.

여기서의 삿된 삶은 이익을 얻기 위하여 타인의 비방에 성내는 악업을 가리킨다. 당연히 또한 기타 갖가지 악업으로 삶을 도모하는 삿된 삶도 포괄할 수 있다. 삿된 삶으로 살아가는 사람은 늘 악업을 쌓고 있어 자신의 내세와 수행해탈에 늘 고통과 장애를 만들고 있으며, 복덕 선법 방면의 조그만 이로움도 있지 않다. 이러한 환경에 빠져 있으면 확실히 조금 일찍 죽는 것이 더 좋다. 옛사람 역시 "차라리 옥가루가 될지언정 온전한 기왓장이 되지 않겠다."라고 말하였다. 티베트 속담에서도 "악인이 단명하는 것은 세상 사람에게 해가 없다."라고 말한다.

오늘 아침 나는 써다 현의 도살장에서 몇 마리 야크를 사서 방생하였는데, 도살업자에게 야크를 팔아버린 노인을 만나자 갑자기 이 문제가 생각났다. "나는 현생에서 이 노인처럼 삿된 삶을 살아가지 않을 수 있는가? 인연이 바뀌었다고 가정해 보자. 내가 이 노인이어서 야크를 팔지 못하여 굶어 죽어야 한다면 나는 깨끗하게 죽음을 선택할 수 있을까? 듣자 하니 사람은 보름쯤 밥을 먹지 않으면 죽는다 한다. 이때가 되면 아마 좀 견디기 어려울 것이다. 그러나 이것은 충분히 참을 수 있다. ……"

이때 라쌍 대사가 길거리의 사람들을 가리키며, "보십시오. 이렇게 많은 사람들이 전부 현생의 생활 때문에 바쁘게 왔다갔다 합니다!"라고 말했다. 확실히 세간의 절대다수 사람들은 현생을 위하여 산다. 그들은 다만 이렇게 눈앞만 보고 살고 있기 때문이다. 그들은 절대 삿된 삶으로 살아가는 것을 꺼리지 않는다. 경전에서 "내세를 보지 않으면, 짓지 못할 악이 없다."라고 말한다. 짧은 안일을 위하여 천만 겁에도 여전히 청산하지 못할 악업을 짓고 있으니, 이것은 얼마나 어리석은 일인가? 한 사람이 현생에서 삿된 삶에 의지하여 살아가니, 구차하게 안일을 훔쳐가며 생활한다. 악업을 가지고 안일을 구한다면 설령 백 년을 산다 해도 백 년 동안 약간의 안일은 반드시 장래의 거대한 고통의 대가를 필요로 하니, 그는 최종적으로 사망과 악도에 떨어지는 고통을 만날 뿐이다.

살아 있는 자는 반드시 죽음이 있고, 악업을 지은 자는 악보를 얻으며, 이것은 세상 사람 누구도 벗어날 수 없는 규율이다. 만약 이 점을 분명하게 알 수 있다면 누가 오랜 세월의 큰 고통 받기를 원하겠으며 누가 악업을 지으면서 삿된 삶을 살기를 원하겠는가! 만약 어떤 사람이 이 이치를 분명하게 알고 난 뒤 여전히 스스로 이익을 취하기 위하여 타인의 비방에 성낸다면, 그는 확실히 어리석은 자 중에서 어리석은 자이다.

夢受百年樂 彼人復蘇醒 몽수백년락 피인부소성
或受須臾樂 夢已此人覺 혹수수유락 몽이차인각
覺已此二人 夢樂皆不還 각이차이인 몽락개불환
壽雖有長短 臨終唯如是 수수유장단 임종유여시

꿈에서 백 년을 즐긴 뒤에 깨어난들
순간을 즐긴 뒤에 깨어난들 무엇 하겠는가?
깨어난 이 두 사람에게 그 즐거움은 다시 오지 않는다.

수명에 길고 짧음은 있어도 임종 시엔 꿈처럼 끝나버린다.

　우리의 인생 역정은 사실 꿈과 결코 구별이 없다. 꿈에서 얼마나 많은 안락을 얻었건 간에 꿈일 뿐이고, 깨어난 뒤에는 어찌되었건 다시 얻을 수 없으며 아무 의미가 없다. 그러므로 우리는 꿈의 이익에 탐욕을 부려 구해서는 안 되고, 생사라는 큰 꿈을 각성하는 수행에 힘을 기울여야 한다.
　꿈은 의식을 어지럽히는 현상으로 그 탄생은 개인의 습기와 관련이 있다. 어떤 사람들은 꿈에서 젊었을 때부터 늙을 때까지의 긴 과정까지 백 년을 꿈꿀 수 있다. 어떤 사람들은 아주 짧은 시간을 꿈꾼다. 심지어 한 찰나의 모습만을 꿈꾸고 깨어난다. 일찍이 한 이야기가 있었다. 어떤 사람이 꿈을 꾸었는데, 꿈에서 낯선 곳에 이르러 어떻게 돌아가야 할지 몰랐고 또한 어떤 의지할 것도 없어 할 수 없이 그곳의 여인과 함께 생활하였다. 이렇게 몇 년이 지나 계속해서 세 명의 아이를 낳았는데, 후에 세 명의 아이들이 모두 요절하여 그는 아주 고통스러웠다. 그는 탄식하면서 꿈에서 깨어났는데, 그가 꿈꾸기 전에 끓여 놓은 차가 여전히 뜨거운 김을 내고 있었다.
　중국에 전해지는 '남가일몽南柯一夢'의 이야기도 대체로 이와 같은 것이다. 어떤 상사는 가피력으로 제자가 꿈을 꾸어 아주 짧은 꿈속에서 많은 일을 경험할 수 있게 하는데 이러한 이야기는 아주 많이 있다. 그러나 꿈속에서 얼마나 긴 시간 동안 안락을 누렸는가에 상관없이 깨어난 뒤에는 텅 빈 채 그 무엇도 더 이상 존재하지 않는다. 꿈에서 백 년의 제왕 생활을 거쳤어도 좋고, 혹은 단지 한 찰나의 안락만이 있었어도 좋다. 꿈에서 깨어난 뒤 이 모든 것은 마치 새가 공중을 날아가는 것처럼 어떤 흔적을 남기지 않을 것이다. 마찬가지로 우리 일생에서의 모든 경력은 그 시간이 길고 안락하며 혹은 고통스러움에 상관없이 그 실질은 꿈의 세계와 조금도 구별이 없다. 인생이 끝날 때는 마치 꿈의 종결처럼 이 경력들을 이어갈 수 없다.

『삼매왕경』에서, "예를 들면 소녀가 꿈에서 아들을 낳았는데, 그 아들의 죽음을 본 것과 같다. 사는 것은 기쁘고 죽는 것은 슬프니, 모든 법을 이와 같이 관한다."라고 말한다. 꿈에서 한 소녀가 아들을 낳았고 또 아들이 죽었기 때문에 기뻐하고 근심하였다. 그러나 이 아들의 생과 사는 단지 꿈의 사건일 뿐이다. 실제에서는 근본적으로 일어난 적이 없으므로 기뻐하고 근심할 만한 어떤 것도 없다.

윤회하는 모든 법의 모습 역시 이것과 같아 망상의 습기일 뿐이다. 우리가 이 세상에서 얼마나 오랫동안 살지, 어떠한 안락과 고통을 누리고 받을지, 일단 겪고 난 뒤에는 역시 미혹되고 혼란스러워진 생각의 영상일 뿐 그 무엇도 남겨지지 않을 것이다. 세상 사람들 중에 어떤 이는 일생 고귀하고 찬란하며, 어떤 이는 가난하고 비천할 뿐 아니라 수명의 차별도 현격하다. 그러나 일생의 경력이 어찌되었건 간에 생명이 끝날 때에는 꿈에서 깨어나는 것처럼 모든 것이 이미 연기처럼 금방 사라져, 생각할 수는 있어도 따라갈 수는 없다. 이때 모든 사람들은 똑같이 외롭게 죽음과 내세로 걸어가며, 따르는 것은 단지 세상에서 지은 선업과 악업일 뿐이다.

『열반경』에서 말하길, "선악의 과보는 그림자가 형체를 따르는 것처럼, 삼세인과는 순환하며 끊이지 않는다."라고 하였다. 만약 이렇게 공허한 인생을 위하여 악업을 지으면서 이익을 추구한다면 무가치한 일이다.

設得多利益 長時享安樂 설득다이익 장시향안락
死如遭盜劫 赤裸空手還 사여조도겁 적라공수환

설령 풍부한 재산을 얻고
오랫동안 안일과 쾌락을 누렸을지라도
죽을 때는 도둑에게 깡그리 빼앗긴 것처럼
알몸에 빈손으로 업력에 따라 흘러간다.

이 세간에 살면서 백 년 인생 동안 갖가지 방식으로 큰 이익을 얻어 천하의 갑부가 되어 마치 천인 같은 안락을 생활을 누렸을지라도, 죽을 때는 세상을 가득 채울 수많은 재산 중 단 한 푼 가져갈 수가 없다. 마치 강도에게 깡그리 빼앗긴 것처럼 그는 다만 빈 몸으로 하나의 물건도 없이 업력에 따라 중음과 내세로 나아갈 뿐이다.

이러한 과정으로 세간 중생의 생활을 보면 확실히 매우 불쌍하다. 그들은 단지 현생을 위한 노력으로 고통을 쌓을 뿐만 아니라 이러한 행위로 많은 악업을 짓는다. 더욱이 이 시대의 대다수 사람들은 재산을 쌓고 안락을 누리기 위하여 지은 악업은 더욱 셀 수 없다. 그들의 행위를 보면 마치 자기 자신은 지옥에 떨어지지 않는 것을 걱정하는 것 같고, 지옥에 떨어져서는 지옥이 깊은 곳이 아닐까 걱정하는 것 같다.

상사는 도를 이야기한 노래에서, "세상 사람들이 악업 짓는 것을 보니, 어찌 모든 지옥들이 없어지겠는가?"라고 말한다. 세상 사람들이 사기·도둑·강탈 등의 온갖 악업으로 재산을 쌓은 뒤, 이 때문에 득의양양 하는 것을 보면 마치 악업은 하나도 안 받을 것 같다. 그러나 죽었을 때 이 재산들은 마치 홍수를 만나 하나도 그에게 남겨진 것이 없는 것과 같은데, 재산을 불리기 위해 지은 악업은 도리어 조금도 에누리 없이 고통을 가져온다.

율장에서는 "모든 비구들은 탐욕스럽게 이익을 구하는 일체 마음을 끊어버려야 한다."라고 말한다. 수행자 입장에서 말하자면 이익은 매우 위험한 장애이다. 많은 사람들은 법을 듣고 사유하고 수행하고 몇 년 동안 고행을 한 뒤 약간의 공덕이 생긴다. 이때 많은 사람들이 공경하여 공양하는데, 만약 이러한 상황 속에서 자신을 지킬 수 없어 공양물에 대하여 탐하는 마음을 일으킨다면, 법을 닦은 공덕은 빠르게 남아 있지 않게 될 것이다.

현재는 문·사·수 수행으로 공덕을 늘릴 때이므로, 세간 팔법 때문에 이러한 복연을 끊어버려서는 안 된다. 비록 일부 사람들이 생활 방면에서 곤란하여 먹고 입는 것이 모두 좋지 않을지라도 결코 이러한 것들을 힘써 구해서는 안 된다. 설령 생활용품 방면에서 현재 아주 원만할 수 있을지라도 죽을 때 무엇을 가지고 갈 수 있겠는가?

『대원만전행』에서 예로 든 흑마 라마는 일생 세간의 공동 성취에 의지하여 많은 이익을 얻었지만 죽은 뒤에는 고독지옥에 떨어졌다. 수행인들은 이에 대하여 절실하게 주의해야 한다. 지금 한 마음 한 뜻으로 고요한 곳에 안주하여 이익 구하는 마음을 버리고 문·사·수 수행에 노력하는 것이 가장 좋다. 일단 진정으로 일정한 경계에 들게 되면, 운명에 맡겨 법을 널리 펴고 삶을 이롭게 하는 사업을 이룰 수 있다. 이른바 "십 년 적막한 문이여! 오는 사람 하나 없더니, 일거에 이름을 얻으니 천하가 다 아는구나."라고 하는 것과 같은 것이다.

법을 널리 펼 조건이 있을 때 역시 반드시 자기 마음을 관찰해야 한다. 도대체 선업을 짓고 있는가, 아니면 악업을 짓고 있는가? 그렇지 않으면 타인의 공손을 구함, 공양 앞에서 탐욕스러운 마음, 오만한 마음 등을 일으키기 쉽다. 이러한 오염된 마음이 생기면 어떤 일을 하건 오직 죄업을 쌓을 뿐이다.

謂利能活命 淨罪幷修福 위이능활명 정죄병수복
然爲利益嗔 福盡惡當生 연위이익진 복진악당생

이익은 능히 생명을 살리고
죄악을 청산하며 복덕을 늘리게 한다고 말하면서
이익 때문에 화낸다면
어찌 복덕을 끊어버리고 죄업을 만드는 것이 아니겠는가?

간혹 사람들은 다음처럼 변론한다. "재물은 그대가 말하는 그러한 것이 아니다. 조금의 나쁜 역할도 없다. 많은 재물이 있어 내가 그것에 의지하여 생활할 수 있다면, 그 재물을 사용하여 죄를 참회하고 복을 닦을 수 있다. 이를테면 내가 인연이 닿아 많은 돈을 벌었다면, 그 돈을 이용하여 스님 대중을 공양하고, 가난한 사람에게 보시하며, 절이나 탑·불상 등을 건축하며 선법을 지을 수 있다. 이렇듯 재물의 장점은 찾아보면 많이 있으니, 누군가가 내가 재물 얻는 것을 방해한다면 성낼 만한 가치가 있지 않는가?"

　재물 자체는 당연히 어떤 선악의 분별이 없다. 그러나 범부의 마음은 시작도 없는 옛적부터 이것에 대하여 특히 탐욕스럽게 집착하였다. 한 수행자의 마음이 이 방면으로 돌아간다면 그의 마음도 번뇌에 오염될 것이다. 특히 재물을 구하는 것이 타인의 비방 때문에 저지당했을 때 범부는 자연 성냄 분노를 일으킬 것이다. 재물 때문에 성냄 번뇌를 일으킨다면 큰 죄업을 짓고 자신의 복덕을 끊어버리게 된다.

　『보적경』에서는 "한 번의 성냄은 천 겁 동안 쌓은 선을 무너뜨릴 수 있다."라고 하였다. 만약 작은 이익 때문에 천 겁 동안 쌓은 거대한 선업을 무너뜨린다면 이 이익이 또 무슨 의미가 있겠는가? 『대지도론』 제5권에서는 말하길, "명예와 재물은 공덕의 씨앗을 뽑아버리는 우박으로, 모든 선법을 다 훔쳐가는 도둑이다."라고 하였다. 아티샤 존자도 "재물은 수행자를 속박하는 가장 악독한 법으로서, 이것에서 벗어날 수 있는 사람은 사람 속의 연꽃이다."라고 말한다. 이익이 불러오는 해로움이 이렇게 심각하므로 모든 수행자는 삼가고 성실하게 집착을 끊어 그것 때문에 죄를 짓지 않아야 한다.

　처음 불문에 들어온 수행자는 최대한 고요한 곳에 머물고 상사 옆에서 번뇌를 다스리는 법에 대하여 많이 듣고 닦아야만 하고, 재물로써 공양하고 보시하는 선법을 위하여 여러 곳으로 다니면서 이익을 구해서는 안 된다. 자신의 번뇌가 조복되지 않았는데 가는 곳마다 인연을 맺으면 표면적으로는 아마도 그 선행이 크게 보일 것이다. 그러나 사실상 스스로 이 속에서 말할 수 없는 번뇌를 가지고 있는 것이다. 그대가 얻은 것은 죄업일 뿐 복덕은 쌓을 방법이 없을 뿐만 아니라 이전에 쌓은 복조차도 한 번 일으킨 생각의 번뇌에 남김없이 훼손될 것이다.

그러므로 나는 수행인들이 어느 정도의 깨달음을 얻기 전에 나가서 외형상의 선법을 위하여 시간과 정력을 낭비하지 말라고 삼가 권한다. 초학자의 입장에서 말하자면, 가장 적당한 것은 상사를 따라 고요한 곳에 머물면서 윤회 인과 방면의 가르침을 들어 굳건한 출리심을 일으킨 뒤 순서에 따라 불법을 듣고 사유하고 닦는 것이다. 당나라 때 선사들은 불법을 증득한 뒤에도 15년이 넘게 스승에게 의지하였다. 그들은 결코 서둘러 스승을 떠나 곳곳의 절이나 탑을 수리하고 건축하는 일을 하지 않았는데, 하물며 우리들에게 있어서겠는가?

若爲塵俗活 復因彼退墮 약위진속활 부인피퇴타
唯行罪惡事 苟活義安在 유행죄악사 구활의안재

세속의 이익을 추구하기 위하여 산다면,
이로 인해 인욕을 행하기 어렵고
악행을 지어서 지옥에 떨어져 고통을 받게 되니,
이러한 삶이 무슨 의미가 있는가?

사람들은 세간에 살면서 다른 업력과 인연 때문에 생활 목표와 방식은 각각 다르다. 어떤 사람들은 매우 청정하게 생활하고 어떤 사람들은 청정하지 않게 생활한다. 만약 한 수행자가 물질 재산을 누리기를 원하고 다른 사람의 공경을 얻기 원한다면, 이 목표가 불러오는 것은 청정하지 못한 생활일 뿐일 것이며 결과 역시 타락이 있을 뿐이다. 수행자의 목표 이상은 깨달음의 추구와 자리이타에 두어야 한다. 만약 마음속에 명예·이익 등 세속 팔법을 추구하는 생각이 있다면, 밀라레빠 존자가 "만약 그대에게 추구하는 것이 있다면 악인의 말도 들으려고 할 것이다."라고 한 것과 같을 것이다. 명리를 구하는 마음이 있으면 행동에 있어서 역시 세상 사람들에게 영합할 것이며 행동은 아마도 법을 가장한 것이 많을 것이다. 이 때문에 윤회의 위험 구덩이로 떨어진다.

우리가 세간에서 사는 것은 그리 긴 것이 아니므로 아주 작은 순간의 향락을 위하여 악업을 지어서는 안 되고, 청정하게 생활하며 마음을 깨끗하게 하여 도를 지켜야만 지극한 도를 얻을 수 있다. 이것은 출가한 수행자의 기본 요구일 뿐만 아니라, 옛적부터 세간의 수양하는 사람들은 모두 청빈에 안주하는 것으로 고상한 인격을 가지는 기본으로 삼았다. 고인들은 늘 말하길, "차라리 청빈할지언정, 탁한 부를 지키지 않는다.", "쌀 다섯 말 때문에 허리를 굽히지 않는다.", "풀뿌리를 캐어 먹어야 비로소 사람이 될 수 있다."라고 하였다. 정직한 군자는 청빈한 생활을 할지언정 악업으로 쌓은 재물을 지키며 살길 원하지 않는다. 이 고인들은 출가 법을 닦은 것은 아니지만 나는 그들의 품격과 도덕을 현대의 많은 수행자들이 학습해야 한다고 생각한다.

수행자가 세간 팔법의 업 번뇌에 빠지면 수행은 즉시 다 잃어버리고 다만 죄업을 행할 뿐이다. 사실상 이렇게 사는 것은 아무런 의미가 없는 것이다. 명리를 위하여 모든 것을 저버린다면, 그러한 사람이 도적과 무슨 차이가 있겠는가? 설령 그에게 명성과 재산이 있더라도 실제로는 좀도둑이나 도살자와 같을 뿐만 아니라 죄업은 더 심각하다.

티베트의 속담에, "세간의 도살자와 사냥꾼이 승냥이와 이리·고양이 등을 살생했어도 어떤 죄과는 없다."라는 말이 있다. 도살자와 사냥꾼은 하루하루 악업을 지으며 산다. 하지만 도살자와 사냥꾼이 승냥이와 이리·고양이 등을 죽게 한다면, 그것 또한 그 동물들에게 희생될 많은 짐승들을 구제한 것이니 그들 역시 악업을 적게 지은 것이라는 것이다. 그러나 이것은 민간의 이야기일 뿐이다. 범부는 짐승들을 죽여서 제도할 수 없다. 틀림없이 잘못이 있게 된다. 그러나 악업을 짓는 사람에 맞추어 말하자면 확실히 조금 일찍 죽는 것이 살아 있는 것보다 좋다. 재물을 위해 사는 사람들도 이와 마찬가지이다. 그의 인생은 아무런 의의도 없을 뿐만 아니라 하루하루 살 때마다 하루의 죄업을 더 많이 지을 뿐이다.

나는 늘 생각한다. 한평생 깨닫지 못하는 것은 우리 수행자들의 걱정거리로 삼을 만한 것이 아니다. 그러나 절대로 단 하루라도 마음에 악마를 허용할 수는 없다. 바로 옛 대덕들이 "차라리 천 년을 깨닫지 못할지언정, 하루라도 마가 걸릴 수는 없다."라고 한 것과 같다. 마음에 삿된 견해가 일어나 업의 경계가 전도되어 명예 이익의 세간법으로 떨어져 불법에 따라 죄업을 짓는다면, 이것이야말로 사람들이 슬퍼하고 한탄할 만한 일이다.

謂謗令他疑 故我嗔謗者 위방령타의 고아진방자
如是何不嗔 誹謗他人者 여시하부진 비방타인자

나를 비방하는 것은 다른 사람으로 하여금 나를 의심하게 하므로 나는 나를 비방하는 사람에게 성을 낸다고 말한다.

이와 같다면 그대는 왜
다른 사람을 비방하는 사람에게는 화를 내지 않는가?

어떤 사람들은 아마도 다음처럼 변론할 것이다. "나를 비방하고 희롱하는 것은 사람들로 하여금 나에 대한 믿음을 잃게 하여, 내가 법을 널리 펴고 중생을 이롭게 할 방법이 없게 한다. 그러므로 나는 나를 비방하는 사람에게 성내어 그가 나를 비방할 수 없게 해야 한다. 이래야 사람들 역시 나에 대한 믿음을 잃지 않을 것이다. 『화엄경』에서, 믿음은 도의 원천이고 공덕의 어머니로, 모든 선법을 늘어나게 한다고 하였다. 나는 사실 자신을 위하는 것이 아니라 타인의 믿음을 보호하고 타인을 이롭게 하기 위하여 성냄 번뇌를 일으키는 것이다."라고.

이러한 견해는 역시 성립할 수 없다. 당신이 당신을 비방하는 사람에게 화를 내는 것이 타인의 마음을 보호하여 삼보에 대한 믿음을 잃지 않게 하기 위한 것이었다면, 사람들이 수행자를 비방할 적에 당신은 그들에게 성내지 않는가? 지금 법을 펴서 중생을 이롭게 하고 있는 고승대덕들까지 비방하는 사람들이 있다. 당신은 왜 이러한 희롱들 때문에 범부들이 고승대덕들에 대한 믿음을 잃는 것을 두려워하지 않는가?

법을 펴서 중생을 이롭게 하는 바람이 매우 절박하고, 심지어 중생을 위해 자신을 희생하여 화를 내서라도 중생의 믿음을 보호하려고 한다. 중생에 대해 이렇게 강렬한 자비로운 바람을 가졌다면, 역시 타인의 고승대덕들에 대한 비방을 저지하여 중생들이 믿음을 잃지 않게 해야 이치에 맞는 대응일 것이다. 그러나 실제로는 결코 이와 같지 않다.

당신은 단지 자신이 비방 받는 것 때문에 성냄을 일으키는 사람일 뿐이니, 고승이나 남이 비방 받는 것에 대하여는 종종 개의치 않을 것이다.

謂此唯關他 是故吾堪忍 위차유관타 시고오감인
如是何不忍 煩惱所生謗 여시하불인 번뇌소생방

믿음을 잃는 대상이 다른 사람이므로
그가 비방 받는 것을 참는다고 말하나,
그렇다면 적의 번뇌에서 생겨난 비방으로 자신에 대한 불신을 초래한 것은
번뇌 인연과 관계가 있을 뿐인데 당신은 또 왜 참지 못하는가?

비방하는 사람에게 성내야만 하는 사람은 계속해서 변론한다. "다른 사람이 제3의 사람을 비방하는 것은 나와 아무 관계가 없으며, 단지 그들 사이의 인연에서 생겨난 것일 뿐이다. 이미 비방이 발생했다면 분명 그 특정한 도리가 있을 것이므로 쌍방 모두가 책임이 있으며, 나는 방관자로서 아무 영향이 없으므로 심기 화평하게 참을 수 있다." 라고.

적천보살은 이에 대해 다음과 같이 반박하였다. "이미 당신이 이 도리를 분명하게 이해하여 심기가 화평할 수 있다면 당신은 속으로 자신을 반성해야 한다. 다른 사람이 당신을 비방한 것도 번뇌 인연이 불러온 것이 아닌가? 당신에 대하여 다른 사람이 믿음을 잃어버린 것 역시 번뇌 인연이 만들어 놓은 법이므로 비방자와 아무 관계도

없음은 앞에서 이미 분석하였다. 번뇌 인연이 갖추어졌을 때 조롱 역시 필연적으로 나타날 것이다. 마찬가지로 인연이 갖추어졌을 때 다른 사람이 너에 대하여 믿음을 잃을 것이며, 이것은 조롱하는 자와 무관하다. 기왕에 이와 같다면 당신은 왜 인욕하지 못하는가?"

사람과 사람 사이의 비방·혐오 등은 모두 업력 인연이 불러온 법이다. 어떤 사람의 언행이 여법한데 다른 사람은 늘 그를 싫어하여 비방을 한다. 예전에 석가모니 부처님께서 세상에 계셨을 적에 외도의 수장 음광이 세존을 볼 때마다 그 모습은 초라하고 말은 귀에 거슬리는 느낌을 받았다. 이로 인해 자기도 모르게 붓다를 비방하게 되었다. 우리는 누군가에게서 비방이나 상해를 받을 때, 나를 비방하고 해롭게 하는 그의 언행이 번뇌에서 비롯된 것임을 분명하게 인식하여야 하며, 그 사람 자체와 무관하기 때문에 그에게 성내서는 안 된다.

시아르와 대사는 말하길, "성냄은 모든 선법 공덕을 훼손시키는 화근이다. 만약 이 잘못을 인식하지 못한다면 아주 큰 착오이다."라고 하였다. 대부분의 사람들은 또한 다른 정도의 성냄 번뇌의 습기를 가지고 있어 일상생활에서 각종 인연이 나타내는 비방 상해를 분명 벗어나기 어렵다고 생각한다. 비방 상해를 만났을 때 만약 우리가 이 모든 것은 인연이 나타낸 것으로 성낼 만한 대상이 없으며, 나아가 모든 연기법의 자성이 공적하다는 것을 깨달아 성냄을 일으키는 경계가 없고 또 성낼 만한 사람이 없다는 것을 알 수 있다면, 성내는 마음은 끊어버리기 쉽다. 만약 이 비결을 알지 못하고 잘못을 끊어 좋은 수행자가 되고자 한다면 분명 어려움을 더하는 것이다.

于佛塔像法 誹訛損毁者 우불탑상법 비저손훼자
吾亦不應嗔 因佛遠諸害 오역불응진 인불원제해

불상이나 탑, 정법을
헐뜯고 훼손하는 사람이 있어도
내가 그들에게 화를 내는 것은 옳지 않으니,
그런 것에 부처님께서 해를 입지 않기 때문이다.

범부들은 자신이 손해를 입은 것 때문에 성내는 것 외에, 자신이 집착하는 사물에 손해를 받은 것 때문에 성낼 수 있다. 『입행론』은 여기에서 우리에게 자신이 집착하고 있는 대상이 손해를 받았을 때 어떻게 인욕을 닦아야 하는지를 인도해 주었다.

불탑·불상·경전 등은 우리 불제자의 귀의처로 모든 불제자가 정례하고 공양하는 대상이다. 그러나 세간의 일부 사람들은 공경하지 않을 뿐만 아니라 도리어 무명번뇌의 발동 때문에 말로 삼보에 대하여 온갖 비방을 한다. 예를 들어 어떤 사람들은 "부처님께서는 허구의 신화이고, 불법은 미신이며, 불상과 불탑은 모두 흙과 나무로 이루어진 것에 불과하므로 무슨 존중할 만한 것이 없다."라고 말한다. 어떤 사람들은 심지어 거리낌 없이 이 공양 대상들을 훼손시킨다. 역사상 일부 제왕들도 이러한 어리석은 악행을 한 적이 있었는데, 중국의 무제가 불상을 없애고 티베트의 랑다르마가 불상을 없애버린 것 등과 같은 것들이다.

타인이 불상·법보를 해치는 죄업 때문에 그대가 성내는 마음을 내는 것은 사실 필요가 없을 뿐만 아니라 많은 잘못이 있게 된다.

사실, 이러한 방법은 결코 지혜로운 행동이 아니며 자신이 배운 가르침과 위배된다. 만약 그대에게 어느 정도의 불법 수양이 있다면 자비의 마음으로 타인의 이러한 훼손 행위를 그만두도록 충고하며, 그에게 이치를 설명해 주고 신앙 자유의 조항 등을 이야기해 주어 온갖 방편 선교로 그를 저지해야 한다. 만약 실재로 무능력하면서 스스로 또 성내서는 안 되고, 성냄 번뇌를 일으켜 싸우는 방식이라면 결코 그대의 삼보에 대한 신심을 나타낼 수 없고 삼보에 보답할 수 없으며, 붓다의 가르침을 위배하고 죄업 악행을 지을 뿐이다. 그대가 만약 타인 때문에 죄를 지었다면, 장래 지옥에 떨어지는 업보가 나타나기 전에 그대 자신만이 책임질 수 있으며, 타인은 그대를 대신하여 짐을 나눌 수 없다. 기왕에 그대가 그들을 저지할 힘이 없다면, 그대 스스로 또 쓸데없이 죄업을 쌓을 필요가 없다.

　타인이 삼보를 비방하고 불탑·불상·경서 등을 훼손시키는 것은 실제로 불법승 삼보에 어떤 손해도 끼치지 않을 것이다. 『보성론』에서 말하길, "붓다의 헤아릴 수 없는 공덕 법신에 의지하여 삼보가 나왔으므로, 삼보는 결국 모두 무위법으로 청정하며 나라는 집착이 없다."라고 하였다. 『보성론』「불보품」에서는 "붓다의 몸은 과거가 없으며 현재가 없고 또 미래가 없는 것이다."라고 하였다. 『보성론』「법보품」에서는 "있는 것이 아니고 없는 것이 아니며, 또한 없음이 있는 것도 아니다. 저에 즉한 것이 아니며, 저를 벗어나는 것도 아니다."라고 하였다. 『보성론』「승보품」에서는 "바른 앎을 바르게 깨달은 사람은 자성이 청정심이어서 번뇌에 실체가 없음을 보므로 모든 번뇌에서 벗어난다."라고 하였다.

불법승 삼보는 적멸의 진리를 인연하고 있는 청정법으로 그 자체가 바로 법계 본성이어서 마치 금강석처럼 근본적으로 어떤 해 끼침 고통이 없을 것이다. 타인이 탑·불상·경서를 훼손시키는 것은 실제로 자신을 해치는 것 외에는 결코 삼보를 해칠 수 없다. 만약 그대가 이것에 대하여 분별심을 일으켜 성내는 마음을 낸다면 실제로 이것은 잘못된 집착이다. 이를테면 『금강경』에서는 "만약 외형적인 색으로 나를 보고 소리로 나를 구한다면, 이 사람은 삿된 도를 행하는 것으로 여래를 볼 수 없다."라고 하였다. 그대가 탑·불상 등에 대하여 애착을 일으켜 성낸다면, 눈에 보이는 불상 등에 상을 내어 여래, 법보에 집착하는 것이므로 사실 이미 삿된 도를 행하였다. 그러므로 지나치게 집착해서는 안 되는데, 만약 타인의 죄업을 저지할 방법이 없어도 성내서는 안 되고, 자신은 한쪽에서 인욕을 닦아 자비심으로 그를 위해 회향 참회해야 한다. 이렇게 해야 비로소 진정 남과 자신에게 이익되고 해가 없으며 진정으로 삼보를 지키는 것이다.

이러한 해 끼침 악업을 만났을 때 또 어떤 사람들은 성내는 마음을 내지는 않는데, 도리어 집안 식구들을 불쌍히 여기기 때문에 그들의 악업을 수순하여 따랐다. 어떤 사람은 말하길, "집안 식구들이 나의 불법 수행과 출가수행에 대하여 반대한다. 나는 그들이 죄를 짓게 하지 않기 위하여 할 수 없이 불법을 버리고 출가를 포기했다. 이렇게 그들에게 순종하여 그들에게 환희심을 일으키게 할 수 있었다."라고 한다. 이것 역시 불법을 이해하지 못한 어리석은 생각이다. 그대가 만약 그들에게 순종한다면 최후에는 또 어떻게 될 것인가? 과연 그들이 이로부터 죄업을 짓지 않을 수 있을까? 정법을 버리고 출가를 포기하고 환속한 죄업은 장래 어떤 업보가 있을 것인가? 그들은 복덕 인연이 없어 불법에 대하여 이해하지 못하고 불문에 들어오지 않아 법을 버리고 계를 버리는 등의 악업을 지을 수 없는데, 그대가 그들에게 순종하여 각자의 현생에서 수행이 방해를 받아 무너뜨리게 하였으니 이 악업은 그들이 함께 받을 수 있다. 이렇게 하는 것이 바로 그들 모두를 지옥 불구덩이로 밀어 넣는 것이다!

만약 그대가 불법을 듣고 사유하여 교리에 대하여 이해한 점이 있다면, 집안 식구들의 반대에 부딪혔을 때 더욱 불법 배우는 데 정진하여 자비심으로 공덕을 그들에게 회향하여, 그들이 빠른 시일 내에 미망의 길에서 돌아와 해탈의 길로 나아가게 해야 한다. 만약 그대가 굳건하게 불법을 배운다면 그들이 잠시 반대할지라도 나중에는 아마도 깨달아 불문에 들어갈 기회가 생길 수 있다. 지금 여기에 있는 어떤 사람의 어머니는 이전에는 특히 불법 배우는 것을 반대하였지만, 아들이 굳건하여 변하지 않으니 점차 어머니가 감화되었고 나중에는 어머니도 출가하여 수행자가 되었다.

於害上師尊 及傷親友者 우해상사존 급상친우자
思彼皆緣生 知己應止嗔 사피개연생 지기응지진

스승과 친척,
나의 친구들에게 해악을 끼치는 자에 대하여도
이런 해 끼침이 모두 업연에서 생겨난 것으로 보고
성냄을 억제하는 데 노력한다.

자신의 근본 상사, 법연을 맺은 선지식, 혹은 자신의 도반, 친구, 가족 등 자기와 밀접한 관계가 있는 사람이 타인의 해 끼침과 비방을 받았을 적에, 우리는 또한 마찬가지로 맹목적으로 번뇌 습기에 따라 성내는 마음을 일으키지 않을 수 있다. 그리고 위에서 말한 것처럼 여리여법하게 관하여 모든 것이 인연에 따라 생겨난 것임을 알고서 맑은 마음으로 이 모든 것을 참아야 한다. 만약 인연으로 생겨나고 본성이 공적하다는 경계에 안주할 수 없다면, "이 모든 것은 인과규율에 따라 진행되는 법이므로, 자신이 이 때문에 성내서는 안 된다."라고 관상해야 한다.

　우리가 만약 상사, 친구에 대한 집착이 특히 강렬하면 그들이 해 끼침을 만났을 때 여법하게 인욕을 닦기 어렵다. 특히 자신의 상사가 만약 타인의 비방 상해를 만났다면 그때 우리는 어떻게 해야 하는가? 우선, 상사는 붓다를 대신하여 법을 펴는 성현임을 이해해야 한다. 부처님께서는 『사십이장경』에서 "악인이 현자를 해치는 것은, 마치 하늘을 향해 스스로 침을 뱉으면 침은 하늘에 이르지 못하고 도리어 자신에게 떨어지는 것과 같다. 현자는 훼손시킬 수 없으며, 화는 반드시 자신을 무너뜨린다."라고 말한 적이 있다. 무구광 존자도 "우리에게 만약 능력이 있다면 여법하게 제지해야 한다. 능력이 없다면, 상사 때문에 성내지 말고 그 악인들을 떠나는 것이 가장 좋으니 귀를 닫으면 된다."라고 말한다. 우리가 상사를 비방하는 사람에게 성을 낸다면, 그렇게 하는 것이 상사의 가르침을 어기는 것인지 아닌지를, 상사의 은덕에 보답하는 것인지 아닌지를 한번 생각해 보아야 한다. 자신이 성냄 번뇌를 일으켰다면, 그것은 바로 근본적으로 상사에 위반되고 불법을 위반한 것이므로 이러한 행위는 어떻게 말해도 보은이라고 할 수 없다.

지혜로운 사람은 그것 때문에 악업을 짓지 않는다. 이를테면 『사백론』에서 말하길, "국왕이 지은 죄를 타인이 어떻게 대신할 수 있겠는가? 지혜로운 자라면 누가 타인 때문에 내생을 무너뜨리겠는가?"라고 하였다. 타인 때문에 성을 낸다면 타인에게 이익이 없을 뿐 아니라, 자신에게는 더욱 큰 해로움이 있다. 그러므로 어떤 상황을 만났는가에 상관없이 우리는 모든 것이 인연으로 생겨난 것이라는 이치를 굳게 기억하고 관상하는 데에 노력하여 성냄 번뇌를 억제해야 한다.

情與無情二 俱害諸有情 정여무정이 구해제유정
云何唯嗔人 故我應忍害 운하유진인 고아응인해

마음이 있는 사람과 마음이 없는 사물,
이 둘은 똑같이 유정을 해칠 수 있는데,
왜 마음이 있는 사람에게만 성내는가?
그러므로 우리는 다른 사람의 해 끼침을 참아야 한다.

자신과 자신이 집착하는 대상이 침해를 입었을 적에 우선 우리는 해치는 것이 결국 무엇인가를 관찰할 수 있다. 만약 유정이라면 범부는 그에 대하여 성을 낼 것이다. 그러나 자신을 직접 해친 무기 등의 무정물에 대해서는 오히려 성을 내지 않을 것이다. 혹은 자신을 해친 것이 지수화풍 등의 무정법이라면, 예를 들어 불에 데고 물에 빠지고 찬바람을 맞는 등의 경우에 일반 사람들은 단지 자신의 운명이 좋지 않음을 탓할 뿐이며, 물이나 불 등에 대하여 성냄 번뇌를 일으키지 않을 것이다.

이러한 현상을 관찰한다면, 만약 우리가 무정법의 상해에 너그러울 수 있다면 같은 이치에 따라 유정의 상해에 대해서도 너그러워야 한다. 그러나 기어코 이와 같이 할 수 없어 유정의 상해에 대하여 종종 원망으로 원망을 갚으려고 크게 분노를 일으킨다. 예를 들면 어떤 사람이 몽둥이를 들고 나를 때리면, 마음이 없는 몽둥이와 사람은 똑같이 나를 해친 사물이므로 내가 몽둥이에 너그러울 수 있다면 몽둥이를 사용한 사람에게도 너그러워야 한다. 혹은 산 위에서 돌이 굴러 내려와 나를 쳤다면 이것은 인연이 모여 발생한 법으로 나는 그것 때문에 산에게 성내지 않을 것이다.

어떤 사람이 돌을 던져 나를 쳤다면, 이것은 마찬가지로 인연이 발생시킨 법으로 이치상 당연히 심기를 평화롭게 하여 참아야 한다. 그러나 현실에서는 이와 같지 않아 일반 사람들은 돌을 굴린 산에게는 성내지 않지만 돌을 던지는 사람에게는 화를 낼 것이다. 이것은 왜 그러한가? 유정의 해 끼침은 사람을 참기 어려울 정도로 고통스럽게 하고 무정의 해 끼침은 사람을 고통스럽게 하지 않아서인가? 절대 그렇지 않고 둘의 상해는 똑같이 사람에게 참기 어려운 고통을 느끼게 한다. 같은 상해에 대하여 왜 완전히 다른 태도를 갖는 것일까? 이것은 완전히 문제에 대한 사람들의 잘못된 견해 때문에 만들어진 것이다. 사람들은 평상시 늘 습관적 반응 방식으로 일을 고려할 뿐만 아니라 이러한 방식이 합리적인지 여부를 관찰하는 데 게으르며 완고하게 이 습관에 집착한다. 그러나 이 습관에서 벗어나 공평한 위치에 서서 분석하기만 한다면 자신의 습관적 반응 방식이 얼마나 편협한 것인지를 발견할 것이다.

사람들이 무정법의 상해에 대하여 성내지 않는 이유는, 무정법은 자주적으로 사람을 해치는 능력이 없으며 단지 인연이 모여 발생한 것일 뿐이라는 것을 인식했기 때문이다. 그러나 유정의 상해에 대해서는 종종 유정이 독립적으로 사람을 해치는 능력을 가지고 있으므로, 그가 고의로 해쳤을 것이기 때문에 그가 이에 대하여 책임져야 하고 그에게 성내어 다시는 상해를 가하지 않게 해야 한다고 여긴다. 앞서 이미 분석하였지만 가해자는 단지 마음속 번뇌에 의해 제어당하는 꼭두각시에 불과하다. 그의 손에 들고 있는 흉기처럼 번뇌의 지시가 없다면 결코 자주적으로 사람을 해치는 능력을 가지고 있지 않다. 그리고 번뇌 역시 인연의 산물일 뿐이어서 꿈 같고 환상 같아 근본적으로 독립적이고 자주적인 자성이 없다. 일련의 인연이 생산시킨 법 속에서 성내야 하는 대상은 근본적으로 찾을 수 없다.

다른 사람이 우리를 욕할 적에 그가 나를 직접 해쳤다고 느끼게 하는 것은 나쁜 말이라는 것을 관찰할 수 있다. 나쁜 말은 구강·성대와 같은 발음기관에서 나온다. 이 기관들을 조종하는 것은 마음인데, 그의 마음은 또 누가 조종하는 것인가? 번뇌는 어디에서 나오는가? 번뇌는 환상 같고 꿈 같은 인연에서 나온다. 이 인연의 고리 속에서 누구에서 성내야 하는가? 이것은 자세한 판단을 필요로 하며, 판단을 어리석게 하고 선악시비를 불문하며 함부로 탓해서는 안 된다.

우리는 장기간의 잘못된 습기 때문에 무정법의 언어를 방치한 채, 단지 맹목적으로 모호하고 어렴풋한 유정법을 잡았을 뿐이다. 도대체

이 '사람'은 무엇인가? 우리는 지금까지 생각하지 않은 적이 없다. 만약 '사람'을 분석한다면, 그는 또한 4대의 무정법과 마음으로 구성된 것일 뿐이며, 마음 역시 연기일 뿐 근본적으로 능동적인 작용을 하는 본체를 찾을 수 없다. 그러므로 우리는 잘 생각해 보아야 한다. 자신이 이처럼 모호하게 유정법과 무정법을 분별하여 대하는 것은 확실히 조금도 이치에 맞지 않는다. 만약 자신이 늘 이렇게 섬세하게 분석할 수 있다면 성냄 분노는 반드시 점점 줄어들고 소멸될 것이며, 인욕의 역량은 끊임없이 증강될 것이다.

우리 모두는 불자로서 자기 마음을 바꾸기 위해 매일 듣고 사유하고 수행하고 있다. 만약 이 지혜 감로로 마음 안에서 이리저리 날뛰는 무명의 어리석은 습기를 맑힐 수 있다면, 그 번거로움을 마다하지 않고 법을 배우는 것 역시 진실한 의의가 있다. 이러한 법들이 수행인들의 마음을 바꿀 수 없다면 법을 설하는 것은 절대적인 의의를 잃은 것이며, 수행인들이 듣고 사유하고 수행하는 것 역시 하나의 겉치레일 뿐 결코 진실한 의의는 없는 것이다.

법을 듣는 것 또한 쉽지 않은 일이다. 나는 수행인들이 매일 배운 법의 의미를 마음속에 아주 잘 기억하고, 반복해서 사유하여 그것이 자신의 마음과 공감을 이루게 되기를 바란다. 이렇게 될 때 비로소 진정으로 환희심을 갖고 수행할 수 있다. 이 법문들은 불보살의 지혜이며 금강 같은 말씀이므로, 자신의 마음이 그것들과 융합할 수 있다면 틀림없이 큰 이익이 있을 것이다.

或由愚行害 或因愚還嗔 혹유우행해 혹인우환진

此中孰無過 孰爲有過者 차중숙무과 숙위유과자

어떤 이는 어리석음에서 자신과 타인을 해치고
어떤 이는 어리석음 때문에 화를 낸다.
이 둘 중에 누구에게 허물이 없는가?
누가 잘못을 해서 책임을 져야 하는가?

중생은 무명의 어리석음에 마음이 덮여서 모든 법은 인연 따라 일어나는 것으로써 자성이 없는 것이라는 도리를 알기가 어렵다. 이 때문에, 모든 법에 대하여 실지로 집착을 일으켜 서로 간의 성냄 해 끼침을 반복하며 서로에게 갚는다. 이러한 해 끼침의 당사자들 가운데 도대체 누가 잘못이 있으며 누가 잘못이 없는가?

해치는 사람은 무명의 어리석음 때문에 인과 업보에 어두워 성내는 마음을 일으켜 상대를 해치고 괴롭게 한다. 피해자도 마찬가지이다. 무명의 어리석음 때문에 자신이 입은 해가 자신의 업이 불러온 과보라는 것을 알지 못하고, 성냄의 잘못도 알지 못한다. 단지 상해를 받은 것에 대하여 커다란 집착과 불쾌함을 일으키고 해친 사람에게 성내는 마음을 낸다. 이렇게 끊임없이 무수하게 반복하며 서로 해치는 비극을 거듭해서 연출한다.

이러한 현상에서 보면 쌍방 모두에게 잘못이 있다. 해로운 짓을 한 사람은 어리석고 무지하여 업과를 알지 못하여 성내는 마음으로 악업을 지은 것이다. 피해자도 마찬가지로 어리석고 무지하여 자신의 업이 불러온 것을 알지 못하고 도리어 이에 대하여 성냄 번뇌를 일으켜 큰 악업을 지었다. 쌍방 모두가 악업을 짓고 있어 똑같은 잘못을 범했으므로 똑같이 책임을 져야 한다.

　지혜가 없는 사람은 늘 '양쪽 당사자 모두가 미혹되는' 환경에 빠질 것이다. 해치는 자와 피해자의 견해에서는 자신에게 늘 아무런 잘못이 없을 것이다. 해치는 사람은 업감으로 늘 상대를 해치는 정확한 이유를 찾을 수 있고, 피해자는 알 수 없이 기묘하게 받은 피해 때문에 대단히 억울해하므로 역시 자신이 상대에게 성내는 것이 합리적이라고 여긴다. 그러나 인과 업보와 연기의 불법을 아는 사람은 이들의 관계와 책임에 대하여 일목요연할 수 있다. 쌍방 모두가 무명의 어리석음으로 마음이 덮여 해를 끼친 사람은 불법을 모르고 또 세간법을 몰라 책임에서 벗어날 수 없다. 피해자가 성내는 것 역시 마찬가지로 이와 같다. 만약 피해자가 이때 성내지 않고 지혜와 자비로 처리할 수 있다면 어떤 잘못이 있지 않을 것이다. 용수보살은 말하길, "여법하게 수행해야 하니, 법답지 아니하면 받아 행해서는 안 된다."라고 하였다. 이 과정에서 만약 쌍방 모두가 법이 아닌 것으로 행한다면 받아서는 안 되고 책임을 져야 한다.

　이 점을 분명하게 안 뒤에 우리가 해 끼침을 받았을 적에 어리석게 이러한 잘못을 범해서는 안 된다. 원한을 원한으로 갚는다면 상대방과 같은 잘못을 저질러 같은 악업이 반복될 뿐이다. 여법하게 인욕을 닦은 사람은 부처님께서 "참는 사람은 악이 없다."라고 설하신 적이 있듯이 아무런 잘못이 없을 것이다.

　　因何昔造業　于今受他害　인하석조업　우금수타해
　　一切旣依業　凭何嗔于彼　일체기의업　빙하진우피

왜 이전에 중생에게 성내는 악업을 지어
현재 타인의 해 끼침을 받아야 하는가?
모든 것이 업력에 근원한다면
나는 무엇에 근거하여 해친 자에게 화를 내는가?

중생이 삼계 윤회 속에서 받는 온갖 고락은 지난날 지은 선업과 악업이 불러온 것이다. 우리가 현생에서 받는 상해 고통은 그 근원을 따져보면 자신이 해결할 방법을 찾을 수 있다. 지난날 악업을 지어 중생을 해쳤으므로 현재 업보를 받지 않을 수 없다. 자신이 짓고 자신이 받는 것을 어떻게 남이 나쁘다고 탓할 수 있겠는가? 『유가사지론』 38권에서 말하길, "이미 지은 것은 잃지 않고 아직 짓지 않은 것은 얻지 못한다."라고 하였다. 인광 대사도 "여래께서는 바른 깨달음을 이루셨으니, 중생이 삼도에 떨어지는 것은 모두 인과에서 벗어나지 않는다."라고 말한 적이 있다.

여법하게 인욕을 닦아 지난날의 무명 악업을 참회하여 없애지 않고 도리어 성내는 마음을 일으켜 타인을 탓하고 또 악보를 받는 고통의 인을 짓는다면, 고통과 해로움은 영원히 다할 기약이 없다. 인과 업보는 조금도 어그러지거나 뒤섞이지 않는다. 우리가 시작도 없는 옛적부터 생사 바다에 표류하는 가운데 지은 온갖 선업과 악업은 마치 교차로 맺어진 그물처럼 자신을 꽁꽁 묶고 있다. 범부들이 직접 볼 방법은 없을지라도 이 인과관계의 그물은 사실이다. 경전에 말하길, "중생의 모든 고락은 업에서 생겨난다. 모든 업이 각종 중생을 만들고 각종 중생계를 떠돌게 하니, 이 업이 바로 큰 그물이다."라고 하였다. 우리는 이 큰 그물 속에 묶여 있어 업력에 따라 시도 때도 없이 상해의 고통을 느낀다. 이러한데 무슨 이유로 타인에게 성내고 타인을 탓하겠는가?

어떤 사람들은 의문을 가질 것이다. 이 인과는 정말 있는가? 만약 있다면 누가 그것을 조종하고 있는가? 윤회 속에는 무량한 중생이 있고 시작도 없던 옛적부터 각자 중생 자신이 지은 선업과 악업은 왜 자신이 꼭 받아야 되며, 뒤섞여 혼란을 일으키지 않는가? 이 문제들을 자세하게 고려한다면, 사실 그렇게 오묘하고 까마득해 이해하기 어렵다고 느껴지지는 않을 것이다.

예를 들면 현재 통신업이 발달하여 전화가 전 세계에 보급되어 있고 전화 사용자도 매우 많다. 그러나 이렇게 교차되어 엮어진 통신망 속에서 각각의 전화는 정확하게 번호 명령에 따라 목적지에 전송된다. 전화 통신업을 알지 못하는 사람의 입장에서 말하자면 이것은 확실히 매우 기묘하다. 그러나 전신 전문가의 입장에서 보면 이것은 조금도 현묘하다고 말할 만한 것이 없다.

인과응보 역시 이와 같아서 어떤 조종자도 없지만 자신이 지은 것을 자신이 받아 조금의 혼란도 일어나지 않을 수 있다. 그것에 대하여 충분히 이해하지 못하는 사람 앞에서 그것은 매우 오묘하다. 비록 범부가 그것에 대하여 아는 것이 없어 신비스러워 예측할 수 없다고 느낄지라도, 붓다 등 이미 깨달은 성자가 볼 적에 이것은 단지 연기 규율일 뿐이다.

『삼매왕경』에서 말하길, "이와 같은 업을 지었으면, 마땅히 이와 같은 과를 얻는다."라고 하였다. 『화엄경』에서도 말하길, "모든 보報는 업에서 일어나고 모든 과果는 인에서 생겨난다."라고 하였다. 중생은 어떤 업인을 지었는가에 따라 그 과보를 만들어낸다. 이 큰 그물 속에는 장악하고 조종하고 있는 어떤 우주 주재자도 없다. 또 선을 상주고 악을 벌주는 것을 자유자재하게 주재 관장하고 있는 어떤 신령도 없으며, 단지 규율일 뿐이다. 중생의 업에는 많은 종류가 있어서, 어떤 업은 지은 뒤에 바로 보를 받을 수 있고, 어떤 업은 지은 뒤에 백천만겁이 지나서야 성숙하여 보를 받을 수 있다. 이것 역시 인연 조건의 모임이 다르게 이루어진 것이다.

인과규율들의 세밀하고 오묘함은 일체지지의 붓다만이 철저하게 깨달을 수 있다. 불교 교의를 이해하는 보통 수행인들은 인과의 일부분만 이해할 수 있을 뿐이다. 불법을 아주 적게 접촉한 범부들 입장에서는 인과규율은 매우 이해하기 어렵고 또 확신하기 어렵다. 그러나 범부가 만약 자신의 근기에 따라 이러한 것들을 볼 수 없다면 이를 부정하는데, 이것은 어리석게 자신을 속이고 자신을 해치는 방법이다.

如是體解已 以慈乎善待 여시체해이 이자호선대
故吾當一心 勤行諸福善 고오당일심 근행제복선

이와 같이 이 이치를 체득한 뒤에는
자비심으로 타인을 대해야 한다.
나는 한 마음으로 모든 상해를 인내하여
생명을 돕는 복덕 사업을 해야 한다.

인욕을 닦는 것은 단지 입으로만 할 수 있는 것이 아니며, 억지로 하게 해서도 안 되는 것이다. 근본적인 도리에서부터 착수하여 자신에게 마음속 깊은 곳에서부터 인욕을 닦는 즐거움을 일어나게 한다면, 인욕을 닦는 필요성에 깊고 절실한 체득이 일어난다.

앞에서의 분석을 통해 우리는 다른 사람의 해 끼침에 대하여 성내고 보복하는 마음을 일으키는 것은 합리적이지 않다는 것을 알았다. 성내고 보복하는 마음을 일으키는 것은 일에 도움이 되지 않을 뿐만 아니라 더 큰 고통을 불러오는 원인이 된다. 중생은 업 번뇌에 속박되어 조금의 자주성도 없다. 우리의 지난 업이 해 끼침의 악업을 불러오므로 우리는 마땅히 자신의 지난 업을 소멸시키기 위해 인욕하고 중생을 불쌍히 여겨 인내해야 한다. 실제 행동에서 자비스런 보리심으로 모든 유정들을 대하고, 동정하고 이해하고 관용하고 아끼는 마음으로 모든 중생을 대해야 한다.

이전에는 무명의 어리석은 가림 때문에 우리는 중생들이 똑같이 업 그물의 고난에 떨어진 자들이라는 것을 알지 못하였다. 이제 똑같이 업의 그물에 빠져 있는 사람이라는 것을 알았으므로, 반드시 환란을 함께하며 선법 수행에 노력하고 중생을 제도하여 같이 고해에서 벗어나야 한다. 『법화경』에서 말하길, "지혜로운 사람은 삼문을 지키면서 한 마음으로 안락행을 하니 무량 중생이 존경한다."라고 하였다. 각각의 수행자들은 자신의 삼문을 지키는 데 전력을 기울이고 악업을 멀리하며, 자신과 타인에게 안락의 복덕행을 가져올 수 있도록 전심전력을 기울여야 한다. 이렇게 행하는 것이 대승 수행자의 본분이다.

우리는 이렇게 모순과 충돌이 가득 찬 세상에서 생활하고 있다. 만약 다른 사람을 이해하고 관용을 베풀 수 없다면 근본적으로 순리적인 생존을 해 나갈 수 없다. 가령 부모·형제자매 사이일지라도 모순을 피할 방법이 없다. 그러므로 수행인들은 자비롭고 너그러운 마음으로 타인을 대해야 한다. 만약 자신이 때로 실제로 참을 방법이 없다면 『입행론』을 한번 본다. 적천보살, 아티샤 존자, 무구광 존자, 화지린포체에게 기도하여 그들의 보살심이 자신의 마음속에 융화되어 들어와 자신이 외부세계의 모든 고통을 인욕하게 하고 진실한 대비심·보리심을 일으키게 되길 기도한다.

이렇게 할 수 있다면 개인의 수행에 큰 이익이 있으며 주위의 사람 역시 자비와 편안함을 느낄 수 있다. 성정 포악한 사람을 그대가 만약 자비·인욕 등으로 대한다면, 그 역시 틀림없이 감화 받아 점점 온화하게 변할 것이다. 이 때문에 그 주위의 사람들도 각자의 인욕 수행 은택을 얻을 것이다.

譬如室着火 燃及他屋時 비여실착화 연급타옥시
理當速移棄 助火蔓延草 이당속이기 조화만연초

비유하자면 집이 불타오르고 있고
또 옆집으로 번져간다면
이때는 불길이 번지는 것들인
초목 등을 재빨리 옮겨야 한다.

범부가 성내는 마음을 내는 것은 종종 자신의 탐욕스런 집착 때문에 일어난다. 만약 우리가 자신의 신체·친구 등 소위 "나의 물건"이라는 것에 대하여 탐욕스런 집착이 없다면, 다른 사람의 어떠한 해 끼침이건 간에 우리들은 또한 불쾌한 정서를 일으켜 성냄을 초래하지 않을 것이다. 성냄 번뇌를 다스리려면 반드시 이 점을 확실하게 인식하고 이 근원으로부터 착수하여야 적은 노력으로 많은 효과를 거둘 수 있다. 그러므로 논에서는 집에 불이 난 비유를 이용하여, 만약 내 것에 대한 집착을 버리지 않는다면 반드시 성냄 불길에 타버릴 것이라고 하였다.

수행인들은 아마도 집에 불이 난 것을 본 적이 있을 것이다. 그것은 사람들을 매우 공포에 떨게 하는 재앙이다. 비록 이것이 무슨 치명적인 재앙이 아닐지라도 그러한 공포의 분위기가 매우 농후하다. 성 안의 집은 서로 붙어 있어 한 집에 불이 났을 때 즉시 끄지 못하면 화재가 곧 온 도시 사방으로 번진다. 만약 옆집에 큰불이 나서 막 타오른다면 이때 어떻게 해야만 하는가? 자기 집 안팎의 타기 쉬운 물건들, 초목·가구·의복 등을 전부 버리며, 그것이 얼마나 진귀한 것인가를 불문하고 불길이 번지는 것을 도울 수 있는 물건이라면 모두 버린다. 조금이라도 지각이 있는 사람이라면 이렇게 할 것이며, 이때 조금도 아까워하는 생각이 없을 것이다. 집은 자신이 편안히 쉴 곳인데, 불타버린다면 다른 재물은 조금도 남을 수 없기 때문이다.

옆집에서 불이 났을 때 불이 번지기 쉬운 물건들은 버려 안팎으로 탈 것이 없는 집만 남겨 둔다면 설령 외부의 불길이 아무리 세다고 해도 걱정할 필요가 없다. 자신의 재산이 하루아침에 모두 훼손되지는 않았기 때문이다. 이것은 세상 사람들이 모두 받아들일 수 있고 취할 수 있는 방법이다. 그렇지 않고 한때의 어리석음으로 처리를 잘 못해 불길을 잡을 방법이 없게 된다면 후회해도 소용없다. 마찬가지로 성냄의 불길이 공덕의 큰 집을 태워버리게 하고 싶지 않다면 역시 이 방법을 취해야 한다.

> 如是心所貪 能助嗔火蔓 여시심소탐 능조진화만
> 慮火燒德屋 應疾厭棄彼 여화소덕옥 응질염기피
>
> 이처럼 마음속에 집착하고 있는 사람과 사물들에 의해
> 성내는 마음이 번질 때
> 성냄의 불이 공덕의 집을 태워버리는 것을 걱정한다면
> 즉시 집착의 근원을 버려야 한다.

바깥의 불이 번져 들어와 집을 태워버리는 것은 집의 안팎에 초목 등 잘 타는 물질이 있기 때문이다. 마찬가지로 범부들이 성내는 이유는 자신이 많은 사람과 사물에 집착을 가지고 있기 때문이다. 세상의 친척·친구·명예·이익 등 이 모든 집착의 대상들이 일단 손해를 받으면 자신은 바로 불쾌하게 되어 성내는 마음을 일으켜 자신의 공덕 빌딩을 성냄 불길에 태워버린다. 이 과정을 분석하면 자신이 집착하는 대상은 바로 불길이 번지는 것을 돕는 물건이거나 혹은 불을 끌어들여 몸을 태우는 재앙이라고 말할 수 있다.

세상의 가족·지역·국가 사이의 원한 투쟁은 종종 인간들의 탐욕스런 집착 때문에 일어난다. 사람들이 집착하는 토지·재산·친구·명예 등에 손해가 끼쳐졌을 때, 처음엔 아마도 한두 사람 간에 투쟁이 있을 뿐이었을 것이다. 그러나 피차의 집착이 얽혀 아주 작은 싸움이 급속히 확장되어 결국 많은 사람들이 재난으로 끌려온다.

수행 중에 대상에 대한 집착을 버리지 않는 것은 불이 쉽게 번지는

물건들을 버리지 않는 것과 같다. 친구·재산·명예 등 모든 아끼는 대상들이 일단 타인에 의한 손해를 입었다면, 자신은 틀림없이 원수와 똑같이 분노할 것이다. 성냄 불길은 이에 의지하여 타오를 것이고 자신이 천 겁 동안 쌓은 복덕 선근은 이글거리는 성냄의 불길 속에서 남김없이 타버릴 것이다.

『법화경』「비유품」에서 말하길, "모든 고통의 원인이 되는 것은 근본적으로 탐욕이다. 탐욕을 없애버린다면 의지할 것이 없다."라고 하였다. 삼계 중생의 고통의 근본 원인은 바로 탐욕이다. 탐욕을 없애버린다면 모든 고통은 의지할 것이 없어 즉시 종식될 것이다. 우리가 평상시 어떤 사물에 대하여 탐욕을 가지고 있다면 그것에 속박될 것이고, 일단 그것이 손해를 당한다면 자신의 마음 역시 그것 때문에 동요되어 성냄 고통을 일으킨다. 사람이 욕심내는 대상이 많을수록 고통 역시 점점 많아질 것이다. 마치 집의 주위에 불길이 번지는 것을 돕는 가연물이 많을수록 집이 화재를 당할 위험성은 커지는 것과 같다.

우리가 만약 윤회를 돕는 모든 법에 대하여 탐욕을 버린다면, 친구·명예·이익 등 어떤 경계를 막론하고 자신의 마음은 그것 때문에 동요되지 않을 수 있다. 이는 번뇌의 불길이 '가연물' 없이는 저절로 탈 수 없는 것과 같다. 예를 들면 오늘 내가 집안의 모든 가치 있는 물건들을 처리하고 단지 텅 빈 집과 좀도둑들도 원하지 않을 물건만 남겨 놓았다면 마음속으로 아무 거리낌 없이 집에서 나온다. 만일 도둑이 집에 들어가도 나는 그것 때문에 불쾌하지 않을 것이며 분노하지 않을 것이다. 그러나 내 집에 아끼는 물건이 있었는데 도둑이 들어가 훔쳐갔다면 이것은 좀 번거롭게 된다. 이것이 이른바 "집착은 설령 깨알만큼 있어도 결국에는 끝없는 고통을 불러온다."라고 하는 이치이다.

총괄하면, 성냄의 고통을 받고 싶지 않다면 자신의 집착을 버려야 한다. 그렇지 않고 그대가 외부환경에 대하여 약간의 집착이라도 있다면 성냄 불길은 바로 그것에 따라 번져 들어와 자신의 복덕 재산을 남김없이 태워버릴 것이다. 이 학습을 통하여 수행인들이 친척·친구·명리 등 모든 법에 대한 애착을 놓아 이것들이 쉽게 성냄 불길을 일으키게 하지 말며, 자신이 고생스럽게 쌓은 복덕이 훼손되지 않길 바란다.

자기 집 주위에 타고 있는 물건이 있다면, 우리는 틀림없이 긴장하고 자기 재산을 보호하기 위하여 집 주변의 불길이 쉽게 번지는 물건들을 다 없애버리려고 할 것이다. 그렇다면 이제 자신이 천백 겁 동안 쌓아온 복덕 재물을 지키기 위하여 왜 성냄을 불러오는 탐욕을 청산하는 데 노력하지 않는가? 수행인들은 자세하게 관찰하여 자신이 어느 방면에 심각한 애착을 가지고 있는지 발견하였다면 불길을 구제하는 것처럼 최대한의 노력을 다해 가장 짧은 시간 안에 그것을 버려야 한다.

如彼待殺者 斷手獄解脫 여피대살자 단수옥해탈
若以修行苦 離獄豈非善 약이수행고 이옥기비선

사형수가 단지 손목이 잘리는 것으로 목숨을 구할 수 있다면 어찌 기꺼이 하지 않겠는가?
수행에 수반하는 작은 고통으로

지옥의 고통을 면할 수 있다면 얼마나 다행일까?

범부가 갑자기 부모와 사별하고 사랑하는 사람과 헤어져서 온갖 탐욕스런 집착을 끊어버려야 한다면, 그의 마음속에는 자연 이 때문에 고통이 일어나며 어떤 경우는 심지어 참을 수가 없어 신심이 퇴보하거나 잃어버린다. 이 때문에 적천보살은 또 비유를 들어 사람들이 이러한 작은 고통을 참아서 장차 지옥 악도에 떨어지는 큰 고통에서 벗어나도록 인도한다. 예를 들어 어떤 사람이 죽을죄를 지어 감옥에 갇혀 있다면, 이 사람은 당연히 생명을 보호할 기회를 찾기 위해 최대한 노력할 것이다. 우리는 또한 보통사람들이 법정에서 사형을 선고받았을 때, 공포에 벌벌 떨며 심지어 놀라서 기절하는 경우도 있다는 것을 안다. 이때 만약 어떤 방편으로든 좀 너그러운 판결을 받아, 예를 들어 손발을 자르거나 귀를 자르고 코를 베는 등의 형벌로 생명을 보존할 수 있게 된다면, 이 사람은 틀림없이 매우 좋아할 것이다. 이러한 형벌도 마음으로 기꺼이 달게 받을 것이며 조금도 원망 없이 참을 것이다. 실제로 이러한 형벌은 옛날에는 보편적인 것이었다. 나는 어렸을 적에 귀 없는 노인을 본 적이 있다. 그는 자신이 이전에 범죄를 지어 사형이 내려졌는데, 나중에 간절한 애원을 통해 지방관이 그곳의 법률에 따라 그의 귀를 자르는 형으로 바꾸어 판결하였다고 한다. 귀를 자르는 것은 당연히 잔인한 형벌이었고 매우 고통스러운 일이었지만, 그때에 그는 오히려 새로운 삶을 얻었다고 여겼으며 매우 기쁘게 이 고통을 받아들였다고 말하였다.

우리는 친구 등 세간법의 애착을 놓아야 한다. 이 과정에서 자연 고통도 있을 것이다. 고승대덕들의 전기를 펼쳐보면, 이를 테면 명나라 말기 견월見月 율사의 『일몽만언一夢漫言』에서는 그가 출가한 뒤 발길이 고향 근처로 향해 이른 것을 얘기하였다. 이때 "양친을 봉양할 수 없고 백부를 장례치를 수 없음을 생각하니 밤새 눈물이 마르지 않았다. 이 때문에 눈물을 닦고 성문 밖에서 서산의 조부 묘를 바라보며 무릎 꿇고 절하였다. 아프고 가슴 저리며 다리에 힘이 빠져 걷기 어려웠다."라고 하였다.

대사처럼 그렇게 위대하고 의연한 강골로서도 이러한 느낌이 있는데, 우리 같은 범부들은 이러한 것을 직면하였을 때 분명 '저리고 가슴 아파 눈물이 마르지 않는' 고통을 벗어날 수 없을 것이다. 그러나 견월 율사는 말하길 "만약 가족의 정이 남아 있다면 반드시 업의 그물에 떨어진다."라고 하였다. 만약 가족의 정에 애착을 둔다면 반드시 그들 때문에 업의 그물에 떨어질 것이며, 그들 때문에 온갖 탐욕 성냄의 악업을 지을 것이다. 이러한 악업이 나타났을 때 불가사의한 지옥 악도의 고통을 느낀다.

이러한 지옥 고통과 비교해 볼 때, 우리가 지금 가족과 이별하고 사랑하는 사람을 끊어버리는 고통을 받는 것은 고통이라고 칠 수도 없는 것이다. 『친우서』에서 말하길, "어찌 매일 300개의 창에 찔리는 것이 지옥의 형벌과 조금이라도 같을 수 있겠는가?"라고 하였다. 인간 세상에서 매일 300개의 창에 찔리는 형벌은, 지옥의 가장 가벼운 형벌과 비교하더라도 그 천만 분의 일조차 미칠 수 없다. 우리가 수행 중에 가족과 정든 사람들을 버린 것, 추위, 더위, 기갈, 피곤 등의 고통 등은 매일 300개의 창에 찔리는 고통에 비교할 적에 역시 발끝에도 미치지 못한다. 이렇게 작은 고통을 가지고 지옥의 큰 고통에서 벗어날 수 있는 것은 마치 사형수가 손을 잘리고 죽음에서 벗어나는 것과 같다. 우리는 이치상 이 때문에 기뻐하며 환희로 받아들여야 한다.

　업 번뇌 속의 중생들은 모두 지옥 염라왕의 사형선고를 기다리고 있는 죄수들인데, 가족과 정든 사람에 대한 집착의 '손'을 자름으로써 지옥 염라왕이 판결하는 '사형'에서 벗어나고 지옥 불에서 불타는 것에서 벗어날 수 있다면, 그러한 값싼 대가를 어찌 기꺼이 받아들이지 않겠는가? 용수보살은 『보만론』에서 말하길, "의학 처방 중에 독으로 독을 다스리는 것이 있다. 이처럼 작은 고통으로 큰 고통을 없애니 어찌 방해가 되겠는가? 현재 짓는 고통이 나중의 이로움이 되고 더욱 자타를 위한 것이며 널리 중생을 이롭게 하니, 이 법은 불보살의 평상심이다."라고 하였다.

　작은 고통으로 큰 고통을 없애고 현재의 작은 고통을 자타 유정이 장래 성불 안락을 얻도록 하는 것으로 삼는다면, 이것은 삼세 모든 부처님의 상행도이며 우리가 따르는 가장 합리적인 수행이며 또한 모든 지혜로운 자가 반드시 갈 수 있는 대도이다.

　　于今些微苦 若我不能忍 우금사미고 약아불능인
　　何不除瞋恚 地獄衆苦因 하불제진에 지옥중고인

　　지금 이 정도 고통도
　　내가 참을 수 없다면
　　지옥에 떨어져 극심한 고통을 받는 원인인

성냄 번뇌를 왜 없애지 못하는가?

고통은 어떤 것도 좋은 것이 없다. 인간은 다른 사람으로부터 손해를 받았을 때 범부의 마음속은 틀림없이 받기 어려워하며 또한 받길 원하지 않는다. 수행인들은 누구나 때로 다른 사람이 자신에게 다소 공경스럽지 않은 말을 하거나 자신의 잘못을 지적하면, 자신의 마음속에서 칼이나 창에 베이고 찔린 것처럼 참기 어려운 고통을 느껴 즉시 다른 사람에게 분노하여 반격하고 싶어진 경험이 있을 것이다. 사실 이러한 고통은 아주 경미한 것으로 약간의 인내력만 있어 견지해 나간다면 곧 고통을 종식시킬 수 있다.

만약 이렇게 미미한 고통이나 해 끼침에 대하여 우리가 참기를 원하지 않고 참을 방법이 없다면, 이때는 스스로 사유해야 한다. 만약 자신이 현재 이 작은 고통들을 참고 싶지 않아 도피하였다가 때가 되어 삼악도에 떨어진다면 어떻게 고통에서 피할 수 있겠는가? 현재 이 작은 고통들을 직면하는 것도 이처럼 고통스러워 참기 어려운데 만약 지옥에 떨어진다면 그 고통은 얼마나 참기 힘들겠는가? 용수보살은 말하길, "많은 고통들 중에 어느 것이 가장 큰가? 무간지옥의 고통이 가장 크다."라고 하였다.

삼계에서 가장 큰 고통은 무간지옥의 고통이며 인간이 가장 두려워하는 온갖 고통을 더하더라도 지옥 고통과는 비교할 수 없다. 뿐만 아니라 지옥에 떨어진 중생이 고통을 받는 시간은 불가사의할 정도로 길다. 『대원만전행인도문』의 교설에 근거하면, 고통 받는 기간이 가장 짧은 부활 지옥에서조차 중생은 인간계 시간으로 1만 3천 5백억 년 동안의 고통을 받아야 한다. 이 불가사의하게 긴 과정에서 지옥 중생의 죄업이 전전하며 증가되기 때문에 그 기간은 종종 배로 연장되기도 한다. 우리 각각은 이런 체험을 한 적이 있을 것이다. 안락한 마음 상태로는 몇 시간이 지나도 아주 짧은 시간으로 느껴지고, 고통스런 정서 속에서는 단 1초도 매우 길어 견디기 어렵게 느껴진다.

어떤 사람들은 아마도 이러한 교설을 통해서는 지옥의 고통을 알기 어려울 것이다. 이것 또한 중요한 것이 아니다. 어떤 고승대덕들은 이러한 것들을 관상할 적에 약간의 방편법을 빌려서 한다. 예를 들면 대만의 일상 법사는 뉴욕에 있을 때 8한 지옥 속의 중생 고통을 관상하기 위하여 섭씨 영하 10몇 도의 기온에서 냉수목욕을 하였다. 이 경험은 그에게 잊을 수 없는 느낌을 남겨 주었고, 8한 지옥에서의 추운 고통에 대해서도 약간의 절실한 느낌을 갖게 하였다.

나는 사람들이 이러한 방법을 빌려 설산에 가서 한 번 얼어보거나 끓는 물을 이용하여 한 번 데어볼 수 있다면, 이러한 체험 뒤에는 틀림없이 지옥 고통에 대한 공포의 마음이 일어날 것이라고 생각한다. 만약 지옥 고통의 억만 분의 일일 뿐인 이러한 작은 고통에 대해서도 견디기 어렵다고 느꼈다면, 우리는 현재 지옥에 떨어져 고통 받는 것을 피하기 위해 지옥의 원인인 성냄 악업을 철저하게 끊어버려야 한다. 만약 성냄 번뇌를 참회하지 못한다면 지옥의 악과는 자동적으로 없어지지 않을 것이다. 수행인들은 평상시 반드시 주의해야 한다. 성냄을 일으키는 어떤 환경을 만나건 간에 인욕을 닦아야 한다. 성냄은 아주 강한 독과 같아서 아주 조금이라도 먹기만 하면 그 고통의 결과는 반드시 따라올 것이다. 비록 범부는 당시에 볼 수 없을지라도 이것은 누구도 바꿀 수 없는 사실이고, 또 그대가 볼 수 없기 때문에 지옥에 떨어지는 악과를 불러오지 않는 것은 아니다.

만약 지옥에 떨어지는 고통을 이해할 수 없고 성냄에 대하여 강렬한 두려움을 일으키지 못한다면, 일상에서 아마도 가족·친구·명예·이익 등 때문에 죄를 지을 것이다. 그러므로 성냄을 다스리기 위하여 늘 바른 앎과 바른 마음집중을 지키고 성냄의 잘못과 지옥의 고통에 대하여 깨어 있는 인식을 가져야 한다. 이와 같이 하면 『현우경』에서 "몸과 입과 뜻의 행동은 삼가지 않아서는 안 된다."라고 설한 것과 같을 것이다.

『현우경』「가비리백두품」에 부처님께서 마갈다 국에 계실 때의 공안이 기재되어 있다. 부처님께서 많은 비구들을 데리고 비사리에 갈 때 이월하梨越河를 건너게 되었다. 강가에 500명이 소를 치고 있었고, 강 가운데에서는 500명의 어부가 물고기를 잡고 있었다. 부처님께서는 곧 여러 비구들을 거느리고 강가에서 멀지 않은 곳에서 앉아 휴식을 취하였다. 얼마 지나지 않아 어부들은 그물을 이용하여 비할 수 없이 큰 물고기를 잡았다. 어부 500명이 마음과 힘을 다 합쳤지만 큰 물고기를 물 밖으로 끌어올릴 수 없었다. 그래서 어부들은 500명의 목동들을 불러와 1,000명이 힘을 합쳐서야 겨우 큰 물고기를 강가로 끌어올렸다. 이 큰 물고기는 매우 이상하여 커다란 몸체 위에 당나귀, 말, 돼지, 개, 낙타, 호랑이, 표범, 이리, 여우 등 서로 다른 100여 개 짐승의 머리가 나 있었다. 사람들은 매우 놀랐다. 뻥 둘러서서 그 물건을 보면서 의견이 분분하여 순간 매우 시끌벅적하였다.

이때 부처님께서 아난에게 도대체 무슨 일이 생겼는지 가서 한번 보라고 하였다. 아난존자는 가서 보고 곧 돌아와 붓다에게 그 사실을 알려드렸다. 그래서 부처님께서는 여러 비구들을 데리고 함께 큰 물고기 옆으로 갔다. 이 미혹을 풀어주길 기대하는 대중 속에서 부처님께서 물고기에게 물었다.

"그대는 '가비리(迦毗梨: 수론파數論派의 시조)'인가?"

큰 물고기가 대답하였다.

"그렇다."

부처님께서 또 물었다.

"그대는 현재 어디에 있느냐?"

큰 물고기가 대답하였다.

"지금 아비지옥에 떨어져 있다."

아난과 대중들이 이에 대하여 의문이 가득 차서 붓다에게 물으니 부처님께서 아난에게 알려주었다.

과거 가섭불이 세상에 계실 적에 한 바라문이 사내아이 한 명을 낳았는데 이름이 '가비리'였다. 이 남자아이는 총명하고 영리하며 박식하게 성장하였는데, 당시 바라문 중에서 그의 학식과 웅변에 비할 수 있는 자가 없었다. 그의 부친은 임종할 적에 그에게 재삼 부탁하길, "너는 절대 가섭불의 제자와 변론해서는 안 된다. 그들 출가자의 지혜는 심오하여 네가 비할 수 없다."라고 하였다.

아버지가 죽은 뒤 가비리의 어머니는 아들에게 사문으로 가장하여 들어가 지식을 훔쳐 배워 변론에서 사문들을 손쉽게 이기라고 하였다. 가비리는 내키지 않았지만 어머니에게 저항할 수 없어 그대로 할 수밖에 없었다. 원래 가리비는 매우 총명했고 배우기를 좋아했기 때문에 짧은 시간 안에 많은 경전을 외웠고 그 뜻을 이해하였다.

하루는 그의 어머니가 "이제 저 불제자들을 변론으로 이길 수 있느냐?"라고 물었다. 가비리는 아직 선정에 있는 비구들을 이길 수 없다고 대답하였다. 그의 어머니는 그의 대답에 기뻐하지 않으며, 변론으로 이길 수 없을 때는 나쁜 말과 욕을 하면 비구들은 틀림없이 묵묵히 말하지 않을 것인데, 이때 옆에서 보는 사람들은 가비리가 이겼다고 여길 것이라고 가르쳤다. 어머니의 부추김 속에서 그는 매일 가섭불의 제자와 변론을 하며 지려고 할 때마다 욕을 심하게 하였다.

"이런 어리석은 놈들. 식견도 지혜도 없는 것이 짐승보다 아직 멀었네, 뭘 안다고."

이렇게 가비리는 100마리 짐승을 이용하여 수행인들을 욕하였다. 이 과보로 그는 오늘 이러한 머리 100개 달린 괴물이 된 것이다.

아난은 또 붓다에게 "가비리는 언제야 비로소 이 죄보를 씻을 수 있습니까?"라고 물었다. 붓다의 대답은 그는 현겁에서 천 불이 입적하신 뒤에도 해탈할 수 없다는 것이었다. 붓다의 대답은 대중들을 매우 상심하게 하였다. 그들은 스스로도 모르게 한 목소리를 내었다.

"몸과 입과 뜻의 행동은 삼가지 않아서는 안 되는구나!"

가비리는 그 어머니 때문에 죄를 지었지만 이 과보는 결코 그를 위해 나누어 책임질 사람이 없다. 만약 그가 당시 자신의 나쁜 말이 불제자를 성나게 한 악과에 대하여 분명하게 알 수 있었다면, 그는 절대 이 고통의 원인을 짓지 않았을 것이라고 믿는다. 이처럼 성내는 마음의 악업으로 악과를 불러온 공안은 『백업경』에서 많이 볼 수 있다. 이것은 단지 고대의 전설일 뿐이라고 치부해서는 안 된다. 만약 수행인들이 늘 그를 인용하여 경계로 삼을 수 있다면 자신의 마음은 악업 고통의 원인에 대하여 틀림없이 두려움이 생길 것이다. 성내게 하는 어떤 환경을 만나는가를 막론하고 스스로 이것들을 기억할 수 있다면, 당시의 인욕이라는 작은 고통과 성냄으로 인한 거대한 고통의 과보를 따져본다면 반드시 참아낼 수 있을 것이다. 수행인들이 자신의 일생을 회고하여 볼 때 조금도 의미 없는 많은 일들을 위하여 스스로 무수한 고통을 참아낸 적이 있다면, 현재 비할 수 없는 대사업을 위하여 인욕을 닦는 작은 고통을 감수하는 것에 또 무슨 불가함이 있겠는가?

爲欲曾千返 墮獄受燒烤 위욕증천반 타옥수소고
然于自他利 今猶未成辦 연우자타리 금유미성판

탐욕을 위해 화를 내어 몇 천 번
지옥에 떨어져 불타는 고통을 받았지만
자신과 타인의 이익에는
조금도 성취한 것이 없다.

삼계 윤회 속의 중생은 무명의 어리석음이 마음을 덮었기 때문에 바른 선택을 하지 못하고 욕망에 몰리어 각종 성냄 악업을 지었다. 이 성냄 악업이 성숙해진 뒤에는 바로 스스로 오랜 겁 동안 지옥에 떨어져 고통을 받는다. 『법화경』에서 말하길, "모든 욕심의 인연으로 마침내 악도에 떨어져 육도를 윤회하면서 온갖 고통을 받을 준비를 한다."라고 하였다. 시작도 없는 옛적부터의 윤회 속에서 이러한 경력은 매번 중복되었다. 뜨거운 지옥에서 철물과 함께 끓여지고 추운 지옥에서 딱딱한 얼음과 함께 얼려 찢기며, 칼 숲에서 천 갈래로 잘리고 여러 산의 충돌 속에서 먼지처럼 부서지는 등, 이 모든 것을 각각의 중생들이 모두 예외 없이 경험하였다.

화지 린포체는 『대원만전행인도문』에서 말하길, "모든 중생은 탐욕스런 마음 때문에 무시이래의 윤회 속에서 지옥에서 머리가 잘렸던 적이 셀 수 없을 정도이다. 이미 지옥에 태어났을 때 마셨던 구리즙과 철물이 사대양의 물보다도 많다."라고 하였다. 이렇게 많은 고난을 받았지만, 이 고통들이 그대 자신과 타인에게 무슨 이익을 가져다주었는가? 아무 이익도 없으니 이렇게 그동안 받은 고통들은 조금의 가치도 없다.

지옥에서의 고통이 자신이나 타인에게 해탈의 이익을 이루어줄 수 있는가? 할 수 있었다면 우리는 이미 해탈했었어야만 한다. 어떻게 보는가를 막론하고 이러한 고통은 조금도 이익이 없다. 사람들은 세간에서 가장 큰 유감과 고통이 바로 자신의 노력이 수포로 돌아가 유익한 결과를 얻을 수 없는 것이다. 우리는 평상시 늘 자신이 치룬 고통에 대하여 결과를 얻을 수 없어 유감스러워 한다. 그러나 정작 자신이 윤회 속에서 아무런 이익 없이 겪은 지옥 고통은 왜 더욱 가슴 사무치게 유감스럽다고 느끼지 않는가!

일찍이 윤회 속에서 사람들은 셀 수 없이 많이 지옥에 떨어져 무수한 고초를 받았지만, 조그만 의리도 이루지 못하였다. 어떤 사람은 이러한 것을 생각하면 아마도 답답해 죽을 것이다. 마찬가지로 무시이래의 윤회를 계속하는 과정에서 우리들은 일찍이 수없이 아귀도·방생도에 떨어지기도 했다. 화지 린포체는 말하길, "만약 일찍이 개미 등의 작은 생명체로 태어난 몸을 한곳에 쌓으면 수미산보다 높을 것이다."라고 하였다. 이러한 과정에서 받은 고통은 또 얼마이겠는가? 이와 마찬가지로 삶이 전환되어 인간계·아수라계에서 받은 기갈·추위·더위의 고통 및 살해의 공포 등도 생각할 수 없이 많다. 이 모든 고통을 참아내었지만 자신과 타인에게 조금의 이익도 이루어주지 못했다면, 현재 자신과 타인의 궁극적 성불 대사업을 위하여 수행 중의 아주 작은 고통을 참는 것이라면 어찌 무엇이든 할 수 없겠는가?

어떤 사람들은 아마도 "윤회 고통은 경전 속의 허구에 불과할 뿐인데, 지옥 악도가 뭐 그리 놀랄 만하겠는가?"라고 생각할 것이다. 이러한 생각을 가진 사람은 진정 삿된 견해의 그물에 빠지게 된다. 『열반경』에서 말하길, "믿음은 있는데 이해가 없으면 무명이 늘어나고, 이해는 있는데 믿음이 없으면 삿된 견해가 자란다."라고 하였다. 치아메이 린포체는 "그가 선법의 공덕, 악업의 잘못, 지옥의 고통과 수명 등을 설함을 들어도 스스로 인정하지 않는다. 이러한 사람의 삿된 견해 죄업은 무간죄보다 더 무겁다."라고 말한 적이 있다.

수행인들은 자세하게 자신을 관찰하여 만약 이러한 의문이 있다면 거듭 주의해야 한다. 윤회는 본래 이렇게 잔혹하다. 단지 범부의 마음이 업장 번뇌에 가려져 자신이 지난날 받은 고통을 기억할 수 없고, 또 세상에 나온 성자처럼 헤아려서 윤회가 본래 고통의 온상이라는 것을 볼 수 없기 때문이다. 우리의 기억력은 하루 전의 일도 세세히 기억할 수 없다. 시력은 몇 백 미터 밖의 물건은 분명하게 볼 수 없다. 우리의 지혜는 자기 신체의 구조조차도 잘 알 수 없다. 이렇듯 마치 우물 속의 개구리와 같은데, 어떻게 붓다의 그렇게 큰 바다처럼 끝없는 지혜의 경계를 부정할 능력이 있겠는가?

나는 수행인들이 이에 대하여 반복해서 사유하고 윤회 인과와 관련된 가르침에 대하여 더 많이 열람하여 자신의 신심이 점점 높아지길 바란다. 그렇지 않으면 수행인들은 삿된 견해를 바탕으로 불법을 듣고 사유하여 계속해서 오염될 것이다. 가령 선행을 행해도 해탈 성도로 나아갈 수 없고 죄악을 증가시킬 뿐이다. 만약 우리가 삼보에 대하여 바른 믿음을 구족하였다면 지옥 고통을 이해한 뒤에 스스로 자연스럽게 싫어하는 마음과 도를 향한 결심이 일어날 것이다. 이때 수행의 작은 고통에 대해서도 조금의 나약함 없이 인내할 수 있고 스스로 진일보한 수행법에 나아가게 된다. 우리가 매일 대원만·대수인을 배워도 인과 윤회 등의 기초 가행법에 대하여 신심을 갖추지 못하면, 기초가 되는 1층과 2층을 원하지 않고 공중의 3층만 원했던 『백유경』의 어리석은 사람과 똑같게 된다. 이러한 어리석은 마음과 망령된 생각으로는 절대로 성공할 희망이 없다.

安忍苦不劇 復能成大利 안인고불극 부능성대리
爲除衆生害 欣然受此苦 위제중생해 흔연수차고

원한을 인내하는 고통은 결코 그리 심각하지 않고,
또한 큰 이익을 이룰 수 있다.
중생의 해로움을 없애기 위해
나는 이 경미한 고통을 기쁘게 참을 수 있다.

범부의 입장에서 말하자면 인욕을 닦는 것은 확실히 고행이다. 왜냐하면 사람들은 자신과 친구들이 다른 사람에게 경멸·비방과 손해 입는 것을 원하지 않기 때문이다. 성나게 하는 경계 앞에서는 완전히 아집 번뇌 습기와 상반되게 행해야 하는데 범부에게는 확실히 곤란한 점이 있다. 그러나 이성적인 지혜가 있어 인과응보의 사리에 밝은 사람이라면 이것에 대하여 결코 곤란함을 느끼지 않을 수 있다. 왜냐하면 그는 이 인욕을 닦는 고통이 윤회 악도의 고통과 비교할 때 말할 수 없을 정도로 미미하며, 이 작은 고통으로 자신과 타인에게 무량한 고통을 없애주고 안락을 가져다줄 수 있다는 것을 알기 때문이다. 그러므로 지혜로운 사람은 기꺼이 이 작은 대가를 지불하고서 부모중생의 끝없는 고난을 종식시켜 줄 수 있는 것이다.

이것은 인욕을 닦는 고통의 정도와 얻는 이익을 비교함으로써 인욕 닦는 것을 권한 것이며, 모든 수행자가 닦아야 하는 비결이다. 자신이나 자신이 집착하는 대상이 타인으로 인해 손해를 입었을 때 이 방법을 운용할 수 있다. 자신이 지금 참고 있는 고통과 악도의 고통을 비교하여, 자신이 지금 작은 고통을 참는 작은 대가로써 장차 큰 이익을 얻음을 생각하고 중생을 제도하겠다는 서원을 다시 한번 상기한다면, 바로 굳세어져서 편안하고 흔들림 없이 모든 것을 참을 수 있다.

사람과 사람 사이는 복잡한 업연으로 뒤섞여 있기 때문에 각양각색의 모순 충돌이 시도 때도 없이 발생할 수 있다. 이러한 상황을 만났을 때 어찌되었건 간에 우리는 우선 자기 마음을 관찰해야 한다. 만약 마음에 인내함이 그다지 좋지 않다면 즉시 수승한 치료법으로 관해야 한다. 비록 "행하기 어려운 것은 참아낼 수 없다."라고 말할지라도 이러한 고통은 악도의 고통에 비교할 때 여전히 아주 차이가 많이 나며, 심지어 우리 일상생활 속의 추위·더위·질병 등 고난과 비교할 때에도 아주 경미한 것이다. 더욱이 그 자리에서 인욕을 닦아 자신과 상대방의 충돌을 줄이고 고난을 극복할 수 있다면, 장기적으로 볼 때 인욕을 닦은 이익이 무궁하지 않겠는가?

석가모니불이 보살행을 닦을 때 수많은 인욕 고행을 닦은 적이 있다. 예를 들면 세존이 삶을 바꾸어 인욕선인·용왕·비둘기 등이 되어 보살행을 닦을 때 중생을 이롭게 하기 위하여 베이고 불에 타는 등 각종 상상하기 어려운 고통을 참았다. 이를 통하여 신속하게 거대한 성불 자량을 쌓아 무량 중생이 불법 감로의 은택을 얻어 영원토록 삼계 고통에서 해탈하여 궁극의 안락을 얻게 하였다. 그러므로 인욕을 닦는 것이 비록 작은 고통일지라도 이익은 비할 수 없다.

우리는 본사 석가모니불의 제자가 되어 삼계 중생의 끝없는 고통을 끊어버리고자 하는 원을 세웠다. 그러므로 이치상 우리는 마음으로 기꺼이 이를 위해 온갖 역경 고통을 인내해야 한다. 또한 더 나아가 고통을 참을 기회를 얻은 것에 대하여 비할 수 없는 기쁨을 느껴야 한다. 왜냐하면 그대가 만약 수행의 대도에서 가시나무가 자신을 찌르는 고통을 느꼈다면, 바로 그대가 전진하고 있으며, 대도의 끝이 바로 모든 중생에게 영원한 안락의 불과를 수여함을 증명하는 것이기 때문이다.

『적집경』에서 말하길, "하물며 중생도 지옥과 염라 세계에서 극심한 고통을 받는데, 어찌 불자가 보리를 위하여 머리가 잘리고 사지가 베이는 고통을 참지 못하겠는가?"라고 하였다. 『경관장엄론』에서는

"대자대비의 마음을 갖춘 사람은 타인이 해를 끼치는 고통을 기꺼이 인욕하고, 중생에게 이익을 주는 고통을 흔연히 받아들인다."라고 말한다.

우리는 계속 인욕품을 듣고 사유하고 수행하므로 많은 사람들이 확실히 이 가르침으로부터 많은 이익을 얻을 것이다. 이러한 기초 위에서 수행인들이 계속 노력하고 진일보하여 자신에게 관용·자애·이타의 마음으로 타인의 해 끼침을 받아들이도록 요구하기를 희망한다. 수행인들은 곳곳에서 대승 불자의 신분으로 자신을 각성시키고 자아와 자신이 집착하는 것을 버려야 한다. 아울러 우리는 늘 중생들 모두가 저 아무 의미 없는 목표에 집착하고 곳곳에서 악업을 행하고 있음으로 인해 그들이 늘 큰 고통 만나는 것을 불쌍히 여기며, 이 부모중생들이 고통에서 벗어나도록 인도하기 위하여 대지처럼 모든 고통을 받아들이고 수행에 노력하며 원만한 보리를 증득하도록 해야 한다.

C. 적이 잘됨을 질투하여 화냄을 소멸함
a. 적이 칭찬 받음을 기뻐함

人讚敵有德 若獲歡喜樂 인찬적유덕 약획환희락
意汝何不讚 令汝自歡喜 의여하불찬 영여자환희

원수에게 공덕이 있음을 칭찬하고
더불어 즐거워하는 기쁨을 누린다면
마음 그대여! 어찌 마음으로 하여금

스스로 기뻐한 것을 찬탄하게 하지 않겠는가?

범부에게는 모두 원수들이 있다. 피차 온갖 악연 때문에 서로 만났을 때 마음속에 늘 편치 않은 점이 있다. 만약 어떤 사람이 이 원수에 대하여 그의 재산·권위·지식·수양 등 칭찬하고 공경하는 소리를 들었다면, 일반인의 마음속에는 곧 불쾌한 정서가 일어날 것이고 심지어 성냄 분노가 일어난다. 이것은 일상생활에서 우리가 늘 만나는 성냄 환경이며, 또한 반드시 치료해야 하는 악습이다.

타인이 원수를 찬탄할 적에 찬탄하는 사람과 원수 모두에게 환희심을 일으켜야 하는데, 왜 그러한가? 타인이 진정으로 어떤 사람을 찬탄하고 수희한다면 분명 찬탄받는 사람의 어떤 방면 공덕에 대하여 매우 흠모하고 기뻐하여, 공경과 환희의 마음을 품고 찬탄할 적에 쌍방은 모두 이 때문에 유쾌할 것이기 때문이다. 이는 당연한 일이다. 그들이 이 때문에 기뻐하여 마음속에 기쁨과 위안을 느꼈을 때, 만약 이치대로라면 우리 역시 그들을 따라서 자기 마음이 기쁨과 위안을 느껴야 한다.

원수에게 장점과 공덕이 있어 우리가 만약 기뻐하고 찬탄한다면, 자신 역시 마음속으로부터 수희의 안락을 얻을 것이다. 만약 증오스런 태도로 대한다면 얻는 것은 불쾌하고 성냄 번뇌의 고통이 있을 뿐이다. 뿐만 아니라 우리는 보리심을 낸 대승 수행자로 매일 경을 읽을 때 모든 중생이 영원히 안락하고 안락의 원인을 갖추기를 먼저 생각해야 한다. 매일 이렇게 발원한다면 그 사람들은 오늘 이미 안락과 안락인因을 얻었고, 우리의 바람은 이미 부분적으로 실현되었으므로 이치상 당연히 환희심이 생겨야 한다.

그러나 사람들은 늘 거꾸로 행한다. 어떤 사람이 자신과 관계가 좋지 않은 사람을 찬탄하는 것을 볼 때는 매우 불쾌하여 마치 마음을 큰 돌덩이가 누르고 있는 것처럼 참기 힘든 것 같다. 설령 이러한 찬탄들이 사실에 부합할지라도 자신은 또한 인정하지 못하고 온갖 방법으로 구실을 찾아 비방할 것이니, 이러한 방법은 사실 비열한 방법이다.

수행자가 되어 공평하고 정직한 것은 반드시 갖추어야 할 인격이다. 맥팽 린포체는 말하길, "공평과 정직은 하늘과 사람의 도이며, 허위와 사기는 삿된 악마의 도이다."라고 하였다. 우리가 만약 진정한 수행자가 되고 싶다면 다른 사람과 자신의 관계가 어떠하건 간에 공평하고 정직한 마음으로 대해야만 하고, 다른 사람의 공덕에 대하여 긍정적 인정을 해주어야 하며, 넓고 자애로운 마음으로 모든 사람을 포용하여 그들의 안락 때문에 기뻐해야 한다.

『법화경』에서는 "모든 중생을 위하여 기뻐하며 사랑하고 공경한다."라고 설한다. 대승 수행인은 자애와 공경으로 모든 중생을 대하여 그들에게 환희심이 일어나게 해야 한다. 우리가 이러한 자애심을 가지고 자신의 원수를 공경하며 공평하고 정직하게 대할 수 있다면, 그가 다른 사람의 찬탄을 받았을 때 성내지 않을 수 있을 뿐만 아니라 더불어 수희할 수 있다.

如是所生樂 唯樂無性罪　여시소생락 유락무성죄
諸佛皆稱許 復是攝他法　제불개칭허 부시섭타법

이와 같은 수희찬탄의 즐거움은
그 어떤 죄악도 되지 않는 청정한 안락으로
모든 부처님과 성현이 이를 칭찬하고 인정하셨으니,
또한 타인을 섭수하는 법이 된다.

타인의 공덕을 수희찬탄하면 자신과 타인이 모두 안락을 얻을 수 있게 된다. 이러한 안락은 깨끗한 선법이며 그 근원은 환희이므로 지금 나타나는 것이 안락이며 그 결과 역시 안락이다. 잠시와 궁극, 현생과 내생 등의 각 방면에서 관찰해 볼 때 수희찬탄은 모두 안락의 근원이 된다. 수행자는 이러한 방편법들의 도움으로 조용하고 경쾌한 마음 상태를 유지하며 마음속 고뇌를 끊어버려야 한다.

불구덩이 같이 험난하고 고통스러운 세간의 환경에서 고통과 장애는 필연적으로 많을 수밖에 없다. 하지만 안락한 마음 상태를 유지하기만 한다면 이 모든 것에 정확하게 대응하여 고난을 수행을 돕는 인연으로 순조롭게 전환시킬 수 있다.

『만보인생적화원漫步人生的花園』에 이런 이야기가 있다. 한 부자가 있었는데 그는 늘 괴로워하며 사방으로 즐거움을 찾아 많은 사람들에게 물었다. 그러나 세상 사람 누구도 그에게 즐거움을 줄 수 없었다. 나중에 어떤 사람이 그에게 알려주길, "만약 당신이 세상에서 가장 즐거운 사람을 찾아 그의 옷을 얻어 입을 수 있다면 당신은 즐거움을 얻을 수 있소."라고 하였다. 그래서 그는 매우 열심히 '가장 즐거운 사람'을 찾았다. 마침내 '가장 즐거운 사람'이 고요한 숲속에 있다는 것을 알았다.

숲으로 가서 그는 이 자유자재한 수행자를 보고서 물었다.
"당신이 세상에서 가장 즐겁다는 사람입니까?"
수행자가 답하였다.
"그렇다고 할 수 있지요. 나는 지금 조금도 고통스럽지 않소."
부자는 아주 급박하게 말하였다.
"나는 곳곳에서 즐거운 사람을 찾는 사람이오. 듣자하니 당신이 입은 옷을 입으면 고통에서 벗어나 안락을 얻을 수 있다고 하오. 나에게 주십시오!"
수행자가 그에게 말하였다.
"사실, 나는 아무 옷도 없소!"
부자는 수행자의 대답을 듣고 마침내 '세상에서 가장 즐거운 사람'은 원래 탐욕이 없는 사람이라는 것을 깨달았다.

즐거움의 원천은 탐욕스럽지 않고 속박하지 않는 마음에 달려 있지 외부환경에 달려 있는 것이 아니다. 이 이치를 깨달은 뒤 그는 마침내 즐거운 인생을 얻었다. 적천보살은 이 이야기 끝에 재산·지위·미모·재능 등은 결코 사람에게 즐거움을 줄 수 없음을 말하고 있다.

이러한 안락은 모든 부처님과 보살이 찬탄하신 것이다. 본사 석가모니불은 『반야경』에서 말하길, "6바라밀다에 안주한 사람을 수희하고 찬탄해야 한다."라고 하였다. 타인의 공덕을 수희하는 것은 실제로 모든 부처님과 보살, 고승대덕들이 중생을 섭수하는 수승한 방법이다. 보살행에는 '육도사섭법六渡四攝法'[10]이 있다. 사섭법 중에서 '애어愛語'

---

10 사섭법四攝法은 중생을 불법佛法으로 이끌기 위한 보살의 네 가지 행위, 곧 부처의 가르침이나 재물을 베푸는 보시布施, 부드럽고 온화하게 말하는 애어愛

는 자애롭고 공경스런 언어로 다른 사람을 찬탄하며 다른 사람이 선행에 힘쓰도록 격려하는 것이다. 많은 고승대덕들이 중생을 이롭게 하는 과정에서 이 방법을 이용하여 사람들로 하여금 큰 기쁨과 신심을 일으키도록 했는데, 바른 소견을 갖고 있는 많은 사람들도 종종 이로써 안락을 일으킨다.

謂他獲樂故 然汝厭彼樂 위타획락고 연여염피락
則應不予酬 此壞現後樂 즉응불여수 차괴현후락

수희찬탄은 적들로 하여금 즐거움을 얻게 하지만,
당신은 그들이 즐겁기를 바라지 않는다고 한다면,
이는 곧 당신의 하인들이 스스로를 즐겁게 할 보수를 안 주는 격으로,
이생과 내세의 행복을 모두 잃게 하는 것이다.

앞의 두 게송에서 말한 것처럼, 누군가가 우리의 적을 찬탄하여 찬탄하는 사람과 찬탄받는 사람이 모두 마음속에서 안락을 얻을 때, 범부들은 이 때문에 매우 기쁘지 않다. 다른 사람이 이러한 칭찬을 들을 적에 마음속에 벌레가 엎드려 있는 것처럼 매우 참기 어려워 "아, 당신은 말하지 마라. 나는 듣고 싶지 않아."라고 말하기 일쑤이다. 안색은 그 자리에서 어두워지고, 질투 번뇌가 훼방을 놓아 타인이 환희와 안락을 얻는 것에 만족하지 못하며 이에서 한걸음 더 나아가 이에 대하여 증오심을 일으키기도 한다.

語, 남을 이롭게 하는 이행利行, 서로 협력하고 고락을 같이하는 동사同事를 말한다.(『시공불교사전』, 곽철환, 시공사, 2003)

이러한 범부들의 방식에 따른다면, 사람들은 자신의 하인에게 보수를 지급하지 않아 그들로 하여금 환희 안락을 얻지 못하게 해야 한다. 그러나 일반인들은 이렇게 하지 못할 것이다. 이렇게 한다면 아랫사람들 마음에 기뻐하지 않거나 배신하는 마음이 생겨나 자신이 당장 손해를 입을 뿐만 아니라 내세에도 이 때문에 불행의 과보를 얻을 것이라는 것을 사람들이 분명하게 알기 때문이다.

우리의 평상시 마음과 의지를 지혜로 분석한다면, 어리석게 전도되고 치우친 집착이 많다는 것을 발견할 것이다. 다른 사람이 우리의 원수를 찬탄하여 그들이 이 때문에 즐거움을 얻었는데, 우리는 도리어 질투·성냄 등의 성난 불길 속에서 고통스러워하며 편안하지 못하다. 타인의 안락과 선행을 수희찬탄하지 못하고 도리어 성을 내어 스스로를 고통스럽게 한다면, 이것은 스스로 고통을 불러오는 나쁜 병폐일 뿐이다.

즐거움을 얻고 싶다면 우선 다른 사람을 즐겁게 해야 한다. 만약 다른 사람을 고통스럽게 하고 싶어 하면 반드시 자신이 먼저 고통을 얻을 것이다. 우리는 우리의 권속 부하들을 대할 때는 이 이치를 분명하게 아는 것 같다. 그러나 자신의 원수를 대할 때는 깡그리 잊어버린다. 부하 직원들을 가혹하게 대하여 그들에게 월급이나 보수를 지불하지 않으면 그들이 곧 떠나거나 파업을 하여 우리가 현생에서 고통을 받을 것이라는 것을 안다. 뿐만 아니라 인과규율에 따라 우리의 내세의 안락도 잃어버리게 된다. 스스로 원수를 질투하고 성내어 그들이 안락하길 바라지 않고 고통 속에 있게 하고 싶다면, 이러한 방법 역시 인과규율을 벗어나지 못하여 현생과 내세의 안락을 잃게 한다.

　자신의 원수가 안락을 얻었다고 성을 내는 것은 스스로에게 고통의 원인과 결과를 만들어주는 것 외에 다른 효과를 갖지 못한다. 우리는 대승 불법의 학인으로 이 이치를 분명하게 알아야 한다. 만약 자신이 이 어리석고 좁은 마음을 끊어버리지 못한다면 근본적으로 상사 삼보의 가르침을 위배할 수 있다. 수행인들은 이 점에서 더욱 사유하고 자신의 적에 대한 성냄과 증오심이 도대체 무슨 정당한 이유가 있으며 자신과 타인에게 어떤 이익을 가져올 수 있는가를 관찰해야 한다.

　앞서 배운 인욕 수행법을 자신의 원수가 되는 대상에 운용하여 자기 마음에 충분히 변화가 있게 하여 성냄 번뇌를 점점 조복시킬 수 있다면, 각자의 문·사·수 수행이 문자와 입속에만 머물러 있지 않음을 증명한다. 까담파의 대사들은 말하였다. "성냄 번뇌가 얼마나 강렬하든지 간에 사람 마음의 가장 큰 특징은 반죽 덩어리처럼 충분히 바라는 모양대로 개조시킬 수 있다는 것이다." 배운 비결을 이용하여 조금씩 마음 다스리는 것을 닦을 수 있다면, 가장 강한 마음도 부드럽게 할 수 있고 인욕바라밀도 분명히 원만해질 수 있다.

　　他讚吾德時 吾亦欲他樂 타찬오덕시 오역욕타락
　　他讚敵功德 何故我不樂 타찬적공덕 하고아불락

　　누군가가 나의 공덕을 칭찬할 적에
　　그 사람 역시 수희찬탄한 즐거움을 얻기를 바라면서
　　다른 사람이 원수의 공덕을 칭찬할 때에는
　　왜 기뻐하지 않는가?

일반적으로 우리는 타인의 칭찬을 받을 적에 마음속에 자연 즐거움이 일어난다. 또한 동시에 나를 칭찬한 사람에게도 안락이 생기기를 희망한다. 남이 나를 찬탄하는 것을 좋아하는 것은 인지상정이다. 그러나 이에 대한 지혜로운 사람과 어리석은 사람의 반응은 완전히 다르다.

어리석은 사람은 타인의 칭찬을 들으면 바로 그 이유는 잊어버리고 득의양양하여 근본적으로 타인의 칭찬이 실제에 부합하는지 아닌지를 판단하지 않는다. 또한 어떻게 하는 것이 이 일을 정확하게 처리하는 것인지 알지 못한다. 그러나 지혜로운 사람은 이와 다르다. 어느 때이든지 간에 고요하고 침착한 마음 상태를 유지할 것이다. 다른 사람이 자기를 어떻게 칭찬하든지 간에 냉정하고 깨어 있는 머리로 대처할 것이다. 허위의 부추김에 동요되지 않을 것이므로 만약 타인이 진정으로 자신의 공덕을 찬탄한다면, 지혜로운 사람은 그것을 담백하게 처리하여 그 공덕을 모든 중생에게 회향하고 그들이 안락해지기를 원할 것이다.

타인의 칭찬을 들었을 때 사람들은 기뻐하고 그도 이와 같은 안락이 일어나길 원한다. 그러나 타인이 자기가 그다지 좋아하지 않는 사람을 칭찬한다면 사람들의 마음은 즉시 변화가 일어난다. 비록 그가 마찬가지로 선행 공덕을 칭찬하고 있고 마찬가지로 환희의 기쁨을 내고 있을지라도 일반인의 마음은 타인이 자신을 칭찬할 때와는 완전히 달라 바로 타인의 수희함에 대하여, "흥, 그대가 이렇게 내 원수를 칭찬했단 말이지. 정말 괘씸하군!"라고 하며 성낼 것이다. 똑같이 선행을 수희하는데, 왜 이에 대하여 구별하여 대하는가? 설마 어떤 공덕 장점이 다른 사람의 몸에는 다른 성질을 가지고 있단 말인가? 남이 나의 원수의 공덕을 기뻐하는 행위는 악업이고 나에게 손해를 끼친단 말인가? 어떻게 관찰하여도 이것은 성립될 수 없다.

예를 들어 사이가 좋지 않은 어떤 사람과 그대가 동시에 『입행론』을 염송하게 되었다. 사람들이 그것을 듣고서 진심으로 그대를 찬탄한다. "아, 그대는 정말 훌륭해. 얼마나 지혜로운 거야." 이때 그대는 틀림없이 마음속으로 그가 안락과 공덕을 얻기를 바랄 것이다. 그러나 그가 이어서 그대와 관계가 좋지 않은 다른 사람도 찬탄하며 "아, 그는 정말 대단해."라고 말한다면 이때 그대의 마음은 기쁜 마음을 낼 수 없을 것이다.

이 상황을 분석하건대, 두 사람 모두 이 논을 암송하였고 사람들은 똑같이 그 선법의 공덕을 수희찬탄하였으니, 이에 대하여 어떤 경우는 기뻐하고 다른 경우에는 성을 낼 이유가 전혀 없다. 그가 당신의 적의 행동을 찬탄한 것 역시 청정한 선법이다. 모두의 선법 공덕, 심신 등의 측면에서 어떤 손해 역시 없다. 다른 반응을 불러일으킨 것은 단지 우리 마음속의 질투·성냄 번뇌이다. 자신의 마음을 조복하지 못하여 이러한 번뇌에 이끌려 타인에게 불쾌함을 일으킨다면, 악업을 지어 자신의 현생과 내생에서 더 큰 고통의 과를 불러온다는 것은 의심의 여지조차 없다.

나는 생각한다. 『입행론』의 이 가르침들은 설법하는 법사이건, 늘 산속에 거주하며 문을 닫아건 수행자이건, 혹은 도시의 바쁜 세상 사람이건 간에 모두 적용된다. 만약 마음속에서 이 가르침들에 대하여 결정적인 견해를 내었다면, 그의 일생은 많은 불필요한 고통이 줄어들고 진정한 인생 안락을 얻을 것이다. 아쉽게도 우리 많은 사람들은 어렸을 적에 세간·출세간의 충만한 지혜의 가르침을 얻지 못하였다. 때문에 어른이 된 뒤에도 복잡한 사회 환경에 직면하여 종종 어떻게 처리해야 할지 모른다. 최근 티베트의 몇몇 사범학교 교과과정에서 『입행론』을 배우도록 안배하였다. 그 학생들은 졸업한 뒤 인격·일·능력의 각 방면에서 매우 특출해서 많은 사람들의 찬탄을 얻었고, 그들도 선량한 인격으로 많은 사람들에게 좋은 영향을 끼쳤다.

初欲有情樂 而發菩提心 초욕유정락 이발보리심
有情今獲樂 何故反嗔彼 유정금획락 하고반진피

애초에 모든 유정들의 안락을 바라고
중생을 이롭게 하겠다는 보리심을 내었다면,
현재 유정 스스로가 안락을 얻었는데
왜 나는 도리어 그 때문에 성내는가?

우리가 처음 대승에 들어왔을 적에 일찍이 시방 모든 부처님·보살·금강상사를 청하여 자신의 증인이 되어주길 기도하며 "모든 중생의 위없는 안락을 위해 반드시 보리를 증득하는 데 노력할 것이다."라고 발원하였다. 지금 어떤 중생들이 다른 사람의 찬탄을 받거나 공덕을 찬탄하고 수희한 것 때문에 안락을 얻었는데, 이때 만약 우리가 이 때문에 성냄을 일으킨다면 이 마음은 자신의 처음 맹세와 완전히 위배된다. 처음에 모든 부처님 성존 앞에서 굳게 맹세하였으면서 실제 행동에서는 그것과 완전히 상반된다면 이는 신의를 저버리는 소인배의 행위이다.

우리가 대승 불법을 배우기 위해 처음 입문했을 때 발원한 것은 매우 넓고 크므로 지금 타인의 안락에 직면하여 이치대로 환희를 내어야만 한다. 왜냐하면 자신이 발원할 적에 "원수를 제외한 모든 중생이 안락을 얻기를 원합니다."라고 말하지 않고 "모든 중생이 위없는 안락을 얻기를 원합니다."라고 말했기 때문이다.

지금 중생의 안락에 대하여 질투·성냄 번뇌를 내니, 설마 자신의 보리심에 대한 서원을 잊었단 말인가? 설마 자신이 보리심 서원을 버린 타락죄를 두려워하지 않는단 말인가? 만약 우리가 이 점을 생각할 수 있다면, 반드시 자신을 억제하여 이 불쾌함을 참아 일어나지 않게 할 것이다. 맥팽 린포체는 말했다. "수행인들은 자기 마음 번뇌의 근본을 성찰하여 언제 어디서건 강력한 수단으로 질투·성냄을 끊어버려야 한다. 그렇지 않으면 타인이 안락을 얻는 환경에 접했을 때 자신의 번뇌 독 나무가 또 싹을 내고 독과를 자라게 하니, 이것은 매우 탄식할 일이다."

初欲令有情 成佛受他供 초욕령유정 성불수타공
今見人獲利 何故生嫉惱 금견인획리 하고생질뇌

모든 중생이 삼계에서
공양을 받는 부처가 되기를 바란다고 하면서
그들이 받는 하찮은 이익과 존경은
왜 질투하며 괴로워하는가?

대승 불법의 학인들은 보살계를 받을 때 "모든 중생이 위없는 안락의 정각과를 증득하여 삼계 중생이 공양하는 곳이 되길 원하옵니다."라고 발원해야 한다. 이러한 원보리심을 구족하고서야 보살계를 얻을 수 있다.

우리 각자가 자신을 관찰해 보면, 당초 모든 부처님을 마주했을 때 "모든 중생이 위없는 안락과를 얻을 수 있길 원하옵니다."라고 발원하였다. 결코 "나와 나의 친구들은 안락을 얻고, 원수들은 조금도 얻을 수 없길 원하옵니다."라고 말하지 않았다. 그러나 현재 자신의 평상시 마음과 행동을 보면, 사실 많은 부분에서 서언을 따르지 않고 있다. 누군가가 환희의 마음을 내어 나와 관계가 좋지 않은 사람을 공경하고 찬탄하며 공양을 올렸을 때, 나는 그것을 보고서 바로 질투의 불길[11]에 사로잡힐 수 있다.

현재 타인이 얻은 것은 다만 아주 미미한 이익·존경일 뿐이다. 이 작은 이익·존경은 성불하여 얻는 삼계 중생의 광대한 공양의 이익·존경과 비교할 때 자연 매우 작은 것이다. 원래 발원은 모든 유정들이 성불하여 삼계 중생의 광대한 공양·공경을 얻게 하는 것인데, 지금 타인이 얻은 아주 작은 이익·존경 때문에 질투·증오를 내니, 현재 행하는 것은 자신의 처음 포부와 완전히 상반된다. 스스로 이미 보리심 서언을 버렸는가? 만약 보리심 서언을 버린 심각한 타락죄를 두려워한다면, 왜 원수가 이익을 얻을 때 질투의 번뇌를 내는가?

---

11 이러한 질투 역시 성냄 번뇌에 속한다. 『아비달마』에서 말하길, "탐욕, 명예, 이익 때문에 타인의 원만함을 참지 못하는 것은 성냄의 불락법에 속하는 것으로 바로 질투이다."라고 하였다.

자세하게 분석하면, 원수가 이익을 얻었기 때문에 성을 내는 것은 자신의 지극히 법답지 않은 행위임을 알 수 있다. 평상시 바른 앎과 바른 마음집중을 가지지 않았기 때문에 자신의 번뇌에 순종하여 이렇게 나쁘고 비열한 마음과 행위를 가지게 되었다. 예를 들면 『지장십륜경』에서, "선남자여! 모든 중생은 남이 얻은 이익·공경과 세상에서 칭찬받는 것에 대하여 깊이 질투를 내고 늘 자기 스스로 이익·공경을 추구하며, 세상에서 칭찬받는 것을 일찍 싫어한 적이 없으며 늘 자신을 칭찬하고 남을 경멸하고 비방한다."라고 말한다. 우리가 모두 계속해서 무명에 가려짐을 바라지 않으며, 계속해서 두려운 윤회 고해에 빠지길 바라지 않는다면 왜 질투 등 번뇌를 인내하여 극복하지 못하는가?

b. 적이 복락 얻음을 기뻐함

所應恩親養 當由汝供給 소응은친양 당유여공급
彼今已自立 不喜豈反嗔 피금이자립 불희기반진

중생은 그대가 부양해야 하는 은인이고
그대가 직접 베풀어야 할 친척이다.
그들이 자력으로 행복을 얻었다면 기뻐해야지,
도리어 화를 내야겠는가?

세간 사람들은 성년이 된 뒤에는 부모를 봉양해야 한다. 이것은 사람들이 가져야만 하는 도덕 의무이다. 만약 어떤 사람이 길러준 부모의 은혜를 생각하지 않고 부모 봉양의 책임을 지지 않는다면, 사람들마다 모두 불효막심하고 도덕을 파괴하는 악인이라고 비난할 것이다. 한편 더욱 악하고 비열한 사람이라면, 부모를 봉양하지 않을 뿐만 아니라 온갖 수단 방법을 써서 부모가 자력으로 재물과 행복을 얻는 것을 막을 것이다. 이런 사람은 용서할 수 없는 온갖 죄악을 저지르는 악의 무리로, 현세에서는 수치스러운 처벌과 도덕적인 비난을 받을 것이고 후생의 운명은 더욱 비참해질 것이다.

대승 수행자는 윤회하는 모든 유정들이 일찍이 자신의 부모였던 적이 있어 자신을 길러준 은혜가 막대하다는 것을 알기 때문에, 보살계를 받을 때 스스로 모든 부모중생을 이롭게 하여 그들이 위없는 안락에 처해지길 발원한다. 초발심의 수행자는 자신의 능력이 아직 부족하여 즉시 부모중생을 널리 이롭게 할 수 없다. 이때 만약 부모중생이 자신의 복업과 노력으로 이락을 얻었다면, 이치에 따라 우리는 기뻐하고 그들이 더 많은 안락을 얻을 수 있기를 바라야 한다.

그러나 현실에서 우리의 많은 행동들은 이와 상반된다. 자신과 관계가 잠시 좋지 않은 중생이 그들 자신의 복덕으로 이락을 얻었을 때 우리는 종종 이 때문에 기뻐하지 않으며 질투·성냄 번뇌를 일으킨다. 이러한 행위는 세간의 부모를 봉양하지 않을 뿐만 아니라 부모가 자력으로 안락을 얻는 것 때문에 성내는 불효자와 또 무슨 차별이 있는가? 중생이 현재 자신과의 관계가 얼마나 좋지 않은가를 막론하고 그들은 의심할 것 없이 마찬가지로 자신의 부모였던 적이 있으므로 본래 자신이 그들에게 안락을 제공해야 하고, 우리는 또 일찍이 이렇게 하려고 한다는 것을 발원한 적이 있다. 현재 그들이 자력으로 안락을 얻었는데 우리가 또 무슨 이유로 이 때문에 기뻐하지 않을 것이며 무슨 이유로 성내는가?

어떤 사람들은 현실에서 마음속으로 종종 타인이 이익을 얻은 것 때문에 동요가 일어 성냄 번뇌를 일으킨다. 이것은 모두 본래는 기뻐할 가치가 있는 일이나, 자신의 질투심으로 오염되었기 때문에 그것이 성냄과 질투 번뇌를 일으키는 대상으로 변하였다. 그러므로 만약 바른 앎과 바른 마음집중으로 자기 마음을 관찰하고 다스려 굳건하게 질투 번뇌를 다스리지 못한다면 자신은 이러한 어리석고 비열한 악업을 짓게 된다.

c. 적이 이익 얻음을 기뻐함

不願人獲利 豈願彼證覺 불원인획리 기원피증각
妬憎富貴者 寧有菩提心 투증부귀자 영유보리심

중생이 작은 이익 얻는 것을 원하지 않는다면
어찌 그들이 위없는 보리를 증득하기를 바랄 수 있겠는가?
다른 사람이 부유하고 존귀한 것을 미워하는 사람에게
어찌 보리심이 있을 수 있겠는가?

어떤 사람들은 큰소리로 부끄럼 없이 말하거나 혹은 단지 몰래 마음속으로 자기를 변명하되, "나는 단지 사람들이 세간법에서 너무 자랑삼는 것을 바라지 않는 것이며, 세간 팔법은 중생의 윤회 인과일 따름이다. 나는 출세간의 공덕에 대해서는 수희한다."라고 변호한다.

이러한 마음은 도대체 질투 번뇌에서 나온 것인가, 아니면 진정한 자비심에서 나온 것인가? 삼독 번뇌는 자비·지혜와 한 몸으로 공존할 수 없다. 만약 중생의 아주 작은 세간 이익에 대하여 불쾌한 성냄 번뇌를 일으킨다면, 우리는 기꺼이 중생이 위없는 성불의 안락을 얻는 것을 볼 수 없으며, 더욱이 중생의 해탈도를 돕는 인도자가 되길 원할 수 없다. 보리심의 여의주는 다만 청정한 금 그릇에서만 존재할 수 있을 뿐이다. 타인의 아주 작은 이익조차도 질투하고 증오하는 것 같은 청정하지 못한 마음의 흐름 안에서는 존재할 수 없다.

가령 어떤 사람이 다른 사람의 작은 안락을 용인할 수 없으면서, 자신은 모든 사람들이 위없는 안락을 얻길 바라서 모든 사람이 위없는 안락을 얻도록 도우려 한다고 말한다면, 이 말을 누가 믿을 수 있겠는가? 다른 사람이 자력으로 십만 원 번 것을 보고 질투·증오를 일으키는 사람이 과연 많은 사람들에게 큰 재산을 보시하는 것을 원할 것인가? 이 같은 사람이 백만 원을 보시하는 일의 가능성은 절대 있지 않을 것이다. 좁고 인색한 마음의 흐름 가운데 어떻게 이러한 선심이 있을 수 있겠는가?

우리가 타인의 작은 안락을 용인할 수 없다면, 또한 자신 속에 절대 대비 지혜의 보리심이 존재하고 있지 않은 것임을 알아야 한다. 보리심을 가진 사람은 마음에 항상 모든 중생이 고통에서 벗어나 즐거움을 얻길 바라는 선심이 충만해 있어, 누가 부귀 안락을 얻는 것을 보더라도 충심에서 우러나오는 환희를 일으킬 것이다. 다른 사람이 행복한 것을 참을 수 없는 마음에는 질투의 번뇌 불이 치성해 있어 마음 밭은 이미 다 타버렸는데 보리심의 싹이 아직 생존할 가능성이 있겠는가?

수행자는 자기 마음을 관찰해야 한다. 만약 자신이 안정된 보리심을 내길 바란다면 『사후경』에서, "이후로 나는 타인의 부귀가 원만해지는 것을 참고 질투심을 일으켜서는 안 된다."라고 한 것처럼 해야 한다. 만약 타인의 부귀에 대하여 불쾌한 마음이 일어난다면, 질투·성냄의 마왕이 자신의 보리심 국왕을 왕국으로부터 데려가고 그들이 집정하면서 우리를 윤회 악도의 고통 속으로 몰아넣을 것이다. 이러한 결과는 우리 누구도 바라지 않는다. 어떤 사람은 질투 악습이 특히 깊어 상대가 자신보다 행복한 것을 보면 성낸다. 이러한 사람은 반복해서 사고해야 한다. 이 마음의 행위는 자신과 타인에게 어떤 좋은 점을 가져다줄 수 있는가? 만약 진정 이 번뇌의 위험과 해로움을 인정할 수 있다면 반드시 큰 결심으로 인내하여 번뇌가 목적을 달성하게 하지 않을 수 있다.

若己從他得 或利在施家 약이종타득 혹리재시가
二俱非汝有 施否何相干 이구비여유 시부하상간

원수가 다른 곳에서 이익을 얻었거나,
이익이 여전히 보시자의 집에 남아 있다면
이들이 모두 당신의 몫이 아닌데,
다른 사람이 원수에게 베풀건 베풀지 않건 무슨 상관이 있는가?

다른 사람이 이익을 이미 얻었거나 얻지 않았거나 우리는 질투심을 내어서는 안 된다. 왜 그러한가? 원수가 이미 다른 사람에게서 이익을 얻었는데, 각자의 이익에 조금도 해가 되지 않고 자기 자신과 아무 상관도 없다면 그대는 왜 성내는가? 만약 보시자가 적을 공양하지 않고 그대 역시 아무 이익을 얻을 수 없다면 그대 또한 기뻐할 필요가 없다. 이 두 가지 상황은 모두 그대와 아무 상관이 없는데, 그대가 만약 한편에서 때로 기뻐하고 때로 괴로워하는 것이 마치 미치광이와 같다면 무슨 의미가 있는가?

어떤 시주자가 우리의 원수에게 베풀든 베풀지 않든지 간에 결정권은 그 시주자 자신에게 있으며 우리와는 아무 관계가 없다. 그가 신심에서 내어 다른 사람에게 베푸는 것은 그가 복덕을 쌓는 방법인데, 우리가 그 때문에 괴로워한다면 공연히 악업을 짓는 것이니 지혜롭지 못한 행동이다. 한번 상상해 보라. 어떤 대시주자가 당신과 불화를 일으키는 사람을 공양했다면 그것은 다만 그들 두 사람 사이의 일일 뿐 근본적으로 당신과 무관하다. 또한 각자의 이익을 조금도 훼손시키지 않았는데 그대가 질투하며 죽기 살기로 성을 낸다면, 이는 정신 상태가 비정상인 것이 아니겠는가! 반대로 시주자가 어떤 고려를 하여 나의 원수를 공양하지 않았고 나 역시 어떤 이익도 얻지 못했다면, 내가 또 기뻐할 이유가 무엇이 있겠는가? 하지만 사람들은 보통 주의를 기울이지 않아, 질투 번뇌에 지배당하여 이러한 웃기고 탄식할 만한 일을 벌이기 쉽다.

수행자가 만약 명예 이익 방면의 탐욕을 끊어버리지 못한다면 자신의 소위 수행이라는 것은 바로 아무 의미 없는 것으로 변한다. 그대에게 이전에 얼마나 큰 공덕이 있건 간에 일단 명리에 마음이 흔들려 자신의 원수가 이익을 얻은 것 때문에 질투하고 증오한다면, 모든 수행 공덕 역시 즉시 하나도 남아 있지 않게 된다.

돔된빠 대사는 일찍이 아티샤 존자에게 물은 적이 있다. "현생의 쾌락과 이익·공경 등을 희구하여 업을 지었다면 어떤 과보가 있습니까?" 존자는 대답하길, "지옥·아귀와 축생이 있다!"라고 하였다. 지금처럼 국내외의 사람들이 일부 재산을 가진 시주자 때문에 옥신각신하며 서로 번뇌를 내는 것이 실제로 무슨 필요가 있는가? 만약 다른 사람이 이익을 얻는다면 우리는 수희해야 하고, 다른 사람이 얻을 수 없고 자신에게도 어떤 좋은 점이 없는데 자신이 이 때문에 번뇌를 일으킨다면 이 악업은 대신할 타인이 없을 것이다.

수행자가 되어 우리는 이전 까담파 대사들의 가르침을 학습하여 철저하게 현생을 모두 수행에 바쳐야 한다. 가장 좋은 것은 분공자 대사처럼 하는 것이다. 자신이 시주자들의 공양에 대하여 오염된 탐심을 가지고 있음을 발견할 때, 바로 더 이상 공양을 받지 않는다면 현생에서 더 이상 불선업을 짓지는 않을 것이다.

何故棄福善 信心與己德 하고기복선 신심여기덕
不守己得財 何不自嗔責 불수이득재 하불자진책

왜 다른 사람에게 성내고 해쳐
자신의 복덕, 신심과 공덕을 버리는가?
공덕을 스스로 잘 지키지 못하는 것에 대하여
왜 자신에게 성내고 탓하지 않는가?

인과 도리를 이해하는 사람은 자신의 현생 운명이 지난 생의 업으로 지어져 나온 것이며 고락성쇠·빈부귀천 등이 모두 지난 업이 불러온 것임을 안다. 『화엄경』에서 말하길, "전생의 일을 알고자 한다면 현생에서 받은 것이 바로 그것이며, 내생의 일을 알고자 한다면 현생에 지은 것이 바로 그것이다."라고 하였다. 우리가 지금 받는 고락은 전생의 업인이 불러온 것이며, 자신이 지금 짓는 것은 또 이후의 과를 불러온다.

　이 이치를 분명하게 한다면 자신의 복락·이익·존경 등은 단지 자신의 업에서 취해질 뿐 다른 사람이 결정할 수는 없다. 타인의 이익·존경·복락 등도 우리가 바꾸어 결정할 수 없다. 각자의 복보와 타인의 역할은 조금도 관계가 없다고 말할 수 있다. 만약 그대가 이익과 존경을 얻을 수 없는데 타인이 얻었다면 이것은 조금도 질투할 가치가 없다. 그대가 만약 자신의 복락이 원만하여 그를 뛰어넘길 바란다면, 그대는 복덕을 쌓고 선을 행하며 악을 경계해야 한다. 만약 이와 같지 아니하고 도리어 질투의 악한 마음을 낸다면 이 악업은 자신의 복덕·신심·지계 등 공덕을 훼손시킬 뿐이다. 이렇게 하면 행복의 복보를 늘리고 불러오지 못할 뿐만 아니라 이미 쌓은 공덕을 무너뜨리니, 스스로 무덤을 파고 자신을 파괴하며 고통을 증가시킨다. 그러므로 남을 질투하는 어리석은 일을 하는 대신 이익과 존경을 얻지 못하는 자신에게 성내고 탓하여야 한다.

　우리는 현생에서 매우 얻기 어려운 사람 몸을 얻었고 복 닦을 인연을 얻었다. 자신을 귀하게 여겨 이용하지 않고 도리어 질투와 나쁜 생각을 내어 자신의 현생과 내세의 안락을 무너뜨린다면 자신의 악하고 비열한 행동을 엄하게 책망하여 성냄을 제거해야 한다. 뽀또와 대사는 말하길, "나의 가장 큰 결점은 다른 사람의 커다란 공덕은 보지 못하고 가장 작은 과실은 쉽게 찾아내며, 내 자신의 과실은 아무리 커도 스스로 알지 못하는 것이다."라고 하였다. 뽀또와 대사 같은 대덕에게 당연히 이러한 결점은 없었을 것이다. 그의 말은 단지 뒷사람을 교화시키는 방편일 뿐이다. 우리는 각자 자신에게 이러한 결점이 있는지 없는지를 잘 반성해야만 한다.

于昔所爲惡 猶無憂愧色 우석소위악 유무우괴색
豈還欲競勝 曾培福德者 기환욕경승 증배복덕자

자신이 저지른 죄악을
부끄러워하며 괴로워하기는커녕
어찌 질투하며
다른 사람이 지은 복덕과 경쟁하려 하는가?

많은 사람들은 갖가지 세·출세간 방면의 원만함을 갖고 있으며 재산·지위·명예·재모·지식 등 각 방면에서 모두 범부를 뛰어넘는다. 이러한 사람들과 자신을 견주어 만약 자신이 그에게 미치지 못하면 바로 질투 번뇌를 일으킬 뿐 그 원인을 찾지 않는다. 만약 지혜로운 사람이라면 이 차이는 자신이 전생에서 지은 업의 결과라는 것을 분명하게 알 것이므로 부끄러움을 일으켜 자신을 채찍질하여 더욱 선법에 노력한다.

자신과 잘 지내지 못하는 사람이 이익과 존경을 얻는 것을 보고 마음속이 불쾌할 때, 수행자는 바로 이것이 자신이 지난날 그만큼 선업의 복덕을 쌓지 못하였고 온갖 악업을 지어 자신의 복덕 선근을 훼손시킨 악습의 영향으로 초래된 것임을 알아야 한다. 이때 우리는 자기 지난날의 악업에 대하여 부끄러워하고 후회하는 마음을 일으키고, 이로부터 마음을 바꾸어 선업 방면으로 노력해야 한다.

하지만 미련하고 사리에 어두운 사람은 자신을 변화시키지 못하며, 부끄러움을 전혀 느끼지 못하고 질투·증오를 일으켜 온갖 악행으로 타인과 경쟁하려 한다. 심지어 비열한 수단을 이용하여 타인의 복덕 과보를 훼손시키려고 한다. 이러한 업으로 전도된 마음이 불러올 업보는 말을 하지 않아도 분명하게 알 수 있다. 그대에게 이러한 마음과 행위가 있다면 신통력 있는 이에게 가서, "저는 전생에서 무엇을 했습니까? 앞으로는 어떻습니까?"라고 물을 필요도 없다. 앞에서 인용한 『화엄경』의 경문을 한번 보면 바로 알 수 있다.

근수취자 린포체는 『묘병妙瓶』에서 앞쪽의 몇 게송을 언급하였는데, 적천보살은 지혜와 번뇌가 서로 변론하고 질문하는 방식으로 인욕을 닦는 것이 왜 합리적이고 필요한 것인지를 결택하였다. 이 변론의 답안이 수행인들에게 이미 명확해졌다면 그것을 책에 놓아둘 필요가 없다. 스스로 늘 암송해야 하고 지혜와 사변으로 번뇌와 늘 변론하고 투쟁한다면, 자기 마음속의 지혜는 반드시 번뇌를 압도하여 승리를 얻을 수 있다.

현재는 말법 시대라 중생들의 번뇌가 더욱 치열하다. 이 방편에 의지하여 지혜 역량을 늘리지 않는다면, 우리가 번뇌를 이기는 것은 의심할 것도 없이 매우 어려우니 모든 뜻있는 사람은 스스로 노력하기 바란다.

③자기 욕망이 꺾임에 대해 화냄을 막아 제거함
A. 적이 해함을 성냄

縱令敵不喜 汝有何可樂 종령적불희 여유하가락
唯盼敵受苦 不成損他因 유반적수고 불성손타인

설령 원수에게 불행한 일이 일어난다 해도
그대가 좋아할 일이 뭐가 있겠는가?
단지 원수가 고통을 겪는 것을 보는 것일 뿐
원수가 입는 손해의 원인이 되지 않는다.

원수가 손해 고통을 받았을 때 어떤 사람들은 특히 기뻐할 것이다. 하지만 생각이 있는 사람은 한번 원수가 고통을 받는 것이 나에게 또 무슨 이익과 즐거움이 있는지 생각해 보아야 한다. 그러나 대다수는 이 점을 생각하지 못하고 원수의 재산·권속·명예 등 각 방면의 손해에 대하여 스스로 기뻐하며 득의양양해함을 느낀다. 이는 『대원만전행인도문』에서 예로 든 한 승려가 "빨리 나에게 좋은 차를 내오고 좋은 소식을 들어라. 나의 원수가 파계하였다."라고 한 것과 같다.

이러한 마음 상태는 어리석고 비열한 것으로 자신에게만 해로운 것이다. 타인에게는 아무런 손해가 없으며 오직 자신의 악업만 쌓을 뿐이기 때문이다. 수행인들은 이런 일을 만났을 때 확실히 잘 사유해야 한다. 타인이 손해의 괴로움을 당하는데 나는 도대체 그 속에서 무슨 이익을 얻을 수 있는가? 재산·권력·명예·지위 등 도대체 이 방면에서 나는 이로 인하여 이익을 얻을 수 있는가? 만약 그 속에서 이익을 얻을 수 있다면 세상 사람의 논리에 따라 그대가 기뻐하는 것도 이해할 수는 있다. 그러나 사실 원수가 어떤 재앙을 만나 아주 비참하게 변하더라도 너 자신에게는 조금도 이익이 없다. 만약 어떤 사람이 자신과 조금도 상관없는 일인데 재난과 화를 즐거워한다면, 세상 사람들은 "이 사람은 소인배이고 양심이 없다."는 등으로 평가할 것이며 모두 그를 무시할 것이다. 하물며 우리 수행자이겠는가? 이 점에 대하여 더욱 주의해야 한다.

생활에서 많은 사람들은 사리에 밝지 못하여 자신과 잘 지내지 못하는 사람에 대하여 언제나 악독한 마음을 품고 있다. 심지어 일부 품성이 그다지 좋지 않은 사람들이 "그가 재수 없고 실패하길 바란다.", "그가 불행하게 죽길 바란다."라고 하며 다른 사람을 저주한다고 해도, 이러한 악독한 마음은 그 사람의 흥망성쇠에 아무런 효과도 없다. 저주를 받은 사람이 나쁜 상황을 만나는 것은 단지 그가 지은 업에 따라 결정될 뿐이다. 만약 그의 복덕 선근이 성숙하면 그대가 아무리 그의 고통을 바라더라도 그것이 현실로 되지는 않을 것이다.

하지만 이러한 악독한 마음을 낸 사람에게는 커다란 해로움이 있다. 『집법구경』에서 말하길, "의지는 법에 앞서 인도자가 되고 의지는 의지들의 주인이 된다. 예를 들면 매우 독한 의지는 몸과 입의 나쁜 업을 지어 고통을 얻게 할 수 있으니, 윤단두輪斷頭의 예와 같은 것이다."라고 하였다. '윤단두의 예'는 질투로 나쁜 마음을 낸 거지가 마차에 치여 머리가 잘린 일화로, 『대원만전행인도문』에 언급되어 있다. 당시 그 거지는 붓다와 여러 권속들이 왕궁에 가서 공양 받는 것을 보고 질투의 나쁜 마음이 일어나, "만약 내가 국왕이라면 그 머리를 다 잘라버려야만 해."라고 저주했다. 결과 그는 길가에서 자고 있을 때 급하게 달려가는 마차 바퀴에 목이 잘려 죽었다. 그러므로 한 사람이 나쁜 마음을 내면 타인에게는 어떤 손해가 있지 않고 자신에게 도리어 이 악업 때문에 악과를 불러와 자신의 현생과 내생의 복락을 훼손시킨다. 현실에서 우리는 고독하고 비참한 사람을 볼 수 있는데, 그들의 마음자리는 매우 사납고 악독하여 마치 독사와 같다. 그러므로 누구도 감히 접촉하러 가지 못하고 그들 역시 점점 더 비참한 환경에서 생활할 뿐이다.

불자는 반드시 선량한 인격을 갖추어야 한다. 우리는 누구를 막론하고 자비롭고 너그러우며 착한 마음으로 대해야 한다. 다른 사람이 해를 끼쳐도 자신은 인내해야 하고 나쁜 마음을 내어서는 안 된다. 예전에 선화 상인이 만불성万佛城을 지을 적에 심혈을 기울여 그의 모든 역량을 다 썼다. 비록 그것이 그의 가장 귀중한 사업이었을지라도 그는 말하길, "만약 어떤 사람이 만불성을 무너뜨려도, 나는 집착하지 않고 상관하지 않는다. 만약 사람들이 이렇게 손해를 참을 수 있어 자애로운 마음으로 서로를 대한다면 천하는 태평해진다."라고 하였다. 우리는 그를 본받아, 자신에게 타인을 질투하는 나쁜 마음이 있는지를 관찰해야 한다. 만약 타인이 내가 가장 아끼는 물건을 훼손한다면 나는 어떻게 대할 것인가?

汝願縱得償 他苦汝何樂 여원종득상 타고여하락
若謂滿我願 招禍豈過此 약위만아원 초화기과차

그대의 희망대로 원수에게 고통이 생겼다 해도
그대가 좋아할 것이 무엇이 있겠는가?
그대가 이를 만족해한다면
그보다 더 재앙을 부를 사악한 일이 또 어디에 있겠는가?

어떤 사람은 원수에 대하여 나쁜 발원을 한다. 마침 원수가 악업이 성숙해져 불행을 당할 것 같으면, 원수가 고난을 받을 때 그대는 또 무슨 기뻐할 가치가 있는 이익을 얻을 수 있는가? 원수의 고통은 재산·건강·복덕선업 등 어느 방면에서 보더라도 그대에게 조금도 보탬이 되지 않는다. 『학집론』에서 말하길, "만약 불길이 원수를 불태워 두루 퍼져 아래로는 터럭만큼에 이르더라도 자기에게는 즐거움이 없다."라고 하였다.

어떤 사람들은 생각할 것이다. '내가 이익을 얻지 못하는 것은 상관없으나 원수의 불운이 정말 나를 만족시켰는데, 정녕 이것이 기뻐할 가치가 없는 일인가?" 이 또한 전도된 생각이다. 원수의 재난은 그대의 나쁜 발원 때문에 이루어진 것이 결코 아님을 앞에서 이미 분석하였다. 원수는 단지 자신의 지난 업보를 받았을 뿐이다. 그대의 온갖 악독한 소원은 결코 효과를 낼 수 없고 원수의 몸에 어떤 해도 끼치지 않는다. 그러할진대 이 또한 마음의 한을 없애길 바라는 무엇이 있다고 말하겠는가?

예를 들면 어떤 사람이 그대를 해쳤는데 그대는 직접 원수를 갚지 않았고, 그는 업력이 성숙해져 수명대로 살다가 죽었다. 이러한 일은 결코 그대가 원한을 깨끗이 설욕했다고 말할 수는 없으며 또한 각자의 발원이 이루어졌다고 칠 수도 없다. 이뿐만이 아니다. 만약 그대가 재앙을 기쁘게 여기는 악독한 소원을 가지고 있다면 이 때문에 대단히 맹렬한 악보를 받을 것이다. 발원이 악하면 지옥에서도 악하며, 악독한 성냄의 습관은 고통의 결과를 불러오는 가장 강력한 인이다. 만약 사람이 마음속에 나쁜 생각을 품고 있으면 현생에서는 온갖 재앙을 불러올 것이고, 내생에서는 또한 이 때문에 악도에 떨어져 고통 받을 것이다.

이전에 까담파의 향파 린포체는, "만약 타인을 이롭게 하는 마음이 없다면 이 사람은 절대 보리심이 있지 않을 것이며, 대승 불제자에 속하지 않는다."라고 말한다. 그러므로 우리는 평상시 대자비심을 닦는 것이 가장 중요하다. 만약 관용·자비를 닦지 않고 다른 사람을 해치려고 하여 다른 사람의 고통에 대하여 즐거워한다면, 누가 이러한 마음을 가지고 있든지 그는 독이 든 술을 마셔 갈증을 푸는 것과 같아 마실 때는 시원하지만 곧 죽게 된다.

수행인들이 어떻게 주의를 해야 하는가에 상관없이 평상시에는 늘 자비롭고 선량한 감로수를 이용하여 자기 마음을 적셔야 한다. 바른 앎과 바른 마음집중으로 자기 마음을 다스린다면 자기 마음은 반드시 부드러워질 수 있다. 하지만 이와 같이 하지 않는다면 마음속의 질투·성냄이 수시로 틈을 타 공격하게 되어 자신의 선업 공덕의 앞날이 매우 위험해질 것이다.

若爲嗔漁夫 利鉤所鉤執 약위진어부 이구소구집
陷我入獄簍 定受獄卒煎 함아입옥루 정수옥졸전

성냄은 어부가 던지는 날카로운 갈고리같이
조심하지 않으면 그것에 걸린다.
옥졸이 나를 화탕지옥에 빠뜨려
끓는 기름 가마에 넣고 삶을 것이다.

성냄 번뇌가 사람들을 해치는 과정은 어부가 물고기를 낚는 것과 같다. 어부는 낚시질할 때 우선 향기로운 먹이로 낚시 갈고리를 장식하여 물속에 넣는다. 물고기가 유혹을 참을 수 없어 먹이를 삼킬 때 바로 갈고리에 걸려들어 어부에 의해 기슭으로 끌어올려져 입구가 작고 배가 큰 물고기 바구니에 담긴다. 이때 먹을 것을 탐하는 물고기는 뜨거운 쇠 가마솥에 튀겨지는 비참한 운명이 기다리고 있을 뿐이다.

윤회 속의 중생은 대체로 이와 같다. 중생은 물고기와 같고, 윤회는 강과 같으며, 무명번뇌는 어부처럼 곳곳에서 윤회 강물 속의 물고기에게 오욕의 유혹 미끼를 던진다. 사람들이 일단 그것에 유혹되어 유혹 미끼를 먹으면 탐욕·성냄 등 악업 갈고리에 낚인다. 이때 저 번뇌 어부는 조금도 연연하지 않고 사람들을 지옥으로 몰아넣는다. 그리고 옥졸에 의해 뜨거운 철판 위에 놓여 달궈지고 기름 가마 속에서 튀겨진다.

수행인들은 자세하게 한번 생각해 보라. 성냄 번뇌가 중생을 해치는 것은 확실히 이러하니, 그것은 수시로 중생 주변에 잠복해 있다가 각종 오욕 미끼를 이용하여 사람들을 유혹한다. 이러한 것들을 얻기 위하여 자기도 모르는 사이에 번뇌의 날카로운 갈고리를 숨기고 있는 미끼를 삼킨다면, 본인의 의사와는 상관없이 즉시 고통을 받을 것이다.

예를 들면 이익·재산은 통상 사람을 유혹할 수 있는 것이므로 자신이 이것 때문에 동요되어 다른 사람에게 성낼 때 바로 무명업력의 갈고리에 낚여 지옥에 끌려간다. 지옥 역시 입구는 작고 배는 커서 아주 도망가기 어려운 기물로 그 안에 빠진 중생은 옥졸에게 괴롭힘을 당하며, 오랜 겁 동안 나오기 어렵다.

많은 수행인들이 아마도 살아 있는 물고기가 기름 가마 속에서 튀겨지는 참상을 직접 본 적이 있을 것이다. 또 어떤 사람은 아마도 물고리가 어부에게 낚이어 뜨거운 모래사장에 던져져 파닥거리며 발버둥치는 모습을 본 적이 있을 것이다. 선천善天 논사는 "물고기가 뜨거운 모래사장에서 발버둥치는 것처럼, 중생은 지옥의 뜨거운 철판 위에서 헤아릴 수 없이 타는 고통을 받는다."라고 말한다.

수행인들은 이 모습을 한번 생각해 보고 자신이 만약 이렇게 비참한 상황으로 떨어진다면 어떻게 벗어날 것이며 어떻게 참을 것인가를 관상하자. 나는 대다수의 사람들이 이것을 생각하면 반드시 두려움이 일어날 것이라고 생각한다. 그러나 일반인은 단지 이러한 고통의 결과를 두려워할 수 있을 뿐이고, 지혜로운 사람은 원인을 두려워할 것이다. 따라서 그들은 단지 과보 받는 것을 두려워할 뿐이고 원인을 끊어버리지 않는 것은 아무 소용이 없다는 것을 안다. 그러나 지옥에 떨어지는 원인은 『정법염처경』에서 "중생이 지옥에 떨어지는 원인은 대부분 성냄이다."라고 말한 것과 같다. 지혜로운 사람은 성냄 번뇌를 두려워하는 것을 마치 지옥을 두려워하는 것처럼 할 것이다.

기왕에 윤회 고해에 빠졌다면 무명번뇌는 반드시 그림자처럼 따라와 항상 우리에게 미끼를 던진다. 자신이 원수 등 성내는 환경에 직면하였을 적에 무명번뇌는 "빨리 그에게 성내고 욕하고 때려!"라고 더욱 힘껏 재촉한다. 번뇌의 독 갈고리는 사람을 동요시키는 미끼를 싸고 있어 늘 사람의 입가로 보내질 것이다. 만약 우리가 늘 경계하여 이 음모를 식별하지 못한다면 매우 위험해질 것이다. 그러므로 수행인 들이 이 비유를 늘 기억하고 몸과 마음과 환경을 관찰하여 번뇌 갈고리 가 이미 입가에 왔는지 아닌지를 보고, 또 자기가 이미 걸려들었다면 바로 지옥에 끌려갈 것임을 생각하길 바란다. 그렇게 하면 분명 성내는 마음이 일어나는 것을 강력하게 제지할 수 있다. 왜냐하면 우리는 결국 지옥 고통의 괴로움을 받고 싶어 하지 않을 것이기 때문이다.

근수취자 린포체가 지은 『묘병』 강의에서, "우리는 다른 사람에게 어떤 악의를 가져서는 안 되고, 마음속으로 생각해서는 안 되고, 입으로 다른 사람의 잘못을 말해서는 안 된다. 다른 사람이 불길하길 바라고 재앙을 당하여 집안이 망하고 사람이 죽기를 바라는 등 이러한 나쁜 말은 절대 해서는 안 된다. 중생을 대할 때에는 착한 마음, 불쌍히 여기는 마음을 가져야 한다."라며 많은 가르침을 주었다. 모든 지혜로 운 사람들은 힘껏 이 가르침을 준수하고 조심하고 삼가며, 늘 자기가 윤회 바다 속의 작은 물고기임을 기억해야 한다. 반드시 번뇌 갈고리에 낚이는 것을 미연에 방지해야 한다.

B. 자기 이익이 손해 입음을 참음
a. 세간 이익이 손해 받음을 성내지 아니함

受讚享榮耀 非福非長壽 수찬향영요 비복비장수

非力非免疫 非令身安樂 비력비면역 비령신안락

다른 사람의 칭찬과 명예를 받는 영광이
나의 복덕이나 수명을 늘려줄 수 없다.
힘을 늘려주거나 질병을 없애줄 수도 없으며
육신의 안락도 되지 않는다.

명예가 훼손되었을 때에는 소위 명성이라는 것이 자기에게 그렇게 큰 이익이 되지 않는다는 것을 보아야 한다. 누군가가 나의 명성을 어떻게 훼손시키는지 불문하고 인욕하며 동요되어서는 안 된다.

어떤 사람들은 특히 명예에 집착한다. 옛사람은 명예는 하늘이 내린 복록이라고 하였다. 이렇듯 세간에서는 명예를 물질 재부보다 더 귀중한 것으로 보기도 한다. 우리가 어렸을 때 세간에서 받은 교육도 "사람이 살아서 한 행동은 백세에 전해져야 한다."라는 것이었다. 이 때문에 많은 사람들이 명예에 손상을 받았을 때 바로 대노하며 다른 사람과 목숨을 걸고 싸운다. 그렇다면 우리 수행자는 명예가 손상되는 사건에 어떻게 대처해야 하는가?

우선 소위 명예라는 것이 도대체 자신에게 어떤 이익을 가져올 수 있는지 알아야 한다. 비록 많은 사람들이 명예를 추구하여 타인이 자신을 찬미하고 기리길 바라지만, 이것이 도대체 자신에게 세·출세간의 무슨 이익을 가져올 수 있는지 사람들은 결코 분명하게 알지 못한다. 다른 사람이 자신을 칭찬할 때 수행인들은 자세하게, "이 칭찬이 복덕을 늘릴 수 있는가? 수명을 연장시킬 수 있는가? 체력을 늘릴 수 있는가? 질병을 감소시킬 수 있는가? 신체에 건강과 안락을 가져올 수 있는가?"

라고 하면서 관찰해야 한다. 그렇게 할 수 없다면 소위 좋은 명성이라는 것은 사람에게 순간적인 정신 도취를 얻게 하는 것 외에 어떤 실제적인 의의가 없다. 자신과 타인의 현생과 내세에도 어떤 이익을 가져다주지 않는다.

'명예'가 세상 사람의 의식 속에서 관찰되는 것이 아니라면, 그것이 진실로 존재하는 주체로서 사람들에게 많은 영광을 가져다주는 것이라고 느낄 수 있다. 하지만 자세하게 관찰하면 그것은 형체·색깔·크기가 없다. 단지 사람의 언어로 존립하는 '허명'일 뿐이다. 마치 우리가 '토끼 뿔·거북이 털'이라고 말하는 것처럼 허상의 명칭일 뿐 실체가 없는 것이다.

우리는 늘 세상 사람들의 명예에 대한 미망 집착을 볼 수 있다. 예를 들면 회사들은 연말에 늘 선진·모범 따위의 상을 선정하는데, 상을 타는 사람이 무대에 올라 상을 받을 때 종종 반색을 하며 기뻐하며, 때로는 흥분하여 줄곧 횡설수설하는 것이 마치 최대의 안락과 위없는 해탈을 얻은 것 같다. 사실 이러한 선진·모범 따위의 명성은 그 자체가 단지 사람들 입에서 나오는 언어일 뿐 결코 이처럼 기뻐할 만한 가치는 없다. 만약 그대가 기뻐해야 한다면 그 대상은 자신이 일 년 내내 열심히 일해 타인을 위해, 단체를 위해 해낸 공헌 등이어야 한다. 이것들이야말로 진정 그대가 기뻐할 만한 가치가 있는 것이고, 명예의 유무는 결코 이 진실한 성적을 말살하거나 대체할 수 없다.

다른 사람의 칭찬은 다른 사람의 마음속 느낌, 다른 사람의 입에서 나오는 언어로 다른 사람에게 속한 것들일 뿐 우리와 무슨 관계가 있겠는가? 이것은 단지 언어의 명성일 뿐인데, 과연 나로 하여금 현생과 내세에서 악업 보응을 받지 않고 행복한 생활을 누리게 할 수 있는 것인가? 나를 키 크고 살찌게 할 수 있는가? 병나지 않게 할 수 있는가? 모두 불가능하다. 세간에서 많은 혁혁한 명성이 있는 인물에게 얼마나 숭고한 명성이 있었는가에 상관없이, 그가 살아 있었을 적에 생활은 여전히 모순과 고통으로 충만하였다. 죽을 때 그 역시 범부와 같이 고통 속에서 발버둥치다 숨을 거둔다. 어떤 사람들은 명예가 자신에게 권위와 협조적인 능력을 가져다줄 수 있다고 생각한다. 이것은 사실 이성적이지 못한 생각이다. 세간에는 명예를 가져오는 능력과 권위가 있을 뿐이고 명예가 이익을 가져올 수는 없다. 뿐만 아니라 명예는 복덕의 메아리에 불과할 뿐이다. 한 사람의 복보가 소실된다면 명예 역시 바로 없어질 것이다. 어떤 사람들은 명예를 얻은 뒤 그의 생활 이익의 각 방면에서 약간의 증가가 있을 수 있지만, 이것은 결코 명예가 그에게 가져다준 것이 아니라 그의 복보가 불러온 것이다.

생활 속에서 명예는 종종 사람들에게 번거롭기 짝이 없는 소란과 고통을 가져다준다. 사람들이 바라보는 저 고명한 자리에 있어 명예라는 빛에 둘러싸인 유명인들은 이것 때문에 상당히 큰 대가를 치러야 한다. 근등췐패 대사는 "높은 사람은 높은 사람의 고통이 있고, 낮은 사람은 낮은 사람의 고통이 있다. 만약 모든 법의 본성을 알지 못한다면 어느 중생을 막론하고 모두 많은 고통을 가지고 있다."라고 말한다. 세간의 명성이 혁혁한 사람들은 많은 사람들의 주시 속에 자신의 일거수일투족 생활 속 일들마다 타인의 방해를 받아, 그는 수시로 자신의 명성 지위가 손상될 것을 걱정할 수 있다. 명성이 높을수록 그의 고통과 구속 역시 많아질 것이며, 이것이 이른바 "높은 곳은 추위를 이겨내지 못한다!"는 것이다. 중관의 바른 이치 등 출세간의 지혜로 관찰할 필요 없이, 세간법으로 볼 때도 명예는 복덕·장수·능력·건강·안락 이 다섯 가지 세간 원만에 대하여 역시 어떤 도움도 없다. 도리어 때로 많은 불필요한 고통을 가져올 수 있다.

어떤 사람들은 아마도 "중생을 제도시키기 위하여 반드시 명예가 있어야 한다. 그렇지 않으면 나는 세상에 이름이 알려지지 않은 소인으로 중생을 널리 제도할 수 없다."라고 생각할 것이다. 중생을 제도하는 데 의지할 것은 수행하여 증득한 공덕이며, 자신의 자비심과 지혜에 의지한다. 만약 한 사람이 이러한 공덕을 구족하였다면, 설령 그에게 어떤 명성이 없을지라도 많은 중생을 충분히 이롭게 할 수 있다. 진정한 성취자의 일거수일투족, 하나하나의 호흡 모두가 중생에게 큰 요익이 있을 수 있으며, 그와 인연이 있는 사람은 또한 반드시 법익을 얻을 수 있다.

티베트인의 이야기 중에 "순금은 진흙 속에 있어도 빛을 낸다."라는 말이 있다. 그대에게 진정한 수행의 공덕이 있다면 태양이 떠오르면 검은 구름이 아무리 두텁더라도 태양빛을 가릴 수 없는 것과 같을 것이다. 하지만 공덕이 없다면 아무리 천둥 같은 명성일지라도 번거로움을 가져다줄 뿐, 어떤 중생도 이롭게 할 수 없다. 공덕이 없으면서도 곳곳으로 다니면서 선동하는 것은 근본적으로 어떠한 불법 감로도 따르지 못한다. 이것은 세간에서 거짓 광고를 하는 상인과 무슨 차이가 있겠는가?

진정으로 공덕이 있는 수행자는 설령 밀라레빠 존자처럼 산속 동굴에서 마음을 닦고 있어서 겉으로는 결코 중생과 접촉하는 일이 없을지라도 실제로 매우 넓게 중생을 이롭게 하고 있다. 뽀또와 대사는 말하길, "우선 초발심자는 자신을 성숙시키는 것을 해야 하며, 타인을 이롭게 하는 것을 우선으로 하는 것은 부처님께서 허락하지 않았다."라고 하였다. 초학자는 우선 자신을 조복시켜야만 하고, 만약 팔법에 동요되지 않는 견고한 보리심을 얻지 못하고 타인을 이롭게 하는 행위를 하는 것은 타인을 이롭게 할 수도 없고 자신을 이롭게 하는 것을 잃을 수 있다. 그러므로 부처님 역시 윤허하지 않았다.

若吾識損益 讚譽有何利 약오식손익 찬예유하리
若唯圖暫樂 應依飾與酒 약유도잠락 응의식여주

만약 내가 이해득실을 분명하게 판단할 수 있다면
명예와 찬미를 도모한들 무슨 이익이 있겠는가?
단지 마음이 편안해지는 것을 원할 뿐이라면
도박과 술에도 의지해야 하리라.

만약 우리에게 지혜가 있다면, 위의 분석을 통하여 명예는 확실하게 자기에게 말할 만한 무슨 이익이 없는 것을 안다. 이전에 카랑빠 대사가 말하길, "명예는 악마가 너에게 하는 아첨이다."라고 하였다. 이 말은 확실히 일리가 있다.

수행자의 입장에서 말하자면 명성은 심각한 마장이다. 어떤 사람들은 본래 수행이 괜찮았는데 하루아침에 어떤 인연으로 그의 명성이 멀리 퍼져 많은 사람들이 공경하여 봉양한다면, 이때 그의 마음은 변하기 시작하여 문·사·수 수행은 한쪽에 놓아두고 매일매일 명성 이익의 똥구덩이로 빠져 들어간다. 현실적으로 이 어두운 측면을 보는 것은 타인의 잘못을 질책하기 위한 것이 아니라 우리 자신을 일깨우기 위한 것이다. 명성은 수행 중의 두려운 마장으로 수행자에게는 근본적으로 말할 만한 어떤 이익도 없다.

수행은 이 방면의 수행을 더욱 강화하는 것으로 시작되어야 한다. 앞으로 수행인들 중에서 분명 일부의 사람들은 방장·주지·명승이 되어 명성을 얻을 것이다. 이때 수행인들이 자신과 타인을 책임지고 삼가 신중하게 일하고 저 빛나는 무지개 때문에 악업의 함정으로 뛰어들지 말기를 바란다.

티베트인의 속담에 "가득 찬 물병은 소리가 나지 않으며, 반만 찬 물병은 소리를 낸다."라는 말이 있다. 진정 공덕 있고 지혜로운 사람은 명성이 그의 마음을 동요시키는 것이 그리 쉽지 않다. 가볍게 행동하며 많은 공덕이 없는 사람은 한번 추켜세우면 바로 '휘휘' 소리를 낼 것이다. 그러므로 우리는 아주 성실하고 침착하게 자신의 병 속을 불법 공덕의 감로로 가득 채워 마음대로 타인의 아첨이 자기 마음의 평정을 잃게 해서는 안 된다.

명성이 이렇게 소용이 없는 것일지라도 어떤 사람들은 여전히 "명성은 특히 나를 즐겁게 하므로 나는 반드시 추구해야 한다."라고 생각할 것이다. 이러한 생각은 안목이 얕은 데에서 나오는 것이다. 단지 현생의 짧은 시간에 불과한 행복을 얻는 것을 이상으로 삼을 뿐 내세의 악과를 두려워하지 않는다면, 결단코 그렇게 허무한 명예에 의지하여 자신을 만족시킬 필요가 없다. 아주 고생스럽게 머리를 짜내어 명성을 추구하여 설령 그것을 얻었다 하더라도, 그것은 우담발화처럼 잠깐 나타났다 사라지는 것이니, 허영 속의 도취는 단지 아주 짧은 시간만을 유지할 수 있을 뿐이기 때문이다.

세간의 저 소위 유명인들이 명성을 이룬 뒤를 보면 아주 빠르게 그것을 잃어버리고 고독감 속에 빠져든다. 공허한 명성은 그에게 진실한 생활의 대지를 잃게 하고, 허영에 도취된 명예의 거품은 빠르게 소멸되어 그를 잿빛의 냉혹한 현실 속에 빠져들게 한다. 지금의 저 소위 영화배우나 가수들을 만약 진정으로 이해할 수 있다면 그들의 영화는 잠시일 뿐이다.

요즘 사람들은 한때의 쾌락을 위하여 그다지 큰 힘을 들이지 않고 쉽게 많은 악업을 지으며 명예를 추구한다. 여법하지 않은 아주 작은 행위들을 이용하면 잠시 자신을 도취시켜 쾌락을 만족시킬 수 있다. 세간 사람들은 쾌락을 추구하기 위하여 종종 장식·가무·술·담배 등으로 자신을 도취시킨다.

본래 티베트 민간의 속담 중에 "운명으로 결정된 일은 변할 수 없고, 노인 얼굴의 주름은 펴질 수 없다."라는 말이 있다. 그러나 오늘날 이 말은 맞지 않는 듯하다. 노인은 미용 센터의 성형 수술을 통해 자신의 외모를 2, 30대의 젊은 모습으로 변화시킴으로써 자신의 허영을 만족시키는 쾌락을 누릴 수 있다. 현대의 영화 프로그램은 순간에 억만금을 쓰는데, 역시 사람들의 눈과 귀로 하여금 큰 만족과 쾌락을 얻을 수 있게 한다. 서방의 히피족 등은 대마초·헤로인·환각제를 이용하여 자신을 자극하며 천상의 쾌락을 얻을 수 있다고 공언한다.

이러한 행위는 여법하지 않은 것이고, 그 말로 역시 매우 비참한 것이다. 하지만 명예를 추구하여 순간적인 허영심의 만족에 비교하면, 그것들을 얻기 위해 그렇게 고생을 하지 않을 뿐만 아니라 상대적으로 지은 업 역시 그렇게 많지 않을 것이다. 그러므로 모든 업보를 계산하지 않고 안락을 추구한 행위에서 볼 때 명예를 추구하는 것 역시 매우 어리석은 행위이다.

若僅爲虛名 失財復喪命 약근위허명 실재부상명
譽詞何所爲 死時誰得樂 예사하소위 사시수득락

명예를 위해서 재산을 낭비하고
나 자신까지도 죽일 수 있다면
명예를 얻는 것이 무슨 소용이 있겠는가?
죽으면 이것이 누구에게 안락이 되겠는가?

헛된 명성을 위하여 고금 이래 어떤 사람들은 모든 재산도 아까워하지 않았고, 어떤 사람은 생명과 인격을 아까워하지 않았다. 어떤 사람은 세상 사람들에게 칭찬받았고, 어떤 사람은 세상 사람들에게 업신여겨졌다. 어떤 경우이건 간에 우리가 공정하게 관찰하건대, 그들이 생명을 명예로 바꾼다면 이러한 행위가 도대체 무슨 의의가 있으며, 자신과 타인을 위하여 무슨 이익을 가져다줄 수 있는가?

만약 그가 재산과 생명 등 모든 것을 버려 얻은 명성이 자신이나 타인에게 현생과 내세의 행복을 가져올 수 있다면 이것은 의미 있는 일이고 긍정할 만한 가치가 있다. 그러나 우리가 전후 사정을 다 관찰하고 분석해 보면, 세상 사람들의 이러한 행동은 대부분 맹목적이고 어리석은 행동이어서, 근본적으로 자신과 타인에게 어떤 이익을 가져다줄 수 없다.

세간에서 일부 사람들은 아름다운 명성과 높은 지위를 위하여 재산을 탕진하거나 인심을 사서 높은 지위로 바꾼다. 어떤 사람들은 소위 '치욕을 씻기' 위하여, 혹은 '영웅적 기개'의 명예를 위하여 목숨을 건다. 생명을 희생해야 한다는 것을 분명히 알면서도 순간의 체면 같은 무의미한 명성을 위하여 호랑이 굴로 자신을 던진다. 민간에 "겁쟁이로 백 년을 사느니 영웅으로 하루를 사는 것이 낫다."는 말이 있다. 어떤 사람들은 성격이 활달하여 재산상 이익과 사사로운 정은 따지지 않지만, 일단 자신의 명예가 손상 받았다고 느끼면 바로 그것을 참지 못하고, 원수를 갚지 못하면 인간 세상에 살 체면이 없다고 여긴다. 사람을 죽이는 악업을 짓는 것을 애석하게 여기지 않으며 자신의 생명과 재산도 아끼지 않고 타인과 목숨을 걸고 싸운다.

그러나 세간의 지혜로운 사람 입장에서 볼 때 이러한 행위는 "필부는 한 번 노하여 몇 걸음의 피를 흘린다." 따위의 세간의 말이 전하는 사나이의 거친 행위에 불과할 뿐, 근본적으로 말할 가치가 없는 것이다. 멀리 내다보는 사람 역시 작은 것을 참지 못하면 큰 계획을 망친다는 것이나 한 순간의 성냄을 참으면 백 년의 복을 얻는다는 것을 안다. 하지만 명예를 구하는 행동은 이익이 없을 뿐만 아니라 도리어 해가 있을 뿐이다.

세상 사람들이 이렇게 재산을 낭비하고 목숨을 버려 자신의 명예를 지킬 수 있을지언정, 명성은 단지 입에서 나오는 말일 뿐 자신에게 또 무슨 실제적 의미가 있겠는가? 예를 들면 어떤 사람에게 '영웅·인물

좋은 사람·무적·일인자·장수' 등 무수한 명성이 더해진다고 해도, 자세하게 관찰한다면 이러한 것들이 실제적으로는 어떤 이익도 없는 것임을 알 수 있다. 단순한 언어 명칭이 사람에게 이익을 준다면 우리 모두는 자신에게 아름다운 말을 덧붙여 자신을 이롭게 할 수 있다. 그러나 실제로 이것들은 그대를 미혹시켜 속임을 당하여 이익을 잃게 할 뿐이다. 그대가 이러한 미명 속에서 자아도취의 쾌락을 얻을 수 있다고 치더라도, 죽음에 임하여 이러한 명성이 죽음의 심판관인 염라대왕을 그대에게 너그러운 사람으로 만들지는 못한다. 모든 것은 공허하게 남겨져 바람 따라 흘러간다. 하지만 그대가 이 빈 명성을 위해 지은 업은 하나도 헛되지 않을 것이다.

　만약 세상 사람들이 지난날 헛된 명성을 좇은 재산·생명·능력 등 전부를 선법에 쓰고 중생구제의 사업에 쓴다면, 세상의 저 명성을 얻는 것은 말할 것도 없고 해탈성불의 위없는 안락도를 성취할 수 있다. 그러나 애석하게도 세상 사람들이 이에 대하여 어리석고 무지하여 이렇게 취하고 버리는 것을 알지 못한다. 우리 모두는 윤회 속에서 일찍이 이러한 어리석은 행위를 한 적이 있다. 지금 분명하게 알았으니 헛수고만 하는 무익한 명성 추구 행위를 신속하게 내려놓아야 한다. 도리어 이 명성을 추구하는 모든 역량을 명예를 손상 받아도 성내지 않는 인욕을 닦는 데로 돌리면 인욕 수행은 반드시 신속하게 원만해질 것이다.

　　　沙屋傾頹時　愚童哀極泣　사옥경퇴시　우동애극읍
　　　若我傷失譽　豈非似愚童　약아상실예　기비사우동

모래성이 무너질 때
어린애들이 얼마나 상심하여 우는가?
이처럼 칭찬과 명예를 잃을 때 나의 마음은
유치한 어린애와 같아진다.

성자의 눈에는 세상 사람들이 명예와 이익을 좇는 생활이 유치한 어린아이가 장난하는 것과 같다. 저 공허한 물건을 진짜로 여긴다면, 얻으려고 노심초사하고 얻고 나서는 잃을까 전전긍긍하여 무의미하게 고통 받는다. 어린아이는 매우 유치하여 진짜와 가짜를 판별할 능력이 없다. 모래사장에서 모래성 쌓는 놀이를 할 적에 자신이 모래로 만든 작은 집을 진짜 생활의 낙원처럼 여긴다. 어린아이는 자기 마음속으로 모래성을 진짜로 여겨 집착하고 허물어지는 것을 애석해하지만, 어른들은 근본적으로 이 때문에 기뻐하고 근심하고 싸울 가치가 없다고 생각할 것이다.

이와 마찬가지로 세간의 어른들도 사실 지금까지 어린아이 놀이 같은 삶을 멈춘 적이 없다. 단지 놀이의 범위·종류가 더욱 복잡해진 것에 불과하며, 놀이의 성질은 조금도 차별이 없다. 사람들은 마음속에서 허구로 무수한 놀이 환경을 만들어내고 매우 고생을 하여 분별심의 모래로 공허한 명리의 빌딩을 세웠는데, 하루아침에 이 명예의 모래성이 무너지거나 다른 사람이 무너뜨렸을 때 사람들의 상심 정도는 무지한 어린아이보다 더욱 심하여, 그들은 그것 때문에 고통스럽고 절망하고 분노한다. 어떤 경우는 심지어 이 놀이 때문에 귀한 생명을 버리기도 한다.

우리는 늘 세간의 경쟁 활동을 하는 저 사람들이 이 모래성에 불과한 놀이를 할 때 머리를 다 짜내어 옥신각신하느라 침식이 편안하지 않고 매우 고통스러워하는 것을 볼 수 있다. 출가한 성자와 세간팔법에 대하여 이해가 있는 사람의 입장에서 보면, 명리 때문에 다투는 것은 어린아이의 놀이와 같아 아무런 의미도 없는 것이므로, 근본적으로 이 놀이의 실패 때문에 상심하고 분노할 가치가 없다.

우리가 이 법을 설명하고 듣고 사유하는 것은 다른 사람을 폭로하기 위한 것이 아니다. 자기 마음을 조복시키기 위한 것이니 이 법들은 지금 자신을 위하여 배우는 것이다. 만약 그대가 진정으로 수행하고 싶다면 이 비유에 비추어 자신을 돌이켜보자. 자신이 이 모래성 놀이에 대하여 역시 똑같이 집착하고 있는지, 똑같이 '명예 모래성'의 성패 때문에 기뻐하고 근심하는지를 한번 보자. 사람들은 세간에서 모두 성패와 득실이 있고 뜻대로 되지 않는 것이 많이 있을 것이나, 수행인들은 이것들이 모두 공허한 것이라는 것을 분명하게 알아야 한다. 인생은 어린아이들의 놀이와 같으니, 이 점을 분명하게 알았다면 어리석은 집착으로부터 벗어나도록 노력해야 한다. 그렇지 않으면 그대 역시 유치한 어린아이처럼 저 가짜 놀이 때문에 울 것이다. 수행자는 이 무지하고 어리석은 행동을 생각해 보고 부끄러워 얼굴이 붉어져야 한다.

수행인들은 현재의 세간을 한번 보자. 출가자 중에는 거의 아주 적은 사람들이 이 이치를 알고, 많은 사람들은 자신의 명리 모래성을 세우기 위하여 불법 수행과 아무 관계가 없는 일을 많이 하면서도 이것이 놀이임을 알지 못한다. 때문에 매우 집착하고 심지어 죄를 짓는 수단으로 저 공허한 '명리 모래성' 지키기를 추구하는 것을 아까워하지 않는다.

세간 팔법은 모두 어린아이들의 모래성 장난감과 같은 것이다. 사람들이 이 이치를 안다면 명리에 대하여 좀 담백하게 볼 수 있을 것이다. 어떤 사람들은 그다지 자세하게 자신을 관찰하지 못하고, 스스로 얻은 지혜가 괜찮아서 이 무지한 집착을 가지고 있지 않을 것이라고 착각하고, "상사는 오늘 왜 나를 칭찬하지 않으시지? 상사가 오늘 나를 꾸짖었어. 이렇게 많은 도반들 앞이었으니 앞으로 내가 어떻게 얼굴을 들 수가 있겠어. 아, 내 모래성이 무너졌어."라고 생각한다. 참으로 애석한 일이다.

聲暫無心故 稱譽何足樂 성잠무심고 칭예하족락
若謂他喜我 彼讚是喜因 약위타희아 피찬시희인
受讚或他喜 于我有何益 수찬혹타희 우아유하익
喜樂屬于彼 少分吾不得 희락속우피 소분오부득

금방 사라지는 소리는 생명이 없는 것이니
나를 칭찬하는 명예가 어찌 만족할 만한 안락이 될 수 있는가?
다른 사람이 나를 좋아한다는 명성이
기쁨의 원천이 된다고 하는데,
나를 칭찬하든 나에게 환희를 내든 간에
그의 기쁨이 나에게 무슨 이득이 될 것인가?
저 즐거움은 그의 마음속에 속한 것이고
나는 조금도 얻을 수 없다.

다른 사람이 언어로 우리를 찬미하거나 칭찬할 때 우리는 자연 환희심이 일어날 것이다. 그런데 자신은 도대체 왜 환희심이 일어나는가? 지금 자세하게 분석해야 한다. 자신이 환희를 낸 직접 원인은 칭찬하는 소리를 들어서 즉시 이 소리에 대하여 분별을 일으켜 그것이 매우 좋다고 여겨서 기쁜 마음이 일어난 것이다. 이렇게 우리를 칭찬하는 소리를 만약 분석한다면, 그것은 매우 짧은 소리가 일어난 뒤 간격 없이 바로 소멸되어 더 이상 존재하지 않는다.

그대를 찬미하는 어떤 소리도 "넌 정말 대단해, 넌 정말 대단해."라고 하며 없어지지 않는 것은 없다. 이러한 소리는 한 찰나 지나간 뒤 바로 없어질 것이다. 칭찬하는 소리의 존재는 잠시이며 그 자체는 본래 무정법이어서, '나는 어떤 사람을 찬미해야 한다.'는 분별을 가질 수 없다. 그것은 단지 소리일 뿐이어서 미세한 먼지의 다른 진동 빈도수로 이루어진 것으로 자연계의 물소리 바람소리와 구별이 없다. 이러한 무정 현상에 대하여 집착을 내어서 그것이 자신을 칭찬하고 있어 그것 때문에 기쁘다고 여겨서는 안 된다.

이러한 소리가 그대를 즐겁게 한다면, 그대는 고생스럽게 그것을 추구할 필요가 없다. 스스로 산속으로 가서 크게, "그대는 정말 훌륭해, 그대는 큰 인물이야."라고 소리칠 수 있다. 저 메아리 역시 그대를 크게 기쁘게 해야만 하는 것이 옳다. 그러나 실제로 우리 누구도 메아리가 자신을 찬미하고 있다고 해서 기뻐하지는 않을 것이다. 그렇다면 그대는 왜 다른 사람의 칭찬 소리 때문에 기뻐하는가?

어떤 사람은 말하길, "나는 단지 소리를 들으면 기쁜 것이 아니라, 타인의 칭찬 소리는 그들의 나에 대한 신뢰와 존중을 나타내고 나에 대한 그들 마음속의 인상과 지위를 대표하는 것이기 때문이다. 그러므로 나는 타인의 칭찬에 대하여 기쁨을 느끼는 것이다."라고 한다. 이러한 생각 역시 성립할 수 없다. 왜냐하면 다른 사람이 어떻게 우리에 대하여 환희하며 어떻게 칭찬하는가를 막론하고 그것은 단지 그 사람 마음속의 느낌이기 때문에 완전히 우리에게 나누어줄 수 없으며, 우리의 현생과 내세의 안락 해탈에 아무런 이익이 되지 못하기 때문이다.

자신이 쌓은 공덕이 없다면 다른 사람이 나를 어떻게 칭찬하든지 간에 공덕이 증가되지 않을 것이다. 예를 들면 그대가 만약 오늘 배불리 먹었다 하자. 옆 사람이 그대를 찬탄하며 "정말 배불리 먹었구나!"라고 하거나 혹은 조롱하며 "배고팠었구나. 정말 불쌍하기도 해라!"라고 한다. 이 말들은 그대가 배부르다는 느낌이 생기는 것에 아무런 영향도 미치지 못한다. 내 스스로 배불리 먹은 것은 결코 다른 사람이 이에 대하여 환희를 낼 필요가 있는 것이 아니다. 다른 사람이 이에 대하여 환희를 내는 것 역시 그대에게 배부르다는 느낌을 늘려줄 수 없으며, 환희를 그대에게 나누어줄 수도 없다.

중생의 몸과 마음은 서로 대신할 수 없으니, 타인의 안락은 타인에게 속하고 마음 씀은 더욱 이와 같다. 샤꺄빤디따는 『양리보장론量理宝藏論』 제1품에서 말하기를 "만약 자기 마음에 나타나는 것이라면 자기 경계이고, 저 대상에 나타나지 않는 것은 경계가 아니다. 그러므로 다른 품성이 취하는 대상이 어찌 한 몸이라고 집착할 수 있는가."라고 하였다. 자기 마음에 나타난 것이야말로 자기이고, 타인의 분별과 나의 분별이 각각 나뉘므로, 그가 마음속으로 기쁜 것을 나에게 나누어

줄 수 없다면 나는 왜 타인이 기뻐하고 칭찬하는 것 때문에 환희를 내는가? 이것은 중생의 분별로 실로 있다고 착각함을 탓하지 않을 수 없다. 자신은 어리석은 사람이나 나무 인형처럼 번뇌 분별에 희롱당한 것이다. 다른 사람이 자신을 칭찬할 때는 마치 아주 큰 공덕과 이익을 얻은 것 같았다. 그러므로 칭찬에 대하여 실질적인 집착이 일어난 것으로 이것이 바로 우리가 윤회를 떠도는 근본 원인이다.

진나陳那 논사는 『문수찬文殊贊』에서 말하기를 "망념이란 큰 무명은 윤회의 바퀴에 떨어져 바다로 돌아가게 하니, 만약 이 망념을 떠난다면 그대는 영원히 열반을 얻는다."라고 하였다. 이 윤회의 근원인 무명 망념은 사람들을 아무 이치도 없는 집착의 고통으로 인도한다. 만약 이 독의 뿌리를 끊어버릴 수 있다면 우리가 어찌 명예 칭찬에 대하여 집착을 일으킬 것인가?

他樂故我樂 于衆應如是 타락고아락 우중응여시
他喜而讚敵 何故我不樂 타희이찬적 하고아불락

타인의 즐거움이 곧 나의 즐거움이므로
누구에게나 이런 식으로 해야 한다.
타인이 나의 원수를 칭찬하여 기뻐할 때
나에게는 오히려 기쁨이 되지 않는가?

어떤 사람은 아마도 진일보하여, "그대가 말한 것에는 이치가 있다. 다른 사람의 즐거움과 나의 즐거움 이 두 가지 사이에는 어떤 필연적 연관이 없다. 그러나 만약 아들이 즐거우면 어머니도 반드시 즐거울 것이며, 이 사이에는 어떤 이유도 필요치 않다는 것을 우리는 다 안다. 다른 사람이 나를 찬미할 적에 그의 마음이 반드시 기쁘다면 나는 이에 대하여 편안하다고 느낀다. 그러므로 나의 이러한 즐거움 역시 합리적일 뿐만 아니라 타인을 수희하는 즐거움도 공덕이 있는 것이야!"라고 논박할 것이다.

이 궤변에 대하여 적천보살은, "만약 정말 이러하다면, 그대는 자비롭고 선량하며 또한 대승보살의 발심을 갖추었다고 할 수 있다. 그대가 기왕에 중생의 즐거움에 대하여 기쁨을 느낄 수 있다면, 이러한 수희는 넓혀 모든 중생에게 미치도록 해야 한다. 그러나 실제로 각자의 마음으로 선택하는 것처럼, 다른 사람이 각자의 적을 칭찬할 때 그대는 왜 수희하지 않는가? 그때에 그대는 기쁘지 않을 뿐만 아니라 도리어 성냄 고통을 일으키니 이것은 각자의 말과 완전히 상반된다. 다른 사람의 명성이 여러 곳으로 퍼져 기뻐할 적에 각자의 한쪽 마음 상태는 어떠한가? 아마도 단맛 외에 쓰고 시고 매운 맛도 모두 넘쳐날 것이다. 그때 각자의 환희는 이미 질투의 독 불에 깡그리 타버렸다."라고 대답한다.

우리 많은 사람들은 이전에 다른 사람과 불쾌한 응어리를 맺었기 때문에 자신의 수희는 종종 이 응어리에 막힌다. 이번에 일부 사람들은 인욕의 감로수를 마셔 이러한 증상에서 완쾌되었다. 하지만 어떤 사람은 인욕 감로수를 잘 복용하지 않아서 그의 망념 무명이 이룬 마음의 돌이 지금까지도 여전히 분해되지 않아, "원래 저 사람은 나에게 피해 준 적이 있는데 지금은 뜻밖에도 그가 칭찬을 받으니 화나 죽겠군!"이라고 말한다. 이런 사람은 제발 반성하기를 바란다. 만약 이러한 생각을 가지고서 그대가 또 무슨 보리심을 말할 수 있겠는가? 현재 이렇게 수승한 묘법을 만났는데 여전히 무명의 독을 풀지 못했다면 언제 해탈을 얻을 수 있겠는가?

故我受讚時 心若生歡喜 고아수찬시 심약생환희
此喜亦非當 唯是憂童行 차희역비당 유시우동행

그렇게 '내가 칭찬받고 있다'는 생각에서
자기에게 기쁨이 생긴다면
이 또한 맞지 않는 것이기에
오직 어린애와 같은 행동일 뿐이다.

앞에서는 칭찬받는 전체 과정으로부터 분석을 하였다. 칭찬하는 소리, 칭찬하는 사람의 마음, 칭찬의 결과 등 모든 것이 어떤 이익도 가져올 수 없으며 즐거움이 되기에 부족하다. 그러므로 자신이 다른 사람의 칭찬·공경을 받았을 때 안으로 자기 마음을 관찰하여 자기가 그것 때문에 환희를 갖는지 아닌지를 한번 보아야 한다. 자기 마음이 만약 다른 사람의 칭찬 때문에 기쁨에 취해 있다면 이러한 마음은 실제로 아무 의미가 없다. 마치 어린아이가 장난감을 얻었을 때 기뻐서 펄쩍 뛰는 것처럼 무지하고 유치하다.

사람들이 붓다의 가르침에 대하여 바른 이해를 하기 전에는 자신의 지혜가 부족하여 매번 다른 사람의 찬탄을 받을 때마다 자기 마음의 기쁨을 누르려고 해도 방법이 없다. 이에 대해서 우리 많은 사람들은 직접 체험한 적이 있다. 그러나 지혜로운 사람 입장에서 보자면, "덕이 있다면 어찌 타인의 칭찬을 필요로 하며, 덕이 없으면 찬탄이 또 무슨 소용인가?" 함이다. 타인의 칭찬이 자신에게 조금도 이익이 없는데 또 무슨 이유로 기뻐하는가? 타인의 찬탄 때문에 득의양양 하는 것은 단지 어리석고 무지한 표현에 불과한 일종의 망상 분별 습기이다.

세상 사람들은 자신이 비방을 받을 때는 성냄을 일으켜 반격을 해야만 하고 찬탄을 받았을 때는 기뻐해야만 한다고 여기는데, 이것은 필연적인 습관으로 어떤 고려를 필요로 하지 않는다. 만약 그대가 완고하게 이러한 소위 '필연적 습관'을 견지한다면, 다른 사람의 다소 공경스럽지 못한 언사가 있으면 그대는 바로 번개에 맞은 것처럼 펄쩍 뛰거나 상심하고 다른 사람의 입에서 가볍게 몇 마디 공경스런 말이 나오면 미친 듯이 기뻐한다면, 어찌 다른 사람의 말에 제어 받는 장난감이 된 것이 아니겠는가? 자주적이지 못하고 무심한 말에 좌우되는 이러한 습관에 또 무슨 말할 만한 합리성이 있겠는가?

수행자가 추구하는 것은 심신이 자재한 것이다. 다른 사람의 비방이나 찬탄에 모두 침착하게 자신을 지키고 청정하고 자재한 마음 상태를 유지해야 한다. 고대 까담파의 고승들은 이 방면에서 뒷사람들에게 아주 많은 본보기를 남겨주었다. 까담파의 마음 닦는 방법은 독자적으로 한 파를 세웠다고 말할 만하다. 대덕들의 전기로부터 많은 수승한 수심 비결을 볼 수 있는데, 우리가 만약 그것을 본받아 수행하여 비방·칭찬을 직면하더라도 침착하고 고요한 마음 상태를 유지한다면 자신의 수행에는 매우 견실한 기초가 있게 된다. 외부환경이 어떠하건 간에 그대가 만약 진정 '고요한 곳', 즉 평상심에 안주할 수 있다면 그대의 수행은 분명 하루가 다르게 발전할 것이다.

'마음이 환경에 따라 바뀌는 것'은 범부의 방법이며, '환경이 마음에 따라 바뀌는 것'은 출가한 성자들의 경계이므로 모든 수행자가 추구할 경계이다. 고대 선사들이 말하길, "깨닫기 전에는 산은 산이고 물은 물이다."라고 하였다. 수행자가 증득하기 전에 외부환경에 집착하는 습기에 매이면 스스로 고요한 마음 상태를 유지할 방법이 없다. 그러나 일단 깨달은 점이 있으면, 이때 자기 마음은 더 이상 외부환경에 끌려가 바뀌지 않고 외부환경이 자기 마음에 따라 바뀐다. 많은 사람들의 마음은 완전히 장님처럼 외부환경에 끌려 이리저리 전전한다. 일단 외부환경이 순조롭지 않으면 자기 마음은 바로 붕괴되어 고통을 감당하지 못하고, 일단 순조로운 상황을 만나면 스스로 기쁨을 주체할 수 없다. 이러한 사람의 수행을 또 무슨 말할 만한 경계가 있겠는가?

우리의 일생은 외부환경 변화를 예측할 수 없다. 만약 스스로 자기 마음을 다스리지 못하면 그대가 어디를 가건 번뇌가 앞에 나타날 것이다. 설령 사람 없는 깊은 산속에 있을지라도 그곳의 산과 물·나무·돌도 집착이나 성냄의 원인이 될 수 있다. 비록 다른 사람이 없을지라도 일정한 때가 되면 그대는 산림이 그대를 조롱하고 해치고 있다고 느낄 수 있어 즉시 떠나려고 한다. 그러므로 우리는 현재부터 자기 마음을 깨끗하게 닦는 데 힘쓰고 외부환경에 대한 집착을 없애야 한다. 그렇지 않으면 자신은 늘 저 유치하고 무지한 어린아이처럼 모래성 때문에 기뻐하기도 하고 울기도 하며 의미 없는 삶을 살아야 하며, 지혜로운 사람의 웃음거리가 된다.

b. 자기 덕이 손상됨을 화내지 아니함

讚譽令心散 損壞厭離心 찬예령심산 손괴염리심
令妬有德者 復毀圓滿事 영투유덕자 부훼원만사

이런 칭찬 등은 나를 미혹하게 하는 것이고
나의 염리심도 무너뜨리며
덕 있는 자를 질투하게 하고
복덕 지혜 자량의 원만함도 무너뜨린다.

어떤 수행자들은 명예를 얻기 전에는 매우 여법한 수행자인데 명성을 떨친 뒤에 많은 사람들이 앞에 와서 공경하고 찬탄하면, 이때 그는 온갖 분별을 일으키기 쉽고 법을 닦는 데 집중하는 마음도 점점 산란해진다. 많은 사람들이 공경하고 공양하고 찬탄하기 때문에 수행자 역시 점점 세간의 온갖 고난을 잊을 수 있고, 세간 팔법에 대한 집착이 점점 생겨나고 출리심 역시 손상된다. 우리 주변에서는 늘 이러한 사례들이 발생한다.

어떤 사람은 본래 정진하여 한마음으로 문·사·수 수행에 집중하였다. 그러나 어느 날 모 사원의 '주지', '활불'로 임명되면 그의 마음이 바뀌어, "나는 지금 대단한 사람이니 이전처럼 그렇게 고생스럽게 수행해서는 안 돼."라고 말하며, 하루 종일 수행에 마음을 두지 않아 문·사·수 수행이 마치 더 이상 그의 주요 임무가 아닌 것 같다. 많은 수행자들이 이러한 예들을 보았기 때문에 그의 명성이 다른 사람에게 드날리는 것을 두려워한다. 왜냐하면 일단 명성이 나면 외부인과 접촉하는 것 역시 늘어날 것이고, 자신의 수행이 충분히 견고하지 않을 때 마음은 산란해져 세속 업무 속으로 빠져들 것이다.

오스트레일리아의 남곤뤄오 활불은 어렸을 적에 다른 사람이 그를 위하여 활불 추대 의식을 거행하여, 그는 법좌 위에서 다른 라마가 몇 시간 동안 경 읽는 것을 들어야 했는데 마음이 줄곧 번거로움을 느꼈다. 마침내 의식이 끝나자 그는 생각하기를 "아, 이제 끝이다. 활불을 담당하는 일은 다시는 하기 싫다."라고 하였다. 그러나 나중에 그는 자신의 전기에서 "그때부터 활불의 번거로운 일이 비로소 시작되었다는 것을 생각하지 못하였다."라고 말했다.

명성에 이끌리면 자기 마음이 불법으로부터 멀어져 해탈을 구하는 마음은 날로 쇠하여질 것이다. 타인이 공경하고 찬탄하는 명예로운 환경 속에서 범부는 빨리 도취되어, 윤회가 결코 그렇게 고통스러운 것이 아니며 곳곳에 안락이 있다고 느낄 것이다. 마치 우리가 겨울에 뜨거운 방안에서 나가지 않아 오래되면 바깥이 춥다는 사실을 잊을 수 있는 것과 같다. 한 사람이 먹고 입는 일용품이 너무 편안하고, 또 많은 사람들이 그 자신에게 공경하고 찬탄하는 것은 그의 입장에서 말하자면 인간 세상이 마치 출리의 필요가 존재하지 않는 것 같다. 명성·칭찬은 범부를 아주 크게 속이는 효과를 지닌다. 이것은 우리가 출리심을 내는 데 큰 장애요인이 된다. 만약 명성·지위에 집착한다면 기타 공덕이 있는 사람에게 자연스럽게 질투가 일어나 다른 사람의 공덕이 높은 것을 참지 못할 것이다. 명성에 속지 않는 사람은 묵묵히 남의 말 듣는 것 없이 수행하는 데 정진할 수 있어 다른 사람이 자기보다 뛰어난 것을 따지지 않을 것이다. 그러나 명성·지위가 생기면 범부는 종종 다른 사람이 자기보다 뛰어난지 아닌지를 주의하여 살펴 경쟁하고 질투하는 마음을 일으킬 것이다. 일단 명성 때문에 세속에 집착하는 마음, 질투심을 일으켰다면 자신의 선행 공덕이 늘어나는 것 역시 아주 빠르게 정지할 것이고, 심지어 한마음의 질투와 성냄 번뇌 때문에 자신이 지난날 쌓은 복덕을 무너뜨린다.

칭찬 듣는 것은 이렇게 심각한 잘못을 불러올 수 있으므로 많은 지혜로운 수행자들은 그것을 취하려 하지 않고 오직 스스로 이러한 장애를 만날까 걱정할 뿐이다. 수행자 입장에서 말하자면 가만暇滿한 사람 몸을 얻는 것은 쉽지 않으니 스스로 일으킨 약간의 출리심 등 공덕 역시 큰 노력을 기울인 것이다. 만약 한 찰나 명예에 대한 집착으로 이 모든 것을 전부 무너뜨린다면 누구든지 이 때문에 주먹을 불끈 쥐고 탄식할 것이다. 아티샤 존자가 말하길, "칭찬과 명성은 우리를 죄악의 심연으로 유혹하므로 침을 뱉고 코를 푸는 것처럼 버려야 한다."라고 하였다. 해탈로 나아가고 싶어 하는 수행자들은 이러한 가르침에 따라 행해야 한다.

以是若有人 欲損吾聲譽 이시약유인 욕손오성예
豈非救護我 免墮諸惡趣 기비구호아 면타제악취

그러므로 어떤 사람이
나의 명성을 해치고 싶어 한다면
그가 나를 구원하여
악도로 떨어지는 것을 면하게 해 주는 것이 아니겠는가!

앞의 분석에서 우리는 이미 칭찬·명예의 후환을 분명하게 하였다. 만약 자신이 공허한 명예에 빠져 그것에 집착하여 눈앞을 가리는 장애가 된다면 더욱 위험스런 죄업 악도로 나아가는 것인데, 이때 어떤 사람이 비방·조롱 등의 방법으로 나의 명성을 훼손시켜 스스로 우매함으로부터 벗어나게 한다면, 이 사람의 은덕이 얼마나 큰 것이겠는가? 만약 그의 도움이 없었다면 우리는 미혹되어 죄악의 험한 구덩이에 빠져 돌이키지 못하고 불가사의한 죄업을 짓고 악도에 떨어졌을 것이다. 그래서 그의 비방은 오히려 나를 이 위험 속에서 벗어나오게 하니, 어찌 이를 은혜로 알아 갚기는커녕 도리어 성을 낼 수 있겠는가? 대중들의 공경을 받는 것을 그야말로 물 쓰듯 쉽게 낭비해버려 스스로를 지옥으로 밀어 넣어 고통을 받아야 달갑겠는가?

타인이 우리의 명성에 손해를 끼치는 것은 실제로 자신을 삼악도로부터 구원해내는 행위이므로 이에 대하여 은덕으로 알아야 한다. 하지만 현실에서 많은 사람들은 종종 이치에 따라 일을 하지 않고 시비를 전도시켜 은혜를 원수로 갚는다. 많은 사람들은 헛된 명성에 미혹되어 자신이 도대체 어떤 사람인지 분명하게 알지 못한다. 질투·오만 등의 번뇌가 가득 찼지만 이를 조금도 관찰하지 못하고 스스로 매우 대단하다고 여기기 때문에 끊임없이 죄악으로 타락해간다. 오늘날 이러한 사람들은 곳곳에 있다. 그는 조그마한 출리심의 공덕도 없으면서도 도처에서 명성을 드날리며, 자신에게 '활불', '법왕'의 이름을 붙인다. 주위의 어리석은 사람들은 관찰하지 않고, 또 그 불에 기름을 붓듯이 대대적으로 추켜세우면서 그로 하여금 스스로 착각하여 진위를 구분하지 못하고 여전히 정말로 자신이 대단하다고 여기게 한다.

 만약 진정한 대덕이라면 그의 수행으로 증득한 공덕과 법을 널리 펴고 중생을 이롭게 하는 사업으로부터 한번 보면 바로 알지만, 이러한 공덕이 없으면 명예를 집착하는 악업의 결과는 수행인들 모두가 분명하게 알 것이다. 어떤 사람들은 매우 어리석어 가는 곳마다 명성 때문에 악업을 짓지만 현재 사회에는 더욱 어리석은 추종자들이 많이 있어, 장님이 눈 먼 말을 타고 벼랑으로 가는 것처럼 쓸데없는 짓을 하여 수많은 '명인', '대사'를 만들어냈다.

 수행인들은 사회에서 삿되고 잘못된 길을 가는 사람들을 한번 보자. 그들의 이러한 '명성'에 대하여 지혜로운 사람들이라면 누가 그를 선망할 것인가? 만약 어떤 사람이 그들의 헛된 명성을 무너뜨릴 수 있다면 그들의 악업을 중단시키는 것이니, 이것은 그들에 대하여 확실히 아주 큰 은덕이 있는 구원 행위이다.

吾唯求解脫 無需利敬縛 오유구해탈 무수리경박
于解束縛者 何故反生嗔 우해속박자 하고반생진

해탈을 구하는 나는
재산과 존경에 구속당하는 것을 원하지 않는다.
내가 왜 명리에 속박되는 것을 풀어주는 은인에게
성을 내야 하는가?

 수행인들은 자신과 부모중생이 삼계 윤회로부터 궁극 해탈의 위없는 안락을 얻길 바란다. 만약 이 목적이 아니라면 우리가 집을 떠나 불법을 배우려고 이렇게 고생스런 환경 속으로 가서 오랜 기간 법을 듣고 사유하고 수행하는 것이 또 무엇을 구하는 것인가? 수행인들의 유일한 목적은 모두 빨리 해탈 안락의 궁극적 피안으로 도달하려고 하는 것이다. 이 과정에서 누구도 다른 것들에 구속받길 원하지 않는다. 만약 지혜로운 수행자라면 늘 목표를 단단히 기억할 것이고 명성 이익의 그물망에 들어가 장애와 고난을 받지 않을 것이다. 수행자의 입장에서 볼 때 명리와 공경은 마치 염라대왕의 포승줄처럼 무서운 것이다. 우리 앞에 이러한 것들이 나타났을 때 그것은 실제로 윤회 그물이 꽉 좁혀오는 것을 의미한다. 또 지혜를 미혹시키는 독약이 입가로 다가왔다고도 말할 수 있다. 『가섭청문경』에서 말하길, "출가자의 가장 큰 시련과 속박은 바로 명성과 이익으로, 반드시 이것을 끊어버려야 한다."라고 하였다. 지비광 존자 역시, "만약 각자의 시주 공양물·의식주 등 방면이 모두 풍족하다면 불법에 성취가 있기 전에 악마가 먼저 이루어진 것이다."라고 말한다.

　수행자에 끼치는 명리·공양의 시련·장애는 흔히 보는 사실이지만, 오탁악세 속에서 진정 이것들에 오염되지 않을 수 있는 수행자는 참으로 보기 드물다. 나는 인생이란 풀잎 위의 아침 이슬과 같으니 세상에 많은 고난이 있어도 우리가 인연이 있어 해탈법을 들었다면, 일생에서 마땅히 청정한 출가자가 되어 조금의 얽매임 없이 해탈 대도로 곧게 나가야 한다고 생각한다. 그렇지 않다면 스스로 대장부 여래의 법복을 입고서 오히려 파리가 썩은 냄새를 좇는 것처럼, 하루 종일 세간 팔법 속으로 들어가 많은 악업을 짓는다면 이 얼마나 수치스럽고 비루한 것이겠는가! 아마도 지금 어떤 사람들은 이러한 말들을 받아들이기 어렵고 듣기 싫어하겠지만, 앞으로 혹시 발심하여 실제로 실행할 때가 있을 것이라고 생각한다. 나는 이러한 사람들의 마음에 들기 위하여 말을 꾸미길 원하지 않는다. 실제로 마음속의 느낌을 말하는 것이 진정 수행하고 싶은 사람에게 이익을 줄 수 있다. 왜냐하면 사람은 같은 업력을 가지고 있고 많은 번뇌 역시 같기 때문에 나 스스로 번뇌와 싸운 많은 체험을 수행인들에게 말하여 본보기로 삼을 수 있기를 바랄 뿐이다.

아티샤 존자가 말하길, "출가자는 완전히 명성 이익의 속박에서 벗어나야 한다. 누가 이와 같이 할 수 있는가? 그가 바로 불속의 연꽃이다."라고 하였다. 수행자는 몸이 탁한 세상에 살더라도 오염되지 않아야 하고, 이는 많은 지혜 방편법문을 필요로 한다. 그래서 자신이 명성의 속박을 풀어버리도록 도울 수 있는 사람이나 방편법을 공경하고 추구해야 하며, 이에 대해 성내고 거절해서는 안 된다. 타인이 자신의 잘못을 탓하고 업신여기는 등 명예를 해칠 적에 자신은 은인을 만난 것처럼 공경하고 그것을 받아들여야 한다. 위 게송에서 우리가 분석한 대로 타인의 이러한 행동들이 실제로 자기를 명성의 어둠으로부터 벗어날 수 있게 하고 미몽 속에서 깨어나게 할 수 있기 때문이다. 이 은혜로운 일은 흡사 우리가 악질에 걸렸을 때의 양약은 비록 당시 입에 쓰다는 것을 느낄지라도, "좋은 약은 입에 쓰지만 병에 이롭다."라는 것이다. 이에 대하여 어찌 받아들이지 않고 도리어 성낼 수 있겠는가?

용수보살은 『보만론』에서 말하길, "만약 병 치료(해탈)의 원을 버리지 않는다면 의사는 병을 낫게 하기 위하여 여러 쓴 약을 주는 것인데,

쓴 약 주는 것을 성내어서는 안 된다."라고 하였다. 만약 우리에게 타인의 강력한 도움이 없다면 명성에 탐착하는 악질의 속박에서 벗어나기 어렵다. 지금 이미 타인의 '양약'을 얻어 자신의 탐욕스런 집착을 끊어 없애버리는 것이니, 우리는 이치상 당연히 감격스런 마음으로 이 '양약'의 다소 쓴맛을 참아야 한다.

如我欲趣苦 然蒙佛加被 여아욕취고 연몽불가피
閉門不放行 云何反嗔彼 폐문불방행 운하반진피

고난이 가득한 집으로 들어가려고 하는데
붓다의 보호와 가피를 입는 것과 같다.
삼악도의 문을 꼭 닫아서 고통에 빠지지 못하게 하는데
어찌 도리어 그에게 성내겠는가?

붓다의 가피는 선업을 늘려주는 것뿐만 아니라 종종 악연을 막아줄 수 있다. 왜냐하면 붓다의 지혜는 일체를 통찰하여 각기 다른 필요에 맞추어 우리에게 가피를 줄 수 있기 때문이다. 예를 들면 우리가 만약 아주 큰 명성을 갖고 있고 지위 역시 괜찮으며 세간의 온갖 용품들도 원만하다면, 이러한 것들 때문에 장애가 되어 스스로 삼보에 대하여 시종 신심을 내지 못하고 윤회에 대하여 염리심은 더욱 쉽게 일어나지 못한다. 그러나 이때 갑자기 악연이 나타나 다른 사람이 비방하고 유언비어를 만들어 상처를 받고 내 명예가 손상되고 높은 지위를 잃게 한다면, 이러한 악연을 통해 자신을 가리고 있는 명예의 올가미가 찢겨져 우리는 자신과 세간에 대하여 주관적 애착을 버리고 객관적 인식을 하게 될 것이다.

　이에 대하여 많은 사람들은 몸에 와 닿는 체험이 있을 것이다. 만약 순조롭지 못한 환경이나 악연을 만난 적이 없다면 스스로 불교를 배우고 해탈을 구하는 데 정진하는 마음을 내기 어렵다. 악연이 늘어나는 것은 사실 붓다의 가피가 나타난 것이다. 수행자가 칭찬에 빠지고 공경에 미혹되어도 스스로 알 방법이 없어 한 걸음 한 걸음 죄악의 심연으로 빨려 들어갈 적에, 만약 그에게 지난날의 복연이 있다면 부처님께서는 특별한 대비 가피를 드러내어, 그가 갑자기 다른 사람의 비방 등 해 끼침을 받게 하여 머리에 몽둥이를 맞은 것처럼 그를 깨어나게 하여 거듭 수행의 정도로 돌아가게 할 것이다. 자신이 만약 충분한 복덕 선근이 없다면 붓다의 가피 역시 나타날 길이 없으니, 그들은 오직 악업을 따를 뿐이어서 끊이지 않고 세간 팔법 속을 떠다닌다. 아마도 당시 세상 사람들은 그가 행복하고 원만하여 모든 일들이 순탄하다고 느낄 것이다. 그러나 눈 밝은 사람의 입장에서 보면 이러한 사람은 매우 불쌍하다. 그들은 뜻밖에도 죄업 짓는 것을 끊을 기회조차 없을 것이다.

　당연히 수행자가 명리 미망에 빠져 스스로 벗어날 수 없을 때 붓다의 가피는 그의 앞에 갑자기 금빛 찬란한 붓다의 몸을 드러내어 직접 "이런 어리석은 놈, 빨리 명리 그물에서 나와라!"라고 지적해 주는 것을 의미하지 않는다. 이러한 생각은 교리에 대하여 그다지 분명하게 이해하지 못한 유치한 표현에 불과할 뿐이다. 사실 붓다의 가피는 법계에 두루하여 중생의 끝없는 업력에 의지하여 연에 따라 온갖 모습으로 나타날 수 있다.

『대보적경』에서는 부처님께서 큰 코끼리·수레 등 온갖 모습으로 나타나 중생을 제도할 수 있다고 하였다. 경전에서는 우리가 세간에서 만나는 매우 더울 때의 한 줄기 시원한 바람, 추울 때의 태양의 온기 하나에 이르기까지 하나도 붓다의 대비 은택이 내려주지 않은 것이 없다고 한다. 부처님께서는 우리를 순연으로 제도할 수 없을 때 원한이나 적의 비방하는 언어 등 온갖 고통 악연으로 제도할 수 있다. 표면적으로 우리가 참기 어려운 비방 좌절을 만났을 때 실제로는 자신이 죄악의 험한 구덩이에서 벗어나 해탈 정도로 돌아가게 할 수 있다. 이것은 마치 자애로운 어머니가 자식을 사랑하는 마음이 간절하여 사랑하는 자식이 고집스럽고 비열하며 철이 없는 것을 보면 강력한 수단을 써서 가르치는 것과 같다. 『보만론』에서 "만약 사람이 뱀에 물리면 손가락을 자르는 것이 유익하다고 말한다. 부처님께서는 만약 남을 이롭게 하는 것이라면 기뻐하지 않는 일 역시 해야만 한다고 설한다."라고 말한다. 수행자가 명리 쾌락에 빠지는 것 역시 바로 탐욕스런 집착 때문에 독사에 손가락을 물리는 것과 같다. 이때는 자기 마음의 집착이라는 손가락 마디를 빨리 잘라 탐욕의 독이 온몸으로 퍼지지 않게 해야만 생명을 보존할 수 있다. 비록 이렇게 고통스런 일을 할지라도 우리가 지혜롭다면 기쁘게 이 치료를 받아들일 것이다.

 명리에 대한 탐욕스런 집착은 의심할 것 없이 스스로를 삼계 악도의 불구덩이 속으로 몰아가는 어리석은 행동이다. 이때 붓다의 대비 가피가 우리 앞에 장애를 늘리는 인연으로 나타나 우리에게 비방과 손해를 입게 하여 악도로 들어가는 '명리의 문'을 막아준다. 만약 어리석고 무지하여 타인의 비방과 손해가 자신의 명예 등을 해쳐서는 안 된다고 오히려 성낸다면, 이 어찌 은혜를 알지 못하고 스스로를 해치는 어리석은 행동이 아니겠는가? 중국의 묘협妙叶 선사가 말하길, "성내는 사람은 비록 붓다의 힘이 있더라고 구제할 수 없다!"라고 하였다. 만약 성냄으로 이러한 악업을 더한다면 내세에는 오직 지옥에서 고통을 받을 뿐이니, 그때가 되어 후회한들 또 무슨 소용이 있겠는가?

어떤 사람들은 늘 순조로움을 얻기 위하여 삼보에 기도하지만, 때로는 성공하지 못할 뿐만 아니라 오히려 악연들을 만날 수 있다. 이럴 때 그것이 부처님께서 내린 정확한 방편으로, 우리에게 가장 유익한 가피임을 믿어야 하고, 그것을 가지고 붓다의 대비 가피에 대하여 회의를 일으켜서는 안 된다. 『백업경』에서 말하길, "설령 파도가 대해를 떠난다 하더라도 붓다의 자비 염원은 중생을 떠나지 않을 것이다."라고 하였다. 우리의 성심어린 기도는 효과가 없을 수 없다. 부처님은 모든 것을 밝게 비추는 지혜 속에서 누구의 기도든 간에 분명하고 남김없이 알 수 있다. 그러나 만약 해탈 수행에 방해가 된다면, 부처님의 가피는 각자의 무리한 요구를 이루어지지 않게 할 것이며 해탈을 돕는 방향으로 그대에게 가피를 줄 것이다. 그러므로 우리가 어떤 상황에 있건 간에 상사 삼보에 대한 믿음을 가져야 한다. 가령 여법하게 수행하는 과정에서 손해를 입더라도 이것은 붓다의 대비 가피임을 분명하게 알아야 한다.

불법을 수행하고 싶은 사람이 만약 붓다의 자비로운 가피를 분명하게 알지도 못하고 믿지도 않으면서 자신이 만난 손해에 대하여 성냄으로 가득 차 있다면, 마치 날카로운 소뿔처럼 주위 환경과 적응할 수 없어 곳곳에서 사람들과 충돌을 일으키면서 시종 긴장하고 초조해하는 정서 속에 살므로 생활이 고통으로 가득 차게 된다. 이러한 사람은 의심할 것 없이 자신을 악도 불구덩이 속으로 밀어 넣는 것이다. 그러나 삼보를 확실하게 믿어 이 도리를 분명하게 아는 수행자는 어떤 환경을 만나더라도 자기 마음을 시종 붓다의 자비로운 빛 속에 놓아, 희열과 안녕의 마음으로 외부환경의 모든 손해 역경을 잘 참아 모든 외부환경이 수행의 도움 인연이 되게 할 수 있다. 이러한 대수행자의 수행이 어찌 신속하게 원만해지지 않겠는가?

謂敵能障福 嗔敵亦非當 위적능장복 진적역비당
難行莫勝忍 云何不忍耶 난행막승인 운하불인야

복덕 쌓는 선행에 장애가 될지라도
이 때문에 적에게 성내는 것은 또한 이치에 맞지 않다.
인욕보다 행하기 어려운 것은 없으니,
어찌 굳세게 인내하지 않겠는가?

성내는 사람은 모두 스스로는 정당한 이유라고 느낄 것이다. 앞에서 갖가지 분석을 통하여 온갖 전도된 집착을 부수었지만, 어떤 사람들은 여전히 이유를 찾아 적의 상해가 복덕 쌓는 선행을 저해했다고 말한다. 예를 들면 자신은 지금 순리대로 문·사·수 수행을 하고 있는데 다른 사람이 와서 간섭하여 성취인연을 파괴하였다면, 왜 자신의 수행을 보호하기 위하여 그에게 성내고 질책할 수 없는가? 왜냐하면 모든 수행 중에서 인욕이 가장 행하기 어려운 고행이며 또한 공덕이 가장 큰 선행이기 때문이다. 그대가 복덕을 쌓으려 한다면 어찌 인욕을 닦지 않는가?

　수행자는 문·사·수 수행의 과정에서 다른 사람의 간섭을 받는 것을 면하기 어렵다. 자고로 인과에 밝지 못한 많은 어리석은 사람들은 늘 사원을 부수고 삼보를 비방하며 많은 악업을 지었다. 인도·티베트·중국에서 이러한 일들은 적지 않게 발생하였다. 이때 어떤 사람들은 말하길, "불법을 보호하기 위하여 나는 차라리 내 목숨을 버리길 원한다."라고 한다. 그리고 무기를 들고 피해를 준 사람과 목숨을 걸고 싸운다. 표면적으로 볼 때 그들에게 이유가 있는 것 같지만, 사실 범부의 입장에서 말하자면 이 장면에서는 성난 마음이 가득 차 있어 성냄 번뇌로 중생을 죽이는 것이니, 도대체 불법을 지키는 것인지 불법을 짓밟는 것인지, 이러한 행위의 과보는 또 어떠할 것인지, 인과를 아는 사람들은 분명하게 알 것이다.

　우리가 불법을 수행하는 유일한 목적은 중생을 성불시키고 이롭게 하는 것인데, 현재 중생에게 성내는 마음을 내고 중생을 죽이는 데까지 이른다면 어찌 근본에서부터 수행 목적을 위반한 것이 아니겠는가? 그러므로 수행하는 것을 보호하기 위하여서라도 중생의 해 끼침을 참지 못한다는 이유는 터무니없는 것이다. 불제자는 어리석은 중생이 삼보를 해치는 행위를 이해해야 한다.

　부처님께서는 『아난칠몽경阿難七夢經』에서 일찍이 이 일을 분명하게 설명하였다. 당시 아난존자가 꿈에서 한 무리의 돼지들이 단향목 숲으로 돌진하여 단향목 숲이 여지없이 훼손되는 것을 보았다. 아난존자는 붓다에게 꿈 풀이를 청하였는데, 부처님께서는 이 꿈은 말법 시대를 예시하는 것으로 돼지처럼 어리석고 무지한 백색 옷을 입은 세속 사람들이 사원에 가서 불탑·경서·승려 등을 훼손시킬 것이라고 수기하였다. 말법 시대의 이러한 상황은 이미 수기를 분명하게 하였지만, 부처님께서는 당시 결코 "수행인들은 성난 마음으로 저지하여 저 악독한 돼지들을 죽여 없애고 법의 군기를 세워야 한다."라고 수기하지 않았다. 부처님께서는 일관되게 '사문사법沙門四法'을 제자들에게 요구하였으며 대자대비로 중생을 대할 것을 요구하였다. 부처님께서 열반에 들기 전 설하신 『불유교경』에서 말하기를, "출가하여 도를 행하는 욕심 없는 사람이 성난 마음을 품는 것은 매우 불가하다. 예를 들면 맑고 서늘한 하늘과 천둥 벽력이 치며 불길이 일어나는 것은 어울리지 않는 것과 같다."라고 하였다. 부처님의 가르침에 의지하여 우리는 출가하여 불법을 수행하며 어떤 상황을 만나더라도 성냄으로 대해서는 안 된다. 경에서는 또 "설령 중생이 앞에 와서 칼로 우리의 몸을 하나하나 해체시키더라도 스스로 마음을 단속하여 성내지 말아야 하고, 입을 막아 나쁜 말이 나오지 않게 해야 한다."라고 말한다. 도량과 생명 등을 지키기 위해서도 성난 마음으로 대할 수 없는데, 하물며 다른 사람이 와서 자신의 복덕을 쌓는 것에 대하여 작은 장애가 됨에 있어서이겠는가? 이치상 신·구·의 삼문을 삼가 굳게 지켜 인내해야 한다.

  복덕 자량을 쌓으려 한다면 인욕을 닦는 공덕은 다른 난행이나 고행에 비할 수 없는 것이다. 이 때문에 손해를 직면했을 때가 가장 좋은 기회이다. 본사 석가모니불은 수행의 기초를 닦을 적에 인욕 고행을 많이 닦았으며 직접 말하길, "인욕의 덕은 지계 고행이 미칠 수 있는 바가 아니다."라고 하였다. 수행자가 만약 각종 손해를 직면하여 인욕을 닦고 자신의 성냄 번뇌를 제어할 수 있다면 다른 선행은 설령 잠시 방해를 받더라도 복덕 자량을 쌓는 데에는 다른 지계 등 선행을 크게 앞지를 수 있다.

若我因己過 不堪忍敵害 약아인기과 불감인적해
豈非徒自障 習忍福德因 기비도자장 습인복덕인

내 자신의 허물 때문에
적의 해 끼침을 참고 견디지 못한다면
복덕의 원인이 가까이 왔음에도
내가 장애를 만들어 그것을 놓치는 것이 아니겠는가?

인욕을 닦는 것은 복덕을 늘려 해탈을 얻는 수승한 방편이다. 이런 방편은 반드시 적의 해 끼침 등 인욕 환경에 의지해야만 행할 수 있으므로 적의 해 끼침을 만났을 때는 실제로 자량을 쌓는 수승한 인연을 얻은 것이다. 만약 자신의 성냄 번뇌를 참기 힘들어 적의 해 끼침을 직면하였을 때 인내할 수 없다면 이 얻기 어려운 복덕 쌓는 좋은 기회를 명백하게 놓치는 것이다. 표면적으로 이 과정을 보면 앞 게송에서처럼 어떤 사람은 타인이 와서 손해를 끼쳐 자신이 복덕 쌓는 것을 방해했다고 말하였다. 그러나 현재 깊이 관찰하면 이 주장은 완전히 전도된 것이다. 타인이 손해를 끼친 것은 실제로는 우리에게 인욕 닦는 환경을 만들어주고 복덕 자량을 쌓는 수승한 인연을 제공한 것이다. 만약 자신의 번뇌 과실 때문에 인내할 수 없어 기회를 놓친다면, 어찌 스스로 자신의 복덕 선행에 장애를 준 것이 아니겠는가? 그대가 복덕 쌓는 것을 적이 방해하여 성냈다고 말할 이유가 어디에 있는가?

부처님께서는 『공등경供灯經』에서 4가지 불가사의를 말씀하셨는데, 그중의 하나가 중생의 업력·근기가 불가사의하다고 말씀한 것이다. 우리 각자는 전생에 지은 업이 다르기 때문에 현생에서 각자의 근기 취향이 천차만별이다. 어떤 사람들은 현생에서 성냄 번뇌가 매우 심각하여 평상시에 아무 이유 없이 타인에게 성내고 불만스러워한다. 하물며 타인이 그에게 손해를 끼칠 때는 자신의 번뇌를 더욱 참을 수 없으니, 이러한 경우 수행의 좋은 기회를 놓칠 뿐만 아니라 큰 악업을 짓는다.

우리는 평상시 자신의 마음을 점검하여야 한다. 자신이 자신에게 복을 닦고 선을 쌓는 것에 장애를 만들고 있는 것인가, 아닌가? 만약 인욕바라밀이 원만할 수 없다면 원만 해탈을 얻을 수는 없다. 그러므로 진실로 수행하고 싶어 하는 사람들은 타인의 해 끼침을 만났을 때 이 얻기 어려운 기회를 귀중히 여겨야 하고 스스로에게 장애를 만들어 주어서는 안 된다. 아티샤 존자는 "다른 사람이 그대를 해쳤을 때 성내지 말라. 그대가 만약 성낸다면 어찌 인욕 닦는 기회를 얻을 수 있겠는가?"라고 말한다.

無害忍不生　怨敵生忍福　무해인불생　원적생인복
旣爲修福因　云何謂障福　기위수복인　운하위장복
應時來乞者　非行布施障　응시래걸자　비행보시장
授戒阿闍黎　亦非障出家　수계아사리　역비장출가

해 끼침이 없으면 인욕을 닦을 수 없고
해 끼침이 있어야 인욕 복덕을 이룰 수 있다.
적이 해를 끼치는 것은 인욕을 닦는 인연인데
어찌 복덕 쌓는 것에 장애가 된다고 말할 수 있는가?
마치 베풀어야만 할 때 구걸하러 오는 거지는
보시행을 돕는 인연이지 장애가 아니며
우리에게 출가계를 주는 아사리 역시
출가를 방해하는 장애가 아닌 것과 같다.

적의 해 끼침에 대하여 일반인들은 이것이 자기 수행의 장애라고 여길 것이다. 그러나 지혜를 가지고 관찰하면 결코 이와 같지 않다. 왜냐하면 우리의 수행 중에 만약 근본적으로 원수의 해 끼침 역경이 없다면 자신이 어떻게 인욕 닦을 기회를 가지겠는가? 비방·상해 등의 역경을 만났을 때만이 인욕을 닦을 인연이 생겨 인욕바라밀 공덕을 성취한다. 적의 해 끼침은 사실 인욕을 닦고 복덕을 쌓는 보조 인연으로 바로 우리의 복덕 원인이니, 그것이 자신이 복을 닦는 데 장애가 된다고 할 이유가 어디에 있겠는가?

인욕바라밀을 수지하는 것은 대승의 도를 닦는 과정에서 매우 중요하다. 화지 린포체도 일찍이 이에 대해 말한 적이 있다. 백 개의 탐욕죄 역시 한 찰나의 성냄죄에 비할 수 없다. 그러므로 성냄 번뇌를 다스리는 것은 공덕이 매우 크다. 다시 말해 불교는 인연이 일어나서 법이 생김을 말하는 것으로 외도처럼 모든 법이 원인이 없으면서 생기거나, 혹 늘 자유자재하는 주인이 있어 만법을 만들어낸다고 말하는 것과 같지 않다.

　우리는 어떤 과를 성취하려면 그 인연을 쌓아야 한다. 수행자가 불과를 성취하려면 반드시 6바라밀행의 수행을 궁극까지 해야만 하는데, 인욕바라밀은 6바라밀 중에서 반드시 닦아야 하는 법의 문이다. 인욕바라밀을 원만하게 하려면 당연히 인연이 모이는 것에서 벗어날 수 없다. 인연이 구족되기만 하면 과果는 필연적으로 나타날 것이다. 인욕을 닦는 근본 보조 인연은 무엇인가? 우선 기본적으로 인욕을 닦는 대상이 있어야 하니, 바로 적의 해 끼침 등이다. 만약 적의 해 끼침이 앞에 나타나지 않았다면 그대는 무엇을 인내하는가? 어떤 해 끼침도 찾을 수 없다면, 인욕바라밀은 공중의 화원과 같아 상상할 수는 있지만 미칠 수는 없다. 그러므로 수행인들은 적의 해 끼침 악연에 대하여 분명하게 인식해야 하고 이 문제를 애매하게 해서는 안 된다. 이 해 끼침 악연들은 복을 닦는 인으로 모든 수행자가 반드시 가지고 있어야 하며, 시비 흑백을 전도시켜 그것이 복을 쌓는 데 장애가 될 것이라고 여겨서는 안 된다.

　대승보살행을 설명한 논저 중에는 인욕바라밀 수행법을 언급하지 않은 것이 없다. 그러나 적천보살처럼 그렇게 구체적이고 계통적으로 인도한 것은 기본적으로 볼 수 없다. 이 점에 대하여 수행인들이 더욱 유념한다면 확실하게 알 수 있다. 그러므로 수행인들은 논에서 밝힌 비결에 대하여 자세하게 연구하여 소화시켜야 한다. 만약 그렇지 않으면 많은 사람들은 평상시 "본래 나의 수행은 매우 순조로웠는데, 어떠한 사람이 나를 해쳐 중단되었다. 이 사람은 정말 싫어. 그는 내 수행의 가장 큰 장애다."라고 말한다. 타인이 와서 그대에게 복덕 쌓을 기회를 제공해 주었는데 그대가 오히려 장애 인연이라고 여긴다면 이것은 시비를 전도시킨 것이 아니겠는가? 진정 자신에게 장애가 되는 것은 외부환경의 해 끼침이 아니라 자신의 오래되고 잘못된 견해이고 습관이다.

외부환경이 이미 그대에게 얻기 어려운 기회 인연을 제공하였으니, 그대가 수순하여 인욕을 닦을 수 있다면 짧은 시간에 바로 거대한 복덕 자량을 쌓을 수 있다. 이 좋은 기회를 직면하여 그대가 오히려 멍청하게 자기 습관의 잘못된 집착에 지배되어 그것을 이용하지 못할 뿐만 아니라 장애로 여긴다면 이 습관의 인식과 사유방식 또한 얼마나 황당한 것인가!

우리가 손해를 인내하는 것이 결코 복을 닦는 것에 장애가 되는 것이 아님을 분명하게 이해하도록 하기 위하여 논에서는 또 보시와 지계 닦는 것을 예로 들어 설명하였다. 인욕을 닦는 것처럼 보시바라밀을 닦을 때도 어느 정도 대상의 도움을 빌려야만 원만해질 수 있다. 만약 대상이 없다면 우리가 또 어떻게 보시하겠는가? 그대가 보시를 하려고 할 때 마침 받아주는 거지가 온다면 이 거지들이야말로 바로 그대가 보시바라밀을 성취하고 복덕 자량을 쌓는 도움 인연이지 장애 인연이 아니다.

만약 어떤 사람이 보시를 닦고 싶다고 말하면, 이때 많은 사람들이 와서 그에게 물건을 보시할 것을 강요한다. 이때 그가 이 사람들이 재물을 요구하여 자신의 마음을 아프게 하며 그가 보시 닦는 것을 방해하는 장애라고 말한다면, 이 관점을 정상인이라면 누가 동의하겠는가? 한편으론 보시하여 복을 닦고 싶다고 말하고, 한편으론 걸인의 구걸을 장애라고 여겨 문밖에서 거절한다면 정상인은 이 방법을 절대 용납하지 않을 것이다. 마찬가지로 만약 그대가 복덕 자량을 쌓고 싶다고 말하면서 복덕을 쌓을 좋은 인연, 즉 인욕을 닦을 대상에 직면했을 때 오히려 그가 자신의 복덕 닦음을 방해한다고 말한다면 이 생각 역시 지혜로운 사람의 질책을 받는 황당한 논리이다.

청정계를 닦을 때도 역시 이와 같다. 청정한 별해탈계체를 얻고 싶다면 반드시 아사리의 전수에 의지해야 한다. 만약 아사리의 수계가 없다면 우리는 출가계를 얻을 수 없다. 만약 그대가 스스로 청정계를 얻으려 한다고 말하면서 또 아사리를 청정계를 닦는 데에 장애로 여긴다면, 어찌 큰 웃음거리가 아니겠는가? 실제로 수행자들은 자신의 계법사에게 "아, 내가 출가계체와 해탈도를 얻을 수 있는 공덕은 완전히 저 어른의 은덕이다!"라고 감사하며 공경한다. 이와 같다면, 자신의 인욕 수행을 돕는 선지식인 원수의 해 끼침을 또 무슨 이유로 은혜로 알아 갚으려 하지 않고, 도리어 이치에 맞지 않게 그가 자신에게 장애를 만들어주었다고 원망하고 탓하는가?

위에서 설하는 보시·지계는 6바라밀 중 복덕 자량을 닦는 부분에 속할 뿐만 아니라 닦는 순서를 단계대로 말한다. 수행인들은 『입중론』을 듣고 사유한 적이 있으므로 대략 알 것이다. 대승보살은 제1지에서 보시바라밀이 원만하게 되며 이 단계에서 보시의 성취가 가장 수승하다. 제2지 보살이 원만한 것은 지계바라밀이고, 제3지 보살이 원만한 것은 인욕바라밀이다. 보살이 이러한 복덕 자량을 닦을 적에 만약 강력한 외부환경의 도움이 있다면 성취되는 것이 훨씬 편리할 것이다. 어떤 경에서는 말하길, "다른 세계의 보살이 늘 사바세계의 수행자를 찬탄하고 선망하는 것은 그 원인이 바로 그들의 나라에서는 중생 복덕이 원만하여 보살들이 보시·인욕 등을 실천할 대상을 찾을 방법이 없다는 것이다."라고 하였다.

보시·지계·인욕 등의 수행은 반드시 행하는 사람에게 장애가 있어야 그 바라밀을 성취할 수 있다. 그렇지 않으면 힘이 없다. 인욕을 예로 들면, 아랫사람이 상급 권위자의 해 끼침에 대하여 인내하는 것은 진정한 인욕이라고 칠 수 없다. 권위가 있는데 참는 것이 진정 강력한 인욕 수행이며, 보시·지계 역시 이와 같다. 그러므로 인욕을 닦을 때 닦기가 곤란하게 느껴질수록, 나에게 해를 끼친 상대가 아랫사람일수록 더욱 인내해 나가야 한다. 이렇게 해야 비로소 빨리 성취할 수 있고, 장애가 너무 크다고 착각하여 수행을 포기하지 않을 수 있다.

世間乞者衆 忍緣敵害稀 세간걸자중 인연적해희
若不外植怨 必無爲害者 약불외식원 필무위해자

세간에서 보시를 닦는 대상인 거지는 많지만
인욕을 닦는 인연인 적은 적다.
이처럼 남에게 해를 끼치지 않으면
누구도 그대를 해치지 않는다.

남섬부주에는 가난하고 궁핍한 사람들이 많이 있어 어느 곳에 있건 간에 입에는 먹을 것이 없고 몸에는 걸칠 옷이 없으며 의지할 곳 없는 중생이 있다. 우리는 저 미국·일본·싱가포르 같은 부유한 나라에도 많은 거지가 있다는 것을 안다. 만약 그대가 보시를 닦고 싶다면 그대가 어디에 있든지, 그대가 내놓으려고 하는 재산이 얼마나 많든지 간에 그 대상이 될 거지를 찾는 것은 매우 쉽다.

그러나 그대가 인욕을 닦으려고 적의 해 끼침 등 외부 인연을 찾을 필요가 있을 때에는 그렇게 쉽지 않다. 앞에서 언급했듯이 현생에서 만나는 적들은 모두 자신이 이전에 타인을 해친 악업이 불러온 것이다. 당연히 한 세상의 원수를 모두 현생에서 만날 수 있는 것은 아니다. 그대가 매 한 세상에서 해쳤던 중생들은 그대와 인연을 맺었던 중생 중에서 단지 아주 적은 일부분일 뿐이다.

우리의 생활환경에는 많은 사람들이 있지만, 절대 부분은 우리와 알지 못하고 또 어떤 접촉도 없다. 일반적으로 말해 우리와 원한을 맺어 원수가 된 사람은 아주 적은 부분을 차지한다. 당연히 어떤 사람은 예외가 있어 그의 업력으로 인해 주위의 사람이 거의 누구도 그와 화목하게 지낼 수 없지만, 이것은 단지 아주 특수한 예일 뿐이다. 오랜 겁 동안 보살행을 닦은 대승학도가 인욕을 닦을 대상을 얻으려고 하는 것에 대해서는 더욱 설상가상이다. 왜냐하면 보살은 오랜 겁 동안의 수행과정에서 늘 자비심으로 중생을 대하였고 대다수 중생들도 환희와 공경으로 갚았다. 저 성품이 선량한 수행자는 다른 사람과 늘 우호적으로 지내고 그를 해치는 사람도 드물다. 우리가 고의로 다른 사람과 싸우지 않았는데, 다른 사람이 아무 이유 없이 나를 해치는 경우는 아주 적다.

예전에 대수행자들은 인욕을 닦기 위하여 스스로 주동적으로 품성이 거칠고 악한 사람들과 접촉하였다. 아티샤 존자 같은 경우 평상시에 늘 싸허쌍가를 시자로 삼았는데, 그의 성질은 거칠고 급하였으며 교만하였기 때문에 늘 존자에게 인욕을 닦을 기회를 가져다주었다. 우리가 설령 아직 이를 본받을 능력이 없다고 하더라도 최소한 주위에 나타나는 인욕 닦을 기회를 거절해서는 안 되며, 모든 악연의 해 끼침을 꽉 잡아 자신을 단련시켜야 한다.

故敵極難得 如寶現貧舍 고적극난득 여보현빈사
能助菩提行 故當喜自敵 능조보리행 고당희자적

이렇듯 인욕의 대상인 원수를 만나기는 매우 어려우니
가난한 집안에서 보물을 찾는 것과 같다.
그러기에 나는 보리행을 벗 삼아
원수를 좋아하리라.

원수의 해 끼침이라는 인욕 닦는 환경은 얻기가 매우 어렵다. 만약 이 환경이 보살행을 닦는 수행자 앞에 나타난다면 가난한 사람이 갑자기 자기 집에서 여의보를 발견한 것처럼 대단히 기뻐하고 매우 귀하게 여길 것이다. 초발심 수행자는 보시할 많은 재산이 없고 또 법륜을 널리 전하여 중생을 이롭게 하는 공덕이 없어, 마치 가난한 사람처럼 타인을 이롭게 하고 구제할 힘이 없다. 그러나 원수가 앞에 와서 손해를 끼치는 것은 이 가난한 사람의 집에 공덕 여의보가 나타나 자신에게 인욕 닦을 기회를 주어 넓고 큰 보리 자량을 성취하게 하는 것과 다르지 않다. 그러므로 자신에게 복덕 보물을 제공한 저 원수에게 우리는 이치상 마땅히 기쁘게 대해야 한다.

『반야경』에서 말하길, "타인의 나쁜 말을 들었다면 지혜로운 보살은 기쁨을 일으킨다."라고 하였다. 랑리탕빠 대사 역시, "품성이 사악한 유정에게는 항상 사나운 해침의 고통이 닥친다. 이것이 드러날 때 큰 보물창고를 만난 것처럼 늘 이 얻기 어려운 보물을 귀히 여기길 바란다."라고 말한다. 대승보살도의 수행자들은 원수의 해 끼침이라는 환경을 만났을 때 두려워하고 성내는 마음을 내지 않을 뿐만 아니라 비할 수 없는 환희를 낸다. 그러한 환경은 자신에게 매우 얻기 어려운 인욕 닦을 기회를 제공하며, 자신에게 거대한 복덕 자량을 쌓게 하는 복연을 가져다줄 수 있다는 것을 알기 때문이다. 대승 수행자들은 그것들은 확실히 자신이 보살도를 닦는 중에 얻기 어려운 여의보이며, 만약 이 수승한 환경에 의지하지 않는다면 더 좋은 자량 쌓을 방편을 찾을 방법이 없다는 것을 확실하게 알고 있다.

우리는 원수에 대하여 이러한 인식을 가지고 있는가? 각자 자신을 돌이켜 보면 분명하게 알 수 있을 것이다. "자신의 적을 기뻐해야 한다.", "적을 보길 보물처럼 여긴다." 등과 같은 가르침은 단지 구호가 아니다. 한 번 외치면 되는 것도 아니다. 진정한 대승 수행자가 되고 싶다면 반드시 마음속 깊은 곳에서부터 이것들을 인정해야 하며, 실제 행동에서 조금도 억지 없이 이것들이 실현되어 나와야 한다.

비록 우리 많은 사람들의 마음속에 번뇌 습기가 깊고 두텁다 하더라도 즉각 이러한 곤란한 것들을 실행해야 한다. 우선 스스로 노력하여 원수의 해 끼침은 수행의 길에서 얻기 어려운 역증상연[12]이며 끝없는

---

12 역증상연逆增上緣은 '사람이 어려운 고비를 겪으면서 더욱 분발하는 인연으로 삼는다'는 뜻이다.

복덕을 얻을 수 있는 인연이라는 것을 분명히 알아야 한다. 이러한 인식을 하게 된 뒤 끊임없이 더 깊이 이해하고 그리고 행동 상에 있어 자신의 원수 해 끼침에 대한 습관적인 반응을 바꾸어 성냄을 제지하면, 자신 역시 천천히 인욕을 닦는 중에 불법 감로의 묘미를 체험하고 자기 원수의 해 끼침에 대해서도 환희를 일으킬 수 있다. 이 과정에서 우선 제불보살의 인도함을 믿어야 하고, 적에 대하여 환희를 내고 인욕을 닦는 것이 거대한 복덕을 얻을 수 있다는 것을 믿어야 하며, 자신이 그것을 따라 닦으면 틀림없이 성공을 얻을 수 있다는 것을 믿어야 한다.

『법화경』에서 말하길, "큰 인욕의 힘이 있는 것은 중생들이 기꺼이 바라는 것이다."라고 하였다. 만약 자신에게 커다란 인욕 공덕력이 있다면 모든 중생이 그대를 만나는 것을 좋아할 것이고 자신도 안락 속에 영원히 안주할 수 있으며, 이때 모든 외부환경은 번뇌 고통을 일으키는 원인이 아니고 도리어 안락을 늘리는 것이 된다. 가령 원수의 손해 악연을 대하면 그대는 보물창고를 만난 것 같은 환희를 일으켜 자애롭고 귀중히 여기는 마음으로 그들을 대할 것이다. 우리 많은 사람들이, 비록 원수의 해 끼침을 직면하여 성냄 번뇌를 일으키려고 해도, 지금 이렇게 수승한 묘법을 만났으니 신심과 항상 실천함으로 닦을 수 있다면 이 고뇌의 암흑은 아주 빠르게 환희심의 빛에 의해 깨끗이 일소될 것이다.

敵我共成忍 故此安忍果 적아공성인 고차안인과
首當奉獻彼 因敵是忍緣 수당봉헌피 인적시인연

인욕 공덕은 적과 내가 공동으로 이룬 것이므로
인욕을 닦는 모든 공덕의 과보를
우선 나의 적에게 바쳐야 한다.
왜냐하면 그는 인내의 원인이기 때문이다.

만약 적의 해 끼침이라는 외부 인연이 구족했다면 우리가 인욕을 닦는 것은 틀림없이 빠르게 이룰 수 있다. 당연히 이러한 성취에는 다른 차례가 있어 3지 보살의 인욕이 원만한 인욕 성취이다. 우리가 평상시 다른 사람의 해 끼침에 직면하여 성내지 않고 싸우지 않는 것 역시 인욕 성취이다. 손해를 당했을 때 자신이 자주 의도적으로 인욕을 닦아 아집 번뇌를 제압하고 인내하여 이러한 결과에 스스로 비교적 만족할 수 있다면, 수행이 끝났을 때 우리는 공덕을 회향해야 한다. 그러나 이 공덕을 우선 누구에게 회향해야 하는가?

우리가 공정하게 분석한다면, 이 공덕에는 원수의 몫이 있고 또 자신의 몫이 있다. 왜냐하면 우리 스스로가 인욕을 닦을 발심과 행위가 없었다면 인욕을 이룰 수 없는 것이고, 마찬가지로 만약 적의 해 끼침이 없었다면 인욕을 닦을 기회 역시 존재하지 않았으니, 더욱 무슨 공덕을 이룬다는 것은 말할 필요도 없기 때문이다. 그러므로 인욕을 이루는 주요 조건은 외부의 적이 해를 끼친 것이어야 한다. 그렇지 않고 어느 한 사람도 볼 수 없고 마주칠 수 없는 곳에서는 인욕을 닦을 방법이 없다.

어떤 사람들은 아마도 스스로 원수가 해치는 것을 관상하고 나서 자신이 그를 용서하는 것 역시 인욕을 성취할 수 있다고 여길 것이다.

그러나 본사 석가모니불은 이런 방편법을 가르친 적이 없고 역대 고승대덕의 가르침에도 이 방법을 거의 본 적이 없다. 한 차례 인욕을 닦는 것은 원수가 해친 사건에 의지해야만 우리의 인욕을 닦는 무량 공덕을 이룰 수 있다. 그러므로 이렇게 수승한 인욕 공덕은 우선 우리가 인욕을 닦도록 도운 적에게 봉헌해야 하니, 그들이 이 복과를 이룬 공신이다.

앞의 내용에서 적이 나를 해치는 것은 그들에게 무슨 선량한 의지가 있는 것이 아니어서 그들 스스로의 발심은 이 과정에서 어떤 공덕을 얻지 못할 것이며 단지 나쁜 과보를 얻을 수 있을 뿐임을 말하였다. 그러므로 만약 내가 은혜를 알아 갚을 수 있는 사람이라면 이치상 당연히 그에게 불쌍히 여기는 마음을 내어 자신이 얻은 공덕을 그에게 회향해야 한다. 톡메 린포체는 『불자행삼십칠송』에서 말하길, "어떤 이가 큰 욕심으로 재물을 탐내서 일체를 빼앗거나 다른 사람을 시켜 빼앗게 하는 것은 자기로 하여금 삼세 선근공덕을 이루게 하니, 모두 가져 그에게 회향하는 것이 참 불자행이다."라고 하였다. 대승 불자는 타인이 자신의 재산 소유물 등을 빼앗아 해 끼침을 당했을 때 성내지 않을 뿐만 아니라 은덕으로 알아, 자신의 신체·재산·소유물 내지는 삼세 선근까지 모두 그에게 회향한다.

『구사론』에서는 어떤 사건이 발생하는 데에는 4가지 인연이 구족되어야 한다는 것을 밝히고 있다. 우리가 인욕을 이루는 것 역시 이와 같아서, 이 과정에서 적은 없어서는 안 될 인욕의 인연을 돕는 대상이다. 만약 이 인연을 따르는 대상이 없다면 인욕을 닦는 행은 일어날 수 없다. 『묘병』에서 말하길, "농민은 풍성하게 수확했을 때 농작물

중에서 가장 좋은 부분을 먼저 주인에게 공양할 것이다. 마찬가지로 인욕 대상으로부터 얻은 공덕 수확 역시 먼저 인욕을 닦는 대상, 즉 우리를 해치는 적에게 공양해야 한다. 원수가 해칠 적에 인욕바라밀 수행을 완성하도록 돕는다. 그들은 실제로 우리들의 선지식이며 보리도상의 도반이고 은인이기 때문에, 자신이 그들에게 공덕을 회향하고 은덕을 갚는 것은 합리적인 것일 뿐만 아니라 필수적인 것이다.

본사 석가모니불은 과거 보살도를 수행할 적에 역시 이러한 사적이 많이 있다. 예를 들면『현우경』에서 세존이 자력 국왕으로 태어났을 때 다섯 야차가 그의 혈육을 다 먹었는데, 당시 보살은 앞으로 내가 불법 감로를 써서 그들을 이롭게 하려고 한다고 발원하였다. 왜냐하면 보살은 다섯 야차가 그의 보시와 인욕바라밀을 성취시키는 대상이어서 수행에 큰 도움이 된다는 것을 알았기 때문이다. 비록 범부로서는 보살처럼 그렇게 적의 해 끼침이 인욕을 닦는 기회를 제공하는 공덕이 된다는 것을 헤아려 볼 수 없다 하더라도, 이것은 누구도 부인할 수 없는 인과이다. 그래서 우리는 반드시 환희에 가득 차 자신이 인욕을 닦도록 도와준 적을 대하고, 진실로 그들을 위하여 회향하고 선근을 공양해야 한다. 이렇게 하면 자신의 공덕 자량 역시 늘어날 것이고, 삼보의 가피와 속임 없는 착한 행의 인과의 힘으로 그들 역시 반드시 이익을 얻을 수 있다.

謂無助忍想 故敵非應供 위무조인상 고적비응공
則亦不應供 正法修善因 즉역불응공 정법수선인

인내를 성취하려는 의도가 없어서
적에게 공양을 올릴 까닭이 없다면,
수행의 원인이 되는 정법에는 그대를 도울 의지도 없는데
어찌하여 공양을 올리는가?

어떤 사람들은 반박한다. "우리를 해치는 적에 대하여 인욕 공덕을 공양하는 것은 합리적이지 않다. 그들은 근본적으로 우리가 인욕 닦는 것을 도울 의지가 없었기 때문이다. 기왕에 그가 나를 요익하게 할 선심이 없었는데 나 역시 무엇 때문에 스스로 고생해서 쌓은 선근공덕을 그에게 돌리는가?" 이 이유는 꽤 그럴듯한 것 같다. 많은 사람들은 해 끼침을 직면했을 때 아마도 이렇게 생각할 것이다.

적이 해를 끼치고 있을 때 확실히 그들에게 나를 이롭게 하려는 의지는 없다고 말할 수 있다. 그러나 세상에는 비록 사람을 이롭게 하려는 의도가 없었어도 그 객관적 결과는 큰 이익이 되는 일들이 많이 있다. 가장 분명하게 드러나는 것으로 삼보 중의 법보만한 것이 없다. 본사 석가모니불을 위주로 하는 많은 각자들은 후대 사람들에게 대단히 풍부한 교법을 남겨주었다. 이러한 법보들은 결코 분별이 없기 때문에 "아, 이 중생들이 참 불쌍하다. 내가 그들을 요익하게 해주어야 한다."라고 생각하지 않을 것이다.

수행인들이 삼장 십이부경·계정혜 삼학·불탑·불상·사리 등을 관찰해 보면 이러한 것들은 모두 마음의 인식이 없는 법이다. 만약 어떤 법이 나를 이롭게 하는 마음이 있는지를 표준으로 삼아 자신이 그것에 대하여 공양할 것인가의 여부를 결정한다면, 우리는 이것들에

대하여 정례하고 공양해서는 안 되며 심지어 부처님에게도 봉양할 수 없다. 부처님께서는 상대적 분별과 거리가 멀기 때문이며, 『보성론』 등의 경론에서 말한 것처럼 부처님께서는 허공처럼 모든 행위를 초월한 불가사의한 지혜를 갖춘 본존이어서 중생을 이롭게 하는 분별행이 있지 않을 것이다.

그러므로 타인을 이롭게 함인가 아닌가의 분별로 공양 여부를 결정하는 관점은 성립할 수 없고, 또 모든 삼보 제자들이 승인하지 않을 것이다. 마찬가지로 적이 비록 우리를 요익되게 하려는 의지는 없더라도 객관적으로는 자신의 인욕 공덕의 대상이니, 정법과 마찬가지로 자신의 수행을 돕는 원인인데 우리가 무슨 이유로 공양하지 않겠는가?

謂敵思爲害 故彼非應供 위적사위해 고피비응공
若如醫利我 云何修安忍 약여의리아 운하수안인

적에게 나를 해치려는 의도가 있었기 때문에
적을 공양해서는 안 된다고 말한다.
하지만 적이 의사처럼 좋은 일만 하려 한다면
어떻게 내가 인욕을 수행할 수 있을까?

앞의 반박에 대하여 어떤 사람들이 또 논박한다. "적이 어떻게 불법 등 귀의처와 어깨를 나란히 하여 논할 수 있는가? 비록 법보 불상 등이 우리를 이롭게 하는 분별이 없다고 해도 역시 해치려는 의지는 없지만, 적은 우리를 해칠 때 성나서 해치는 마음을 가지고 있기 때문에 이 비유는 성립할 수 없다. 적이 성냄 번뇌를 원인으로 하여 해 끼침 악업을 지었는데, 어떻게 그들에게 공덕을 회향할 수 있겠는가?"

그렇다면 외견상으로 차별이 있다는 것을 누구나 인정할 수 있으니, 정법 등은 해치는 마음이 없고 적은 우리에게 해치는 마음이 있다. 그러나 여기에서 우리는 결코 이 차이를 변론하려는 것이 아니라 우리를 이롭게 하려는 마음이 없는 대상에 대하여 공양을 해야만 하는가의 문제를 토론하려는 데 있다. 적은 요익심이 없을 뿐만 아니라 해치는 마음을 가지고 있지만 나는 그것에 의지하여 인욕을 닦을 수 있으니, 이 공덕은 누구도 부정할 수 없다. 만약 그것에 의지하여 공덕을 얻을 수 있다면 그것이 바로 이익이 있는 대상이다. 기왕에 원수가 우리가 공덕 이락을 얻는 환경이라면 또 어찌 그들의 해치려는 마음을 따질 필요가 있으며 공양하고 감사하지 않겠는가?

문제를 보는 것은 반드시 객관 규율에서부터 출발해야 한다. 모든 법은 그 특정한 인연에 의지하여야 생겨날 수 있다는 것을 수행인들은 알아야 한다. 예를 들면 큰 코끼리는 열대의 폭염과 같은 기후환경에 의지하여야 건강하게 생존할 수 있으며, 북극곰은 북극 같은 그런 빙설 지역의 환경이 있어야 성장할 수 있고 그렇지 않으면 죽을 것이다. 6바라밀을 수지하는 것 역시 이와 같아서 각각의 법문은 각자 상응하는 탄생과 발전의 인연을 필요로 하여 원만해질 수 있다. 그중 인욕바라밀은 적의 해 끼침이라는 이러한 객관적 환경에 의지해야만 성취될 수 있다. 내 주위의 사람들이 의사가 환자를 돌보는 것처럼 그렇게 우리를 지극정성으로 돌보아 우리로 하여금 고통의 힘겨움을 느끼지 못하게 한다면, 어떻게 인욕 공덕이 일어날 수 있겠는가? 이것은 묘목을 온실에서 길러 대자연의 온갖 눈과 비바람을 맞지 않게 한다면 절대 튼튼하고 쓸모 있는 목재로 성장할 수 없는 것과 같은 이치이다.

고난의 시련을 제공하는 사람이 있을 때 인욕바라밀은 비로소 원만하게 성장할 기회를 가질 수 있다. 예전에 진어와 대사는, "세간에는 안락과 고난이 있는데, 세상 사람들은 안락을 얻기만을 바라지만 나는 오히려 상반되게 고난을 얻길 바란다. 이것은 왜인가? 고난으로 인하여 내가 많은 수행의 지혜를 얻을 수 있으니, 매일매일 매우 즐겁게만 지낸다면 어떤 수행의 기회도 얻을 수 없는 것과 같다."라고 말한 적이 있다. 인욕을 닦으려고 할 적에 굳건한 발심이 생겼다면 외부환경에 있어 반드시 해 끼침 고통에 의지해야만 된다. 예를 들면 법을 닦을 때의 고행은 다른 사람의 비방·공격 등 윤회 속의 온갖 고난들이 있어야 자신의 인욕력·출리심·보리심·상사 삼보에 대한 신심이 점점 늘어날 수 있다. 만약 자신이 천상인처럼 몸과 마음의 고통을 느끼지 못하는 생활을 하고 있다면 반드시 법을 닦는 것에 발전이 있지 않을 것이다. 주위의 사람들이 모두 묘한 처방으로 환자를 회춘시킬 수 있는 신통한 의사처럼 각종 선교방편으로 우리를 돌보아 우리로 하여금 심신의 고통을 조금도 느낄 수 없게 하여 치료해야 할 고뇌가 없다면 또 무슨 닦을 만한 인욕이 있겠는가? 그러므로 수행인들은 마음속에서부터 이 이치를 깨달아 원수의 해 끼침에 대한 고뇌는 얻기 어렵다는 생각과 진실한 환희를 일으켜야 한다.

많은 사람들은 해 끼침 고뇌를 받길 원하지 않는다. 따라서 한마음으로 사람이 없는 곳에 머물러 법을 닦고 싶어 한다. 그대가 무슨 법을 닦건 간에 진정으로 번뇌를 다스릴 수 있어야 정법이며 그렇지 않으면 옳은 것이 아니다. 그대가 집에 머물러 생기차제[13]·원만차제[14]를 닦아도 좋고 포와법[15]을 닦아도 좋다. 조그만 탐욕·성냄 번뇌도 다스릴 수 없다면, 설령 그대가 포와법을 관수하여 머리에 백회혈[16]이 열렸다 해도 또 무슨 기이할 것이 있겠는가? 일부 외도들도 백회혈이 열릴 뿐만 아니라 그대보다 더 크게 할 수 있다. 만약 인욕을 닦아 아집 성냄 번뇌를 조복시킬 수 있다면, 그것이야말로 진정 희유한 성취이며 그 사람이야말로 인세의 호걸이다. 그렇게 된 연유에 어디에 있든지 상관없이 그대는 자유자재하게 수행하여 순리대로 자량을 쌓을 수 있다. 화지 린포체는 늘 "원수를 만났을 적에 우리는 반드시 『입행론』의 인욕 철갑을 입어야 한다."라고 말한다. 우리는 가르침에 따라 행하고 늘 이 철갑을 걸쳐야 한다. 그렇지 않으면 그대는 갑자기 적의 해 끼침을 만날 것이다. 혹여 『입행론』에 설한 법의 인욕 철갑을 잊어버리고 집에 두었다고 해서, 적은 그대가 집에 돌아와 철갑을 찾아 입는 것을 기다리고 나서야 그대를 공격하지는 않을 것이다. 인욕 철갑도 없이 성냄 번뇌란 적의 공격을 어떻게 막을 것인가?

旣依極嗔心 乃堪修堅忍 기의극진심 내감수견인

---

13 생기차제는 범부가 업장을 소멸하여 자량을 쌓고 정진하여 자성을 발명하는 수행의 단계이다. 진언염송이 주가 된다.
14 원만차제는 자성을 돈오하여 본연의 자성광명과 지혜에 안주하는 수행법이다. 대수인·대원만 등의 수행법이 있다.
15 포와법은 신속하게 극락왕생을 성취하게 하는 수행법. 이 법을 성취한 고승은 다른 중생이 죽을 때 신속하게 영혼을 인도해 극락왕생하게 한다.
16 백회혈은 머리의 가장 상단부에 있는 기혈점이다.

故敵是忍因 應供如正法 고적시인인 응공여정법

성내는 마음을 강렬하게 일으키는 적에게 의지해야
견고한 인욕을 성취할 수 있다.
적은 인욕 공덕을 얻는 것을 도와주는 인연이니
정법을 받드는 것처럼 공양해야 한다.

위에서 말한 내용을 종합하면 다음과 같은 결론을 얻을 수 있다. 원수의 성냄은 수행자가 인욕을 성취하는 근본 도움 인연일 뿐만 아니라 원수의 성냄이 강렬할수록 받는 고뇌는 더욱 심각하여 인욕바라밀은 더욱 늘어날 수 있다. 쇠 화로에서 불을 피울 적에 화로 안으로 부는 바람이 클수록 불의 기세가 더욱 치성해지는 것처럼, 인욕을 닦는 것 역시 마찬가지여서 외적의 성냄 번뇌 바람이 거세게 불수록 수행자의 인욕 지혜의 불길 역시 더욱 강성해진다.

제불보살과 고승대덕들의 전기를 볼 적에 원수의 성냄에 의지하지 않고 인욕을 닦은 사례를 찾으려고 한다면 아마도 없을 것이다. 『설산남사자雪山藍獅子』에 나오는 일화를 보면, 예전 티베트에 대승 불법을 닦는 수행자가 있었는데, 일정한 기간 동안 그는 인욕을 닦아 자신의 특히 강렬한 성냄 번뇌를 다스리려고 발심하였다. 그는 대단한 결심을 하고서 산에서 동굴을 찾아 몇 년 동안 줄곧 끊임없이 그의 인욕을 닦았다. 나중에 한 상사가 이 일을 알고서 오로지 이 동굴에 사는 수행자를 보러 산 위로 와 서로 만나 대화를 나누었다. 수행자 역시 자신이 다년간 인욕을 닦으면서 심득心得한 것을 이야기하였다. 상사는 조용히 그의 말을 듣고 나서, "불쌍한 사람! 자네는 잘못된 길로 들어섰네. 그대가 이런 환경에서 인욕바라밀을 닦는다면 어디에 무슨 효과가 있겠는가?"라고 말했다. 수행자는 이 말을 듣고 바로 격노하여, "내가 산에서 이렇게 몇 년간 고행을 닦았는데, 당신이 감히 조금의 쓸모도 없다고 말하다니."라고 했다. 상사는 말하길, "지금 화내고 있는 스스로를 한번 보게. 이것이 몇 년 간 수행한 증험인가?"라고 하였다. 상사의 말은 직접 수행자의 급소를 명중시켜 마침내 그를 미혹 속에서 깨어나게 하였다.

수행인들은 분명하게 알아야 한다. 적의 해 끼침은 비록 우리 초학자를 견디기 힘들게 하더라도 이것은 인욕 공덕을 일으키는 필수 요소이다. 마치 자신의 병을 치료하고 체질을 강하게 하기 위하여 반드시 쓴 양약을 복용해야 하는 것과 같다. 물론 적의 해 끼침은 받고 싶지 않을 것이다. 하지만 그것은 인욕 공덕을 성취시키는 근본 도움 인연으로서, 그 작용은 정법과 마찬가지로 우리의 공덕을 늘리니 우리는 이치상 적의 해 끼침을 정법처럼 공양해야 한다.

『묘병』의 이 단락 뒤에서 말하길, "위에서 이미 어떻게 적의 해 끼침에 대하여 인욕을 닦는가를 봤다. 그래서 우리는 반드시 평등심으로 세간 팔법을 대치하여 탐욕·성냄 번뇌를 이끌어내는 세간 팔법을 평정시킬 수 있다."라고 하였다. 『미생원왕참회경未生怨王忏悔經』에서 말하길, "세간 팔법에 의지해서는 출세간 해탈을 얻을 수 없을 것이다. 이익 추구 등 세간 팔법에 오염되길 원하지 않는다면, 바다같은 지혜를 일으켜야 한다."라고 하였다. 본 논에서는 또 『학집론』·『친우서』·『사백론』의 교법을 인용하여 세간 팔법의 공허한 본질에 대하여 분석을 하였다. 예를 들어 『사백론』에서는, "과거 안락이야

이미 없어졌고, 미래 안락은 아직 얻을 수 없으며, 현재 안락 또한 머물지 않거늘 그대는 무슨 안락을 말하는 것인가?"라고 하였다. 세상 사람들의 소위 안락은 언제 성립할 수 있는가? 과거의 안락이 이미 공허한 꿈이 되었고, 미래의 안락은 입속의 계획처럼 역시 얻을 수 없으며, 현재의 법은 또 찰나 찰나의 생멸 속에 흘러가 머물지 않으니, 어디에 무슨 소유할 만한 안락법이 있겠는가? 세상 사람들이 허망하게 집착하는 제법은 마치 어둠 속에서 불꽃을 돌릴 적에 사람들이 보는 불의 바퀴와 같아 본래 없는데 허망하게 있다고 보니, 여기에 무슨 탐욕스럽게 집착할 만한 것이 있겠는가?

2) 유정을 공경함

(1) 복을 이루는 밭임을 생각함

本師牟尼說 生佛勝福田 본사모니설 생불승복전
常敬生佛者 圓滿達彼岸 상경생불자 원만달피안

본사 석가모니불은
"붓다와 중생은 모두 수승한 복전이다."라고 말씀하셨다.
부처님과 중생을 공경하는 수행자는
복과 지혜가 원만한 깨달음의 피안에 도달한다.

대승 불제자는 중생에게 성내고 괴롭힐 수 없을 뿐만 아니라 진일보하여 공경으로 대해야 한다. 본사 석가모니불은 일찍이 『정원경淨愿

經』에서 말하길, "나는 중생 여래의 복전에 의지하여 불가사의한 공덕 농작물을 얻었다."라고 하였다. 『화엄경』「보현행원품」에서도 "모든 중생은 나무뿌리가 되고 제불여래는 꽃과 열매가 되니, 이 때문에 보리는 중생에게 속한다. 만약 중생이 없다면 모든 보살은 결국 위없는 바른 깨달음을 이룰 수 없다."라고 말한다.

대승 수행자가 불과를 성취하고자 하면 반드시 중생과 제불에 의지하여야 자량을 쌓을 수 있으니, 이것은 마치 농민이 식량을 수확하고자 하면 반드시 비옥한 토지에 의지하여 씨앗을 뿌려 경작해야 하는 것과 같다. 바로 이와 같기 때문에 세존은 많은 경전에서 가르침을 내려 중생과 부처님께서는 보살의 수행과정에서 모두 똑같이 수승한 복전이기 때문에 위없는 보리를 구하고자 하는 모든 사람은 중생을 존경해야 한다고 하였다.

이 게송의 앞 두 구절은 경전을 인용하여 이 관점을 세웠고, 뒤 두 구절은 도리로 설명하였다. 불교사에는 많은 대승보살이 있는데 그들은 수행과정에서 늘 모든 중생을 공경하여 받들었으며, 동시에 늘 시방세계의 여래를 공경하고 공양하였다. 이 두 수승한 공덕 복전에 의지하여 결국에는 자타를 원만하게 이롭게 하는 공덕을 이루었다. 이러한 객관적 사실은 '중생과 부처님께서 모두 수승한 복전'이라는 유력한 증명이다.

어느 성취자를 보더라도 그들은 모두 세존이 제시한 진실한 도를 따라 제불여래와 많은 중생의 수승한 복전에 의지하여 복덕 지혜 자량을 원만하게 하고 자타이익의 광대한 사업을 성취하였다. 그러므로 만약 우리도 자타이익을 이루고 싶다면 반드시 세존의 가르침에 비추어 전 사람의 발자국을 따라 중생과 제불을 평등한 공경으로 받들어 모셔야 한다.

修法所依緣 有情等諸佛 수법소의연 유정등제불
敬佛不敬衆 豈有此言教 경불불경중 기유차언교

수행이 의지하는 보조 인연에 대해 말한다면
부처님과 중생이 똑같이 중요한데
부처님을 존경하는 것처럼 중생을 존경하지 않는 것은
무슨 태도인가?

대승 수행자는 수행하는 과정에서 보리심을 처음 냈을 때부터 결국 불과를 원만하게 이룰 때까지 제불성존은 마땅히 지극히 중요한 의지할 도움 인연이라는 것을 우리 불제자는 모두 알 수 있다. 그러나 많은 사람들은 제불성존 외에 삼계 중생이 보리를 수행하는 데 있어서의 작용에 대하여 얼마나 중요한지 오히려 잘 알지 못한다. 수행이 의지하는 도움 인연의 측면에서 말하자면, 중생과 부처님의 작용은 똑같으므로 수행자들은 반드시 평등하게 존경해야 한다. 그러나 많은 사람들은 이 점을 잘 알지 못하고 단지 부처님 존중하는 것을 알 뿐 중생을 존중하지 않으니, 이것은 이치에 맞지 않는 관념과 행위이다.

불법을 수지하는 궁극적 목적은 복덕과 지혜 공덕을 두루 갖추고 자타이익을 원만하게 하는 불과를 얻는 데에 있다. 이 과정에서 수행자는 반드시 여래의 가피를 얻어야 하니, 여래의 가르침에 따라 행하는 점이 근본이다. 그러나 발심하고 자량을 쌓고 과위를 증득하는 과정으로부터 본다면, 이 과정에서 중생은 필수 불가결한 조연이다.

발보리심 할 적에 발심한 사람은 실제로 "중생을 이롭게 하기 위하여 성불하길 원하옵니다!"라는 발원을 실행해야 한다. 이때 중생이 없다면 발심은 일으킬 수 있는 길이 없다. 그 다음 도를 배우고 자량을 쌓는 과정에서 육도·사섭법 등과 같은 보살행을 닦아야 하는데, 이때 역시 중생에 의지하지 않는다면 보시·인욕·사섭법 등에 손댈 길이 없다. 최후에 원만한 과위를 얻으려고 할 적에도 여전히 중생을 떠날 수 없다. 그렇지 않으면 성불 사업을 원만해질 방법이 없다. 그러므로 법을 닦는 인연으로부터 따진다면 제불여래와 중생은 모두 필수 불가결한 것이며 수행 인연에 있어 평등하게 중시되어야 하는 조연이다.

부처님의 인도가 없다면 중생은 넓은 들판에서 길 잃은 장님과 같아 근본적으로 삼계 윤회 속에서 해탈을 얻을 수 없다. 한편 중생에게 의지하지 않는다면 보리수의 뿌리는 없어지게 만다. 예를 들면 『화엄경』에서 말하길, "중생 때문에 대비심을 일으키고, 대비심 때문에 보리심을 일으키고, 보리심 때문에 바른 깨달음을 이룬다."라고 하였다. 용수보살도 말하길, "중생은 보리 인이니, 만약 불과를 이루고자 한다면 중생을 스승처럼 공경해야 한다."라고 하였다. 중생은 보리로 들어가는 근본 도움 인연이므로 불과를 얻고 싶다면 바로 모든 중생을 자신의 상사처럼 공경하고 받들어야 한다.

어떤 사람들은 이 도리를 잘 알지 못하여 불상·불탑 등에 대해서는 매우 존경하여 매번 볼 때마다 오체투지로 정례 공양하지만, 중생을 볼 적에, 더욱이 외모가 하찮은 중생을 볼 때는 바로 싫어하는 마음을 내며 심지어 성냄을 일으켜 비방하고 해치기까지 한다. 이러한 행동은 그들이 추구하는 보리와는 완전히 상반된 것으로 불제자에게 있어야 할 행위가 아니다. 불법을 닦는 목적은 단지 해탈 성취일 뿐이니, 만약 수행의 길에서 부처님과 다름이 없는 중생이란 공덕의 근원을 버린다면, 그것은 마치 바퀴가 하나만 있는 큰 수레와 같아 어찌되었건 간에 보리 대도에서 진전이 있을 수 없다. 불제자가 유정을 공경하고 이롭게 하는 것은 기본 행위규범인데 만약 붓다를 존중하는 것만 알고 중생을 존중하지 않는다면 그는 진정한 불제자라 할 수 없다. 부처님만을 공경하고 중생을 공경하지 않는 것은 결코 내교內敎의 교법과 행위가 아니다.

非說智德等 由用故云等 비설지덕등 유용고운등
有情助成佛 故說生佛等 유정조성불 고설생불등

중생과 부처님의 지혜 공덕이 같다고 말함이 아니고
성불을 돕는 작용이 있기 때문에 같다고 말한 것이다.
중생을 공경하는 것은 성불의 근본 조연이므로
중생과 부처님이 같다고 말하는 것이다.

혹 어떤 사람은 "중생이 비록 복전이기는 하지만 지혜 공덕에 있어 여래와는 차이가 현격한데 어찌 부처님과 동등하게 공경할 수 있는가? 부처님께서는 금강보배와 같아 만덕장엄을 구족하였지만 중생은 기왓장과 자갈처럼 아무 데나 다 있다. 이 둘의 차이는 이처럼 명확한데 어떻게 평등할 수 있는가?"라고 반박한다.

여기에서 말한 평등은 중생과 부처님이 지혜 공덕 방면에서 같다는 것을 말하는 것이 아니고, 도를 닦는 중의 도움 작용의 입장에서 말한 것이다.『양리보장론』에 의거해 말하면, 비유와 유사함을 말함은 어떤 특정한 방면에서 말하는 것이다. 그렇지 않으면 광대한 세계에서 어디에 완전히 같은 두 개의 사물이 있겠는가? 여기에서도 단지 도를 돕는 작용으로서 중생과 부처님께서 같으므로 우리는 평등하게 공경해야 한다고 말한 것이다.

공덕 지혜의 측면에서 말한다면 부처님께서는 삼신·오지·십력·사무외·십팔불공법 등을 지니고 있으며, 항하수의 모래만큼 무량한 공덕 지혜를 구족하셨다. 하지만 중생은 이러한 공덕들을 분명히 증득하지 못하였다. 자체 공덕에 있어 이렇게 부처님과 중생은 천양지차지만, 도를 닦는 과정에서 볼 적에는 이 둘은 반드시 의지해야 하는 도움 인연이며 공덕을 늘리는 수승한 복전이다. 이 점에서는 결코 고하의 구분이 없이 평등하다.

석가모니불의 본생전에서 부처님께서 보살도를 행할 때 어떻게 중생을 공경하였는가를 볼 수 있다. 특히 그가 항상 보살을 경시하지 않는 자로 태어났을 적에 그는 모든 중생을 붓다와 같이 공경으로 대하였고, 이 때문에 거대한 복덕 자량을 쌓았다. 만약 보살행을 닦는 사람이 제불성존에게는 매우 공경하여 순종하고 중생을 대할 적에는 아무 상관하지 않거나 경멸하여 존경하지 않는다면, 이러한 사람이 어찌 복덕 자량을 쌓을 것이며 어찌 중생을 이롭게 할 수 있겠는가?

모든 보살행원의 총체는 보현십대행원이다. 십대행원 중에서 '중생의 소원에 순종하는 원'에서는 모든 삼계 중생에게 평등하게 대하는 것이 필요함을 설하되, "이와 같은 무리의 중생들에게 내가 순종하여

응해 주어 가지가지로 받들어 섬기고 가지가지로 공양하며 부모를 공경하는 것처럼 하고 스승·웃어른과 아라한을 봉양하는 것처럼 하여 여래 등과 차이가 없이 봉사하는 데 이른다."라고 말한다. 보살도를 행하는 수행자로서 이 근본준칙을 지킬 수 없다면 그는 꾸미는 수행자이거나 거짓의 법상을 말하는 자라고 할 수 있을 뿐이다.

懷慈供有情 因彼尊貴故 회자공유정 인피존귀고
敬佛福德廣 亦因佛尊貴 경불복덕광 역인불존귀

마음에 자비를 품고 복의 밭인 유정을 공양하는 것은
중생 자체가 고귀하기 때문이다.
부처님의 광대한 복덕을 믿고 공경하는 것도
또한 부처님 자체가 고귀하기 때문이다.

불도를 닦는 과정에서 중생도 붓다와 마찬가지로 자량을 쌓는 수행에 도움을 더하는 작용과 특질을 가지고 있다. 수행자가 만약 마음에 대자비심을 품고 중생을 공양하고 받들면 광대한 복덕을 쌓을 수 있다. 만약 공경과 신심으로 붓다를 받들면 또한 수승한 공덕을 가질 수 있다. 이 과정에서 볼 적에 둘은 똑같이 존귀한 특질을 가지고 있어 모두 수행자의 공덕을 늘릴 수 있다.

중생에게 우리의 성불을 돕는 존귀한 특질이 없다면 마치 돌기둥과 같으니, 우리가 자비희사 사무량심을 닦을 적에 중생에게 수승한 복전이 되는 특질이 없다면 약간의 공덕도 얻을 수 없다. 그러나 실제로는 이와 같지 않아 수행자가 붓다를 공경하여 믿고 봉양하면 즉시 광대한 복덕을 얻을 수 있고, 자애로운 마음으로 유정을 이롭게 하는 것 역시 광대한 복덕을 쌓을 수 있으니 이것은 누구도 부인할 수 없는 인과규율이다.

이 게송의 앞 두 구절과 관련하여 기타 주석에서는 다른 해석을 하고 있다. 걀찹제 대사의 주석에서는 이 부분을 "자비희사 사무량심의 선정을 갖춘 유정에게 헌공하는 자는 무량한 복덕을 얻으니, 저 유정은 세간의 수승한 복전이기 때문이다."라고 해석하였다. 경전에서 역시 말하길, "누구든 사무량심의 선정에 안주한 자에게 공양한다면, 그 공덕은 불가사의하다."라고 하였다. 이것은 사무량심에 안주한 유정에게는 뛰어난 능력이 있음을 설명한다. 그렇지 않다면 그가 선정에 들었건 들지 못했건 자량을 쌓는 데에 다름이 있어서는 안 된다. 바로 그가 수승한 삼마지에 안주하였을 적에 특수한 공덕이 있기 때문이다. 그러므로 우리는 이때 그를 공양하면 빠르게 대복덕을 쌓을 수 있다.

『구사론』에서도 "비록 수승한 성자는 아니더라도 부모·환자·아직 불과를 증득하지 못한 최후에 있는 자와 설법해 주는 상사에게 공양을 한다면 그 공덕 역시 헤아릴 수 없다."라고 하였다. 이것들은 모두 어떤 특정한 상황에서 보통 중생에게도 수승한 복전이 되는 불공의 능력이 있다는 것을 증명한다. 평상시 사람들은 부처님 성존께 공양을 하여 비할 수 없는 대복덕을 얻을 수 있으며, 보통 부모나 환자 등에게 공양하는 것은 바로 그들에게도 불공의 특질이 있기 때문에 우리가 무량한 복덕을 쌓을 수 있는 것이니, 두 가지가 자량 쌓는 것을 돕는다는 점에서는 차별이 없으므로 중생도 존귀한 성질을 갖추었다고 말한다.

우리들 대부분은 삼보를 믿고 공양하는 것이 도를 수행하는 데 광대한 자량을 쌓는 방법이라는 것을 안다. 『법화경』에서 말하길, "만약 사람이 산란한 마음으로 꽃 한 송이일지라도 부처님의 화상에 공양함에 차츰 무수한 부처님을 뵙게 된다."라고 하였다. 부처님께 공양을 올리는 것에 불가사의한 공덕이 있다는 것에 대하여 많은 사람들은 어떤 회의도 하지 않는다. 그러나 중생에 의지하여 자량을 쌓는다는 것에 대해서는 많은 사람들이 그다지 잘 알지 못한다. 보통 중생에게 공경의 마음을 내는 것은 똑같이 광대하게 끝없는 복덕 자량을 얻을 수 있다는 것을 수행인들이 잘 알 수 있기를 바란다. 『부자상회경』에서 이르길, "모든 중생계는 무량하니, 발심 공덕 역시 무량하다."라고 하였다. 중생 역시 자량을 쌓아 성불하도록 돕는 존귀한 특질을 가지고 있으니, 우리는 이치상 중생을 부처님과 같이 평등하게 공경해야 한다.

助修成佛故 應許生佛等 조수성불고 응허생불등
然生非等佛 無邊功德海 연생비등불 무변공덕해

중생은 수행자의 성불을 돕는 인연이기 때문에
부처님과 같다는 것을 인정해야 한다.
그러나 부처님의 무한한 공덕의 바다는
어떤 중생도 부처님과 같지 않다.

'성불도를 돕는' 작용에 있어 중생은 붓다와 같다는 것을 위의 게송에서 분석하였다. 수행인들은 대승도의 근본은 바로 대비이고, 대비를 닦는 것은 제불본존의 가피와 인도 외에 반드시 윤회 중생이라는 이 대상에 의지하여야 일어날 수 있다는 것을 알아야 한다. 문수보살은 『가야경』에서 말하길, "천자여! 모든 보살행은 대자비심으로부터 일어나며 유정에 의지한다."라고 하였다. 많은 중생을 이롭게 하겠다는 발심과 바른 행동에 의지하여 수행자는 광대한 복덕 지혜 자량을 쌓아 불과를 증득할 수 있다.

제불여래와 중생은 불도를 수행하는 과정에서 필수 불가결한 도움 인연이기 때문에 평등하게 공경해야 한다. 수행인들은 이에 대하여 반드시 지혜로써 관찰하고 사유하여 바른 견해를 일으킬 수 있으니, 우리가 마음의 흐름 가운데 이 관점을 뿌리내리지 못하고 수행을 성취하고자 한다면 그것은 공상일 뿐이다.

어떤 사람들은 아마도 처음 중생이 부처님과 같다는 것을 인정해야 한다는 이 구절을 보았을 적에 마음속에서 큰 회의가 일어날 수 있다. 그렇다고 해서 이 논의 내용에 대하여 자세하게 판별해 가리지 못하고 먼저 경솔하게 결론을 내려 거부할 필요는 없다. 경론에서의 문제는 엄밀하고 섬세하게 논증하고 선택해야 하지, 자신의 주관적 판단으로 "아, 이 관점은 좀 억지스럽다. 중생에게는 업과 번뇌가 있는데 어떻게 청정한 부처님과 같은가."라고 결론을 내려서는 안 된다. 이렇게 멋대로 결론을 내리는 것은 단지 법을 비방하는 죄를 지을 뿐이다.

그러므로 수행인들은 이 문제들에 대하여 세심하게 인명·중관의 결택 방법으로 판단해야 한다. 자신의 분별로 판단하는 것을 총명한 것으로 여겨서는 안 된다. 이 논은 여기에서 중생과 부처님께서 평등하다는 관점을 제기하고 전후로 8게송으로 각각 다른 각도에서 심도 있게 분석하였다. 우리들은 그것을 따라 반복해서 깊이 관조한다면 반드시 이익을 얻을 수 있다.

중생과 부처님께서는 평등하다는 것은 수행을 돕는 작용의 측면에서 말한 것이고, 그 자체 공덕의 측면에서는 당연히 큰 차이가 있다. 부처님의 끝없는 공덕 사업은 중생이 비할 방법이 없다. 많은 경전은 "모든 범부·아라한·보살은 그 온 힘을 다해도 붓다 공덕의 천백 분의 일도 여실하게 이해하여 헤아릴 수 없다."라고 설하고 있다. 『포석경』에서는 말하길, "부처님의 이름난 제자 중에 지혜 제일은 사리자이다. 하지만 모든 삼천대천세계에 사리자처럼 지혜로운 사람이 가득하여 그 지혜를 총괄한다고 해도, 부처님 지혜의 백천만억 분의 일에도 미치지 못한다. 중생은 업과 번뇌의 속박 때문에 윤회 고해를 전전하며 복덕과 지혜가 부족하니, 더욱 부처님과 견줄 수 없다."라고 하였다. 『실어경』에서도, "계정혜 공덕을 부처님과 견줄 수 있는 사람은 없다."라고 하였다.

唯佛功德齊 于具少分者 유불공덕제 우구소분자
雖供三界物 猶嫌不得足 수공삼계물 유험부득족

부처님만이 가장 수승한 공덕을 갖추었으니,
누군가 부처님의 적은 공덕이라도 갖추었다면
삼계의 모든 보물로 그를 공양한다고 해도
부족하다고 할 수 있다.

해탈의 길에서 오직 부처님만이 모든 단증 공덕을 원만히 하시었다.

『입중론』에서 말하길, "마치 청정한 허공에 달빛이 밝게 비추듯이 열 가지 힘을 내는 지위에서 부지런히 행해 색계의 정상에서 청정위를 증득하시니, 여러 덕이 원만히 성취됨은 부처님만이 이룬다."라고 하였다. 5위 10지를 두루 거쳐 불과를 증득했을 적에 궁극적으로 단증斷証 공덕을 원만히 하였으며, 이 공덕은 오직 여러 부처님들만이 같을 뿐이고 십지 보살도 아직 차이가 있으며, 다른 5위의 보살, 아라한 등의 성자는 더욱 이에 미칠 수 없다.

부처님께서는 무량 지혜를 갖추었고 그 교법 역시 헤아릴 수 없을 정도로 높고 깊다. 당 태종 같은 경우 『유가사지론』을 읽은 뒤 대신들에게, "불교는 광범위하여 하늘을 우러르고 바다를 아득히 바라보는 것처럼 높이와 깊이를 헤아릴 수 없다."라고 말하였다. 현재 어떤 사람들은 어리석고 무지하여 근본적으로 이 점을 알지 못하여 부처님과 소위 신령을 같이 논하고 심지어 부처님의 공덕이 어떠어떠하다고 비방한다. 만약 우리가 경론의 교리를 장악할 수 있다면 이러한 사악한 설들에 대해서 철저하게 깨뜨려버릴 수 있다.

누군가가 부처님의 이러한 공덕 대해의 한 방울 공덕 감로만이라도 갖추고, 부처님의 한 털구멍 안의 공덕 천만억 분의 일 공덕이라도 지녔었다면, 삼계의 모든 진귀한 보물로 그를 공양한다 해도 부족할까 염려스럽다. 이것은 결코 말을 과장한 것이 아니다. 우리는 『금강경』을 읽은 적이 있는데, 경에서는 누구나 붓다의 가르침, 내지 4구·1구를 암송한다면 그 공덕 역시 불가사의하며 심지어 삼천대천세계의 진귀한 보물로 제불에게 공양하는 선법 공덕보다 훨씬 뛰어나다고 말한다.

『화엄경』에서도 말하길, "만약 부처님을 보고 듣는다면 무량한 공덕을 얻어 모든 장애를 멸한다."라고 하였다. 이러한 공덕 대해에 대하여 설령 아주 작은 일부분일 뿐이지만 모든 세간의 묘한 보물을 다하여 공양하더라도 그에 걸맞을 수 없다. 왜냐하면 삼계 보물이 아무리 많아도 유루이고 잠시의 법일 뿐이나 부처님의 공덕은 무루이고 궁극적이기 때문이다. 실제로 모든 중생은 이러한 공덕 성취를 돕는 능력이 있으므로 우리는 완전하게 유정들을 공경하고 공양해야 한다.

有情具功德 能生勝佛法 유정구공덕 능생승불법
唯因此德符 卽應供有情 유인차덕부 즉응공유정

유정들은 수승한 불법을 생기게 하는
공덕을 지니고 있으니
단지 이 분명한 공덕 때문이라도
그들에게 완전히 공양할 가치가 있다.

비록 스스로 공덕을 증득하는 방면에서 말하자면 부처님과 중생은 큰 차이가 있다. 그러나 중생 역시 매우 심오한 능력을 가지고 있으니, 바로 수승한 불법 공덕을 일으킬 수 있다는 것이다. 불과라는 공덕 대해를 이루고자 하면 반드시 중생의 도움 인연에 의지하여야 하니, 중생의 수승한 도를 돕는 능력에 의지하면 수행자는 발심·6바라밀·사섭법 등의 보살행 성취를 순조롭게 하여 원만한 불과 공덕을 성취할 수 있다.

중생은 수행자가 불과를 증득하도록 도우며, 형식상에 있어서 당연히 부처님처럼 하지는 못하나 수행자가 능동적으로 발전하도록 인도하는 역량이 되어준다. 중생 역시 각기 달리 그만의 독특한 부분을 가지고 있으며, 그들은 수행자의 인연이 되는 대상을 만들고 강력하게 수행자의 도를 향한 마음과 정진을 촉진시켜 수행자가 자량을 쌓아 지혜와 공덕을 원만하게 할 수 있게 한다.『화엄경』에서도 "중생은 보리수왕의 뿌리이니, 보살은 대비 감로수로 이 근본에 물을 대어 여래의 꽃과 열매를 이룰 수 있다. 실재적으로 성불의 성취를 돕는 중생의 이 공덕 때문에 진심으로 공경하고 공양하며 예찬할 가치가 있다. 만약 이 점에 대하여 충분히 중요하게 관심을 주지 못하면, 우리의 보리수는 뿌리가 자라지 못할 것이며, 어찌해도 성불의 과실을 얻을 수 없다."라고 말한다.

부처님과 중생은 수행자의 성취를 돕는 방면에서 상보적인 관계로, 하나도 결핍될 수 없다. 이러한 의미에서 중생을 공경하고 공양하는 것은 항상 수순해야만 한다. 만약 중생에게 이러한 능력이 없다면 부처님께서 왜 중생에게 순종하는 것으로써 6바라밀을 행하고 불과를 성취한다고 말할 수 있겠는가? 보통 중생은 표면적으로 볼 때 미천하고 더욱이 해 끼침의 악업을 지으므로 표면적으로는 매우 하열하다. 하지만 실제로는 이 모든 것들이 수행자가 모든 공덕을 성취하는 것을 돕는 원인이 된다. 이것은 마치 호두가 겉은 울퉁불퉁하여 보기 싫어도 안에는 맛좋은 과실을 가지고 있는 것과 같다. 표면만을 보고 그 실제 쓰임을 잃어버릴 것 같으면, 이것은 일반적인 어리석음이 아니라 해탈 공덕의 생명을 끊는 것이다.

(2) 부처님께서 기뻐하심을 생각함

無僞衆生親 諸佛唯利生 무위중생친 제불유리생
除令有情喜 何足報佛恩 제령유정희 하족보불은

중생의 속임이 없는 친척이 되어주고
무량한 은혜를 베풀어주시는 모든 부처님께
유정을 기쁘게 해주는 것 외에
어떤 다른 것으로 보은을 할 수 있겠는가?

수행자는 부처님의 은덕에 보답하기 위하여 제불에게 환희를 일으키게 하는 것 외에 가장 좋은 방법은 유정들이 환희를 일으키게 하는 것이다. 그러므로 제불여래가 세간에 나온 그 유일한 원행이 바로 중생을 이롭게 하고 중생이 삼계 윤회에서 벗어나도록 제도하는 것이다. 부처님께서는 이미 걸림 없는 동체대비를 증득하여 삼계 중생 보기를 유일한 자식처럼 여긴다.

용수보살은 『친우서』에서 부처님을 '일친日親'이라 일컬었는데, 그 의미는 붓다의 자비 광명이 마치 태양빛처럼 모든 유정에게 두루 비추어 모든 중생의 거짓 없고 치우침 없는 가장 가까운 스승이라는 것이다. 세간의 친구는 자기 탐애에서 출발하여 친구 가족을 치우쳐 사랑할 뿐으로, 이러한 가까운 정은 사사로운 것이어서 의지할 수 없다. 모든 무명번뇌를 깨끗이 제거하고 둘이 없는 실상을 증득하여 평등 이타심으로 모든 유정을 제도할 수 있는 부처님만이 비로소 세간 일체중생의 치우침 없는 친구이다.

부처님께서는 삼계 중생의 치우침 없는 부모로 유일한 의지처이다. 부처님께서 오로지 행하는 것은 바로 중생을 이롭게 하는 것이다. 치아메이 린포체는 『극락발원』이라는 글에서 말하길, "언제나 중생을 돌보는 부처님의 마음은 중생의 한 찰나 분별에 대해서도 자비로 관심을 가지고 있다."라고 하였다. 부처님께서는 이처럼 늘 떠나지 않고 가피를 주고 있으며, 한량없는 화신을 나타내어 중생을 이롭게 하고 구제하고 있으니, 이 은혜는 어떤 말로도 표현할 수 없다. 만약 부처님께서 이전에 일체중생을 이롭게 하는 치우침 없는 발심으로 목숨을 바치고 온갖 난행고행으로 불과를 성취하여 중생에게 감로법약을 주지 않았다면 중생은 기약 없이 윤회의 암흑 속에 빠져 있을 뿐이다.

그런데 우리는 현재 보리 대도를 걸어가면서 해탈 안락의 서광을 보았으니, 이것은 완전히 부처님의 은덕이다. 만약 보은하려면 가르침에 따라 행하고 전력을 다해 중생을 이롭게 하여 중생이 안락을 얻게 하는 것 외에 또 다른 보은의 방법이 있는가? 부처님께서는 이미 복덕 지혜 일체 공덕을 원만하게 하였으니, 범부가 부처님의 은덕을 갚으려 해도 그것은 세간에서 걸인이 조금도 부족함 없는 전륜성왕에게 빚을 갚는 것처럼 근본적으로 갚을 수 없는 것이다. 이 점은 우리가 분명하게 알아야 한다. 전륜성왕이 어찌 걸인의 재물을 필요로 하겠는가?

그러나 제불은 삼계 중생을 사랑하는 아들처럼 보아 그들이 고통에서 벗어나 쾌락을 얻길 바라니, 수행자가 이 방면에서 모든 역량을 다해 노력하여 부처님께서 사랑하는 아들인 중생을 기쁘게 한다면 부처님께서도 틀림없이 기뻐하실 것이다. 이것이야말로 부처님의 은덕에 보답하는 유일한 방법이다. 『능가경』에서 말하길, "이 보리심의 깊은 마음으로 중생계를 받드니 바로 부처님의 은덕을 갚는 것이라고 한다."라고 하였다. 성불하여 중생을 다 제도한다는 소원을 하고 실제 행동에 부쳐 미진수의 제불을 공양하여 받드니, 이것이야말로 수행자가 진정으로 부처님의 은덕을 갚는 것이라고 할 수 있다.

  수행인들은 한번 생각해 보자. 나에게 큰 은덕을 베푼 사람에게 그가 특히 사랑하는 아들이 있는데, 내가 그 아들을 해쳤다면 그가 어떻게 기뻐할 수 있겠는가? 많은 사람들이 이 도리를 잘 알지 못하는 것 같다. 그들은 부처님을 매우 존경하여 말끝마다 부처님께서 나를 구원해 주신 은덕을 보답하고자 한다고 하면서도, 실제 행동에서는 오히려 부처님의 사랑하는 아들인 삼계 중생에게 곳곳에서 불만스럽게 하고 심지어 성냄 번뇌를 일으킨다면 어찌 은혜를 알고 보답하는 사람이라 할 수 있겠는가? 헤아릴 수 없이 많은 중생이 번뇌 고통에 빠져 있으므로 우리가 두 손을 내밀기만 한다면 많은 중생을 고통에서 벗어나게 할 수 있으며 진정 부처님의 은덕을 갚는 것이다. 이 점을 이해했다면 수행인들이 참으로 마음속으로부터 유정을 공경하고 중생의 해 끼침에 대해 인내하는 마음을 낼 수 있길 바란다.

利生方足報 舍身入獄佛 이생방족보 사신입옥불
故我雖受害 亦當行衆善 고아수수해 역당행중선

  중생을 위해서 몸을 버리고 무간지옥에 들어가신
  제불의 은혜에 보답하기 위해서라면
  중생이 내게 크게 해를 끼치려 해도

원망 없이 인욕하고 모든 선을 널리 행해야 한다.

　부처님께서는 중생을 이롭게 하기 위하여 무수하게 몸을 버리는 고행을 닦은 적이 있다. 월광 국왕으로 태어났을 적에 그는 자신의 머리를 다른 사람에게 보시할 것을 발심하였다. 당시 부처님께서는, "나는 녹야원에서 이미 자신의 목숨을 수천 번 보시한 적이 있다."라고 말했다. 중생의 안락을 위하여 부처님께서는 조금도 자신의 가장 귀한 신체·생명을 아끼지 않았다.
　중생의 이익을 위하여 세존 역시 자신이 지옥에 들어가길 원하는 결심으로 중생을 대신하여 고통을 받았다. 예를 들면 세존이 대비 상주로 태어났을 적에 단모흑자가 살인의 업을 지어 지옥에 떨어지는 것을 막기 위하여 끝없는 대비 용기로 당신이 지옥 고통을 대신하길 원하였다. 결코 단모흑자가 500명의 보살을 죽인 악업을 짓게 하길 원하지 않았다. 『대승밀의경』에서 말하길, "지옥을 두려워하지 않고 천상에 나길 구하지 않으며, 자기 몸을 위하여 해탈을 구하지 않는다."라고 하였다. 세존의 인지에서의 모든 노력은 그 유일한 목적이 모든 중생을 해탈시키고 이롭게 하기 위한 것이니, 설령 지옥에 가는 것이라도 조금도 두려워하지 않았으며, 자신이 천상에 나는 것과 자신의 안락을 구하지 않으셨다.
　부처님께서는 이와 같은 난행고행으로 모든 인연들이 윤회의 어두운 그물에서 깨어나게 하였으니, 이 비할 데 없는 은덕을 갚고자 하여 붓다의 가르침을 받들어 중생을 이롭게 하여 붓다의 유일한 소원을 실현시키는 것 외에 그 나머지는 어떤 방법으로도 보답할 수 없다.

부처님의 후학들은 중생에게 어떠한 상해를 받더라도 이 점을 잊어서는 안 된다. 부처님의 은덕에 보답하기 위하여 어떤 악연의 고통을 당하더라도 중생이 악업을 짓는 것을 성냄 번뇌로써 대응해서는 안 된다. 인욕으로써 선근 등의 선법을 회향하여 그들을 이롭게 해야 한다. 덕으로 원수를 갚는 것은 불제자의 기본 행위준칙이다. 수행인들은 이에 대하여 이론상으론 모두 알 수 있을 것이지만 실제 행동에서 이렇게 할 수 있는가? 각자 자세하게 자신을 관찰하여 마음속으로부터 준비를 잘해야 한다.

우리가 비록 잠시라도 전생의 부처님처럼 몸을 버려 중생을 이롭게 할 수는 없더라도, 나를 때리고 나에게 욕을 하는 중생을 만났을 서원을 굳건하게 지키고 자신의 무명 악습이 일어나지 않게 할 수 있다면, 인욕을 닦는 것에 결코 그리 큰 어려움이 없을 것이며 중생에 대한 청정한 선심 역시 쉽게 일어날 수 있다. 그러나 많은 사람들은 늘 자신과 타인의 침해 등이 실재한다고 집착하여, 내심 기쁘지 않은 일을 느끼면 곧바로 그것을 타인이라는 외부환경의 잘못이라 여기고 많은 충돌을 일으킨다. 하지만 사람마다 모두 이러한 인욕의 수행법을 잘 배울 수 있다면 사람과 사람 사이, 지역과 지역 사이, 나라와 나라 사이의 많은 문제들도 자연스럽게 종식될 것이다.

諸佛爲有情 尙且不惜身 제불위유정 상차불석신
愚癡驕慢我 何不侍衆生 우치교만아 하불시중생

나의 주인이신 부처님께서는
모두를 위해서 자신의 몸을 돌보지 않으시는데,

나는 어찌 어리석은 자만에 가득 차서
유정의 종이 되어 그들을 받들지 못하는가?

제불은 삼계 중생이 가장 존귀하게 여기는 의지처이다. 하지만 그들은 윤회계가 여전히 끝나지 않았고 중생이 다 해탈하지 않았으므로 자신의 모든 재산·권속·몸과 생명·선근 등을 돌보지 않고 중생을 이롭게 할 수 있으면 이 모든 것을 하나도 아까워하지 않는다. 그러나 일반적인 범부들은 매우 미천하여 지위가 낮지만 중생에게는 매우 오만하고 이기적이며 인색하다.

중생들은 필요한 것을 많이 가지고 있어도 보시하는 것을 아까워한다. 중생이 도움을 필요로 하는 부분에 자신은 능력이 있어도 수수방관하면서도 스스로 존귀하다고 여겨 중생을 위해 봉사하지 않고 오직 중생이 자신에게 봉사하게 할 뿐이니, 이 모든 것은 어리석은 무명이 마음을 덮어서 일어나는 업력의 표현이다.

부처님께서는 삼계의 가장 높은 스승이시다. 그 크나큰 복덕 지혜의 공덕과 높디높은 위세를 보통 중생의 그것과 비교하면, 등불과 해와 달의 관계와 다르지 않다. 그런데 삼계가 공양하는 존귀한 부처님께서는 중생의 이익을 도모하기 위해 심신 일체를 바치는 것을 아까워하지 않는데, 우리처럼 미천한 범부가 무슨 교만할 것이 있으며, 하인이 되어 중생을 공경하고 받들지 못할 무슨 이유가 있는가? 못하는 원인을 따져보면 무명의 어리석음이 훼방을 놓는 것이 있을 뿐이다.

본사 석가모니불이 세상이 계실 적에 일찍 직접 많은 대중을 위해 봉사하시니, 이를테면 환자를 씻어주고, 옷을 염색하고, 가사 등을 만드는 단체 노동에 참가한 적이 있고, 나중의 고승대덕들도 이와 같이 그들의 복덕 지혜가 원만할지라도 어떤 사람 앞에서도 오만하지 않았으며 평생 근면 성실하게 중생의 이익을 위해 온 힘을 다하고 생사를 잊었다는 것을 수행인들은 안다. 우리가 어떤 고승대덕을 보더라도 그들은 중생 앞에서 공로가 있다고 자처하여 자만하는 표현이 없고 늘 '중생의 하인'이라는 태도로써 중생을 대하였으니, 우리 범부들은 또 무슨 이유로 이처럼 중생을 공경하지 못하겠는가?

티베트인들의 속담에는 "사람들이 어리석을수록 더욱 오만해진다."라는 말이 있다. 범부는 어리석고 무지하기 때문에 교만을 당연시하여 늘 스스로 잘난 체하는 태도로 중생을 대한다. 평상시 중생에게 봉사한다는 생각이 없을 뿐만 아니라, 그들에게 해 끼침을 당했을 적에 더욱 이것은 중생이 '멋대로 저지른 것'으로 그들 같은 이 작은 인물들이 감히 나 같은 '큰 어른'을 해치는 것이라고 여겨 발끈 대노하며 성냄 번뇌를 크게 일으킨다.

대승 불법의 학인들은 이제 반드시 이 근본 문제를 분명하게 알아 마음속에 중생을 공경하고 자신을 버리고 중생을 이롭게 하겠다는 신념을 세워야 한다. 자신의 이익을 추구하기 위하여 중생을 해치는 것은 세속 소인배들의 행동이며, 자아를 희생하여 대중을 위해 이익을 도모하는 것은 대승 수행자의 기본 행위준칙이다. 범부들이 윤회 속에 빠져 있는 근본 원인이 바로 아집이다. 만약 수행인들이 지금 여전히 윤회의 밧줄을 놓지 못한다면 무엇을 해도 자아를 중심으로 한다. 나의 수행·나의 학습·나의 해탈·나의 성취·나의 사업, 이러한 생각을 가지고 있으면 그대는 아직 대승에 들어오지 못하였다는 것을 증명한다.

　수행인들은 이타심 위에서 더욱 많은 노력을 해서 늘 자아 원만을 중심으로 삼지 않기를 바란다. 만약 나를 잊고 타인을 이롭게 하는 정신을 가진다면 천룡팔부 호법선신들이 모두 공경하여 지킬 것이며, 주위 사람들도 그대를 존경할 것이고 많은 일들이 저절로 원만해져 결코 그대가 각고의 노력으로 추구할 필요가 없을 것이다. 『학집론』에서 말하길, "나는 중생에 속하기 때문에 스스로 신체를 닦는 등의 행위에 이르기까지 중생이 필요로 하는 것을 이롭게 하기 위하여 해야 한다."라고 하였다. 수행인들은 모두 이미 보리심을 내었다. 중생으로서 이러한 서언을 하였으니 실제 행동에서도 여법하게 중생을 받들어야 한다. 이것은 마치 자신이 옷·음식의 이익을 위하여 이미 어떤 사람과 계약을 한 것처럼, 타인의 노예가 되었다면 틀림없이 스스로 아주 성실하게 그들을 위해 봉사해야 한다.

　우리들은 자타 성불의 큰 이익을 위하여 자신을 모든 중생에게 바치었다. 우리들 역시 제불보살처럼 오만과 어리석음을 끊어버리는 것을 배우고, 달가운 마음과 순종하는 정신으로 중생의 이익을 위하여 자신의 일체를 아까워하지 않고 노력하여 제불의 은혜에 보답해야 한다.

　　衆樂佛歡喜　衆苦佛傷悲　중락불환희 중고불상비
　　悅衆佛愉悅　犯衆亦傷佛　열중불유열 범중역상불

　중생이 행복하고 즐거워하면 제불 역시 기뻐하고,
　중생이 고통과 해로움을 당하면 제불 역시 슬퍼하고 괴로워할 것이다.

우리가 중생들을 기쁘게 하면 제불도 기뻐할 것이고,
우리가 중생을 해치면 또한 제불을 해치는 것이다.

제불성존은 모든 중생을 사랑하는 아들처럼 본다. 만약 사랑하는 아들이 안락을 누려 심신이 기쁘면 제불 역시 이에 대하여 기쁨을 나타낼 것이고, 만약 중생이 고통과 괴로움을 당하면 제불 역시 그 때문에 슬퍼할 것이다. 뿌뿌다 논사는 강의에서, "중생이 부처님을 공양하는 것도 좋고 부처님을 베어 죽이는 것도 좋다. 실상에 있어 이 모든 것은 평등하니 부처님께서는 차별을 두지 않을 것이다. 그러나 드러나는 부분에 있어 부처님 역시 기쁨이 있고 슬픔도 있다."라고 말한다. 이 점은 『백업경』·『현우경』·『백유경』 등 경전에서 모두 볼 수 있고, 율장에서 부처님과 권속들이 대화할 때에도 볼 수 있다. 부처님께서는 때로 환희를 일으켜 비구들의 공덕을 찬탄하기도 하고, 때로는 불만을 드러내어 제자들의 잘못을 질책하기도 하셨다. 중생이 악업을 지은 과보가 성숙되어 고통스러워하며 울 때에 부처님 역시 질책하시기를 "악업을 지을 때는 기뻐하다가 현재 과보를 받을 때는 어째서 우는가?"라고 하셨다.

부처님의 은덕으로 자비와 지혜를 얻은 것을 보답하려고 하면 유일한 방법은 부처님을 기쁘게 하는 것이다. 부처님께서 기뻐하지 않는다면 우리는 가피를 얻을 다른 방법이 없다. 예를 들면 우리가 상사 앞에서 가피와 지혜 얻기를 구하고자 한다면 상사가 자신에게 환희를 내게 해야 한다. 상사는 본성에 있어 붓다와 같아 기뻐하고 기뻐하지 않는 분별을 두지 않을 것이다. 그러나 연기가 드러나는 세속제 가운데 상사 역시 기쁨과 슬픔이 있을 것이며 이 점 역시 매우 분명하게 볼 수 있다.

　제자가 상사에게 환희를 내게 한다면 상사의 자비 지혜가 제자에게 일어날 수 있으니, 고승대덕들의 성취에서 이 점을 설명할 수 있다. 결코 상사가 조금도 기뻐하지 않는 것이 아니고 제자가 비밀스럽게 상사에게 기도하면 많은 가피를 얻을 수 있다. 당연히 상사로 하여금 기쁨을 일으키게 하는 것은 결코 겉으로만 노력해서 되는 것이 아니다. 하루 종일 거짓 감언이설을 한다고 해서 되는 것도 아니다. 이러한 방법은 어떤 실제적인 의의가 없어 어떤 가피도 얻을 수 없다. 상사가 환희를 일으키게 하고자 한다면 여법하게 선교한 행위로써 정진하여 상사의 가르침을 받들어야 한다. 오직 이렇게 해야만 진실한 가피를 얻을 수 있다.

　제불성존을 기쁘게 하는 것은 모든 해 끼침 악업을 끊어버리고 중생을 요익하게 하는 것뿐이다. 중생을 요익하게 하여 환희를 일으키는 방법은 매우 많다. 나는 이러한 방법 중에서 방생이 사람들마다 행할 수 있고 또 효과가 큰 방법이라고 생각한다. 『불설매의경』에서 말하길, "절 백 군데를 짓는 것이 사람 하나 살리는 것만 못하다."라고 하였다. 우익 대사도 말하길, "살생은 바로 자성불을 죽이는 것이고, 방생은 바로 자성불을 풀어놓는 것이다."라고 하였다. 평상시 우리들은 또 "사람 목숨 하나를 구하는 것이 부도(불탑)를 짓는 것보다 뛰어나다."라는 얘기를 들은 적이 있다. 이러한 것들은 모두 방생의 공덕을 밝힌 것이다.

나는 금년에 지명持明 법회를 열 때에 전국 각지의 거사들을 동원하여 대규모 방생 활동을 거행해야 한다고 생각한다. 한편으로 이것은 방생 지지자들에게 지명 법회의 공덕을 얻게 하는 것이고, 다른 한편으로는 신변월[17] 지명 법회 시에 지은 공덕은 10만 배나 더 늘어나기 때문이다. 그러므로 현재 수행인들의 마음속에도 방생 계획이 있어야 한다. 제불성존 역시 환희를 일으켜 우리가 공덕을 얻도록 가피해 줄 것이다.

遍身着火者 與欲樂不生 편신착화자 여욕락불생
若傷諸有情 云何悅諸佛 약상제유정 운하열제불

전신이 화상을 입은 사람은
원하는 어떤 물건으로도 마음에 만족을 얻지 못한다.
중생에게 해를 입히면
대자대비하신 제불께 기쁨을 드릴 방법이 없다.

온몸에 불이 붙었다면, 어떤 사람이 세간의 모든 미묘한 물건, 예를 들면 하늘나라 옷과 오묘한 음식·하늘나라 음악과 노래·미묘한 정원 등을 우리에게 주어 누리게 한다고 해도 즐거워할 수 있을 것인가? 근본적으로 그럴 수 없다. 이때 마음속으로 고통스러워하고 초조해하

---

17 '신변월神變月은 몸과 마음을 깨끗이 하고 팔재계八齋戒를 지키며 정진하는 음력 1월·5월·9월의 삼장재월三長齋月을 말한다. 이 석 달에는 사천왕四天王과 제석帝釋이 불가사의하고 자유자재한 능력으로 남섬부주南瞻部洲를 순행巡行한다고 하여 이와 같이 말한다.(『시공불교사전』)

는 것 외에는 어떤 흥미도 있지 않을 것이다. 마찬가지로 어떤 사람이 한편으로 중생의 심신을 해치고, 한편으로 또 어떤 방법을 써서 제불을 기쁘게 할 수 있는가? 이것 역시 불가능하다.

화지 린포체는 "중생을 살해하고 그 피와 살로 본존 성중을 공양한다면, 어머니 앞에서 그녀의 외아들을 죽이고 그의 피와 살로 어머니께 공양을 올리는 것과 같다. 모든 대비 지혜의 본존들은 애달파하실 것이니, 무슨 환희심이 일어날 수 있겠는가? 현재 많은 곳에서 이러한 방법을 써서 살생으로 핏물 올리는 제사를 지내고 중생의 생명을 재산으로 바꾸어 탑과 절 등을 건축하는 이러한 방법은 사실 악업을 짓는 것일 뿐 근본적으로 무슨 공덕을 얻을 수는 없을 것이다."라고 말한다.

부처님께서는 『월등경』에서 아난에게 묻기를, "예를 들어 어떤 사람의 머리부터 발끝까지 크게 불이 붙었다. 불에 덴 고통을 없애기 전에 누군가가 그에게 가서 다섯 가지 미묘한 욕망을 누리게 하여 그를 즐겁게 하고자 한다면, 그 결과는 어떠하겠는가?"라고 하였다. 아난존자가 대답하길, "이 사람은 근본적으로 무슨 미묘한 욕망도 누릴 수 없습니다."라고 하였다. 부처님께서 아난존자에게 말하길, "마찬가지이다. 보살은 삼악도의 중생이 온갖 고통을 받는 것을 볼 적에 역시 조금의 환희심도 일어나지 않을 것이다."라고 하였다. 그러므로 자신이 중생의 고통에 대하여 듣지도 묻지도 않고 구제하고 이롭게 하지도 않으며, 심지어 그들을 해친다면 어떤 방법을 취하더라도 제불성존은 환희심이 나지 않을 것이다. 수행인들은 불사 활동을 할 적에 이것에 대하여 반드시 주의해야 한다. 만약 이 활동들이 중생이 상해를 입는 것에 연루된다면 이러한 활동은 하지 않는 것이 좋을 것이다. 그렇지 않는다면, 그대는 한편으론 제불의 몸에 불을 붙이고 한편으론 법을 널리 펴고 중생을 이롭게 하여 붓다의 은덕을 갚는다고 말하는 것과 같다. 자신을 속이고 남을 속이는 것이니 제불성존은 환희심이 나지 않을 것이다.

어떤 법문을 수지하건 간에 자신의 발심이 중생의 고통을 구제하고 중생을 이롭게 하기 위한 것이 아니라면 제불은 틀림없이 환희심이 나지 않을 것이다. 자신이 타인의 해 끼침을 받았을 적에 제불의 보살핌과 가피를 얻고 싶어 하는 사람은 더욱 명심하여 절대 원수로써 원수를 갚아 타인에게 해 끼침 악업을 지어서는 안 된다. 그렇지 않으면 그대는 붓다를 기쁘게 하고 붓다의 가피를 얻어 정도로 들어갈 수 없다.

어떤 사람들은 아마도 "소위 중생이 기뻐하면 부처님께서 기뻐하고, 중생이 고통스러워하면 부처님께서도 슬퍼한다는 것은 구경법이 아닌 방편의 말일 뿐이다. 붓다에게는 기뻐하고 슬퍼하는 감정이 있지 않다. 부처님께서는 이미 취하는 주체와 대상을 전부 법계에 용해시켰는데 어디에 고락의 분별이 있을 것인가?"라고 생각할 것이다. 이 생각은 삿된 견해이다. 한편으로 우리의 지혜는 분명 적천보살을 뛰어넘을 수 없고, 그가 선택한 관점 역시 일반인들이 아무렇지 않게 부인할 수 없다. 또 한편으로 부처님께서는 중생의 현재 모습에 따라 드러내며, 이 각도에서 말하자면 틀림없이 기쁨과 걱정을 드러내는 것도 있을 것이므로, 수행인들은 이에 대하여 반드시 상세하고 깊이 있게 선택해야 하며 유사하게 삿된 견해를 내어서는 안 된다. 법왕 여의보는 "자신이 품은 삿된 견해를 놓지 않는다면, 어떤 상사에 의지하여 어떤 논전을 배우든 아무 의의가 없다."라고 말한다.

因昔害眾生 令佛傷心懷 인석해중생 영불상심회
眾罪我今悔 祈佛盡寬恕 중죄아금회 기불진관서

지난날 중생을 해쳐
중생을 불쌍히 여기는 제불을 상심시키고 괴롭게 했습니다.
이 모든 죄과를 오늘 참회하오니
제불께서 너그러이 용서해 주기를 기도합니다.

우리는 윤회를 떠다니는 과정에서 무명번뇌가 마음을 덮어 인과의 이해가 어두웠기 때문에 번뇌 악연의 충동질 속에서 스스로 일찍이 많은 중생을 해쳤다. 때론 자신이 악업을 지어서는 안 된다는 것을 알았지만, 다스리는 힘이 매우 미약하여 악업을 짓는 습기를 감당할 수 없어 계속해서 자기도 모르게 많은 해 끼침 악업을 지었다. 수행인들은 자신이 현생에서 짓고 한 것들을 회상한다면, 이 점에 대하여 분명하게 알게 되는 것이 있을 것이다.

지금 이 시대 사람들이 태어난 연대는 매우 열악하고 탁하여 어렸을 적에 불법을 들을 수 없었고 지도해 줄 선지식이 없었다. 무명 습기의 충동 속에 중생에게 신체적 상해를 입혔고, 언어에 있어서의 충격을 입혔으며, 때론 마음속에서 성냄으로 깊아 각양각색의 악업을 지었다. 현재 선지식의 가르침과 자기 복덕의 감화를 통하여 이렇게 수승한 논전을 만났으니, 이것으로써 중생을 해치는 것은 제불성존을 슬프게 할 것이며, 자신이 지난날에도 제불성존을 슬프게 하는 이러한 악업을 많이 지었다는 것을 알았다. 현재 제불이 환희심이 나서 자신이 해탈 정도에 들어가도록 가피해 주기를 구하려고 하므로, 오늘 아주 성실하게 제불성존 앞에서 기억할 수 있는 것과 기억할 수 없는 모든 해끼침 악업을 전부 드러내어 참회하고 성존의 너그러운 용서를 기원해야 한다.

이 말들은 단지 입으로 뱉어 놓으면 되는 것이 아니니, 각자가 마음속 깊은 곳에서부터 한번 생각해 보아야 한다. 시작도 없던 세상에서부터 지은 업은 말할 것도 없고 자신이 현생에서 해친 중생은 얼마인가? 싸우고 욕하고 살생하고 생명을 해치는 등 아주 짧은 몇 십 년 동안 제불들을 상심시키고 아프게 한 일들이 얼마나 많은가! 자신이 제불들이 기뻐하지 않는 일을 이렇게 많이 했는데, 만약 참회하지 않고서 해탈 가피를 얻고 싶어 한다면 어찌 가능하겠는가? 현재 마땅히 성존 앞에서 간절하게 드러내고 성실하게 참회하여 대자대비하신 성존들의 용서와 가피를 구해야 한다. 만약 자신이 간절하게 참회할 수 있다면 죄업은 반드시 청정할 것이며, 성존들 역시 용서하고 지켜줄 것이다.

『송고승전』에는 당나라 진표眞表 법사의 공안을 기록하고 있다. 법사가 태어난 집안은 대대로 사냥을 생업으로 삼았으므로, 그도 젊었을 때 이 방면에 정통하여 많은 야수들을 잡아 죽였다. 그러나 나중에 인연이 성숙되어 그는 자신의 살생 악업에 대하여 커다란 참회가 일어나 일체를 버리고 출가하였다. 그러나 출가에 장애를 만났고, 그래서 그는 결연하게 숲속으로 가서 스스로 수염과 머리를 깎고 출가하였다. 이후에 그는 한편으론 통절하게 예전 업을 참회하면서, 한편으론 미륵보살이 직접 그에게 계를 전수해 줄 것을 기도하였다. 이와 같이 먹지도 자지도 않고 몇 번의 7일 밤낮의 수행 정진을 거쳐, 우선 지장보살을 친견하였고 최후에는 그의 지성에 감동되어 미륵보살 역시 직접 나타나시어 그에게 계를 주었으며 천장과 천발[18]을 하사하였다. 당나라 역사에서 인간 세상에서 천장을 가진 출가자는 오직 진표 율사 한 사람뿐이다.[19] 나는 만약 모든 사람들이 진표 법사와 같은 그러한 신심과 정진력을 가지고 있다면, 죄업은 반드시 청정을 얻을 수 있으며 제불성존 역시 매우 기뻐하며 승묘한 성취의 경계를 내릴 것이라고 생각한다.

참회의 방법에는 여러 가지가 있다. 만약 수행의 견해와 경계가 높으면 제법실상을 관상하는 것을 사용할 수 있으니, 몽환처럼 공성에 계합해 들어가는 것을 관하는 방법으로서 참회한다. 이것은 매우 깊고 강력한 수행법이다. 『열반경』에서는 아사세왕의 공안을 기록하고 있다. 아사세왕의 분노는 매우 심각하여 심지어 자기의 아버지를 죽이기까지 하였다. 그 후에 그는 참기 힘든 질병을 앓았는데 도처에서 의사를 구하였지만 치료할 방법이 없었다. 이때 세존은 그를 위하여 매우 깊은 공성 법문을 펴서 그가 죄의 성품이 본래 공하다는 것을 깨달아 무상 참회의 방법으로 계속되어 온 업의 결과를 참회하게 하였다. 그는 깨달았을 적에 말하길, "인이 없으면 과도 없으니 생이

---

18 '천장天杖과 천발天鉢'은 천상의 지팡이와 발우를 말한다.
19 여기서 진표 율사는 당나라 스님이 아닌, 통일신라 중기 전라도 완산주 출신의 진표 율사를 말한다.

없으면 멸함도 없다. 이것을 대열반이라 하니, 듣는 자는 모든 맺음을 부수어라."라고 하였다.

『정업경』에도 기록이 있다. 한 비구와 한 우바이가 음계를 깨뜨리고 그 후에 또 그녀의 남편을 독살하여 음계・살계의 두 중죄를 범하고 나서, 비구는 심하게 후회하는 마음이 일어나 원래 살던 곳을 떠났다. 숲에서 한 보살을 만나 제법이 몽환 같고 허공 같다는 관행을 얻고 정진 수행을 통하여 쌍방이 모두 공하여 일체가 몽환 같을 수 있다는 경계를 깨달았다. 본사 석가모니불이 세상에 왔을 적에 이 비구는 이미 철저하게 업장을 깨끗이 하여 불과를 성취하였으며, 보월 여래로 불린다는 것을 말하였다.

실상 참회는 강력할 뿐만 아니라 대승요의의 참회 법문이어서 공성 견해를 필요로 한다. 만약 이러한 경계가 없다면, 단지 유사하게 빈병 안의 공 같은 것을 관수할 뿐이어서 결코 커다란 효과가 없다. 이때 만약 진실하게 뉘우치거나 그 4가지 대치의 방법으로 참회를 닦는다면, 이 효과는 좋을 것이다. 총괄하건대 우리 각자는 역량을 헤아려 행하되, 최대한의 노력을 다해 해 끼침 악업을 참회해야 한다. 그렇지 않으면 제불성존의 용서를 얻을 수 없으며, 스스로 해탈을 이루고자 하는 것 역시 공중누각을 구하는 것과 같다.

爲令如來喜 止害利世間 위령여래희 지해리세간
任他踐吾頂 寧死悅世主 임타천오정 녕사열세주

여래를 기쁘게 하기 위하여
중생을 해치는 악업을 짓지 않고 세간을 이롭게 하려고 하니,

설령 중생이 나의 머리를 밟고 죽이더라도
인내하여 세상의 보호자를 기쁘게 하리라.

지난 죄업을 참회한 뒤에 또 굳센 맹세를 해야 한다. 앞으로 다시는 잘못을 저지르지 않고, 중생을 해치는 모든 악업을 끊어버리고, 세간에서 중생의 충실한 노예가 되어 유정을 이롭게 하는 선법에 정근하리라. 윤회에서 벗어나기 위하여 반드시 이러한 맹세를 실현하고 제불을 기쁘게 하여 자신에게 대비 지혜가 생기도록 가피를 구해야 한다.

제불성존이 천백만 겁 동안 고생스런 수행을 다 거친 유일한 목적은 중생을 안락하게 하기 위한 것이다. 만약 후인들이 제불성존과 같은 원행에 따라 전력을 다해 모든 중생의 고통을 피하려는 소원을 만족시켜 그들의 이익을 위한다면 제불보살은 반드시 환희심이 일어날 것이다. 많은 사람들은 이전에 이 점을 이해하지 못하여 어떻게 해야 성존을 기쁘게 하고 가피를 얻을 수 있는지 알지 못하였다. 어떤 사람들은 불상 앞에 큰 사과 하나를 공양하고 아름다운 꽃 한 다발을 공양하고, 심지어 공양물 중에 작은 벌레가 있는 것을 볼 때는 즉시 집어서 던져버려, 그것이 죽든 살든 상관하지 않으면서 이렇게 하면 불보살이 틀림없이 기뻐할 것이라고 여겼다. 실제로 이것은 제불성존에 대한 가장 큰 해 끼침이므로 이러한 공양 역시 의미가 없다.

우리가 수행할 적에 만약 자신의 표면적인 선법 행위가 중생에게 해가 된다면 수고로우나 공이 없는 것이고 또 제불성존을 불쾌하게 하는 원인이니, 호법선신 역시 이 때문에 멀어질 것이다. 그러므로 지금부터 시작하여 중생 이익을 자신의 수행 중심으로 삼아, 중생을 해치는 모든 악업을 끊고 전심전력으로 중생을 요익되게 해야 한다. 이 맹세는 반드시 굳건해야 하니 어떤 악연을 만나더라도 변해서는 안 된다. 설령 중생이 머리를 발로 차고 모든 방법을 써서 해칠지라도 차라리 죽을지언정 맹세를 위반하지 않는다는 결심과 행위를 가져야 한다. 스스로 굳센 인욕 속에서 설령 죽을지라도 어떤 유감도 없으니, 윤회 중에 탐욕·성냄 악업 때문에 여러 번 죽었지만 자신과 타인에게 어떤 안락도 가져다주지 못하였다. 만약 자신의 원행이 일치하여 인욕을 닦는 가운데 생명을 바친다면, 제불보살은 반드시 이 때문에 기뻐하여 우리가 해탈의 안락 대도로 들어가도록 가피를 줄 것이다.

문화 혁명 때 내가 잘 아는 어떤 수행자는 당의 비판을 받을 적에 묵묵히 위의 게송을 외우면서 스스로 굳은 맹세를 각성시켰고, 그 결과 평정하게 참아내어 많은 자량을 쌓았다. 1986년 본사 석가모니불의 초전법륜일(6월 4일)에, 상사 여의보는 천여 명의 승려 앞에서 이 게송을 세 번 외웠다. 당시 상사 여의보는 "나는 지금부터 이 게송의 발원을 시작하여 내년 오대산 문수보살 앞에 가서도 이 게송의 발원을 하려고 한다. 지금부터 시작하여 설령 모든 중생이 내 머리를 차더라도 나는 그들을 해치지 않고 자비심으로 그들을 대하여 이로써 제불보살로 하여금 환희심이 일어나게 할 것이다."라고 말하셨다. 훗날 불교를 정돈하고 복장을 열어 취하는 일 등과 같이 법을 널리 펴고 중생을 이롭게 하는 과정에서 일부 사람들이 상사에게 악연 악업을 지었지만, 상사 여의보는 이 서언을 견지하고 다른 사람들에게 이롭지 않은 일을 하지 않았다. 상사의 제자가 되어 우리는 처음부터 끝까지 상사처럼 그렇게 할 수 없을지라도 적어도 본받으려는 의지는 가져야 한다.

그렇지 않으면, 아버지는 매우 지혜로운데 아들은 특히 어리석어 너무 어울리지 않아 아버지를 부끄럽게 하는 것과 같다.

『반야경』에서는 비유 하나를 말하였다. 주인이 늘 집안의 여자 종을 욕하고 괴롭혔는데, 여자 종은 주인이 자신을 죽일까 두려워 조금도 감히 반대할 수 없었다. 마찬가지로, 모든 대승보살들은 중생 때문에 자신의 해탈 혜명을 잃을까 두려워 여자 종이 주인을 공경하는 것처럼 중생을 공경해야 한다. 수행인들은 자기 마음을 관하여 자신이 이렇게 할 수 있는가를 한 번 보라. 아마도 대다수의 사람들에게는 곤란한 점이 있을 것이기 때문에 수행인들은 최대의 노력을 다해 자기 마음을 조복시켜 이 표준을 향하여 다가가야 한다. 만약 굳센 결심을 가지고 있다면 각자의 수행은 이미 성공의 제일보를 밟은 것이다.

大悲諸佛尊 視衆猶如己 대비제불존 시중유여기
生佛旣同體 何不敬衆生 생불기동체 하불경중생

대자대비하신 부처님께서는
이 세상의 모든 중생을 당신과 같이 대하심에 의심이 없으셨다.
중생과 그 자성을 보시는 부처님은 둘이 아니니
어찌 제가 중생을 존경하지 않을 수 있으리까?

제불성존은 불쌍히 여기는 마음과 지혜를 갖추신 구경 성취자로, 견고하게 자타가 평등함과 자기 행복과 중생 불행을 교환하는 대비 법문을 닦았기 때문에 삼계 중생을 다 자기 몸으로 삼아 중생의 고통과 기쁨에 대하여 자신의 것으로 여겨 대한다. 왜냐하면 대승 수행자는 불과를 증득한 뒤, 그들이 유일하게 바라는 것은 바로 중생을 위하여 고통을 뽑아내고 기쁨을 주어 구제하는 것이니, 중생을 이락하게 하는 것을 완전히 자신의 본분으로 삼고 일반인들이 평상시 자신을 보호하고 아끼는 것처럼 중생을 아낀다.

자타가 평등하고 자타를 호환한다는 법문을 닦았기 때문에 중생의 신체를 자신의 신체로 여겨 중생의 고락을 자기 것으로 삼으니, 이에 대하여 어떤 사람들은 아마도 좀 상상하기 어려울 것이다. 그러나 제법은 모두 연기이니 대비로써 발심한 연기의 작용은 이 점을 완전하게 할 수 있다. 아티샤 존자에게 자씨 유가라 불리는 상사가 있었다. 어느 날 제자들에게 법을 전할 적에, 문밖에서 어떤 사람이 돌을 개에게 던지는 것을 보고 거짓 없는 대비심의 충동으로 개의 고통을 대신 받겠다는 마음이 저절로 일어났다. 그 개의 등이 돌에 맞는 그 순간 상사는 고통스러운 신음 소리를 내면서 법좌에서 넘어졌다. 제자들이 그의 몸을 살펴보니 등에 상처가 솟아나 있었다.

이러한 사적은 대승 수행자들 중에 많이 있으니, 자비 지혜가 원만한 부처님께서 중생의 고통에 대하여 또 어찌 감응하지 않을 수 있겠는가? 부처님께서는 주관과 객관의 분별과 집착이 없으며, 번뇌가 다해 순수하게 드러난 제법의 차별을 보는 지혜로써 모든 중생의 고락에 대하여 더욱 분명하게 알 수 있다. 불쌍히 여기는 마음이 원만한 제불성존은 중생 보기를 자기처럼 하니, 만약 어떤 사람이 중생에 대하여 인욕 등 이익을 주는 선법을 닦는다면 그들이 어찌 지극한 환희심이 나서 가피를 주지 않을 수 있겠는가?

제불성존은 지혜로써 삼계 중생의 본체가 붓다와 완전히 같음을 보니 인연이 없는 동체대비심이 생긴다. 드러나는 모습으로부터 말하자면 중생들은 미래의 붓다이고, 실상에서 보자면 각각의 중생들은 모두 여래장을 갖추고 있어 여래의 공덕 장엄을 구족하였다. 본사 석가모니불께서 도를 이룰 때 말하시길, "한 중생도 여래의 지혜 덕상을 갖추지 않음이 없다."라고 하였다. 『대방광여래장경』에서는 "부처님께서는 중생 무리가 모두 여래장을 가지고 있다고 본다."라고 하였다. 수행인들이 대승 경전을 보면, 이러한 교증은 이루 다 셀 수 없다. 현상·실상에서 중생이 바로 붓다이고, 중생 본체가 붓다와 완전히 같다면 삼보의 제자들은 반드시 공경하고 공양해야 한다. 그렇지 않으면 그대는 기본수행인 귀의조차도 실천할 수 없는데, 무슨 불법 수행과 해탈을 말하는가?

悅眾令佛喜 能成自利益 열중령불희 능성자리익
能除世間苦 故應常安忍 능제세간고 고응상안인

인욕은 그 자체로 여래를 기쁘게 하는 것이며
자기의 일을 완벽하게 성취하는 것이다.
능히 중생의 고통을 없애므로
나는 항상 인욕하리라.

중생을 공경한다면 그들이 만든 어떤 상해도 참을 뿐만 아니라 자비심으로 이롭게 하여 그들이 만족과 기쁨을 얻게 하니, 제불성존은 이 때문에 필시 기쁨을 일으킬 것이다. 이 과정에서 해 끼침을 당해도 성내지 않는 인욕이 기초이며, 이 기초 위에 진일보하여 자애·공경으로 중생을 대하고 선법으로 그들의 온갖 무해심원无害心愿을 만족시켜 그들을 기쁘게 하니, 제불성존은 반드시 환희심이 나서 우리가 빨리 안락의 피안으로 가도록 지켜줄 것이다.

중생을 이롭게 하고 인욕을 닦은 것은 수행자의 복덕 지혜 자량을 원만하게 할 수 있고, 일시적인 사업과 궁극적인 사업 모두를 이룰 수 있다. 인욕이 있으면 많은 잠깐의 사업 역시 순리대로 이룰 수 있고 숙업 역시 그것에 힘입어 끊어버릴 수 있다. 굳센 인욕 공덕이 있으면 자신이 쌓은 자량은 성냄 번뇌에 무너지지 않을 수 있으며, 복덕과 지혜 두 자량 역시 빠르게 늘어나 원만해질 수 있으니, 일시적인 이익과 궁극적인 이익을 이룰 수 있게 한다.

인욕을 닦을 적에 한편으로 우리는 자신을 조복시킬 수 있고, 또 다른 한편으로 중생으로 하여금 이익을 얻을 수 있게 한다. 이 과정에서 삼보의 가피 보호와 자신이 보리심을 발한 가피력을 통하여 세간 중생의 온갖 질병·전쟁 등 천재인화 내지 그들 내세의 악도 고통까지 다 소멸시킬 수 있다. 본사 석가모니불은 보살도를 행할 때에 인욕 고행 닦은 것을 통하여, 무수한 중생들이 잠시와 궁극의 안락을 얻게 하고 무량한 악연 고통을 없애주었다. 명대의 감산 대사는 군인 노역으로 충당되어 해남도로 유배되었을 적에 그곳에는 마침 큰 염병이 발발해 백성들은 열에 아홉 집이 비어 있었다. 대사는 온갖 심신의 해로움을 참으면서 겹겹의 시체 속에 앉아 수행하는 것을 견지하니 역병이 갑자기 흔적도 없이 소멸되었다. 이러한 공안은 아마도 수행인들이 많이 알 것이다.

부처님을 기쁘게 하고 자리를 이루고 세간 고통을 없애는 것은 모든 수행자가 바라는 것인데, 이러한 이익의 근원은 모두 인욕이다. 그러므로 우리가 자타의 이익을 원만하게 하려면 반드시 인욕바라밀의 수행에 전력을 다해야 한다.

(3) 부처님께서 싫어하심을 생각함

譬如大王臣 雖傷衆多人 비여대왕신 수상중다인
謀深慮遠者 力堪不報復 모심려원자 역감불보복
因敵力非單 王勢即彼緣 인적력비단 왕세즉피연

비유하자면 몇몇의 신하들이
백성들에게 해로운 짓을 할 때
선견지명을 갖춘 사람은
힘이 있어도 보복을 하지 않는다.
왜냐하면 적은 혼자가 아니고
왕의 세력과 인연이 닿아 있기 때문이다.

중생의 해 끼침을 당했을 적에 장기적인 안목으로 관찰하여 자신이 공경하고 인욕할 것인지, 아니면 성내어 보복할 것인가를 한번 생각해야 한다. 이 두 가지 행위의 이해득실을 심사숙고한 뒤에 행하는 것은 지혜로운 자의 방법이다. 저 어리석고 거친 사람처럼 일하면서 한 걸음 잘못 디디어 만 겁 동안 여한이 남게까지 해서는 안 된다.

구체적으로 이 점을 설명하기 위하여 적천보살은 여기에서, 어떤 왕의 신하가 사람을 해쳤는데, 지혜로운 사람이 보복하지 않는 비유를 들었다. 세간에서 국왕의 권세는 크다. 그들 수하에 일부 대신과 권속들의 품성이 거칠고 악하여 늘 아무 거리낌 없이 평민을 해친다. 이들 간신 혹은 악신이라 불리는 사람들은 역사에 자주 보인다. 소위 민주주의 사회에서도 이런 일이 발생하는 것을 면하기 어렵다. 이처럼 무고하게 해 끼침을 당했을 적에 일반인들은 대개 분노하며 참으려 하지 않는다. 하지만 선견지명이 있는 사람이라면 자신에게 그를 해친 신하에게 대항하고 보복할 능력이 있더라도 무모하게 처리하지 않을 것이다. 소위 행동할 적당한 때를 잘 아는 사람은 준걸이 된다는 것이니, 그들은 당시의 형세를 살펴 이 신하의 배후에 국왕의 세력과 그것을 뒷받침해 주는 국왕이 있다는 것을 인식한다. 지혜로운 사람이라면 누가 이러한 세력과 싸움을 벌여 고통을 자초하겠는가?

수행인들의 집에서도 이와 유사한 경험이 있을 것이다. 어떤 사람들은 일에 참가하는 과정에서 사람들의 무시를 당한 적이 있다. 비록 상대는 작은 우두머리일 뿐이고 각 방면의 능력은 자신에게 비할 수 없지만 자신이 아랫사람이므로 울분을 꾹 참을 뿐이었다. 왜냐하면 상대방의 배후 세력을 자신은 틀림없이 상대할 수 없기 때문이다. 수행인들 중 어떤 사람들은 집에 있을 때 매우 무모하여 앞뒤를 가리지 않고 무턱대고 작은 일이라도 만나면 다른 사람과 싸워서 그 결과는 여지없이 패배할 뿐이어서 보너스·임금·집 등 각 방면에서 손해를 입었다. 그러나 지혜로운 사람은 냉정하고 타당하게 이러한 관계들을 처리하여 자신을 보호하여 이러한 손해를 입지 않았다.

인욕 수행은 이 비유들과 유사한 점이 있다. 상해를 받았을 적에 가해자가 고립되어 있어 가볍게 가해자에게 보복할 수 있을지라도 그가 가해한 업보를 고려하고 해를 끼치는 행동 배후의 세력과 원인을 알아야 한다.

故敵力雖弱 不應輕忽彼 고적력수약 불응경홀피
悲佛與獄卒 吾敵衆依怙 비불여옥졸 오적중의호
故如民侍君 普令有情喜 고여민시군 보령유정희

마찬가지로 나를 해친 원수가 아무리 하찮은 이라도
가볍게 보복해서는 안 된다.
중생을 사랑하는 부처님과 지옥의 옥졸이
원수가 의지하는 대상이기 때문이다.
백성이 군주를 모시는 것처럼
나는 늘 모든 중생을 공경하며 받들리라.

같은 이치로, 원수의 해 끼침을 만났을 적에 수행자는 비록 원수의 힘이 매우 약하고 겉으로 보기에 그들에게 어떤 의지할 배후가 없어도 그들을 경시해서는 안 된다. 더 깊은 차원에서 관찰하고 신중하게 처리해야 한다. 어떤 일을 대할 적에는 반드시 전면적으로 고려해야 한다. 만약 원수 자체가 일격도 감당하지 못하고 표면적으로 볼 때 어떤 큰 세력의 도움도 없을 것이라고 여겨 그대가 상대를 경시하고 패배시켜 압도한다면 큰 잘못을 저지를 수 있다.

예를 들어 모기·벼룩 같은 작은 미물이 그대의 몸을 물고 있으면, 그대는 그것들의 힘이 약하고 다른 도움이 없으리라 여기고 아무

거리낌 없이 보복하여 해친다. 저 쥐·토끼 등 방생(旁生: 축생)이나 힘이 약하고 고립무원인 사람에 대해서도 어떤 사람들은 이와 같이 대한다. 상대가 다소 자신에게 불만으로 여겨지는 행위만 하면 즉각 보복하려 하고, 이렇게 한 원인을 근본적으로 고려하지 않는다면 오랜 겁 동안 자신에게 원한으로 여기게 할 악과를 불러올 것이다. 왜냐하면 각 유정들의 몸 뒤에는 모두 대자대비하신 제불과 죄악을 징벌하는 염라 옥졸이 있기 때문이다.

　제불세존은 삼계 중생 보기를 자애로운 어머니가 독자를 보는 것처럼 하여 늘 돌보며 지키고 있다. 본사 석가모니불은 일찍이 "누가 중생을 해치는가? 나를 해친 것과 같으니 만약 성내서 해친 행위가 있다면 어찌 내 제자라 하겠는가?"라고 말한 적이 있다. 중생을 해치는 행위를 심하게 질책하신 것이다. 약한 유정을 보복해서 해친 것이 제불세존을 어기고 해친 것이라면, 스스로 해탈 성불하겠다는 희망 역시 의심할 여지없이 물거품이 될 것이다.

　약한 원수를 해치는 행위가 이처럼 나쁜 결과를 불러올 것이라는 것을 고려할 수 있다면 누구도 이렇게 하기를 원하지 않는다는 것은 비교적 알기 쉽다. 그런데 염라 옥졸이 원수의 보호자라는 것은 무슨 의미인가? 성냄 악업을 지은 사람은 지옥 악도에 떨어지는 과보를 불러올 것이다. 중생을 해친 사람은 죽은 뒤 그 혼식이 염라대왕의 검은 궁전으로 끌려와, 공정하고 엄한 판관이 그의 악업에 따라 판결하고 옥졸들에게 온갖 혹독한 형벌로 그를 징벌하게 될 것이다. 만약 자신이 원수에 대한 보복으로 해친 악업을 지은 것에 대하여 죽은 뒤 염라 옥졸의 징벌을 불러오는 것은 원수의 보호자에 죄를 지어

해를 받는 것과 같은 것이 아닌가? 때가 되면 수많은 옥졸들이 칼과 톱을 들고 베고 가르고 끓어오르는 철물을 붓는다. 이렇게 무서운 업보는 세상에 있을 때 온갖 못된 짓을 다하고 중생을 죽인 악행이 불러온 것이다. 그때에 삶을 원래대로 되돌릴 수 있어 자신이 새롭게 선택할 수 있다면, 나는 적의 해 끼침을 참는 것과 적의 해 끼침에 대하여 보복을 하는 것 중에서 후자를 선택할 사람은 없을 것이라고 생각한다.

적의 역량이 약하더라도 그들 배후의 보호자를 고려할 수 있다면, 자신이 만약 인욕하지 못하여 성내고 보복하면 제불의 가피에서 멀어질 것이고 지옥 옥졸의 징벌과 고통을 불러온다는 것을 분명하게 알 수 있다. 손을 움직이고 발걸음을 내디딜 적마다 자신에게 이렇게 무서운 지옥 고통의 과보를 가져온다면, 이에 대하여 어찌 소홀히 여기고 취사에 신중하지 않을 수 있겠는가? 그러므로 진정으로 이 인과의 이해득실을 이해하는 수행자는 반드시 백의의 평민이 군왕의 압박을 당해도 성내지 않을 뿐만 아니라, 늘 낮은 위치에 있으면서 군왕을 받들어 모시는 것처럼 아주 공경스럽게 원수와 모든 중생을 대하고 늘 순종하고 받들어 그들에게 환희심이 나게 할 것이다.

중생을 공경하여 인욕을 닦거나 혹은 이와 상반되게 하는 것, 이 두 가지 행위가 불러오는 이해득실을 분명하게 알 수 있다면 중생에 대한 공경과 인욕은 틀림없이 행해질 것이다. 어떤 사람들은 외모로 다른 사람에게 공경을 행하지만 단지 높은 지위에 있는 사람에게 제한될 뿐이거나 구하는 목적이 있는 데서 나오는 행위이니, 이것은 진정한 공경과 인욕의 행이 아니며 진정한 의미가 없다. 대승 수행자의 공경·인욕은 각 중생에게 마음속으로부터 나오는 평등한 공경·자애의 마음을 내야만 하니 자비희사 사무량심에서 나온 선법이다. 수행인들은 각자 가슴에 손을 얹고 "적의 해 끼침에 직면했을 적에 자신에게 그를 이롭게 하는 선심이 있는가, 그를 은인처럼 여기고 선지식처럼 여겨 공경할 수 있는가, 평상시 그들을 요익되게 하거나 성내게 하는 둘의 이해관계를 따져 보는가?"라고 반성해 보자. 늘 이처럼 자신에게 반문한다면 스스로 마음을 닦는 효과를 분명하게 알 수 있고, 자신과 대승보살의 차이를 명백하게 알 수 있다.

暴君縱生嗔 不能令墮獄 폭군종생진 불능령타옥
然犯諸有情 定遭地獄害 연범제유정 정조지옥해

포악한 군왕이 아무리 성을 내더라도
사람을 지옥에 떨어뜨려 고통을 받게 할 수는 없다.
그러나 유정에게 성낸다면
바로 지옥 고통을 만날 수 있다.

수행자 입장에서 말하자면, 중생에 대한 자신의 인욕·공경과 폭군에 대한 평민의 조심·섬김에 현격한 차이가 있는 것은 무엇 때문인가? 중생을 괴롭히고 산란하게 하는 업보는 폭군을 괴롭히고 산란하게 하는 업보에 비하여 훨씬 심각하다. 역사적으로 많은 폭군들은 아랫사람을 대할 적에 매우 흉폭하고 잔인하였는데, 만약 어떤 사람이 그를 기쁘지 않게 하면 바로 온갖 혹형의 압박, 예를 들면 수레에 찢기고 기름 불구덩이에 빠뜨리고 다섯 말이 시체를 찢는 따위를 당할 수 있었으니, 이러한 형벌은 사람을 매우 고통스럽게 한다. 그러나 인간의 고통은 결국 한계가 있어, 지옥과 비교한다면 고통의 정도와 고통 받는 시간 등 각 방면에서 볼 적에 인간 세상의 고통은 미미하여 말할 것도 없다.

폭군이 아무리 성을 내더라도 사람들에게 고통의 괴롭힘을 줄 수 있을 뿐이며 시간 역시 아주 짧을 뿐이다. 그가 온갖 방법을 다 쓰더라도 사람을 지옥에 떨어뜨려 고통 받게 할 수는 없다. 그러나 만약 우리가 중생을 해치고 괴롭힌 업보는 매우 심각하다. 성냄 악업을 지은 사람은 죽은 뒤 즉시 사나운 염라 옥졸에 포박되어 맹렬한 불길이 활활 타오르는 지옥에 던져져서 수만억 년 동안 인간이 상상할 수 없는 혹형을 받아 잠시도 쉬는 때가 없다.

『정법염처경』에서 말하길, "한 중생을 살해하면 지옥에 떨어져 반 겁 동안 고통을 받을 것이며, 또 자기 목숨이 타인에게 살해되는 고통을 오백 번 받는다."라고 하였다. 용수보살은 『보리심석』에서 "세간과 지옥·아귀 및 축생의 모든 유정들이 받는 끝없는 고통은 모두 중생을 해친 것으로부터 생겨난다."라고 말한다. 중생을 해친 과보는 이처럼 심각하다.

그러나 이상한 것은 일반인들이 왕의 권위에 도전하는 것은 무서워하면서도 중생을 해치는 것에 대해서는 조금도 상관하지 않는다는 것이다. 두 가지가 얻는 과보가 이처럼 현격하게 차이가 나는데, 우리는 경미한 눈앞 고통에 대해서는 매우 두려워하고 장래의 큰 고통에 대해서는 조금도 개의치 않으니, 이것은 완전히 안목이 얕은 것으로 어리석은 무지가 불러온 것이다.

이러한 인과를 이해할 수 있다면, 누가 유정을 해쳐 삼악도의 고통 업보를 받으려 하겠는가? 우리가 이미 이 인과를 분명하게 알았다면 수행과정에서 최대한의 노력을 다해 중생 해치는 것을 피해야 한다. 모든 중생을 권세가 비할 데 없는 군왕으로 보아 자신을 늘 낮은 위치에 두고 공경하여 삼가 섬기면 그들의 어떤 해 끼침에 대해서도 원망하는 생각 없이 인내할 수 있을 것이다.

如是王雖喜 不能令成佛 여시왕수희 불능령성불
然悅諸衆生 終成無上覺 연열제중생 종성무상각

이와 마찬가지로 권세 있는 국왕을 기쁘게 하여도
그가 나에게 성불 안락을 내려줄 수 없다.
그러나 중생을 기쁘게 하면
최후에는 위없는 바른 깨달음을 원만히 이룰 수 있다.

중생을 해치는 것에는 위에서 말한 심각한 악보가 있다. 반대로 중생을 이롭게 하고 중생을 기쁘게 하면, 그 이익은 불가사의하여 인간 군주를 기쁘게 하여 얻은 것과는 비교할 수도 없다. 세간의 많은 사람들은 약간의 이익을 얻기 위하여 머리를 다 짜내어 생각하고, 심지어는 모든 수단을 가리지 않고 군주를 기쁘게 한다. 그러나 설령 한 군주에게 지극히 커다란 환희심이 일어나게 할 수 있더라도 얻는 것은 또 얼마나 되는가?

역사에서 볼 적에 많은 사람들은 황제를 위하여 근면 성실하게 밤낮을 가리지 않고 열심히 일하고, 심지어 목숨을 돌보지 않고 황제를 위해 충성을 다한다. 이렇게 고생을 다해 얻는 것은 가장 많아야 '지위가 삼공에 열거되는 것'에 불과할 따름이다. 최후에 두 발로 버티면 명은 황천으로 돌아가 세상의 부귀영화를 다 버리고 빈 몸으로 내생을 향해 나아간다. 인간 세상의 군주가 하사한 재산·지위는 확실히 한계가 있으니, 세간의 많은 지혜로운 사람들은 썩은 흙처럼 이것들을 버린다.

인간 세상의 군주는 말할 필요가 없고 제석·범천 등의 천주들이 하사한 것도 한계가 있다. 부처님께서는 인지에서 보살행을 닦을 적에 제석천이 여러 차례 보살의 선행에 감동받아 보살에게 상을 하사하려고 하였지만, 보살이 삼계 중생을 이롭게 할 수 있는 보리 공덕을 얻으려고 청할 적에 제석천은 그에게 이것에 대하여는 힘이 될 수 없다고 알려줄 뿐이었다. 자타이리를 원만하게 하는 공덕은 말할 필요도 없고, 소승의 수다원과나 대승의 십신 위까지도 삼계 국왕과 천신의 모든 역량을 다해도 도달할 방법이 없다.

그러나 우리가 노력하여 선법을 닦아 중생을 이롭게 하고 기쁘게 하면 중생의 수승한 복전에서 광대한 복덕 자량을 쌓을 수 있고 수승한 지혜를 생기게 할 수 있어, 결국에는 복덕과 지혜를 원만하게 하고 불과를 증득한다. 용수보살은 "모든 중생을 버리지 않으면 불·보리를 얻는다."라고 하였다. 만약 중생을 버리지 않고 정진하여 중생을 이롭게 하는 수행을 한다면 위없는 보리과를 얻을 수 있는 것을 결정한다. 중생이 이익 얻는 것을 기뻐하는 수행의 성취는 삼계의 모든 국왕과 천신의 능력을 다해도 도저히 따라잡을 수 없다. 이해득실을 따져보건대 우리는 이치상 중생을 공경하여 받들고 기쁘게 해야 하며, 그 노력 정도는 세상 사람들이 국왕을 공경하고 기쁘게 하는 노력을 한참 뛰어넘어야 한다.

  불법을 전하는 방편으로 중생을 이롭게 하는 것은 초학자에게 그다지 큰 능력을 요하는 것이 아니다. 중생을 이롭고 안락하게 하는 방법은 매우 많기 때문이다. 예를 들면 성심성의껏 피살되는 축생을 구한다면 구원을 받은 생명은 틀림없이 지극히 큰 환희를 일으킬 것이니, 이것은 유루 선법 중에서 공덕이 가장 크며 누구든 할 수 있는 방법이다. 연지 대사는 말하길, "자신에게 방생할 재력이 없다면, 타인의 방생 공덕을 수희찬탄하며 다른 사람이 방생하도록 권하는 등도 큰 복덕을 얻을 수 있다. 방생을 할 때에 경의 주문을 외워 방생되는 유정을 가피해 주면 그들에 대한 이익이 더욱 커진다."라고 하였다.

  『도구경度狗經』에 부처님께서 세상에 계셨을 때의 기록이 있다. 한 사미가 화주하는 길에서 어떤 도살자가 강아지 한 마리를 죽이려고 준비하는 것을 보았다. 사미는 강아지가 두려워하며 도움을 구하는 참상을 보고서 대비심이 일어나 바로 도살자에게 강아지를 죽여서는 안 된다고 부탁하였다. 그러나 도살자는 이 요구를 이해하지 못하였고, 사미는 방법이 없어 할 수 없이 강아지를 위하여 경을 외우며 회향하였다. 회향한 공덕에 의지하여 강아지는 죽은 뒤 바로 시주 신도 집안의 남자아이로 태어났다. 남자아이는 자라서 한번은 탁발하는 그 사미를 만났을 뿐만 아니라 바로 전생의 모습이 기억나고 전생의 은인을 알아보았다. 당시 남자아이는 특히 감격하여 사미 앞에서 삼보에 귀의하고 나중에 불퇴 보리의 과위를 증득하였다.

이 공안에서 방생할 때 경을 읽어 회향해 주는 이익이 크다는 것을 확실히 볼 수 있다. 방생되는 유정을 만났다면 수행인들은 그들을 위하여 불보살의 명호 주문을 염하여 그들에게 공덕을 회향해 주길 바란다. 이렇게 하여 그들로 하여금 이익을 얻을 수 있게 하고, 우리 자신도 자량을 쌓을 수 있다.

云何猶不見 取悅有情果 운하유불견 취열유정과
來生成正覺 今世享榮耀 내생성정각 금세향영요
왜 우리는 아직도 중생을 받드는 것으로 인해 만들어지는
큰 선과를 알아볼 수 없는가?
이는 미래에 불과를 성취하고,
금생에서는 명예의 영광을 누리게 하는 것이다.

세간의 어떤 일들은 자신의 의근의 현량現量을 통해 감지할 수 있다. 어떤 일들은 비록 직접 볼 수는 없어도 비유나 혹은 경전의 가르침을 통하여 분명하게 알 수 있다. 보리도에서 중생에 의지하여 인욕을 닦아 온갖 방법으로 이락을 베풀어 중생이 환희를 일으키면, 이 선행이 가져온 과보는 현량·비량比量·성교량聖敎量을 통해 알 수 있다. 유정을 기쁘게 하여 수행자의 자량을 원만하게 하고 죄장을 다 없앨 수 있다면, 여기에서 2무아[20]의 지혜를 증득할 수 있다. 이를 성취하고 싶은 사람은 반복해서 사유하고 관찰해야 하고, 짐짓 모른 척하며 이와 같이 받들어

---

[20] '2무아'는 인무아人無我와 법무아法無我를 말한다.

행하지 않아서는 안 된다. 가령 중생을 이롭게 하는 것에 대하여 정견을 일으키어 정근할 수 없으면 보리과는 자신과 인연이 없다.

수승한 인연이 있다면 중생에 대한 매우 강렬한 대비심의 이익을 통해 스스로 단시간 내에 큰 공덕을 원만하게 하여 그 앞에서 증득할 수 있다. 무착보살이 계족산에 계실 때 미륵본존을 12년간 닦아도 성과가 없었다. 하지만 최후에 한 찰나의 강렬한 대비심이 일어나서 미륵보살이 직접 나타나 증득의 경지를 내려주었다.

중생에 대한 자비 요익은 수행자가 불과를 성취하게 할 수 있을 뿐만 아니라 잠시 세간에 있으면서도 이를 통해 생겨난 비할 데 없는 명예, 부유한 재산과 중생의 존경 등 많은 안락 영광을 누리게 할 수 있다. 『학집론』에서 말하길, "중생을 즐겁게 하는 것은 잠시와 궁극 안락의 일체 원인이다."라고 하였다. 중생을 이락하게 한 인연이 있으면 자신에게는 반드시 안락과가 있을 것이니, 이것은 신통한 유가사에게 물을 필요도 없고 점쳐 볼 필요도 없다. 예를 들면 우리는 지금 라롱의 산골짜기에 안주하여 상사에 의지하여 수승한 불법을 닦을 수 있으며, 의식주가 모두 구족해 즐겁고 근심이 없다. 이것은 자신이 전생에서 괜찮게 행동하였고 타인에게 많은 안락을 주었음을 증명한다. 그렇다면 사람을 찾아가 내세의 운명이 어떠한지 점칠 필요가 없다. 각자 자신이 금세에 인욕을 닦고 있는지, 유정을 이롭게 하고 있는지 등을 관찰하면 그것을 분명하게 알 수 있을 것이다.

영명 연수 대사는 출가 전에 참수되는 사형을 판결 받은 적이 있는데, 형장에서 그는 기뻐하고 조금의 두려움도 없었으니, 어째서인가? 왜냐하면 그는 자신이 많은 생명을 구한 적이 있고 또 아미타불에게 진실한 신심을 구족하여 죽은 뒤에는 틀림없이 왕생극락하여 이 고해를 벗어나 비할 수 없는 안락을 누릴 것이라는 것을 알았기 때문이니, 어찌 이 때문에 기뻐하지 않을 수 있겠는가! 그는 인과가 허무하지 않다는 것에 대하여 이와 같은 굳은 신념을 가지고 있었기 때문에 생사의 사이에서 이처럼 대범할 수 있었다.

우리 자신을 돌아볼 때 이러한 신심을 가지고 있는가? 아마도 좀 힘든 점이 있을 것이다. 인과가 허무하지 않다는 것에 대하여 이와 같은 굳은 신심을 구족하지 못하고, 선업과 악업을 취사선택하여 좋은 내생을 위하여 인욕바라밀을 굳건히 하지 못했으며, 불보살의 가르침대로 행할 수 없었기 때문에 지금까지 해탈하지 못하고 있다. 인과를 굳게 믿는다면 우리는 중생을 해치고 이롭게 하는 일의 이해득실을 들은 뒤에, 현생과 내세를 위해 차라리 죽을지언정 어떤 중생도 해치지 않아야 한다. 그래야 진정한 대승보살이 될 수 있다.

『백유경』에는 한 사문이 시주 단월의 집에 가서 공양에 응한 기록이 있다. 그 단월은 특히 부유하여 가치가 매우 높은 옥구슬 하나를 가지고 있었다. 사문이 그의 집에 도착하고 나서 그 단월에게 일이 있어 집밖으로 잠시 나갔는데, 집안의 앵무새가 이때 왜인지 모르지만 옥구슬을 삼켰다. 그 단월이 돌아온 뒤, 옥구슬이 보이지 않는 것을 발견하고 그 사문이 훔쳤다고 의심하여 추궁하였지만, 그 사문은 직접 앵무새가 옥구슬을 삼키는 것을 보았어도 그가 만약 말한다면 앵무새는 틀림없이 이 때문에 죽임을 당할 것이라고 생각하여 묵묵히 아무 말도 하지 않았다. 그 단월은 재삼 따져 물어도 대답을 얻을 수 없자, 성나서 몽둥이로 사문을 때리고 아울러 위협하면서, "만약 옥구슬을 내놓지 않으면 그대를 죽일 것이다."라고 말했다. 그 사문은 여전히 묵묵히 참으면서 차라리 스스로 죽을지언정 이 비밀을 말하여 새를 죽게 하길 원하지 않았다. 최후에 그 존경할 만한 사문은 온통 피를 흘릴 정도로 맞아 거의 숨이 넘어가려고 할 적에 앵무새가 뛰어와 피를 마시니, 미친 듯이 성난 단월이 몽둥이로 때려 죽였다. 사문은 새가 이미 죽은 것을 보고서 진실을 단월에게 알려주었다. 그 단월은 새의 배를 갈라 과연 옥구슬을 찾았다. 그래서 매우 부끄러워하며 묻길, "당신은 왜 좀 일찍 나에게 알려주지 않았습니까?"라고 하였다. 사문은 조용하게, "내가 만약 일찍 당신에게 알려준다면 당신이 앵무새를 죽일까 걱정했소!"라고 말했다.

　작은 축생을 이롭게 하기 위하여 차라리 자신의 생명을 버리고자 했으니, 만약 인과에 대하여 굳은 신심을 구족하여 대비심이 강렬한 것이 아니라면 이러한 발심 행위는 하기 어렵다. 우리가 만약 이러한 상황을 만나면 스스로 귀중한 자기 생명과 다른 유정의 생존과 바꿀 수 있는지 없는지를 한번 생각해 보길 바란다. 대승 불법에 따를 때, 반드시 이 불쌍히 여기는 마음을 가지고 있어야만 진정한 대승 수행자이다.

　　生生修忍得　貌美無病障　생생수인득　모미무병장
　　譽雅命久長　樂等轉輪王　예아명구장　낙등전륜왕

　　윤회 속에서 인욕바라밀을 수행하면
　　아름다운 미모와 무병
　　명예와 장수 등

전륜성왕이 누리는 안락을 얻을 수 있다.

인욕바라밀을 닦으면 장래 위없이 원만한 불과를 얻을 수 있다. 불과를 얻기 전에는 설령 몸이 윤회에 빠지더라도 인욕 선법을 닦는 자에게 온갖 이익을 가져다주어, 자신의 희망이 뜻대로 원만해져 생활은 즐겁고 근심이 없다. 인욕을 닦은 사람은 용모 단정한 과보를 얻어 모든 사람들이 보기 좋아하고 상사 선지식이 기꺼이 섭수한다. 경전에서는 "인욕을 닦은 사람은 금빛 같은 특수하게 미묘한 용모를 느낄 수 있다."라고 말한다. 월칭 논사 역시 "인욕바라밀로 미묘한 낯빛을 받으니 보살이 기뻐한다."라고 하였다.

많은 사람들이 자신의 용모가 장엄하고 단정하길 바라지만 헛된 공상으로는 현실이 될 수 없다. 다만 그대가 정근하여 인욕을 닦아 1, 2년 성내지 않고 원수의 해 끼침에 보복하는 마음을 극복할 수 있으면 외모는 분명 장엄하게 변하기 시작할 것이다. 인욕을 닦은 사람은 또한 세세생생 신체 건강하고 무병할 것이다. 인과응보의 규율에 따라 전생에 성내고 해친 악업이 많은 사람은 현생에서 질병이 많고 명이 짧은 과보가 있는 것을 수행인들은 안다. 만약 인욕 법문을 닦아 모든 중생에게 늘 연민과 구원의 마음을 낸다면 신체 건강하고 무병할 것이다.

모든 해친 자들에게 덕으로서 갚으면 자신의 명성은 세상에 퍼져 세상 사람들의 존경을 깊이 받을 것이니, 과거의 월광 국왕 같은 경우 그 자비와 인욕으로 세상의 명예를 누렸으며, 지금까지 전해진다. 충분히 인내하여 저절로 마음이 자비로워져 중생을 해치는 악업이 없으면 이 때문에 장수하고 재앙이 없게 된다. 인욕을 닦아 광대한 복덕을 쌓을 수 있으면 이 때문에 전륜성왕과 같은 과보를 불러올 수 있어 생활이 부유하고 세간에서 모든 것들이 뜻대로 되니, 늘 기쁨이 비할 데 없다.

즐거운 마음을 유지하는 것은 사람들 입장에서 매우 중요하다. 어떤 사람들은 어떤 환경을 만나더라도 마음속에는 늘 편안하고 즐겁다. 어떤 사람들은 일용품들이 원만하더라도 마음속에는 늘 고통스럽고 불안한 느낌을 가진다. 마음이 고통스럽다면 황궁에서 생활해도 재미가 없다고 느낄 것이고 하루하루 견디기 어렵다. 이러한 즐거움이나 고통의 마음 상태는 지난날의 선업 악업이 불러온 것이니, 만약 인욕을 닦고 중생에게 성내는 마음을 끊어버리고 타인을 이롭게 하는 데 정진한다면, 이러한 사람은 모든 일이 뜻대로 될 것이고 마음속은 늘 즐거움을 유지하고 있을 것이다.

인욕품은 여기까지 강의를 다 하였다. 인욕 닦는 것을 논술한 논전 중에서 이 논의 인욕품은 총집합이라고 말할 수 있으니, 경전에서 인욕을 닦는 것과 관련된 법문은 이곳에서 기본적으로 모두 논술하였다. 이것은 이를테면 자비를 품는다, 인과응보, 자신의 잘못을 반성한다, 제법무아, 연기의 본성은 공하다, 유정이 성불을 돕는다, 중생과 부처님께서는 평등하다 등과 같은 인욕을 닦는 비결을 계통적이고 체계적으로 전개한 논술이다.

나는 이 장에서 밝힌 이러한 인욕 비결을 수행인들이 그중에 하나만이라도 숙지할 수 있다면, 스스로 마음의 흐름 가운데 적절함과 온유함을 얻을 수 있고, 성냄 번뇌 역시 강력하게 제지될 것이라고 생각한다.

그러므로 각자 노력하여 자신과 상응하는 비결을 꿰뚫어 가져 수행하길 바란다. 이 기간에 인욕품의 가피가 있어 우리 학원의 수백 인 단체 속에서 사람들은 모두 인욕하고 겸손하고 자애롭고 온화하게 변하고, 기본적으로 어떤 불쾌한 일도 발생하지 않는다고 말할 수 있으니, 이러한 안정되고 화합하는 분위기가 영원히 유지될 수 있기를 희망한다.

대승 수행자의 입장에서 말하자면 성냄 번뇌는 우선적으로 치료해야 하는 마장이다. 성냄은 복덕 선근, 불쌍히 여기는 마음을 끊어버리는 대적大賊으로, 우리로 하여금 시작도 없는 오랜 겁 동안 악도 윤회의 고통을 받게 하는 기본 원인의 하나이다. 지금 우리는 그것을 치료하는 수승한 법보를 만났다. 각자 천백만 겁 만에야 한 번 만날 수 있는 이 복덕의 인연을 꽉 잡고서 철저하게 윤회 고통의 원인을 끊어버리기를 바란다.

入菩提行論

제7품

정진精進

약사유리광여래

1. 정진에 힘쓰도록 권함

忍已需精進 精進證菩提 인이수정진 정진증보리
若無風不動 無勤福不生 약무풍부동 무근복불생

인욕을 닦은 뒤에는 정진이 필요하니
오직 정진만이 무상보리를 성취할 수 있게 한다.
바람이 없으면 만물이 움직일 수 없는 것처럼
부지런히 정진하지 않으면 복덕 자량이 생겨날 수 없다.

6바라밀은 원인과 결과에 따라 단계적으로 이루어져 있기 때문에 그 순서에 따라 진행되어야 한다.

대승 수행자는 먼저 비교적 쉽게 행할 수 있는 보시행을 닦아 복덕을 쌓은 후, 지계를 닦아 스스로 악취에 떨어지지 않음을 확신한 후에 삼승의 보리과를 얻을 수 있다. 보시와 지계로 복덕을 쌓은 기초 위에 인욕의 수행을 더하여, 한층 더 견고하고 증장된 복덕의 선근이 훼손되지 않음을 확증한다. 보시의 기초 위에 지계의 공덕이 일어날 수 있고, 지계는 인욕의 공덕을 일으킬 수 있다. 수행인이 계율을 지녀 인욕을 실천하여 성내는 업을 없앤 뒤, 힘써 노력하며 보리를 구하고자 하지 않는다면 보리의 과를 증득할 희망은 없는 것이다.

이처럼 대승 수행자는 인욕을 잘 닦은 뒤에 한걸음 더 나아가 정진심을 낼 때 비로소 보리를 빠르게 증득할 수 있다.

석가세존으로부터 후대의 모든 고승대덕에 이르기까지 정진에 의지하지 않고 복덕과 지혜 자량을 원만히 하여 보리를 증득한 자는 아무도 없었다. 부처님께서는 항상 제자들에게 정진이 보리를 증득하는 조도 인연임을 강조하셨다. 『혜해청문경慧海請問經』에서 이르시길, "보살이 만약 정진을 일으킨다면 곧 아뇩다라삼먁삼보리를 증득하기가 어렵지 않을 것이다. 무슨 이유인가? 혜해야, 정진으로 인해 무상보리를 얻을 수 있나니, 게으른 자에게 불보리는 멀고도 먼 것이다."라고 하셨다. 월칭 논사의 『입중론』에서도 "정진은 모든 수행 공덕의 기본이요, 복덕과 지혜 두 가지 자량의 원인이다."라고 하였다.

정진이 결여된다면 보리의 과가 멀어지게 되므로 수행인에게 있어 정진은 매우 중요한 것이다. 비유컨대 바람이 없으면 모든 만물이 움직일 수 없는 것처럼, 정진이 없으면 복덕과 지혜 자량 또한 생길 수 없다. 『구사론』 등의 관점에 따르면 기세간은 지·수·화·풍의 사대로 이루어져 있는데, 그 가운데 바람은 운동 능력을 지니는 것으로서, 만약 바람이 없으면 세간의 만물은 적막한 죽음 속에 있는 것처럼 조금의 움직임도 없을 것이다. 이러한 바람처럼 정진도 수행에서 앞으로 나아가게 하는 동력이 된다. 만약 정진의 힘이 없다면 어떠한 복덕의 자량도 얻을 수 없으며, 모든 수행은 정체의 상태로 빠질 것이다.

『섭집경攝集經』에서는 "정진으로 백 가지 공덕의 법이 멸해질 수 없으며, 끝없는 부처님 지혜의 보배 법장을 얻을 수 있다."라고 설하고 있다. 수행인에게 정진은 곧 큰 자동차의 엔진과 같은 것으로, 아무리 선법의 목표를 바르게 세웠다 하더라도 정진이 없다면 아무것도 이룰 수 없는 것이다. 세간의 작은 목표도 열심히 노력했을 때야 비로소 성공의 가능성이 있는 것인데, 더욱이 무상보리의 과위를 얻고자 하는 것에 있어서야 어떻겠는가?

2 정진하는 방법

1) 정진하지 않음을 방비함

(1) 정진의 바른 뜻

정진의 필요성을 알고 난 뒤, 진심으로 수행하려는 사람은 자타가 속히 이고득락離苦得樂하도록 자연스럽게 정진하기를 원하게 된다. 그런데 정진은 어떻게 하는 것인가?

進卽喜于善 진즉희우선
정진은 곧 선법에 대하여 환희심이 충만하여 용맹스럽게 갈구하는 것이다.

정진은 열렬히 선법을 닦는 것이다. 경전 가운데 말씀하시길, "무엇을 정진이라 하는가? 선법에 대해 환희하는 마음이다."라고 하였다. 여기에서 환희의 마음이란 나태함에 반대되는 상태로 믿음·용맹·기쁨 등으로 이루어져 내심에서 스스로 선법을 닦는 힘을 낸 것을 말한다.
『아비달마집론』에서는 "선법을 원만히 증장시키는 것이 정진이다."라고 정의하고 있다. 이러한 정의는 작용상의 정의이다. 한편 『보살지론』에는 "선법을 수지하고 유정을 이롭게 하며, 그 마음이 용감하여 전도됨과 전도로 인한 신·구·의 업 짓는 것을 없게 하는 것이다." 라고 정진을 정의하고 있다. 여기에서 말하는 정진은 선법의 마음 상태와 그러한 마음 상태에서 일어나는 신·구·의의 행위를 다 포괄하는 전면적인 정의로서 그 범위가 매우 넓다. 그러나 일반적으로 분석할 때 정진은 선법에 대한 환희와 갈구이며, 그러한 마음 상태에서 자연히 용맹무외의 수행의 행위를 일으켜 선법을 원만하게 하는 노력을 말한다.

정진은 여러 가지로 구분된다. 화지 린포체(1808~1889)[21]의 『대원만전행인도문』[22]에서는 정진을 환갑정진·가행정진·무염족[23]정진의 세 가지로 나누어 놓았다. 한편 『경관장엄론』에는 환갑정진·가행정진·불외정진·무염족정진의 네 가지로 나누고 있고, 『아비달마』에서는 이 네 가지의 정진에 불퇴정진을 보태 다섯 가지로 나누고 있다. 그 외에 『보리도차제광론』 등에서는 다르게 구분되어 있는데 어떻게 나누는지 간에 큰 차이가 없으며, 화지 린포체가 구분한 세 가지 정진에 모두 포함이 된다. 세 가지 정진의 의미는 『대원만전행인도문』을 참조하기를 바라며, 여기에서는 자세히 다루지 않기로 한다.

정진은 6바라밀에 포함되어 있는데, 6바라밀의 나머지 다섯 가지는

---

21 닝마파 동티베트 법맥을 이은 고승으로, 화단팽줘 린포체의 환생자이다. 평생 『입보살행론』과 『진실명경』을 독송하고 강설하였다. 대표적 저서에 『입보살행론과판』과 『대원만전행인도문』이 있다.
22 화지 린포체가 겔룩파, 닝마파, 까규파, 샤꺄파의 4공가행과 4불공가행의 중요한 법요를 모아 현교와 밀교의 해탈수행의 필수적 기초를 쌓도록 한 교본서이다.
23 불만不滿정진이라고도 한다.

모두 정진했을 때에 원만히 이룰 수 있는 것이다. 그러므로 수행자들은 반드시 정진을 중시해야 하며, 그 본질에 대해 정확히 인식한 뒤 선법에 대한 환희와 갈구가 구족한지의 여부를 계속 관찰해야 한다. 선법에 대해 환희 용약하는 마음이 진심으로 우러나온다면, 지금 훌륭하게 정진하고 있는 것으로 전심전의로 선법을 추구할 수 있을 것이다. 어떤 이들은 겉으로 드러나는 행위는 좋으나 마음으로는 정진에 큰 흥미가 없어 단지 임무를 완성하려는 태도를 보일 뿐이다. 이러한 것은 정진에 속하지 않는다. 요컨대 밖으로 드러난 행위가 아니라 마음에서 우러나오는 선법을 수행하려는 믿음·결의가 정진의 관건인 것이다. 수행인에 대해 말하자면 깨달음을 성취하는 데 있어 크고 작음, 빠르고 늦음 이 모든 것은 자신의 정진 정도에 의해 결정된다.

여러 경전에서 이르길, 보살은 상등의 정진자로서 3아승지겁을 거쳐 불과를 증득한다고 되어 있으며, 중등 정진자는 7아승지겁, 하등 정진자는 33아승지겁을 거쳐 불과를 증득한다고 한다. 대원만 속부[24]에서도 언급하기를, 대원만 밀법을 수행하려면 신근과 정진근이 제일 중요하며, 상등 정진자는 그 생에 바로 성취하고, 중등 정진자는 중음에서 성취하며, 하등 정진자는 내세 환화계에서 성취한다고 한다.

어느 법문을 막론하고 정진은 그 성취의 빠르고 늦음을 결정짓는 중요한 원인이 된다. 정진하지 않으면 설령 다른 방면의 선근이 있다고 하더라도 자기 스스로 해탈의 피안에 이를 수는 없다. 이를 일러

---

[24] 티베트 대장경의 분류법 중 밀교부의 한 분류에 속한다.

편지무외주 존자께서 말씀하시길, "유정 중생에게 정진이 없으면 수승한 지혜를 자재하게 수용하는 힘도 구호해줌이 불가능하니, 이를 비유하면 배에 올라탔어도 갑판에 구멍이 뚫림에 결정적으로 배가 뒤집어짐과 같다."라고 하였다.

수행자들 중에 어떤 사람들은 예전에는 지혜도 높지 않고 성격도 좋지 않았지만, 해탈 선법에 대한 강렬한 흥미와 의지로 인해 끊임없이 부지런히 수행하여 아주 빠르게 진보를 이루었을 것이다. 하지만 어떤 이들은 지혜 등 각 방면의 복은 많으나 정진의 정도가 형편없어 수행이 계속 제자리걸음으로 정체되어 있을 것이다.

정진은 자신의 견고한 신심에 의지해야만 굳건히 지속된다. 스승이나 도반들의 독촉·경책이나 바깥 경계 등의 변화에 기댄다면 정진을 지속하기가 불가능하다. 바깥 경계에만 의지한다면 당신은 '3분의 열정'만을 지닐 것이다. 반대로 마음에 선법에 대한 강렬한 신심이 있다면 어떠한 환경에 있더라도 정진이 물러남이 없을 것이다. 그러므로 나는 대승 수행자들이 자기 마음을 잘 관찰하고 수지하여 여러 방편으로써 스스로 정진하기를 기대한다. 샤캬 빤디따(1182~1251)[25]께서 "설령 내일 아침 죽는다 해도 마땅히 모든 지식을 배우리라."고 말씀하신 것과 같이 할 수 있다면, 현생에서 자신의 수행성과를 반드시 이룰 수 있을 것이다.

---

[25] 서티베트불교 샤캬파 제4대 조사. 역사상 유명한 불교 학자이며, 인명 논리에 정통하여 많은 저작이 있다. 『양리보장론』이 대표 저서이다.

(2) 정진하지 않음을 인식함

下說其違品　　　　하설기위품
同惡散劣事 自輕凌懶惰　동악산열사 자경능나타

다음은 정진의 장애에 대하여 설명한 것이다.
매일 반복적으로 미루는 게으름, 무의미한 세속 일에 집착하는 게으름, 자신을 비하하여 포기하는 게으름 등이다.

　정진을 하려면 반드시 먼저 정진의 장애(위품違品)를 없애야 한다. 정진의 장애를 없애려면 우선 그것을 정확하게 알아야 한다. 위품을 명료하게 알고 난 뒤에야 스스로 병을 철저하게 없앨 수 있다. 적천보살은 정진의 3대 장애를 반복적 게으름·무의미한 일·자기비하의 세 가지 게으름으로 귀납해 제시하였다.
　먼저 '동악나타同惡懶惰'는 미루는 게으름을 말하는데, 마땅히 해야 할 일을 다음으로 미루고, 오늘 일을 내일로, 내일 일을 모레로 미루는 행위를 말한다. 일단 이러한 문제점이 있으면 자신의 수행에 커다란 장애를 만나게 될 것이며, 심지어는 일생을 마치도록 아무 일도 이루지 못할 것이다.
　화지 린포체는 "불법을 수행하는 것은 굶주린 소가 풀을 먹는 것과 같이 해야 한다."라고 말씀하셨다. 이는 한순간도 허비하지 않고 노력해야 함을 말한 것이다. 만약 정진을 미루는 이유를 찾는다면, 한 사람 한 사람이 모두 끝없이 이유를 찾아 무기한으로 정진을 미룰 수 있을 것이다. 그러나 죽음에 이르러 염라대왕의 사자가 당신의 삶을 연기할 수 있도록 허락할까? 이 점은 각자가 모두 명백하게 알아야 한다. 선법 수행의 일을 미루는 이유는 얼마든지 찾을 수 있을 것이나, 염라대왕은 결코 당신이 죄업을 깨끗이 할 때까지 기다려 주지 않을 것이다.

동악나타는 수행인 사이에 비교적 보편적으로 나타는 커다란 장애이다. 동악나타의 습을 끊지 못한다면 아무리 좋은 계획을 갖고 있더라도 '내일 또 다시 내일'로 미룰 것이며, 그 결과는 만사를 그르치는 일이 되고 말 것이다.

두 번째 '탐착열사나타貪著劣事懶惰'는 무의미한 세속의 일들에 집착하여 수행 살피지 않는 나태를 말한다. 세간 사람은 하루 종일 자신의 정력과 시간을 무의미한 번잡한 일에 쏟아 붓고 있다. 농사짓고, 바쁘게 장사하고, 마시고 노는 일들로 인생을 헛되이 보내고 있다. 만약 수행인으로서 이러한 세간법을 버릴 수 없다면 그 역시 탐착열사나타에 빠질 것이며, 결국 해탈과는 무관한 번잡하고 나쁜 일들로 시간을 모두 소비하고 말 것이다. 수행자들은 이러한 점에 특히 주의해야 한다.

말법 시대에 이르러 많은 출가인들이 해탈 수행법을 자신의 임무로 여기지 않고 철두철미하게 나태와 악행으로 빠지고 있다. 우리들은 비록 맑고 고요한 깊은 산에 거주하고 있지만, 그중 일부는 아직도 마음을 해탈법에 두지 않고 안과 밖으로 쓸데없는 일들, 곧 방을 수리하거나 좋은 음식을 구하는 등과 같은 일로 수행에 엄중한 지장을 초래하고 있다.

무구광 존자(1308~1363)[26]는 『삼십충고론』에서 "집에 거주할 때 힘써 방을 꾸미고, 고요한 산사에서 머물면서 의식이 원만하기를 구하는 것은 자기 인생을 소비하는 번다한 일이다. 모든 잡사를 끊으라는 것이 곧 나의 충고이다."라고 말씀하신다. 진실로 이익을 바란다면 번잡한 일들을 끊는 것이 성자의 바람임을 명심해야 한다.

세 번째의 '자경능나타自輕凌懶惰'는 자기 자신을 경시하는 것으로, 스스로 아무 능력도 없고 어떤 법도 닦아 이루지 못해 스스로 포기하여 결국엔 타락하는 것을 말한다.

많은 사람들은 이렇게 말한다. "아, 난 너무 멍청해 배운 것도 없이 나이만 들고, 몸도 안 좋은데다가 업장까지 두껍고, 전생에 쌓은 선근도 없으니……." 이것은 어떠한 수행도 하지 않고 헛되이 세월만 보내면서 게으름의 핑계만 대는 것이다. 중생은 모두 여래장을 갖고 있으며, 모두 여래 덕상을 구족하고 있다. 그럼에도 불구하고 당신은 오히려 스스로를 경멸하고 스스로 타락하고 있는 것이다. 어떤 이유이든, 당신이 지금 어떤 상태에 있는지 막론하고, 용기를 내어 자신의 결점을 개선하여 조금씩 수행해 나간다면 성불하지 못할 중생은 아무도 없다. 그러므로 자신을 비하하는 자는 반드시 반성해야 한다. 자신을 비하하는 것은 수행 정진에 장애가 되는 것 외에 어떤 이로운 점도 초래하지 못한다. 세속인들이 항상 "못난 새는 먼저 날아가고 일찍 숲으로 돌아온다."라고 하는 것처럼, 한 걸음씩 성실히 수행하여 개선하고자 노력한다면 결코 다른 사람보다 뒤떨어지지 않을 것이다.

---

26 닝마파의 대원만 성취자로, 서장의 문수보살 3대 화신으로 인정된다.

(3) 게으름을 방비하는 방법

① 방일하기 좋아하는 게으름을 방비함

A. 게으름의 원인을 살핌

貪圖懶樂味 習臥嗜睡眠 탐도나낙미 습와기수면
不厭輪回苦 頻生強懶怠 불염윤회고 빈생강나태

게으름에 빠져 눕기를 즐겨하며
늦잠 자는 것을 좋아하고
윤회의 고통을 싫어하는 생각을 일으키지 않는다면
게으름은 강하게 자라난다.

 게으름이 생기는 원인은 세간의 안락함을 탐하기 때문이다. 매일 하는 일 없이 태평하게 누워 지내며, 대낮까지도 늦잠을 자는 사람은 윤회의 고통에 대해 거의 잊고 지낸다. 그러므로 늘 나태한 마음 상태가 일어나서 무슨 일이든 할 생각이 없으며 어떤 일도 추진하지 않게 된다. 이러한 습관은 갈수록 심해져서 최후에는 길을 걷는 것조차도 힘들게 느껴질 텐데, 그런 사람이 선법을 수행한다는 것은 더 말할 필요가 없다.

 게으름에 빠져 거의 아무것도 생각하지 않고 아무 일도 하지 않은 채 안일하게 보내고 있는 사람은 기회만 있으면 어느 곳이든 상관없이 기대고 의지하고 누울 곳을 찾을 것이다. 수행인의 입장에서 이런 습관은 매우 좋지 않다. 큰 병이 난 것이 아니라면 수행인은 평상시에도 가부좌의 단정한 자세로 여법하게 위의를 지켜야 한다. 눕고 기대는 것과 같은 삐뚤어진 자세는 인체의 기와 혈이 잘 통하지 않게 하며, 여러 가지 질병을 쉽게 일으킨다. 수행력이 높은 일부 수행인들은 몇 십 년을 자리에 눕지 않았고, 앉아서는 반드시 가부좌를 하며 서 있을 때의 모습 또한 산처럼 무거웠다. 이러한 단정한 위의는 다른 이들로 하여금 신심을 일으키게 하며, 자신의 수행에도 큰 도움을 준다.

게으른 사람은 늘 늦잠 자는 것을 좋아하는데, 저녁만 되면 만사를 제쳐놓고 날이 아직 어두워지지도 않았는데도 바로 잠들어 다음날 해가 중천에 떠도 일어날 생각을 하지 않는다. 마치 모든 번뇌와 고통이 그의 잠과 함께 세상에서 사라진 것처럼 말이다.

샤카 빤디따의 격언 중에 "모든 사람이 수명의 반을 잠으로 허비하는데, 밤에 잠든 것은 죽음과 같다."라는 것이 있다. 사람이 백년을 산다면 그중의 절반인 50년의 세월은 잠에 빠져 있다. 잠자는 시간은 사실 사망과 큰 차이가 없다. 외부에 어떠한 큰 재난이 발생해도 잠자는 사람들은 아무런 우려가 없기 때문이다. 이렇게 잠에 빠져 있는 사람은 불구덩이 고통 같은 삼계 윤회를 전혀 여읠 생각을 일으키지 않는다. 혼침에 깊이 빠져서 바깥의 어떠한 일도 하지 않고, 할 생각도 일으키지 않는데 어떻게 윤회의 고통을 알겠는가? 그는 오히려 하루 종일 무사안일하고 게으르고 편안하게 지내면서 신선보다도 더 쾌활하다고 느낄 것이다. 세상의 게으름뱅이들을 보면, 게으름이 습관이 되어 무위도식할지언정 다른 사람들처럼 힘들게 노동하며 사는 것을 원하지 않는다. 결국에 그 게으름의 습관이 그의 용기를 철저히 소멸시키고 그를 억제시켜, 재미있는 옛날이야기에 나오는 어떤 게으름뱅이처럼 호떡이 목에 걸려 있어도 손을 움직여 입에 넣는 것이 귀찮아서 누워 굶어죽기를 바라게 된다.

『아비달마구사론』에서는 "나태는 어리석고 못난 일로 선법을 장애하는 것이다."라고 말하고 있다. 또한『정법염처경』에서는 "누구든지 나태하면 불법을 결코 이룰 수 없다."라고 이르고 있다. 게으름의 습관에 얽매인 사람에게는 선법 방면의 정진이 일어날 리가 만무하다. 커다란 바위 아래 깔린 씨앗이 싹을 틔울 수 없는 것처럼 말이다.

사람들의 평소의 생각과 생활습관이 힘 있는 결과를 일으킬 수 있는 것이다. 만약 늘 편하기를 바라고 누워 자는 것을 좋아한다면 게으름의 습관은 점점 깊어질 것이며, 그 상반된 방향으로 훈습한다면 점점 정진하게 될 것이다. 그러므로 수행자들은 마땅히 각자의 생활습관을 점검해 보고 그러한 게으름의 습관들을 없애야 한다. 자신의 습관이 다소 완고하더라도 차근차근히 고쳐나간다면, 세상 사람들이 늘 얘기하는 "천릿길도 한 걸음부터"라는 말처럼, 어느 날 당신의 습관도 바뀌고 있을 것이다.

게으름은 당연히 끊어야 한다. 그런데 생활습관 외에도 가장 근본적인 것은 마음으로부터 윤회의 고통과 인생무상에 대한 이해를 불러일으키는 것이다. 다음에서 게으름을 방비하는 방법을 이야기하겠다.

B. 게으름을 방비하는 방법
a. 죽음의 고통을 관상함

云何猶不知 身陷惑網者 운하유부지 신함혹망자

必囚生死獄 正入死神口 필수생사옥 정입사신구
왜 아직도 반성하지 못하고 있는가?
번뇌의 큰 그물에 속박된 사람은
반드시 생사윤회의 감옥에 갇히고,
죽음의 두려움 앞에 놓이게 된다.

마땅히 해야 할 일을 다음으로 미루는 게으름을 일으키는 주요 원인은 생사윤회의 고통과 무상을 알지 못하기 때문이다. 수행자는 모름지기 사람된 이치로써 본원으로 환생함과 업보로 윤회함을 구별하여 자신이 처한 윤회의 잠재된 위험을 깨달아야 한다. 그러나 대다수의 사람들은 윤회와 무상에 대해 조금의 의식도 없으며, 항상 흐릿하여 자신의 안일함을 전혀 알지 못한다. 어떤 이들은 약간의 불교교육을 받은 적이 있어서 윤회와 무상 등에 대한 이해가 있으나, 그것 또한 표면에만 그친 것으로서 마음에서 일어난 정확한 이해가 아니다. 단지 배운 바 이론만으로는 실제적으로 운용할 수가 없고, 나태한 습관을 없앨 수도 없으니 여전히 게으름 속에 빠질 것이다.

　게으름과 태만함의 습관이 든 사람들은 사실 이미 무명 우치의 커다란 그물 속에 빠져 있으며, 게으름과 방일의 그물이 자신을 얽어매고 있는 것이다. 게으름과 태만함은 무명번뇌라는 사냥꾼이 쳐놓은 그물과 같아서, 만약 스스로 그 안에서 벗어나지 못하면 아무리 수행자라 할지라도 겉모습만 출가자일 뿐 어떠한 성취도 이룰 수 없다. 번뇌의 커다란 그물의 속박 아래에 스스로 생사윤회의 감옥 속에 빠진 채 여러 가지 참기 어려운 고통을 끊임없이 느낄 것이다.

우리는 현생에 수승한 선지식을 만났고, 사람 몸을 받았으며, 또한 여러 가지 불법을 들었다. 그럼에도 불구하고 정진하지 않고 나태의 번뇌로 인해 스스로 미혹의 그물에 얽히면, 내세에는 그물에 걸린 새나 낚시 바늘에 걸린 물고기처럼 조금의 안락한 자유도 없을 것임은 불문가지이다.

죽음의 신은 언제나 삼계 일체중생을 삼키려고 하고 있으며, 우리들 모두 그에 예외일 수가 없다. 죽음의 신이 언제 우리를 삼킬지 아무도 장담할 수 없다. 다만 언젠가는 나를 삼킬 것이다. 그 누구도 죽음에서 벗어날 수 없으니, 이를 일러 경전에서 "두려운 죽음의 악마가 모든 중생의 뒤를 따라 쫓는다."라고 말한 것이다.

죽음의 신이 시시각각 우리의 생명을 가져갈 준비를 하고 있으니, 우리들은 정법을 닦아 삼계 감옥의 고통에서 벗어나야 하지 않겠는가! 그러나 우리는 아직도 여러 이유를 붙여 나태하고 방일하며, 자신의 죽음이나 죽은 뒤를 위한 준비는 전혀 하지 않고 있다. 수행자로서 불법 배우기를 발심했다 해도 그것을 이루기는 쉽지 않은 일이다. 그럼에도 불구하고 나태로 인해 시간만 낭비하고 있다면 이는 매우 안타까운 일이 아닐 수 없다.

우리들은 시간과 조건이 갖추어진 상태에서 불법을 닦아 정진해야 하며, 아무 의미 없는 세간법은 뒤로 미루어야 한다. 요즘 많은 이들이 마치 죽음이 자신과 무관하기라도 한 것인 양 세간 팔법을 위해 선법 수행을 뒤로 미루고 있다. 그들은 항상 말한다. "난 지금 돈을 벌어야 해. 몇 년 뒤에나 불법을 닦지 뭐." 또 어떤 사람은 "난 반평생은 세상의 오욕락을 누릴 거야. 늙으면 출가 수행해서 출세간의 청정한 안락을 누려야지."라고 말한다.

그러나 이러한 계획은 메마른 땅에 그물을 치는 것일 뿐이며 아무런 결과도 얻지 못한다. 무명 우치에 가려 자신이 저승사자의 위협에 처한 것을 보지 못하는 것이다. 진정으로 죽음의 그림자를 본다면, 마치 사슴이 사나운 호랑이를 본 것처럼 오직 전력을 다해 죽음의 위험에서 달아나려고 할 것이다.

漸次殺吾類 汝豈不見乎 점차살오류 여기불견호
然樂睡眠者 如牛見屠夫 연낙수면자 여우견도부

죽음의 신이 끊임없이 이웃의 생명을 앗아가는데
그대는 보지 못하는가?
그래도 깊은 잠에 빠진 그대여,
백정을 대하는 도살장의 소와 같구나!

염라대왕은 인간이든 축생이든 끊임없이 중생의 목숨을 삼키고 있다. 생명 있는 자는 반드시 그에게 죽게 된다. 삼계는 마치 도살장과 같고, 중생은 도살장에서 죽음을 기다리는 소나 양과 같으니, 그 어느 누구도 염라대왕의 손에 의해 죽을 액운을 벗어날 수 없다. 그러하니 무명 우치에 마음이 덮여 선법을 수행하지 않고 하루 종일 잠에 빠져 게으름을 피우며 헛되이 시간만 소비하며, 죽음이 다가와도 알지 못하는 이런 사람은 도살장의 소와 무엇이 다른가!

털소는 아주 멍청한데, 도살자가 칼을 들고 옆의 소를 끌고 가 죽이는 것을 보고도 아무런 반응도 없이 여전히 풀을 뜯거나 서서 동요하지 않는다. 마치 이 모든 일이 자신의 머리 위에 떨어질 게 아니라는 듯이 굴다가, 도살자가 자신을 죽이려고 하는 순간에서야 놀라 눈물을 흘린다. 이렇듯 어리석고 우매하여 동료들이 하나하나 죽어간 것을 직접 보았으면서도, 오히려 못 보고 못 들은 것처럼 여전히 풀만 먹다가 도살장에 끌려와 죽음이 자신에게 들이닥쳤을 때 눈물 흘린들 무슨 소용이 있겠는가?

인간들도 마찬가지이다. 평상시 다른 사람들이 죽는 것을 똑똑히 보았으면서도 조금도 느끼는 바가 없어 구하여 벗어날 줄 모르며, 오히려 안일하게 게으른 나날을 보내다가 자신에게 죽음이 다다랐을 때에서야 비로소 가슴을 움켜쥐고 눈물을 흘린다. 이러한 모습이 어리석은 털 많은 소와 무엇이 다르단 말인가?

법왕 여의보는 『무상가』에서 "어릴 때 같이 놀던 친구들이 여러 곳에서 정처 없이 죽어간다. 목전에 대부분이 중음 가운데 나서 유랑하니, 나 또한 결단코 인간에 오래 남을 수 없네."라고 말씀하셨다. 우리 주위를 보면 사람들이 하나하나 끊임없이 죽어 나간다. 그들의 죽음을 보았을 때 나 자신도 죽는다는 사실을 생각하여 이것으로써 자신의 수행 정진하는 채찍으로 삼아야 한다.

通道遍封已 死神正凝望 통도편봉이 사신정응망
此時汝何能 貪食復耽眠 차시여하능 탐식부탐면

벗어날 통로가 전부 죽음의 운명에 막혀 있고
저승사자 앞에서 언제 죽을지 기약 없는 이때에,
그대는 어찌하여

먹는 것만 즐기고 수면에 빠져 있는가?

정신을 차려 자신의 처지를 자세히 생각해 보자. 삼계 생사윤회의 감옥을 스스로 벗어날 수 있는가? 생사를 뛰어넘는 경계를 증득하지 못했다면, 죽음에서 벗어나 염라대왕이 찾을 수 없는 곳으로 달아날 방법이 있는가? 이것은 중생 누구라도 할 수 없는 일이다.

이 삼계에 죽지 않는 중생은 없다. 또한 사신의 손아귀에서 벗어날 곳도 없다. 이는 마치 사방이 모두 닫힌 도살장 안에서 소나 양이 도살을 면해 달아날 곳이 없는 것과 같다. 저승사자는 각각의 유정들을 주시하고 있다가 때가 되면 하나하나 생명을 앗아간다. 그러나 맹인 앞에 어떤 사람이 칼을 들고 다가와 그를 죽이려고 해도 맹인 자신은 그를 볼 수 없기 때문에 여전히 환락을 누리는 것과 같이, 우리들 역시 그 모든 것을 보지 못한다. 이러한 위험한 상황을 볼 수 있는 사람은 일찌감치 달아나거나, 혹은 그 자신을 매우 불쌍하게 여길 것이다.

범부 중생들은 또한 이렇게 우치하고 지혜의 눈이 없어서, 염라대왕의 검은 밧줄이 줄곧 자신을 조여오고 죽음의 칼이 자신의 머리에 놓여 있어도 그것을 조금도 느끼지 못한다. 사신이 호시탐탐 노릴 때도 여전히 맛난 음식과 잠을 탐하느라 죽음이나 죽은 뒤 어디로 갈 것인지가 하는 문제는 전혀 고려하지 않는다. 제불성현들께서는 오히려 가련한 중생들의 처지를 매우 연민히 여겨 온갖 방법을 써서 일목요연하게 중생들을 깨우치려 하고 있는데도 불구하고…….

우리는 아주 운 좋게 성현들의 충고를 들었다. 지금 사신이 주시하고 있다고 생각해 보라. 어떻게 맛난 음식과 수면을 탐착하며, 어떻게 시간을 헛되이 보낼 수 있겠는가? 정법을 닦아 생사 지옥을 벗어나는 대사를 어찌 그르칠 수 있겠는가? 어떤 사람이 치명적인 무기를 들고 당신을 죽이려고 한다면, 당신은 분명 최대한의 노력으로 달아날 것이다. 밥 먹고 잠자고 쉬는 일은 전혀 돌아보지도 않을 것이며, 조금의 시간이라도 허비하지 않을 것이다. 이와 마찬가지로 자신이 지금 삼계화택에 처해 있음을 명백히 알아서, 최대한 정진하여 정법을 닦아 생사 지옥을 벗어나 사마의 위협에서 벗어나려는 마음을 내야 한다.

아티샤 존자는 "수행인은 반드시 잠을 탐하는 것을 끊고 해태를 끊어야 한다. 혼침과 도거를 끊고 반드시 죽게 된다는 경각심을 일으켜야 한다."라고 말씀하셨다. 진실로 생명의 무상함을 이해할 수 있다면, 반드시 스스로 습관적인 게으름을 끊을 수 있으며 맹렬히 정진하는 힘을 일으킬 수 있다.

맥팽 린포체(1846~1912)[27]의 제자 단취 린포체는 잠을 아주 조금만 자고 일어나 큰소리로 "단취, 너 설마 죽지 않을 거라 생각해? 왜 아직까지 자는 거야!"라고 소리친 뒤 바로 잠자리에서 일어나 경행하고 예배함으로써 수면에 대처했다. 이전에 까담파의 많은 큰스님들 또한 이러했다. 그들은 항상 자신을 들여다보며 안락함에 탐착하려고 할 때 그 즉시 자신을 이렇게 힐책했다. "넌 왜 그렇게 어리석게도 여전히 탐착하니?"

---

27 닝마파 대사로, 문수보살의 화신으로 추앙받고 있다. 7세에 『정혜보정론』을 저술했다. 무구광 존자 이후 닝마파의 가장 유명한 대성취자이다.

게으름에 대치하는 이러한 엄중한 수단은 자신의 정진을 물러나지 않게 해준다. 우리도 해탈하고자 한다면 이러한 선배들의 발자취를 신심으로써 따라야 한다.

死亡速臨故 及時應積資 사망속임고 급시응적자
屆時方斷懶 遲矣有何用 계시방단나 지의유하용

죽음은 아주 빨리 다가올 것이다.
그러니 조속히 시간을 이용해 준비해야 한다.
죽음이 다가왔을 때 비로소 게으름의 악습을 없애려 한다면
그때는 이미 노력할 여유가 없다.

죽음에 이르는 것은 매가 토끼를 낚아채듯이 한 치의 오차도 없다. 중생은 생명에 대해 조금의 자주권도 없다. 내일, 오늘, 아니 지금 호흡하는 이 사이에도 죽을 수 있으며 그 누구도 장담하지 못한다. 더욱이 지금 오탁악세의 말법 시기에는 성천 논사가 "죽음의 원인은 너무 많고, 삶을 돕는 소재는 아주 적다. 삶 또한 죽어가는 현실이다."라고 한 것처럼 우리가 살아갈 인연은 적고 죽음의 인연은 많다. 사실 밥 먹고 길을 걷는 것 등 모두가 생명을 조금씩 잃어가고 있는 과정이다. 설령 자신이 숙세에 복덕을 쌓았다고 하더라도 편안히 살 수 있는 건 겨우 몇 십 년에 불과하다. 멀리 내다보면 그 몇 십 년은 번갯불처럼 찰나에 사라지는 아주 짧은 한순간에 불과하다.

수행자들도 자신의 수십 년 인생 역정을 회고해 보면 이러한 것을 정확히 알 수 있을 것이다. 이렇게 짧은 인생에서 사람들이 아무리

많은 권세와 부귀를 지니고 있다 할지라도 죽음과 대면했을 때 그 모든 것은 아무 소용이 없다. 오직 선법 공덕에 의지해야만 죽음에 대해 두려워하지 않게 되며, 자신의 죽음과 후세에 보장을 받을 수 있는 것이다. 그러므로 우리는 지금 바로 정진 수행해야 하며 한시라도 시간을 낭비할 수 없다. 죽음이 도래하기 전에 전력을 다해 자량을 쌓고 업장을 참회해야 한다. 그렇지 않으면 죽음이 찾아왔을 때 후회해도 소용이 없다.

어떤 이들은 줄곧 "내년, 후년 뒤에 다시 정진하지 뭐."라고 생각한다. 이런 사람은 잘 살펴보아야 한다. 큰 바다에 떠 있는 배가 곧 침몰하려 할 때, 당신은 즉시 구명조끼를 입고 목숨을 구하겠는가? 아니면 느긋하게 주위를 둘러보면서 배 위에서 여유를 부리겠는가? 시간을 아끼지 않는다면 험한 소용돌이가 당신을 깊은 수렁으로 끌고 들어갈 것이다. 그때는 달아나려고 해도 이미 때는 늦은 것이다.

『법구경』에 "내일 죽을지 누가 알리요. 오늘 정진하리라."라고 나와 있다. 내일 죽을지의 여부는 아무도 장담할 수 없으니, 업에 의해 윤회하는 인간들은 지금 이 순간을 놓치지 말고 선법을 수행 정진해야만 한다. 이렇게 인생을 보낸다면 진정 의미 있는 삶이 된다. 부처님은 『법구경』에서 "백년을 살면서도 게을러 정진하지 않는 것은 부지런히 정진한 하루만도 못하다."라고 말씀하셨다.

안온한 나날들에서 일반인들은 자신에게는 아직 시간이 있다고 여겨 거의 모든 일을 뒤로 미룬다. 죽을병에 걸려 죽게 될 거라는 것을 알게 되었을 때 많은 사람은 아연실색하며 매우 슬퍼한다. 어느 말기 암 환자는 이렇게 말했다. "내가 큰 병에 걸린 걸 알았을 때 마치 맑은 하늘에 날벼락을 맞은 것 같았어. 그리고 그 순간 혼절했었지." 이러한 상황에서 선법을 닦고자 마음을 내어도 짧은 시간 내에 하기란 매우 어렵다. 하물며 병든 뒤에는 말할 기력조차 없어졌는데 선법을 수행한다고 말하기가 어디 쉽겠는가!

많은 사람들은 이렇게 인생의 말년이 되어 죽음의 그림자를 보았을 때에 비로소 나고 죽는 일이 크다는 것을 알게 된다. 그제야 게으름을 없애려고 발심을 하고 부지런히 정법도 닦아보지만, 이미 대세는 기울어지고 때는 너무 늦은 것이다. 이런 사람들은 우리에게 한호새(寒號鳥)의 이야기를 떠올리게 한다.

한호새는 겨울을 날 둥지를 준비하지 않고 여름과 가을 두 계절에 놀기만 하다가 날씨가 추워졌을 때에 추위에 떨며, "도로로, 도로로, 겨울바람에 얼어 죽겠네, 내일은 둥지를 지어야지." 하고 운다. 그러나 때는 이미 늦어 차가운 바람 속에 얼어 죽게 될 뿐이다. 죽음에 이르러서 설령 조금의 시간이 있다고 한들, 상근기의 사람이 아니고서야 정진을 한다고 해도 생사의 고통을 벗어나기는 어려우며, 후회만 있을 뿐이다.

죽음이 다가왔을 때 많은 사람들은 아무런 준비도 없이 갑자기 죽게 된다. 몇 개월 전에 발생한 터키와 대만의 대지진이나 비행기 추락사건 같은 사고가 일어나면 남녀노소·빈부귀천을 막론하고 수많은 사람이 목숨을 잃는다. 그러한 재난은 빈번히 발생하는데 평소에 자량을 쌓지 않았다면, 그런 상황이 되었을 때 선법을 닦고 자량을 쌓을 기회는 없으며, 다만 극도의 공포 속에 죽어갈 것이다.

하지만 평소에 시간을 충분히 이용해 불법을 닦고 공덕을 쌓았다면, 죽음이 다가와도 스스로 후회나 여한이 없이 아주 흔연히 이렇게 말할 것이다. "상사께서는 일체의 모든 것을 알고 계시죠. 지금 죽음이 다가왔어요. 평생 쌓아온 공덕의 배로 고해를 벗어나 정토로 왕생할 때가 된 것 같네요." 이렇게 자유자재로 평안히 고해를 벗어날 수 있다면 얼마나 좋겠는가!

티베트인들은 항상 이렇게 말하곤 한다. "눈앞에 이미 다가온 일에 다시 대처하려고 생각하는 것은 어리석은 행동이다." 죽음이 눈앞에 왔을 때는 마치 낭떠러지 쪽으로 달려가 앞발굽이 모두 허공에 뜬 상태로 있는 말의 고삐를 돌리려 해도 때는 이미 늦은 것과 같은 것이다. 모든 일은 사전에 준비를 해야 한다. 이것은 세상 그 누구라도 다 아는 이치이며 또한 일상의 일들을 처리하는 원칙이기도 하다. 그러나 죽음을 기다리는 이 중요한 문제에 대해서는 대부분의 사람들이 이런 원칙을 잊고 있다. 사람들 주변에서 죽음이 끊임없이 일어나지만 대부분의 사람들이 이것에 대해 무감각하며 거의 아무런 느낌이 없다. 수행인이라면 반드시 이러한 과실을 끊어야만 한다. 지금의 기회를 잡지 못한다면 나중에 설령 시간이 있다고 하더라도 선법을 닦을 기회가 있으리라고 장담할 수 없다. 업보의 징조가 다다랐을 때에 선법을 닦을 생각조차 하지 않는 사람들은 색신과 수명이 다하지 않았어도 이미 자기 수행의 생명이 다한 것이다.

未肇或始作 或唯半成時 미조혹시작 혹유반성시
死神突然至 嗚呼吾命休 사신돌연지 오호오명휴

수행을 아직 시작하지 않았거나 막 시작했거나
혹은 오직 반 정도를 완성했을 때

죽음은 갑자기 다가온다.

그때 비탄해하며 "슬프다, 내 명이 다하는구나!"라고 할 것이다.

죽음은 일반적인 일처럼 그렇게 뚜렷한 징조가 있거나 예측할 수 있는 게 아니다. 또 그것은 사람들이 바라는 것처럼 해야 할 일을 다 마칠 때까지 기다려 주지도 않는다. 주위의 사람들을 보라. 어떤 이는 태어나자마자 죽거나 유아·소년·청년·중년·노년에 죽기도 한다. 모든 이들이 백발의 노인일 때 죽는 것만은 아니다.

많은 이들에게 어떤 일을 계획해서 막 시작하려 할 때, 혹은 아직 시작하지 못했을 때 죽음의 신이 갑자기 나타날 것이다. 어떤 일은 절반을 마쳐 곧 성공을 눈앞에 두고 있는데 사신은 기다려 주지 않고 주저 없이 목숨을 앗아간다. 이러한 일은 모든 이들에게 일어날 수 있는 것이다. 그러므로 우리는 헛된 계획에 빠지지 말고 수행을 지금 즉시 실천해야 하며, 지금 당장의 시간을 놓치지 말고 선법을 닦고 자량을 쌓아야 한다.

지금 곧 죽게 되었을 때 다시 후회하며 이렇게 말해도 아무 소용이 없다. "아! 난 이제 끝이다. 예전에 수행을 않고 무엇을 했단 말인가?" 평상시에 부지런히 선법을 닦고 자량을 쌓았다면 죽음이 도래해도 후회할 필요가 없게 된다. 선법을 수행하는 것은 가장 좋은 계획이다. 지금 기회를 잡아야 하며 현재의 일 분 일 초도 낭비해서는 안 된다. 자량을 쌓고 선법을 수행하는 것은 자신의 일상생활을 충만하게 하는 것이며, 죽음의 도래에도 더없이 좋은 준비가 되는 것이다.

부처님은 『삼매왕경』에서 "삼계는 무상하여 마치 가을 구름 같으며,

유정의 생사는 마치 연극을 보는 것과 같으며, 유정의 생명은 번갯불과 같아 빠르게 흘러감이 마치 폭포와 같다."라고 말씀하셨다. 생명은 이렇듯 번갯불이나 폭포처럼 무상하니, 이를 이해한 심지가 있는 사람은 결코 게으르게 지내지 않을 것이며, 선법을 조급하게 수행하지도 않을 것이다. 하지만 만법이 무상한 그 본질을 전혀 이해하지 못한 사람은 영원히 생사의 굴레에서 벗어나지 못한다.

예전에 간즈(甘孜) 사범대학교에서 공부할 때 한 친구가 내게 '홍루몽紅樓夢'이라는 영화를 보여준 적이 있다. 그것은 평생 내가 본 몇 편안 되는 영화 가운데 하나였다. 가부賈府의 흥망성쇠, 왕희봉王熙鳳이 감옥에서 굶어 죽어가는 것, 그리고 시체가 눈밭에 펼쳐진 것을 보았다. 여주인공의 독백 가운데 "인생을 한탄하노라, 무상함이여!"라는 노래가 처량하게 울려 퍼진 후, 스크린 위로 그녀가 누린 부귀영화의 장면들이 나타났을 때 나는 많이 놀랐다. 인간 세상에 대한 일종의 슬픈 감정이 생겼는데 이것은 더욱 세상을 멀리하고자 하는 내 마음을 굳건하게 만들었다. 그 당시 나의 아주 절친한 친구 한 명은 삼보에 대한 신심과 윤회를 벗어나려는 마음이 생겼는데, 안타깝게도 그는 당시 나와 같이 출가하지는 못했다. 그 후 모든 것이 허무하게 되었다. 그 친구에게 더 이상 신심과 출리심[28]이 일어나지 않았고, 그는 세속의 울타리 속으로 철저히 빠져 버렸으니 애석하고 애탄할 일이다. 사신이 비록 목숨을 앗아가진 않았지만 현생에 수행하려는 생명은 이미 앗아

---

[28] 모든 생명은 죽으면 반드시 다시 태어난다는 사실을 철저히 자각하고, 무시겁 동안 계속된 괴로움을 벗어나 다시는 윤회의 세계에 태어나지 않으려는 마음을 내는 것을 말한다.

간 것임을 깨닫고 수행자들은 스스로 이를 안타까이 여겨 깨어나야만 한다.

因憂眼紅腫 面頰淚雙垂 인우안홍종 면협누쌍수
親友已絕望 吾見閻魔使 친우이절망 오견염마사

두려움으로 인해 두 눈은 벌겋게 붓고
눈물은 끊임없이 두 뺨을 타고 내려오는데,
둘러싼 친척과 친구들과 절망감으로 헤어지고,
홀로 저승사자의 무서운 얼굴을 대면한다.

젊었을 때 자신의 정력과 시간·순조로운 조건을 모두 낭비하고 자량을 쌓지도 않았다면, 인생의 노년에 이르러서는 아무것도 얻을 수 없게 된다. 임종에 이르러 더 이상 이생에 남은 희망도 없고 죽음의 마에게 잡혀가는 게 정해졌다고 생각하면서 일생을 뒤돌아보니, 지난날 선법을 닦는 일을 게을리 했고 악업만 많이 지었다. 이제 이렇게 방일하고 악업을 지은 고초를 받게 될 것을 생각하면 아주 큰 후회와 번뇌·공포·고통이 일어나 눈물이 주체할 수 없이 쏟아져 두 눈이 벌겋게 퉁퉁 붓는다.

수행자들은 사람들에게 죽음이 다가왔을 때의 공포의 광경을 모두 보았을 것이다. 두 눈은 절망의 눈물을 흘리고 두 손은 가슴을 움켜쥐고 있는 모습은 보는 사람으로 하여금 슬픔과 연민을 생기게 한다. 생전에 얼마나 많이 즐겼든지, 권세와 부귀영화를 얼마나 누렸든지 간에, 죽을 때는 누구나 예외 없이 주위의 친척들과 이별을 기약해야 하고,

선법의 공덕을 쌓지 않았다면 홀로 중음의 길로 걸어 들어가야 한다.

세간에서 사람들은 많은 능력을 지니고 있다. 산을 깎아 바다를 메울 수 있으며, 대도시를 황폐화시킬 수 있으며, 심지어 달나라까지 갈 수 있다. 그러나 전 인류의 힘을 모아도 한 사람의 생명을 사신의 손아귀에서 뺏어올 수는 없다. 사람들은 다만 친척들이 하나둘 죽어가는 것을 절망적으로 바라볼 뿐이며, 그 자신도 절망하며 친척들을 떠날 뿐이다. 지수화풍 사대四大로 흩어지는 커다란 고통에서 눈앞에 저승사자의 얼굴이 나타나게 된다. 특히 생전에 살생 같은 악행을 지은 자는 이때 삶과 죽음의 경계 가운데 생전에 죽였던 중생들이 모두 앞으로 나와 죄를 묻거나 그를 물어뜯고 때려 그로 하여금 공포를 느끼게 할 것이다.

밀라레빠 존자(1040~1123)는 "악업을 지은 사람의 죽음을 지켜보는 것은 악업의 인과를 잘 보여주는 선지식이다."라고 말씀하셨다. 죄업이 무거운 자가 임종 시 죽어가는 상태는 바로 인과가 헛되지 않음을 잘 보여주는 선지식이다. 우리가 다행히도 이것을 직접 볼 수 있다면 다음과 같이 생각하지 않을 수 없을 것이다. "만약 지금 선법을 닦아 정진하지 않고 모든 일을 뒤로 미룬다면, 죽음이 임박했을 때 내 자신은 어떤 모습이겠는가?"

憶罪懷憂苦 聞聲懼墮獄 억죄회우고 문성구타옥
狂亂穢覆身 屆時復何如 광란예복신 계시부하여

임종 시 자신의 죄악이 모두 떠올라 괴롭고
지옥의 신음소리를 듣고 두려움에 떨며

미친 듯이 오물에 몸을 더럽힐 때
당신은 무엇을 다시 어떻게 하겠는가?

　사람들은 죽기 전에 평생 저지른 행위가 하나하나 머리에 떠오른다. 죽음에 임박하여 이전에 지은 악업이 떠오르면 누구든 후회하고 번뇌하게 된다. 이때 악업이 무르익어 그 잔영이 나타나는데, 중한 악업을 짓고 임종하는 이는 갖가지 지옥의 참혹한 소리를 듣게 된다. 이로 인해 극도의 공포에 질려 오줌을 싸거나 피고름을 몸에 흘리게 된다. 하지만 이때 두려워하고 후회한들 무슨 소용이 있겠는가?
　평소에 끊임없이 방종함을 없애고 참회법을 닦는 데 정진 수행하지 않았다면, 임종 시에 우리들도 이러한 액운을 면하지 못한다. 이전에 저지른 잘못 중 전혀 개의치 않았던 것까지도 임종 전에 분명히 눈앞에 나타나며, 그때는 마치 영화를 보는 것처럼 일생의 경력이 눈앞에 다시 펼쳐져서 자신의 평생 짓고 행한 모든 것을 결산하게 된다.
　만약 평생 게을러서 선법 공덕에 정진을 하지 않은 죄업으로 참회나 대치도 하지 않은 자신을 발견하면, 그러한 죄업이 초래하는 무서운 과보와 후회·두려움의 고통이 더욱 강하게 느껴질 것이다. 이때에 또한 중음의 어두운 길도 드러나 염라옥졸의 경천동지할 만한 공포의 소리를 듣고 두려움 속에 온몸의 구멍마다 농혈이나 똥·오줌 등의 오물이 흘러나온다.
　인과의 실례에 관한 많은 이야기 중에 악업을 지은 사람의 임종 상황이 기록되어 있다. 우리들 일부는 그들의 임종 상황을 직접 보기도 했을 것이다. 특히 살생의 악업을 저지른 사람은 죽을 때 이렇게 소리칠 것이다. "아! 내가 전에 죽인 그들이 왔다. 그들이 날 물어뜯고 있어!" 이때 옆에 있는 사람은 아무것도 보지 못한다. 다만 누군가가 자기를 물어뜯고 있다고 망자가 말한 곳의 피부 안이 저절로 썩어 고름이 흐르게 된다. 공포에 질려 임종하는 이의 몸은 오물로 뒤덮여 악취가 심하게 나며, 심지어는 자신의 손으로 이런 오물을 자기 몸에 칠하기도 하고 입에 넣기도 한다.

일반적으로 망자가 놀란 얼굴을 하고 있고 시신에서 악취가 역겹게 풍긴다면, 그것은 그 망자의 악업이 중하여 영혼이 이미 악취에 떨어진 것을 입증한다. 이러한 망자에게는 대승 경전을 독송하고 그에게 공덕을 회향해 주어야 한다. 반대로 망자의 유체가 아주 청정하고 아무 냄새도 나지 않으며 피부색도 정상이라면, 그것은 망자가 선법 공덕을 많이 쌓았다는 것을 증명한다. 수행자들이 시다림에 가서 관찰하고 조사해 보면 이러한 점을 더욱 자세히 알 수 있다.

중국 황벽 선사의 교언 가운데 이런 말씀이 있다. "내가 묻노니 갑자기 임종이 닥쳤을 때 너는 생사를 어떻게 막을 것이냐? 앞길이 망망하니……, 괴롭고 괴롭구나." 인도의 자가다무자 논사는 "우리의 몸은 그저 잠시 빌려 쓰는 물건 같아서, 아직 늙어 쇠약해지지 않았고 병에 걸리지 않았을 때를 이용해서 선법을 닦으며 정진해야 한다. 병에 걸려 죽게 되면 아무것도 장담할 수 없게 된다."라고 말씀하셨다. 우리는 예전에 아주 큰 선법의 공덕을 쌓아 지금 사람 몸을 얻을 수 있었다. 만약 잠깐 동안의 안일을 위해 선법 닦는 일을 지체한다면 손발을 휘저으며 비명 지름으로 죽음이 장식될 것이다. 좁고 긴 공포의 중음계와 아득한 후세의 삼악도에서, 당신이 그렇게 나태하고 안일하게 지냈던 대가를 얼마나 치러야 하는가?

死時所懷懼 猶如待宰魚 사시소회구 유여대재어
何況昔罪引 難忍地獄苦 하황석죄인 난인지옥고

임종 시 받게 되는 두려움은
마치 도마 위에서 산 채로 포 떠지는 물고기 같은데
지은 죄악으로 인한
견디기 어려운 지옥의 고통은 더 말할 필요조차 없다.

몸이 건강하고 아직 죽지 않았을 때 어떤 사람들은 종종 이런 어리석은 말을 한다. "죽는 것이 무섭긴 뭐가 무서워." 그러나 정말 죽음에 이르렀을 때 선법을 닦아 정진하지 않은 사람들 중 극도의 공포에 떨지 않는 사람은 아무도 없다. 이때 지은 죄업에 대한 후회와 앞날에 대한 두려움, 사대가 흩어지는 고통 등이 죽는 자를 괴롭히는데, 그때 받는 느낌이 곧 죽게 될 물고기와 같다고 한다.

활어를 도마 위에 올려놓고 죽이려 할 때 잠시도 멈추지 않고 파닥거리게 되는데, 그 고통과 공포는 극도에 달하게 된다. 이 게송에서 '죽음을 기다리는 물고기처럼'이라는 구절은 우저현(無著賢, 1295~1369)[29], 걀찹제 대사(1364~1432)[30]의 강의에서는 모두 뜨거운 사막

---

[29] 43세가 될 때까지 무문관 수행을 20여 년 동안 했다. 그의 자비심과 보리심은 동물도 감화시켰다고 한다. 관세음보살의 화신으로 여겨진다.
[30] 쫑카빠 대사의 전법제일 제자로, 대사를 가까이 모시기를 20여 년이 지나 전법을 받았다. 『석량론송석』· 『입중론약의』 등 많은 저서가 있다.

위의 물고기로 번역하고 있는데, 어부에 의해 잡혀 와서 작열하는 사막의 모래 위에 놓이게 될 때 활어는 마지막 숨이 남을 때까지 멈추지 않고 파닥거리며 요동칠 것이다. 또 다른 강의에서는 '물고기가 죽기 전에 빈 대야에 담아 두면 안간힘을 다해 뛸 것'이라 말했다. 여러 가지 해석이 있지만 어떻게 말하든 모두 물고기가 죽을 때의 공포 상태를 나타내는 것이다.

인간들도 생전에 게을러서 선법 공덕을 쌓은 게 없고 업장을 참회하지도 않았다면, 죽을 때 공포의 정경은 죽음을 기다리는 물고기와 같거나 물고기의 고통이나 공포보다 더할 것이다. 그러나 이러한 두려움과 고통은 길고 긴 고통의 시작에 불과할 뿐이다. 죄업으로 인해 끌려가는 지옥의 고통은 끓는 쇳물·끓는 기름·냉동 등의 극도의 고통으로 묘사되는데, 죽을 때의 고통보다 몇 천만 배나 더 참기 어렵다.

『묘현경妙賢經』에 "남섬부주 사람이 만약 지옥의 고통을 본다면, 죽음에 도움이 되는 가르침을 반드시 배워 닦을 것이다."라는 말씀이 있다. 그러나 우리들 대부분의 사람들은 윤회나 지옥 등에 대해 거의 아무것도 알지 못하며, 그 처참한 광경을 가늠할 방법도 없다. 이로 인하여 많은 사람들이 '후세를 보지 못함으로 인하여 짓지 않는 악업이 없음'을 초래하게 되는 것이다.

그러나 어떤 이들은 특수한 업력으로 인해 전생에 악취에서 고통 받았던 것을 기억할 수 있다. 석가모니 부처님 재세 시에 간가감부 존자가 그 예이다. 간가감부 존자는 전생의 오백세 가운데 줄곧 지옥의 고통 속에 있었는데, 인간 몸 받아 출가한 뒤 세존께서 설하신 지옥에 관련된 가르침을 읽고 전생에 지옥에서 받은 고통이 야기하는 극도의 공포와 전신의 털구멍마다 피가 흐르던 것들을 자연히 기억해낼 수 있었다. 지금도 전생을 기억하는 사람들이 있는데, 만약 개개인이 자신이 악취에서 고통 받았던 것을 기억할 수 있고 인과의 규율도 확실히 알 수 있다면, 그 누구도 감히 게으르고 태만하여 해탈을 얻는 기회를 그르치지 못할 것이다.

무명에 덮인 사람들은 비록 사망의 고통은 볼 수 있더라도 지옥 악취의 고통은 장님이나 귀머거리처럼 가늠할 수 없다. 그러나 비록 지옥이 일반 범부는 볼 수 없는 '비경처非境處'이더라도 성인들의 가르침으로 미루어볼 때 우리들도 그곳을 이해할 수는 있다. 이미 이해했으면 밝은 지혜의 수행자는 자신의 처지를 위해 다음을 고려해야 한다. 만약 자신이 악취의 여러 고통을 당할 운명이면 또 어떻게 대처할 것인가?

如嬰觸沸水 灼傷極刺痛 여영촉비수 작상극자통
已造獄業者 云何復逍遙 이조옥업자 운하부소요

연약한 피부는 끓는 물에 닿기만 하여도
견디기 어려운 통증을 느끼는데
이미 끓는 쇳물 지옥에 떨어질 죄를 지은 자가
어찌 헛되이 나날을 보낼 수 있는가?

끓는 물에 손가락을 집어넣으면 참기 힘든 통증을 느껴 한순간도 지체하지 않고 곧바로 손가락을 빼게 된다. 열지옥의 고통이 그보다 몇 배나 더 심한지는 알지 못하지만, 열지옥의 불길은 인간세계의 가장 거센 불길보다 셀 수 없을 만큼 더 뜨거울 것이다. 지옥 중생의 촉각은 어린아이의 피부처럼 끓는 물에 아주 민감하고 예민하며 연약하다. 겉으로 드러나는 광경 또한 잔혹하기 그지없는데, 이처럼 민감하고 연약한 촉각을 지닌 지옥 중생이 지옥의 불구덩이 속에서 겪는 고통은 감히 상상할 수 없을 정도이다.

지옥 중생은 하루빨리 이런 고통을 벗어나기를 간절히 바란다. 하지만 자신의 업력으로 받은 과보이기 때문에 지옥에서의 수명은 아주 길며 억만 년 동안 죽으려 해도 죽지 못하게 된다. 우리가 이러한 정경을 지금 본다면 반드시 기절해버릴 것이다. 용수보살은 "만약 지옥의 고통스런 현상을 듣고 지옥을 묘사한 그림을 본다면 모두 참기 어려운 공포를 느낄 것인데, 하물며 직접 지옥의 고통을 당한다면 어떻겠는가?"라고 하였다.

사실 우리 모두는 지옥에 떨어질 죄를 지었는데, 이러한 죄는 어떤 것은 전생에 지은 것이고 어떤 것은 현생에 지은 것이다. 더욱이 밀승의 속부[31]에는 "밀승에 입문한 자로서 신·구·의의 청정 만다라에서 찰나라도 벗어난다면 근본계를 범하는 것이다."라고 나와 있다. 수행자로서 한번 생각해 보면, 이런 종류의 금계는 나 자신도 이미 몇 차례 범한 적이 있다. 더욱이 불교를 배우기 전에는 탐·진·치와 살생 등의 자성죄를 또한 얼마나 많이 지었던가?

무거운 죄업을 하나만 지었더라도 감내하기 힘든 지옥의 과보가

---

31 속부續部는 밀교의 경론 분류 중의 한 종류이다.

있게 될 것이다. 이미 이러한데 왜 아직도 방일하게 굴면서 죄를 참회하지도 않고 자량을 쌓지도 않는 것인가? 이는 마치 불길이 자신을 집어삼킨 것과 같은데, 불길을 느꼈다면 왜 아직도 꼼짝 않고 앉아서 움직이지 않는 것인가?

『보적경』에는 "부지런히 해탈 구하기를 머리 태우는 불 끄듯이 하라."라는 말씀이 있다. 화지 린포체도 말씀하시길, "미녀가 타는 머리의 불을 끄려 하며, 품속에 들어간 독사를 꺼내려고 하는 것처럼 급하게 해탈을 구하여 정진 수행해야 한다."라고 하신다. 지옥에 떨어지는 과보는 머리에 불이 붙은 것이나 독사를 품은 것보다 몇만 배나 더 무서운 것인지 알기 어렵다. 그러나 이러한 인과의 이치를 이해할 수 있는 수행인이라면 아무리 고통스럽고 힘들다 해도 선법을 정진하는 일을 포기할 수 없다.

不勤而冀得 嬌弱頻造罪 불근이기득 교약빈조죄
臨死猶天人 嗚呼定受苦 임사유천인 오호정수고

정진 없이 안락함을 기대하고
유약하여 인내하지 못하고 계속해서 죄를 지으며
죽음에 임해서도 천인처럼 방일하는 사람은
반드시 지옥 고통의 괴로움을 받게 될 것이다.

태만한 악업에 습이 든 사람에는 세 가지 유형이 있다. 첫 번째 종류의 사람은 안락함을 바라면서도 정진하려 하지 않는 사람이다. 어떤 이들이 누군가가 해탈을 얻었다는 이야기를 들은 뒤, 그러한 공덕을 얻으려 하면서도 자량을 쌓고 참회를 행하려고 하지 않는다. 상사께서 분부하신 대치법을 닦을 때, 어떤 이들은 하루 이틀 내에 자신의 문제점을 개선할 수 있을 것이다. 하지만 어느 정도 시간이 지난 뒤 또 다시 원래의 상태로 돌아가게 된다. 티베트인의 속담에 "두루마리가 다시 말아지는 것처럼 악습은 고치기 어렵다."라는 말이 있듯이, 펼쳐진 두루마리가 일순간에 자동으로 말아져서 원래의 상태로 돌아오듯이 원상태로 돌아가는 것이다.

두 번째 종류의 사람은 아주 높아지기를 원하지만 나태한 습관과 나약한 성격 때문에 인내심이 없으며, 수행법이 조금이라도 어려우면 곧바로 포기하면서 안일함을 위하고 악업을 짓는 일을 끊지 않는 경우이다.

마지막 종류의 사람도 인과나 무상의 이치를 잘 알면서도 한가로이 나날을 보내는 습관을 버리지 않고 마치 천인처럼 안일함만을 누리기를 바란다. 이런 사람은 선법을 수행하려고 하지도 않고, 언젠가는 죽을 것을 알며 죽은 뒤에는 악업으로 인해 고통을 받게 될 거라는 것을 알면서도 악업의 습기가 부추기는 대로 "오늘 아침에 술이 있으니 마셔 취하고 보자."는 식으로 생활하며 현실을 직시하지 않는다.

이렇게 세 종류의 나태하고 방일한 행위는 눈앞에 불구덩이가 있음을 잘 알면서도 여전히 고개를 돌리지 않는 멍청한 행동과 같다. 그 다음은 극도의 수많은 고통을 받게 될 뿐, 그 외에 그가 갈 곳은 아무 곳도 없다. 이러한 이유로 적천보살은 이렇게 탄식한다. "오호라, 게으른 인간들아! 너희들은 언젠가 비참한 대가를 치를 것이니 늦기 전에 깨어나야 한다." 보살께서 비탄해하시는 대상이 다른 사람이라고 생각하지 말라. 각자 자신의 행위를 자세히 살펴 부끄러움을 깨달아야 할 것이다.

依此人身筏 能渡大苦海 의차인신벌 능도대고해
此筏难复得 愚者勿贪眠 차벌난부득 우자물탐면

고귀한 사람 몸이라는 뗏목에 의지해야만
능히 생사의 고해를 건널 수 있다.
진귀한 인간 몸을 한 번 잃으면 내생에 다시 얻기 어려우니,
어리석은 이여! 잠에 빠지지 말라.

인신난득人身難得의 가르침은 본론의 제1품에서 이미 자세히 이야기 하였다. 그 본질과 비유 등 각 방면에서 말하자면, 원만한 인간 몸이란 참으로 얻기 어려운 것으로서, 마치 거친 풍랑이 이는 대해를 건널 수 있게 해주는 뗏목처럼 유정들로 하여금 생사의 고해를 건너게 하는 가장 좋은 도구이다. 육도 중에서 아수라는 전쟁으로 나날을 보내고 불법을 닦을 좋은 인연도 없는 곳이다. 그러나 인도의 중생은 해탈도의 조건을 구족했고 이것에 의지해 원만히 불법을 닦으면 구경에는 해탈을 얻게 된다. 그러므로 인신을 얻은 것은 이미 생사의 고해를 건널 배를 얻은 것과 같으니, 만약 이 기회를 잡지 않거나 이용하지 않는다면 해탈의 기회를 잃게 되어 고해에 빠져 무수한 고통을 받게 될 것이다.

원만한 사람 몸을 잃고 난 후에 다시 그것을 얻는 것은 '맹구우목盲龜遇木'의 고사, 혹은 좁쌀이 공중에서 떨어져 바늘 끝에 꿰이는 것처럼

어려운 것이다. 우매하고 무지한 자는 이러한 이치를 깨닫지 못하고, 인신의 소중함을 알지 못하여 하루 종일 게으름만 피우고 헛되이 시간을 보낸다.

세간의 어떤 이들은 심지어 이렇게 안일한 생활이 의의가 있다고 생각해 이러한 생활이 바로 '안락인생'이라 여긴다. 만약 이러한 사견이 계속 된다면 지옥 악취에 떨어질 날이 그리 멀지 않은 것이다. 어떤 이들은 비록 불문에 들어오긴 했으나 오히려 삼보에 대한 신심이 굳건하지 못하여 선지식의 가르침에 반신반의하며, 인신난득을 들었어도 신심이 부족하기 때문에 정진하여 해탈을 구하려는 마음을 일으키기 어렵게 된다.

우리는 지금 해탈하느냐 삼악도로 떨어지느냐의 관문에 처해 있다. 수면에 탐착하고 맛있는 것을 즐긴다면 고통의 지옥에 떨어져서 삼계 윤회를 벗어나는 기회와 성불의 안락을 누릴 기회를 영원히 잃게 된다. 그러므로 제불보살님과 역대 고승대덕께서 마땅히 정진해서 게으름과 수면을 끊으라고 누누이 말씀하시는 것이다.

이외에도 많은 중요한 훈계가 있다. 예를 들면 『권발증상의락경』에서는 이렇게 말씀하셨다. "만일 보리심을 행하는 자에게 혼침과 수면 등 허물이 나타나면, 항상 정진심을 내어서 안주해야 할 것이니 내가 수면을 경계하여 정진을 설한다." 또 『섭바라밀다론』에서는 "주야로 모든 시간을 헛되이 보내지 않으면 공덕 쌓임이 적지 않다. 일체 바른 이치로 범부를 뛰어넘는 법을 얻으면 푸른 연꽃이 다 핀 것과 같다."라고 말씀하셨다.

예전의 대수행인은 수면과 게으름으로 인해 인신을 가지고도 헛되이 보낼 수 있음을 알았기 때문에 시시각각 자신을 경책하고 수행 정진하여 다시는 게으르지 않았다. 예를 들면 어빠와 대사는 평생 잠자지 않았고, 그의 스승 중돈빠 대사(1005~1064)[32]는 건강을 주의하라는 권고를 받자 "원만한 몸 얻기 어려울진대 어찌 한가로이 쉴 수 있겠습니까?"라고 대답했다. 어빠와 대사처럼 선근공덕을 구족한 이도 쉬지 않는데, 박덕하고 업장이 두꺼운 말법 시대의 수행인들이 어떻게 게으르고 한가할 수 있겠는가?

b. 내생의 고통을 관상함

棄舍勝法喜 無邊歡樂因 기사승법희 무변환락인
何故汝反喜 散掉等苦因 하고여반희 산도등고인

정법을 좋아하여 희구함은
무궁한 행복의 원인이 되거늘
어찌하여 그대는 수승한 희열을 버리고
고통의 원인이 되는 산란함을 쫓는가?

산란과 도거는 마음속의 탐·진에 의한 분별 망념과 사견을 가리킨다. 신체로는 춤추거나 명리를 구하기 위한 행위 등과 같은 무의미한 갖가지의 동작을 일으키는 것이고, 언어상으로는 악어·기어·이간어 등과 같이 선법과는 상반된 언어를 말한다.

---

32 아티샤 존자의 제자로, 까담파의 창시자이다. 러전사를 건립하고 제자들을 가르쳤다.

불법에 대한 발원하는 것은 해탈의 원인이 되는데, 명리에 탐착하는 산란된 행동은 이런 발원을 추구하는 것에 장애를 일으키며 수행자로 하여금 불법 닦는 일에 게으르게 만든다. 그러므로 명리에 탐착하는 것은 해탈을 희구하는 이에게는 반드시 끊어야 할 악습의 일종이다. 만약 명리에 탐착하고 정법을 닦으려는 희망을 버린다면 영원히 불법 과 해탈에서 멀어져 구경에는 안락마저도 모두 여의게 된다.

중생들은 모두 안락을 희구하지만 그 행동은 오히려 정법과 상반되며 늘 세속의 일들을 즐긴다. 이러한 산란함은 윤회를 일으키는 고통의 원인이다. 화지 린포체는 색·성·향·미·촉·법이 모든 윤회고의 근원이 되며, 반대로 정법을 희구하는 것이 일체 공덕의 기초가 된다고 말씀하셨다. 그러므로 해탈의 안락을 얻고자 하는 수행인은 전력을 다해 산란·도거를 끊고 정법에 대한 믿음과 희구의 마음을 일으켜야 한다.

어떤 이들은 전생의 훈습으로 인해 정법에 대한 발원이 강렬하며, 어떤 이들은 선지식의 인도에 의지하거나 혹은 다른 인연에 의지해 선법 수행의 노력을 통해 스스로 정법에 대한 견고한 소망을 일으킬 수 있다. 일반적인 수행인들은 선지식과 도반의 도움으로 장시간 동안 정법에 대한 희망을 꾀할 수 있는데 이는 아주 중요한 것이다. 범부는 다생겁 동안 세속의 8법에 탐착하였기 때문에 이런 악습이 아주 깊다. 때문에 힘 있는 도움에 의지하거나 자신의 노력으로 조정하지 않는다면 자신도 모르게 산란된 방향으로 치닫게 된다.

수행자들 각자 계속하여 관찰해 보면 잡사에 탐착하고 게으른 자신의 습기가 얼마나 두터운지 잘 알게 될 것이다. 이것은 다른 이에게 물어볼 필요조차 없고 자기의 하열한 번뇌를 감출 것도 없이 현실을 직시하기만 하면 된다. 만약 자신의 희망이 수행에 있지 않고 세속의 탐욕에 있다면 그것은 곧 자신의 선근이 적으며 악습이 두터운 것을 증명하는 것이며, 또한 위험한 곳에 처해 있음을 알려주는 것이다. 이때 여전히 깨닫지 못한다면 무서운 업력이 번뇌를 일으켜 후세에 무진한 고통을 초래할 것이다. 지옥의 고통이 두렵지 않다면 더 이상 할 말이 없으나, 고통 받는 것을 원하지 않고 해탈을 바란다면 탐착을 끊고 정법에 대해 용맹정진하려는 마음을 일으키는 것이 고통에서 벗어나는 유일한 방법이다. 수행자들은 반복해서 이 게송을 읽고 생각하여 늘 자신에게 반문하고 자신을 질책하라. 뜻있는 자에게는 어떤 일이든 반드시 성과가 있을 것이다.

勿怯積資糧 習定令自主 물겁적자량 습정령자주
自他平等觀 勤修自他換 자타평등관 근수자타환

용기 있고 부지런히 복과 지혜를 쌓고,
선정을 닦아 바른 마음 집중력을 키우며
자타평등·자타상환의 법문을 관하며
수행해야 한다.

전륜왕이 적들을 항복시킬 때는 천하를 통일한 뒤 반드시 먼저 4개 대대 군대의 힘을 길러서 강대한 세력을 만들고 나서 적의 세력을 평정한다. 마찬가지로 바라밀다를 수행 정진할 때에는 반드시 복과 지혜 공덕의 위력을 증가시켜야 한다. 불염족 정진·불퇴 정진이 늘어나 자신의 역량이 강대해진 후에 비로소 정진의 적군인 게으름을 소멸시킬 수 있다. 최후에는 정념을 얻고 신심이 자유자재하여 어떤 바깥 경계에도 흔들리지 않게 되는데, 이때의 정진은 마치 산처럼 어떠한 장애에도 동요하지 않게 된다.

어떤 이들은 게으름의 습기가 아주 두터워 수행을 시작할 때 한 구절의 진언을 읽는 것도 매우 힘들어한다. 신심이 게으름의 번뇌로 묶여, 심지어 어떤 때는 자신이 게으름에서 벗어날 희망이 없다고 느끼기도 한다. 이런 겁약함은 사실 전혀 필요가 없는 것이다. 필요한 것은 우선 게으른 습기의 힘이 아무리 커도 소멸시킬 수 있다는 신심이다. 그 후 차근차근 복혜를 쌓아 정념으로써 자신의 마음을 닦아 나가야 한다. 물방울도 바위를 뚫을 수 있는데 하물며 자기 마음의 의욕이 일체를 바꿀 힘이 없겠는가? 부단히 자기 마음을 선법으로 이끌어 간다면 최종에는 반드시 자유자재한 역량을 얻고 모든 나태의 장애를 자유자재하게 극복할 수 있게 될 것이다. 이러한 기초 위에서 자타평등과 자타상환 등과 같은 자비와 지혜의 대력법문을 수행 정진해 나갈 수 있다.

한편 이 게송에 대해 여러 논사들의 많은 쟁론이 있다. 자타평등과 자타상환은 선정품에서 설하는 내용이기 때문에, 여기에서 출현하는 이유가 무엇인가 하는 것이다. 어떤 논사가 해석하여 말하길, 이것은 하품을 위한 인용이며 여기서 간략하게 설명할 필요가 있다고 했다. 인도의 포포달 논사는, 이 게송은 원문이 아니며 후대 사람이 첨가한 것으로, 정진품 가운데에서 이렇게 드러나는 것은 너무 갑작스럽고 또 상하문과 연관성을 가지고 있지 않다고 말한다. 그 외에 또 다른 관점들이 있지만 여기서는 상술하지 않기로 한다. 단지 자세히 분석한다면 포포달 논사의 관점은 인정할 가치가 있다.

만약 이 게송이 다음을 위한 인용이라면 본 품의 제일 마지막의 문장과 연결되어야 하며, 앞뒤의 내용을 살펴보면 이 두 구절을 해석하려는 것이 연관성이 없어 보인다. 당연히 대다수의 강의는 이것에 대해 논술하지 않았다. 그러나 게송문을 직접 해석한 것을 참조한다면, 예를 들어 자조제의 해석에는 "몸과 마음이 자재함을 얻었으므로 이어서 자타평등·자타상환을 닦는다."라고 되어 있다. 이것 역시 그리 타당치 않은 것이어서 우리는 여기에서의 글에 의거해 직접 해석한다.

c. 방일하지 않도록 권함

不應自退怯 謂我不能覺 불응자퇴겁 위아불능각
如來實語者 說此眞實言 여래실어자 설차진실언
所有蚊虻蜂 如是諸蟲蛆 소유문맹봉 여시제충저
若發精進力 鹹證無上覺 약발정진력 함증무상각

자신이 무상보리를 증득하지 못하리라고
두려워 위축되거나 의심해서는 안 된다.
여래는 실답게 말하기 때문에
『묘비청문경』에서 이러한 진실을 말씀하셨다.
모기와 파리·벌 등이
벌레로 태어났지만
정진력을 일으킨다면

모두 무상보리를 이룰 수 있다.

수행인들은 근기가 같지 않다. 보리도의 수행 중 스스로 적극적으로 정진하여 다른 이의 충고가 필요하지 않은 경우도 있고, 스스로 적극적으로 수행 정진하지 못할 뿐만 아니라 다른 이의 충고에 대해서도 의심을 가득 품는 경우도 있다. "나처럼 이렇게 겁약한 자는 무상보리를 증득하기가 불가능한데 정진이 또한 무슨 소용이 있겠는가?"라고 생각하기도 한다. 그들은 자기 자신에 대한 조그마한 믿음마저 없어 스스로를 무능하게 여겨 자포자기하고 적극적으로 노력하지도 않으면서 선법에 대해 게으름만 일으킨다.

이러한 수행인들은 신심과 지혜의 결핍을 이유로 부처님의 공덕과 대승 보리도의 긴 여정, 보살행의 어려움과 보살의 고행 등에 대해 들으면, 곧바로 두려워하는 마음을 내서 스스로 보살행을 원만히 수행할 능력이나 무상보리를 증득할 능력이 없다고 여긴다. 이러한 생각은 전혀 근거가 없는 것이며 단지 범부의 어리석은 분별일 뿐이다.

무상 보리도와 과위는 범부의 분별로 결택할 수 있는 것이 아니다. 이에 부처님께서는 경전에 이렇게 말씀하셨다. "범부의 헤아림이 정량 正量[33]이 아니어서 믿을 만하지 못한 것을 따르면 성자의 지혜가 무슨 소용이 있겠는가!"

범부의 입장에서 보면 자기 자신과 성불의 거리가 너무 멀며 동등해지기란 영원히 불가능할 것 같지만 이러한 생각은 진실한 근거가

---

33 성현의 가르침인 경론에 근거해서 그 바른 뜻을 따르는 것을 말한다.

없는 것이다. 만약 이런 생각에 진실한 근거가 있다면, 몇 천 년 동안 무수히 많은 성자들이 끊임없이 보리도를 실천하기란 불가능했을 것이며, 또한 그렇게 휘황찬란한 성취를 거두지도 못했을 것이다.

부처님께서는 『묘비청문경』에서 "다행히 나는 현세에 사람 몸을 받았으니 기꺼이 목숨 바쳐 진실로 부지런히 정진하여 위없는 깨달음을 구할 것이다."라고 말씀하셨다. 부처님께서 하신 말씀들은 모두 진리이다. 부처님께서 일체중생은 모두 무상보리를 성취할 수 있다고 하셨으니 그 누구도 이러한 관점을 부인할 수는 없다.

『금강경』에서 이르되 "부처님은 진실을 말하는 자이며, 실다운 말을 하는 자이며, 진리에 맞는 말을 하는 자이며, 속이지 않는 말을 하는 자이며, 다르지 않은 말을 하는 자이다."라고 하였다. 일체지지[34]를 이미 증득하셨고 일체의 허물을 끊으신 부처님께서 하신 말씀은 진실하여 헛되지 않고 중생을 기만하지도 않으니, 우리는 일심으로 신봉할 수 있고 어떠한 의심이나 주저함도 하지 않게 된다. 『법화경』에서 또한 이르길 "부처님 말씀은 실답지 않음이 없고, 그 지혜는 사량할 수 없다."라고 하지 않았는가.

선근 지혜가 부족하고 부처님에 대한 신심도 부족하다면 수행과정 중에 여러 가지 망설임이 생길 수 있음은 의심의 여지가 없다. "오늘 닦은 이 법은 무슨 의의가 있는 것인가? 내가 무상보리를 증득할 수 있을까?"라는 의심의 마장이 자신의 신심 선근을 지속적으로 무너뜨릴 것이며 게으름 속으로 빠뜨릴 것이다.

---

[34] 성문·연각의 지혜를 뛰어넘는 부처님의 지혜를 말한다.

불법에 대해 불퇴전의 바른 믿음을 일으키는 것은 불법을 배우는 모든 사람들에게 주어진 최우선의 임무이다. 맥팽 린포체(1846~1912)는 『정해보등론』에서 "언어의 관찰과 인명 논리에 의한 그릇됨 없이 정확하고 진실한 근거에 의지하여 취사를 분석하는 것은 불법과 불타에 대해 바른 믿음을 일으키는 유일한 지름길이다."라고 말씀하셨다. 부처님께서는 파리나 곤충 등 일체중생이 모두 무상보리를 성취할 수 있다고 경전에 말씀하셨다. 이것은 일체중생이 모두 청정한 불성과 여래 덕상을 구족했기 때문이다. 순연에 따라 청정한 불성과 여래 덕상이 드러나도록 돕는다면 그들에게 위없는 보리과가 현전함이 가능하다. 이러한 관점은 『화엄경』·『능가경』·『능엄경』 등의 많은 경전에 모두 자세히 서술되어 있다.

미래의 수행자와 이미 깨달음을 얻으신 보살들도 일체중생에게 불성(여래장)이 있음을 몸소 보여주셨다. 예를 들면 미륵보살은 『보성론』에서 "시든 꽃 중의 제불, 많은 벌 중의 맛있는 꿀, 쌀겨 안의 쌀, 똥오줌 가운데의 진금, 땅속의 보배광석, 모든 열매 중의 싹, 낡고 떨어진 옷 속에 참부처의 모습, 가난하고 추한 여인이 전륜성왕을 품은 것, 초라하고 검은 진흙 조각상 중에 아주 묘한 보배상이 있음과 같이 중생의 탐·진·치와 망상 번뇌 등 육진 분별 가운데 다 여래장이 있다."라고 말씀하셨다. 중생의 겉모습 가운데 시든 꽃이나 똥오줌같이 더러운 것도 여래장을 갖추지 않은 것이 하나도 없다. 범부는 바깥모습에 집착하기 때문에 겁약하고 자기비하 하는 과오를 갖는데, 미륵보살께서는 이런 사견의 과오를 제거하기 위해 아홉 가지의 비유를 들어 중생에게 모두 불성이 있음을 말씀하신 것이다.

마명보살은 『대승기신론』에서 "진여의 자체 모습은 일체 범부·성문·연각·보살·제불이 평등하여 더하고 덜함이 없으며 앞에 생김도 뒤에 없어짐도 아니어서 영원하다."라고 말씀하셨다. 용수보살도 『법계찬』에서 "삼악도에 윤회함은 법계의 이치가 변해 나타남이라. 본래 항상 청정하여 법의 본모습은 변함이 없다."라고 설하셨다. 이러한 교증은 모두 일체중생이 불성을 갖추었으며, 이것은 생멸변이가 있지 않고 필경에 상주함을 논한 것이다.

우리들은 이러한 불성 종자를 갖추었기 때문에 정진의 힘만 발한다면 반드시 번뇌 망상의 업장을 벗어날 수 있을 것이며 현전에서 무상불과를 이룰 것이다. 이러한 이치는 아주 많은 경론에서 상세히 설명되어 있으며, 또 무수히 많은 수행인들이 실천으로써 증명하였기 때문에 여기에서는 어떠한 의심조차 필요하지 않다.

②하찮은 것을 탐착하는 게으름을 방비함

況我生爲人 明辨利與害 황아생위인 명변리여해
行持若不廢 何故不證覺 행지약불폐 하고부증각

하물며 내가 사람으로 태어나서
시비선악과 이해득실을 명확히 판단하고,
보리도에 게으르지 않고 정진한다면
어찌 위없는 깨달음을 증득하지 못하겠는가?

6도 윤회 중에서 사람은 정법을 수행하기에 최고의 조건을 갖추고 있는 존재이다. 해탈 계체를 원만히 얻을 수 있으며, 시비 이해를 명확히 판단할 수 있는 지혜 또한 갖출 수 있어 짐승들처럼 우매하지 않게 된다. 인간으로서 사리에 통달할 수 있으며, 바른 이익이 되는 선법에 발원하고 희구하는 것도 일으킬 수 있고, 힘 있는 수행으로 신속히 자량을 쌓을 수 있다. 축생 같은 유정도 모두 무상정각을 증득할 수 있는데 인간인 우리가 무엇을 하지 못하겠는가?

수행자들은 반드시 아무런 이유도 없이 자신이 불과를 증득할 수 없다고 생각하는 것을 정확히 인식해야만 한다. 일체중생이 성불할 수 있다는 관점으로 수행하면서, 마치 황금을 제련하는 것처럼 녹이고 거르는 과정을 거쳐 스스로 비하하는 게으름을 근본적으로 제거하면 마지막에는 순수하고 물들지 않은 견해를 이룰 수 있을 것이다.

부처님은 『보운경』에서 "일체여래께서 말씀하시되, 보살은 마땅히 이미 등각이며, 지금 등각이며, 미래 등각이며, 이 같음은 다 이 같은 방편, 이 같은 수도, 이 같은 정진으로 이미 등각이고, 현재 등각이며, 미래에도 등각이라 하심을 염해야 하느니라."라고 말씀하셨다. 또 "이 모든 여래가 또 다 여래를 이뤄서 등각을 나타냄이 아니며, 그래서 나 또한 위없는 깨달음에 당해서 등각을 나타낸다."라고 말씀하셨다. 삼세제불이 정등각을 현전하신 것도 그들의 발보리심과 수행 정진에 따라 증득하신 것이며, 이미 불과를 증득하신 뒤 수행 정진을 나타내신 게 아니다. 시방세계의 무량한 수행인들은 이미 불과를 증득했거늘 우리는 무슨 이유로 자신은 무상 불과를 증득할 수 없다고 말하는가? 수행자들은 본사이신 석가모니불의 전생담을 읽은 적이 있을 터인데, 그것을 보면 부처님께서 일찍이 지옥·축생 등의 평범한 유정으로 계실 때 발보리심과 수행 정진 등과 같은 갖가지 방편으로 정등각을 이루셨는데, 우리는 지금 사람 몸을 얻어 수승한 선지식의 가르침을 만났으니 스스로 정진한다면 "아승기겁을 닦지 않고도 법신을 얻는다."라고 함과 같이 무상 과위를 증득할 수 있다. 이렇다면 비열하거나 겁약할 필요가 전혀 없다.

『무변공덕찬』에 "비록 이미 여래 과위를 얻었지만 일찍이 지옥에 떨어진 적 있네. 부처님은 험난한 중에도 비열하지 않았으니 마땅히 스스로 경시하여 겁약하지 말라."라는 말씀이 있다. 또한『경관장엄론』에서는 "어째서 사람 몸이 귀한가? 무량겁 중 일 찰나 간에 보리를 얻을 수 있기 때문이니, 마땅히 겁약한 마음을 내지 말 것이다."라고 하셨다. 만약 이러한 교리에 대해 확신하지 않는다면 전도망상에 쉽게 빠질 것이다. 따라서 우리는 불법을 전면적으로 깊이 생각하여야 한다. 그렇지 않으면 쉽게 겁약하여 전도된 마음을 일으키고 자멸 속으로 타락할 것이다.

③ 선행을 겁내는 게으름을 방비함
A. 두려워 겁냄을 대치함

若言我怖畏 須舍手足等 약언아포외 수사수족등
是昧輕與重 愚者徒自畏 시매경여중 우자도자외

만일 (비록 성불한다 해도 정진하는 중에) 반드시 손발을 보시하는 고행을 닦아야 하므로
이것이 너무 두려워 행할 수 없다고 말한다면,

이것은 우매하여 이익과 손해의 크고 작음을 알지 못하기 때문이며, 어리석은 자가 스스로 사려 없이 곤혹과 두려움을 내는 것이다.

어떤 이들은 다음과 같이 말한다. "비록 모든 중생이 성불할 수 있다고 해도 나는 여전히 두려워 감히 정진 수행할 수가 없다. 왜냐하면 보살이 6바라밀의 실천으로 불과를 증득하는 과정이 매우 길며, 중간에 반드시 머리·눈·손발 등을 희생하는 아주 많은 고행을 해야 하기 때문이다. 나는 이러한 고행이 너무 두렵다. 머리카락 하나를 뽑거나 살갗을 조금 도려내는 것도 무척 아픈데 자신의 손발을 보시해야 한다고 말하지 말라. 나는 진실로 이러한 고행을 참을 수 없어서 감히 수행 정진하지 못하는 것이다."

이에 적천보살께서는 게송에서 이렇게 대답하신다. 이것은 무지몽매하여 이익과 손해의 크고 작음을 분별하지 못해서 생기는 잘못된 생각이다. 고통은 실제 존재하는 본질이 아니다. 다만 범부의 습기나 착각을 인연하여 말한 것이다. 어리석은 집착으로 분별이 생기고, 범부가 자아와 몸에 집착하며 자신에 대해 극도로 탐착하기 때문에 허망한 신체가 받는 상처의 고통을 느끼게 된다. 만약 우치의 분별을 끊는다면 몸에 대한 집착은 소멸할 것이며, 설령 신체를 한 점 한 점 잘라낸다고 해도 아무런 고통도 느끼지 않을 것이다. 예를 들면 『입중론』의 말씀 가운데 "보살은 강렬한 대자비심과 또 무아 지혜를 인연으로 자신을 보시할 때 고통이 없을 뿐만 아니라 오히려 무수한 환희를 일으킨다."라고 하셨다.

이런 경계의 깨달음이 없어 잠시 고통을 느낀다고 하여도, 이러한 고통과 윤회의 고통은 이익과 손해의 경중에 구별은 있다. 삼계는 순전히 고의 덩어리이다. 만약 수행의 고통을 두려워한다면 영원히 해탈할 수 없으며 무한기간 동안 고해 속에 빠져 있을 것이다. 고통을 받는 시간의 길고 짧음으로 볼 때 긴 고통을 받겠는가? 아니면 잠시의 고통을 받겠는가? 고통의 정도와 고통을 일으키는 의의 등 각 방면으로 관찰하면 수행의 고통과 윤회의 고통은 질적인 차이가 있다. 어리석은 사람만이 잠깐 동안 수행하는 작은 고통에 겁먹고 달아나 윤회의 커다란 고통을 받게 된다. 따라서 이러한 두려움에 겁을 먹는 것은 전혀 필요가 없는 일이며 또한 끝없는 자기 해침의 행위일 뿐이므로, 지혜인은 마땅히 이런 우치를 버리고 보리를 증득하려는 정진을 발해야 한다.

현재 사회에서 어떤 이들은 불교를 공부하는 것이 세상의 욕락을 포기하고 부모 친척과 이별하고 산중에서 불법을 닦는 아주 고통스러운 것이라고 여기는데, 이것은 완전히 잘못 이해한 것이다. 수행으로 약간의 깨달음을 얻은 이들이 볼 때 이것은 고통이라고 말할 것도 못 된다. 다만 무지몽매하여 좋고 나쁨의 경중을 알지 못해서 생기는 일종의 그릇된 분별일 뿐이다.

보리도에서 몸을 보시하는 고통을 두려워하는 것은 무지몽매하여 수행 증득하지 못한 자의 분별 망념일 뿐이다. 대비심과 무아 지혜를 구족한 상위 수행인의 경계에서 이러한 것은 전혀 고통이라고 할 수도 없다. 불법의 대의를 모르는 이들은 종종 이렇게 말하곤 한다. "쯧쯧, 불교를 배우는 너희들은 정말 고통스럽기 짝이 없구나. 의식주 등의 생활 조건이 이렇게 형편없으니." 약간의 수행을 증득한 이는 이렇게 말한다. "불교를 배우지 않은 당신네들이야말로 정말 고통스럽군. 허망한 나의 몸을 위해 매일매일 수고스럽게 동분서주하며 불구덩이 속으로 뛰어들기까지 하니, 파리가 냄새를 쫓듯이 살지 말고 어서 빨리 깨어나 그렇게 협소한 착각의 경계 속에 국한되어 있는 자신의 일체를 놓아버리고 무궁무진한 해탈의 안락을 추구해 보라!"

우리는 아직 어떠한 경계도 증득하기 전이라 수행하는 과정에서 많은 고통이 있을 것이라고 여기게 된다. 그러나 적천보살처럼 이미 인연을 여읜 적멸의 경계를 증득한 보살의 입장에서 볼 때, 이것은 단지 어리석어 일으키는 분별 망념일 뿐이다. 손발을 보시하는 것은 보살도를 행하는 이가 자량을 쌓는 하나의 방편일 뿐이며, 생사의 큰 꿈에서 깨어나기 위해 행하는 꿈속 수행의 하나이다. 꿈속에서 신체를 보시하는데 무슨 고통이 있을 수 있단 말인가?

B. 용맹심을 내어 노력함
a. 정진해야 성불함을 사유함

無量俱祗劫 千番受割截 무량구지겁 천번수할절
刺燒復分解 今猶未證覺 자소부분해 금유미증각

수없는 영겁의 윤회 속에서
셀 수도 없이 여러 번 지옥에 떨어져
잘리고 찔리고 태워지고 찢겨졌지만,
지금까지도 분심 내어 깨달음을 얻지 못했다.

무시 겁의 윤회에서 받은 고통과 비교해 볼 때 자신이 보살도를 수행하는 과정에서 받은 고통은 대수롭지 않은 것이다. 『보만론』에 "6도의 생사윤회의 바퀴는 처음도 끝도 없이 구른다."라고 나와 있다. 생사윤회는 불의 바퀴를 돌리는 것처럼 시작도 중간도 끝도 없어, 중생들은 이러한 윤회 속에 빠져 그 기간의 영원함을 가늠할 수 없다고 한다.

그렇듯 긴 시간 동안 중생들은 일찍이 악업으로 인해 셀 수 없이 여러 번 지옥에 떨어져 고통을 받았다. 비록 범부 중생이 우치에 가려 기억할 수 없더라도 그 누구도 이러한 사실을 부인할 수는 없다. 지옥에서는 옥졸들이 각종 형구로 지옥 중생의 팔다리를 잘라 지옥불에 던지고, 불에 달군 쇠꼬챙이로 몸을 찌르며, 구리물에 담그고 불타는 쇠 창고 속에 가둬두는 형벌을 가한다. 우리도 예외 없이 이렇게 참혹한 고통을 받는다. 그러나 이렇게 참혹한 고통을 받아도 어떠한 뉘우침도 없으며, 자신의 현세와 내생에 대한 아무런 이익이 없이 다만 전생 악업의 이숙과의 핍박으로 고통을 받을 뿐이다. 이러한 뼈를 부수는 지옥의 고통을 하나하나 겪었다고 하더라도 해탈의 길로는 한 걸음도 나아가지 못하는데, 보리과를 증득한다는 것은 더 말할 필요가 없다.

우리는 장차 지옥으로 떨어져 처참한 윤회의 비극을 다시 겪을 것이다. 만약 정말로 고통을 두려워한다면 이러한 고통이 계속되는 것을 왜 끊으려고 하지 않는가? 이렇게 참혹한 고통을 생각할 수 있다면 수행 중의 작은 고통에 대해서는 두려움과 겁약한 마음이 생기지 않을 것이다.

2. 정진하는 방법

　많은 수행인들이 정진의 마음을 일으키지 못하는데, 그 직접적인 원인은 윤회와 인과에 대한 신심이 없기 때문이다. 만약 인과에 대한 신심이 강렬하다면, 이러한 가르침을 들었을 때 마음에서 바로 윤회고를 싫어하는 마음이 강하게 일어나 해탈법에 대한 희망과 발원이 생길 것이다. 스스로 이미 윤회에서 이렇게 많은 고초를 겪었고 만약 지금도 해탈하지 못했다면 장래에도 무수한 고통이 있을 것이다. 이러한 사실을 믿는다면 어찌 수행 중의 작은 고를 두려워하고 물러나려고만 하겠는가?

　수행자들은 밀라레빠 존자처럼 인과에 대해 정신을 구족하고, 자신이 지옥에 떨어져 고통을 받을까 두려워 수행 중의 모진 시련을 견디며 정진에서 조금도 물러남이 없어야 한다. 만약 마음속에 윤회와 인과에 대한 의혹이 있다면 그 의혹의 이유를 드러내는 것이 제일 좋은 방법이며, 그런 후에 선지식을 찾아 가르침을 구하고 그릇된 인식을 깨트리면 스승과 삼보의 가피력으로 업장을 참회하고 바른 믿음을 일으키게 될 것이다. 그렇지 않으면 수행자들의 수행은 바른 궤도에 오를 수가 없다.

　　吾今修菩提　此苦有限期　오금수보리　차고유한기
　　如爲除腹疾　暫受療割苦　여위제복질　잠수료할고

　　지금 해탈하기 위해 정법을 닦아 정진함은
　　짧은 기간의 고통이다.
　　이는 마치 병자가 뱃속의 암을 제거하기 위해
　　수술하는 것이 잠시의 고통인 것과 같다.

우리는 일찍이 윤회의 과정에서 수차례 지옥에 떨어져 고통을 받았지만 아무런 뉘우침도 얻지 못하였다. 지금 사람 몸을 받았으니 윤회고를 영원히 끊고 위없는 보리도를 닦는다면 그 사이에 따르는 고통, 예를 들면 보시를 베풀 때 자신이 탐애하는 물건을 포기하는 것이나, 인욕을 행할 때 다른 이가 해하는 것을 참는 것이나, 정진 수행할 때 따르는 여러 고행 등은 윤회에서 지옥에 떨어져 받는 고통에 비한다면 아주 작은 것이라고 할 수 있다. 이러한 고통은 시간은 아주 짧고 그 고통이 가져오는 발심은 자타로 하여금 영원히 안락에 머물게 한다.

우리가 현생에서 불문에 들어와 정진하는 것은 윤회의 긴 밤을 지나 여명을 맞는 것을 의미한다. 비록 고통의 어두운 그림자가 조금 있다고 하더라도 그것은 마지막의 작은 부분일 뿐이다. 아주 짧은 시간이 지난 뒤에는 안락의 광명이 고통의 어두움을 완전히 몰아낼 것이다. 우리는 반드시 가장 큰 힘을 내어 정진 수행하여야 한다. 정진 수행으로 인해 여명 전의 어두움에서 생기는 두려움과 퇴보하려는 마음은 완전히 사라질 것이다.

샤카 빤디따는 "지혜인은 배울 때 고행에 의지한다. 만약 안락을 탐한다면 성공을 거둘 수 없다. 작은 안일함을 탐하는 자는 해탈의 즐거움을 얻지 못한다."라고 말씀하셨다. 작은 고행을 큰 안락의 성공과 바꾸는 것은 지혜인의 선택인 것이다. 약간의 견식이 있는 사람이라면 만약 자신의 뱃속에 암세포가 자라고 있다면 목숨을 보전하고 건강을 회복하기 위해 빠른 시일 내에 암세포를 제거하는 수술을 받을 것이다. 비록 수술 중에 고통이 따른다고 해도 그는 결코 두려움을

2. 정진하는 방법

이유로 수술의 기회를 놓쳐 병이 더 악화되는 일을 초래하지는 않을 것이다.

내가 보기에 대부분의 사람들은 병을 치료받는 동안의 고통을 모두 견뎌낸다. 그렇다면 윤회의 근원인 번뇌 망상을 치료받기 위해 정법을 수행하는 데 있어 생기는 고통은 왜 참지 못하는가? 번뇌 망상이 엄중한 말법 중생들에게 있어 완고하고 고집스런 습기[35]를 갑자기 없앤다는 것은 아편 중독자가 아편을 끊는 것처럼 처음에는 매우 고통스러운 일이겠지만, 끊지 않는다면 갈수록 더 비참해질 뿐이다.

요즘 같은 시대에 우리가 모든 것을 내려놓고 불법을 수행한다면 신심의 많은 스트레스도 줄일 수 있다. 출가하지 않았다면 사회에서의 스트레스는 얼마나 많았을 것이며 생활은 또 어떻겠는가? 사실상 세속인이 받는 고통에 비한다면 우리 수행인들이 겪는 고통은 아무것도 아니다. 세상에 살면서 치러야 하는 노력이 확실히 더 고되다. 그러하기에 옛날 대덕 스님들께서는 "만약 세속인이 평생 겪는 고통을 정법 닦는 데 쓴다면 반드시 성취할 것이다."라고 말씀하신 것이다.

b. 수행의 고통은 경미한 것임을 사유함

　醫皆以小苦　療治令病除　의개이소고　요치영병제
　爲滅衆苦故　當忍修行苦　위멸중고고　당인수행고

　의사가 병을 치료할 때

---

35 번뇌의 체에 대하여 습관의 기분으로 남은 것을 말한다.

치료 상의 경미한 아픔으로 큰 병을 치료하듯이,
윤회 속에서의 한없는 고통을 없애기 위해서는
수행하면서 대하는 잠깐의 고행쯤은 견뎌야만 한다.

　질병은 인류를 괴롭히는 4대 고통 가운데 하나이다. 사람은 일단 병에 걸리면 체력이 저하되고 불편하며 여러 가지 고통을 겪는다. 하지만 훌륭한 의사가 적합한 치료 방법을 쓴다면, 이러한 고통은 약물과 침·뜸·수술 등의 각종 방법으로 치유될 것이다. 치료과정에서 병자도 어느 정도의 고초를 받게 된다. 예를 들면 쓴 탕약 마시는 것을 참아야 하고 주사나 침·뜸·절개수술의 통증과 두려움 등을 견뎌내야 한다. 그러나 이러한 고통은 병고와 비교해 볼 때 극히 작은 것이며, 시간도 아주 짧고 그 결과는 오히려 자신에게 건강함을 가져다주는 것이다. 그러므로 조금이라도 멀리 내다볼 수 있는 사람이라면 의사의 치료를 만족스럽게 받아들일 것이다.

　우리가 불법을 수행하는 과정도 이 이치와 매우 흡사하다. 삼계의 고해에 빠져 있는 중생들에게는 3대 고(고고·행고·괴고)[36]에 포함된 무량무변한 고통이 있다. 5대 달라이 라마께서는 "삼계의 중생은 세 가지 고에 구속되어 있으며, 윤회하는 본래 모습은 고가 한량없는 것이다."라고 말씀하셨다. 『사백론』에서는 "한없는 윤회의 고통 속에 빠져 있는 어리석은 자는 오히려 두려움을 내지 못한다."라고 말하고

---

36 고고苦苦는 몸이 생·노·병·사의 고통을 받는 것이고, 행고行苦는 변해 가는 현상을 보고 느끼는 괴로움을 말하고, 괴고壞苦는 애착의 대상이 소멸될 때 겪는 괴로움을 말한다.

있다.

윤회의 본성은 고통이지만, 중생은 우매하고 미약하여 이것을 보지 못하고 듣지 못하여 두려워하지 않는다. 붓다의 가르침 아래 복 있는 중생들은 이 점을 인식했지만, 고통 받는 것을 원하지 않기 때문에 해탈을 구하려는 마음을 일으키지 않는다. 미륵보살은 『보성론』에서 "지혜 있는 자는 부처님 말씀을 믿으며, 이미 믿는 자는 윤회 고를 안다."라고 하며, 또 "병을 앎에 고통의 원인을 여의며, 병을 없애는 수행의 약을 취한다."라고 말한다.

부처님 말씀을 들은 인연 있는 사람은 자신의 병이 업에 의한 것임을 알고, 생사고해의 무량한 고통 가운데 처하여서도 중생의 고통을 없애기 위해 대의왕이신 부처님의 가르침에 의지해 정법이라는 감로의 묘약을 구한다. 이러한 과정에서도 여러 가지 작은 고통이 따르지만 지혜를 갖춘 사람은 반드시 신념을 가지고 인내한다. 왜냐하면 수행하는 과정에서의 작은 고통은 많은 극한 고통을 소멸하며 무궁한 안락을 가져오는 것이기 때문이다. 수행인은 모름지기 수행의 고통을 자기의 행위를 구제하는 것으로 여겨 흔연히 받아들여야 한다.

凡常此療法 良醫皆不用 범상차요법 양의개불용
巧施緩藥方 療治眾屙疾 교시완약방 요치중아질

세간에서 늘 사용되는 치료 방법을
의왕이신 부처님은 사용하지 않으신다.
더 뛰어나고 부드러운 처방을 사용하여
중생들의 윤회 질병을 수없이 치료하신다.

치료하는 작은 고통으로써 큰 병고를 대처하는 것은 세간에서 의사들이 일반적으로 사용하는 방법이다. 윤회의 질환을 치료할 때 위없는 의왕이신 석가모니불께서 사용하시는 방법은 불사의 감로 묘약으로서 세간의 의사들이 늘 사용하는 것과는 크게 다르다. 부처님께서 사용하시는 방법이 더 부드럽고 유효한 처방이다.

부처님은 삼계의 중생을 자식 대하듯이 하기 때문에 중생의 팔만사천 번뇌에 대해 가장 부드럽고 안정된 방법을 써서 중생들로 하여금 편안하게 치료를 받아들이게 하신다. 세존께서 주시는 감로 묘법의 주요 성분은 달고 온화한 자비 지혜로 되어 있으며, 그 안에 무량한 좋은 방편이 있어 중생들로 하여금 영원히 방일함과 게으름 두 가지를 여의어 안정된 수행으로 안락한 결과를 얻게 하며 번뇌의 병을 제거해 준다.

서로 다른 중생과 여러 번뇌가 상응하므로 세존께서는 그 근기에 따라 처방하여 제도하시며, 각각의 인연 있는 이들은 이러한 가르침에 따라 불법의 정도를 밟아갈 때 그 안락함은 형용할 수 없다. 모든 고통과 병의 근원도 비할 수 없는 안락에서 흔적도 없이 모두 사라진다.

세간의 권위를 지닌 자들과 큰 부를 누리고 있는 일부 사람들은 세간에서 그다지 안락함을 느끼지 못하고 윤회의 고통에 시달리다가, 모든 것을 버리고 출가 수행한 뒤에는 어디를 가든 아무것에도 걸림이 없고 근심 걱정이 없어 하루 종일 '행복함'을 외치게 된다. 많은 사람들이 세간에서는 악업과 번뇌의 깊은 고통에 쌓여 있다가, 나중에 불법의 바른 도를 수행하면서 세존의 감로 묘약을 복용한 뒤 일체 생사 고통의 근원을 없애고 안락하며, 평화로운 일생에서 위없는 해탈과를 얻게 된다. 출가 수행자들이 불법을 배우기 전에는 하루 종일 마음이 자유스럽지 못하고 여러 가지 번뇌로 고통스러웠으나, 정법의 감로를 복용한 뒤에는 이러한 마음의 병이 사라지고 몸과 마음이 자유롭고 편안해져서 자유와 평안의 해탈 피안으로 가게 된다. 부처님께서 내리신 번뇌를 치료하는 처방은 무엇에도 비교할 수 없을 만큼 우수하고 온화하며, 편안하고 즐거운 느낌으로 번뇌의 질환을 제거할 수 있도록 한다. 이것은 세간의 의사들이 늘 사용하는 방법과는 비교할 수 없는 좋은 방편이다.

오늘날 어떤 이들은 "불법은 내게 아무런 가피도 주지 않았고, 그렇게 오랫동안 수행했어도 아무런 감응조차 없으니 차라리 외도를 믿는 것만 못해!"라고 말한다. 이런 사람은 정말이지 불쌍하다. 악업의 과보와 마장이 눈앞에 나타나도 자신은 여전히 느끼지 못하고 있으니 말이다.

말법 시대의 중생은 악업의 습관이 엄중하여 항상 악업으로 인해 자신을 억제하지 못하는데, 그런 사람들은 진정으로 감로 묘법을 복용하여 정도를 밟기 전이라 번뇌의 악업이 바닷물처럼 용솟음칠 것이다. 이때 어떤 이들은 이것을 살피지 않고 오히려 불법은 아무런 가피도 주지 않는다고 여겨 악업의 마장으로 돌아서버리는데, 마의 유혹은 이들에게 더욱 심한 고초를 겪게 만든다. 삼보를 제외하고 이 세상 어디에 의지처가 있단 말인가? 스스로 삼보에 대한 신심을 잃어버리고 불법은 어떤 가피도 없다고 여긴다면, 이것은 악마가 나타나 자신의 수행을 교란시키는 것이다. 수행자들은 자신을 계속해서 잘 관찰해야 하는데, 번뇌가 점점 줄어들고 삼보에 대한 신심이 늘어난다면 그것은 자신의 수행에 그르침이 없다는 것을 증명한다. 번뇌가 더 증가해 신심이 약해질 때는 악업의 마장이 현전하는 것이니, 삼보에게 기도하여 죄업을 참회해야 한다. 그리 하지 않는다면 번뇌 마군의 유혹을 따르는 것이며, 그 결과 윤회의 깊은 곳으로 떨어질 뿐이다.

c. 점차 닦아 어렵지 않음을 사유함

佛陀先令行 菜蔬等布施 불타선령행 채소등보시
習此微施已 漸能施己肉 습차미시이 점능시기육
一旦覺自身 卑微如菜蔬 일단각자신 비미여채소
爾時捨身肉 於彼有何難 이시사신육 어피유하난

붓다는 먼저 채소와 같이 베풀기 쉬운 것부터 보시하기 시작하여 차츰 보시하는 습관이 든 후에 자신의 살점까지 베풀라고 말씀하셨다. 공성을 깨달아 자신의 몸이 채소의 잎 같음을 아는 지혜가 성숙해지면 그때 육신을 보시하는 것이 무슨 어려운 일이겠는가?

보살행을 할 때 부처님께서는 보시를 시작으로 수행인들을 교화하셨다. 처음에는 채소와 같이 가치가 적은 물건을 다른 이에게 베풀게 하신 뒤, 차츰차츰 보시에 익숙해져서 자기 자신과 소유물에 대한 집착이 점점 약화된 뒤에 비로소 비교적 큰 재물이나 팔다리 등을 보시하게 하셨다. 이렇게 한 단계씩 훈습[37]되어 습관이 길러진다면 자신의 살점까지 베푸는 것에 아무런 곤란함도 느끼지 않을 것이다.

대승법문을 처음 접해 본 어떤 이들은 보살행을 할 때 머리나 팔다리를 보시한다는 것을 듣고는 바로 공포감을 일으키는데, 사실상 이것은 수행의 점차적인 과정이 필요하며, 그런 단계에 이르렀을 때 당신은 두렵지 않을 것이며 고통 또한 없을 것이다.

부처님께서는 일체의 지혜를 나타내셨으며, 모든 사물이 발전하는 규율을 통찰하셨고, 마치 부모가 자식들의 습성을 잘 알고 있는 것처럼 일체중생 각자가 좋아하고 즐겨하는 법문이 있음을 아시기 때문에 극히 간단한 방편에서부터 차츰 이끌어가셨다. 아끼는 습성이 두터운 자에게 부처님께서는 먼저 왼손의 재물을 오른손에 주는 것을 연습하게 하고, 습관이 된 뒤에 약간의 채소나 땔감 등 비교적 가치가 적은 물건을 다른 이에게 주어 보시의 습성이 조금씩 자라게 하셨다. 그런 뒤에 비교적 값어치가 있는 재물을 보시하도록 하셨다. 차츰 습관이 된 뒤에는 샤카 빤디따의 말씀처럼 "모든 일은 다 말할 것 없이, 사람이 습관을 들이면 기술을 배우는 것과 같이 불법을 수행함도 어렵지 않게 된다."라고 한 것과 같다.

이처럼 어느 정도의 단계가 되었을 때 아주 귀중한 재물도 채소 잎같이 느껴져 조금도 탐착하지 않고 보시하게 될 것이다. 수행과정에서 부처님께서는 결코 어려운 법문으로 우리를 이끌지 않으셨고, 자신을 보시하는 일례를 수많은 경전에서 범부들에게 제시하고 있다.

중생들이 윤회에 빠져 고통을 받는 주된 원인은 어리석게도 '아我'와 '아소我所'[38]를 집착하기 때문이다. 보시를 닦아가는 과정에서 수행자

---

37 훈습이란 선이나 악이 사람에게 영향을 끼쳐 그 세력이 마음에 남아 있는 것을 말한다.

는 차츰 이러한 탐착을 버리고 자신이 풀잎처럼 보잘것없는 것을 깨닫게 될 것이며, 동시에 중생에 대한 대비심도 지혜로 인하여 늘어나게 될 것이다. 이때 그의 보시 행위는 옆에서 지켜볼 때 감히 생각조차 할 수 없지만, 그 자신의 경계에서는 아무런 고통도 없을 뿐만 아니라 오히려 중생이 만족하므로 비할 수 없는 안위와 기쁨이 생긴다.

『입중론』에서 "불자가 보시 구하는 소리를 듣고서 중생의 소원을 만족시킴을 생각하고 생기는 즐거움에 비하면 성문의 열반 적멸락도 그 기쁨에 못 미침이라. 하물며 보살이 일체중생에게 보시함이겠는가!"라고 말씀하셨다. 보살은 청정 무아의 지혜와 강렬한 대비심으로 중생의 간절함을 들으면 곧바로 성자가 열반 적멸에 들었을 때와 비교할 수 없는 안락함으로 자신의 사지를 보시하는데, 마치 나무를 자르듯이 아무런 고통의 분별이 없다. 자신을 보시하는 것을 잎사귀를 보시하듯 여기는데 무슨 곤란함이 있겠는가? 공성의 실상을 깨달은 보살의 자기 마음에는 고통에 집착함이 존재하지 않는다. 보살은 다만 중생 제도의 강한 자비심으로 인해 오랫동안 세간에 머무실 뿐이다. 이렇게 현현하시는 것은 『경관장엄론』에서 말씀하신 바, "모든 법은 허환같이 보고 일체 윤회 환생은 봄날 꿈같이 본다."라고 한 것과 같다.

보살께서는 윤회의 육취 가운데 뛰어드신 것을 화원에서 풍경을 감상하는 것처럼 자유자재하게 즐기거늘, 어찌 고통의 느낌이 있겠는가? 그러므로 범부의 입장에서 볼 때 몸을 보시하는 고행과 같이

---

38 나의 것, 나에게 딸린 것을 말한다.

어려운 행도 보살의 경계에 오른 뒤에는 아무런 곤란함이 없는 안락행인 것이다.

많은 이들이 보살행을 닦아갈 때 반드시 자신의 아내·자식·몸 등의 모든 것을 모두 보시해야 한다고 생각하는데, 이것은 너무 끔찍한 것이며 자신도 할 수 없는 것이라 의심을 갖게 된다. 이러한 의심은 모두 대승의 깨달음에 오르는 단계를 배우는 데 있어 제대로 이해하지 못해서 생긴 것이다. 점진적으로 깨달음에 오르는 단계를 닦아나가는 것을 인식한다면, 이러한 의심은 쓸데없는 걱정거리며 또한 소인의 마음으로 대인의 행을 가늠하는 데서 생기는 두려움일 뿐임을 알게 된다. 여기 앉아 계시는 수행자들은 오늘 보살의 보시행에 대한 설법을 들은 뒤 지금은 비록 자신은 아직 힘이 없어 그와 같이 실천하지 못하지만 마음속으로 강하게 발원하되, "원하옵나니, 저로 하여금 하루속히 몸을 보시함이 어렵지 않은 경계에 이르게 하시고, 저로 하여금 일체중생이 만족을 얻게 하게 하시옵소서!"라고 하여야 한다.

d. 보살에게는 고뿜가 없고 즐거움뿐임을 사유함

身心受苦害 邪見罪爲因 신심수고해 사견죄위인
惡斷則無苦 智巧故無憂 악단즉무고 지교고무우

심신의 고통을 느끼는 원인은
오온분별이 '참나'라는 사견으로 죄업을 짓기 때문이다.
10지 보살은 죄업이 깨끗해 고뿜가 없고,
수승한 무아의 지혜를 통달하여 근심 걱정도 없다.

중생이 윤회 고통을 겪는 이유는 무명으로 인한 전도된 사견 때문이다. 무명의 사견으로 인해 몸과 마음을 '나'와 '내 것'이라고 그릇된 집착을 일으키고, 나와 내 것을 위해 또한 무량한 죄업을 짓기 때문에 무량한 고통을 느끼게 되는 것이다.

『입중론』에서는 "중생이 최초에 '나'라는 한 생각에 집착을 내어 다시 '내 것'이라는 생각의 법에 애착함이 물레방아와 같아 자유롭지 못하다."라고 설하고 있다. 중생은 무명[39]의 삿된 망념으로 인해 '아'와 '아소'의 집착을 일으키며, 이것으로 인해 업의 번뇌에 물들어 삼계 육도 속에 빠져 물레방아처럼 끊임없이 윤회하며 조금도 자유스럽지 못하게 된다.

사실상 "중생은 마치 물에 비친 달"과 같아 그 본성은 비어 얻을 수 없는 물속의 달그림자와 같은 것인데 무슨 고통이 따르겠는가? 중도의 바른 이치를 통달하여 사견을 타파하고 신심의 오온이 본래 내가 없음을 통달하게 되면 고통이 안주할 곳이 없다. 누가 고통스럽다고 할 것이며 무엇이 고통이겠는가?

이는 『심경』에서 "오온이 다 공한 줄 비춰보아 일체의 고액을 제도한다."라고 한 말씀과 같다. 견도見道 이상의 보살은 바로 모든 아집과 사견을 없앴고 오온 무아를 나타내셨으며 죄업을 끊어버렸으므로 일체의 고를 초월해 심신의 안락함을 얻으신 것이다. 용수보살은 『보만론』에서 "보살은 이미 몸의 고통이 없으니 다시 어찌 뜻의 고통이 있겠는가? 자비심으로 세상의 고통을 구하기 위한 연고로 세상에

---

[39] 진여에 대하여 그와 모순되는 비非 진여를 말한다.

오래 머문다."라고 말씀하셨다.

보살은 근본적인 신심의 고통을 없애셨으며, 항상 비유할 수 없는 평등 청정의 안락함 속에 안주하고 계신다. 그곳은 어떠한 장애도 없어 중생제도를 자유자재로 실현하실 수 있으며, 우리 범부들이 걱정하는 그런 고통은 존재하지 않는다.

福德引身適 智巧令心安 복덕인신적 지교령심안
爲衆處生死 菩薩豈疲厭 위중처생사 보살기피염

무량한 복덕으로 그 몸이 안락하고
수승한 지혜로 그 마음은 행복한 상태로
중생을 위해 윤회계에 머물며
큰 지혜와 자비심을 발하는 보살에게 어찌 피곤하고 싫어함이 있겠는가?

대승을 행하는 사람이 진실로 보리심을 발하여 대승도의 수증단계에 진입한다면 대비 지혜가 나날이 늘어날 것이다. 그는 악업을 끊어 오직 중생을 이롭게 하기 위해 정근할 것이며, 무궁무진한 복덕 지혜의 자량을 쌓을 것이다. 이와 같이 거대한 복덕으로 받은 색신은 자연히 원만하고 항상 무병 건강하다. 보살의 지위에 올라 모든 법에 '나'가 없는 본성을 통달하여 실상의 광명을 보면 이것으로 인해 심중에 어떠한 장애도 없으며 늘 고요한 안락함 속에 머물게 된다.

'인무아'와 '법무아'[40]를 통달함이란 일체법을 모두 비어 없다고 관상하거나 아무것도 없다고 관상하는 것은 아니다. 이것은 빈방과 같이 텅 빈 것은 아니다. '인무아'와 '법무아'는 사변 희론을 여읜 대안락의 경계를 말하는데, 이것은 언어 문자의 분별을 떠난 '상락아정'의 경계이다.

이러한 경계의 보살은 중생이 무명에 의해 억울하게 고통 받는 것을 보게 되며 자연스럽게 한없는 대비심이 일어나 중생을 구제하기 위해 생사윤회 속에 머물러 중생을 이롭게 하신다. 보살께서는 비록 생사윤회 속에 머무시지만, 『화엄경』에서 "연꽃이 물에 젖지 않는 것과 같으며 또 해와 달이 허공에 머무르지 않는 것과 같다."라고 말함과 같이, 조금도 속세에 물들지 않는다.

보살은 생로병사의 굴레가 없기 때문에 어떠한 고난이나 고통도 받지 않으며 피로하거나 싫어하는 마음도 있을 수 없다. 『보만론』에서 말씀하신, "어리석음으로 말미암아 마음에 고통이 생기고 탐내고 성내어 두려움을 만든다. 보살은 집착 없는 지혜로 마음의 고통을 모두 여읜다. 몸과 마음의 모든 고통이 해치지 못하기 때문에 세상이 다하도록 중생 제도를 싫어하지 않는다. 중생은 고통 받는 시간이 짧아도 참기 어려우면 그것을 길다 여기나, 고통에 초연하여 안락하면 영원한들 어찌 방해가 되겠는가!"라고 한 것과 같다.

만약 범부처럼 번뇌에 오염되었거나 혹은 아라한처럼 적멸의 안락만을 구한다면 보살께서 세상에 주하며 중생을 제도하시지 않을 것이다. 그러나 보살의 복덕 지혜는 한량없어 그 몸과 마음도 항상 안락하지만, 세간의 중생을 불쌍히 여기시어 항상 생사윤회 하는 중생을 제도하기 위해 세상에 머무시니, 윤회 세계가 다하지 않는 한 보살은 자비로운

---

40 만유제법이 인연으로 모여서 실다운 체성이 없는 것을 말한다.

이타행을 멈추시지 않을 것이다.

> 以此菩提心 能盡宿惡業 이차보리심 능진숙악업
> 能聚福德海 故勝諸聲聞 능취복덕해 고승제성문
> 故應除疲厭 馭駕覺心駒 고응제피염 어가각심구
> 從樂趣勝樂 智者寧退怯 종락추승락 지자녕퇴겁

수승한 보리심으로
숙세의 죄업을 소멸하며
능히 바다처럼 큰 복덕을 쌓기 때문에
성문도보다 뛰어나다.
그러므로 대승에 대해 피로하고 싫어하는 게으름을 버리고
보리심의 말을 타면,
보다 더 수승한 안락으로 나아가는데,
지혜 있는 자라면 어찌 겁내어 물러나려 하겠는가?

범부 중생이 대승 불법을 처음 만날 때, 보살행을 수행하는 데는 많은 시간이 필요하고 많은 고행을 닦아야 하며, 또한 대승법은 심오하고 난해하다고 여겨 자포자기하는 현상이 비교적 보편적으로 드러난다. 이것은 대승법문의 수승한 이치를 이해하지 못했기 때문에 일어나는 일이다. 보리심을 발하여 대승도에 들어가는 것의 수승한 공덕은 본론의 제1품에서 이미 자세히 설명하였거니와, 보리심에 의지하면 숙세에 쌓은 죄업을 빠르게 소멸시킬 수 있고 단시간에 바다와 같은 복덕 자량을 쌓게 된다. 윤회하는 가운데 그 악업의 습기가 매우

두터우므로 말법 시대의 중생은 비록 해탈하려고 수행하지만, 악업의 핍박으로 인해 항상 업력을 감당하기 어렵다는 생각을 하게 된다. 하지만 진실로 보리심을 발한다면 승의 보리심[41]이든 세속 보리심이든 관계없이 그 죄업은 햇빛을 만나면 찰나에 사라지는 가을 서리와 같을 것이다. 그러므로 우선 보기에는 대승법을 닦는다는 것이 약간의 어려움이 있지만, 수승한 보리심에 의지하면 일체의 수행이 모두 순조롭게 바뀔 것이며 생각하는 것만큼 그렇게 곤란함을 겪지 않을 것이다.

반면에 수승한 대승법에 의지하지 않고, 자리自利를 구하는 것을 위주로 하는 성문법문에 들어가 죄를 참회하고 자량[42]을 쌓으려 한다면 그 곤란한 정도가 아주 클 것이다. 작년에 이곳 수행자들은 『백업경』을 들었는데, 그 안에는 기본적으로 성문 수행자의 일화가 기재되어 있다. 그중에 어떤 이들은 대중과 성자에 대해 지은 구업을 당시 성문법문에 의지해 전심전력으로 참회했지만 청정해질 수 없었고, 결국에는 여전히 무서운 과보를 받았다. 하지만 대승에 들어와 보리심의 수승한 대비 지혜에 의지한다면 이러한 죄업은 완전히 청정하게 소진될 것이며, 또한 여법하게 수행한다면 다시는 죄업의 과보를 받지 않을 것이다. 성문 가운데서 결정된 업의 과보는 대승의 수승한 방편을 거쳐야만 가벼운 업으로 바뀌어 소멸될 수 있다.

자량을 쌓는 방면에서 대승의 발보리심과 같은 방편법은 그 수승함이 성문법문을 훨씬 능가한다. 보리심을 일으키면 찰나에 거대한

---

41 수승한 지혜를 갖춘 보리심을 말한다.
42 해탈을 돕는 선근공덕을 말한다.

복덕을 쌓을 수 있을 뿐만 아니라 복덕 선근이 끊임없이 늘어나며 불과를 얻는 중에도 무너지지 않는데, 성문에서는 이러한 자량 방편이 없다. 대승과 서로 비교해 볼 때 성문 수행인이 자량을 쌓는 것은 일반 걸음걸이와 같다면, 대승 수행인은 큰 트럭을 타고 가는 것처럼 신속하고 효과적으로 원만한 자량을 쌓을 수 있다. 성불의 늦고 빠름의 방면에서 보면 인도의 선천보살께서는 이 게송의 '고승제성문故勝諸聲聞'을 해석하며 "대승도의 증과는 성문에 비하여 아주 빠른데, 그것은 보리심의 인도 없이 선법을 수행하여 출세 해탈을 구하고자 하면 그 속도가 아주 느리기 때문이다."라고 말씀하셨다.

대승 수행자가 되어 보리심을 발하면 과거의 죄업을 다 참회하여 없애고 광대한 자량을 쌓을 수 있다. 이러한 수승한 점을 안 뒤 우리는 마땅히 대승에 대해 환희심을 일으켜야 하며, 성문·연각의 2승 법문을 능가하는 대승도를 싫어해서는 안 된다. 어떤 이들은 세 번의 아승기겁을 수행해야만 원만히 보리를 이룰 수 있다고 생각하며 대승도 수행은 너무 오랜 시간이 걸린다고 여기는데, 사실상 3아승기겁은 하나의 표시일 뿐이다.

부처님께서는 『해탈경』에서 "이른바 무수대겁은 중생의 무량한 세계와 근기와 믿음이 천차만별함을 나타낸 것이다."라고 말씀하셨다. 보살께서 수도하시는 중에 한 생각 실다운 보리심을 일으켜 한 찰나에 많은 겁의 자량을 쌓을 수 있음을 보여준 예는 석가모니불의 본생담에서 적지 않게 나와 있으며, 3아승기겁은 일종의 경계상으로 설정한 시간에 지나지 않을 뿐임을 보여준다.

중국 선종의 고승대덕들께서도 3아승기겁은 중생들의 끊임없는 번뇌 업장에 대해 말한 것일 뿐이라며, 찰나에 견성 성불할 수 있다면 곧 찰나에 세 번의 아승기겁을 지날 수 있다고 말씀하셨다. 그러므로 우리는 3아승기겁에 놀랄 필요는 없이 대승법문의 수승함에 대해 더욱 깊이 이해해야 한다. 환희심으로 일체의 게으름을 끊고, 보리심의 말을 몰아 정진하여 대승 안락도에서 줄곧 나아가면 구경에는 해탈의 불과를 얻을 수 있다.

대승 보리도의 불가사의한 방편에 의지한 오도와 십지의 수행과정은 모두 안락으로 충만할 것이다. 이 점에 대해서는 이미 앞에서 분석하였다. 보리심 법문은 하루에 천 리를 가는 말처럼 수행인이 일단 익숙하게 몰면 순조롭고 빠르게 해탈의 피안에 다다를 수 있다. 만약 지혜 있는 사람이 있어 이러한 것을 정확히 이해한다면 대승도에 대해 겁내거나 동요하지 않고 보리심 법문을 실천할 수 있을 것이다.

『미생원왕제회경』에 "무량겁 전에 위엄 있는 여래께서 세상에 나오셨는데, 어느 날 여래와 두 분의 성문 제자가 탁발한 뒤 정사로 돌아오는 길에서 놀고 있는 세 아이를 만났다. 견줄 데 없이 장엄한 여래와 두 분의 존자를 본 세 아이들은 큰 환희심을 내었고 가지고 놀던 진주 영락을 나누어 여래와 두 분 존자께 공양을 하였는데, 그중 한 아이는 장래에 위엄 있는 여래처럼 되기를 발원하였고 다른 두 아이는 장래에 두 분 존자처럼 되기를 발원하였다. 성불하기를 발원한 아이는 무량겁을 지나는 동안 보살행을 닦아 석가모니 부처님이 되셨고, 다른 두 아이는 사리불 존자와 목건련 존자가 되었다."라고 기재되어 있다. 그들이 발원한 시간과 공양물은 같지만 발심의 크고 작은 구별로 인해 한 사람은 이미 성불하셨고 다른 두 분은 초지과도 아직 얻지 못했으니, 이것은 대승보살도와 성문도의 차이에서 말미암은 것이다. 우리는 다행히도 불법을 만났으므로 지혜 있는 사람이라면 대승 수행의 중요성을 명확히 인식해야 한다. 현재 여러 가지 어려움을 만난다고 해서 보리심을 버리고 자기만을 위한다면 긴긴 세월이 흘러도 해탈을 얻지 못할 것이기 때문이다.

勤利生助緣 希求堅喜捨 근리생조연 희구견희사
畏苦思利益 能生希求力 외고사이익 능생희구력

중생을 이롭게 하는 정진을 향상시키는 인연은
희구심·자신감·기쁨·버림이다.
지옥의 고통을 두려워하고 해탈의 이익을 생각하는 것은
희구하는 힘을 생기게 한다.

보살은 정진력을 향상시키고 중생을 더욱 이롭게 하기 위해 여러 방편에 의지해 역량을 강화한다. 이는 국왕이 적의 세력을 무너뜨리기 위해 강대한 말과 보병 등의 4군을 의지하는 것과 같다. 3대 게으름의 적군을 항복시키기 위해서 보살은 반드시 4가지 강한 방편인 희구심·자신감·기쁨·버림에 의지해야 한다.

희구심은 인과를 믿고 이해하는 정견에 의해 선법을 닦고자 하는 간절한 희망의 마음을 말한다. 수행인이 정진이 일체 복덕 선근의 원인임을 알고 윤회를 거치면서 선업과 악업으로 생기는 과보에 대해 잘 이해하면 강렬하게 정진하고자 하는 마음이 생기는데, 이것은 게으름의 번뇌를 없애는 가장 큰 힘이 되며 가장 근본적인 방편이기도

하다.

자신감은 정법을 닦는 데 있어 마음속에 결정되어 움직이지 않는 일종의 끈기이다. 즉 스스로 게으름의 적을 이길 수 있다는 대정진력의 용기가 생기는 것이다. 자신감을 구족한 수행인은 행함과 행의 결과를 알며 어떠한 어려움이 막아서도 마치 큰 산처럼 결코 멈추지 않는다. 모든 게으름의 마군도 이러한 역량 아래에선 방해할 기회를 갖지 못하는 것이다.

기쁨은 선법을 수행하는 것에 대한 즐거움의 마음이다. 이러한 기쁜 마음이 생기면 선법을 수지하는 과정 중에 일체의 싫증냄과 게으름을 모두 여의게 된다.

마지막으로 버림은 수행할 때 조이고 늦추는 데 절제를 갖춰 자신의 선법을 완성할 때 여법하게 놓을 수 있는 것을 의미한다. 즉 몸과 마음에 적당한 휴식을 취한 후 가장 좋은 상태에서 다른 선법을 닦아가는 것이다. 자신이 오랜 기간 수행해온 것이 몸과 마음에 피로하다고 느꼈을 때 잠시 모든 것을 내려놓고 쉬고 난 뒤 다시 정진할 수도 있다. 이렇게 4가지 방편의 도움으로 자신의 게으름에 대비하고 정진을 향상시켜 자연히 용맹정진할 수 있으며, 모든 장애를 여읠 수 있다.

화지 린포체는 이 게송을 '정진하지 않음을 방비함'의 결론으로 판단했다. 이 다음 내용인 '정진을 닦는 보조 인연'과 연결해 주는 글이 되기도 하지만, 다른 논사들의 강의에서는 이 게송을 '정진력을 증장함'의 총설로 보고 있다. 인도의 포포달 논사는 이 게송은 여기에서는 연관성이 없고 다음 게송의 약설의 의의와 중복되었다고 여기며 후대 사람들이 부가시킨 것으로 보고 있다. 티베트 지역의 포돈 대사

(1290~1364)⁴³는 이 게송이 윗글의 '탐도나락미' 등의 송문 내용과 연관되지 않았으며, 만약 이 게송을 두지 않았다면 더 편했을 것이라고 했다. 근수취자 린포체도 같은 견해이며, 이 게송은 후대인이 잘못 덧붙인 것으로 의미상 연관 짓기가 적합하지 않으며 아래 글과도 중복의 과실을 범하고 있다고 여겼다. 자조제는 이 게송과 다음 게송을 같이 연결시킨 게송으로 총설하여 해석하였다.

우리가 자세히 분석해 보면 포돈 대사의 관점도 일리가 있지만 무착, 자조제와 근휘 대사 등의 논사들은 강의에서 이것에 대해 직역만 하였고 평가를 덧붙이지 않았으므로 우리 또한 함부로 고치지 않기로 한다. 그러나 이렇게 서로 다른 관점에 대해 더 자세하게 된 논문을 통해 이해할 필요는 있다.

2) 정진력을 증장함

(1) 정진을 돕는 여건을 증장함
①총괄하여 설함

故斷彼違品 以欲堅喜舍 고단피위품 이욕견희사

實行控制力 勤取增精進 실행공제력 근취증정진

정진의 장애를 끊기 위해서

희구심·자신감·기쁨·버림의 방편을 잘 운용해야 하며,

---

43 샤카 빤디따 이후 쫑카빠 이전의 가장 유명한 학자로서, 티베트 대장경 『단주얼』을 결집하고 『티베트불교사』를 짓는 등 두 가지 큰 공적을 남겼다.

몸과 마음의 실행력과 억제력으로
방일을 끊고 정진을 증장시키기 위해 노력해야 한다.

희구심·자신감·기쁨·버림의 4가지 방편은 정진의 장애를 끊고 정진을 향상시킨다. 선법에 대한 희구의 염원이 있으면 수행인은 자연히 정법으로 나아갈 것이며, 모든 힘을 다해 정법을 원만히 수행할 것이다. 자신감이 있다면 어려움을 만나도 불퇴전할 것이며, 어린아이가 게임을 즐기는 것처럼 환희 용약하여 선법에 대해 싫어하는 마음을 내지 않을 것이다. 버림이 있으면 스스로 절제할 줄 알며 수행에서의 조이고 늦춤에 절도가 있게 된다. 이 네 가지의 도움이 되는 인연(助緣)은 방일을 없애주는 것으로서 자동차의 네 바퀴처럼 하나라도 빠져서는 안 되는 것이다.

한편 이 4가지 방편은 수행과정에서 구체적으로 실행력과 억제력으로 표현된다. 여기에서 실행력이라 함은 선법을 수행하는 실천력을 끊임없이 주도적으로 진행시키며, 정지·정념과 보리심의 지혜로써 선법의 역량을 배가시키는 것을 말한다. 즉 수행 중의 정진에서 그 실제 행동을 표현한 것이다. 정진 수행의 과정에서 지혜 훈습은 몸과 마음에 자유자재한 조절의 능력을 얻게 하는데, 억제력은 실행의 힘이 과다하게 되는 것을 조정한다. 이와 같이 서로 조절해 주면 정진력은 점점 강해지고 불퇴전하게 된다.

일부 인도 논사는 4가지 조연과 두 가지 힘(力)을 6력으로 보기도 한다. 화지 린포체는 4증상연과 2력으로 나누었는데 당연히 증상연과 역은 본래 동일한 뜻이다. 우리는 수도과정에서 반드시 이 4연과

2력을 구족하고 조화롭게 운용하여야 한다. 4연과 2력의 바탕에서 정진한다면 게으름의 마군이 쉽게 침범하지 못할 것이다.

수행자들은 항상 안으로 자신의 마음을 살피고 자신이 선법 이익에 대한 이해나 욕구가 있는지를 잘 살펴야 한다. 또한 선법을 수행할 온고한 결심과 신심이 있는지, 선법에 대한 환희심이 있어 항상 선법 수행을 싫증내지 않는지를 살피며, 조화롭게 선법을 수행하는 능력을 향상시키고 있고 너무 조이거나 너무 느슨해지지 않게 잘 조절하는지의 여부를 잘 살펴야 한다. 만약 이러한 것을 모두 구족할 수 있다면 점점 스스로 실행력과 억제력을 얻을 수 있으며, 방일을 순조롭게 훼멸시켜 대정진을 성취할 수 있다.

② 별도로 설함
A. 신심과 원력의 힘
a. 신심과 원력의 대상
신심의 도움이 되는 인연은 열망 조연이라고 한다. 『아비달마론』에서는 "경계에 끌리는 바가 되지 않는 결정적인 이해가 곧 발원이다."라고 말씀하셨다. 여기에서의 발원은 바른 견해를 믿고 증득하기를 구하는 뜻을 내포하는데, 선법의 공덕에 대해 견고 불변한 믿음이 있다면 자연히 강렬한 열망이 일어나게 될 것이다.

『경관장엄론』에서는 발원에 복덕을 증장시키고 신심을 쾌락하게 하며 청정행을 하는 것 등 열 가지 공덕이 있다고 한다. 정진을 하고자 한다면 먼저 정진에 대한 발심을 일으켜야 한다. 만약 우리가 방일의 과실에 대해 이해하고 정진 공덕에 대해 신심을 지니며 정진에 대한 열망을 일으킬 수 있다면, 3대 게으름의 적군은 소멸되고 정진 대사업의 4개 군대를 갖추며 강대한 선봉장과 왕성한 사기를 갖게 될 것이다.

發願欲淨除 自他諸過失 발원욕정제 자타제과실
能盡一一過 須修一劫海 능진일일과 수수일겁해
若我未曾有 除過精進分 약아미증유 제과정진분
定受無量苦 吾心豈無懼 정수무량고 오심기무구

보리심을 내었을 때 이미 나와 남의 무량한 죄업을
깨끗이 없애기를 발원했으니
그 죄를 하나하나 없애려면
바다와 같은 겁 동안 닦아야 한다.
만약 내가 지금까지
죄업을 없애기 위해 정진하지 않았다면
미래에 반드시 무량한 고통을 받을 것이니
내 마음에 어찌 두려움이 없겠는가?

처음 대승에 들어왔을 때 수행자들은 나와 남의 무량한 죄업을 없애고 일체중생으로 하여금 모두 무상 안락의 불과를 얻게 인도하고자 하는 보리심의 서원을 세웠을 것이다. 하지만 이렇게 광대한 서원을 실현하기 위한 정진이 없다면 성공의 희망은 전혀 없다고 할 수 있다. 번뇌업장은 바다와 같이 큰 겁의 긴 시간 동안 수행해야 비로소 없앨 수 있기 때문이다.

번뇌업장이 자신의 일부분에 불과하다고 말해서는 안 된다. 예를 들면 탐심 애욕은 무시이래 장시간에 걸쳐 반복적으로 익혔기 때문에 이미 자기의 본성처럼 아주 견고한 것이 되었다. 선종에는 "오래 행하면 익어져 습성이 된다."라는 말이 전해진다. 장시간의 습관에 의해 새로운 일도 견고한 본성으로 되는데, 완고한 습성을 끊으려면 반드시 상당히 큰 노력의 대가를 치러야 한다.

속담에 "강산은 변하기 쉬우나 본성은 고치기 어렵다."라는 말이 있다. 수행자들 모두는 자기의 습성을 없애는 것이 매우 어려운 일이라는 것을 경험상 알고 있을 것이다. 평상시 자신에게 일종의 악습이 있음을 알고 그것을 고치려고 노력할 때, 처음에는 악습이 곧 그치게 되어 그러한 노력이 아주 큰 효과가 있는 것같이 느껴진다. 그러나 얼마의 시간이 흘러 자신이 악습에 노력하며 대처하고 있음을 잊어버리면 '들판의 불은 다 꺼지지 않아 봄바람이 불어옴에 다시 일어나'듯이 처음으로 되돌아가게 된다. 이것은 악습의 습기가 아주 깊다는 것을 의미한다. 그럼에도 불구하고 당신은 겨우 몇 차례의 짧은 관행을 해 보았거나, 혹은 간단한 기도를 몇 차례 올려 가피를 바랐을 뿐이다. 영원히 편안하기 위해 무시이래로 쌓은 습기의 과실을 쉽게 없앨 수 있다는 것은 범부의 어리석은 망상일 뿐이다.

수행자들은 한번 생각해 보아야 한다. 예전의 고승대덕께서는 자신의 번뇌 습기에 어떻게 대처해야 하며, 제자들에게 수행지도를 어떻게 해야 하며, 자신들이 마땅히 어떻게 해야 과거의 습기를 끊을 수 있는지를 명백히 아셨다. 화지 린포체의 상사께서는 제자들에게 최소한 일천만 번 백자명(百字明: 금강살타 백자명주)을 염송하여 숙세의 죄를 참회하도록 규정지었으나, 지금의 수행자는 이러한 실천단계에 과연 몇 명이나 이르고 있는가? 노력하지 않는다면 보리심을 맹서한 자신의 발심은 말에 그칠 뿐, 진실한 성취를 얻기란 공중누각일 뿐이다.

『대지도론』에 이런 비유가 있다. 물고기가 산란하는 알의 수량은 기이할 정도로 많지만, 부화되어 물고기가 되는 수는 극히 적다. 마찬가지로 발보리심한 사람은 아주 많지만, 최후에 서원을 성취한 사람은 극소수에 그친다. 그 원인은 수행의 정진력이 부족하기 때문이다.

과거의 습기를 하나하나 없애려면 큰 바다와 같은 겁의 시간 동안 방대한 노력의 대가를 치러야 한다. 우리는 무시이래 지금까지 이러한 정진을 하지 않았기 때문에 지금에 이르러서도 여전히 죄업이 깊은 범부인 것이다. 끊임없이 죄업을 참회하지 않으면 장래에 반드시 악취에 떨어져 무변의 고통을 받는 과보를 받게 될 것이다.

일찍이 시방 제불성존과 금강상사 앞에서 자타의 일체 죄과를 없애겠다는 큰 서원을 세웠으면서도 실제로는 아무 실행도 하지 않고 심지어 도를 등지고 멀리한다. 이렇게 성존을 기만하는 악업의 과보가 어떨지는 인과에 조금의 상식이라도 있는 사람이라면 잘 알 것이다. 서원을 위배하는 것은 현종이든 밀종[44]이든 모두 최극단의 엄중한 죄업이며 그 과보 또한 매우 두려운 것이거늘, 설마 우리는 이것에 대해 조금도 두렵지 않단 말인가?

---

[44] 비밀이 없이 일반적으로 설한 교설을 의지하는 종파를 현종이라 하고, 비밀히 설한 교설을 의지하는 종파를 밀종이라 한다. 인천승에서부터 대승까지는 현종이며, 일승, 금강승, 진언승은 밀종으로 분류한다.

b. 신심과 원력의 중요함

發願欲促成 自他衆功德 발원욕촉성 자타중공덕
成此一一德 須修一劫海 성차일일덕 수수일겁해
然我終未生 應修功德分 연아종미생 응수공덕분
無義耗此生 莫名太希奇 무의모차생 막명태희기

나는 일찍이 나와 남의 많은 공덕을 이루기 위해 노력하길 발원했으니
그 공덕을 일일이 이루기 위해서는 영겁의 시간을 닦아야 한다.
그러나 지금까지 아무런 수행의 공덕조차 이루지 못했고
인생을 아무 의미 없이 소모했으니 이는 정말 놀라운 일이다!

　이 앞의 두 게송은 실패를 방지하고자 우리에게 정진에 대해 믿음을 불러일으키기 위한 것이며, 여기의 게송은 공덕을 쌓는 것으로 우리를 인도하는 것이다. 처음 보살계를 받으며 대승에 입문한 개개인은 일체중생이 원만히 공덕의 대해를 이루고 무상 안락의 불과를 성취하기를 발원한다.

　부처님 공덕의 위력은 어느 정도인가? 이 점에 대해서 우리는 단지 '무량무변'으로 개괄하여 왔다. 사실상 부처님의 공덕은 극히 광대하여 반드시 긴 겁의 시간 동안 정근 노력하여야만 성취할 수 있는 것이다. 『보만론』의 제3품에 "생각이 미치지 못하는 한량없는 복을 좇아 부처님의 장엄한 모습이 생겨난다."라고 되어 있다. 세상의 모든 독각 나한과 성문 성자들의 복덕의 10배를 다 합쳐도 부처님의 털구멍 하나의 모습에 겨우 미칠 뿐이며, 모든 모공상의 백 배 복덕을 성취해도

부처님의 80수형호 중의 한 종류 수형호를 얻을 뿐이며, 모든 수형호의 백 배 복덕을 성취해도 32상 가운데 한 가지를 얻음에 그칠 뿐이다. 32상의 십만 배 복덕을 성취하면 곧 능히 미간백호상을 성취하며, 미간백호의 십만 배 복덕이 생겨나면 그 무견정상을 성취할 수 있다. 부처님의 털구멍 하나의 복덕에 미치려 해도 세상 모든 성문·연각 성자의 10배에 해당하는 복덕을 쌓아야 하는데, 이 정도 복덕만 쌓으려 해도 얼마나 많은 대겁 동안 분투해야 하는지 스스로 잘 생각해 보아야 한다.

비록 많은 수행자들이 매일 일체중생이 성불의 공덕을 이루기를 발원하고 있다고 해도, 사실상 "이러한 공덕은 얼마만큼 부지런한 노력의 대가를 치러야만 성취할 수 있으며, 나 자신은 그와 같은 노력을 한 적이 있는가?"라고 생각해 본 적은 거의 없을 것이다. 우리는 이생에서 확실히 많은 노력을 하지 않았고 하루 또 하루, 일 년 다시 일 년을 지내는 동안 무의미한 번잡한 일에서 소중한 인생을 헛되이 보내며 지금까지 발원한 것과는 다른 행동을 해왔으니, 우리는 도대체 무얼 하고 있는 것인가?

이 부분의 내용은 수행자들 모두 깊이 반성해야 하며, 항상 반문해 생각하며 자기 마음의 흐름으로 하여금 이 같은 깊은 묘법에 상응하게 해야 한다. 우리가 만약 세심하게 사고하고 관찰한다면 자기 수행과 이러한 요구 사이에 얼마나 큰 차이가 있는지 발견하기란 어렵지 않은 일일 것이다.

내가 생각하기에 아마도 많은 사람들이 『입행론』의 게송을 쉽게 여겼을 것이다. 그러나 그 의미는 매우 심원한 것이며, 진정으로 그것을 이해한 사람은 그리 많지 않으며, 수행하여 이런 경지에 다다른 사람은 더더욱 적다. 예전에 화지 린포체께서 늘 몸에 지니고 다녔던 『입행론』의 법본은 그의 일생 중에 수행의 지침이 되었다. 여기에 앉아 있는 사람들 중에 이와 같이 평생 이러한 법의를 부단히 사유하고 수지하여 자기 마음의 흐름과 『입행론』의 법이 서로 합치되도록 노력한다면 어느 날 과학자 룽거가 "나는 평생 좋은 벗이었던 티베트 『사자의 서』를 떠날 수 없었다."라고 말한 것처럼 당신에게도 "『입행론』은 내 일생에서 가장 좋은 반려이며 한시라도 떠날 수 없다."라는 생각이 일어날 것이다. 그때 비로소 수행도 굳건한 경계를 이룰 것이다.

吾昔未供佛 未施喜宴樂 오석미공불 미시희연락
未曾依敎行 未滿貧者願 미증의교행 미만빈자원
未除怖者懼 未與苦者樂 미제포자구 미여고자락
吾令母胎苦 唯起痛苦已 오령모태고 유기통고이

나는 일찍이 부처님께 광대한 공양을 올리지 못했고,
중생에게 큰 기쁨을 베푼 적이 없다.
여래의 가르침을 따르지도 못했으며,
가난한 사람의 염원을 만족시키지도 못했다.
두려워하는 이의 두려움을 없애주지 못했고,
고통 받는 자에게 즐거움을 주지 못한 채
금생에도 다만 어머니를 괴롭히고 고통을 주기 위해
모태에 들어갔을 뿐이다.

비록 위없는 보리심을 발하였지만 자기 마음의 흐름과 행위를 성찰해 보면 스스로 수행 선법의 믿음의 힘이 부족했기 때문에 마땅히 수행해야 할 많은 선행조차 지금까지 행하지 못했음을 알 수 있다. 수행자들도 이처럼 자세하게 자신의 행위를 관찰해 보고 자신을 질책해야만 마음의 흐름을 바꿀 수 있다.

공양을 올림에 예전으로부터 지금에 이르기까지 우리는 시방제불삼보에 대해 성심성의껏 광대한 공양을 하지 못했다. 실물공양이든 혹은 의환意幻공양이든 모든 수학하는 사람은 반드시 여법하게 늘 봉행해야 하는데 스스로 해태하여 무변공덕과 가피력을 갖춘 삼보께 공양 올리는 정진을 하지 못했으며, 결국 아직도 대가피로 수승한 공덕을 일으킴을 얻지 못했다. 중생에게 보시하는 방면에서 보아도 예전에 발심했을 때부터 지금까지 중생에게 갖가지의 환희안락이 충만한 '희연喜宴'을 베풀지도 못했다.

여기에서 '희연'은 아주 많은 내용을 포함하는데, 『묘병』에서는 "이곳에서 '희연'은 불상을 조성하고 탑을 세우며 절을 짓는 일 등을 가리키며, 능히 중생으로 하여금 행복을 누리게 하는 선법이다."라고 말하고 있다. 기타 강의에서는 '희연'을 의복이나 음식 같은 여러 재물을 중생에게 보시하여 그들로 하여금 환희를 일으키게 하는 선행을 지칭한다. 이렇듯 중생에게 한량없는 즐거움을 누릴 수 있게 하는 선법을 일찍이 정진하여 수행했다면, 자신도 틀림없이 이미 광대한 복덕을 쌓았을 것이다. 하지만 아직 이와 같이 정진하고 보시하지 않았으며 우리는 또한 예전에 발심했을 때부터 지금까지 여래의 가르침을 봉행하고 스스로 수행하거나 여법하게 취사선택하려는 노력도 하지 않았다. 법을 설한다든가 하여 부처님의 교법과 관법을 널리 선양하지도 않았고, 승가에게 정사나 가람·정원 등을 공양 올려 승중을 기쁘게 하지도 못했다.

비록 예전에 광대한 보리심을 발하여 일체중생을 이롭게 하고자 했으나 아직도 빈궁한 이들의 염원도 만족시키지 못했다. 내적으로는 스스로 여실히 정진 수지하지 못했고, 외적으로도 중생을 이롭게 하는 법의 행을 닦지 못했다. 세상에서 많은 고통을 받는 중생들의 공포를 없애주려는 노력을 하지 못했으며, 자신의 능력을 증장시켜 가련한 중생을 도울 생각을 하지 않았을 뿐만 아니라 대부분의 세월 동안 중생의 고통을 귀담아 듣지도 않았다.

근훠 린포체는 위 게송을 설명하면서 "생명의 위험에 대하여 두려워하는 중생을 도와주는 방생 등 무외보시를 닦지도 못했다."라고 해석하였다. 투매이 린포체는 강의에서 "가르침을 행하면 법보시이고, 가난한 사람의 물질적인 소원을 만족시켜 줌은 재보시이며, 약한 자의 두려움을 제거해 주면 무외보시이다."라고 말씀하신 바 있다. 결론적으로 말하면 우리는 몸과 마음이 윤회의 고통에 얽혀 있는 중생들에 대하여 처음 발원했던 것처럼 수행 정진하여 성불의 즐거움을 누리게 해주거나 안위의 기쁨을 주지 못한 것이다.

위로 공양하고 아래로 보시하는 보리 대원을 조금이라도 실천하지 않았다면 우리가 현생에 사람 몸을 얻은 것이 아무런 의미가 없게 된다. 선법을 수행하지도 않았고 아무런 악업을 짓지도 않았다 하더라도 현생에 태생으로 태어나 어머니에게 10개월 동안 커다란 임신의 고통을 안겨주었으며 게다가 양육의 고통까지 주었다. 자신이 옛적부터 쌓아온 복덕으로 현생에 이 몸을 얻었는데, 만약 어머니에게 고통만 안겨준 것이라면 아무런 의미가 없게 되며 이 몸이 걸어 다니는 시체와 무엇이 다르게 되겠는가? 소중한 사람 몸을 헛되이 보냈으니 무한한 고통만이 내생에 받을 유일한 과보이다.

從昔至於今 於法未信樂 종석지어금 어법미신락
故遭此困乏 誰復舍信樂 고조차곤핍 수부사신락

무시겁래 윤회로부터 현재에 이르기까지
불법에 대한 믿음을 일으키지 못해
이와 같이 궁핍하고 빈곤함을 받게 되었으니,
이 점을 이해한다면 그 누가 정법에 대한 믿음을 져버리겠는가?

무시이래로 중생은 생사의 큰 고통 속에 빠져 지금까지 해탈하지 못했는데, 그 원인은 정법에 대한 신심을 내지 못했기 때문이며 해탈의 정법으로 나아가려는 환희심이 없기 때문이다. 세상 사람들은 시시각각 모두 오욕 육진의 허환 경계 속에 빠져 있어 생사에서 깨어나게 하는 정법에 관해서는 개 앞에 놓인 풀 보듯 조금의 관심조차 일으키지 않는다. 어떤 이들은 비록 겉모양은 출가자의 모습이라고 해도 속세의 습기가 여전히 강하게 남아 있어, 설령 적정한 산중에 머물러 있다고 해도 선지식에게 의지하거나 불법에 대한 신심을 여전히 내지 못하고, 수행에 대해 조금의 관심조차 없다. 이런 사람의 업력 또한 불가사의한 일이 아닐 수 없다.

믿음이 없기 때문에 우리는 다겁의 윤회에서 벗어나 해탈의 안락

대도로 들어가지도 못하고 있고, 정법 광명의 가르침도 받지 못하고 있다. 다만 생사 고통의 커다란 암흑에서 장님처럼 어지러이 광분하며 여러 가지 참기 힘든 고통을 받고 있을 뿐이다.

수행자들 자신의 현재의 처지를 생각해 보자. 본래 유정은 모두 여래의 덕상과 바다와 같은 공덕을 구족했다고 하는데, 스스로 윤회생사의 악몽 속에 빠져 갖가지 공포를 주는 마귀에 시달리고 억울하게 고통을 받고 있다. 지혜 있는 사람이라면 이러한 이치를 잘 알아서 절대 스스로 고통을 받지 말고 정법에 대한 신념을 일으켜 해탈의 광명을 찾아 구해야 한다.

숙세의 업력과 현생의 훈습이 같지 않기 때문에 우리들의 정법에 대한 신념은 천차만별이라고 할 수 있다. 어떤 이는 선법에 대한 의욕이 아주 강렬하여 평상시에도 끊임없이 듣고 생각하며, 물 긷고 밥하고 법당을 청소하는 등 복덕을 쌓는 선행에도 아주 적극적이다. 그러나 어떤 이들은 세속 8법[45]에만 많은 흥미를 느낄 뿐, 경전 공부를 듣게 하거나 불법을 닦도록 하면 잠깐 사이에 머리를 아래로 떨구고 잠들어버린다. 그러면서도 사람들과 세속의 잡된 일들을 수다 떨 때에는 눈이 크게 떠지고 정신도 말짱해지니, 이런 사람은 반드시 자신의 전생을 빌어 내생을 생각해 보아야 한다. 샤카 빤디따께서는 "전생의 악업에 얽혀 정법을 넓게 배우려는 신심이 없어서 현생에 이렇게 어리석은 자가 되었으니, 만약 내생에도 다시 현생처럼 무지몽매할 것이 두렵다면 지금 큰 어려움이 있더라도 부지런히 수행 정진해

---

45 세속 8법은 이로움, 쇠퇴함, 헐뜯음, 명예, 칭찬함, 속임, 고통, 즐거움이다.

야 한다."라고 말씀하셨다.

　지혜 있는 이라면 맹렬한 신심의 힘으로 정법을 향해 나아갈 것이며, 비록 짧은 한 생이지만 전심을 기울여 정법을 구할 것이다. 하지만 어리석은 사람은 예전에 정법에 정진할 신심을 내지 못했기 때문에 비록 몇몇 선지식 회상에 참여해 불법을 듣기는 하였으나, 『대지도론』에서 "많은 수승한 불법을 듣고 자신에게 이익이 되지 못하니, 이 같은 허물은 실로 게으른 마음으로 말미암은 것이다."라고 말씀하신 것과 같을 뿐이다. 현생에서도 다시 큰 신심으로 정진하지 못한다면 내생에서는 반드시 더 큰 고통을 받을 것이며 우치 번뇌는 더욱 완고하게 습기로 굳어질 것이니, 이와 같다면 어느 때나 삼계화택에서 벗어나 해탈을 얻겠는가?

　당연히 중생의 업력은 불가사의하므로 어떤 이들은 비록 이러한 설법을 듣더라도 여전히 정법에 대한 믿음을 일으키기가 어렵다. 티베트인의 속담에 "늙은 개는 지붕에 있어도 줄곧 아래를 보며, 수컷 매는 땅 위에 있어도 머리를 들어 푸른 하늘을 본다."라는 말이 있다. 악업을 짓는 데 습관이 되어버린 사람은 어떤 충고를 들어도 여전히 선법에 대해 관심이 없으며, 정법에 대해 강한 신심이 있는 사람은 온갖 곤란한 일을 겪어도 정법에 대한 신념을 잃지 않는다.

　우리들도 스스로 잘 생각해 보자. 현생에서 받은 사람의 몸은 미래의 선악을 결정짓는 관건이다. 이때에 자신을 장악하지 못하면 내생에 당신은 어떻게 될 것인가? 『아육왕비유경』에 이런 공안이 하나 있다. 어떤 사람이 길을 지나다가 길가에서 한 구의 시체를 보았는데, 하늘에서 온 한 분의 천인이 그 시체에게 꽃을 뿌리고 있었다. 길 가던 사람이 그것을 보고 이상하게 여겨 그 천인에게 묻기를, "왜 시체에게 꽃을 뿌리십니까?"라고 했다. 천인이 대답하기를, "이것은 내 전생의 몸이다. 전생에 나는 부모에게 효도하였고 인과를 믿어 광대한 선업을 지어서 지금 천계에서 안락을 누리고 있다. 나의 은덕이 이렇게 큰데 꽃을 뿌려 공양할 만하지 않은가?"라고 했다. 우리도 우리가 얻은 사람 몸을 의지해 정법에 대한 믿음을 일으켜 게으름 없이 부지런히 수행한다면 내생에 자신의 시체에 대해 감격스런 찬탄을 하게 될 것이다.

c. 신심과 원력을 내는 조건

佛說一切善 根本爲信樂 불설일체선 근본위신락
信樂本則爲 恒思業因果 신락본즉위 항사업인과

부처님께서 말씀하시길, 일체 선법의 근본은
선법에 대한 수승한 이해와 믿음이라고 하셨다.
선법에 대한 믿음을 일으키는 근본은
인과응보의 이치를 늘 생각하는 것이다.

부처님께서 『혜해청문경』에서 말씀하시되, "일체 선법을 성취하는 근본은 믿음이다."라고 하셨다. 믿음이 없다면 선법을 닦으려는 내면의 발심을 잃게 되며, 내면의 발심이 없다면 불법을 정진 수행하고 보리를 증득함을 구할 수 없다.

근휘 린포체는 강의에서 "상등을 믿는 자는 그 수행도 상등이며,

하등을 믿는 자는 그 근기가 좋다 해도 기필코 하등 수행인이다."라고 말씀하신 바 있다. 믿음은 불법 수행의 근본이다. 수행자들은 이 점을 명확히 알아야 어떤 법에 대해서도 믿음과 열망을 갖고 실천할 수 있다. 만약 당신이 법에 대해 마치 개가 푸른 풀을 대하듯 아무런 관심조차 갖지 않는다면 결코 법을 성취할 수는 없는 일이다.

믿음은 정법을 성취하는 데 있어 이와 같이 매우 중요하다. 그러면 어떻게 해야 믿음이 생길 수 있는 것일까? 이것은 매우 중요한 문제이다. 불법에 믿음이 얼마나 중요한지 아무리 말로 설명해 주어도 어떤 이들은 천성적으로 정법에 대한 신념을 일으키지 못하며, 어떤 이들은 믿음의 중요성은 잘 알고 있어도 여전히 정법에 대한 신념을 일으키지 못하는데 어떻게 해야만 하는가?

『문수찰토장엄경』에서 이르되, "일체 모든 법은 발심에 의지하며, 발심은 인연에서 난다."라고 하였다. 발심 또한 여러 가지 인연에 의지해야만 생길 수 있는 것이다. 선법에 대한 믿음이나 발심을 일으키는 근본 인연은 항상 인과의 정견을 사유하는 것에 있으며, 인과규율에 대해 결정적인 신심을 일으킨다면 불법 수행에 대한 견고한 믿음을 일으킬 수 있다.

인과는 세간의 규율을 속이지 않으며 우리가 어떤 업을 짓든 반드시 결과를 가져온다. 혹 어떤 이들은 경론에 대해 깊이 생각해 본 적이 없어서 이론상의 인과를 이해할 수 없을지라도, 세간의 많은 인과의 실례에 의지하여 단악수선斷惡修善의 견고한 신심을 일으킬 수 있다. 자기 견해를 버리고 객관적인 태도로 모든 사물의 전개과정을 관찰해 보면 반드시 그것의 특정한 원인과 조건 등을 발견할 수 있게 되는데,

이것이 세상 사람들이 부인할 수 없는 인과의 법칙이다.

나라취사오 린포체는 『극락원문』의 강의에서 한 가지 설화를 말한 바 있다. 예전에 티베트 지역의 어떤 사람이 모종의 인연으로 인해 감옥에 갇혀 무거운 쇠사슬에 얽매이게 되었다. 감옥에서의 생활은 그 누구도 원치 않을 것이다. 그 사람 역시 하루속히 감옥에서 벗어나기를 원했고, 일심으로 연화생 대사(파드마삼바바)의 '장애를 제거하는 기도문'을 읽었다. 그러던 중 어느 날 갑자기 손발에 채워져 있던 쇠사슬이 전부 사라지고, 그의 눈앞에 흰옷을 입은 사람이 나타났다. 그들이 같이 밖으로 나가자고 하자, 그는 조금 두렵기도 하고 대낮이라 간수들이 모두 볼 텐데 이렇게 도망치면 죽는 게 아니냐고 물었다. 하지만 흰옷을 입은 사람은 그를 데리고 간수들 앞으로 서슴없이 지나갔는데 감옥 안의 문이 하나하나 자동으로 열렸으며, 다른 사람들은 마치 귀머거리이거나 장님처럼 이 사실을 조금도 눈치 채지 못했다.

이 이야기는 많은 사람들이 알고 있다. 이런 것에 대해 세상 사람들은 불가사의한 일로만 여기지만, 확실히 우리 주변에서 발생한 것이다. 이것은 세상 사람들에게 거짓 없는 인과의 규율과 삼보 불법의 불가사의한 이익을 알려주는 것이다. 기본적인 믿음을 구족하고 있다면 바깥의 만사만물 모두가 당신에게 불법 인과의 선지식이 되어 시시각각 해탈 정법에 대한 믿음을 증장시켜 줄 것이다.

痛苦不悅意 種種諸畏懼 통고불열의 종종제외구
所求不順遂 皆從昔罪生 소구불순수 개종석죄생

고통과 정신적 불행
갖가지의 두려움
바라는 것이 뜻대로 되지 않는 것 등
이 모든 과보는 과거의 죄업을 좇아 생긴 것이다.

불법으로 들어가고자 할 때 먼저 반드시 인과에 대한 정견을 먼저 갖추어야 한다. 인과에 대한 정확한 이해가 없고 정법의 공덕 이익에 대해 신심이나 환희를 일으키지 못한다면, 부처님께서 말씀하신 정법에 대해 발원을 일으키지 못하며 또 근본적으로 정도에 들어갈 수가 없는데, 어떤 결과를 얻는다는 것은 더 말할 필요조차 없는 것이다. 따라서 정법에 대한 이해와 신심을 증상시키기 위해서는 인과에 대한 정견을 반복하여 사유하는 게 필요하다. 스스로 선악에 대한 인과응보의 진실한 법칙에 대해 굳건한 신심을 일으키도록 하면 악을 끊고 선을 닦음에 대한 믿음과 희망이 생겨나 정진심도 자연히 늘어나게 될 것이다.

우리는 평소에 다른 사람에게 수행 정진하도록 권하지만, 이것은 단지 입에 붙은 말에 불과할 뿐이며 사실 큰 작용을 일으키지 못한다. 근본적으로 입문하려면 사람들에게 인과가 헛되지 않으며 윤회의 두려움에 대해 명확히 알게 하면 해탈 선법에 대한 희구심이 자연히 생길 것이다.

사람들은 일상생활에서 병이 나고, 피로하며, 상처를 입는 등 신체상의 여러 가지 고통을 받는다. 또한 즐겁지 않고 편하지 않는 마음의 고통도 있다. 『구사론』에는 몸의 고통과 의념의 고통을 나누어 설명하였는데, 사실 신어의身語意의 고는 모두 마음상의 느낌이며 다만 그 집착에 대한 환경이 다를 뿐이다.

세상에는 맹수의 위협이나 전염병·천재지변 등 여러 종류의 공포가 있으며, 내생에 삼악도에 떨어져 고통 받을 두려움도 있다. 또 자신의 바람을 만족시킬 수 없는 괴로움이 있는데, 예를 들면 사람들은 명예나 이익을 누리기를 바라지만 소원이 실현되지 못해서 고통을 받는다.

이상으로 말한 고통은 생·노·병·사·원증회고·애별리고·구부득고·오음성고 등의 팔고八苦에 포함된다. 일반적으로 사람들은 이러한 고통을 받을 때 타인이나 바깥에서 그 원인을 찾으려고 하며 자신은 우연히 부당한 처사를 당했다고 여기지만, 사실 그런 것만은 아니다. 이러한 고통의 근원은 자신이 이전에 지은 죄업에 있으며, 이러한 죄업의 과보가 무르익었기 때문에 스스로 끊임없이 고통을 받는 것이다.

"중생의 모든 고락은 그 업에 기인한다."라고 부처님께선 말씀하셨다. 중생들이 만나게 되는 모든 것은 그 특정한 업인이 있기 때문이다. 신심의 질병이나 타인이 자신을 상해하여 생기는 고통 등, 그 원인이 내적인 것이든 외적인 것이든 모두 이전의 악업에 의해 생기는 것이다. 그러므로 이러한 악업의 과보를 받을 때 마땅히 인과응보의 이치임을 알아 수행의 공부 거리로 여겨 즉시 자신의 불법에 대한 이해와 신심을 증장시키고, 악을 끊고 선을 닦음에 대한 믿음을 향상시켜야만 한다.

由行所思善 無論至何處 유행소사선 무론지하처
福報皆現前 供以善果德 복보개현전 공이선과덕

만약 믿는 마음으로 선법을 실천했다면
그가 어디에 처해 있더라도
선행의 복덕과 과보의 공덕이 모두 드러나
그를 공경하며 안락하게 할 것이다.

마음이 선량한 어떤 사람이 시종일관 마음으로 선법에 대해 환희를 일으키며 항상 다른 사람을 이롭게 하고자 실천한다면, 그 사람은 어느 곳에 있더라도 신심이 안락할 것이다. 그의 선업이 그림자처럼 그를 따르기 때문에 그에게 복덕의 선과를 가져오는 것이다. 예를 들면 『격언보장론』에서는 "지혜 있는 자는 자기 처소를 떠나 다른 곳에 머물러도 또한 존경을 받는다."라고 말씀하셨다. 선심 선행의 공덕을 구족한 지혜로운 이는 설령 낯선 곳에 있더라도 더더욱 다른 이의 공경을 받게 되는데, 항상 선법으로 삼보를 공양하고 중생에게 이로움이 있도록 보시하기 때문에 이러한 선법의 과보를 받는 것이다.

이전에 티베트 지역의 수행자는 "성격이 선량하며 행위가 여법한 어느 정도의 증과를 이룬 수행자는 어디에 있든 모두 타인을 이롭게 하며, 다른 사람 또한 그를 공경히 공양하게 된다."라고 말씀하셨다. 마치 우리들 사이에 있는 일부 선량한 수행인처럼 그가 어디에 있든 복덕의 선과는 모두 드러나며 신도들의 공경을 받게 된다.

선법을 정진하는 것은 자기의 현생과 내생에 복과 선의 안락을 가져온다. 이것은 객관적인 인과규율이다. 경전에는 "여법하게 복을 짓는 자는 현생과 내생에 복덕이 친구같이 이르며 모든 안락을 누린다. 그러므로 후세를 위한다면 마땅히 착한 공덕을 쌓아야 한다."라

말씀이 있다. 선을 행하고 복을 쌓는 것이 안락의 결과를 가져옴을 정확히 인식한다면, 선법을 수행함에도 신심과 의욕을 쉽게 낼 수 있으며 우리의 수행도 반드시 성공할 것이다. 그렇지 않고 선법의 인과에 대한 바른 믿음이 없으면 견고한 기초가 없는 빌딩과 같으며 반드시 정법을 수행하는 일도 견고할 수가 없다.

수행자들은 지금 자신에게 "내가 지금 느끼는 여러 가지 쾌락은 모두 지난날 선업의 과보구나!"라는 느낌이 있는지 돌이켜보아야 한다. 더욱이 다른 이가 찬탄하고 우리를 공양할 때 만약 이러한 느낌이 있다면, 한편으로는 자신의 인과에 대한 신심을 훈습하여 오만 번뇌가 생기는 것을 피할 수 있으며, 또 다른 한편으로는 자신의 선법에 대한 믿음을 강화시킬 수 있다. 항상 이와 같이 사유하면 신변의 모든 일에 대해서 인과 업보를 관찰하고 사유하는 습관이 생길 것이다.

惡徒雖求樂 然至一切處 악도수구락 연지일체처
罪報皆現前 劇苦猛摧殘 죄보개현전 극고맹최잔

죄를 지은 사람은 비록 행복을 얻고자 하더라도
어디에 이르든
그 죄악의 과보가 모두 나타나
극렬한 고통이 그의 몸과 마음을 괴롭힐 것이다.

세상 사람들의 성격은 천차만별이지만 안락을 희구하는 점에서만은 기본적으로 같다. 그러나 안락을 추구할 때 아주 우매한 일부 중생들은 그릇된 수단을 이용하는데, 예를 들면 사회에서 재물을 강탈하고 마약을 거래하는 무리들이 모든 악을 서슴지 않고 짓는 것 등이다. 이런 사람들은 처음에는 아마도 부를 얻고자 했을 것이다. 그러나 재물을 쌓아 안락을 얻기란 결코 불가능하다고 여겨, 어디를 가도 불안하고 두려우며 공허함 같은 정서가 그림자처럼 그들을 따라 점점 고통스럽게 할 것이다. 개과천선하지 않고 마약을 하는 사람처럼 습관적으로 그릇된 악을 행하면 비록 행복을 찾아 얻고자 생각해도 결국에는 몸과 마음에 오직 고통만이 남을 것이다. 바라는 바와 하는 행위가 서로 상반되기 때문에 악업을 짓는 방식으로는 아무리 노력해도 얻는 것은 다만 쌓이고 쌓이는 고통의 과보일 뿐이다.

업과는 세상의 거짓 없는 규율이다. 중생은 육도에서 윤회하면서 고락을 받게 되는데, 이것은 모두 업에 의한 것이다. 여기에서 수행자들은 이러한 업의 종류를 이해해야만 한다. 과보를 이루는 과정으로 구분하면 업에는 인업引業과 만업滿業의 두 종류가 있다. 인업이란 유정이 전생하여 모처에 나게 되는 결정업이다. 한편 이끌려 태어남의 과정에서 느껴지는 고락의 업을 만업이라고 한다.

중생이 육도를 돌때 그 인업과 만업은 네 가지의 서로 다른 상황으로 나누어진다.

첫째 인업선·만업선이다. 예를 들면 천인으로 태어난 자는 그 인업이 십선업이 되며, 그는 천계에서 여러 가지 안락함을 누리는데 이러한 안락은 그가 예전에 지은 선의 만업에서 오는 과보이다.

둘째 인업악·만업선이다. 예를 들면 아귀 가운데 일부 아귀는 대력과 복덕을 갖추어 부가 천계와 같은데, 이것은 인업악으로 인해 만업선으로 과를 받은 것이다.

셋째 인업선·만업악이다. 예를 들면 인간으로 태어났으나 항상 다른 사람을 위해 일하고, 자유롭지 못하며 고통이 끊이지 않고, 불법을 배울 기회도 없다. 또한 어떤 욕계의 천인은 몸은 비록 천신이나 항상 수용이 결핍하며 일생이 아주 빈궁하다. 이러한 것은 모두 인업은 선이나 만업악이 불러일으키는 과보이다.

넷째 인업악·만업악이다. 예로 들면 인업과 만업이 모두 악하기 때문에 지옥에 떨어져서 항상 무량의 고통을 받는 것을 말한다.

위에서 전생으로 인한 인업과 만업의 다른 점을 말했지만, 사실 하나 하나의 사건 모두 인업과 만업으로 분석할 수 있다. 예를 들면 어떤 사람이 오명불학원에 와서 즐거운 마음으로 순조롭게 수행하여 아무런 장애나 고통도 없다면, 이는 인업과 만업이 모두 선업으로 인한 과보를 보여주는 것이다. 그러나 어떤 사람은 비록 인업은 선업이어서 불학원에 왔지만, 그의 만업이 좋지 않아 학원에서 겨우 한 달을 지냈는데 고통으로 가득 찬 생활이었다. 어떤 거사의 인업의 악은 이곳 성지에서 수학할 복이 되지 않아 시끄러운 도시에서 살 수밖에 없지만, 만약 그의 만업이 선이면 그는 그러한 환경에서도 불문에 귀의할 인연이 있어 열심히 불법을 수행할 것이다. 만약 그의 인업과 만업이 모두 악이라면 그렇게 최악의 환경에서 살 수밖에 없으며 선법을 닦을 인연조차 없이 평생 고통만 가득하게 된다. 업의 종류와 작용의 차별에 대한 것은 『구사론』에 비교적 넓게 설해져 있는데, 정업定業·부정업不定業·흑업黑業·백업白業·잡업雜業 등과 같은 것이다. 만약 이러한 법의를 이해할 수 있다면 인과규율과 현상의 여러 가지 의문도 모두 이해할 수 있다.

중생은 우치하고 인과에 대해 우매하기 때문에 선법에 대해 조금의 믿음도 없어 안락함을 바라면서도 항상 삼독 번뇌에 의지해 여러 가지 악업을 짓고, 이것으로 인해 오직 고통만 받을 뿐이다. 티베트 민간의 속어에 "악업이 깊은 사람은 어디에 가든 항상 고통의 처지에 놓인다."라는 말이 있듯이, 만약 그가 여전히 미혹에 집착하고 깨닫지 못한다면 점점 깊이 고통에 빠지게 될 것이다. 이러한 인과에 대해 더 깊이 관찰 사유하면 반드시 인과에 대해 정견이 생겨 선법에 대한 강한 믿음이 생길 것이다.

因昔淨善業 生居大蓮藏 인석정선업 생거대련장
芬芳極淸涼 聞食妙佛語 분방극청량 문식묘불어
心潤光澤生 光照白蓮啟 심윤광택생 광조백련계
托出妙色身 喜成佛前子 탁출묘색신 희성불전자

청정한 선업으로
광대한 연화 속에 태어나니
그 속은 묘향이 만발하여 비할 데 없이 청량하며,
묘음으로 설하신 부처님의 감로 법어를 들어 통달하고
몸과 마음은 윤택하여 광채가 나며,
부처님의 광명이 비치는 가운데 백색의 연꽃이 열리며
꽃술 위에 원만한 색신이 출현하니,
흔연하게 부처님 법의 아들이 된다.

대승 수행자는 정지正知·정념正念으로써 대자대비하게 6바라밀·사섭법 등의 청정한 선업을 쌓고, 이러한 선업 공덕의 역량에 의하여 내생에는 극락세계의 청정 찰토에 나게 된다. 청정 불국토 속에 태어난 자는 일반적으로 모두 청정한 연화 속에서 화생하는데, 이러한 탄생 방식과 태생은 아주 큰 차이가 있다.

중생은 태에 들고 출생하는 과정에서 아주 큰 고통을 받는데, 이에 대해서 『대원만전행인도문』에서 말씀하시길, "태에 머물게 될 때 어머니의 부적절한 차고 뜨거운 음식과 행동 등이 모두 태아로 하여금 극렬한 고통을 느끼게 한다."라고 나와 있다. 그러나 『무량수경』에 의하면 청정 찰토 가운데 연화에 의지해 화생한 경우에는 고통이라는 말조차 들을 수 없으며 모든 감촉과 느낌이 비할 데 없는 묘향과 청량한 기쁨으로 가득 차 있다. 연화 속에 사는 동안 음식도 사바세계에서 먹는 유루의 음식물이 아닌 제불께서 내리신 감로묘법을 음식으로 삼으며, 불법의 감로는 불자의 신심을 윤택하게 성장시켜 미묘 장엄한 광휘가 나게 한다. 제불보살의 지혜 광명의 찬란한 빛 아래 결백의 연화가 스스로 벌어져 꽃술 위에서 불자가 생을 의탁하여 나게 된다.

정토에 태어난 불자는 제불의 불가사의한 공덕 원력의 가피와 본인의 공덕으로 인하여 여러 가지 수승한 상호를 구족하게 된다. 이러한 불자는 원만한 지혜 공덕을 구족한 여래 앞에 나게 되어 항상 대승 불법을 듣게 되고 불법 감로를 마시며 신심이 자유자재해 아무런 고통과 번뇌가 없다. 이러한 안락은 모두 불자가 지난날 지어온 여러 가지 선업의 과보인데, 수승한 선법 공덕만 있으면 수행자는 모두 이러한 비할 수 없는 청량한 안락을 얻을 수 있다.

우리들은 모두 수행자로서 이러한 안락에 대한 열망을 가져야 하며,

반드시 스스로의 선법에 대해 믿음을 일으켜 업장을 참회하고 자량을 쌓는 정진을 거쳐 왕생 정토의 수승한 원을 발해야 한다. 만약 자신이 정토의 공덕 안락을 들은 후에 능히 신심을 일으켜 선법을 지녀 부지런히 정진한다면 반드시 원하는 대로 이루어질 것이다. 예를 들면 『능엄경』에는 "만일 중생심으로 부처님을 생각하여 잊지 않으면 현재 바로 반드시 부처님을 친견한다."라는 말씀이 있다.

맥팽 린포체는 『정토교언』에서 왕생 정토의 네 가지 원인에 대해 설명하셨는데, 그중에서도 특히 원을 발함(發願)을 강조하셨다. 만약 왕생 정토에 대해 희구심이 있으면 왕생의 가장 기본적인 조건을 구족한 것이다. 그러나 발원을 일으키려면 우선 반드시 여러 가지 인연을 통과해야 하는데, 우선 인과와 정토의 공덕에 대해 신심을 일으켜야 한다. 비록 범부 중생이 정토의 경계를 볼 수는 없지만, 불보살님의 가르침과 과거의 고승대덕들의 진실한 경력을 들으면 우리들도 그것에 대해 견고한 신심을 낼 수 있게 된다.

티베트 지역의 수랑저모 대사와 치아매이 린포체께서는 육신을 버리지 않고 몸을 날려 정토에 나셨으며, 심지어 집안의 소와 개까지도 함께 데리고 왕생하셨다. 중국의 정토종의 초조인 혜원 대사는 생전에 일찍이 세 차례나 극락세계를 보았는데, 그의 전기에도 이에 대해 상세히 기재되어 있다. 수행자들은 자주 이러한 고승대덕들의 전기를 열람하고 삼보에게 기도로써 가피를 청하면 반드시 신심을 낼 수 있을 것이다.

因昔衆惡業 閻魔諸獄卒 인석중악업 염마제옥졸

剝皮令受苦 熱火熔鋼液 박피령수고 열화용강액
淋灌無膚體 炙燃劍矛刺 임관무부체 자연검모자
身肉盡碎裂 紛墮燒鐵地 신육진쇄렬 분타소철지

과거의 많은 악업 때문에
지옥에 떨어진 중생은 염라옥졸에 의해
피부가 벗겨지는 혹형을 겪고
끓는 구리 쇳물이 그 몸 위에 부어진다.
불에 달군 칼과 창에
찔리거나 잘려져
몸이 갈기갈기 찢기고
달구어진 철판 위에 지져지는 악보惡報에 시달린다.

중생들이 생전에 여러 가지 탐·진·치의 엄중한 죄업을 지었다면 그것이 불제죄佛制罪이든 자성죄自性罪이든 상관없이 그 과보가 하루아침에 드러난다. 이는 『백업경』에서 말씀하신 것과 같다. 중생의 업은 외경의 지수화풍 위에 성숙될 수 없고 각자의 오온 위에 이루어진다. 가장 나쁜 악업이 성숙할 때 중생은 즉시 지옥에 떨어져 고통받는 악과가 드러난다. 지옥에서는 험상궂은 얼굴을 한 수많은 염라옥졸들이 손에 각종의 형구와 병기를 쥐고 나타나, 지옥에 떨어진 자들의 살갗을 한 겹씩 벗겨 지옥 중생들로 하여금 참혹한 고통을 느끼게 만든다. 그러나 이것은 고통의 시작에 불과하다. 그 뒤에 옥졸들은 뜨거운 불에 녹은 구리 쇳물을 지옥 중생들의 피부가 찢겨 피가 낭자한 몸 위에 끊임없이 붓기도 하고 입안에 부어넣기도 해서, 지옥 중생의 몸의 안팎이 끓는 쇳물에 태워진다. 지옥 중생의 신체는 순식간에 훼손되어 숯덩이로 되었다가 곧바로 다시 회복되는데, 회복된 것이 고통이 끝을 의미하는 것이 아니다. 그는 지난날의 악업으로 인한 과보로 또 다시 이와 같은 고통을 반족해서 받게 된다. 지옥의 옥졸들은 각종의 불에 달궈진 칼과 창 등의 병기로 지옥 중생의 신체를 뚫거나 찌르고 잘라내어 그들의 뼈와 살이 어지러이 날리며 한 점씩 달궈진 철판 위에 떨어진다. 달궈진 철판 위에 떨어진 그 각각의 뼈와 살덩어리는 각기 고통스런 느낌을 지니고 있어 철판 위의 고통을 참아내야 한다. 몸이 완전히 부서진 뒤 한 찰나에 다시 원상태로 회복되어 다시 똑같은 고통을 받는다. 지옥에 떨어진 자는 억만년의 긴 세월에서 끊임없이 이렇게 상상하기 어려운 극한의 고통을 받게 된다. 비록 그들이 시시각각 죽음을 원한다 하더라도 업의 감응이 다하기 전에는 그 고통이 잠시도 멈추지 않는다.

근수취자 린포체는 강의에서 말씀하시길, "중생이 불법을 비방하거나 오무간지옥에 떨어지는 죄를 지었다면, 죽은 후에 반드시 이렇게 지옥에 떨어져 고통을 받는다."라고 했다. 지옥에 떨어지는 원인은 주로 성내어 해 끼치는 마음으로 인해 악업을 짓거나 혹은 가장 나쁜 엄중한 탐·진·치의 악업을 짓기 때문인데, 이러한 죄업을 지은 뒤에 참회하지 않으면 반드시 지옥에서의 고통을 감수해야 한다. 이것은 세상에서의 자연 규율이며, 콩을 심으면 콩이 날뿐 결코 팥이 나지 않는 것이다. 누구든지 엄중한 악업을 지으면 반드시 지옥에 떨어진다.

용수보살은 "악업은 고통을 낳으며 이와 같이 악취에 나게 된다."라고 말씀하셨다. 악업을 지으면 고통만이 따르며 윤회하는 동안 악취의 고통의 과보도 함께 따르는데, 이것은 각각의 중생에게 모두 거짓 없이 존재하는 인과의 규율이며, 악업을 지은 각각의 사람은 모두 악보를 벗어날 요행이 없다.

말법 시대의 중생들은 인과의 현상이 아주 엄중한데도 소홀히 한다. 어떤 이들은 종종 입으로 "일체 모든 것이 공성인데 무슨 고통과 안락이 있다는 거야?"라고 하여 공성의 단어를 빌어 인과를 경시한다. 승의제 가운데서는 확실히 공성이지만 그것은 생각의 경계를 초월한 성자의 경계일 뿐, 범부 수행인들에게 있어 당신이 얼마나 높고 묘한지 말해봤자 여전히 인과의 규율을 벗어날 수는 없다. 입으로는 일체 모든 것이 실체가 없고 환상과 같다고 말하지만, 밥 먹고 옷 입고 고락을 느끼는 등의 일에 직면해서도 당신은 평등하게 집착하지 않을 수 있는가? 만약 아직 마음에 "종일 밥을 먹되 한 낱알의 쌀도 씹지 않으며, 종일 옷을 입되 한 올의 실도 걸치지 않는다."의 무소유의 경지에 이르지 못했다면 당신의 일체 행위는 인과의 속박에서 벗어날 수 없다.

연화생 대사가 말씀하시길, "이런 까닭으로 바른 견해가 허공보다 높아야 하고 인과를 꿰뚫어 봄이 가루보다 세밀해야 한다."라고 하셨다. 수행인은 선행을 취하고 악행을 버리려고 노력해야 하며, 그렇지 않으면 스스로에게 고통의 과보를 초래하는 업을 짓게 된다. 『월등경』에서 "자기가 지어 자기가 받고 타인이 지어 자기가 받지 않는다."라고 말씀하신 것처럼 열악한 경계에 처했을 때 받는 고통은 타인이 대신 받을 수 없는 것이다. 만약 인과응보 방면에서 반복하여 배우고 생각해 보면 내심으로 악업이 불러일으키는 악과에 대한 결정적 견해가 생길 것이며, 자신의 일상생활에서의 말 한마디, 행동 하나, 생각 하나에 있어서도 자연히 악업을 멀리하게 될 것이고 숙세의 업장을 참회하는 선법에 대해서 용맹정진하게 될 것이다.

B. 용맹의 힘

a. 대략 설함

故心應信樂 恭敬修善法 고심응신락 공경수선법
軌以金剛幢 行善修自信 궤이금강당 행선수자신

따라서 나는 응당 신심을 내어 즐거운 마음으로
공경하며 선법을 닦아야 한다.
「금강당품」 의궤를 배우고 익히며
선을 행하고 스스로 믿음을 닦아야 한다.

종합하여 서술하면 우리가 현재의 생에서 받는 일체 고통은 각자가 지은 죄업에서 오는 것이다. 만약 착한 마음을 가지고 선법을 수지한다면 바로 현생에서 안락한 선보를 얻게 되며 고통은 사라진다. 내생에 대해 말하면 청정한 선법의 공덕을 쌓아 스스로 청정 불국토에 날 수 있고 불법의 아들이 될 수 있으나, 악업을 많이 지은 자는 지옥에 떨어져 수억만 년의 고통을 계속 받게 된다. 늘 사유하여 스스로 인과 업보에 대해 견고한 신심을 일으키고 악을 끊으면 자연스럽게 선법의 믿음이 증상된다. 강렬한 믿음을 가지고 대비 지혜의 보리심을 수행하면 그것이 곧 선보의 견고한 기초가 되는 것이다.

믿음과 발심이 있게 된 뒤에 곧 그것에 따라 선법의 수행에 나아가야 하며, 수행할 때 마땅히 공경으로 선법을 대해야 한다. 『보적경』에 이것에 관한 많은 가르침이 있는데, 그중에 지혜를 증장시키는 네 가지 근본 원인을 서술한 것이 있다.

첫째, 수행자가 불법과 상사를 공경하며 근신의 태도를 지니면 수행자는 비로소 상사 삼보의 가피를 얻을 수 있어 불법을 수행한 공덕이 순조롭게 생기게 된다. 상사와 불법은 공경과 불공경에 대해 어떠한 분별의 집착도 두지 않지만, 수행자 본인이 법을 수행하고 자량 쌓는 것을 순조롭게 하기 위해서 공경은 반드시 없어서는 안 된다.

수행자들은 인도·중국·티베트 등 각 지역 성취자의 전기를 열람할 수 있다. 이를 통해 그들이 상사 삼보를 어떻게 공경하여 깨달음을 증득했으며, 공경심의 중요성을 어떻게 강조했는지 알 수 있을 것이다. 인광 대사는 "불법의 실제 이익을 얻고자 하면 공경심으로 구하길 요하며, 일분 공경이 있으면 곧 일분 죄업이 소멸되고 일분의 복과 지혜가 늘어난다."라고 말씀하셨다. 티베트의 고덕께서도 "누구든지 공경심이 있으면 이 사람은 법의 이익을 얻는다."라고 말씀하셨다. 만약 공경심이 없다면 수행인이 자기 마음의 흐름 중에 공덕을 일으키려 해도 마치 메마르고 딱딱한 토지에 씨를 뿌리는 것처럼 결코 수확을 얻을 수 없다.

아티샤 존자가 티베트에서 법을 펴실 때, 제자 한 명이 존자의 이름을 직접 부르며 가피 주기를 구했으나, 존자는 당시에 "못된 제자 같으니! 조금이라도 공경해 봐라!"라고 말씀하셨다. 수행자가 상사나 불법에 대해 신·구·의의 공경을 구족하지 않으면 뜻이 경솔하게 되어 못된 수행자가 되며, 결코 가피를 얻을 수 없고 공덕이 생길 가능성도 없다. 그러므로 수행자들은 자기 마음의 흐름을 자세히 관찰하여 마음속 깊은 곳에서 상사 삼보에 대한 공경의 마음을 일으켜야 한다. 선법을 수행하는 데 있어서도 공경하고 근신하는 마음을 일으켜야만 수행을 이룰 수 있는 큰길로 나아갈 수 있게 된다.

스스로 마음에 믿음·희구와 공경의 기초가 생기면 선법에 대한 수행을 순조롭게 할 수 있게 된다. 수행 중에 마땅히 먼저 선법에 대한 자신감(혹은 '아만'이라 함)을 닦아야 하는데, 이것은 선법을 원만히 하는 데 필요한 굳건한 의지를 말한다.

'아만'은 스스로 자신감이 충만한 것을 가리키며, 자기가 선법을 원만히 완성할 수 있다고 충분히 믿으며, 용맹스런 의지로서 수행 중에 어떠한 어려움에도 꺾이는 바가 되지 않는 상태를 의미한다. 이것은 어떠한 선법을 수행하게 되더라도 반드시 필요한 마음 상태의 하나이다. 이러한 '아만'은 5근본 번뇌에서 말하는 아만심이 아니라 지혜에 포함되는 일종의 신심과 굳세고 용맹함을 뜻하는 것으로서, 밀승에서 말하는 '불만佛慢'에 해당한다.

밀승에서 생기차제·원만차제를 수행할 때 수행자는 반드시 시시각각 '나는 본존불'이라는 것을 분명히 기억하여야 한다. 시시각각 스스로를 대하길 자신의 공덕이 원만한 본존 지혜의 마음 상태인 것처럼 하고, 스스로 자신감과 굳세고 용맹함을 충만히 하는 것이 곧 '불만'인 것이다. 이것은 대승의 현종顯宗에서 실제로 '아만'과 유사한 작용을 하며 또한 수행 중 꼭 필요한 방편이다.

이러한 '아만'은 「금강당품」에서 비교적 자세히 설해져 있다. 비로자나부처님께서는 십대 금강의 이름을 지닌 제자를 두셨다. 금강당은 그중의 한 분이시다. 「금강당품」에 "일천자가 세간에 출현하실 때 홀로 짝할 자가 없으며 행하는 바에 물러나지 않으셨다. 눈 먼 소경에 대해 싫어함을 내지 않으시고, 라후 아수라왕에 대해 싫어함을 내지 않으시며, …… 보살마하살이 세간에 출현함도 또한 이와 같으며, …… 마음이 동요하지 않고 간택하지 않으며, 놀라거나 두려움이 없어 굳건하고 용기 있는 마음을 내어 물러나는 마음을 내지 않으며, 단연코 중생을 대신해 모든 고뇌를 받는다."라고 말한다. 그 뜻은 보살이 중생을 이롭게 하는 수행을 할 때, 마치 태양이 모든 것을 비추지만 중생은 업장이 깊어 그 은덕을 알지 못하는 것처럼, 은덕을 오히려 원한으로 갚으려 해도 보살은 여전히 신심을 잃지 않고 의지와 용맹으로 일체중생의 고통을 떠맡으시며 자신의 모든 선근을 중생에게 회향하여 일체중생을 해탈시키는 것이 자신의 임무라고 여긴다는 것이다. 우리에게도 만약 이러한 두려움 없는 '아만심'이 있다면 보살도상의 일체 장애에 굴하지 않고 태양처럼 만물을 비추는 그 찬란한 광휘를 잃지 않을 것이다.

首當量己力 自忖應爲否 수당량기력 자촌응위부
不宜暫莫爲 爲已勿稍退 불의잠막위 위이물초퇴

우선 자기의 능력을 잘 이해하여
자력에 의지해 그 법을 감당해 수행할지 여부를 결정해야 한다.
만약 인연이 갖추어지지 않으면 잠시 미룸이 최선이며,

일단 시작했다면 포기하지 말아야 한다.

모종의 선법을 수지하기 위해 반드시 먼저 관찰 사유하여 이 선법을 성공하는 데 어떠한 조건이 필요한지 충분히 인식해야 한다. 여러 방면으로 자세히 주도면밀하게 고려한 뒤 자기가 이 선법을 완성할 능력을 갖추었는지를 가늠해야 하는데, 자신의 지혜·시간과 정력 등 각 방면을 모두 세밀하게 살펴보아야 한다. 자신이 각 방면에서 조건을 구족했다면 수행에 들어갈 수 있지만, 자신의 능력이 적합하지 않다고 여기면 쉽지 않음을 알아 잠시 물러나야 한다.

티베트인에게 "큰 코끼리가 져야 할 무거운 짐은 낙타는 힘이 약해 감당하지 못한다. 지혜 있는 이가 이루는 바 큰 사업은 다른 이는 마땅히 자기 능력을 살펴서 실행해야 한다."라는 격언이 있다. 역량에 맞지 않게 행하면 코끼리가 짊어질 무게를 나귀가 감당하는 것과 같아 실패하게 될 뿐이며, 심지어는 생명의 장애까지도 받게 될 것이다. 우리는 수행과정에서 이 점에 대해 세심한 주의를 기울여야 하며, 자기의 능력 등을 관찰하여 인연이 구족하지 못할 때는 명확하게 내려놓아야지 억지로 구해서는 안 된다.

스스로 타당하다고 생각하면 이미 시작한 모종의 선법의 수행을 다시는 주저하지 말아야 한다. "알면 곧 행하고, 행한 즉 반드시 결과가 있다." 함에 응하여야 하며, 단숨에 전력을 다해 완성해야 한다. 샤캬빤디따는 "지혜 있는 자는 일이 발생하기 전에 반드시 그것에 대해 연구하고 명확히 분석해야 한다. 우매한 자는 일이 생긴 뒤에 관찰한다."라고 말씀하셨다. 일이 이미 시작되고 난 뒤에서야 비로소 자신이 감당할 수 있는지의 여부를 관찰한다면 그것은 우매한 자가 하는 행동이다.

예를 들면 우리가 어떤 논장의 법을 수행하고자 한다면 시작하기 전에 마땅히 상세히 관찰하고 생각해야 한다. 자신에게 시간이 있는지, 중간에 겁먹고 물러나지는 않을지, 마땅히 생각해야 할 것을 고려해 본 다음에 하기로 결정했다면 시간이 오래 걸리고 어려움이 더 커지더라도 기꺼이 원만하게 받아들일 것이다. 어떤 이는 이러한 방면에 매우 뒤떨어져서 일을 할 때, 지혜와 자신감이 결여되어 수행을 시작하려 할 때 어떠한 관찰이나 고려도 해보지 않다가 중도에 이르러 경솔하게 중단하고 다른 일을 하는데, 이런 행동은 현생과 내생에 커다란 후환을 가져오게 된다.

退則於來生 串習增罪苦 퇴즉어래생 관습증죄고
他業及彼果 卑劣復不成 타업급피과 비열부불성

하던 일을 중단하면 내생에도
중도에 포기하는 습관이 되어 죄악과 고통이 증가되며
이전 생의 선업과 그 과보가 아주 보잘 것 없게 되어
어떤 일도 성사시키지 못하게 된다.

선법을 수행할 때 중간에서 포기하면 현생에서도 당연히 실패의 고통을 가져오지만, 이것은 잠깐 동안의 작은 고통의 결과에 불과하며 더 크고 많은 고통의 과보가 내생에 나타나게 된다. 포기의 악업은 내생에 그것에 동반하는 같은 종류의 업과를 불러오며 더욱 엄중한 후환을 가져온다.

　근수취자 린포체는 이러한 후환을 다섯 가지로 설명한다.

　첫째, 선행을 중도에 포기하는 악업은 내생에도 계속 이어져 죄업의 힘이 갈수록 커진다.

　둘째, 악업의 힘이 자신의 선업 공덕을 감소시키고 죄업이 불러일으키는 고통은 증가된다.

　셋째, 스스로 악습으로 인해 장애에 부딪치며 점점 타락하며, 설령 선업을 수행한다고 해도 아주 작은 선업일 뿐이다.

　넷째, 선행을 버리고 악습에 막혀 자기의 선법 수행의 결과도 아주 보잘 것 없게 된다.

　다섯째, 결국에는 어떠한 선법도 원만히 성공시키지 못하게 된다. 자신감과 의지의 역량이 없으면 수행할 때 중도에서 포기해서 이 다섯 가지의 후환이 반드시 생기게 되어 해탈하려는 자신의 수행도 무너지게 된다. 법왕 여의보께서는 이 점을 특별히 강조하셨는데, 불법 전승을 중단하는 죄과는 아주 크며 세세생생에 청정하기가 매우 어려우므로 수행자들은 이것에 대해 명확히 인식하기를 바라셨다.

　우리는 수행과정에서 장애와 고난을 겪게 되는데 이때에 부디 가벼이 포기하지 않아야 한다. 용수보살은 일찍이 "마치 물이나 흙·바위에 대해 사람 마음이 각각 저들과 같음이 있으나, 번뇌를 일으킴은 물과 흙 같은 마음에서 더 성하게 된다. 법을 아낌은 바위와 같은 마음이라야 한다."라고 말씀하셨다. 정법을 좋아하는 수행자는 그 성격이 마땅히 딱딱한 돌처럼 견고하여 움직임이 없어야 하며, 성격이 물이나 흙처럼 외적 조건에 쉽게 움직이는 자는 때때로 번뇌의 고통이 따르게 된다는 것이다.

성격이 온중함은 수행자의 인격의 기초이다. 한사람의 성격이 온중하면 어려움에 직면해도 굳건하게 대처하며 어떠한 상황에서도 비교적 큰 성공의 희망이 있게 된다. 이는 티베트 민족의 민간 속담에 "성격이 파도와 같이 쉽게 움직이는 사람일수록 사업 성공률은 더욱 낮다." 함과 같다.

b. 널리 설함

於善斷惑力 應生自信心 어선단혹력 응생자신심
吾應獨自爲 此是志業慢 오응독자위 차시지업만

'선업과 번뇌를 끊는 것과 수행하는 것', 이 세 가지에 대해
마땅히 스스로 신심을 내야 하며,
마땅히 홀로 일체 선법 닦는 것을 도맡는 것,
이것이 보살이 중생제도 사업을 닦고 배우는 '업만業慢'이다.

교만의 도움이 되는 인연(조연)은 세 종류로 구분되는데, 업만業慢, 역만力慢, 혹만惑慢이다. '업만'은 여래의 가업을 담당하는 것으로 법을 펴고 중생을 이롭게 하는 선업으로 자신이 충만 된 것이다. '역만'은 선법을 수행할 때 자신에 대한 번뇌를 없애고 일체 선법을 성취시킬 수 있는 충만한 신심이다. '혹만'은 스스로 번뇌의 상해를 인내할 수 있는 것으로 인욕에 주하여 지혜를 잃지 않는 신심이다.

게송의 앞 두 구절은 이 세 가지에 대해 언급하고 있다. 이러한

세 가지 자신심은 본체상으로는 구별이 없지만, 각각의 작용상으로는 다르다. 업만은 자신이 맡고 있는 최승 선업의 신심이며, 혹만은 스스로 번뇌에 패하지 않는 신심이며, 역만은 수행 능력에 대한 신심이다.

　업만은 구체적으로 말하면 스스로 선법을 수행하는 의지의 서원이 매우 견고하며 힘 있는 것이다. 이렇게 굳건한 선법의 의지가 있다면 다른 조연에 의뢰하지 않아도 마치 수미산이 다른 산에 기대지 않는 것처럼, 다른 사람의 도움과 격려가 있든 말든 상관없이 스스로 독자적으로 모두 책임질 수 있으며 스스로 노력 정진할 수 있다. 대승보살은 자신이 종사하는 모든 일에 대해 커다란 신심을 갖고 태양이 허공에 홀로 노니는 것과 같이 어떠한 반려에게도 기대지 않고 모든 역경과 장애에도 막힘이 없는데, 이러한 일체를 초월하는 굳건하고 수승한 믿음이 업만이다.

世人隨惑轉 不能辦自利 세인수혹전 불능판자리
衆生不如我 故我當盡力 중생불여아 고아당진력

세상 사람들은 모두 무명번뇌에 억제되어 있어
자주력이 없어 자리조차 이룰 수 없다.
중생들은 나와 달라 자주력이 없으므로,
나는 마땅히 노력하여 자타 일체를 이롭게 해야 한다.

　대승 보리도를 공부하는 것은 반드시 용맹한 발심이 있어야 한다. 일체중생의 업을 맡아 해탈시키며 중생을 이롭게 하는 여래의 대사업을 이어받아야 하는데, 이러한 광대한 기개가 없다면 수행은 성공할 가능성이 없다.

  윤회 중생은 탐·진·치의 무진 번뇌에 얽혀 자주적인 향상의 역량이 없으며 그들은 자신에게 이익이 되는 사업조차도 이룰 수가 없다. 비록 모든 중생이 잠깐 동안의 안락함을 원할지라도, 그들은 무명 혹업에 가려지고 얽혀 있기 때문에 스스로 실현할 힘이 없는 것이다. 세계의 중생들을 보라. 하루 종일 자신의 이익을 위해 동분서주하지만 결국엔 아무런 소득도 없을 뿐이다. 세상 사람들은 평생 실의에 빠지고 좌절하는 것에 줄곧 순순히 따르고 있다. 그렇게 인과를 취하고 버릴 줄 모르는 유정은 한평생 내생의 괴로움의 인연(苦因)만 쌓으며 악업에서 시간을 허비한다.

  우리는 구경에 이타 사업을 이루어야 한다. 만약 중생들에게 희망을 건다면 그들이 스스로를 도와 자기 힘으로 이루어내기를 바라지만, 이것은 근본적으로 불가능한 것이다. 대승 수행인은 윤회의 바다에서 중생은 번뇌로 옮겨 다니며 조금도 자유자재하지 못하고 해탈의 안락을 얻을 방법이 없다는 것을 정확하게 인식을 해야 한다.

  우리는 스스로 보리의 서원을 세워 대승도의 수행으로 나아가야 한다. 이것은 무시이래로 선법을 닦고 자량을 쌓아 겨우 얻은 기회이다. 이때 마땅히 전력을 다해 나아가야 하며 독자적으로 모든 해탈법을 수행하여야 한다. 기타 중생에게 의뢰해서는 안 된다. 해탈은 스스로의 분투노력에 의지하고 자신의 정진에 의지하여야만 성자의 가르침을 얻을 수 있다. 수행인은 이러한 신심을 구비한 뒤 진정한 보리를 수습할 수 있는 것이다.

  화지 린포체는 『초중말교언初中末敎言』에서 "세상 사람들은 속임수가 너무 많아 좋은 사람이 많이 없다. 하는 말은 대개 거짓말이고 진실한 말이 드물며 믿고 의지할 곳이 하나도 없다. 그래서 나는 적정처에서 홀로 수행을 해야만 한다."라고 말씀하셨다. 홀로 대업 수행의 신심을 갖게 되면 마음이 바깥 경계에 동요되지 않으며, 어떠한 상황에서도 스스로 흔들림 없이 선법을 수행해 나가며 죄와 업장을 없애고 복혜 자량을 쌓게 된다. 『혜해청문경』에서는 "태양은 어떤 도움에도 의지하지 않고 다만 일체 세계를 비출 뿐이다. 설산의 사자 역시 다른 도움을 받지 않아도 그 포효 소리는 산천에 두루 퍼지며, 뱀은 고요한 곳에 안주해 어떤 존재에도 의지하지 않고 다만 그 스스로 자급자족하여 생활한다. 마찬가지로 보살은 선법을 수행할 때 바깥 경계의 도움을 의지하지 않으며 자력을 의지해 자주적으로 독립하여 선법을 수행하고 중생을 제도한다."라고 말씀하셨다.

수행인은 반드시 이러한 내재된 신심에 의지해야 한다. 만약 이러한 내재적인 자각하는 능력이 없다면 부처님 곁에 있다고 해도 성인의 도에 들어갈 수 없다. 부처님께서도 "나는 너를 위해 해탈의 방편을 설하였으니 해탈은 자신을 의뢰해야 함을 마땅히 알아야 한다."라고 말씀하셨다.

어떤 이들은 수행할 때 자율적이지 못하고 의지하는 마음이 심각해서, 다른 사람이 수행하지 않는 것을 보면 자기 자신도 곧바로 방일하고, 다른 사람이 발심을 하지 않으면 자신도 그를 따라서 퇴보한다. 이런 사람은 물 위의 뜬 풀과 같아 물결 따라 흘러갈 뿐 근본적으로 큰일을 이루기는 어렵다. 세상 사람들은 모두 번뇌에 따라 일을 하지만 수행자는 도에 반대되는 번뇌는 끊고 이치와 지혜를 따라 일을 해야만 한다. 일할 때의 기본 출발점이 이와 같이 완전히 다르므로 수행자는 세속인에게 의뢰할 수 없는 것이다. 티베트인의 격언에 "들소가 풀을 뜯음에 다른 무리와 섞이지 않는다. 출가와 재가도 한 길이 아니다."라는 말이 있다. 대자연 속에서 들소는 빠르고 사나우며 자유로운 동물이다. 그들은 평상시 다른 동물들과 함께 풀을 뜯어먹거나 활동하지 않는다. 출가인은 인간 중의 기이한 꽃이다. 그들과 재가인이 걸어가는 길은 다르다. 수행자는 마땅히 "이 대지에 악인이 가득 차 있다고 해도 고상하게 수행 정진해야 한다."라는 자신감과 의지를 지녀야 한다. 그렇지 않다면 세속을 초월하는 수행이 온전하기란 매우 어려울 것이라는 점을 진정으로 해탈하려는 모든 이들이 명심하길 바란다.

他尚勤俗務 我怎悠閒住 타상근속무 아즘유한주
亦莫因慢修 無慢最爲宜 역막인만수 무만최위의

세속인도 세속의 일에 부지런히 힘쓰는데,
보리심을 발한 내가 어떻게 한가롭게 세월을 보내며 수행 정진을 안 할 수가 있겠는가?
또한 오만하여 이기려는 마음으로 선법을 수행하지 않아야 하니, 선법을 수행할 때 조그마한 오만 번뇌도 끼어들지 않는 것이 가장 좋다.

세간의 사람들은 비열한 세간법과 눈앞의 작은 이익을 위해 비바람 혹한과 배고픔 등의 고난을 두려워하지 않고 밤낮으로 부지런히 일한다. 우리는 지금 제불 상사의 가르침 아래 이미 대의를 깊이 알았고,

자타 일체중생의 구경성불의 대이익을 구하려고 한다. 그러면서도 왜 아직도 목표에 도달하기 위해 수행 정진하지 않고 한가롭게 방일하게 지내는 것인가? 중생들은 지금 여러 가지 보잘것없는 일로 힘들여 일하는데, 보리심을 발한 수행자로서 어찌하여 수수방관만 하고 있는가?

근휘 린포체는 강의에서 "세상 사람들은 세속 일을 하기 위해 부지런히 노력하는데, 대승보살로서 중생을 위해 노비나 종처럼 부지런히 수행해야 하지 않겠는가? 예전에 돔된빠 존자는 다른 사람이 나무를 나르는 것을 보면 곧바로 가서 도와주었다. 빠담빠상게 대사는 인도에서 몇몇의 아즈앙(종성이 낮은 사람)이 힘든 일을 하는 것을 보면 항상 가서 도와주었다."라고 말씀하셨다. 이렇듯 대덕고승들께서 아무런 오만함도 없이 중생을 돕는 것을 자신이 마땅히 해야 할 의무로 여기셨는데, 대승보살도를 배우는 후학들은 어찌하여 중생이 매섭고 힘든 노동에 처했는데도 돌보지 않는가? 우리는 마땅히 정진 노력해야 하며 중생을 도와 구경의 안락을 이루어야 한다.

보살행을 닦는 과정에서 일체의 자신감으로 자리이타의 일을 이어야만 한다. 이것은 일종의 "대사를 이루고자 한다면 내가 아니고 그 누가 하겠는가!"라고 하는 초연한 기개이다. 다만 여기에서 절실하게 주의하여야 할 것은 이러한 자신감과 의지력이 오만 번뇌로 바뀌지 않도록 하는 것이다.

자신이 모든 것을 능히 맡을 수 있다는 굳은 믿음은 일체의 자신감을 초월하는 것으로, 수승한 경계에 의해 생기는 역량의 하나이다. 이것은 선법을 성취하는 중에 필요한 내재된 용맹으로 지혜에 포섭되는 법이다. 그러나 오만은 무명번뇌의 일종으로 무지에 의해 생기는 것이며, 스스로 옳다고 여기고 스스로를 높고 크게 여기는 전도된 탐착이다. 그것은 자아에 탐착하는 것일 뿐, 스스로 일체 선법의 수승한 믿음의 지혜를 능히 이룰 수 있다고 굳게 믿는 것이 아니므로 그 둘은 마땅히 자세히 구분되어야 한다.

앞에서 우리는 자신自信을 '아만'이라고 일컬었는데 그것은 '지혜만'을 의미하는 것으로서 '번뇌만'과는 본질적으로 구별되는 것이다. 마음 속으로 번뇌만이 있고 이기길 좋아해 강함을 다투는 발심을 하였다면, 어떠한 법문을 수행하더라도 그것은 모두 선업이 아니다. 또한 노력할수록 죄업이 점점 더 크게 쌓이게 된다. 그러므로 자세히 판별하여 이러한 번뇌를 버려야 한다. 이것은 수행할 때 반드시 주의해야 할 점이다.

부처님께서는 『대승장엄보왕경』에서 문수보살에게 이르시길, "큰 바다는 낮은 곳에 있으며 시방의 강과 냇물이 모여들지 않음이 없다. 이 같이 보살은 아만이 없어 현전에 일체 여래의 법을 쉽게 한다."라고 하셨다. 큰 바다가 낮은 위치에 처해서 모든 하천을 받아들이듯이 보살들도 겸손과 공경하고 삼가는 태도로써 육도만행을 닦고 있기에 바다와 같은 복덕 지혜의 자량을 빠르게 쌓을 수 있는 것이다. 이러한 보살들은 여래의 단증斷證 공덕을 현전하시며 끝없이 중생을 요익되게 하신다.

역만力慢은 수행능력에 대한 신심으로서 심력心力의 일종을 일컫는 것이다. 선을 행하고 악을 끊는 것은 수행자가 반드시 갖추어야 할 역량으로 이러한 역량이 없으면 어떠한 선법도 성취할 수 없는데,

이것은 주로 내심의 역만에서 나온다. 대승도의 많은 법문은 수행자에게 비교적 큰 심력을 요구하고 있다. 그렇지 않으면 수행자의 수행이 중단될 것이기 때문이다. 굳건한 역만이 있다면 어떠한 장애가 있더라도 수행에 동요가 되지 않을 것이다.

烏鴉遇死蛇 勇行如大鵬 오아우사사 용행여대붕
信心若怯惱 反遭小過損 신심약겁유 반조소과손

까마귀는 죽은 뱀을 만났을 때
대붕처럼 용맹하게 공격을 한다.
번뇌에 대항하는 신심의 역량이 너무 약하면
경미한 번뇌 죄행에도 엄중한 해를 입는다.

여기에서는 비유를 들어 수행과정에서 필요한 굳건한 역만力慢을 설명하고 있다. 까마귀는 본래 그리 대담하지 못한 새의 일종으로, 평소에는 독사 같은 사나운 동물에게 겁을 많이 내어 감히 접근조차 못한다. 그러나 죽은 뱀을 보았을 때는 신기가 충만해져서 입으로 "까악, 까악!" 괴성을 지르며 양 날개를 움직여 용감히 다가가 죽은 뱀의 시체를 이리저리 쪼아서 갈기갈기 찢어 입속에 먹이로 만들어 놓는다. 이때 까마귀의 행동을 "대붕이 용을 본 것처럼 용맹하여 막을 수 없는 것과 같다."라고 표현한다.

까마귀는 사실 그다지 힘이 많지 않아 독사의 힘에 대항할 수도 없지만, 뱀이 죽은 경우에는 조금의 힘도 가하지 않고 뱀의 몸을 먹잇감으로 만들어 놓게 된다. 이와 마찬가지로 선법을 수행하는 과정에서 번뇌는 까마귀처럼 연약하고 무력한 수행자를 전멸시킨다.

사실 번뇌 자체는 두려워할 바가 없으며 실질적으로 사람을 해치는 힘도 없는 것이다. 그러나 수행인은 연약하고 무력한 것이 죽은 뱀과 같아, 번뇌에게 마구 밟히고 해침을 당해 자신의 공덕을 깡그리 빼앗긴다. 수행자가 정지·정념·신심과 능력을 잃었을 때에는 아주 작은 바깥의 장애 인연을 만나더라도 스스로 대처할 방법이 없다. 이때에는 연약하고 무력함이 까마귀와 같은 작은 번뇌 장애 인연일지라도 대붕금시조가 용을 대할 때와 같은 힘을 발휘한다. 이런 점은 우리가 평소 수행하는 중에 매우 정확하게 체험할 수 있게 된다.

스스로 마음이 가볍고 신심이 충만했을 때에는 큰 장애 인연일지라도 정진에서 물러나게 할 수가 없다. 하지만 신심의 역량이 부족하고 겁약할 때에는 주위의 모든 것이 치명적인 장애 인연이 된다. 예를 들면 성격이 연약한 사람이 진흙길을 만났을 때 마음속에 걱정이 태산같이 되어 목적지로 나아갈 수 없는 것과 같다. 사실 바깥 경계는 자신에게 그다지 장애나 손해가 되는 것이 아니다. 진정한 장애는 자신의 마음속의 겁약함이며 스스로 자신의 능력에 대해 신심이 없는 것이다. 상사 여의보께서도 "정지·정념의 힘을 구족하지 못하고 나약한 사람은 항상 바깥에 강대한 장애 인연이 있다고 여긴다. 일부 청신사 혹은 청신녀는 스스로 정지·정념의 생명이 없다고 여겨 죽은 뱀처럼 장애 인연을 만나면 약소한 자가 될 뿐 대처할 방법이 없는데, 이것은 자신의 계율에 손해를 받는 것이다."라고 말씀하셨다.

怯懦舍精進 豈能除福貧 겁유사정진 기능제복빈

自信復力行 障大也無礙 자신복역행 장대야무애

겁약하고 무력하여 정진을 포기한다면,
어찌 능히 복덕의 궁핍함을 없앨 수 있겠는가?
굳건한 자신심을 일으키고 힘써 행하면
장애의 인연이 아무리 크더라도 나의 신심을 파괴하지 못한다.

겁약한 수행인은 어떠한 일을 할 때 스스로 해낼 수 없다고 여겨 노력 정진하지 않아 소강상태에 빠지게 되며 어떠한 선법도 원만히 성취할 수 없는 상황을 초래한다. 오늘날 많은 심리학자들이 이에 대해 어느 정도 인식하고, 사람들이 일을 처리할 때 내심의 정신 역량에 의지하는 것을 관건으로 여기고 있다.

내심에 자신력이 결핍되면 어떠한 목표도 성공하기 아주 어려워진다. 예를 들면 우리의 몸이 조금 불편할 때 만약 겁약하여 스스로 계속 해나갈 수 없다고 느끼게 되면, 설령 작은 감기에 걸렸을 뿐인데도 자리에 누워 일어나지 못하며 심지어는 밥 먹는 것조차 어렵게 된다. 스스로 줄곧 이러한 겁약하고 유약한 상태에 빠져 있으면 악을 끊고 선을 수행하며 자량을 쌓는 수행을 성취시킬 수도 없게 된다. 범부로서 자신의 복덕 지혜도 본래 적은데다가 선법을 닦아 정진하지 않는다면 줄곧 복덕과 지혜가 빈궁한 상태에 빠지게 된다. 더욱이 말법 시대의 중생은 복이 적고 업장이 두꺼우므로, 신심과 용맹심으로써 선법을 수행하여 정진하지 않는다면 윤회에서 궁핍한 고통이 한없을 것이다.

그러므로 안락한 해탈을 얻고자 하는 모든 사람은 수승한 신심을 일으켜 굳은 의지로 선법을 닦으며 정지·정념·불방일·대자대비·보리심 등과 같은 수승한 선법으로써 수행해나가야 한다. 흔들림 없는 신심을 구족하였다면 앞길의 장애 또한 수행자에게 손해를 입히지 않을 것이다. 예전의 고승대덕들의 수행 경력을 보면 이 점을 충분히 반영하셨다. 비록 겉으로 보기에 장애가 많았더라도 그들의 굳은 신심과 지혜 앞에서는 일체 장애가 보리도로 나아가는 걸음을 막을 수 없었다.

『대밀방편경』에는 "비밀진언을 수행해 성취한 사람은 비록 5종 번뇌의 얽음을 만나더라도 털끝만큼도 해를 입지 않는다. 마찬가지로 수승한 방편과 대비공성을 구족한 보살에게는 아무리 큰 장애라 할지라도 수도의 마음에 해 끼치지 못한다."라는 말씀이 있다. 우리 수행의 성공 여부는 마음의 역량에 달려 있지 바깥 경계가 어떠하든 상관이 없는 것이다. 수행자들은 얼마 전에 오명불학원이 장애 인연을 만났을 때를 기억할 것이다. 담이 작은 어떤 이들은 겁내고 놀라 달아나버려 수행이 모두 중단되었지만, 어느 정도 굳건한 사람은 지금도 여전히 이곳에서 잘 수행하며 공덕을 끊임없이 증장시키고 있다. 또 어떤 이들은 추위를 두려워하며 겨울날 연료가 모자라거나 몸에 약간의 병이 있다는 이유로 곧바로 서둘러 이곳을 떠났는데, 이것 역시 역만이 구족치 못해 일어난 일이다. 수행자의 해탈 성취는 하늘에서 저절로 떨어지는 것이 아니다. 수행자로서 자신의 신심 역량을 강화시키지 못한다면 일시의 작은 장애 인연에도 좌절할 것이다. 그러나 굳건한 수행자들은 그러한 장애에 스스로 큰 영향을 받지 않는다.

故心應堅定 奮滅諸罪墮 고심응견정 분멸제죄타

我若負罪墮 何能超三界 아약부죄타 하능초삼계

따라서 나는 신심을 굳건히 하여
모든 죄악을 스스로 이겨야 한다.
내가 다시 죄악에 패하면
어찌 삼계를 초월하는 것이 가능하겠는가?

내심을 굳건히 하면 일반 범부라 하더라도 바깥 경계를 받아들이는 자세가 크게 변화할 것이며, 초월할 수 없으리라 여겼던 어려움과 이길 수 없었던 번뇌도 내심의 자신력이 증강됨에 따라 쉽게 극복할 수 있다. 그러므로 번뇌를 이기고 죄장을 소멸시키고자 하는 수행인은 반드시 먼저 내심으로부터 굳은 역만을 일으켜 용맹 무외하게 정진해 나가야 한다.

『화엄경』에 "만약 한량없는 허물을 멸해 없애고자 한다면 마땅히 일체 시에 용맹심으로 정진해야 한다."라는 말씀이 있다. 스스로 마음 속에 일체 번뇌의 죄장을 반드시 이길 수 있다는 용맹한 신심이 있으면 수행정진에 물러남이 없고 일체 번뇌의 죄장을 빠르게 이겨낼 수 있게 된다.

맥팽 린포체는 "마왕 파순은 매일 중생을 향하여 탐·진 등의 다섯 가지 독화살을 쏘고 있다."라고 말씀하셨다. 우리의 마음이 약하고 인내하지 못하며 견고한 신심이 없다면 번뇌 마왕을 이길 희망은 조금도 없고, 오랫동안 마왕에게 억제되어 삼계 속에서 빠져나오지 못하게 된다. 비록 항상 '번뇌무진서원단, 불도무상서원성'을 발원하더라도 실제 행동에서는 자신감이 결핍되어 종종 아주 작은 번뇌 죄악에도 좌절하고 마는데, 이러한 수행으로 삼계를 벗어나고자 함은 스스로 눈을 감고 웃음소리 하는 짓에 불과하다.

수행자들은 심사숙고하여야 한다. 현재 자신이 수승한 선지식에 의지하고 수많은 법요를 들은 바 있어도 아직도 번뇌를 극복하지 못하였다면 삼계를 벗어나 해탈과를 얻을 희망이 어디에 있겠는가? 우리는 마땅히 이러한 비결로 자신을 무장하여 용맹하고 두려움 없는 일체의 신심을 일으켜서 정진 수행하여야 한다. 절대로 마왕 파순의 굴레에 떨어져서는 안 되며 서원을 멈추어서는 안 된다. 항상 힘써 수행함을 이와 같이 할 수 있다면 삼계 번뇌의 감옥에서 벗어날 수 있게 될 것이다.

吾當勝一切 不使惑勝我 오당승일체 불사혹승아
吾乃佛獅子 應持此自信 오내불사자 응지차자신

나는 마땅히 일체 번뇌를 이겨야 하며
어떠한 번뇌에 의해서도 굴복되어서는 안 된다.
나는 삼계의 사자 왕이신 부처님의 아들로,
마땅히 이러한 일체 번뇌를 항복시키는 신심을 견지해야만 한다.

수행자로서 가장 주요한 임무는 번뇌를 이기고 번뇌를 항복받는 것이다. 본사 석가모니 부처님은 중생에게 팔만사천법문을 설하셨는데, 그 목적은 중생들로 하여금 가르침을 받들어 행하고 탐·진·치 팔만사천번뇌를 항복받게 하기 위함이셨다. 이 팔만 사천 가지의 법문에는 탐욕 번뇌에 대처하는 이만 일천 가지의 율장과 성냄의 번뇌에 대처하는 이만 일천 가지의 경장과 치(어리석음) 번뇌에 대처하는 이만 일천 가지의 논장 및 일체 번뇌에 대처하는 이만 일천 가지의 밀법이 평등하게 포함되어 있다. 이러한 법문은 모두 수행자로 하여금 실천 수행하고 선교한 방편력으로 번뇌를 이기고 번뇌의 속박을 받지 않게 하는 법보이다. 그러니 이미 삼보에 귀의하고 불법 경론에 대해 수행했던 불제자로서 이와 같이 수승하고 광대한 정법의 무기에 의지하여 스스로 모든 번뇌를 이겨내는 신심을 일으켜야 한다.

본사 석가모니불께서는 삼계의 대사자왕으로 위력이 견줄 데가 없으니 우리는 모두 사자왕의 아들로 비할 데 없는 위력을 지닌 사자이다. 수행자는 이 점으로써 일체의 신심을 충만하게 해야 한다. 수행자들도 알고 있는 것처럼 사자는 동물의 왕으로 다른 모든 야수들이 그 위세 앞에 고개 숙여 굴복한다. 설령 어리고 작은 사자 새끼라고 하여도 사자 종족의 위엄을 갖추고 있으며 나머지 야수들은 그에게 복종한다. 마찬가지로 인천人天의 스승이신 부처님은 비할 데 없는 공덕의 위력을 구족하시고 사자왕처럼 삼계의 모든 유정을 위엄 있게 제압하신다.

보리심을 발하여 대승법문에 들어선 수행자들은 이와 같은 부처님의 아들이 되었다. 이 점은 본론의 제3품에서 이미 자세히 서술하였다. 수행자들은 이미 불자로서 부친이신 부처님께서는 모든 번뇌의 마군을 이겨내신 영웅이며, 삼계를 위엄으로 진동시킨 대금강왕임을 잘 알아야 한다. 또한 이렇게 견줄 데 없이 존엄한 세존의 아들로서 우리들도 자신감을 갖고 두려움 없음을 구족하여야 하며, 자신도 반드시 세존처럼 모든 번뇌를 항복시킬 수 있다고 믿어야 한다. 스스로 이 점에 대해 자신감과 자부심을 일으키고 자신이 삼계에서 가장 존귀하고 위엄 있는 가족의 성원임을 시시각각 기억하면, 이와 같은 견줄 데 없는 역만으로 반드시 모든 번뇌 죄악을 대처하고 소멸시킬 수 있을 것이다.

많은 수행자들이 거의 이러한 점에 대해 아무런 인식이 없다. 어떤 이는 심지어 스스로 아무것도 할 수 없다고 여겨 번뇌에 대해 겁먹고 무력해하며 현실에 대면하여 번뇌를 극복하지 못한다. 이것은 전혀 이유가 없는 겁약함이다. 세간에서 어떤 사람이 그의 아버지가 영웅인 데도 그 자신은 겁 많고 무능하다면, 사람들이 모두 그를 비웃을 것이다. 마찬가지로 겁약하고 무력한 수행자라면 어찌 그를 대웅여래의 아들이라고 할 수 있겠는가? 속어에 "단향나무에 파초 가지가 자란다면 부자라고 일컬을 수 없다."라는 말이 있다. 존귀한 단향나무의 뿌리에 아무 쓸모도 없는 파초 가지가 자란다면 이것은 얼마나 서로 대응이 되지 못하는 것인가? 마찬가지로 부처님께서 팔만사천 마군을 항복시키셨으니, 불자인 수행자로서 항상 번뇌에 좌절하고 속박된다면 어찌 수치가 아니겠는가! 이러한 치욕을 받을 수 없는 수행자라면 자신의 신분을 정확히 인식하여 용맹한 기개로써 부처님의 발자취를 따라 모든 번뇌를 이겨야 한다.

以慢而墮落 此惑非勝慢 이만이타락 차혹비승만
勝慢不隨惑 此慢制惑慢 승만불수혹 차만제혹만

타락을 초래하는 자만심은
번뇌일 뿐 승만勝慢이 아니다.

수승한 만심은 번뇌에 속하지 않으며,
오만한 번뇌를 항복시키는 자신감이다.

수행인은 자신이 모든 종족의 아들보다 위에 있음을 알아야 하며, 굳은 신심으로 모든 역량을 이길 수 있어야 한다. 이 점에 대해 어떤 이들은 "이러한 것이 어찌 일종의 오만심이 아니겠는가?"라는 의문이 들 수 있을 것이다. 오만함으로 일을 처리하면 그 행위는 분명 악업일 것이며 윤회에 떨어질 뿐인데, 여기에서는 왜 아직도 이러한 만심을 거론하는 것인가? 적천보살은 이렇게 대답하신다. "사람을 타락하게 하는 아만은 번뇌에 포섭되는 오만이며, 여기에서의 발심은 수승한 만심으로 번뇌에 포함되는 바가 아니다. 둘은 표면상으로는 비슷하나 그 본질상으로는 완전히 다르다."

중생의 선근을 무너뜨리는 만심은 오만 번뇌에 속한다. 그것은 일곱 가지로 나누어지는데 모두 '아我'를 집착하는 살가야견[46]을 근거로 하며, 다른 사람을 멸시하며 자신이 타인을 이길 수 있다고 여긴다. 이러한 분별은 오대 근본번뇌의 하나로 중생의 선근을 무너뜨릴 수 있다. 그러나 여기에서 말하는 '역만'은 번뇌에 속하는 만심이 아니다. 그것은 승만勝慢으로 번뇌를 이기는 만심이며, 스스로 지혜를 발하는 역량을 말한다.

오만번뇌의 근원인 살가야견은 무명의 산물로서 '아'와 '아소'에 집착하는 사견이다. 그것은 '아'를 중심으로 스스로를 높이는 교만을

---

[46] 오온으로 거짓 화합한 것을 실로 자아가 있다고 집착하며, 내 몸 안의 모든 것이 자기의 소유라고 집착하는 견해이다.

일으키는 삿된 생각이다. 스스로를 "내가 얼마나 대단한 존재인가?"라고 여기게 함으로써 선법을 장애한다. 이런 아만은 즉시 버려야 하며, 그렇지 않으면 그것에 억제되어 윤회에서 벗어날 수 없게 된다.

여기에서 말하는 승만은 오만과 상반되는 것으로서 수승한 정해[47]에 의해 생기는 신심이며 살가야견을 무너뜨리는 지혜의 역량이다. 그것은 보리의 지혜에 따르며 '무아'의 정견에 수순한다. 이러한 수승한 아만은 번뇌에 속하지 않을 뿐만 아니라 오히려 번뇌의 역량을 소멸한다. 수행인이 이러한 수승한 아만을 발한 뒤에는 최종적으로 오만을 포함한 모든 번뇌를 제거할 수 있게 된다. 따라서 우리는 오만 번뇌와 수승한 아만의 구별을 정확하게 인식해야 하며, 여법하게 취사하여 자신의 수행이 그른 길로 들어가지 않게 해야 한다.

因慢生傲者 將赴惡趣道 인만생오자 장부악취도
人間歡宴失 爲仆食人殘 인간환연실 위부식인잔
蠢醜體虛弱 輕蔑處處逢 준추체허약 경멸처처봉

아만 번뇌에 의해 교만심을 낸 자는
죄를 지어 악취에 떨어지게 되며,
설령 인신을 얻어도 여러 가지 행복을 잃고
남의 밥을 얻어먹는 하인이 되거나
바보·추한 사람·겁쟁이로 태어나
어딜 가도 모든 사람들의 멸시를 받게 될 것이다.

---

47 불법에 대한 바른 지견과 안목을 말한다.

수행인이 수승한 자신심을 일으키면 힘 있게 게으름에 대처할 수 있으며, 스스로 용맹하게 수행 정진하여 구경에는 해탈의 대안락 과위를 신속하게 증득할 것이다. 그러나 여법하게 취사하는 것을 자세히 분별하지 못하고 번뇌만의 울타리에 잘못 들어가게 되면 아주 고통스러운 과보를 불러일으키게 된다.

마음이 번뇌 아만에 물들면 스스로 독기로 변해 설령 마음에 감로를 담더라도 독약으로 변하게 된다. 또한 아만이 치성해지면 다른 사람의 공덕을 보지 못하고 자신의 과실도 못 보게 되며, 삼보에 대한 공경의 믿음을 내지 못하고 자신의 과실을 끊거나 다른 사람의 선법의 장점 등을 배우려고 노력하지도 않게 된다. 이것은 자신의 공덕의 원천을 전부 막아 없애는 것이며, 번뇌 죄악도 빈틈을 타고 자기 마음의 흐름으로 침입하여 내생에 무진한 악취의 극고를 초래한다.

아만 번뇌는 비교적 관찰하기 어려운 번뇌의 일종이다. 만약 그것에 큰 머리 하나와 큰 코가 붙어 있다면 사람들이 그것을 쉽게 알아내어 자기 마음의 흐름으로부터 밖으로 쫓아버릴 것이다. 그러나 그것은 오히려 아주 교활하며, 항상 시비가 엇갈리는 공덕 영예의 빛 그림자 속에 숨어 있어 여러 가지 알아내기 어려운 잘못들을 만들어낸다. 그러므로 약간의 학문과 지위와 불법의 공덕이 있는 사람은 반드시 성자의 가르침과 지혜의 밝은 눈을 빌려 자신의 마음 깊은 곳을 비추어야만 비로소 오만 번뇌의 추악한 면목을 쉽게 파할 수 있다. 어떤 이들은 자신이 재물이 많고 학식이 넓으며 근기 또한 성불할 수 있는 상상근기라고 여겨, 매일 경당에 앉아 "어떤 경론은 별로고, 법사의 설법은 그리 타당하지도 않고, 어떤 도반의 강의는 더 형편없으니 모두 내 수준보다 못해."라고 생각한다. 이러한 제멋대로의 생각으로 인해 불법과 선지식에 대해 조금의 신심도 일으키지 못하고, 결국에는 만심이 점점 심해져서 짓는 죄도 점점 커지며, 내생에는 악취에 떨어져 무량한 고통을 받게 된다.

이런 사람은 설령 내세에 인간의 몸을 얻을지라도 그의 복이 극히 작아 인간의 환락은 거의 누리지 못하며 매일이 아주 고통스럽다. 이것은 상사 여의보께서 "우리들 도반 가운데는 각자 고락의 차이가 아주 크다. 어떤 이들은 언제나 마음이 즐거움으로 가득하여 모든 사람과 잘 어울리는데, 어떤 이들은 오늘도 매우 고통스럽고 내일 또한 고통스러우며 항상 번뇌의 고통 속에 처해 있음을 보는데, 이것은 지난날 오만하여 자기를 높임이 가져온 악의 과보이다."라고 말씀하신 것과 같다.

근휘 린포체는 주석에서 "오만한 자의 업과는 그로 하여금 어리석음이 돼지와 같으며 추함이 청개구리와 같고, 허약 체질에 병이 많아 사람들에게 멸시받는 것이 마치 개와 같게 한다."라고 말하였다. 우리가 만약 지금 자신의 출세간의 학문에 대한 지혜 공덕 등에 대해 항상 오만하여 다른 사람을 업신여기게 되면, 나중에 반드시 그에 상응하는 과보를 받게 될 것이며 무지하고 어리석게 변하여 선악의 좋고 나쁨을 분별하지 못하게 된다.

그러나 사실상 우리가 지금 배워 얻은 출세간의 지혜 공덕은 매우 미약한 것으로 교만할 것도 없는 것이다. 수행자들이 경론을 보면 자량도와 가행도의 보살들이 얼마나 많은 공덕을 지었는지 알 수 있을 것이다. 자신은 이러한 공덕에 미치지도 못하는데도 왜 교만함으로 가득 차 있는가?

　세간의 재부·지위·명예와 생김새 등을 보면 이 일체의 모든 것은 유루법으로 아주 빠르게 사라질 것이다. 설령 자신이 이러한 것을 다 가지고 있다고 하더라도 그들을 의지해 교만할 것은 조금도 없다. 설령 당신이 인간 세상에서는 가장 부유한 사람에 속한다 하더라도 용왕과는 비교가 안 될 것이다. 사람들 중에서 당신이 가장 힘이 큰 사람이라 하더라도 한 마리의 맹수와 비교가 안 되며, 당신의 생김새가 장엄하여 비할 데 없다고 하더라도 여신에 비교가 안 되는 것이니, 이러한 방면에서 볼 때 근본적으로 교만할 게 없는 것이다. 그럼에도 불구하고 생김새·신체·역량과 지위 등의 방면에서 교만하고 득의양양하여 다른 사람을 멸시한다면, 내생의 악과를 피할 수 없어 생김새는 추하고 신체는 허약하고 병이 많아 어딜 가든 다른 사람들이 모두 당신을 멸시하며 당신을 '폐물'이라고 하며 비웃을 것이다. 이것은 필연적인 인과의 법칙이다.

　대승 불법을 수행하는 사람으로서 우리는 마땅히 평등하게 일체중생을 공경하게 대해야 한다. 자신은 항상 낮은 위치에 머무르며 조금의 교만함도 없이 다른 사람을 위해 일하며, 상대방이 어떤 신분이든 관계없이 모두 이와 같이 공경해야 한다. 스스로 권위를 가진 자에 대한 태도와 일반인에 대한 태도가 다르다면 이것은 불공평한 마음 상태로 반드시 끊어야 한다. 그렇지 않으면 오만 번뇌가 쉽게 생겨 악업을 짓게 된다. 수행자들은 이 방면에 늘 자신의 마음 상태와 행위를 성찰하여야 하며, 특히 여러 일을 맡아하는 도반을 위해 항상 발심하여 이러한 관찰로써 힘을 다해 오만을 끊어 자신의 청정과 선행이 번뇌로 물들지 않도록 해야 한다.

傲慢苦行者 오만고행자
倘入自信數 당입자신수
堪憐寧過此 감련녕과차

오만함을 지키기 위하여 고통과 해함을 참는 자가
그러한 자만심으로 수승함을 삼게 된다면
이보다 더 불쌍한 바보가 있을까?

오만 번뇌로써 여러 가지 선법을 수행한다면 어쩔 수 없이 종종의 번뇌 고통을 견뎌야 한다. 이러한 마음은 진정한 신심이라고 할 수 없으며, 이러한 행위로는 정진 수행의 근본 장애인 일체 번뇌를 분쇄시킬 수 없다.

어떤 무지몽매한 사람이 이런 오만으로 수승함을 삼아서 이러한 한없는 고통의 원인을 일체 복락의 원인과 서로 같게 말한다면, 그의 관점에 따를 때 세간에서는 위에서 언급한 불쌍한 바보가 존재할 수 없게 된다. 그러나 세상 사람들은 우치하고 무지하여 항상 전혀 이치에 맞지 않게 아만을 높이는 마음만 일으킨다. 이 오만 번뇌의 악업으로 악취에 태어나 끊임없이 윤회계에 왕래하며 끝없는 고통을 받는데, 이러한 오만한 중생보다 더 불쌍한 사람은 없을 것이다. 이럼에도 불구하고 일부 어리석은 이는 오히려 재앙의 근원인 오만 번뇌를 복선안락의 원천인 수승만이라고 여기는데, 만약 이 두 가지가 정말 같을 수 있다면 세상에는 가련한 사람이 없지 않겠는가? 세상 사람들이 모두 오만을 갖추고 있기 때문에 이러한 근본 번뇌를 수승만과 같다고 여기게 된다면, 세상 사람들 모두 수승한 선법 공덕을 갖춘 보살이 될 것이며 우리도 또한 자비심을 발하여 중생을 제도할 필요가 없게 될 것이다.

오만 번뇌로는 수행과정 중에 여러 가지의 장애의 고통과 피해를 피할 수 없다. 이러한 고통을 감내함은 아무런 의의를 지니지 못하고 단지 현생과 내생에 무변한 고통만 가져올 것이다. 만약 누군가 이 점을 정확히 분별하지 못하고 어리석게도 두 가지 상반된 마음 상태를 혼동하여 한쪽에서는 악취의 불구덩이 속으로 뛰어들어가고 다른 한편에선 자신이 해탈 피안에 접근했다고 여긴다면, 이런 사람은 세상에서 가장 불쌍하고 가련하게 여겨야 할 존재인 것이다.

爲勝我慢故 堅持自信心 위승아만고 견지자신심
此乃勝利者 英豪自信士 차내승리자 영호자신사
若復眞實滅 暗延我慢敵 약부진실멸 암연아만적
定能成佛果 圓滿衆生願 정능성불과 원만중생원

마음의 오만 번뇌를 조복시키기 위해
자신심自信心을 견지해야만 한다.
이것이 진정으로 승리자요,
세간을 뛰어넘는 자신감을 지닌 영웅이다.
의식 깊은 곳에 서식하는
오만 번뇌 원수를 뿌리 뽑을 수 있다면
반드시 무상 불과를 성취하여

일체중생의 소원을 원만하게 이루게 할 수 있다.

스스로 일체 번뇌를 극복할 수 있다는 굳은 믿음은 오만과 같은 번뇌의 유력한 조연을 끊어 없앨 수 있다. 번뇌와 싸우는 과정에서 이러한 신심을 줄곧 견지한다면 거대한 공덕이 생길 수 있으며, 번뇌를 항복시키기 위한 견고한 심리의 기초를 다진 것이다.

수행자들이 마음속으로부터 평생 게으름 없이 정진하여 악을 끊고 선을 행하겠다는 굳은 결심을 진정으로 일으켜 일체의 신념으로 수행한다면, 그들의 몸이 진정으로 진귀하게 바뀔 것이다. 이후 여러 가지 방편으로 수행하면서 이런 결심과 신심을 점점 증가시킬 수 있다면 가장 사나운 장애 인연을 만나게 되어도 두렵지 않고 자신의 마음도 수미산의 왕 같이 조금도 동요하지 않을 것이다. "아 이것은 성불의 길에서 반드시 거쳐야 할 난관일 뿐, 수행 공덕을 증가시키는 가장 좋은 조연이니 나는 완전히 모든 것을 이겨낼 수 있다."라고 생각할 것이다.

보살도에서 백절불굴하여 싸울수록 더욱 용맹한 수행인이며 진정한 영웅이고 승리자이며 바른 믿음을 지닌 용사이다. 세상 사람들이 용사·영웅·승리자라 일컫는 자들도 진정으로 지혜와 자신을 갖추고 마음의 번뇌를 이겨낼 수 있는 수행자 앞에서는 시체를 베는 자에 불과하다. 『법구경』에서는 "전쟁터에서 비록 백만 대군을 무찔러도 자기를 이겨 최상의 전사가 됨만 같지 못하다."라고 말한다. 자신의 마음속 번뇌를 극복해낼 수 있는 수행인이야말로 견줄 데 없는 출세의 영웅이다. 세상에서 말하는 홀로 백만의 적을 대적할 수 있는 용사도 이들과 비교조차 되지 못한다.

　오만傲慢 번뇌는 마음의 흐름 중에서 비교적 발견하기 어려운 번뇌의 일종이다. 탐애나 노여움의 번뇌는 수행자가 조금만 마음을 살피면 정확히 인지할 수 있다. 그러나 오만 번뇌는 이와 다르다. 오만 번뇌는 사람의 마음속 깊은 곳에 잠재되어 있으며, 종종 공덕을 빌려 스스로의 허물을 덮어두고 "아! 나의 듣고 생각하는 지혜는 정말 훌륭해. 몇 백 명의 도반 중에 아마도 제일이지."라고 생각하게 한다. 이러한 생각은 가끔 바른 명분과 옳은 말의 공덕을 배후로 하여 조금씩 자라나므로, 탐심이나 진심과 달리 오만 번뇌는 깨어 있는 성찰의 바른 앎의 힘을 구족하지 않는다면 그다지 쉽게 인지하지 못할 것이다.

　그러나 수승한 지혜와 신심으로 여러 가지 법문을 이용해 이렇게 교활한 적과 싸운다면 최후에는 철저히 소멸시키고 근본 번뇌의 적들도 줄어들게 될 것이다. 또한 이러한 기초 위에 다른 번뇌 역시 아주 빠르게 이겨내어 신속히 일체 번뇌의 때를 벗어나 불과를 이루게 된다. 원만히 불과를 증득한 것은 마니 보배와 같으며 중생의 모든 행복을 바라는 마음을 만족시켜 주는데, 이 점은 앞에서도 논술하였다. 보살은 중생을 구제하기 위하여 무상보리를 구하는 보리심을 발하시고 삼대 아승지겁 동안 수행 정진하여 번뇌를 항복받고, 무상 불과를 증득한 후에는 부지런히 힘써 행하지 않음이 없으시고 일체중생을 요익케 하신다.

　　設處眾煩惱　千般須忍耐　설처중번뇌　천반수인내
　　如獅處狐群　不遭煩惱害　여사처호군　부조번뇌해

2. 정진하는 방법

주의하지 못해 번뇌에 빠지게 되면
반드시 여러 가지 방법으로 인내하여 대처해야 하며,
사자가 여우들에게 둘러싸인 것처럼
평정심으로 집중하여 번뇌의 교란을 받지 말아야 한다.

수행과정에서 가장 큰 장애 인연은 번뇌를 잘 참아내지 못하여 시시각각 번뇌에 의해 손해를 입는 것이다. 그러므로 반드시 자신을 닦아 아무 두려움 없는 큰 신심을 일으켜 번뇌에 대처해야 하며, 이렇게 해야만 마장의 장애가 요란하지 못하도록 할 수가 있다. 더욱이 말법 시대에는 환경이 더욱 오염되어 수행자의 대치하는 힘도 약해지고 주위의 환경은 점점 탐심·진심 등 여러 가지 번뇌를 수시로 불러일으킨다. 이러한 번뇌 장애가 극성한 악렬한 환경에 처하여 스스로 어금니를 꽉 깨물고 여러 가지 훌륭한 방편과 지혜를 이용해 대처해야 한다. 그렇지 않고 조금만 신중하지 못해도 수행하여 해탈하는 기회를 상실하여 철저히 윤회의 마굴에 빠져들게 된다.

말법 시대에 마장의 경계가 혹독해도 모든 수행인 앞에서 다 이러하지는 않고 겁약한 자에 대해서만 그럴 뿐이다. 진정으로 자신과 의지력을 구족한 수행인에게는 가장 크고 가장 독한 번뇌 장애도 수행을 방해하지는 못한다. 이것은 마치 사자가 여우 무리 속에 있어도 여우가 사자에 대해 어떠한 장애나 방해가 될 수 없는 것과 같은 것이다.

수행자들은 아마 텔레비전에서 동물의 세계에 나온 사자를 보았을 것이다. 동물의 왕이 한가로이 누워 아프리카의 초원에서 햇볕을 쐬고 있을 때 여우·늑대 종류의 작은 동물은 멀리 숨어 있을 뿐 감히 가까이 오지 못한다. 사자가 몸을 일으켜 세우면 이러한 작은 들짐승들은 잽싸게 달아나 자취를 감추어 버린다. 진정으로 지혜와 신심을 구족한 수행인은 사자와 같고 그의 앞에서 번뇌는 겁 많은 여우와 같아서, 번뇌 여우가 아무리 많아도 그에게 어떠한 손해도 끼칠 수 없다. 양당 활불活佛은 감옥에서 11년을 살면서 매일 입에 마스크를 하고 묵묵히 마음으로 진언을 했다. 주위의 모든 간수들이 그를 박해하는 사람들뿐이었지만 도를 향한 그의 마음을 방해할 수는 없었다.

근휘 린포체는 주석에서 "상등의 수행자는 다만 자신만 번뇌에 물들지 않을 뿐 아니라 중생의 번뇌까지도 항복시켜 준다. 중등의 수행자는 자기중심을 세워 탐욕 경계에 물들지 않아야 하고, 하등 수행자는 마장이 되는 환경을 피해야 한다."라고 말씀하셨다. 마음이 이미 번뇌 오욕에 물든 자라면 아마도 제일 하등의 수행자일 것이다. 오욕 경계는 범부를 유혹하는 힘이 아주 크지만, 진면목을 꿰뚫어볼 수 있다면 이러한 것은 단지 눈앞에 잠깐 나타나는 허환의 경계일 뿐이며, 해탈 성취야말로 진정으로 영원한 대안락이며 오욕의 유혹에 번뇌를 일으키지 않는다는 것을 알게 될 것이다.

『백유경』에 이러한 이야기가 하나 있다. 어느 부부가 호떡 하나를 두고 싸움을 벌였는데, 서로 양보하지 않다가 결국에는 두 사람 중 먼저 말을 하거나 먼저 움직이는 사람이 호떡을 상대방에게 주기로 했다. 두 사람은 먹지도 마시지도 않고 아침부터 줄곧 그 호떡만 지켜볼 뿐 말도 안 하고 움직이지도 않은 채 저녁이 되었다. 이때 도둑이 들어왔다. 부부는 도둑을 보긴 했으나 먼저 말을 하면 호떡을 빼앗길까 두려워 서로 아무 말도 하지 않았다. 도둑이 집안의 값나가는 물건을 전부 훔쳐 달아난 뒤에야 아내가 참지 못하고 남편을 나무라자, 남편은 오히려 기뻐하면서 호떡을 집어 들고 "내가 이겼지!"라고 했다는 것이다. 그는 호떡 하나를 얻기 위해 모든 재산을 잃는 대가를 치른 것이다.

어떤 사람이 만약 모든 역량으로 세간의 명예와 이익을 추구한다면 파리 머리만 한 작은 이익을 얻을 뿐 결코 해탈을 성취할 수는 없을 것이다. 내 생각에 수행이 아직 굳건하기 전이라면 수행자들은 상사를 떠나지 않는 것이 제일 좋다. 적정한 환경을 떠나면 스스로 연약하고 무력한 토끼와 같게 될 것이고, 번뇌의 여우무리에 근접한다면 그 다음은 가히 알 수 있을 것이다. 우리는 번뇌의 본질을 명확히 알아서 마치 사자가 여우무리 속에 있을 때처럼 반드시 이긴다는 신념으로 번뇌에 대처해야 한다. 구체적으로 수행하면서 반드시 자신의 실력을 가늠하여 한 단계씩 앞으로 나아가야 하며, 자신의 역량에 맞지 않게 무리하게 행해서는 안 된다.

人逢大危難 先護其眼目 인봉대위난 선호기안목
如是雖臨危 護心不隨惑 여시수림위 호심불수혹

위험하고 어려운 상황을 만났을 때
사람들이 먼저 자신의 눈을 보호하듯이,
설령 번뇌를 일으키는 위기를 만났다고 해도
마음을 바르게 지켜서 번뇌에 지배되지 않아야 한다.

일상에서 위험한 일을 만났을 때 사람들은 모두 습관적으로 두 눈 등 제일 약한 곳을 가리는데, 눈 주위가 손상을 받지 않게 하려는 것이다. 특히 눈은 사람들이 가장 소중한 기관으로 여겨 평소에도 보호를 많이 한다.

수행인에게 가장 소중하면서도 가장 쉽게 상처를 받는 곳은 자신의 마음이다. 바깥 경계의 장애 인연을 만났을 때는 먼저 마음을 지속적으로 보호해야 하며, 그것에 의해 손해나 염오를 받지 않게 해야 한다. 마음은 만법의 근본이다. 만약 마음을 보호할 수 없다면 어떠한 선법의 원만함도 보장할 수 없다. 『금강정경』에서는 "먼저 자기의 마음을 관하고, 뒤이어 바로 보리심을 행한다."라는 말씀이 있다. 많은 고승대덕께서는 선법을 수행하기 전에 먼저 이 게송을 기억하고 수지하여 자기 마음을 보호하고 번뇌에 물들지 않게 하셨다.

수행자들이 마음을 관찰하고 주의하여 방호할 때 마음 또한 아주 말을 잘 들을 것이다. 그러나 대부분의 경우 비록 교리적으로는 자기 마음을 어떻게 취사하고 방호하는지 알고 있어도, 무시의 습기가 재촉하여 마음을 광란·방일하게 할 수 있다. 따라서 스스로 유력한 수단으로써 마음을 조복하지 않는다면 그것은 번뇌의 습기에 따라 아주 많은 악업을 짓게 된다.

평소에 일반적으로 위험한 상황을 만났을 때 사람들은 생각할 것도 없이 우선 자신의 눈을 보호하지만, 수행하는 중에 번뇌의 위험과 만났을 때는 우리는 자기 마음의 이 지혜 공덕의 눈을 보호하지 않는다. 그 원인은 스스로 마음을 보호하는 것에 대한 중요하게 여기는 인식이 없기 때문이다.

수행인으로서 오직 입으로만 "마음을 지켜 번뇌를 따르지 않는다."라고 말하는 것은 어떠한 작용도 일으킬 수 없다. 삼승 계율이 모두 호심의 수승한 방편이란 것을 수행자들은 잘 알고 있을 것이다. 청정한 계율을 지킬 수 있고 자기 마음이 모든 염오와 손해를 멀리 여읠 수 있다면, 이것이 바로 율장에서 "소가 자기 꼬리를 애호함과 같이 수행자는 청정계율을 잘 지녀야 한다."라고 한 것과 같은 것이다. 수행자들은 마땅히 반복 수행하고 정계를 수지하여 자가 마음의 선한 습관을 보호하기를 한시라도 잊지 말아야 한다.

吾寧被燒殺 甚或斷頭顱 오녕피소살 심혹단두로
然終不稍讓 屈就煩惱賊 연종불초양 굴취번뇌적
一切時與處 不行無義事 일체시여처 불행무의사

나는 차라리 불에 태워지고
머리가 부수어지는 고통을 겪을지라도
번뇌라는 적에게 조금이라도 양보하거나
굴복하지 않겠다.
어떤 상황에서든
정법의 이치에 맞지 않는 일은 결단코 하지 않으리라.

본 게송은 제4품에서 이미 자세히 설명된 것이므로 여기에서는 다시 해석하지 않기로 한다. 수행인으로서 번뇌를 이겨내려면 반드시 이러한 결심과 신심을 구비해야만 한다. 그렇지 않으면 스스로 무시의 윤회에서 번뇌 악습에 얽혀 항복받기가 매우 어렵다. 어느 곳을 막론하고 수행자는 반드시 이러한 결심을 겸비하여 불법에 위배되는 어떠한 행동도 해서는 안 되며, 행주좌와 사이에 자신이 하는 모든 행동이 정법에 맞아야만 한다.

　세상 사람들은 종종 아무 의미 없는 일에 소중한 삶을 허비하며, 출가수행의 목적을 명확히 이해하지 못한 일부 형식에 빠진 불자들도 종종 수많은 무의미한 일을 위해 해탈의 기연을 잃어버리고 여유 없는 삶 속으로 빠져버린다. 현생과 내생에 대해 아무 이익이 없는 이러한 일은 무의미한 것이다. 나는 수행자들이 이런 일을 하지 않기를 바란다. 만약 완전히 끊을 수 없다면 최소한 지나치게 적극적으로 하지 않아야 자신의 시간과 정력이 낭비되는 것을 면할 수 있다. 해탈을 구하고자 하는 수행인들은 항상 이와 같이 스스로의 마음을 잘 다스려 무의미한 일에서 벗어나야 한다.

　이 게송에 관해 인도의 일부 논사들은 후세 사람이 부가한 것이며 원문 중에는 본래 이곳에 중복됨이 없다고 여겼고, 근수취자 린포체도 주석 중에서 그렇게 말했다. 역자 여석 법사가 범문 원판을 대조했을 때 범문 판에서도 이 게송은 발견되지 않았다. 그러나 티베트불교 중의 여러 대덕들, 예를 들면 톡메 린포체, 갈참제 대사, 근휘 린포체 등께서는 이 게송에 대해 모두 티베트어의 원문에 의거해 직역하였고 그 번역은 제4품에서의 해석과 비슷하다.

C. 환희의 힘
a. 선업을 행하는 기쁨

如童逐戱樂　所爲衆善業　여동축희락 소위중선업

心應極耽著 樂彼無厭足 심응극탐착 낙피무염족

어린아이가 일심으로 오락을 즐기는 것처럼
자기가 수행하는 여러 선법에
아주 즐겁게 임하고 그 일을 애착하며,
마음에 만족하지 않고 기쁨으로 계속해야 한다.

  어린아이들은 대부분 놀이를 매우 즐거워하며, 기회만 있으면 아침부터 저녁까지 하루 종일 바깥에서 뛰어놀지만 피곤을 거의 느끼지 못한다. 어린아이들이 놀고 있을 때는 하루 종일 쉬지 않고 밥도 먹지 않아도 마음에는 여전히 놀이에 대한 즐거움으로 가득 차 있고, 일심으로 몸과 마음이 모두 그 놀이 속에 빠져 있다. 자리이타를 이루려는 수행인이 스스로 순리적으로 선법을 성취하려면 반드시 이렇게 강렬한 환희심의 도움이 구족되어야만 한다. 환희심도 선법에 대한 희구나 집착의 일종이나, 선법에 대한 집착이 좋지 않다고 여겨서는 안 된다. 초기 수행인에게 있어 이러한 선법의 집착은 반드시 필요한 것이다. 선법에 대해 점점 환희로 집착하게 되면 선법에 점점 부지런해질 수 있으며 피로하거나 싫어하는 마음이 생길 수가 없다. 수행과정 중에 이러한 환희심의 조연을 유지할 수 있다면 자신을 위해 시종일관 선법에 유력한 보장을 제공할 수 있다.
  많은 이들은 어떠한 선법을 수행할 때 처음에는 열정으로 충만하지만, 중간에 이르러서는 점점 느슨하고 게을러져서 마지막에는 손을 놓아버려 아무것도 하지 않게 된다. 이것은 유력한 환희심의 조연이 결핍되어 좋지 않은 결과를 짓게 된다. 현재 아주 많은 수행인들이 이러한 문제점을 갖고 있다. 선법을 닦을 때 종종 "3분의 열정"만을 유지하며, 어떤 이들은 겨우 하루 이틀 수행한 뒤 아무 성취도 얻을 수 없다고 여겨 싫증을 내고 곧바로 포기한다. 이러한 사람은 반드시 스스로 선법에 대한 환희심을 증가시켜야 한다. 강력한 환희심의 조연으로 비로소 스스로 선법 수행에 대한 흥미를 유지할 수 있게 된다.

환희심을 일으키려면 당연히 광범위하게 듣고 생각하는 수행에 의지하여야 한다. 선법을 수행하여 얻어지는 결과를 이해하면 어린아이가 놀이에 빠져드는 것처럼 반드시 선법을 수행하는 것이 조금도 피로하거나 싫어함이 없게 된다.

갈참제 대사는 "마치 아이들이 즐겁게 생활하기를 바라듯이, 보살도 남을 이롭게 하기 위하여 무슨 일을 하든지 보리심 사업을 배우고 사유하며 기쁨에 빠져 그 일을 해야 한다."라고 말하였다. 보살은 어떠한 선법을 수행하고 있을 때 자신이 광대한 중생을 이롭게 하는 부모임을 기억해야 한다. 시시각각 자신의 수행이 수많은 친인척을 이롭게 할 수 있다고 생각한다면, 어떠한 듣고 생각하는 수행이든 관계없이 스스로 기뻐하여 피곤해할 때가 없을 것이다. 상사 여의보께서도 "중생을 이롭게 하는 대승 수행인은 자기와 남에 대하여 진실한 의미를 지니는 것이 배우고 사유하며 정법을 수행하는 것이다. 선법의 중대한 의의를 이해하고, 밥을 먹는 것처럼 매일 그치지 않고 정성을 기울여 부지런히 노력해 쉬지 않는다."라고 말씀하셨다.

우리는 모두 발보리심을 서원한 수행인이지만 스스로 시시각각 이 서원을 기억하고 있는지 자문해야 한다. 마치 아이들이 놀이에 즐거움을 갖는 것처럼 문·사·수를 행하는 정법의 커다란 복덕의 선과를 보호하고 유지하고 있는가? 소수의 몇몇 사람들만이 이렇게 할 수 있을 뿐이다. 어떤 이들은 수행할 때 눈앞에 있는 잠깐 동안의 이익과 목표를 위해 분투하는데, 이런 사람들은 선법에 대한 신심과 인내심을 쉽게 잃어버리게 된다. 어떤 이들은 불학원에서 몇 년 동안 고생스럽게 공부하거나 모처에서 몇 년 동안 고되게 수행하여 어느 정도의 공덕을 쌓았지만, 명성과 공경을 얻으면 그 역시 만족함에 안주해 더욱 수행할 생각을 못하고 문·사·수 수행에 대한 신심을 잃게 된다. 이것은 수행인이 해야 할 행위가 아니다.

샤카 빤디따는 "큰 바다는 강물이 많아도 싫어하지 않고, 국고는 보물이 많더라도 싫어하지 않는다."라고 말했다. 대승보살도를 닦는 수행인은 당연히 적극적으로 광대한 복혜 자량을 쌓아야 하며, 그 일을 영원히 싫어하거나 만족하지 않아야만 바다처럼 무변한 중생을 이롭게 할 수 있다.

아주 많은 사람들이 마치 풍차처럼 상사나 혹은 도반들이 재촉할 때에는 몸과 마음이 선법 방면에 전념하지만 겨우 하루 이틀 그렇게 할 뿐이다. 그나마 독촉하는 사람이 없으면 곧바로 멈추어버린다. 완전히 타인에 의지하고 스스로 주동적인 역량이 없는데, 이런 악습을 고치지 않는다면 어떻게 보리도의 수행을 해나갈 수 있겠는가? 수행자들이 자세히 생각해 보면 자신이 어린아이였을 때에는 무의미한 작은 즐거움을 위해 좋아하는 놀이에 밤낮을 가리지 않고 몸과 마음을 몰입하기도 하였다. 그런데 지금 자타 구경의 안락을 위해서는 왜 몸과 마음을 온전히 선법에 몰입하여 영원한 만족을 얻으려 하지 아니하는가?

> 世人勤求樂 成否猶未定 세인근구락 성부유미정
> 二利能得樂 不行樂何有 이리능득락 불행락하유
>
> 세상 사람들은 즐거움을 추구하지만
> 반드시 즐거움을 얻는 것은 아니다.
> 자리이타의 일은 반드시 행복을 가져올 수 있는 것이지만,
> 행하지 않는다면 어찌 안락이 있을 수 있겠는가?

　세상 사람들은 먹고 마시는 등 신심의 쾌락을 얻기 위해 밤낮으로 바쁘게 일한다. 부지런히 일하며 쉬지 않음이, 티베트의 민간 속담에 "하늘의 별을 모자로 삼고 땅 위의 흰 눈을 신발로 삼는다."라고 함과 같다. 이 속담의 의미는 사람들이 아침에 나가서 저녁에 돌아올 때까지 일하는 수고로움을 뜻하는 것이다.
　그러나 사람들이 이러한 수고로운 노동으로 인해 작은 안락이라도 누릴 수 있을까? 사실상 오히려 성공은 적고 실패는 많다. 이 과정은 마치 농민이 봄에 씨를 뿌려 가을에 과실을 얻기를 바라지만, 중간에 종종 홍수·가뭄·우박·병충해·풍재나 전염병 등과 같은 여러 가지 재난으로 인해 수확의 희망을 잃게 되는 것과 같다. 더더욱 슬픈 것은 어떤 이들은 하루 종일 어리석은 마음으로 얻을 수 없는 것들을 추구하여 소중한 인생을 이러한 공상으로 헛되이 보내는 것이다.
　경전에 이러한 이야기가 있다. 예전에 고인도의 시골 마을에 어느 청년이 있었는데, 그는 고향의 곳곳에서 여러 가지를 추구했지만

뜻에 맞는 배필도 찾지 못해 매우 슬펐다. 한번은 성내에 가서 놀았는데 왕궁을 지나다가 공주를 보았다. 공주의 미모는 그를 혼절시켰다. 그는 밤낮으로 공주를 생각하다가 어리석은 생각에 빠졌다. 낮에는 벽에 그려진 벽화를 보고 공주가 말하고 있는 것이라고 여겼고, 밤에는 줄곧 자신이 공주와 함께 행복한 생활을 즐기는 것을 꿈꾸었다. 나중에 주위 사람들이 '상사병'을 앓고 있는 이 불쌍한 젊은이를 발견하고 아무 희망도 없는 그에게 좋은 마음으로 충고하기를 "당신 이렇게 어지럽게 생각할 필요가 없어. 자신에게 고통만 더할 뿐이야. 일개 평민이 어떻게 공주와 결혼할 수 있겠나?"라고 하였다. 그 젊은이는 환상에서 깨어나 '내가 공주를 얻지 못하는데 인간으로 사는 게 무슨 의미가 있겠는가?'라고 생각하였다. 절망에 빠진 그는 점점 미쳐 정신이 나가게 되었다. 그의 친척들은 매우 상심하여 그에게 거짓말을 하였다. "우리는 국왕과 공주에게 너의 생각을 아뢰었는데 공주가 지금 너에게 시집올 것을 허락하였다. 그러나 그녀는 더 공부를 해야 하므로 얼마간의 시간을 더 기다려야 한단다." 이 말을 듣고 젊은이의 병이 순식간에 호전되었다. 젊은이는 이렇게 하루 또 하루, 일 년 다시 일 년을 영원히 실현될 수 없는 공상에 빠져 기다리고 있었다.

 부처님은 "세상 사람들은 이 젊은 청년과 같이 얻을 수 없는 것을 목숨을 다해 추구하고 자신의 삶을 이러한 환상 속에서 헛되이 보낸다. 이러한 삶에 무슨 의미가 있는가? 아쉽게도 세상 사람들 대다수는 전생을 기억하지 못한다. 그러나 만약 전생을 기억할 수 있다면 영원히 만족할 수 없는 탐욕을 위하고 영원히 그칠 수 없는 업연을 짓는 일에 끊임없이 자신을 던지고 있다는 것을 모두가 발견할 수 있을 것이다. 이렇게 윤회의 고해 속에서 긴 세월 동안 아무 의미 없는 세속의 목표를 고생스럽게 쉼 없이 좇고 있지만, 성공의 희망은 오히려 미미할 뿐이다."라고 말씀하셨다.

출세간에서 볼 때, 불교를 배우는 우리들이 자리이타를 성취하기 위해 분투하는 것은 세속 사람들이 분투하는 것과 다르다. 어떤 사람이 발심하여 불교를 배워 가르침을 받들어 행하고 악업을 끊고 자리이타의 선행을 실천한다면 반드시 안락을 얻고 소원성취를 할 수 있다. 이것에 대해서는 여래께서 진실어로 증명하심이 있고, 무수한 앞서간 사람들의 실천의 증명이 있다. 『법화경』에는 "법을 들은 사람은 성불하지 못함이 없다."라고 말씀하셨다. 부처님과 연을 맺기만 하면 성불하지 못할 자는 없다. 역사상 무수한 수행인들이 짧은 생명을 자리이타의 일에 바쳤고 그들은 최종적으로 비할 바 없는 대자재·안락으로써 자리이타의 견줄 데 없는 안락의 결과를 증명했다.

세상 사람들이 모두 안락을 좇으나 진정으로 안락을 얻은 자 누가 있는가? 인간 세상에서 일찍이 위세 당당한 몇 명의 군왕이 천하통일의 대업을 세운 바 있지만, 그들 역시 그다지 즐겁지도 자유롭지도 않았다. 우리는 단지 자리이타를 수지하고 수행함으로써 군왕들의 안락을 뛰어넘는 것을 얻을 수 있는데, 왜 정진 노력하지 않는 것인가?

이러한 이치를 알고도 실제 행동으로 옮기지 않는다면 안락 또한 자동으로 내리지 않는다. 이는 마치 맛좋은 과일이 가득히 담겨져 앞에 놓여 있으나 자신이 손을 움직여 취하지 않는다면 그 맛을 느낄 수 없는 것과 같다. 안락의 해탈과는 자신의 정진 수행에 기인한다. 이 점은 더 이상 많은 말이 필요하지 않는 것이다. 수행자들이 진정으로 출세의 자재한 안락을 누리고자 한다면 오직 쉬지 않고 정진하는 것뿐이다.

b. 선과를 생각하는 기쁨

　　如嗜刃上蜜 貪欲無厭足 여기인상밀 탐욕무염족
　　感樂寂滅果 求彼何需足 감락적멸과 구피하수족

　　세상 사람들이 구하는 오욕은 칼날 위의 꿀을 핥는 것과 같아
　　탐욕에 빠져 영원히 만족함을 얻지 못하지만,
　　선업을 지으면 적정 열반 과보의 안락을 누릴 수 있는데,
　　이를 추구함에 있어 어찌 작은 만족에만 머물려 하는가?

　세상 사람들이 오욕을 즐겨 탐하는 것은 보검 위에 묻은 꿀을 핥는 것과 같아서, 맛볼 수 있는 단맛은 적으며 아주 무서운 대가를 치러야 한다. 보검의 칼날은 일반 칼날과는 달리 더욱 예리하여 물체가 한번 보검에 가까이 닿기만 해도 곧 잘린다. 만약 어떤 이의 혀가 보검 위에 닿았다면, 꿀의 단맛을 보았든 아직 맛보기 전이든 간에 칼날은 이미 혀를 잘랐을 것이다.

　세상 사람들은 이와 같이 극히 미미하고 찰나에 불과한 오욕을 누리기 위해 오랫동안 극렬한 악도의 고통의 대가를 치르고 있다. 예를 들면 사람들이 먹는 욕심을 만족시키기 위해 다른 동물을 죽인다. 한 생명을 죽일 때마다 그는 반드시 오백생 동안 다른 사람에게 살해당하는 참혹한 대가를 치러야 한다. 세상 사람들이 이러한 짧고 보잘

것 없는 욕망을 추구하면서도 아무 의미 없는 행위에 대해 만족할 줄도 모르고 피곤해 하거나 싫어하지도 않는데, 우리는 청정 원만한 안락의 불과를 추구하면서 무슨 이유로 만족하거나 피곤하고 싫어하겠는가?

부뙤와 대사(1031~1105)[48]는 "세상 욕망에 탐착하여 만족할 줄 모르는 사람은 윤회의 고통에서 해탈을 얻을 수 없다."라고 말했다. 세상 사람은 이러한 고통 속에 빠져 있으면서도 싫어하거나 만족을 느끼지 않고 또한 그들이 추구하는 바를 포기하지도 않는다. 그러나 수행인은 자리이타 선행으로써 끊임없이 인천의 안락과 구경의 성불의 큰 안락을 얻는데, 이렇게 비할 데 없는 선법에 대해 어떻게 싫어하거나 조금 이루었다고 만족감을 일으키겠는가?

『불자행송』에 "삼계 윤회의 쾌락은 풀끝의 이슬 같고 한순간에 소멸하는 법이다. 항상 불변하는 해탈의 과보를 즐겨 구함이 불자가 행하는 바이다."라는 말씀이 있다. 삼유의 안락은 잠깐 사이에 괴멸하는 유루법이지만, 해탈 안락은 생멸이 없는 영원의 대안락이다. 세상 사람들은 삼유의 안락을 얻기 위해 다생겁 동안 목숨 걸고 분투하고 엄중한 대가를 치르면서도 오히려 조금도 만족하는 마음이 없다. 지혜 있는 자는 윤회 없는 해탈의 대안락을 위해 자리이타 선법의 도에 대해 용맹한 정진을 일으켜야 하며 줄곧 앞으로 나아가 영원히 만족해서는 안 된다.

---

[48] 까담파 창시자인 중돈빠의 제자. 러전사의 대강사로서 『입보살행론』과 『보리도등론』을 주로 강의했다. 스승 원적 후 선정을 닦는 데 힘썼으며, 제자에 랑르당빠가 있다.

c. 환희의 모습

爲成所求善 歡喜而趣行 위성소구선 환희이취행
猶如日中象 遇池疾奔入 유여일중상 우지질분입

바라는 선법을 원만히 성취하기 위해서는
마땅히 환희심을 갖고 자리이타의 선행에 기쁘게 뛰어들어야 한다.
마치 태양의 혹열을 감당하기 힘든 코끼리가
청량한 연못에 뛰어드는 것처럼 말이다.

대승 수행인에게는 모두 자리이타를 원만히 성취하려는 위대한 목표가 있다. 이러한 구경 안락의 선과를 위해서는 마땅히 비할 데 없는 환희심으로 보살행에 뛰어들어야 한다.

대환희심을 일으키려면 불법을 듣고 깊이 생각하는 것이 필요하며, 해탈도의 승리와 불법의 수승함에 대해서 결정적인 신심을 일으켜야 한다. 진정으로 삼보의 수승한 공덕과 해탈의 구경 안락을 이해하려면 반드시 선법에 대한 충만한 환희심이 있어야 하며, 조금의 싫어함도 없이 부지런히 수학해야만 한다. 만약 이것을 이해하지 못한다면 선법을 수행할 때 환희심을 일으킨다는 것은 억지가 된다.

세상의 가장 불쌍한 자는 우매 무지한 사람이고, 가장 행복한 것은 지혜 있는 사람이다. 잘못과 그름을 명확히 판단하지 못하거나 여법하게 선택하는 지혜가 없고, 또한 법을 구하는 것을 알지 못한다면 영원히 고해에 빠져 벗어날 기약이 없다. 이것이 제일 불쌍하고 연민이 느껴지는 중생이다. 반면에 지혜 있는 사람이 되려면 불법을 수학하는 것이 제일 좋은 길이다. 불법은 삼계의 최고 구경의 지혜이기 때문이다. 석가모니 부처님께서는 그 지혜의 큰 바다에서 감로를 꺼내셨는데, 우리가 조금만 취하여도 우치와 악질을 치료하여 지혜의 청명한 마음을 얻을 수 있다.

중생은 생사의 광야에 빠져 번뇌의 독불에 타고 있는데, 불법은 청량한 감로의 큰 바다와 같아 인연이 있어 이 공덕 대해를 본 중생은 비할 수 없는 기쁨으로 그 속에 들어가 청량한 기쁨을 누리게 된다. 이러한 과정은 한낮의 작렬하는 태양 밑에서 고통스러워하던 열대의 코끼리가 연못을 발견하고는 기쁘게 뛰어들어가 다른 일들에 대해 조금도 신경 쓰지 않게 되는 것과 같다.

지금 적천보살의 가르침과 상사 여의보의 은혜에 의해 우리는 비할 데 없는 안락의 청량한 감로 보배 연못을 만났다. 번뇌 지옥불의 윤회에서 스스로 고통을 이미 맛보아 몸과 마음이 지친 우리들이 무슨 이유로 환희심을 내지 못하고 용맹하게 불법의 보배 연못으로 들어가 감로를 취하지 않는 것인가? 이것은 천백만겁에나 겨우 만날 수 있는 복된 인연이며 영원히 누릴 수 있는 비할 데 없는 안락의 기회와 인연이다. 이렇게 중요한 관건에서 부디 지체하지 말고 모두 비할 데 없는 환희심으로 분투 노력하여 현생에 철저하게 운명을 바꾸기를 바란다.

D. 버리는 힘

身心俱疲時 暫舍爲久繼 신심구피시 잠사위구계

事成應盡舍 續行餘善故 사성응진사 속행여선고

몸과 마음이 모두 피곤할 때
꾸준함을 유지하기 위해서는 잠시 수행을 놓고 쉬어야 한다.
일이 완성되면 조금의 미련도 두지 말고 내려놓고
다른 선법을 계속 닦아야 한다.

염송을 하거나 본존을 관함, 불탑이나 불상을 조성하는 등 어떤 선법을 수행하든 상관없이 선법을 수행할 때에는 반드시 한맘 한뜻으로 전심을 다해 완수해야 한다. 이러한 과정에서 어떤 때는 자신의 심력과 체력의 한계로 인해 선법을 완수하지 못하고 중간에 피곤·번뇌·우려 등을 느끼게 되는데, 이러한 상황에서 만약 억지로 계속 해나간다면 일의 성공률은 매우 낮을 것이며 또한 원만히 성취할 수도 없을 것이다. 그러므로 잠시 일을 내려놓고 자신을 한번 가다듬어 피로를 없애고 힘을 다시 회복해야만 한다. 관행을 닦는 비교적 큰 선법을 수행함에 이러한 내려놓음은 필수적인 조언이다.

어떤 이들은 의문이 있을 수 있다. 앞에서 수지 선법을 일단 시작했으면 중도에 포기해서는 안 된다고 말했는데, 지금은 왜 중간에서 휴식하면서 조절할 수 있다고 말하는가? 이것은 앞에서 요구한 것에 위배되지 않는단 말인가?

여기서 말한 '잠시 내려놓는 것'은 선법 수행 중에 '신심이 피로하고 역량이 부족한 때를 스스로 조절할 수 있는 것'을 말한다. 선법을 완성하기 위해 잠시 조절하는 것은 선법을 포기하는 것이 아니다. 선법을 완성하기 위해 질량을 보호하는 것이다. 우리들 중 일부분은 이런 체험이 있었을 것이다. 특히 막 불학원에 온 사람들이 처음 수승한 불법을 들었을 때에는 낮이나 저녁의 수행 정진의 일정을 아주 빡빡하게 짜놓아 신심이 피로하게 되기도 하고, 혹 어떤 이들은 심지어 곧바로 병이 들어 아주 많은 장애를 일으키기도 한다. 이러한 상황에서 잠시 내려놓고 쉬면서 어느 정도의 시간이 지난 뒤에 다시 전력을 다해 문·사·수 수행에 몰입한다면 그 효과는 두드러지게 높아질 것이다. 이렇게 중간에 잠시 내려놓는 것은 일의 완성을 더욱 원만하게 할 수 있으므로 우리는 합리적으로 이 방법을 운용하여 수행 중에 조임과 느슨함을 조절할 수 있다. 바다의 조수처럼 역량이 항상 지속되게 하여야 하며, 일의 중도에서 모든 힘을 소비하여 실패를 초래해서는 안 된다.

어떤 선법을 원만하게 이룬 뒤에는 마찬가지로 놓아버림의 방법을 운용하여 일을 내려놓고 가볍게 한 뒤 다른 선행을 계속 수행해야 한다. 이때 수행자들은 주의해야 한다. 여기에서 말하는 것은 어떤 일을 원만히 이룬 뒤에 놓아버림을 말한다. 스스로 어떤 일을 다시 하고 싶지 않다고 곧바로 내려놓아서는 안 된다. 우리가 수행하는 상사유가를 예로 들어 보자. 연화생 대사의 심주 천만 번을 염송하는 평상규칙에 따라 수량을 원만하게 한 뒤, 대성취를 이뤘다고 계산하여 관수 의궤를 놓아버릴 수가 있겠는가? 여기에서 수행자들은 자세히 분석해야 하지, 맘대로 자기 뜻에 따라 일을 행해서는 안 된다. 심주를 천만 번하는 것은 단지 통상적인 규정일 뿐이다. 수행인들 각자는 스스로의 증험과 얻은 경지를 생각해서 그 수량을 정해야 하며 경솔하게 심주 염송을 놓아서는 안 된다.

여기에서 찬술한 두 가지 '놓아버림'에 대해서는 전면적인 이해가 필요하다. 첫 번째 놓아버림은 어느 선법을 실행 수지하는 중간에 역량을 회복하여 원만히 선법을 완성하기 위해 잠시 놓아 조절하는 것이다. 두 번째 놓아버림은 어느 한 가지 선법을 원만히 성공한 뒤 다른 선법을 계속 수행하기 위해 이미 성공한 선법을 차제에 따라 한쪽에 두는 것이다. 이것은 자신의 역량을 분산시키지 않고 수행을 한 단계 진일보시키기 위한 것이다. 단지 '사성응진사事成應盡舍' 한 구절을 핑계로 어느 작은 공덕의 계단 위에 나태하게 머물러 더 높고 더 많은 선법을 닦으려 하지 않으면 안 된다. '놓아버림'은 자신의 정진 수행의 역량을 합리적으로 증가시키기 위한 것이지, 어리석은 자의 나태함에 빠지는 수단일 수 없다.

(2) 바른 앎과 생각으로 힘써 행함

정진을 증가시키는 네 가지 조연은 이미 찬술을 마쳤고, 지금은 정진을 증가시키는 두 가지 힘에 대해 서술하고자 한다. 정진을 증가시키는 수행 중에 반드시 이 두 가지 힘인 실행력과 억제력을 교묘하게 운용시켜야 한다. 실행력은 실제 수행 중에서 마땅히 써야 할 일념으로 근신하여 방일하지 않고 정진을 증가시키는 역량이다. 억제력은 스스로 몸과 마음을 억제시켜 바른 도를 따를 수 있도록 하여 몸과 마음을 분발시켜 수행하게 하는 역량이다.

沙場老兵將 遇故避鋒向 사장노병장 우고피봉향
如是回惑刃 巧縛煩惱敵 여시회혹인 교박번뇌적

전쟁터에서 노전사가
적의 공격을 만나 칼날을 잘 피하듯이
번뇌의 칼끝을 피해가며
교묘하게 번뇌의 적을 잡아매고 소멸시켜야 한다.

옛날 전쟁터에서 전투 경험이 풍부하고 격투 기술에 능숙한 노전사는 적의 병사들을 만났을 때 노련하게 적이 휘두르는 칼날을 피하여 자신을 보호함과 동시에 자신의 무예를 펼쳐 상대방을 철저히 무너뜨린다. 이렇게 백전의 경험이 있는 용사들은 적군의 기세에 대면하거나 칼날을 맞이해도 두려워하지 않고 적들을 죽이고 조금의 당황함도 없이 공격하여 적을 격파시킨다. 적의 공격을 잘 피하는 사람은 설령 빈손이더라도 강한 적을 항복시킬 수 있는 것이다.

우리가 번뇌와 싸울 때도 기교를 잘 배워 노전사처럼 교묘하게 자신을 보호하고 번뇌 적을 물리쳐야 한다. 번뇌에 공격당하기 전에 반드시 그것의 기미가 있다. 바른 지혜의 일념으로 갑자기 습격하는 번뇌의 출현을 예방할 수 있고 번뇌의 칼끝을 피해갈 수 있다. 예를 들면 원한의 분노가 우리를 무너뜨리려 할 때 반드시 모종의 성냄을 일으키는 이유를 빌려 공격해 온다. 이때 자신이 성내고 있는 환경이 원한이라는 이유임을 명확히 꿰뚫어보아야 한다. 우선 이러한 환경을 피하고 난 뒤, 본론의 제6품 인욕에서 소개한 여러 가지 지혜의 예리한 칼을 이용해 원한의 머리를 끊고 번뇌 원적을 소멸해야 한다. 불교 역사상 수많은 고승대덕들은 수없이 용맹하게 싸워 이긴 용사들이다. 후학들이 그들의 경험을 열람하려 한다면 여러 종류가 있지만, 결론지어 말한다면 '교묘하게 칼끝을 피하고 지혜로써 번뇌를 무너뜨리는 것', 이 두 가지로 요약된다.

戰陣失利劍 懼殺疾拾取 전진실리검 구살질습취
如是若失念 畏獄速提起 여시약실념 외옥속제기

전쟁터에서 칼을 떨어뜨리면
두려움에 즉시 칼을 집어 들 듯이
번뇌에 대항하는 바른 정신집중의 무기를 잃어버리면
지옥의 두려움을 기억하며 신속히 챙겨야 한다.

적천보살이 생활했던 서기 7~8세기에는 전 세계 각지가 전쟁터에서 대부분 칼이나 창과 같은 무기를 사용했다. 전쟁터에서 우열을 가리기 어려울 때 누군가가 손에 있던 칼을 갑자기 땅에 떨어뜨렸다면 그 다음 상황이 어떠할지 쉽게 상상할 수 있다. 속담에 "용사의 주먹이라도 보통사람의 검을 막을 수는 없다."라는 말이 있다. 가장 용맹하고 힘 있는 전사라도 손에 아무런 무기도 없다면 칼과 창을 든 적군을 이겨내기란 어려운 것이다. 때문에 손에서 무기를 놓친 전사는 가장 민첩한 수단으로 그 무기를 주워야 한다. 그렇지 않으면 적이 공격해 올 때 자신에게는 오직 죽음의 길만이 있을 뿐이다.

수행인은 시시각각 번뇌 원수와 싸워 삼계의 괴로운 윤회의 울타리를 벗어나야 한다. 평소에는 탐·진 번뇌의 원적이 시시각각 신변을 공격하여 우리의 해탈 선근의 생명을 뺏어가려 한다. 이렇게 사면이 적들에게 포위되었을 때 만약 번뇌에 대항하는 가장 근본의 무기인

반야검을 잃어버린다면, 스스로 번뇌의 공격을 피하기 어려울 것이며 이제 막 일어난 수행 해탈 안락도 잃을 뿐만 아니라 내생에서는 지옥 악취에 떨어져 고통을 받게 된다.

    수행자들은 불법을 공부하여 번뇌를 벗어나기를 갈구했지만, 한순간을 삼가지 못해 지혜의 보검을 잃어버리고 그들의 해탈 생명을 찰나에 번뇌 적들이 빼앗기는 사람들을 주위에서 쉽게 볼 수 있을 것이다. 수행자들은 각자 자신이 항상 정념의 검을 꽉 잡고 있는지를 성찰해 보고 자신의 수행이 크게 부족하다는 것을 인식해야 한다. 정지·정념을 잃어버린 뒤의 무서운 결과를 완전히 인식하지 못하고 방일해서 정지·정념의 검을 놓쳤을 때, 번뇌 원적이 이 기회를 타고 맹공격을 한다면 자신에게 어떤 결과가 있을지 상상해 보라. 바른 지혜를 잃어버린 아무런 저항 능력도 없는 수행자는 아주 작은 번뇌 인연의 장애만으로도 무너질 수 있다.

    수행인이라면 모름지기 때와 장소를 가리지 않고 바른 지혜의 무기를 꽉 쥐고 있어야 한다. 삼가지 않아 그것을 잃어버리게 되면 마음속으로 번뇌 적이 자신을 지옥에 던져 넣어 고통 받게 될 공포를 생각하고 빨리 정념을 일으켜 시종일관 늘 깨어 있어 번뇌가 노릴 기회가 없게 해야 한다.

循血急流動 箭毒速遍身 순혈급류동 전독속편신
如是惑得便 罪惡盡覆心 여시혹득변 죄악진복심

독화살의 독이 피를 따라
온몸으로 아주 빠르게 퍼지는 것과 같이

번뇌가 기회를 만나면
그 번뇌의 죄악도 순식간에 마음을 덮어버리게 된다.

고대의 전쟁에서 사람들은 종종 화살 끝에 독약을 묻혀 적에게 쏘았다. 아무리 건장하고 용맹한 사람이라도 이 활을 맞으면 독약이 아주 빠르게 온몸으로 퍼져서 목숨을 잃게 된다. 아주 작은 상처를 입어서 혈관에만 닿았을지라도 신속하게 처리하지 않는다면 무서운 결과를 피할 수 없었다. 이러한 상황에서 사람들은 독사에게 물린 것처럼 목숨을 구하기 위해 조금도 주저하지 않고 상처 부위의 살을 도려내어 독이 다른 곳으로 퍼지지 않게 한다. 이렇듯 우리가 화살에 상처를 입었는데 이것이 독화살임을 명백히 알 때는, 단 일 초도 지체하지 않고 조치를 취해 상처를 잘 처리할 것이다.

독화살처럼 번뇌는 우리가 정념의 기회를 잃었을 때를 노려 마음을 다치게 한다. 번뇌의 독소가 즉시 퍼져나가 스스로 탐심·진심·질투·오만 등 번뇌의 고통을 일으킨다. 번뇌가 막 시작되었을 때에는 비교적 은밀하지만 효과 있게 대처하지 않는다면 독소가 차츰 확산되어 마음을 온통 뒤덮을 것이다.

갈찹제 대사는 『입행론광석』에서 "독화살에 맞아 하나의 털구멍에서 피가 나오더라도 그 독은 온몸으로 퍼져나갈 수 있다. 바른 지혜를 잃게 되었을 때 번뇌는 아주 작은 틈을 노려 진심 등의 죄악을 그 마음에 신속히 번지게 한다. 그러므로 아주 작은 번뇌도 잘 막아야만 한다."라고 말씀하셨다. 아주 미미한 번뇌라 하더라도 그것의 해로움은 독화살처럼 아주 엄중하다. 세심하게 잘 살피지 않고 번뇌로 인한 작은 상처를 주의하지 않는다면 탐·진·치 삼독이 뻗어나가 해탈 선근의 생명을 해하여 죽게 만들 것이다. 그러므로 우리는 시시각각 경계하여 번뇌의 독화살의 상처를 잘 살펴야 한다.

만약 자신의 복덕 지혜의 생명이 훼손되는 것을 원하지 않고 또 내생에 지옥에 떨어지길 원치 않는다면 마왕 파순이 쏘는 탐·진·치 독화살의 상처를 발견하여 그러한 번뇌의 독을 제거하는 치료법을 직접 취하여 번뇌 독소가 확산되는 위험을 막아야 한다. 투매이 린포체는 "번뇌가 고질화되면 치료하기 어려우므로 날이 선 검을 가지고 탐욕 등의 번뇌가 막 생길 때 잘라버리는 것이 바른 지혜의 수행자가 행할 바이다."라고 말씀하셨다.

번뇌가 처음 생겼을 때 즉시 그 뿌리까지 잘라야 한다. 그렇지 않고 독소가 뻗은 뒤에 치료하려면 이미 늦은 것이다. 맥팽 린포체는 "번뇌는 도둑과 같지만 만약 일찍 그를 간파하면 그것은 오염될 수 없는 것이다."라고 말했다. 우리는 평상시 마땅히 듣고 생각하는 이 방면의 가르침을 반복하여 번뇌의 여러 가지 면목과 위해성에 대해 전면적으로 정확히 이해해야만 한다. 만약 이렇게 할 수 있다면 번뇌가 처음 일어날 때 이것이 번뇌 독소의 해로움임을 확실히 인식하게 되며, 독화살의 고통스런 결과를 멀리 뛰어넘어 용맹스럽게 지혜의 검을 이용해 독의 근원을 잘라낼 수 있게 된다.

如人劍逼身 行持滿鉢油 여인검핍신 행지만발유
懼溢慮遭殺 護戒當如是 구일려조살 호계당여시

기름이 가득 담긴 그릇을 옮기는 사람이
'흘리면 죽일 것'이라는
칼을 든 병사의 협박을 두려워하듯,
수행자는 이와 같이 집중하여 수행하여야 한다.

이 이야기는 부처님 출세 시대의 일이다. 당시 인도에는 맹광猛光이라는 국왕이 있었다. 그는 아주 포악하여 수많은 사람을 죽였었으나 나중에 불교 승단에 신심을 일으켜 불교에 귀의하였다. 어느 날 그는 가전연 존자를 포함해 오백 명의 비구를 왕궁에 초청하여 공양을 올렸다. 이때 궁내에 연회를 열었는데, 그 춤과 노랫소리가 온 천지를 시끄럽게 할 정도였다.

공양을 마친 뒤에 국왕이 가전연 존자께 물었다. "오늘 공양하실 때 가무 등의 묘미가 어떠셨는지요?" 당시 존자의 지계는 아주 엄하였다. 그가 왕궁에 왔을 때 육근을 조심하여 마음을 조금도 방일하지 않아 이러한 번잡한 외경에 전혀 산란되지 않았기에 존자는 국왕에게 이렇게 아뢰었다. "저는 아무 소리도 듣지 못했고 또한 아무것도 보지 못했습니다." 국왕은 그 말을 듣고 그다지 기뻐하지 않았고 이것이 사실이 아닐 것이라고 여겼다.

존자는 국왕이 의심하는 것을 알아차리고 국왕에게 이렇게 말했다. "국왕이시여! 사실은 이렇습니다. 저는 윤회의 고통에 떨어지는 것을 아주 두려워하여 시시각각 육근을 바른 한 생각에 집중하여 조금도 방일하거나 산란하지 않으며 바깥의 모든 것에 전혀 신경을 쓰지 않습니다." 국왕이 여전히 믿지를 않자, 존자가 국왕에게 요청을 하여 감옥에서 사형수 한 명을 끌어내어 손에 기름이 가득 담긴 그릇을 들고 궁을 천천히 돌도록 하였다. 만약 한 방울의 기름이라도 쏟게 되면 그곳이 곧 처형장이 될 것이라고 말한 뒤 동시에 아주 많은 가무를 준비하게 하였다. 손에 날카로운 검을 든 무사가 수갑을 풀어주자 기름 그릇을 들은 죄수는 조심스럽게 천천히 궁을 한 바퀴 돌았는데, 단 한 방울의 기름도 흘리지 않았다.

국왕이 그에게 물었다. "궁을 돌면서 본 가무가 어떠했느냐?" 죄수가 답하기를 "국왕이시여 저는 아무런 가무도 전혀 느끼지 못했습니다. 왜냐하면 기름을 쏟아 죽게 될 것이 두려워 모든 마음과 뜻을 기름 그릇에 집중했기 때문입니다. 조금도 마음을 흩트릴 수가 없었습니다." 이때서야 비로소 국왕은 존자의 말을 믿게 되었다.

그러자 가전연 존자가 또 말씀하시길, "이 죄수가 천천히 걸을 때 기름을 흘렸다면 이번 생에서의 목숨을 잃었을 것입니다. 우리가 출가하여 계를 지키는 과정에서 정지·정념을 잃어 계율을 파하게 되면 세세생생 동안 이와 같이 생명을 잃어 고통을 받을 것입니다. 죄수는 현생에서의 생명을 위해 이와 같이 조심하여 감히 방일하지 않았던 것입니다. 다생겁의 생명을 위해서 제가 어찌 또 그렇게 못하겠습니까?"

『수행지도경』에도 이와 유사한 공안이 있다. 국왕을 보필할 신하 한 사람을 뽑기 위해 기름이 가득 담긴 그릇을 들게 하여 성내 20리를 걷게 하였다. 만약 한 방울이라도 흘리면 즉시 처형할 것이지만, 한 방울의 기름도 흘리지 않는다면 대신에 봉하겠다고 하였다. 어느 응시자가 전심을 다하여 길에서 수많은 사람들의 시끄러운 소리를 만났어도 조금도 흔들리지 않아 마침내 성공하였다.

계율을 수지하여 마음을 지킬 때도 마땅히 이와 같이 해서 시시각각 윤회의 고통을 생각하여 스스로 경책해야 한다. 조심하지 않는다면 곧 계율을 범하여 번뇌의 독약이 자심을 물들여 세세생생 지옥에 떨어져 해탈을 얻을 수 없게 될 것이다. 지옥에 떨어져 고통 받는 것을 두려워하여 지계하고 근신하는 것은 수행인에게 있어 아주 중요한 것이다. 티베트불교에서는 수많은 대덕고승이 이 구절을 마음속에 새겨 항상 자신을 경책하였다. 우리가 해탈을 이루고자 한다면 또한 이 게송을 반복해서 사유하여 자신의 좌우명으로 삼아야 한다. 계를 받아 마음 지키는 것을 생명 지키는 것과 같이 한다면 해탈도 그다지 멀지 않을 것이다.

復如蛇入懷 疾起速抖落 부여사입회 질기속두락

如是眠懈至 警醒速消除 여시면해지 경성속소제

독사가 품에 들어올 때
즉시 일어나 털어버리는 것처럼
졸음과 게으름이 오면
즉시 깨어나 그것을 없애야만 한다.

수행과정에서 나태하고 잠에 빠지려 한다면 주저하지 말고 이것들을 없애야 한다. 사람들이 품속으로 기어드는 독사를 털어낼 때는 과감히 신속하게 한순간도 지체할 수가 없다. 열대지방의 사람들은 야외활동을 할 때 아주 쉽게 독사를 만나게 되는데, 어떤 때는 풀 위에 앉아 잠시 쉬려고 할 때 품속으로 독사 한 마리가 기어오를 수도 있을 것이다. 붉은색의 혀를 날름거리며 독이빨을 드러내는 독사를 보았다면 분명 불에 닿은 것처럼 벌떡 일어나 최대한 빠른 동작으로 독사를 털어버려 독사에게 물려 목숨을 잃는 것을 막을 것이다. 이와 같은 이치로 수행인은 평상시에 나태와 수면 등의 번뇌 독사가 자기 마음의 흐름의 품속으로 기어들어 올 때, 즉시 깨어나 민첩하게 이러한 번뇌를 제거하지 않는다면 나태 번뇌의 독사에게 물려 중독될 것이다. 번뇌의 독이 온몸에 퍼지면 자신의 공덕 혜명은 어떻게 될 것인가?

　정진은 복덕과 지혜 두 가지 자량의 원인이 된다. 나태 번뇌에게 제압당하면 정진을 일으킬 수가 없으므로 나태는 수행인의 가장 큰 적인 것이다. 『정법염처경』에는 "모든 번뇌의 유일한 원인에 오직 게으름 밖에 다른 어떤 것이 있겠는가? 어떤 수행인이 한 가지 게으름이 있으면 일체 선법이 모두 없어진다."라고 나와 있다. 주위의 수행자들을 비교해 보면 어떤 이들은 하루에 듣고 생각하는 수업을 하고 심주를 읽거나 발심하여 사중 일을 돌보는 등의 많은 일을 하는데, 어떤 이는 이러한 선법들을 며칠이 걸려도 해낼 수가 없다. 같은 수행자인데도 선법의 수행에 왜 이렇게 큰 차이가 있는 것인가? 이것은 정진과 나태에서 비롯된 것이다. 후자의 사람들도 아마 시작할 때에는 그다지 나태하지 않았을 것이다. 자신의 나태와 늦잠 등의 번뇌가 싹트는 것을 발견했을 때 품속으로 독사가 들어올 때처럼 재빨리 제거하지 않아 그 독이 점점 깊어져 결국에는 아무것도 하고 싶지 않게 된 것이다.

　어떤 수행자는 세상의 팔법에 탐착하여 정법 수행을 게을리 하는데,

이런 사람들은 마땅히 자신의 이러한 나태가 가져오는 결과를 잘 생각해야 한다. 아티샤 존자는 "가장 좋은 정진은 자질구레한 일을 버리는 것이다."라고 말씀하셨다. 수행인이 자질구레한 일을 버리고 일념으로 정법에 전념한다면 모든 선법을 이룰 수 있을 것이다.『대지도론』에서 용수보살께서도 "수행인이 몸을 아끼지 않는 지혜의 결정된 마음이 있어, 이와 같이 정진을 행하면 일체가 어렵지 않다."라고 말씀하셨다.

每逢誤犯過 皆當深自責 매봉오범과 개당심자책
屢思吾今後 終不犯此過 누사오금후 종불범차과

허물을 범하게 될 경우
자신을 비판하여 거듭 일깨워야 하며
이후에는 이러한 잘못을
범하지 않겠다고 다짐해야 한다.

일반 범부로 수행하는 이들은 수행과정에서 외경의 악연과 악습의 영향으로 인하여 잘못을 범하지 않기가 매우 어렵다. 어떤 때는 우연히 정지·정념을 잃기도 하는데, 번뇌는 이 기회를 틈타 잘못을 범하도록 충동질한다. 이럴 때 자신을 잘 살펴서 스스로의 악업 습기를 단호하게 질책해야 한다.

이 방면에서 우리는 성심껏 예전의 까담파 대사들의 가르침을 배워야 한다. 그들이 매번 자신의 잘못을 발견한 뒤 어떻게 깊이 검토하며 스스로를 경책하는지를 배워야 한다. 고승대덕들도 모두 이렇게 자신에 대한 요구가 엄중했는데, 말법 시대의 수행인들의 잘못에 대해 엄중하게 대처하여 습기를 고치지 않는다면 그 수행은 아마도 성공할 희망이 조금도 없을 것이다. 그러므로 수행자들은 평상시에 시시각각 스스로의 마음을 성찰하여 잘못을 범하는 것을 막아야 한다. 일단 잘못을 하게 되면 스스로에 대해 조금이라도 관대하게 대해서는 안 되며, 깊고 엄중하게 스스로를 검토하고 경책해야 한다. 예를 들면 어떤 때는 신중하지 않아서 진심을 내기도 하는데, 잘 살핀 뒤에 곧바로 '너 이 못된 놈, 적정처에서 이렇게 많은 대승 불법을 듣고 삼보 전에서 이렇게 여러 번 서원을 세웠는데 여전히 진심을 내고 악업을 짓고 있다니, 너 설마 지옥에 떨어지고 싶은 거니?'라고 생각하며 자신을 질책해야 한다.

역사상 고승대덕들은 이 방면에서 우리에게 많은 본보기를 남겨주셨다. 아티샤 존자는 시시각각 몸과 마음의 언행을 관찰하여 일단 잘못을 발견하면 곧바로 만찰 공양을 지어 참회하였다. 어떤 고승대덕은 자신의 잘못을 발견한 뒤 금식·금어·예배 등 수많은 엄격한 방법으로 자책하는데, 이것들 역시 모든 수행인이 반드시 배워야 할 방편법이다.

만약 한 사람이 자기의 잘못을 발견하고 부끄럽게 여겨 자책한다면 이러한 사람이야말로 진정한 수행인이다. 습기로 인한 잘못을 차근차근 고치고 소멸시키면 자신의 습기 악업이 제일 무겁다 해도 차츰 줄어들 것이며 우수한 수행인으로 바뀌게 될 것이다. 그러므로 수행자는 자기를 관찰하여 습기를 고치는 과정에서 스스로 여러 번 생각한 뒤 발원해야 한다. "다시는 이러한 잘못을 범하지 않으리라."라고 결심하는 것 역시 과실을 없애는 데 꼭 필요하고 힘 있는 방편법이다.

만약 삼보 전에서 마음 깊은 곳으로부터 자신의 잘못에 대해 참회를 할 수 있다면 다시는 잘못을 범하지 않기를 서원해야 한다. 이렇게 힘 있는 서원력은 반드시 삼보의 가피력을 얻게 하며 자신의 악업 습기를 참회하여 제거시키는 역량을 증강시킬 것이다.

故於一切時 精勤修正念 고어일체시 정근수정념
依此求明師 圓成正道業 의차구명사 원성정도업

어느 때를 막론하고
정념을 수지 정근하여 허물을 막아야 하며
이러한 마음가짐으로 선지식에게 배움을 구하여
보리정도의 수행을 완성해야 한다.

앞에서 이미 방일하지 않고 정념을 호지하는 공덕과 방일한 과실과 계를 범한 뒤에 어떻게 참회하는지 등에 대해 설명하였는데, 이것은 모두 정진을 구체적으로 실행하는 방편들이다. 행주좌와를 막론하고 모든 때에 수행인은 정념을 호지하고 정근하여 한편으로는 자기 마음의 흐름과 선법을 상응시키며, 다른 한편으로는 무시이래로 지은 악업의 습기를 청정하게 해야 한다. 어떻게 정지·정념을 보호해 지키는지는 본론의 제5품 중에서 이미 상세히 소개하였으며 이미 게송문을 외운 사람은 이것에 대해 비교적 정확한 인상이 있어야 한다.

　수행인으로서 시시각각 정지·정념을 수행 정근하고 마음의 흐름을 보호해 지키는 것은 가장 주요 임무이며, 또한 과실을 끊고 공덕을 증장시키는 데 꼭 필요한 일이다. 아티샤 존자는 "수행인은 밤낮으로 방일하지 말고 정지·정념으로 자기 마음의 흐름을 관찰해야 한다."라고 말씀하셨다. 그러나 중생에게는 무시의 윤회에서 줄곧 산란한 습관이 있다. 따라서 방일하지 않고 정지·정념을 보호해 지키고자 할 때는 반드시 선지식의 지도와 가피에 의지해야만 한다. 해탈하고자 하는 사람은 반드시 여법하게 선지식에게 의지해야 하고 방일하지 않는 정지·정념의 가르침을 수지한 뒤 그에 따라 봉행하고 부지런히 수행해야 한다.

근수취자 린포체는 주석에서 "만약 선지식이 내 앞에 없다면 스스로 항상 그들이 전하는 가르침에 따라 자신의 마음을 관찰 수행해야 한다. 선지식의 가르침으로 자신의 마음을 헤아려서 자신의 습기를 고쳐야 한다. 마땅히 이와 같이 자아를 경책하여 정근해 나가야 한다."라고 말씀하셨다. 불퇴전의 신심을 유지할 수 있다면 이와 같이 하는 것도 사실상 상사의 가르침을 듣고 의지하는 것과 큰 차이가 없다. 스스로 오랫동안 이렇게 수승한 선지식과 좋은 가르침에 의지하여 자신의 마음을 유지하면 반드시 도업을 원만히 성취하게 될 것이다.

대승 수행인의 도업은 중생을 이롭게 하고 보리를 증득하여 성불하는 것에 있다. 『학집론』에는 "일체 행위는 모두 보리심에서 출발한다."라고 나와 있다. 이 뜻은 보살의 모든 행위는 마땅히 보리심에 수순해야 하며 어떠한 사리사욕의 행위도 있어서는 안 된다는 것이다. 이것은 대승 수행인에게 가장 기본적인 행위 기준이다.

나는 범부로서 이와 같이 완전하게 해낼 수가 없지만, 최소한 항상 이렇게 자신에게 요구하여 이것과 거리가 멀지 않도록 하고자 한다. 우리는 먼저 자신을 성실하고 곧은 마음을 지닌 사람으로 변화시켜야 한다. 입으로는 타인을 이롭게 말하면서 마음속으로 사리사욕의 생각을 품는 교활함은 마음의 흐름을 오염시키며 스스로를 세속인 중에서도 비열한 인간으로 변화시키는 것이다.

상사에게 의지하는 것에 관해서는 율장 가운데 반드시 10년 이상을 의지해야 한다고 나와 있다. 어떤 이들은 상사에게 가르침을 듣자마자 곧바로 떠나버리는데, 어느 방면에서 말하더라도 이것은 정법에 위배되는 것이다. 역사상 크게 성취를 이룬 수행자들을 보면 모두 일찍이 오랫동안 선지식에게 의지하였고, 법상을 구족한 선지식 앞에서 오랜 시간 훈습을 받은 후에 비로소 선지식과 같은 공덕을 일으킬 수 있었다. 오늘은 스승에게 의지하고 내일은 가르침을 구하며 모레에 곧바로 떠나버리는 이러한 경솔한 행동을 고치지 않는다면 결코 성취를 이룰 수 없다.

(3) 경안을 힘써 행함

억제력은 선법을 실행하기 전에 자신을 조정하여 신심을 수행하기 가장 좋은 상태의 역량으로 들어가게 하는 것이다. 교리 연구·좌선 수행·탑돌이 등을 막론하고 어떠한 수행을 하기 전에는 마땅히 관련 있는 불방일의 가르침을 억념하고 정지·정념으로 신·구의 삼문을 관찰하여야 한다. 이렇게 자신을 여법하게 다스려 충만한 환희심으로 선법에 들어갈 수 있는 상태까지 마음을 조절하고 정신을 진작시키면 순조롭고 힘 있게 수행을 진행할 수 있다.

爲令堪衆善 應於行事前 위령감중선 응어행사전

憶教不放逸 振奮歡喜行 억교불방일 진분환희행

여러 가지 선행을 잘 실행하기 위해서는
실행을 하기 전에 마땅히
관련 있는 가르침을 억념하고 근신하여 방일하지 말고,
진심으로 분발하여 기쁜 마음으로 실행해 나가야 한다.

　사전에 관련 있는 가르침을 억념하고 몸과 마음의 가행을 진작시키는 것이 매우 중요하다. 세상 사람들도 늘 "세 번 생각한 뒤 행동하라."라는 말을 한다. 신속하고 원만히 선법을 이루고자 한다면 사전에 충분히 준비를 하여야 한다. 마음속에 먼저 본론의 제4품 불방일과 관련 있는 가르침을 억념하고, 근신함과 견고한 결심과 강한 신심을 일으켜 몸과 마음을 진작시킨 뒤에 선법을 수행해야만 한다.
　이렇게 하지 않고 어떠한 가르침도 억념하지 않은 채, 게으르고 마음대로 어떤 일을 한다면 일을 시작하자마자 장애를 만나게 될 것이다. 그때에는 아무리 계속해 나가고 싶어도 몸이 말을 듣지 않고 포기하고 물러나려는 생각이 어두운 그림자처럼 자신의 마음을 덮어버려 결국에는 어쩔 수 없이 포기하게 된다. 예전의 경험에서 볼 때 이런 일을 겪었을 것이다.
　예전의 고승대덕들께서는 이러한 방면에서도 적지 않은 가르침을 남기셨다. 어떠한 일을 하거나 어떠한 선법을 수지하기 전, 예를 들면 90일 동안 삼매에 든다거나 하는 일을 하기 전에 반드시 그와 관련 있는 가르침을 읽거나 이전의 대덕들의 수행담을 읽는다. 자신의 결심과 신심과 환희심으로 사유와 관수를 반복한 뒤에야 정행 중에 시종일관 물러남이 없게 된다.

어떤 이들은 일을 하기 전에 이러한 가행이 결여되고 스스로의 억제력도 부족하여 종종 중도에서 물러나며 스스로의 현생과 내생에 엄중한 악과를 가져오게 한다. 그러므로 만약 스스로 선법을 원만히 이루기를 원한다면 이렇게 결여된 부분을 보충하여 사전에 자신의 제어력을 반복하여 닦아야 한다.

如絮極輕盈 隨風任來去 여서극경영 수풍임래거
心身若振奮 衆善皆易成 심신약진분 중선개이성

솜털이 바람 부는 대로 가볍게
이리저리 자유롭게 춤추듯이
몸을 경쾌하게 하고 용맹한 심의를 떨칠 수 있다면,
일체 모든 선법을 쉽게 성취할 수 있을 것이다.

수행인이 사전에 몸과 마음을 조절하고 억제하여 솜털처럼 가볍고 부드럽게 할 수 있다면 어떠한 선법이라도 모두 쉽게 성취할 수 있을 것이다. 버들솜이나 면화솜 같은 솜털은 아주 가벼워서 미풍에도 움직이며 무게가 거의 나가지 않는다. 수행인들이 마음의 흐름을 조절하여 솜털처럼 부드럽고 가볍게 한 뒤에는 자기 뜻대로 선법에 들어갈 수 있으며 아무런 어려움도 없이 자신이 계획한 선업을 행할 수 있다.

우리들 중 일부 수행자는 마음이 아주 부드러우며 신심이 깊어 어떠한 선법도 모두 견디어 내고 어떠한 일을 하더라도 모두 환희심을 내며 싫어하거나 싫증냄이 없다. 또한 그들이 하는 일은 모두 원만히 성공을 이루며 중간에 물러나거나 번잡함 등의 어떠한 번거로움도 없다. 화지 린포체는 "마음을 조복할 수 있다면 발밑의 면화를 밟는 것처럼 부드럽고 아주 쉽게 법과 상응할 수 있게 된다."라고 말했다. 법왕 여의보께서도 "자신의 마음을 가볍게 하고 고르고 부드럽게 할 수 있다면 일체 선법을 모두 이룰 수 있다."라고 말씀하셨다.

이와 반대로 마음의 번뇌를 조복시키지 못하고 항상 탐·진·치의 고뇌에 얽힌다면, 마음을 스스로 억제하기가 아주 어렵게 되며 마음을 전법에 전념하고자 해도 악념만 일으킬 것이다. 그러한 마음을 평정시키고자 한다면 도리어 풍랑만 일으킬 것이다. 이러한 망심은 야생말과 같다. 그것을 순종시켜 보리도로 나가게 하려면 반드시 그것을 힘들게 훈련시켜야만 비로소 뜻하는 바를 이룰 수 있다.

범부는 자기 마음의 흐름 가운데 습기의 번뇌가 충만하여 때로 가벼운 마음을 내어 정법에 전념하려고 해도 큰 어려움이 있기 쉽다. 그러나 아무리 마음의 흐름에 거칠고 야성적인 면이 있다 하더라도 선지식에게 의지하여 거듭 수행해 나간다면 어떠한 좌절이나 곤란함에도 자신의 결심이 동요되지 않게 되는데, 그것은 바로 자신이 마음을 조복했을 때이다. 스스로 마음을 다스릴 수 있고 삼문 일체 행위에 자유자재할 수 있다면 삼문의 모든 번뇌의 속박을 멀리 여의고 기쁜 마음으로 선법에 뛰어들어 불퇴전의 정진을 일으킬 수 있게 된다.

제8품

선정禪定

무착보살

1 사마타를 힘써 닦기를 권함

發起精進已 意當住禪定 발기정진이 의당주선정
心意渙散者 危陷惑牙間 심의환산자 위함혹아간

수행인이 정진을 일으킨 후
마땅히 마음을 선정에 머무르게 해야 한다.
마음이 침체하거나 산란한 사람은
날카로운 이빨을 가진 야수들 사이에 사는 것처럼 여러 번뇌의
위험이 많다.

위에서 이야기한 바에 따라 우리는 정진의 세 가지 장애의 요소, 즉 습관적 게으름·오욕을 탐한 게으름·열등감의 게으름을 끊어 없애고, 정진의 네 가지 조연, 즉 신심과 원력·용맹·환희·놓아버림을 힘써 일으키고, 다시 실행력과 조절력을 이용하여 자기 자신이 보리도 위에서 용맹한 정진을 일으킨다. 그러나 자신의 수행을 늘리고 수행이 궁극적인 경지에 들어가게 하려면, 반드시 자신의 마음을 굴복시키고 마음이 산란되지 않고 소연경(所緣境: 관상의 대상)에 안주하도록 오직 선정을 일으켜야 비로소 지혜가 자재한 경지에 들어갈 수 있다.

만일 자기 마음이 선정을 일으킬 수 없고 줄곧 혼침과 도거(들뜸)의

산란 속에 놓여 있다면 법의 수행이 외부 형상이 될 뿐 아무런 실제적인 의미가 없다. 죄를 참회하고 자량을 쌓는 모든 수행이 자기의 마음 위에 세워지는 것이기 때문에 자기 마음을 정화할 수 없고 승화할 수 없다면 그 어떤 수행도 성취 공덕이라 할 만한 것을 얻지 못한다. 사람의 마음이 풀어져 종종 외부환경에 의해 흐트러지고 혹은 혼침에 빠져 있다면 본성에 집중할 수 없으며, 번뇌 습기가 기회를 틈타 침입하여 종종 그 사람의 선근을 어지럽히고 헤친다. 이런 상황 아래 번뇌는 머리가 흉악한 커다란 야수처럼 큰 입을 쫙 벌리고 마음이 풀어진 사람을 입속에 물고 언제든지 그를 삼켜서 윤회의 악취 속으로 집어넣을 수 있다.

이런 비유를 통해 수행자들은 마땅히 마음 풀어짐의 과실을 정진으로 하여금 마음을 선정에 안주하게 만드는 중요성을 명확히 알았을 것이다. 상사 여의보는 『충언심지명점忠言心之明点』에서 "한량없는 불법을 잘 듣고 배워야 할지니, 자기 마음의 습기를 조복하는 방편으로 삼기 위함이다."라고 말한다. 광대무변한 불경의 가르침은 모두가 마음 습기를 조절하고 굴복시키기 위해 말해진 방편이다. 마음 습기를 조절하고 굴복시키는 이 근본 목표에서 멀어지면 모든 수행법이 무슨 의미가 있겠는가? 자기 습기를 조절하고 굴복시키려면 우선 상사 앞에서 법요를 널리 들어 모든 사견을 더하는 의심을 쫓아버리고, 그 뒤 좌선실에서 정좌하고 반복해서 관상하며 자기 마음을 굴복시켜야 한다.

『학집론』에서는 "마음을 평정하여 널리 듣고 사유한 후, 마땅히 고요한 곳에 안주하여 삼매를 익히며 부정관을 닦는 데 부지런히 해야 한다."라고 말한다. 수행인이라면 불법을 널리 듣고 생각한 후 자기 자신이 진정 법요를 깨닫고 싶다면 고요한 곳에 안주하여 삼매를 수행하는 것이 반드시 지켜야 할 순서이다. 『반야경』에서는 "마음이 풀어진 자는 망념을 쉽게 일으킨다. 세간의 선정을 얻는데도 어려움이 겹겹인데 하물며 무상정등보리는 말해 무엇하리오."라고 말한다. 이런 까닭에 수행인이라면 마땅히 무상보리를 얻기 전에는 절대로 자기 마음을 산란하게 하지 않겠다고 결심해야 한다.

2 사마타에 장애가 되는 인연을 끊음

1) 육진의 인연을 끊음

(1) 세간을 탐착하는 원인을 분명히 앎

> 身心若寂靜 散亂卽不生 신심약적정 산란즉불생
> 故應舍世間 盡棄諸俗慮 고응사세간 진기제속려
>
> 몸과 마음이 소란한 속세와 욕망을 멀리하여 고요를 얻을 때
> 산란함이 생기지 않게 되니
> 마땅히 세간을 멀리하고
> 나아가 모든 속세의 망상을 던져버려야 한다.

선정을 수행하려면 반드시 장애를 끊어 없애야 하는데, 대략적으로 총괄하여 "밖으로 세간을 끊어버리고 안으로 망념을 버린다."는 두 가지 측면으로 요약할 수 있다. 수행인이 우선 세간의 여러 가지 소란스러움과 산란함을 멀리하면 몸의 고요를 얻게 할 수 있다. 몸이 적정처에 안주한 후 마땅히 자기 마음이 도거·혼침 등 여러 가지 산란과 번뇌 망념에서 멀어지도록 노력해야 한다. 몸과 마음이 어지럽고 소란스런 망념에서 멀어지면 일체의 산란함이 생겨날 방법이 없고

선정의 경지도 생겨나게 된다.

　세간의 산란함과 어지럽고 소란스러움은 선정의 큰 적이다.『미륵청문경』에서 어지럽고 소란스러움의 20가지 과실에 대해 얘기하고 있는데, 수행인이 만일 멀리하지 않는다면 성취의 가능성이 전혀 없다. 세간의 친척·권속·친구·세속적인 사무 등 이 모든 것이 산란함을 일으키는 원인이며 또 수행인을 옭아매는 윤회의 쇠사슬이다. 까담파 대사가 말로 전하고 몸으로 가르치는 것처럼 수행인은 반드시 세간을 멀리하고 4의법[49]에 의지하여 수행해야 한다.

　세간에 얽어 매인 굴레를 버리고 적정처에 도달한 후 유리한 환경을 이용해 자기 마음을 조절하고 다스릴 수 있으며, 친구를 보호함·원수를 굴복시킴·명리를 추구함 등의 여러 가지 세속적인 생각을 끊어 없앨 수 있다. 이런 윤회에 따른 세간의 탐욕과 성냄의 분별 망념을 끊어버리지 못하면 자기 마음은 선정에 안주할 수 없다. 세상을 버리고 마음을 조절하는 이 두 걸음은 절대 없어서는 안 될 수행이다.『학집론』에서 "외부환경의 간섭을 없애면 마음이 적멸하여 움직임이 없다."라고 말한다. 외부환경의 방해를 끊어 없애고 내심이 적정을 유지하고 움직임이 없으면 선정이 필연적으로 나타난다. 달마 조사 역시 "마음을 담벼락처럼 하여 외부 인연을 끊어 없애면 마음에 헐떡거림이 없어 도에 들어갈 수 있다."라고 말한 적이 있다.

　외부 인연을 끊어버리면 몸과 입에 산란함이 없고, 탐진 망념을 끊어 없애면 마음속에 출렁임이 없으니 이래야 비로소 진정한 마음

---

[49] '4의법'은 '마음은 법에 의지함, 법은 가난에 의지함, 가난은 죽음에 의지함, 죽음은 해골에 의지함'을 말한다.

수행으로 들어갈 수 있다. 초학자가 만일 세속 번뇌에서 벗어나지 못한다면 자기 마음은 청정을 얻을 수 없다.『대승교언론』에서 "초학자가 만일 적정의 경지에 의지하지 않으면 마음속에 고요함을 얻을 수 없고, 반드시 분별 망상에 의해 윤회 속에 끌려 들어갈 것이다. 따라서 자기 마음의 안정을 위해 마땅히 적정처에 의지해야 한다."라고 말한다.

외부환경이란 측면에서 세간의 산란함을 멀리하는 것, 이것을 해내는 것은 상대적으로 볼 때 비교적 쉽다. 수행자들이 고향을 떠나 줄곧 산중에 있으면서 수 년 동안 산골짜기 밖으로 나가지 않는다. 그러나 적정처에 이르는 것은 한 걸음 더 나가 안으로 분별 망념을 끊어 없애고 내심의 산란함을 멀리하여 청정한 정법에 안주해야 하는데, 이것을 해내는 것은 어느 정도 어려움이 있고 장기간의 게으름 없는 노력이 필요하다. 어떤 사람들은 외부환경에 있어서는 산란함을 끊어버렸다 하더라도 내심의 산란함이 결코 아직 멎지 않아서 하루 종일 망념이 어지러이 날아다녀서 정지·정념을 유지할 수 없는데, 이런 상황 아래에선 선정 역시 앞에 나타날 수 없다.

물론 여기에서 말하는 선정은 세간의 그런 완전한 무념의 선정이 결코 아니다. 맥팽 린포체의 가르침 가운데 "선정은 완전히 아무 생각이 없고 생각을 일으키지 않는 상태가 결코 아니다. 초학자가 만일 얻기 어려운 사람의 몸을 얻고, 듣기 어려운 불법 만난 것의 다행함을 사유하며, 대자비심과 상사 삼보의 공덕 등을 집중적으로 생각할 수 있다면, 이렇게 정법에 집중하여 다른 데 정신 팔지 않는 것 역시 일종의 선정이다."라고 말한 적이 있다.

(2) 끊어 없애는 방법
① 대적해 다스림을 분명히 앎

貪親愛利等 則難捨世間 탐친애리등 즉난사세간
故當盡棄彼 隨智修觀行 고당진기피 수지수관행

친족에 연연해하고 재물 같은 세속 일을 애착한다면
세간을 버리기가 아주 힘들다.
따라서 마땅히 모든 탐욕을 버리고
지혜로운 자가 말한 원칙에 따라 사유하고 수행해야 한다.

수행인이 만일 친구·명리 등 세간 팔법을 멀리하지 못하면 몸과 마음이 이런 것들에 의해 얽매어지고 방해받게 되고, 이렇게 되면 세간을 버리고 출세의 선정을 일으키는 것은 가능성이 전혀 없다고 말할 수 있다. 수행인들에게는 여러 가지 서로 다른 습기가 있는데, 어떤 사람은 친족 친구 등을 아주 연연해하여 자기 자신이 어디에 가든 마음속에 항상 품고 놓지 못하고 방법을 강구해 계속 연락하려 한다.

어떤 사람은 친지에 대한 집착은 그리 크지 않지만 세간의 명리에 대한 희구가 아주 엄중하다. 이 두 가지 집착은 모두가 윤회의 사슬이어서 만일 자기 마음이 이런 것들을 끊어버릴 수 없다면 윤회에서 벗어나려는 희망이 끊어지게 된다. 따라서 해탈을 추구하는 수행인은 마땅히 친지·권속·명리 등을 완전히 버려야 한다. 이런 것들은 모두 자신의 현생과 후세에 해탈의 이익을 안겨주지 못하는 속세의 일이다.

초학자로서 비록 짧은 시간 내에 모든 걸 일시에 끊어버리지는 못한다 하더라도 마땅히 비교적 온화한 수단을 써서 순차적으로 끊어 없애야 한다. 이런 분별 망념이 법에 따른 것이 아니라고 자신을 일깨우며 이렇게 하루하루 밀어 나가다 보면 이런 탐착이 점차적으로 엷어지게 된다. 결국은 마땅히 고대의 고승대덕들을 따라 세속의 모든 얽힌 것들을 전부 버려서 몸과 마음이 걸리는 게 없게 된다. 이 기초 위에 다시 선지식이 가르친 관행의 순서에 따라 자기 마음의 산란함을 철저하게 굴복시키면 자기 마음이 항상 선정에 안주할 수 있게 된다.

세간 팔법에 탐착하는 것은 누에고치를 지어 스스로 속박하는 것과 마찬가지로 탐착하면 할수록 고통도 더 커진다. 세상 사람은 하루 종일 세간 팔법을 위해 분주한데, 사실 얻는 것은 그저 고통일 뿐이다. 수행자들이 관련된 가르침을 반복해서 듣고 읽고 생각하면 분명 그 해됨을 명확히 알아 탐착을 끊어버릴 결심을 일으킬 수 있다.

有止諸勝觀 能滅諸煩惱 유지제승관 능멸제번뇌
知已先求止 止由離貪成 지이선구지 지유리탐성

완벽한 사마타(Samatha)를 갖춘 위파사나(Vipassana)는
번뇌의 씨앗을 소멸시킬 수 있다.
이를 알고 우선 적지[50]를 얻고자 노력해야 하는데,
적지를 수행해 이루려면 반드시 먼저 마음이 세간의 집착을 멀리

---

50 '적지寂止'는 마음이 고요히 하나의 대상에 머무른 상태를 말한다.

하게 만들어야 한다.

번뇌의 씨앗을 끊어 없애려면 깊은 승관勝觀의 지혜에 의지해야만 한다. 그리고 승관 지혜는 오직 선정 혹은 적지寂止의 기초 위에서 비로소 생겨날 수 있다. 깊은 차원에서 말한다면 지관은 동일한 본체의 서로 다른 두 개의 반하는 체이다. 일시적인 수행 순서의 입장에서 말하면, 수행인은 반드시 우선 적지를 얻어야 비로소 번뇌를 철저히 끊어버리는 승관을 능히 일으킬 수 있다. 『섭정법경』에서 "마음이 선정에 머무름을 말미암아 능히 진실을 여실하게 깨닫는다."라고 말한 것처럼 말이다.

만일 적지를 얻을 수 없다면 번뇌 습기가 억제되지 못하고, 무아 공성을 관수하는 수승한 관이 생겨날 방법이 없어 번뇌 습기의 씨앗 역시 근절되지 못한다. 지관 수행 순서와 관련된 가르침은 무구광 존자가 쓴 『심성휴식』, 아티샤 존자가 쓴 『중관수행론』, 쫑카빠 대사의 『보리도차제광론』, 지자 대사(538~597)[51]의 『마하지관』 등을 참고해 볼 수 있다. 이 저작들 속에 모두 어떻게 먼저 적지를 구하고 나중에 승관을 일으키는지에 대한 구체적인 수행법이 나온다.

번뇌 습기가 근절되지 않으면 윤회 고통에서 벗어날 방법이 없고 수행 역시 그 의미를 잃어버린다. 따라서 수행자는 마땅히 스스로 지관 수행에 정진해야 하며, 또 지관을 성취하는 순서는 반드시 적지를 먼저 성취해야 한다. 이런 이치를 안후에 자기 자신이 마땅히 적지

---

51 중국 수나라 스님으로 천태종의 개조이다. 38세에 천태산에 들어가 수선사를 창건하고, 법화경을 소의경전으로 하여 천태종을 완성했다.

수행에 들어가도록 노력해야 한다.

적지에 관한 수행법에는 여러 가지가 있는데, 일반적으로 말해 아홉 가지 주심住心의 순서가 있다. 이것은 안주安住·정주正住·섭주攝住·근주近住·조주調住·적주寂住·최적주最寂住·속주續住·등지주等持住 등이다.[52] 이 과정에서 수행자는 반드시 가르침을 먼저 들어야 하며, 세간의 값어치 없는 일에 탐착하는 게으름과 혼침·도거 등을 끊어 없애고, 몸과 마음이 적응해 감을 얻게 하며, 신심이 자재하고 쾌적한 경안을 일으켜야 적지가 비로소 생겨날 수 있다.

마음에서 세간 팔법에 대한 연연함을 끊어 없앨 수 없다면 배가 닻에 의해 멈추는 것과 같으니, 그것을 없애지 않고서야 어찌 주인의 뜻대로 배를 자유롭게 부릴 수 있겠는가? 이 점에 대해서는 이야기를 많이 할 필요가 결코 없다. 각자가 자기의 심념을 관찰해 보거나, 혹은 자신의 마음 닦음으로 체험해 보면 내심이 세간에 연연하는 것의 과환에 대해 명확히 알 수 있을 것이다.

② 번뇌를 대적해 다스리는 법

A. 가족과 친구의 애착을 버림

---

52 '안주'는 마음을 하나의 생각에 집중해 산란을 여윔이고, '정주'는 상속해 단절하지 않음이며, '섭주'는 선정을 지킴이다. '근주'는 선정력이 조금씩 향상함이며, '조주'는 선정의 공덕을 환희하며 마음이 허공과 같음이고, '적주'는 정중 미세한 번뇌를 제하고 삼매에 전일함이다. '최적주'는 적정상태를 얻음이고, '속주'는 수승한 삼매에 상속해 안주함이며, '등지주'는 임운 평등하여 무공용의 선정력을 얻음을 의미한다.

自身本無常 猶貪無常人 자신본무상 유탐무상인
縱歷百千生 不見所愛人 종력백천생 불견소애인

목숨은 본래 무상하고 쉽게 망가지는 법이니,
무상한 친족과 친구를 탐애하여 죄를 짓는다면 오직 악취에 떨어지게 될 뿐이다.
설령 백 번 천 번 다시 태어난다 해도
좋아했던 사람을 다시 만날 기회가 없다.

세간에 대한 탐착은 크게 두 가지로 나뉜다. 즉 친족과 친구 등 유정 세간의 중생을 탐애하는 것과 재리 등 기세간의 사물을 집착하는 것이다. 우선 유정 세간에 대해 말하면, 일반 중생은 모두 자신의 친척과 친구에 특별히 탐애한다. 친척과 친구의 호감을 얻기 위해 여러 가지 죽이고 도둑질하는 악업을 짓기를 마다하지 않는데, 어떤 사람들은 윤회에서 벗어나는 해탈을 추구하려 하면서도 무시의 악습에 의해 친척과 친구에 대한 탐애를 내려놓지 못하고, 이로 인해 친척과 친구를 떠나 수행에 몰두할 결심을 내지 못한다. 이렇게 친지와 친구를 탐애하는 습기와 악행에 대해 본 논에서 그 엄중한 과환을 강조하여 수행인이 명확히 알고 난 후 가르침에 따라 끊어버리도록 한다.

사람의 몸과 마음, 오온은 안에서 밖까지 항상 그러해서 변함없는 법이 하나도 없다. 수행자들이 자신의 몸과 마음을 관찰해 보면 찰나의 시간에 망가지고 소멸되고 바뀌고 흘러가서 의지할 만한 실질이 전혀 없다. 자기 몸은 이렇게 일시적이고 무상하여 의지할 만한 것이 못 되며 자신의 친척과 친구 등 유정 역시 이와 마찬가지이다. 그들의 몸과 마음 생명 모두가 일시적이고 의지할 수 없는 법이어서 백 년 안에 의심할 여지없이 사망으로 귀결된다.

그리고 세밀하게 분석해 보면 찰나와 찰나의 사이에도 모두 무상한 변화와 소멸이 있다. 자기 자신이 이렇게 무상하여 믿을 만한 것이 못 되고, 친척과 친구도 역시 무상하게 변화하여 견실하고 믿을 만한 구석이 전혀 없는데 탐착할 필요가 있는가? 전혀 의지할 수 없는 자기 자신의 몸과 마음으로 실존하지 않는 친척과 친구를 탐애한다면, 여러 가지 탐진 죄업을 짓게 된다. 이런 죄업이 성숙되면 자기 자신은 후세에 악취에 떨어지게 되며, 악취에서 설령 천백 번 다시 태어난다 해도 자신이 탐애하던 친지를 다시 만날 기회가 더 있기란 아주 어려운 것이다.

그대가 얼마나 깊고 두터운 탐애를 가졌는지에 상관없이 각자의 업력은 완전히 같을 순 없다. 현생에서 어떤 업연으로 잠시 함께 지낸 뒤 후세에는 각자 동서로 흩어져 다시 태어나 만나기가 아주 어렵고, 설령 같이 태어난다 하더라도 친구일지 원수일지 예측하기가 아주 어렵다. 수행자들은 수많은 인과 윤회의 이야기 혹은 성자의 가르침에서 이런 가르침을 명확히 알 수 있을 것이다.

어떤 사람은 "친척과 친구는 내게 아주 커다란 은덕을 베풀었으므로 나는 마땅히 사랑의 마음으로 그들에게 보답해야 한다. 어찌 완전히 버릴 수 있는가?"라고 말한다. 수행과정에서 일시적으로 친구와 친척을 버리는 것은 은덕에 더 잘 보답하기 위한 것이다. 그리고 여기에서 '버린다'는 탐애 번뇌에 대한 집착을 광대하고 평등한 자비심으로 대신하는 것이다. 바꾸어 말하면, 친구와 친척에 대한 탐애를 버리는 것은 모든 중생에 대한 평등 자애심을 일으키기 위한 것이다. 이래야 비로소 윤회 속에 있는 일체 부모 친지의 은덕에 진정 보답할 수 있다.

이전에 화지 린포체와 뉴시롱뒈가 삼림에서 함께 수행을 했는데, 뉴시롱뒈의 어머니가 사람을 시켜 수유를 갖다 주었다.

화지 린포체가 그에게 물었다.

"너는 지금 어머니가 그리운가?"

뉴시롱뒈가 대답했다.

"아니요."

화지 린포체는 이 말을 들은 뒤 불쾌한 빛을 드러내며, 곧바로 그의 잘못을 지적했다.

"너는 정말 나쁘구나! 자기 엄마도 그립지 않다니 말이야! 너는 마땅히 어머니의 은덕을 생각해야 한다. 네 어머니가 어떻게 먹을 걸 줄이고 쓸 것을 아끼면서 얼마나 힘들게 이 수유를 만들어 냈는지 생각해야 한다. 또 이렇게 먼 데서 사람을 시켜서 너에게 보냈잖아! 어머니가 너에게 이렇게 잘해주는데 너는 감사의 마음이 전혀 없다니, 이런 아들은……."

그 뒤 뉴시롱뒈로 하여금 7일 동안 키워주고 보살펴 주신 어머니의 은덕을 집중적으로 생각하게 하였다. 뉴시롱뒈는 가르침에 의지해 관행한 후 화지 린포체에게 이렇게 말했다.

"이제 알았습니다. 나에게 베풀어주신 어머니의 은덕이 정말로 아주 큽니다."

"음, 너는 첫 걸음 수행을 완성했다. 이제 너는 마땅히 일체중생을 모두 자기의 어머니로 삼아 관수해야 한다."

화지 린포체의 뛰어난 가르침이 뉴시룽뒤로 하여금 한 덩이 수유를 통해 중생에게 우수한 대비 자애심을 일으키게 하였다. 이런 평등한 자비심이야말로 대승 수행인이 마땅히 가져야 할 마음으로, 만일 현세의 친지를 탐애하는 편협한 마음을 갖고 있다면 자비심이 어찌 생겨날 수 있겠는가? 우리가 진정 자신의 친지를 사랑한다면 이치적으로 볼 때 마땅히 이런 평등 대비심을 일으키고 수행에 노력하여 위없는 이익 중생의 능력을 깨달아 얻고서 친지들로 하여금 죽지 않는 대안락을 깨달아 얻어서 법계 안락 궁에 안주하며 영원히 분리되지 않게 해야만 비로소 진정한 보은이다.

未遇則不喜 不能入等至 미우즉불희 불능입등지
縱見不知足 如昔因愛苦 종견부지족 여석인애고

사랑하는 사람을 가까이 대할 수 없다면
마음속이 답답하며 즐겁지 않아 삼매에 들어갈 수 없다.
비록 만난다 하더라도 역시 만족을 얻을 수 없기에
여전히 보지 않았을 때처럼 사랑하는 바를 얻지 못해 고통스러울 것이다.

친척과 친구에 대해 아주 강렬한 탐애를 갖고 있다면 이런 사람은 언제나 자기 마음으로 하여금 평온을 얻게 할 방법이 없다. 그가 탐애하는 친척과 친구를 가까이 대할 기회가 없을 때 마음속이 이로 인해 답답하고 즐겁지 않게 될 것이고 밤낮으로 그리워할 것이다.

어떤 사람들은 처음으로 친척과 친구 곁을 떠나 학원에 와서 법을 구하면서 시간이 약간 길어지면 번뇌가 곧바로 나타나 밤낮으로 끊임없이 친척과 친구를 생각하고 자신의 수행에는 마음을 모으지 못한다. 특히 삼매를 수행할 때 자리에 앉으면 바로 머릿속에 친척과 친구를 그리워하는 망념이 어지러이 일어나서 자기 마음이 계속 관행에 집중하지 못한다. 6세 달라이 라마 창앙자줘가는 일찍이 "몸은 비록 승려들 속에 있으나 마음은 멀리 떨어져 있는 사랑하는 이에게 가 있다."라는 시가를 지은 바 있다. 수행인이 친척과 친구에 대한 탐애를 내려놓을 수 없다면 삼매 역시 성공할 날이 영원히 없다.

자신의 소원이 이뤄져서 사랑하는 사람과 만날 수 있다 하더라도, 만난 후 탐애는 결코 이로 인해 멈춰지지 않는다. 세간의 모든 탐욕과 누림이 영원히 만족하지 못하는 본성을 갖고 있어서 사람들이 욕망을 누리면 누릴수록 탐욕의 마음 역시 더욱 늘어나기만 한다. 『광대유무경』에 "세간의 욕망을 사랑하는 자는 짠물을 마셔 만족하지 못함과 같다."라고 말한다. 세상 사람들이 친척과 친구를 탐애하고 재물 등 욕망을 탐애하는 것은 짠물과 같아 마시면 마실수록 목이 더 타는 것과 마찬가지이다. 욕망을 누릴수록 탐욕 역시 심해져 가는데, 이런 느낌은 친척과 친구를 만나지 못했을 때와 마찬가지로 욕망을 채우지 못하는 고통으로 충만하다. 인류의 탐애 고통은 외부환경의 변화로 인해 줄어들거나 없어질 수 없는 것이다. 60년대 미국의 가수 프레슬리는 그의 마지막 콘서트에서 절망적으로 울며 외친 적이 있다. "나는 모든 걸 누려 보았지만 아직도 만족을 얻지 못했다." 세상 사람들의 내면의 탐욕과 고통은 반드시 내심으로부터 손을 써서 해결해야 한다.

외부환경에 대해 노력을 기울인다면 그 누구든 어떠한 만족과 평온도 얻을 수 없다.

화지 린포체는 "세속의 일은 하면 할수록 끝 간 데가 없다. 만일 그대가 멈춘다면 그것이 바로 끝이다."라고 말한 적이 있다. 또 어떤 대덕은 일찍이 "이별할 때 마음에 고통이 가득하다, 만날 때 고통은 더욱 심하다."라고 말한 바 있다. 이런 가르침은 아주 많다. 만일 수행자들이 읽고 사유하면 분명 친구와 친척에 탐애하는 것의 과환을 명확히 알 수 있을 것이다. 부모이든 친구이든 만일 탐애와 염려를 끊어 없앨 수 없다면, 이런 세속의 법에 의해 끌려 다니고 옭아매어져 자신의 마음이 자재하고 편안한 삼매에 들어갈 수 없다.

若貪諸有情 則障實性慧 약탐제유정 즉장실성혜
亦毁厭離心 終遭愁歎苦 역훼염리심 종조수탄고

중생에 대한 탐착은
제법의 실상을 간파할 수 있는 지혜를 가려버리고,
생사를 싫어해 해탈로 나아가고자 하는 마음을 훼손시키니,
결국엔 모든 윤회 고통의 핍박과 번뇌를 받게 될 것이다.

친지와 친구에 대한 탐애를 버리지 못하면 깨달음의 성취는 근본적인 장애를 받게 되고 끝없는 고통 번뇌를 초래하게 된다. 친지와 친구에 대한 탐착으로 인해 적지를 수행해 이룰 수 없다. 적지가 없으면 번뇌의 방해를 억누를 수 없고 수승한 관행의 지혜가 뿌리 없는 싹처럼 자라날 수 없다. 본래 청정하기가 허공과 같은 제법의

실상 역시 나타날 수 없다.

모든 법의 실상이 나타나게 하려면 반드시 깊은 선정으로 들어가야 하고 자기 마음의 흐름 속 번뇌와 장애를 없애버려야 한다. 이 점에 대해 우리는 경론에서 듣고 생각한 적이 있는데, 마땅히 사실 그대로 이해해야 한다.『대지도론』중 선바라밀의 해석에서 "영원한 행복의 열반은 실다운 지혜로부터 생기고, 실다운 지혜는 일심의 선정에서 생기니, 지혜를 얻으려는 자는 이 선정을 행해야 한다."라고 설한 것처럼 말이다.

또 다른 차원에서 말한다면 유정에 대한 탐착 번뇌가 생기면 필연적으로 생사를 싫어하여 여의려는 마음이 훼손되게 된다. 수행인이 만일 불구덩이 같은 삼계 윤회를 맛보면 세속의 친지와 친구 등의 모든 세간법은 모두가 고통의 본성과 떼어놓을 수 없는 것이어서, 이로써 자기 마음이 윤회의 모든 법의에 대해 혐오하고 멀리하려는 마음이 생겨나 점차적으로 자신을 해탈의 길로 인도하게 된다. 친지와 친구 등 세간법에 탐애를 일으켜 연연해하고 버리지 못하는 이런 탐심은 염리심과는 완전히 상반되는 역량이다. 만일 이런 무시 겁 이래 습관화된 악습 번뇌에 따르면 자신의 혐오하고 멀리하려는 마음을 유지할 수 없고, 아주 빨리 탐욕 악습에 의해 남김없이 훼손된다.

수행자들은 종종 직접 보거나 혹은 여러 가지 경로를 통해 이 부분에 대한 실제 사례를 알고 있을 것이다. 어떤 사람들은 약간의 염리심을 막 일으켜서 일정 기간 동안 집을 떠나 불법을 공부하고 수행하는데, 친지와 친구를 탐애하는 번뇌를 일으켜 염리심이 남김없이 훼손되어 다시 세속의 위험한 길에 빠져든다. 어떤 사람들은 몸은 비록 출가했지만 내심으론 항상 친지와 친구를 탐애하는 마음을 끊지 못하며, 이런 사람들이 만일 자기의 마음을 바꿔내지 못하면 수행은 영원히 성공을 기약할 수 없고 그의 결말 역시 아주 위험하다.

『인연경』에서는 "세간의 모든 고통인 근심과 슬픔의 탄식은 다 친족을 탐애함으로 좇아 생긴다."라고 말했다. 세상 사람의 모든 걱정·비애·절망은 모두 인정을 애착함으로부터 생겼다. 수행인으로서 우리는 이를 깊이 이해해야 한다. 생각해 보면 자신이 지금 현생에서 삼계의 윤회 고통을 해탈할 수 있는 기회를 얻었어도, 세속의 친족을 애착하면 도대체 현생과 내세에서 어디를 향해 나아가게 될 것인지를 잘 알 수 있을 것이다.

若心專念彼 此生將虛度 약심전념피 차생장허도
無常衆親友 亦壞眞常法 무상중친우 역괴진상법[53]

탐애하는 친지와 친구만을 일심으로 생각한다면
현생을 아무런 의미 없이 헛되게 보내게 될 것이다.
무상한 친지와 친구를 탐애하면
진리에 대한 깨달음을 파손시킬 수 있다.

마음이 전부 친지와 친구를 탐애하는 데 놓여 있다면 자기 일생 속의 주요한 정력과 시간이 이런 친지와 친구 몸 위에 헛되이 소모되며, 또 정법을 듣고 생각하고 수행하는 일 역시 한쪽으로 밀쳐지게 된다.

---

53 여기에서 '진상법眞常法'은 산스크리트어 원문에는 '卍'자 법륜으로 되어 있다. 卍은 진여 법성을 항상 지니고 있다는 표지이다.

죽을 때 되돌아보면 일생의 시간이 이미 아무 의미 없이 헛되이 소모되었고, 여러 겁의 선행으로 사람의 몸을 얻었으나 이 세속의 친지 및 친구와 여러 가지 방법으로 의미 없이 교제하는 가운데 허송세월하고 말았다. 이때 가슴을 두드리며 길게 탄식하고 두 눈에서 나온 눈물이 뺨에 맺히며 뉘우치고 후회한들 이미 늦었다.

세상 사람들은 일평생 가정이나 가족들을 위해 일개미나 일벌처럼 바삐 움직인다. 설령 가족들과 아침저녁으로 함께 지내며 검은 머리가 파뿌리 되도록 함께 늙고 자손이 집안에 가득하다 하더라도 결국은 운명이 황천길로 귀결되는데, 평생 분주했던 것이 자타를 위해 무슨 이익을 가져왔는가? 가족을 보호하고 원수를 굴복시키며 지은 업력을 혼자 지니고 있는 것 이외에는 아무것도 있을 수 없다.

옛 노 수행자가 항상 입에 달고 다니던 말이 있다. "출가해야 비로소 도를 깨달을 인연이 있으니, 집에 연연하면 도를 깨달을 날이 어찌 있겠는가." 가정과 가족들을 연연해하면 깨달음 성취의 기회는 절대로 없다. 어떤 사람들은 한편으론 세속의 욕망을 탐하면서 다른 한편으론 출세의 안락을 깨달아 얻으려고 하는데, 범부의 입장에서 볼 때 이는 불가능한 것이다.

이전에 가섭불이 세상에 계실 때 어느 국왕이 꿈속에서 코끼리가 새끼를 낳는 것을 보았는데, 새끼 코끼리의 몸은 이미 다 나왔는데 꼬리가 계속 나오지 않고 있었다. 가섭불이 이 꿈을 풀이하여 이렇게 예견했다. 앞으로 석가모니불 교법의 말법 시대에 수많은 사람들이 겉으론 비록 출가하지만 마음은 출가하지 않고 세속에 연연해할 것이다. 이런 외면상의 출가는 아무런 진실한 의의가 없으며, 마음으로 속가를 버리지 못하면 이생은 그저 무지몽매의 상태일 뿐이며, 하루 동안 중이 되어 하루 동안 종을 치는 것만으론 근본적으로 해탈을 얻을 수 없다.

세간의 친지와 친구는 무상하며 쉽게 변질되는 법으로, 이번 생이 끝난 뒤 각자의 업력에 따라 떠돌아다니게 되므로 이번 생에서는 친구가 원수로 바뀌는 일도 자주 볼 수 있으니 평생 애정을 지니고 변하지 않는 친지나 친구가 진정 아주 적다. 또 이런 무상한 법에 대한 탐애는 수행인의 영원불변의 위없는 해탈 안락을 훼손시킬 수 있다. 수행인이 세속 친지 및 친구에 대한 탐착을 끊어버리고 수행에 정진 노력한다면 반드시 진상 안락의 법성을 깨달아 얻을 수 있지만, 수많은 사람들이 친지 및 친구에 연연하기 때문에 이런 기회를 끊어버린다. 미세한 무상법을 탐착함으로써 진상 안락을 얻을 기연을 훼손시킨다. 다시 말해 무상한 친지 및 친구에 대한 탐애가 항상 불변의 卍자 법륜을 훼손시키는 것인데, 이런 우매하고 뒤바뀐 행위를 능히 이해한 자는 마땅히 신속하게 끊어버려야 한다.

『묘비청문경』에 "옛날의 원수가 친구가 되고 이전의 친구가 원수가 되며 관계없던 사람이 친지나 원수가 되니, 이를 알아 마땅히 친지와 친구를 탐하지 말아야 하고, 탐착을 끊어버리고 선을 수행하는 데 힘써야 한다."라는 말이 나온다. 윤회 속의 친지와 원수는 무상하고 쉽게 변하는 것으로, 이를 알고 있는데도 왜 여전히 친지를 탐애하려 하는가? 자기 자신은 마땅히 현생을 잘 장악하고 모든 탐애를 버리고 적정처에 이르러 자타를 위해 해탈 대안락 과위의 깨달음을 구해야 한다.

『학집론』에서는 "마땅히 『욱가장자청문경』에서 말한 이치에 따라 집에서 머무는 과환을 방지하고 사원 안에 안주해야 한다."라고 말한다. 또한 『월등경』에는 "욕망을 버리지 못함이 습관화되어 처자식을 탐애하고 연연해하며, 떠들썩한 집안에 안주하고 있으면 필경 무상각을 성취하지 못한다. 모든 욕망을 일으키지 않고 권속을 멀리하며, 세속의 집을 떠나 적정처에 머물면 무상도를 얻으며, 삼세의 모든 부처님은 세속의 집에 머물면서 무상보리를 얻음이 있지 않다."라는 말이 나온다. 후세에 무상 보리도를 얻으려는 수행인으로서 우리는 이 가르침을 단단히 기억해야 하며, 또한 자신이 어떻게 수행해야 하는지도 잘 알아야 한다.

行爲同凡愚 必墮三惡趣 행위동범우 필타삼악취
心若赴聖境 何需近凡愚 심약부성경 하수근범우

자신의 행위가 우매한 범부와 같다면
반드시 삼악취로 떨어질 것이니,
자기 마음이 해탈의 성스러운 경지로 향해가고 있다면
어찌 우매한 범부를 가까이해서 장애 인연을 증가시킬 필요가 있겠는가?

우리의 행위가 범부를 향해 퇴보하여 접근하고 있는가? 아니면 성자를 향해 발전하여 접근하고 있는가? 이는 타락과 해탈의 2가지 서로 다른 방향이다. 만일 마음이 오직 우매한 범부와 친지·친구에 다가가고 있다면 움직이고 머물고 앉고 눕는 등 모든 행위 역시 그들과 같아질 것이며, 의심할 여지없이 자기 자신으로 하여금 삼악취로 떨어지게 할 수 있다.

세간 범부의 행위는 탐·진·치의 악습 번뇌에서 나오지 않은 게 없기 때문에 생각의 일으킴 등 모든 행위가 마치 『지장왕보살본원경』에서 이야기한 바, "업이 아닌 것이 없고 죄가 아닌 것이 없다."라고 함과 같다. 만일 우리 역시 이런 상태 속에 빠져 있고 해탈을 향해 올라가길 구하지 않는다면 그저 항상 죄업만 쌓일 뿐이며 자기 자신에게 삼악취의 고통을 안겨주게 된다. 뽀또와 대사가 "초학자의 의지는 본래 그다지 단단하지 않아서, 만일 세간의 우매한 범부를 다시 가까이하게 되어 그들과 함께 얘기 나누고 일을 하면 우리 현생과 내세의 안락이 반드시 전부 파괴되어 버릴 것이다."라고 말했다. 신심과 견해가 그리 단단하지 않은 초학자의 입장에서는 우매한 자를 가까이하는 것으로 인해 자기 자신의 번뇌 악습이 발동되어 다스릴 수 없게 될 수 있다.

속담에 "주사朱砂를 가까이하면 붉어지고, 먹물을 가까이하면 검어진다."라는 말이 있듯이 우매한 자를 가까이하는 것은 그저 사람을 악취로 타락시킬 뿐이다. 만일 해탈을 얻고자 하고 성자의 안락 경지에 들어가고자 한다면 우매한 자를 가까이할 필요가 전혀 없다. 이전에 티베트 지역의 노 수행인이 종종 "지혜로운 자와 지혜로운 자가 왕래하면 지혜가 더욱 늘어나고, 우매한 자와 우매한 자가 왕래하면 우매와 무지가 더욱 늘어난다. 지혜로운 자와 우매한 자가 왕래하면 지혜로운 자는 우매해지고 우매한 자는 지혜로워진다."라고 말했다. 전에 계율이 청정한 수행인들은 세간의 우매한 자와 왕래할 때 아주 조심하고 자신의 마음과 행위를 지키기 위해 아주 주의하여 우매한 사람들의 영향을 피하였다.

내 생각에 현재의 대다수 수행인이 자신의 선근이 자그마하고 심약한데, 만일 보호하지 않고 일단 악인과 왕래하게 되면 아주 위험하다. 심지어 이에 대해 맥팽 린포체는 가을철의 하얀 서리가 꽃을 훼손하는 것처럼 액난을 피할 수 없다고 말하였다. 해탈의 성스런 경지를 추구하는 수행인으로서 마땅히 항상 자신을 일깨워야 한다. 우매한 자를 가까이하는 것은 그저 사람을 타락시킬 뿐이니, 나는 해탈을 추구하는 사람이므로 그들과 절대로 가까이해서는 안 된다.

刹那成密友 須臾復結仇 찰나성밀우 수유부결구
喜處亦生嗔 凡夫取悅難 희처역생진 범부취열난

찰나의 시간에 친밀한 친구가 될 수도 있고,
실수로 상대의 분노를 사서 금방 또 원수가 될 수도 있다.
본래 기쁘고 신뢰를 받아 마땅한 선행에 대해서도 분노를 일으킬 수 있는 법이니,
윤회 중인 범부의 환심을 사기란 정말 어렵다.[54]

---

54 범부의 환심을 사기가 어렵다는 이 구절에서 '범부'는 원문에서는 '이생異生'이다. 이생과 범부는 그 의미가 기본적으로 같다. 『삼매왕경』에 "다른 곳에서 태어난 연고로 이름이 이생이다."라는 말이 있다. 범부는 해탈하지 못하여 청정한 국토에 태어날 수 없다. 그는 업에 따라 윤회 유전하며, 육도에 다시 태어나는 것도 확실치 않다. 그래서 이생이라 한다.

세간의 모든 우매한 자들은 인과를 모르고 취사에 대해 어두워 그들의 성격이 대부분 아주 나쁘며, 일을 함에 있어서도 믿을 만한 표준이 없다. 만일 그들과 왕래하면 아주 짧은 시간 내에 아무런 이유 없이 그들은 아마도 당신을 가장 친밀한 친구로 여길 것이고 모든 비밀 얘기를 당신에게 털어놓을 것이나, 시간이 약간 지난 뒤 그저 무의식중에 뱉은 말 한마디 때문에 모순과 충돌이 출현하여 그들은 곧바로 얼굴을 바꿔 모른 채 할 수 있고 당신과 원한을 지을 수 있다.

이 점은 수행자들이 집에 있을 때 아마도 아주 깊은 체험을 했을 것이다. 세상 사람들의 일이 무상하게 반복되는 것은 인류 역사에서 언제나 그랬던 것이지, 지금만 이러하거나 특정 기간 동안만 이러했던 것은 결코 아니다. 티베트의 오래된 민요에 이런 말이 나온다. "친지와 친구의 무상함은 여름날의 무지개와 같고, 원한의 무상함은 가을철의 꽃과 같다." 본사 석가모니불께서 보계국왕이었을 때 "탐욕을 증가시킴으로 인해 가장 친밀한 친구도 일순간 원수가 된다."라고 말하셨다. 영국의 문호 셰익스피어는 『영웅반국기英雄叛國記, Coriolanus』에서 "아, 변화무쌍한 세상일, 지금 막 생사를 같이하기로 맹세한 친구, 두 사람의 가슴속에는 오직 한 마음이 있는 것 같다. 수면·음식·일과 유희 모두를 함께하고 친밀하기가 떼어 놓을 수 없는 정도이다. 일순간, 일련의 작디작은 다툼으로 인해 같은 하늘 아래 살 수 없는 원수가 되어버리고……."라고 썼다.

세간 모든 범부의 본성은 이렇게 반복되고 쉽게 변하는 것이어서 친구와 원수가 결정되어 있지 않다. 그리고 그들은 이해와 선악을 판별할 수 없어서 본래 기쁘고 신뢰받아 마땅한 선행에 대해서도, 예를 들어 그들로 하여금 재물을 보시하고 약간의 선행을 하게 하고 폭음과 도박을 하지 못하게 하는 것 등, 그들은 기꺼이 받아들이지 않을 뿐 아니라 오히려 이로 인해 분노를 일으킬 수 있다. 이런 범부는 선법을 통해 그들의 환심을 사기가 아주 어렵다. 그들은 악습에 얽매여 있고 죄악을 짓는 게 습관화되어 있기 때문에 일단 수행인이 선법을 보여줘도 그들은 받아들이기가 아주 어렵다.

물론 범부 가운데 근기가 비교적 좋고 이해를 구별할 수 있는 사람들은 있다. 그러나 이는 극히 적은 일부분일 뿐이고, 대다수 범부는 우매 무지하고 성격이 아주 나빠서 평범한 수행인이 그들과 교제하고 그들의 환심을 사는 것은 확실히 아주 커다란 어려움이 있다.

忠告則生嗔 反勸離諸善 충고즉생진 반권이제선
若不從彼語 嗔怒墮惡趣 약부종피어 진노타악취

충고를 하면 그들은 화를 낼 뿐 아니라
나에게 각종 선법을 버리라고 권한다.
내가 그들의 악언을 따르지 않으면
도리어 크게 성을 내어 스스로 악취에 떨어지게 된다.

평범한 일반 수행자가 흑백을 구별하지 못하는 그런 우매한 자에게 충언을 할 때 그 효과는 종종 정반대가 될 수 있다. 좋은 마음 좋은 뜻으로 성실하게 그들에게 악업을 끊어버리고 선업을 수행하고 정법을 신봉하라고 권해도, 그들은 수행자가 그들을 기만하고 그들의 단점을 지적한다고 생각하여 말을 듣지 않고 심지어 크게 성내기도 한다.

　범부는 여러 겁 이래로 악을 짓는 게 습관화되어서 악을 끊고 선을 행하라는 충언을 들을 때 종종 귀에 거슬려 하며 받아들이려 하지 않는다. 이는 쓴맛의 음식을 먹는 게 습관화된 사람과 비교해 보면 좋다. 그에게 단 음식을 줄 때 그는 오히려 맛이 없다고 느끼고 이로 인해 화를 내는데, 어떤 범부들은 충언을 들을 때 화를 낼 뿐 아니라 더 나아가 선법 수행을 포기하라고 우리에게 권하기도 한다. 그들은 여러 가지 사악한 말과 사악한 견해로 선행을 버리고 출가를 포기하라고 권고하는데, 이런 일을 우리 모두가 어쩌면 경험해본 적이 있을 것이다.

　특히 이런 시대에 정법을 진정으로 이해하는 자는 극히 드물다. 세상 사람들의 사상이 갈수록 혼란스러워지고 전도되어 진정한 수행자가 다가서더라도 그들은 샤카 빤디따가 "늙은 원숭이가 주인을 붙잡고 꼬리가 없다고 주인을 비웃는다."라고 이야기한 것처럼 굴기 일쑤이다. 그들의 사악한 말을 받아들이지 않으면 그들은 더욱 화를 내고, 삼보 정법을 아무렇게나 비방하여 엄중한 악업을 짓는다. 삼보를 비방하는 죄업은 필연적으로 그들이 후세에 무간지옥에 떨어져 고통을 당하게 한다.

　세간의 모든 우매한 자는 불교 수행에 처음 마음을 낸 자에게 커다란 장애가 된다. 『삼매지왕경』에 "중생에겐 다가서기 힘들다. 법을 말해도 믿지 않고 화난 얼굴을 보인다. 이것이 우매한 자의 법이다. 알았으면 가까이하지 않아야 한다."라는 말이 나온다. 무착보살 역시 "그와 벗으로 사귐에 삼독을 증가하고, 또 듣고 사유하며 수행하는 사업을 감소시키며, 자비를 악행으로 바꾸게 하는 그런 악한 친구를 멀리함이 불자의 행하는 바이다."라고 가르쳤다. 초학자는 반드시 이런 가르침에 따라 번뇌가 깊고 중한 우매한 중생을 멀리하며, 이런 악한 친구와 함께 중죄 짓는 것을 방비하여 자기 자신의 마장을 줄여야 한다.

妒高競相等 傲卑贊復驕 투고경상등 오비찬부교
逆耳更生嗔 處俗怎得益 역이갱생진 처속즘득익

자기보다 뛰어난 자를 질투하고 자기와 대등한 자와 경쟁하며,
미천한 자에게 오만하고 칭찬을 들으면 교만해진다.
귀에 거슬리는 말을 들으면 더욱 노기등등해지니,
이런 범부와의 왕래가 어찌 이익이 있을까?

세간의 범부와 함께 생활하는 것은 그저 해로움만 있고 이익은 없다. 그들의 번뇌가 깊고 중하기 때문에 그대가 어떤 태도 혹은 어떤 행동으로 다가가든지 상관없이 그들 모두가 번뇌를 일으키게 된다. 번뇌가 깊고 중한 사람은 학문·재주·재물·부귀·지위와 문·사·수의 수행 공덕 등 어떤 측면에서든지 자기보다 뛰어난 자에게 마음속으로 금방 질투심을 일으키며, 질투의 불이 타오르는 가운데 한걸음 더 나가 허다한 악업을 짓게 된다.

만일 어떤 사람이 각 방면에서 기본적으로 그와 대등하면 우매한 자는 또 비교하고 경쟁해서 이기려는 마음을 일으키며, 일을 할 때 항상 타인을 이기는 것을 목적으로 삼고 이기면 오만해지고 지면 분노 질투를 일으키는데, 이는 전부 다 죄를 짓는 것이다. 또 한편

누군가가 자기보다 못하여 각 방면에서 미천하고 떨어지면, 이런 사람 앞에서는 금방 오만한 마음을 일으키고 자신이 아주 대단하다고 느끼며 미천한 자를 하찮게 여긴다.

『대지도론』에는 "귀하지만 지혜가 없으면 퇴타하고, 지혜가 있으나 오만하면 또 퇴타한다."라는 말이 있다. 세간에서 일정 정도의 재산 지위를 갖고 있는 자가 만일 지혜가 없다면 그의 일생은 아무런 의미도 전혀 없다. 그러나 비록 지혜가 있을지라도 만일 교만하고 자만하다면 그는 우매한 사람보다 더 가련하다. 맥팽 린포체도 "오만한 마음이 전혀 없어야 비로소 오만할 가치가 있는 사람이다. 만일 자기 자신에게 오만한 마음이 있다면 전 세계에 자기 자신보다 더 비열한 사람이 어디 있겠는가?"라고 말했다.

모든 우매한 자는 이렇게 주변에 있는 다른 사람과 비교하면서 번뇌를 일으킬 뿐 아니라, 그들과 접촉할 때 듣기 좋은 칭찬이든 혹은 귀에 거슬리는 말이든 상관없이 그들은 번뇌를 일으키는 것을 피할 수 없다. 범부는 칭찬을 받으면 마음속에 곧바로 교만과 자만이 일어나서 자기의 실제 상황을 망각하는데, 이렇게 오만해질수록 더욱 어리석어지고 자기 자신을 해하게 된다. 만일 귀에 거슬리는 말을 들으면 그들은 이해와 선악을 분별하지 못하고 곧바로 노기등등해지고 분노의 불길이 치솟는다.

평범한 수행자는 이런 우매한 무리들과 접촉해서 그들을 이롭게 하기가 아주 어렵다. 또 자기 자신도 어떤 이익을 얻기가 아주 힘들다. 그래서 심지어 『열반경』에서는 "미친 코끼리를 만나면 최대치가 그저 현생의 신체 생명을 잃는 것이지만, 나쁜 벗을 가까이하면 세세생생의 안락과 이익이 모두 훼손되므로 지혜 있는 자는 마땅히 이렇게 번뇌가 깊고 중한 나쁜 벗을 멀리해야 한다."라고 설하고 있는 것이다.

伴愚必然生 自贊毀他過 반우필연생 자찬훼타과
好談世間樂 無義不善事 호담세간락 무의불선사

우매한 자를 가까이해서 왕래하면
반드시 스스로를 칭찬하고 남을 해하는 죄과를 짓게 된다.
세간의 환락과 성공에 대해 잡담하기를 즐기는 것은
아무런 의미가 없는 선하지 못한 일이다.

위에서 서술한 것처럼 아주 나쁜 우매한 자와 만일 우리가 관계를 맺으면 필연적으로 수많은 과실이 생겨나게 된다.

첫째, 우매한 자는 자신을 칭찬하고 남을 해하길 좋아하므로 오랜 시간 왕래하면 우리 역시 이런 악습에 물드는 것을 피하기 어려워 자신을 추켜세우고 남을 비방하거나 혹은 친구를 칭찬하고 상대편을 폄하하고 조소한다. 이런 것은 모두 범부의 본성이며 수행자들이 세간의 공적과 은덕에 대해 찬양하거나 차가운 조소와 신랄한 풍자를 보면 절대 다수가 모두 이러하다. 특히 세간에서 학문과 지위를 약간 갖춘 자들이 자기를 추켜세우고 타인의 허물을 들춰내 공격하는 언사가 신문 서적 등에 꽉 차 있는데, 만일 우리도 그런 상황에 처해 있다면 이런 악업이 자주 발생하는 것을 피하기 어렵다.

둘째, 세간의 즐거움을 말하기 좋아하는 것은 의미 없고 선하지 못한 일이다. 일반인은 세간의 이익과 명예를 찾아 하루 종일 쫓아다니지만 만족할 줄 모르고, 심지어 잡담에서도 시종일관 이런 사소한 일에서 벗어나지 못하며 어떻게 돈을 벌어 부자가 될까, 어떻게 이름을 날릴까, 어떻게 원수를 공격할까, 어떻게 속일까? 등 이런 의미 없는 일과 불선법은 세인들이 식후에 차 마시며 제일 많이 대화하는 화제이다. 만일 이런 사람을 만나면 입을 닫든 열든 이런 화제에서 벗어나기가 아주 힘든데, 이런 대화를 나누는 것은 그저 시간을 낭비하는 것이고 자기의 습기를 오염시키는 것이므로 수행할 때 이런 사람과 접촉하지 않는 게 제일 좋다.

　율장에서는 "우매한 자를 계속 보지 않는 것, 이것이 바로 안락이다."라고 말한다. 『중론』에서도 "우매한 자는 원수와 같아 항상 온갖 고통을 안겨준다. 마땅히 보거나 듣거나 의지하지 말아야 한다."라고 말하고 있다. 우리의 수행이 일정 경지에 도달하기 전에는 우매한 자와 접촉하는 것은 원수를 만나는 것과 같아서 그저 자신에게 고통을 가져올 뿐이다. 그러므로 우리는 마땅히 그들을 보지 말아야 하고 그들의 목소리를 듣지 말아야 한다. 스스로 적정처에서 복과 지혜를 얻기 위해 지관 수행에 정진하여야 한다. 이렇게 해야만 비로소 자기 자신과 타인에게 이익이 있게 된다.

　　是故近親友　徒然自招損 시고근친우 도연자초손
　　彼旣無益我　吾亦未利彼 피기무익아 오역미리피

　　그러므로 우매한 친구와 너무 밀접하게 왕래하는 것은
　　자기 자신에게 손해를 안겨줄 뿐이다.
　　그들은 우리의 수행에 아무런 이익이 되지 않으며

우리 역시 그들에게 진정한 이익을 줄 수 없다.

위의 몇 게송을 총결하는 내용이다. 다시 말해 평범한 일반 수행자가 우매한 친구와 왕래하는 것은 해만 있고 득은 없으며, 그저 자타 쌍방에 손해와 고통만 안겨줄 수 있다. 여기에서 말하는 우매한 자, 즉 『보운경』에서 말하는 파계한 자·사견인·위의를 잃은 자·나쁜 직업의 사람·시끄러운 곳을 즐기는 자·게으른 자·생사에 애착하는 자·보리행을 위배하는 자·속가에 머무는 자, 이 9종의 악지식과 밀접하게 접촉하는 것은 자기 자신의 수행에 마장 장애를 안겨준다. 따라서 마땅히 공경하되 멀리하고 조심스레 대해야 한다.

초학자는 마장의 인연을 스스로 대치해 치료하는 능력이 아주 제한적이다. 만일 나쁜 친우와 같은 악지식이 자신의 수행에 어떤 이익도 안겨주지 못하고, 또 자기 자신 역시 그들이 악업을 버리고 정도를 걷도록 할 수 없다면, 쌍방 모두 이익이 없으므로 먼저 자신을 챙기고 자타를 이롭게 하는 원만 능력을 구하는 게 더 낳으며 이것이 온당한 방법이다. 이전에 티베트불교의 수행자들 역시 "고승대덕의 시자는 정지·정념이 있어야 하며, 그렇지 않으면 고승대덕의 마음에도 영향을 미친다."라고 말을 했다. 아주 유명한 수행자들이 있었는데, 본래 그들의 공덕은 아주 대단한 것이었지만 그들의 시자와 주변에서 자주 친하게 지냈던 사람들의 견해와 계율이 모두 청정하지 못했다. 그 수행자들은 이로 인해 영향을 받아서 점차적으로 공덕을 잃어 나갔다.

10지위에 오른 보살과 같은 높은 견해의 단단한 수증 없이 수행자가 오랜 시간 그런 우매한 자들과 왕래하면 부정적인 영향은 분명 피할 수 없다. 그러므로 우리는 마땅히 자신을 정확히 알아야 한다. 세존께서 『보운경』에 "보살은 일체 시·일체 처에 악지식을 멀리 할 것이며, 또한 그들 무리 속에 나아가 세속 일을 논하거나 이익과 공경 받기를 구하지 말 것이며, 비록 악지식을 멀리할지라도 그에게 나쁜 마음이나 손해 본다는 생각을 내지 말아야 한다."라고 말한 것처럼 법에 따라 조심스레 모든 악지식을 멀리 해야 한다.

"그는 나에게 무익하며, 나 또한 그에게 도움이 안 된다." 이 두 구절은 산스크리트어 원문과 약간의 차이가 있다. 원문은 "미혹함이 없는 기쁜 마음으로 스스로 고요한 곳에 머문다."이다. 곧 안락하고 번뇌 없는 청량한 마음을 유지하고 자기 혼자 적정한 장소에 안주한다는 하는 것이다. 진정으로 자기와 중생의 안락을 추구하는 위대한 수행자는 밀라레빠 존자가 이미 후인들에게 몸소 이런 행동을 보여주셨듯이 반드시 이대로 따르고 계승해야 한다.

故應遠凡愚 會時喜相迎 고응원범우 회시희상영
亦莫太親密 善系君子誼 역막태친밀 선계군자의

따라서 마땅히 우매한 자의 속박을 멀리해야 한다.
일단 만나면 마땅히 부드러운 낯빛으로 그들을 잘 대해야 하나, 또한 너무 친밀해서도 안 된다.
친하지도 않고 소홀하지도 않은 군자의 사귐 태도를 취하는 것이 제일 좋다.

앞에서 우매한 자와 가까이하는 것의 여러 가지 과실에 대해 얘기했는데, 이런 것들을 이해 한 후 마땅히 가르침대로 멀리해야 한다. 그러나 그들을 멀리할 때 마땅히 법에 맞는 수단을 채택해야 하며, 자기 자신이 그들을 떠나 적정처에 안주한 후 때때로 우연히 만나게 되기도 하는데, 이때 자기 자신은 대승 불자가 마땅히 갖춰야 할 위의를 유지하고 부드러운 낯빛으로 대함으로써 마땅히 갖춰야 할 예절로 그들을 접대한다. 이런 내용은 5품속에 모두 얘기하고 있으나 정도를 반드시 잘 장악해야 하며 지나치게 친밀하지 않아야 하며 재앙을 불러들이는 것을 피할 수 있다.

수행자가 다른 사람과 접촉할 때 마땅히 진중하고 자제해야 하며 가까이하지도 않고 소홀히 하지도 않아야 한다. 무구광 존자는 『삼십충고론』에서 "촌락 사원과 깊은 산 등 어디에서 거하든 친구와 교제하지 말아야 하며, 누구와 접촉을 하든지 원수를 져서도 안 되고 친해져서도 안 되며 진중하고 자제해야 한다는 것이 나의 충고이다."라고 말한 적이 있다. 세간에서 사람들은 담담하기가 물과 같은 군자의 사귐을 숭상하는데, 청정하기가 물과 같은 마음으로 타인과 사귀는 이런 행동이어야 비로소 이익이 있고 해는 없게 된다.

어떤 사람들은 다른 사람과 왕래할 때 마음속에 항상 실리를 챙기려는 의도를 품고 있으므로 처음 왕래할 때 특별히 친하게 구는데, 이런 왕래가 최후에 이르러서는 쌍방에게 손해와 고통을 안겨주게 되어 있다. 세간의 모든 것이 무상한 것이어서 다른 사람에 대한 기대가 높으면 높을수록 최후에 무상이 도래할 때 실망과 고통 모두 더욱 깊어진다. 이에 대해 세상 경험이 깊지 않은 젊은이는 특히 주의해야 한다. 누구와 교제하든 너무 친밀하지 않아야 하지만 너무 냉담해서도 안 되며, 평상적이고 진중하고 자주적인 마음 태도로 처세하고 수행하면 현생을 반드시 안정되고 아주 의미 있게 보낼 수 있다.

猶如蜂采蜜 爲法化緣已 유여봉채밀 위법화연이
如昔未謀面 淡然而處之 여석미모면 담연이처지

꿀벌이 꿀을 따는 것처럼
수행자는 수행을 유지하기 위해 밖에 나가 탁발하고 필요한 음식을 얻은 후,
마치 만난 일이 없는 것처럼
평상심으로 그들과 함께 지낸다.

수행자는 의식 생활을 유지하기 위해 여러 곳에 있는 시주에게서 탁발하고 난 뒤 반드시 시주들과 '원한을 짓지도 말고 친하지도 않은' 원칙을 지켜나가야 한다. 마땅히 꿀벌이 꿀을 따는 것과 같아야 하지 절대로 인연에 얽히면 안 된다.

꿀벌은 꽃에서 생명을 유지시켜 줄 꽃가루와 꿀을 딸 때, 인연에 따라 꿀을 수집하고 향유한 후 곧바로 날아가 버린다. 꽃에 대해 연연해하지도 않고, "이 꽃은 아주 좋구나! 이 꽃은 매일 나에게 먹을거리를 제공해 줄 수 있으니 나는 이렇게 저렇게 이 꽃과 가까이해야 한다."라는 분별 망념도 갖지 않는다. 꿀벌은 마음대로 꽃밭을 날아다니며 꿀을 보면 따고, 꽃 속에 만일 꿀이 없어도 그 꽃에 대해 그 어떤 분노를 일으키지 않는다. 자유자재로 처한 환경에 적응하고

안주하며 외부에 있는 물건에 탐욕도 없고 화냄도 없다.

　수행자는 반드시 이런 생활방식을 흉내 내고 배워야 한다. 불제자가 정법을 수행하기 위해서는 물론이거니와 생명을 유지시키기 위해서는 의식 등 보시가 필요하다. 이를 위해서는 본사 석가모니불의 규정에 근거해 자기 자신이 손수 씨를 뿌리고 밥을 짓는 등의 일을 할 수 없으며, 그저 바리때로 걸식하고 밖에 나가 탁발하여 생명을 유지한다. 현재 남방불교 지역, 즉 태국·스리랑카·버마 등의 출가인은 사람 없는 깊은 산에서 선정을 수행하는 소수 이외에는 모두가 매일 정한 시간에 걸식을 하며, 일반 사원에서 불을 피워 밥을 짓지 않는다. 수행자는 이렇듯 밖에 나가 중생교화의 인연을 지을 때에 꿀벌처럼 외부의 인연에 연연해하거나 분노나 원망을 품지 말고, 담담하게 함께 지내야 하며 평상의 질박한 마음으로 대해야 한다. 이렇게 해야 비로소 시주로 인해 수행에 장애를 일으키는 것을 방지할 수 있다.

　『불자행』에 "재물과 공경을 탐하고 서로 고집부리며 양보하지 않는 것과 법을 듣고 생각하며 수행하는 공덕을 감소시키는 업은 친구와 시주 집에서 나오니, 탐심을 끊어 없애는 것이 불자행이다."라는 말이 나온다. 시주를 탐착하는 과환은 수많은 대덕들이 이미 강조한 바 있다. 근휙 대사는 강의에서 "지금 이 말법 시대에 어떤 승려들은 시주를 자신의 소유물로 집착하고, 어떤 시주들은 승려를 자신의 소유물로 집착한다."라고 말하고 있다. 이런 현상은 비교적 보편적인 병폐이다. 만일 범부 수행자가 오랫동안 고정된 시주들과 왕래하면 탐착의 습기가 늘어나는 것을 피하기 어렵고, 최후의 결과는 쌍방 모두에게 한바탕의 재앙이 된다. 티베트 속담에 "원래의 대사가 이제

시주가 되었다."라는 말이 있다. 그 뜻은 승려가 만일 시주 집의 재산과 음식을 탐하고 연연해하여 자주 왕래하다 보면 결국 환속하여 결혼하게 되고 세속의 그물로 떨어진다는 것이다.

시주들이 수행자에게 돕는 인연이 되어 의식 같은 재물을 공양하는 것은 물론 선한 일이다. 그러나 어떤 수행자들은 이로 인해 "어느 시주는 매일매일 나에게 공양하는데 나는 그에게 미온적인 태도를 보이고 있으니, 이는 인격적으로 볼 때 사리에 맞지 않는 것이 아닌가!"라고 생각할 수 있다. 오는 정이 있으면 가는 정이 있고, 호두를 던져 주면 자두로 보답하는 것이 필요하다고 생각하는 사고방식은 이치에 맞는 측면이 있기도 하다. 하지만 우리 수행자는 이런 차원에서 문제를 고려해선 안 된다. 시주가 수행자에게 공양하는 것에 대해 수행자는 마땅히 불법에 따라 경을 염송해 공덕을 회향해야 한다. 이렇게 해야 비로소 진정한 보은이 되고, 시주의 공양 역시 진정한 의의를 갖게 된다.

어떤 사람들은 불법을 이해하지 못하고 세간의 방법으로 시주에게 보답하는데, 이는 법에 맞지 않는 것이며 쌍방 모두에게 안겨주는 결과 역시 좋지 않다. 이 점을 우리는 절실하게 주의해야 한다. 시주들이 종종 자신에게 의식 재물을 공양하는데, 만일 자기 자신이 법에 따라 행동하지 않는다면 오히려 시주에게 해가 되며 원한으로 은혜를 갚는 게 된다. 과거 7불의 모든 부처님께서는 "꿀벌이 꿀을 따고 꽃을 훼손시키지 않고 떠나는 것처럼 행자는 성 안에서 걸식이 끝나면 탐욕이나 성냄 없이 돌아온다."라고 말한 적이 있다. 타인이 자기 자신을 어떻게 공경하고 공양하든지 간에 우리는 마땅히 불법에 의해 평등하게 행동해야 한다. 이것이야말로 자타 모두에게 이익이 되는 행동이다.

B. 이익과 존경받기의 탐착을 버림

吾富受恭敬 衆人皆喜我 오부수공경 중인개희아
若持此驕慢 歿後定生懼 약지차교만 몰후정생구

나는 풍요롭고 사람들로부터 존중받으며
수많은 사람이 나를 좋아한다.
만일 이로 인해 오만을 일으킨다면
죽은 후 분명 악취로 타락하는 공포와 고통을 피하기 어려울 것이다.

과거에 보시 등 선업이 성숙된 결과로 어떤 수행자들은 현세에서 풍부한 이익을 갖고 있고 사람들이 그를 아주 공경하며 수많은 사람들이 그를 보기만 해도 기쁜 마음을 일으킨다. 마치 요즘 일부 대덕들이 어디를 가든 사람들로부터 공양과 공경을 받고 도처에서 대중들의 흠모와 찬탄을 받는 것과 같은 것인데, 이는 모두 과거 선업의 과보이다. 이런 상황에 처해 있을 때 일반인은 조금만 부주의하면 아주 쉽게 오만 번뇌를 일으킨다.

옛 대덕이 "고귀하기가 천인 같은 그런 쾌락이 있어도 마땅히 오만하지 말아야 한다."라고 말한 것처럼, 우리는 대체적으로 오만한 마음을 일으키지 말아야 하는 이치를 알고 있다. 하지만 이런 상황이 나타날 때 무시이래 훈습된 아만 번뇌를 깨달아 알아서 치료하기란 아주 어려운 일이며, 죽음에 임해 악업이 불러들인 악보의 고통과 두려움을 피하기란 더욱 어려운 것이다.

어떤 사람들은 일련의 교활한 수단에 의지해 명예와 이익을 얻는데 이런 명예와 이익은 후세에 끝없는 고통을 불러들이는 원인이 되니, 이로 인해 오만해지는 것은 더욱이 가치 없는 일이다. 율장 속에도 한 일화가 있다. 세존께서 세상에 계실 때 숲속에 양떼가 있었다. 그중 깨끗하지 않은 것만 먹기 좋아하는 양이 있었는데, 그 양은 혼자서 쓰레기 더미로 달려가 더러운 쓰레기를 갉아 먹으면서 한편으론 푸른 풀을 먹는 양을 업신여겼다. 세존께서 비구들에게 말씀하시길, "비구가 만일 삿된 생각에 사로잡혀 비합법적인 수단으로 재물을 취하여 제멋대로 써버리고, 또 이로써 오만을 일으키며 바른 지혜에 의지해 사는 청정한 비구를 깔본다면, 이는 이 양과 똑같은 것이다."라고 하셨다. 그 어떤 교활한 방법이든 혹은 그 어떤 세간의 공덕이든, 이런 것들에 의지해 현세에 얻은 명예와 이익은 사실상 그것을 누릴 때마다 끝없는 고통을 불러올 것이다.

『미륵사후론』에서는 "배움이 많다고 오만하면 이로 인해 방일해지게 되고, 이익과 공경을 얻었다고 오만하면 이로 인해 방일해질 수 있다. 배운 지식과 얻은 재물로 인해 오만하면 방일해질 수 있는데, 이는 출가인에게 오만으로 인해 생길 수 있는 4가지 종류의 방일이다. 누구든 이 4가지 오만으로 인해 생기는 방일을 갖게 되면 지옥에 떨어질 것이다."라고 말한다. 수행자들은 마땅히 법에 따라 내부의 습기를 성찰해야 하며, 자기 자신이 어떤 법으로 인해 오만 번뇌를 일으켰든 모두 의심할 여지없이 이로 인해 지옥에 떨어져 고통당하는 대가를 지불해야 하므로 마땅히 시시각각으로 일깨우고 내심을 성찰하여야 하며, 모든 걸 꿈과 환영으로 여기는 지혜로운 관찰로 재물과 이익을 대하고 탐착을 철저히 끊어 없애야 한다.

故汝愚癡意 無論貪何物 고여우치의 무론탐하물
定感苦果報 千倍所貪得 정감고과보 천배소탐득

이해득실을 구별하지 못하는 우매한 의식아!
그대가 현생에서 명예와 이익 등 무엇에 욕심을 부리든지 간에
앞으로 반드시 욕심 부린 물건의 천 배나 되는
고통의 과보를 받게 될 것이다.

세간의 유루 재산에 탐착하는 것은 위에서 말한 거대한 과환을 갖고 있다. 그러나 중생은 아주 우매하고 아득하여 그저 명예와 이익 등의 대상이 보이기만 하면 곧바로 탐착을 일으키는데, 일반인은 어떻게 치료를 해도 이런 것들을 버리게 하기가 어렵다. 아티샤 존자는 "탐욕은 인천 선취의 기쁨을 얻지 못하게 하고 해탈의 명줄도 끊어버린다."라고 말한 적이 있다. 세간의 물건에 탐착하는 것은 해탈의 기회를 완전히 끊어버리고 또 아주 커다란 해를 입힌다. 탐하는 물건과 비교해 볼 때 이런 손해는 종종 천백만 배를 뛰어넘는다. 비록 지금 탐하는 물건이 아주 미세한 것이라 하더라도 그것이 후세에 가져오는 고통은 상상할 수 없을 정도로 비참하고 긴 시간이 될 수 있다.

『대원만전행인도문』에서는 '흑마 라마'를 말하고 있다. 그는 전생에 이익을 탐착하고 짧은 인생에서 작은 안락에 욕심 부렸고, 후세에

이로 인해 고독지옥에 떨어졌으며 그 고통의 거대함과 긴 시간은 그가 전생에서 누린 것과 비교할 때 그 차이가 계산할 수 없을 정도였다. 출가인이 만일 현세에 계율을 지키지 않고 시주의 재물을 탐착하는 과실은 특히 아주 크다. 『불장경』에서는 "파계한 비구는 백천만억 겁 동안 육신을 잘라 시주에게 갚을 것이고 만일 축생으로 태어나면 항상 몸에 무거운 짐을 지고 다닐 것이며, 이런 비구는 털 하나의 천억 분의 1인 극히 작은 공양조차도 받지 못할 것인데, 하물며 음식·의복·침구·의약품은 말해 무엇하리오."라고 설한다. 파계자뿐 아니라 비록 계율을 청정히 지키는 자라 하더라도 법을 듣고 생각하고 수행하지 않고 선법에 게으름을 피우면, 그가 누리는 시주의 재산 역시 앞으로 후세에 고통을 가져다줄 것이다.

인도의 공덕광 존자는 『계율근본송』에서 "나태한 자가 취득해 사용한 모든 것은 채무가 된다."라고 말했다. 또 아라한이셨던 사가라 존자는 『화만론』에서 "나태함은 자신의 선근을 훼손시키고 누려온 신도의 시줏물이 채무가 된다."라고 말하고 있다. 나태한 자는 계행은 청정하지만 법을 듣고 생각하고 수행해 익히는 데 성실하지 않고 진보하려 애쓰지 않는 수행자를 말한다. 이런 사람은 현세에 누린 신도의 시줏물을 내세에 반드시 시주에게 백 배, 천 배의 채무로 갚아야 하거나, 시주의 노비로 다시 태어나 채무를 갚아야 한다.

수행자들은 시줏물과 기타 재물을 누리고 있을 때 반드시 이런 가르침을 잘 새겨야 한다. 만일 자기 자신의 계율이 청정하지 않고 듣고 생각하고 수행하는 데 정진하지 않는다면, 먹고 있는 음식, 입고 있는 비단이 모두 후세에 끝없는 고통의 원인이 될 수 있다.

故智不應貪 貪生三途怖 고지불응탐 탐생삼도포
應當堅信解 彼性本應捨 응당견신해 피성본응사

그러므로 지혜 있는 자는 외부의 재물을 절대 탐착하지 않는다.
이런 것에 대한 탐착은 삼악도에 떨어지는 공포를 불러온다.
마땅히 굳게 믿고 이해해야 하나니,
본성의 측면에서 보면 세간의 명리는 모두 버려야 할 물건이다.[55]

세간에 있는 명리 등의 사물을 탐착하는 것은 이와 같은 커다란 과실을 갖고 있으므로 이를 능히 이해할 수 있는 지자라면 마땅히 명리를 탐착하지 말아야 한다. 명리를 탐착하는 자는 현생의 수행에 성공할 수 없는데 이 점은 수행자들이 현량으로 볼 수 있다. 탐욕이 중한 사람은 현생에서 욕심이 마음대로 되지 않아 항상 번뇌와 고통 속에 있게 되고, 후세에서는 이로 인해 악도에 떨어지는 공포와 고통을 불러올 수 있다.

부처님께서는 『증상의악청문경』에서 미륵보살에게 "이양 공경은 탐욕을 일으키고 수행자의 정념을 훼손시킬 수 있다. 또한 사람으로 하여금 오만 번뇌를 일으키게 하고, 선정과 4무량심을 끊어버리며, 앞으로 지옥 축생과 염라 세계에 떨어지게 할 수 있다."라고 말씀하신 적이 있다. 능히 이 가르침을 이해하고 믿을 수 있는 지혜로운 자라면

---

55 이 게송의 앞 두 구절은 투매 린포체, 갈참제 대사의 주석에서는 위 게송에 이어져 해석되어 있고, 뒤 두 구절은 아래 게송에 이어져 해석되어 있다. 근훠 대사가 지은 주석 속에는 4구절 게송으로 해석되어 있는데, 여기에서는 분리하지 않고 아래 위 게송을 연결시켜 해석하였다.

이런 과환을 생각하여 명리에 대한 탐착을 끊어버리는 것이 결코 어려운 일은 아닐 것이다.

　명리에 대한 탐착의 과환에 대해 이해하고 탐심을 끊어 없앨 마음을 일으킨 후, 이에서 한 걸음 더 나아가 또 다른 차원의 이해를 해야 한다. 명리 등 세속 물건의 본성은 바로 반드시 버려야 하는 것이고 명예와 이익의 본성은 바로 흩어지고 소멸되는 무상법이다. 만일 그것의 본성이 항상 그러하고 즐거운 법이라면 그것을 탐하고 집착하는 것은 말이 되는 얘기지만, 사실상 이런 것들은 모두 즐겁지 못한 무상법이며 동시에 명예와 이익 등은 불에 비친 달·공중의 꽃처럼 아무런 실질이 없는 법이다. 사람들이 어떤 수단을 써서 그것들을 추구하든지 간에 결국엔 꿈속의 거래일 뿐 사실상 얻는 것이 아무것도 없다. 이 본성에 대해 단단한 믿음과 견해를 일으킬 수 있다면 탐착을 근본적으로 끊어버릴 수 있다.

　　縱吾財物豐 令譽遍稱揚 종오재물풍 령예편칭양
　　所集諸名利 非隨心所欲 소집제명리 비수심소욕

　　비록 우리의 재물이 풍부하고
　　아름다운 이름이 사방에 널리 퍼져도
　　현생에서 애써 모은 명리는
　　내 맘대로 후세에 갖고 갈 수 없는 것이다.

　위에 나온 3개의 게송에서 외부 물건에 탐착하는 것의 과환과 그 물건에 대한 탐착을 버리는 방법에 대해서 대략적으로 말했는데,

이제부터 상세한 안내를 시작하겠다.

　세존께서 세상에 계실 때, 남섬부주의 사람들은 복덕이 깊고 두터워 수많은 사람들이 금강경에 나오는 급고독 장자처럼 재부가 많기가 다문 천자와 비할 만했다. 그러나 지금은 오탁 흑암의 시대로 사람의 복보는 이미 이전 같지 않으며 비록 부유한 사람, 예를 들어 빌 게이츠 같은 재벌이라 해도 그 전체 액수가 그저 천백억 달러의 재산일 뿐이다. 이는 마니보 하나의 가치에도 한참 못 미친다.

　우리가 이렇게 풍족한 재산을 가지고 있거나 다문 천자처럼 부유하다고 해도, 재물을 자기 뜻대로 후세에까지 가지고 갈 수 있는가? 이는 분명 할 수 없는 일이다. 명예의 측면에서도 마찬가지이다. 자기 자신이 광대한 명성을 갖고 있고 아름다운 이름이 사방에 널리 퍼진다 해도, 이런 명성은 사실상 말할 가치가 없을 정도로 미세하고 세계의 다른 명인들과 비교해 볼 때 커다란 차이가 있는 것일 수도 있다. 어떤 사람들은 약간의 명리만 있으면 독선적으로 되는데, 이 모두는 우매와 무지 안목이 짧고 천박하기가 우물 안 개구리 같아서 만들어지는 것이다.

　현생에서 어떤 명예나 재부를 갖고 있든지 간에, 이런 것들은 자기 맘대로 전환할 수 있는 것이 아니다. 재산을 늘리고 재산을 지키고 명예를 얻고 명예를 지키는 과정에서 모두 뜻대로 되지 않아 여러 가지 원치 않는 고통을 맛볼 수 있으며, 사망할 때에는 그저 자기 한 사람의 업풍에 따라 떠돌아다니게 돼 그 어떤 물건도 가져갈 수 없다. 맥팽 린포체의 가르침 속에 "사람이 죽을 때 자신의 몸뚱이 하나도 가져갈 수 없는데, 하물며 명리와 권속은 말해 무엇하리오?"라는 말이 있다. 모든 명리의 물건은 마음대로 선근으로 전환할 수 없는 것이며 그것들은 그저 중생의 미혹된 심식 속에 습기로 인해 나타난 환상일 뿐이므로, 마치 꿈속의 성대한 일·빈 계곡의 메아리 같은 것이다. 이 모든 것은 탐착할 만한 가치가 없으며 범부의 마음대로 오랫동안 지닐 수도 없다.

若有人毀我 贊譽何足喜 약유인훼아 찬예하족희
若有人贊我 譏毁何足憂 약유인찬아 기훼하족우

나를 업신여기는 사람들이 언제든 있다면,
타인에게 칭찬받음에 기뻐할 것이 뭐 있겠는가?
나를 찬미하는 사람들이 언제든 있다면,
타인에게 조소와 비방을 받는 들 무슨 불만이 있겠는가?

만일 타인의 찬미를 받으면 이때 마땅히 나 자신을 억제하고 이것이 결코 기뻐할 가치가 없다는 사실을 되짚어봐야 한다. 왜냐하면 찬미하는 사람의 배후에는 세상에 분명 수많은 중생들이 나에 대해 불만족스러워할 것이기 때문이다. 이런 상황 아래 자기 자신이 기뻐할 만한 게 뭐 있겠는가? 만일 눈앞에 있는 찬탄 때문에 득의양양하고 정신을 잃을 정도로 기뻐한다면, 이런 사람은 그저 눈앞의 도로가 평탄하고 위험하지 않은 것만 보고 앞길에 아직도 구덩이와 물웅덩이의 위험한 상황이 있다는 것을 잊어버린 것과 같아서 그의 전도가 아주 위험할 수 있다.

마찬가지로 타인의 조소와 비방을 받는다면 이때도 이로 인해 풀이

죽고 근심하며 신심과 용기를 잃어버릴 필요가 없다. 전체적인 안목으로 보면 비록 눈앞에 있는 사람이 비방한다 해도 수많은 다른 사람들이 나를 칭찬하고 격려해 줄 수 있으므로 자기 자신은 근본적으로 그런 사소한 비방의 언사에도 근심하고 속상해할 가치가 없다. 그리고 마땅히 진중하고 자제하여 장애를 도의 쓰임으로 바꿔내고 담담하게 비방을 대면하는 인욕을 수행해야 한다.

『격언보장론』에서는 "찬탄으로 인해 기뻐하지 않고 비난으로 인해 근심하지 않고 자신을 잘 유지하는 공덕, 이것이 바로 보살의 자세이다."라고 말한다. 진정한 수행자라면 마땅히 이런 수행상을 갖추고 이지적으로 견고하게 자기 자신을 다스려서 외부환경에 동요하지 말아야 한다. 이렇게 해야만 수행이 비로소 성공할 수 있다. 티베트 사람들은 종종 "인생의 길은 라사로 가는 것처럼 아주 길며, 높이가 고르지 않은 산과 하천이 반드시 있게 마련이다."라고 말하는데, 수행의 길은 더욱 이러하다. 성취자의 전기를 펴 보면 평탄하게 성취를 한 수행자가 하나도 없다. 모두가 자신을 성찰하여야 하며, 반드시 자기 마음을 잘 지녀서 외부환경에 끌려 변하지 말아야 한다. 그렇지 않으면 수행에 있어서 성공의 기회는 절대 가질 수 없다.

有情種種心 諸佛難盡悅 유정종종심 제불난진열
何況劣如我 故應舍此慮 하황렬여아 고응사차려

　세간 중생의 여러 가지 기대를
　부처님조차도 모두 만족시키기 어렵다면,
　하물며 나처럼 비천하고 무능한 범부는 말해 무엇하리오?

나는 마땅히 세상 사람들의 눈에 들지 못하는 염려를 버려야 한다.

수행자는 선정을 수행할 때 반드시 속세를 멀리해야 하며 우매한 속인과 최대한 적게 왕래해야 한다. 여러 가지 비방에 맞닥뜨려도 자기 마음이 이로 인해 근심하지 말고 진중하게 잘 다스려져야 한다. 왜냐하면 세간의 모든 중생은 그 근기·소망·성향 등 각 방면에서 모두 서로 달라, 심지어는 과위 공덕이 원만한 부처님조차도 모든 중생의 마음을 만족시키기 어렵기 때문이다.

본사 석가모니불께서 세상에 오실 때 비록 본사께서 비할 데 없는 지혜와 복덕을 충분히 갖췄고 고귀한 상이 장엄하기가 비할 데 없었으며 일체중생의 근기 소원을 두루 알 수 있고 불가사의한 선교방편과 신통을 충분히 갖추고 있었으나, 그래도 제바달다와 선성 비구, 수많은 외도 등 부처님을 공경하지 않는 중생들이 있었다. 수행자들이 『현우경』을 보면 경전 속에 외도 6사와 부처님의 변론이 기록되어 있다. 신통을 겨룰 때 세존에게 불만을 품고 감복하지 않은 외도가 아주 많았으며, 다른 경전 속에도 적지 않은 사람들이 세존을 비방하고 악심을 품었다는 기록이 나온다. 경전 속에는 세존께서 직접 "세간에서 세존에게 믿음을 낸 자는 그 수가 손가락 끝에 올라갈 정도로 적다. 그러나 신심이 없는 자는 대지의 먼지처럼 많다."라고 한 내용도 있다.

절대 다수의 세상 사람들이 공덕이 원만한 부처에게 그렇게 불만족스러워했는데 비천한 범부가 어찌 그들의 환심을 살 수 있겠는가? 적천보살이 여기에서, 당신이 미천하고 무능한 한 명의 범부이니 마땅히 세상 사람의 환심을 사려는 염두를 버려야 하고 세상 사람의 조소와 찬양에 마음을 흩트리지 말아야 한다고 말한 것은 당연히 그의 겸허한 언사이다. 우리들과 비교해 볼 때 적천보살과 같은 이런 대성취자도 이런 선택을 하고 있는데, 말법 시대의 범부 수행자가 어떻게 수행해야 할지는 아주 명확한 것이다. 중생을 제도하는 것은 확실히 아주 중요하며, 그러나 우선 자신의 능력을 관찰하여 산란함을 지혜롭게 멀리하고 자기 습기를 다스리는 수행을 먼저 해야 한다. 그렇지 않으면 그대가 세상에서 항상 세상 사람들의 환심을 사려 하여 자기 마음이 반드시 이로 인해 극도로 산란해지고 근본적으로 어떤 공덕도 얻을 수 없다.

수행자들이 자신의 일상생활을 조금만 관찰해 보면 자기 자신이 무슨 일을 할 때 모든 주위 사람들의 마음에 꼭 들도록 하려 하나 이는 불가능하다는 것을 알 수 있다. 자기가 일을 함에 있어 어떻게 법에 따르고 이치에 맞게 하든, 주위에 만족하지 못하고 비방하는 사람은 언제나 출현하게 마련이다. 이런 범부는 부처님조차도 그의 환심을 사기 어려운데, 우리가 어째서 그들에게 영합하려 하는가? 수행자는 마땅히 자신의 길을 가고 타인의 평가에 개의치 말며 일체의 세속적인 우려를 버리고 적정처에서 선지식을 의지하여야만 한다. 이렇게 해야만 비로소 진정한 해탈로 향해 갈 수 있다.

C. 세속 인연 버리기를 권함

睥睨窮行者 詆毀富修士 비예궁행자 저훼부수사
性本難爲侶 處彼怎得樂 성본난위려 처피즘득락

범부는 청빈한 고행자를 무시하고
재물이 풍부한 자를 헐뜯기 좋아한다.
속성이 함께하기 어려운 우매한 그들에게
어떻게 기쁨을 일깨워줄 수 있겠는가?

세간의 우매한 자는 한 측면에선 그의 환심을 사기 어렵고, 또 다른 측면에선 그와 함께 지내면 고통과 고통의 원인에서 항상 벗어나지 못하며 쾌락을 얻지 못한다. 세간의 우매한 자의 눈에 수행자는 언제나 그다지 완벽할 수 없다. 만일 생활이 청빈하고 고행을 하는 수행자가 있어 비록 그의 인격·계율·수증이 모두 아주 좋더라도 우매한 자는 여전히 그를 아주 무시할 수 있고, 또 종종 입에서 "이 사람은 음식도 배불리 먹지 못하고 마치 걸인 같은데도 모습을 꾸미고 있으니 뭐 하자는 거야!", "이 사람은 아주 가련하다. 전생에 복을 쌓지 못했나 보다."라는 무시하는 말들을 쏟아낼 수 있으며, 그 뒤 그들이 과거의 선업이 성숙되어 풍족한 생활을 하는 수행자를 볼 때 곧바로 질투심을 일으켜 비방한다. "이런 사람은 여기저기 다니며 돈을 속여 뜯어내는데 무슨 수행자란 말인가.", "그는 좋은 환경에서 편하게 사는 것에 욕심을 내고 수행은 전혀 없어." 이렇게 함부로 비방하고 훼손한다.

요컨대 우매한 자의 본성은 바로 이러해서 왕래하기 힘들고, 그들의 습성은 오물 구덩이와 같아서 어떤 물건이든 거기에 비추면 모두 극히 더럽게 보인다. 이런 외부환경을 만일 청정한 마음으로 본다면 모든 것이 청정하고 원만하게 나타나는데, 만일 우매한 자의 깨끗하지 못한 마음으로 본다면 모든 것이 깨끗하지 못하고 법에 어긋나는 것으로 변하게 되므로 우매한 자의 본성이 바로 왕래하기 어려운 그런 것이다. 만일 그들과 함께 지낸다면 『선서입경경』에서 말하는 "맹수들 안에서 사는 것처럼 항상 안락을 얻을 수 없다. 이렇게 우매한 자에 의지하면 기쁨의 시간을 얻지 못한다."라고 한 것과 마찬가지이다. 우매한 자와 함께 지내는 것은 맹수와 함께 지내는 것과 같아서, 언제나 번뇌 마장이 적을 수가 없고 현생과 후세의 안락이 모두 파괴되며 그저 고통의 큰 바다 속에 빠져버릴 뿐이다.

적천보살의 이러한 가르침은 한 측면에서는 우리가 수행할 때 마땅히 세간의 모든 우매한 자를 멀리해야 한다고 권고하는 것이고, 또 다른 측면에서는 우리가 마땅히 이런 사실을 이해해야 한다는 것이다. 수행자라면 반드시 내부의 마음 흐름으로부터 우매한 자의 습기를 끊어버려야 한다. 맥팽 린포체는 가르침 속에 "마음속에 번뇌 분별 망념이 있는 것은 집안에 성질이 사나운 마누라가 있는 것과 마찬가지이며 언제나 안락을 얻을 수 없다."라고 말했다.

수행자들은 잘 반성해야 한다. 자기의 몸은 이미 세속을 떠나 수행을 하고 있는데, 내심은 세속 우매한 자의 습기를 버리지 못하고 있는 것 아닌가? 어떤 사람은 그 누구와도 화목하게 지내지 못한다. 어떤 사람들은 입만 열면 다른 사람의 잘못을 얘기하고 높은 사람을 비방하고 낮은 사람을 무시하는데, 자기 자신을 성찰하여 만일 이미 이런 문제를 갖고 있다면 적천보살이 말하는 우매한 자는 결코 다른 사람을 말하는 것이 아니다.

수행자는 반드시 외부적으로 세속 우매한 자를 멀리해야 하고 내심으로도 자타 모두에게 고통을 안겨주는 우매한 자의 습성을 끊어 없애야 하니, 이렇게 해야 비로소 진정한 안락을 얻을 수 있다.

如來曾宣示 凡愚若無利 여래증선시 범우약무리
鬱鬱終寡歡 故莫友凡愚 울울종과환 고막우범우

여래가 이미 설법하여 말씀하시기를,
우매한 범부는 원하는 명리를 얻지 못하면
늘 답답해하고 불쾌해하니,
범속의 무리들과는 왕래하지 말아야 한다고 하셨다.

본사 석가모니불께서는 불경을 여러 곳에서 설법한 적이 있다. 우매한 속인은 그들이 원하는 명예와 이익을 얻게 해주는 것 외에는 그들을 기쁘게 만들 방법이 없고, 이 점은 약간의 사회 경험이 있는 사람이라면 아주 잘 알 것이다. 세간 사람의 인생철학은 바로 자신의 이익이 최고이며 다른 사람과 왕래하고 일을 할 때 만일 자기에게 이익이 된다면 그들은 아주 기쁘게 일을 하는데, 만일 그 어떤 이득을 얻을 수 없다면 그들은 신경도 쓰지 않으며 심지어는 아주 불쾌해한다. 그들이 보는 이득이란 건 그저 일시적인 오욕 안락일 뿐인데, 이런 고제에서 벗어나지 못한 일시적인 쾌락을 위해 그들은 거리낌 없이 여러 가지 불법적인 수단을 사용한다. 결국 그것을 얻지 못하면 그들은 고개를 숙이며 의기소침해지고 마음 상하고 답답해하고 고통스러워하며 절망한다. 이런 우매한 무리들과 출리를 구하는 수행자가 어찌 왕래할 수 있겠는가?

부처님께서는 『월등경』에서 "범부는 좋은 벗을 삼지 못하니, 비록 그에게 불법을 말해줘도 마음에 믿고 따르지 않고 도리어 화를 내며 바로 범부행을 나타낸다."라고 하셨다. 또 "비록 범부와 오래 사귀어도 뒷날 다시 멀어지니, 범부의 속성을 널리 안 뒤에 지혜 있는 자는 그를 더 이상 도반으로 의지하지 않는다."라고 말한다. 특히 현재는 말법의 시대여서 우리의 복혜가 천박하며 환경이 더 열악하다. 이런 시대엔 반드시 세속의 우매한 자를 멀리하고 적정처로 가서 수행해야 한다. 『권발증상의락경』(즉 『미륵보살소문경』)에서 부처님께서 미륵보살에게 "보살승의 선남자, 선녀인은 앞으로 정법이 멸절되는 최후 말법 500년 동안 마땅히 어지럽고 혼잡한 곳을 버리고 적정한 숲속 아란야(암자)에 거하고, 범부중을 따르지 말며 그들 모든 게으른 무리들을 멀리해야 하고, 다만 자신만을 살피고 남의 허물을 찾지 말고 묵묵함을 즐기며, 반야바라밀에 상응하는 행을 부지런히 닦아야 한다."라고 알려주신다.

 여기에서 일부 사람들은 일련의 의혹을 품을 수 있다. 본론의 앞 내용에서 대승 수행자는 반드시 유정을 기쁘게 해야 하고 마음을 내어 중생을 제도해야 하며 중생의 이익을 중히 여기라, 중생을 버리지 마라 등등을 강조한 적이 있는데, 지금은 또 세간의 우매한 자들을 멀리하라고 말한다. 그렇다면 앞뒤가 서로 모순이 되는 게 아닌가? 사실 결코 모순이 아니며, 앞에서 말한 것은 우리가 원력 측면에서 반드시 중생을 이롭게 하는 것을 위주로 삼아야 한다는 것이고, 여기에선 만일 자기 자신이 처음 수행할 때 이기적이어서 번뇌가 깊고 중한 우매한 자와 왕래하면 타인을 이롭게 할 수 없을 뿐 아니라 자기 역시 타락한다고 말하고 있는 것이다.

대승 수행자는 반드시 순서에 따라 행해야 하며 우선 원보리심을 내어 대승에 들어가 법대로 선지식을 의지해 불법을 듣고 의혹을 끊어 없애고 바른 견해를 구해 얻으며, 그 뒤 적정처에 안주해 수행에 정진한다. 어떤 사람들은 세간의 중생을 멀리하는 것을 보살계를 위반하는 것이라 생각하는데, 이는 사실 보리도 순서를 이해하지 못해 생기는 이치에 맞지 않는 생각이다. 용수보살이 『보리심석』에서 "이타행이 비록 지금 불가능하나 항상 이 원력을 세울지니, 이 원력을 가진 자는 곧 이것이 이타를 행하는 것이다."라고 말하였다. 불법을 처음 배울 때는 진짜 타인을 이롭게 할 능력이 없다. 이때 자신이 오염되고 발심이 후퇴하는 것을 방지하기 위해서 일시적으로 범속을 멀리하고 적정처에 안주해 자비심과 원보리심 등을 수행하는 것이 타인을 이롭게 하는 선법을 행하는 것이다. 이렇게 하는 것이 어찌 바라밀행을 위배함이 되겠는가?

무구광 존자는 "지금은 악인이 도처에 있으니 고요한 곳에서 자기 수행을 이루는 정진을 해야 한다. 날개가 덜 자라면 날 수 없듯이 신통을 갖추지 못하면 남을 이롭게 하기 어렵다. 마땅히 자기 수행에 힘쓰며 이타행을 발원할지니 어지러운 세상이어서 마군의 해침이 많기 때문이다."라고 말했다. 우리는 오탁악세의 말법 시대의 수행자로서 이를 아주 중시해야 한다. 자기 자신이 일정한 수증을 얻기 전에는 마땅히 적정처에서 수행에 힘써야 함은 물론 자기 자신이 외부환경에 동요되지 않는 수증 공덕이 있다면, 그때는 불법을 널리 전하고 중생을 제도하는 것이 이치상 당연한 것이다.

중국의 도원 법사와 장자 활불이 대장경 간행의 경비를 모집하기 위해 대만에서 한동안 함께 지낸 적이 있었다. 그때 날씨가 아주 더워서 도원 법사는 가장 얇은 옷을 입고도 땀을 줄줄 흘리며 부채질을 계속 하고 있었는데, 장쟈 활불은 두터운 가죽옷을 입고도 여전히 편안히 앉아서 더위를 전혀 느끼지 않는 것 같았다. 도원 법사가 이를 보고 물었다.

"활불, 그대는 하나도 덥지 않습니까?"

장쟈 활불이 가볍게 대답했다.

"마음이 고요하면 자연스레 시원해지지요!"

진정한 대덕은 어떤 외부환경이라도 그에게 영향을 미치지 못한다. 우리가 만일 내심을 청량한 상태로 유지하지 못하고 자기 자신을 번뇌에 불타는 세간에 던질 때, 그 결과가 얼마나 참혹할 지는 예측하기 힘들다.

③ 산에 거주하는 이익을 사유함

A. 도반이 훌륭함

세속의 친구를 멀리한 후 세속의 속박을 철저히 끊어버리기 위해 수행자는 반드시 적정한 환경에 의지해야 한다. 만일 주위 환경이 청정하고 편안하다면 자신의 심신 역시 자연스레 청정해지는데 이 역시 일종의 아주 기묘한 연기이다. 본사 석가모니불께서는 당년에 적정처에 의지해 고행하여 성취를 얻었고, 후대의 성취자들 역시 이 연기법에 의지하여 더욱 깊은 깨달음을 얻었다. 후학자가 반드시 성취자가 걸어온 길을 따라 번잡한 도시를 멀리하고 적정한 곳에 의지해야 한다면, 적정한 곳은 어떤 뛰어난 공덕이 있을까?

林中鳥獸樹 不出刺耳音 임중조수수 불출자이음
伴彼心常樂 何時共安居 반피심상락 하시공안거

산림 속의 수목, 날아다니는 새와 뛰어다니는 짐승은
듣기 싫은 말을 하지 않는다.
함께 지내면 마음속이 아주 안락하고 평정하게 되는 도반과
나는 언제쯤이나 함께 안거할 수 있을까?

번잡한 도시를 벗어난 산림 적정처는 수행자로 하여금 우수한 동반자를 얻게 한다. 수행자가 세속의 우매한 자와 왕래하면 여러 가지 과환이 있으나 적정한 산림 속에 안주하면 과환을 가져오는 우매한 자가 없을 뿐 아니라, 아주 뛰어난 동반자를 얻을 수 있으며 함께 지낼 때 여러 가지 안락을 불러일으킬 수 있다.

산림 속에는 아름답고 향기를 내뿜는 수목이 있다. 즉 소나무·측백나무·자작나무·너도밤나무 등, 그들의 숨결이 신선하고 향내 나서 사람의 정신을 진작시키고 편안하게 한다. 고요한 산림 속에 각종 새가 날개를 펴고 춤추며 날아다니고, 혹은 낮게 읊조리고 소리 높여 노래 부르며 마음껏 생명의 기쁨을 누린다. 각종 짐승들의 달리기 놀이가 산림 속 상서롭고 평온한 분위기를 한껏 돋운다. 수목, 새와 짐승, 그들은 세간의 우매한 자들처럼 수행자에 대해 이러쿵저러쿵 함부로 비평하지 않고 비웃고 조소하지 않으며, 또 가짜로 추켜세우지도 않고 사람의 마음을 번잡스럽게 하고 뜻을 흩뜨리는 잡음을 만들지 않는다.

적정한 산림 속에서 수행자의 마음이 가볍고 즐거우며 평온하니

불법에 대한 신심과 중생에 대한 자비심 역시 늘어난다. 대수행자의 전기에서 수행자들은 그들이 산림에 안주하여 새와 짐승을 반려로 삼았다는 묘사를 여러 곳에서 볼 수 있다. 태국의 『존자아가만전』에는 "저녁에 산림 속 각종 동물의 울음소리를 어디서나 들을 수 있다. 두타행을 실천하는 비구에게 이런 울음소리는 항상 평온함과 고요를 느끼게 하며, 그들은 사람이 내는 그런 잡음을 내지 않고 사람을 방해하거나 사람의 주의력을 분산 시키지 않는다. 황혼이 질 때, 그는 산 동굴로 돌아가 각종 동물이 무리 지어 비옥한 들판을 자유롭게 노니는 것을 감상하는데 그 분위기가 아주 상서롭다."라는 구절이 있다.

우리 대다수 사람들은 번화한 도시에서 여기로 온 사람들이어서 이에 대해 절절한 체험이 있을 것이다. 이런 적정한 성지에서 동반자는 모두가 청정한 선지식·금강 같은 도반들이며, 주위에 새·산토끼·소와 양 등이 화목하게 지내고 있다. 귓가에 들리는 소리는 청정한 법음 그리고 대자연의 새소리·바람소리이며, 이런 환경은 수행자에게 극대한 가피와 촉진을 안겨주는 이상적인 환경이다.

이렇게 뛰어난 반려가 있는 환경을 이미 얻은 자는 소중히 여겨야 하며, 아직 얻지 못한 자는 그것을 얻기를 원해야 한다. 어떤 사람들은 수행을 막 시작한 초기에 선지식 곁을 떠나고 싶어 한다. 하지만 제불보살은 불법의 교리를 배우고 탐구함이 일정 수준에 도달하기 전에는 아무도 만날 수 없는 깊은 산속에 가는 것을 그 어떤 경론에서도 허가한 적이 없다. 적천보살이 여기에서 산림에서 살 것을 권하는 것을 우리는 전적으로 바르게 이해해야 한다. 여기서는 선정의 수행 순서를 강의하고 있는 것이다. 선정을 행하기 전에 반드시 세속의 방해를 피해서 적정처에 안주해야 비로소 선정 수행이 성취될 가능성이 있으나, 선정을 수행하기 전에 계율·경론·교의에 대해 반드시 어느 정도 배우고 사유하는 과정이 있어야 한다.

만일 마음의 흐름 가운데 일정한 견해가 없고 또 수행법의 비결을 알지 못하면서 산림에서 맹목적으로 수행해 익히는 것은 그저 스스로 고생을 사서 하는 것에 지나지 않는다. 법왕 여의보가 가르침을 전수할 때 반복해서 "문사 지혜 없이 바로 고요한 곳에 거하는 우매한 사람에겐, 모든 수많은 귀신과 요귀들이 언제나 해를 입힐 수 있다."라고 강조한 적이 있다. 법을 수행할 적정처를 선택할 때 수행자들은 반드시 주의해야 한다. 가장 좋기로는 뛰어난 가피력이 있는 성지를 선택하는 것이며, 혹은 성취자들이 수행한 적이 있는 명산 고찰이 좋다. 이런 성지는 자기 자신에게 수많은 가피와 도움을 준다. 어떤 장소는 아주 위험하고 악해서 일반 수행자가 그곳으로 가면 아주 커다란 마장이 있을 수 있다. 고요한 장소를 관찰하는 방법은 연화생 대사의 『밀주보만론』과 치아매이 린포체의 『산법집』 속에 상세한 설명이 있다.

B. 주거가 훌륭함

何時住樹下 岩洞無人寺 하시주수하 암동무인사
願心不眷顧 斷舍塵世貪 원심불권고 단사진세탐
何時方移棲 天然遼闊地 하시방이서 천연료활지
不執爲我所 無貪恣意行 부집위아소 무탐자의행

2. 사마타에 장애가 되는 인연을 끊음

나는 언제쯤이나 나무 밑이나 바위굴 또는 텅 빈 절간에서 머물며
결코 지난날을 뒤돌아봄이 없이 집착 없이 머물 수 있을까?
나는 언제쯤이나 광활한 자연환경에서 그곳을
내 소유물로 집착하지 않으면서 탐착 없이 자재하게 머물 수 있을까?

적정처의 커다란 나무·암굴·사람 없는 사원 등은 우수한 점을 갖고 있으며, 이런 장소에 거하는 것은 수행자가 세속의 탐욕을 끊어 없애도록 도울 수 있다. 커다란 나무 그늘 아래로 거처를 삼는 것은 인도 등 열대 지역 수행자들에게 아주 보편적인 것이다. 남방불교 지역에서는 현재도 여전히 수많은 두타행자가 하루 종일 큰 나무 아래에서 좌선한다. 어떤 사람들은 나무 아래에 파초 잎과 가지를 엮어서 간단한 오두막집을 지어 선을 수행하는 장소로 삼으며, 암굴은 전 세계 각 지방의 수행자들이 좋아하는 거처이다.

밀라레빠 존자와 무구광 존자 같은 역사적으로 수많은 대성취자들은 모두 암굴을 좌선실로 삼아 오랜 시간 고행했고, 도를 돕는 암굴의 우수한 작용에 대해 그들의 저술에서 자주 논하고 있다. 사람의 간섭이 없는 사원·아란야·깊은 산속 절에 혼자 있는 것, 이런 것들 역시 수행자가 법을 수행하는 양호한 환경이다. 수행자가 이런 환경 속에 안주하고 광활한 대자연과 완전히 하나 되고 밀치락달치락하고 아귀다툼하는 인간 세상의 좁은 공간을 벗어남으로써 자기의 마음도 광활하고 밝게 변하게 된다. 거처에 대해 다시는 '여기는 내 거처, 저기는 타인의 거처' 같은 분별 집착을 일으키지 않게 된다. 또 거처에 대해 "여기는 내가 금전과 힘을 많이 들여 지은 거처다."라고 연연하고

아낄 필요도 없으니 탐착의 생각이 근본적으로 생길 수 없다. 자기 자신이 거처에 대해 연연해하지 않으면 자유자재로 마음대로 어디든 가서 법을 수행할 수 있고, 마음속에서 세속 탐착의 무명 습기를 끊어 없앨 수 있다.

『학집론』에는 『월등경』·『보운경』·『보적경』 등의 경전에 있는 가르침을 널리 인용하여 적정처의 공덕에 대해 상세히 서술하고 있다. 『삼마지왕경』에서는 "만일 사람이 좋아함도 없고 근심도 없다면 항상 마음이 안락하니, 비구가 만일 산림에 거하길 좋아하면 이 묘한 안락을 직접 누릴 수 있다. 모든 물건을 자기의 소유로 만들지 않고 모든 집착을 멀리하며, 코뿔소가 혼자 가듯 허공의 세상을 바람처럼 마음껏 유람한다."라고 말한다. 수행자로서 우리는 지금 마땅히 불법을 듣고 닦는 데 힘써야 하며, 앞으로 이런 양호한 수행 환경을 얻을 수 있기를 원해야 한다. '바람처럼 허공을 유람하는' 자재의 경지를 신속하게 깨달아 얻어야 하는 것이다.

C. 환경이 훌륭함

何時居無懼 唯持鉢等器 하시거무구 유지발등기
匪盜不需衣 乃至不蔽體 비도불수의 내지불폐체

나는 언제쯤이나 아무런 두려움 없이
그저 바리때 몇 개를 지니고
도적도 원치 않는 해진 옷을 걸치거나
또는 몸도 가리지 않은 채 (산속에서) 자재하게 머물 수 있을까?

수행자가 적정처에 안주함으로써 세속의 모든 두려움을 멀리할 수 있으니 검소한 자생의 물건만을 소유할 수 있다. 『보운경』에서 말하길, 출가 보살이 복잡한 군중의 두려움, 모여 있는 두려움, 탐·진·치 삼독의 두려움 등 31가지 좋지 못한 행위의 두려움에서 벗어나기 위해 아란야에 거하며, 나와 내가 소유하고 있는 분별 집착을 끊어버리는 수행에 정진하면 정사에 있는 풀과 나무들이 두려움이나 놀람이 없는 것처럼 두려움 없는 마음의 경지를 얻을 수 있다.

수행자가 이런 두려움 없는 곳에 거할 때, 가사·바리때 등 필수도구 외에 그 어떤 물품도 연연할 필요가 없고 바리때·깔때기 등의 물품과 두타행자가 몸에 지니고 있는 분소의는 도적들도 강탈하거나 훔치지 않을 것이다. 이렇게 차림이 간편한 수행자는 세간 속인처럼 생필품의 재산에 대해 연연해하고 근심하는 분별이 생기지 않으며, 다른 물건으로 몸을 보호하고 지키는 사소한 일도 필요 없다. 어떤 좌선행자(유가사)들은 산림에서 수행할 때, 다년간의 고행 탓에 처음 산에 들어갈 때 입었던 의복이 일찍감치 다 헤어져 없어졌는데, 그들은 분별이 없는 자재의 경지를 깨달아 이미 옷으로 덮고 꾸밀 필요가 없었다. 이런 수행자는 확실히 아주 자재하고 이미 세속을 초월해 있는 것이다.

작년에 내가 태국에 갔을 때 산림에서 두타행을 수행하는 적지 않은 비구를 보았는데, 그들은 가사·바리때·석장 외에는 아무것도 갖고 있지 않았다. 하루 종일 나무 아래 파초 잎으로 엮은 오두막에서 선정을 수행하며 평생 이런 청정한 생활을 유지한다. 그곳에서 많은 비구들이 금강 가부좌의 선정 자세로 나무 아래에서 원적에 들었으며, 후인들이 줄곧 그들의 유체를 보존하고 있다. 중국 구화산의 육신궁에 보존되어 있는 무하 선사의 육신 역시 선사가 원적에 든 후 수십 년이 지난 후에야 그가 고행하던 동굴에서 발견된 것이다. 선사는 평생 세속을 멀리하고 청정한 고행으로 수행자의 초탈과 자재를 이루어 냈으며, 또 무수한 후인이 그의 뒤를 따르도록 격려하고 있다.

『칠동녀인연경』에서는 "머리는 삭발하고 몸에는 분소의를 걸치며 고요한 암자에서 어느 때나 나는 안거할 수 있을까? 눈은 몇 발 앞에 안정하고 손에 바릿대를 받들고 언제나 위의가 정돈되어 시주 집에 탁발을 갈 수 있을까? 명리 공경을 탐하지 않고 번뇌를 제거하며 언제나 마음이 청정하여 시주의 복진이 됨을 성취할까? 언제나 풀자리에 앉아 옷이 서리에 젖으며 음식이 거칠어도 족함을 알아 몸에 탐착심이 없어질까? 언제나 나는 나무 아래 풀을 깔고 누워 마치 풀빛으로 물든 앵무새 같이 그대로 법락을 즐길 수 있을까?"라고 말한다. 몸에 탐욕의 물건을 지니지 않고 수행하는 것, 이것이 모든 수행자가 따라야 할 길이다. 지금 우리는 비록 일시적으로는 이렇게 실행할 능력이 없지만 그러나 이 가르침을 읽은 후, 마음속에서 일종의 청량한 위안을 얻었을 것이다.

나는 만일 입으로만 불법을 얘기하고 마음속에서 진실하게 이 가르침에 대해 공명을 일으키지 못하고 실제 행동으로 절절한 체험을 하지 못한다면 별다른 수확이 없다고 늘 생각한다. 진정으로 출리를 구하고 진정으로 버릴 줄 아는 수행자라면 『입행론』에 있는 이 대목의 가르침을 들은 후 반드시 진심으로 적정처로 가고픈 마음을 일으켜야 하며, 그런 청정한 생활에 대해 비할 데 없는 청량감을 느껴야 한다. 수행자들이 이 가르침을 반복해 생각하길 바란다. 이렇게만 해도 각자의 출리심을 검토해 보고 검증해 볼 수 있다.

D. 여읨이 훌륭함

何時赴寒林 觸景生此情 하시부한림 촉경생차정
他骨及吾體 悉皆壞滅法 타골급오체 실개괴멸법

나는 언제쯤이나 송장 터에 들어가
참혹한 광경을 보고,
다른 사람의 해골과 내 신체가
모두 썩어 없어질 아무것도 아님을 알아차릴 수 있을까?

　무시이래의 습관이 중생으로 하여금 자기 몸을 강렬하게 탐착하게 만드는데, 이런 악습을 끊어버리기 위해 제불보살과 고승대덕이 수행자를 위해 수많은 방편법을 만들어 놓았다. 그 가운데 수행을 처음 시작한 이에게 제일 강력하고 손쉬운 방법이 바로 시체를 버리는 송장 터에 가서 부정관을 수행하는 것이다.
　고요한 송장 터에는 여기저기 모두가 썩은 시체들이며, 수행자가 이런 환경 속에 안주하여 실물과 대조하며 반복적으로 관수하면 자기 몸에 대해 반드시 무상의 정해定解 결정 견해를 일으키게 되고 몸에 대한 집착을 끊어 없애게 된다. 옛 인도의 송장 터는 모두 인가에서 멀리 떨어진 황야에 선택되었다. 따라서 수행자들이 송장 터에 가서 수행하기 위해서는 먼 길을 가야만 했으나 지금 우리의 조건은 아주 좋다. 조금만 가면 아주 자유롭게 천장天葬[56]을 볼 수 있고 여기저기 널리 마른 뼈들을 볼 수 있다.

『사념처경』에서 "만일 묘지에서 해골만 남아 있는 썩은 시체를 본다면 비구는 마땅히 자신의 몸과 비교해 보고는 말할 것이다. 실로 우리의 몸뚱이 역시 저런 것이며 저런 결말을 맞고 피할 수 없다."라고 말한다. 우리가 그런 썩은 시체를 볼 때, 한편으론 자신의 신체와 대조해 관상해서 이 둘의 구조·조직·성질이 사실 아무런 차별이 없다는 것을 알아야 한다. 얼마나 건장하고 활력이 충만하든지 간에 몸의 본질은 송장 터에 있는 시체와 완전히 똑같은 것이다. 피와 뼈와 살갗 등 36가지의 깨끗하지 못한 물질로 구성돼 있다. 마찬가지로 둘 다 모두 무상하고 소멸되는 법이다. 자기 자신이 이런 피가 뚝뚝 묻어나는 사실을 대면하여 반복적으로 관수하면 반드시 마음속 깊은 곳에서 이 몸뚱이가 무상하고 쉽게 훼손되며 깨끗하지 못한 것이라는 인식을 일으켜서 몸에 대한 집착을 강력하게 끊어 없앨 수 있다.

남방불교 지역의 수행자는 이 수행법을 아주 중시한다. 태국의 아쟈만 존자·포스 비구·아잔챠 존자 등 수많은 성취자들이 이 측면에 대해 많은 가르침을 남겨 놓고 있으니 수행자들이 참고해 볼 수 있다. 인도와 티베트 두 곳에 전수된 '두타법'에서도 수행자가 백 개의 서로 다른 송장 터에서 수행할 것을 요구한다. 역사적으로 연화생 대사·용수보살·가요 존자 등의 성취자들이 모두 수차례 송장 터에서 금욕 수행을 행한 적이 있다.

근휘 린포체는 "죽은 이의 뼈와 썩은 살을 보며 자기 자신은 마땅히

---

56 티베트에서는 사람이 죽으면 시체를 가져와 살을 가르고 뼈를 부숴 독수리에게 주는 장례(천장)를 치른다. 오명불학원 가까이에 천장 터가 있다.

이렇게 사유해야 한다. 이 사람들이 살아 있을 때 그들이 몸뚱이를 얼마나 아끼고 집착했는지에 상관없이 지금은 모두가 추악한 썩은 뼈다귀로 바뀌어버렸다. 지금의 내 몸뚱이 역시 이와 똑같다. 일단 죽으면 곧바로 이렇게 변해버릴 것이다. 마땅히 마음속 깊은 곳에서 내 몸뚱이에 대해 전과 다른 느낌과 인식을 일으켜야 한다."라고 말한다. 따라서 나는 다시 수행자들에게 권고한다. 조건이 될 때 자주 송장 터에 가서 관수하여 송장 터에 있는 썩은 육신·여기저기 널린 마른 뼈다귀·헤진 옷·핏자국·악취를 자신의 마음의 흐름 속에 단단히 새겨놓고, 종종 이런 처참한 광경을 기억하면 몸뚱이에 대한 집착이 반드시 점차적으로 엷어져 나갈 것이다. 나는 인도 하하 송장 터와 태국의 수매 송장 터, 중국 오대산의 청량 송장 터, 티베트의 색라대 송장 터 등을 가보았는데, 이런 장소는 한 번 가보면 잊기 어려운 곳으로 나 자신의 수행에 커다란 도움이 되었다.

吾身速腐朽 彼臭令狐狼 오신속부후 피취령호랑
不敢趨前嘗 其變終至此 불감추전상 기변종지차

나의 몸뚱이는 죽으면 금방 썩어
악취를 풍기니 썩은 고기를 즐겨 먹는 자칼(jackal)조차도
감히 앞으로 나아가 맛보려 하지 않는다.
이렇게 무상하게 훼손되는 마지막이 결국엔 반드시 온다.

적멸한 시다림(송장 터)에서 시체가 썩어가는 모양을 보면 수행자는 아주 자연스럽게 이렇게 생각하게 된다. "이렇게 무상하게 변화하는

결말이 의심할 여지없이 자신의 몸뚱이에도 닥친다. 죽은 이의 시체는 며칠 후 곧바로 붓고 부패하고 악취를 내뿜는다. 특히 여름철에 더욱 그러하다. 우리는 송장 터에서 수많은 시체가 모두 검푸른 색깔을 띠고 그 악취가 코를 찌르는 것을 볼 수 있는데, 배고픈 대머리 독수리나 들개조차도 먹으려 하지 않는다. 이런 동물들은 천생이 바로 썩은 고기를 즐겨 먹는 것이지만, 썩어서 지독한 냄새가 나는 시체는 그들도 감히 맛보려 하지 않는다. 사람의 몸뚱이는 확실히 더러운 물건의 큰 집합체이며, 더러운 고기를 제일 즐겨먹는 자칼·여우·대머리 독수리도 모두 감히 맛보려 하지 않을 정도로 심한 냄새를 풍길 수 있다." 만일 항상 이 점을 기억할 수 있다면 우리가 전처럼 그렇게 몸뚱이를 탐애할 수 있을까?

『학집론』에서 세존께서는 보현보살에게 개시한 법문을 인용하여 "초학 보살은 마땅히 송장 터에 있는 썩은 시체를 봐야 하며 죽은 이의 시체가 하루·이틀·여러 날 지나면서 다르게 부패하는 상환을 봐야 한다. 부패하여 악취가 나는 시체 뼈다귀를 보고 마음속에 마땅히 사실 그대로 자기 몸 역시 예외가 아니라는 생각을 일으켜야 하며 이 둘의 본질이 다르지 않다는 바른 견해를 일으켜야 한다."라고 설하고 있다. 성문의 선법 가운데 구상부정관九相不淨觀·백골관·4대 원관 등 몸에 대한 집착과 탐욕을 끊어 없애는 여러 가지 서로 다른 수행 방법이 있는데, 상세히 알고 싶으면『구사론』·『청정도론』등과 같은 경론을 참고할 수 있다.

자기 몸을 얼마나 탐애하든지 상관없이 만일 몸뚱이가 부정하고 무상하며, 반드시 훼손되는 것이라는 이해를 진정 일으킬 수 있다면 탐애심은 반드시 소멸될 것이다. 용수보살은 『대지도론』에서 "만일 부정관을 얻는다면 이 마음은 자연스레 사라진다."라고 말했다. 그저 부정관을 성취하면 탐애의 마음이 자연스레 소멸된다. 맥팽 린포체는 "가령 우리 몸속의 더러운 똥이나 오줌이 조금만 흘러나온다 해도 주위 사람들이 곧바로 역겨워하는 마음을 일으킬 수 있다."라고 가르치고 있다.

더러운 물건이 모여 형성된 몸뚱이는 근본적으로 탐착할 만한 가치가 없고, 이런 인식을 신속하게 일으키려면 우리는 반드시 적정한 송장 터에 가야 한다. 그 속에 안주하면 필연적으로 정견을 일으켜 몸뚱이에 대한 탐욕을 버릴 수 있다.

孑然此一身 生時骨肉連 혈연차일신 생시골육련
死後各分散 何況是他親 사후각분산 하황시타친

자기 자신은 고독하게 혼자 세간에 와서
출생할 때 함께 생긴 이 살과 뼈는
사후엔 무너져 뿔뿔이 흩어지고 마는데,
친구나 다른 이를 말해 무엇하리오?

사분오열된 시체 뼈다귀를 대하며 수행자는 자연스레 무상의 탄식을 일으키게 되고 마음속으로부터 세속 친구를 멀리하게 된다. 우리가 태어나서 죽을 때까지 항상 떠나지 못하는 게 몸뚱이다. 세상에 이것보다 더 친밀한 것은 없으나 죽을 때는 몸뚱이를 버려야만 하고, 평생 가장 친밀하게 연결되어 있던 골육이 송장 터에 버려진 지 얼마 되지도 않아 사분오열되고 흙으로 변한다. 자기의 몸도 이렇게 완전히 분리되는데, 하물며 각자 서로 다른 친구는 말해 무엇하리오?

화지 린포체는 "고승대덕들도 죽을 때 권속을 데려가지 못한다."라고 말한 적이 있다. 범부는 더욱이 친구와 오랫동안 떨어지지 않고 함께할 수 없다. 이런 이별의 결말을 피할 수 없는데, 자기 자신이 살아 있을 때 어떤 상황이든 친구에 탐착하는 것은 결국엔 아무런 소득이 없다. 그러므로 자기 자신은 가능한 한 빨리 그들의 속박에서 벗어나서 정법을 수행하는 데 마음을 모으는 게 좋다. 그것이 결국 자타 모두에게 이로운 선행이다.

수많은 사람들이 적정처에 가서 정법을 수행하길 원치 않는다. 그 원인은 바로 친구와 권속을 탐착하고 언제나 그들을 걱정하기 때문이다. "내가 가면 집안사람들은 어쩌나? 나는 정말 그들을 버릴 수 없다." 이런 분별 망념은 사실 아무런 의미가 없다. 사람은 모두 자신의 업력에 의해 운명이 결정되며, 당신 혼자 돌본다고 해서 그들의 생활환경을 결정할 수 있는 것이 결코 아니다. 그리고 어찌 됐든 자기 자신은 최후엔 그들과 헤어져야 하며, 그들 역시 반드시 혼자 생활해야 한다.

우리는 모두 태어날 때부터 갖고 있는 몸뚱이와 이별해야 하고 골육 역시 사분오열되어 각자 연결돼 있지 않은 흙으로 변하는데, 하물며 친구는 말해 무엇하리요! 그리고 살아 있을 때라 하더라도 때때로 이별해야만 하고 만날 수 없으므로 진정한 지자는 아침저녁의 세속의 정에 연연해하지 않고 자신의 정력을 선법을 수행하는 데 투입한다. 그러므로 중생을 이롭게 하는 무상 과위를 깨달아 얻을 수 있고, 모든 친지 친구를 영원히 분리되지 않는 법계 안락궁으로 인도할 수 있다.

生既孤獨生 歿復獨自亡 생기고독생 몰부독자망
苦痛無人攤 親眷有何益 고통무인탄 친권유하익

태어날 때 외롭게 태어나고
죽을 때도 오직 혼자 죽는다.
자신의 고통을 대신해 줄 수 없는데,
이런 친지와 친구 권속이 무슨 도움이 되는가?

우리가 인간 세상에 올 때 실오라기 하나 걸치지 않고 혼자 태어나며 죽을 때도 빈손으로 혼자 중음[57]으로 들어간다. 이런 과정에서 완전히 자신의 업력에 의해 혼자 떠돌아다닌다. 각자가 업력에 의해 맞이하는 고통과 쾌락은 다른 사람과 관련이 없다. 만일 자신의 업력이 성숙되면 제일 가까운 친지와 친구들이 도움을 준다 해도 그것을 바꿀 수 없다. 특히 죽을 때에는 친지와 친구들이 아무리 돌봐준다 해도 업력이 서로 다르기 때문에 아주 약간의 고통도 대신해 줄 수 없다.

『왕교경』에서는 "사람이 죽을 때 부모 형제 권속이라 할지라도 약간의 고통도 대신해 줄 수 없다. 중생은 태어남도 고독하고 죽음도 고독하다."라고 말한다. 이럴 바에야 자기 자신이 친지와 친구를 탐착하는 게 무슨 의미가 있는가? 만일 자신의 고통을 없애는 데 전혀

---

[57] '중음中陰'은 사람이 죽은 후 다음 생을 받기 전 49일간을 말한다. '중유中有'라고도 한다.

도움이 안 되는 친지와 친구를 탐착하여 선법 수행을 버린다면 친지와 친구에게 아무런 이익이 없을 뿐 아니라 자신의 이익도 거의 다 상실한다.

우익 대사[58]는 "세간의 정을 끊는 만큼 불법에서 힘을 얻는다."라고 말했다. 수행자로서 세속의 미혹된 감정을 약간 끊어버리면 보리도에서 한 걸음 진보할 수 있으며, 경론에서 종종 "세속의 정은 반드시 담담히 바라봐야 하고 꿰뚫어봐야 한다."라고 말한다. 우리는 우선 자기의 생사고락을 그저 혼자 떠맡아야 할 뿐이며, 친지와 친구가 자신에게 전혀 도움이 되지 않는다는 것을 이해함으로써 세속의 정을 담담히 봐야 한다. 이런 세속 감정의 속박을 점차적으로 끊어버린 후에야 자기 자신이 자유자재하게 세속을 멀리하고 적정한 깊은 산에 안주하여 선정을 수행할 수 있다.

우리가 만일 진정한 수행자가 되고자 한다면 반드시 세속의 정감을 알지 못하는 바보가 되어야 한다. 한편으론 공동의 업력을 갖고 있어서 똑같은 환경 속에 다시 태어난 것이기 때문에 친지와 친구를 도와야 하는데, 마땅히 합리적이고 합법적이어야 한다. 또 한 측면에서는 마음속에서 지나친 탐애·탐착을 끊어버려야 하고 그들의 사정으로 인해 법 수행을 그르쳐서는 안 된다. 물론 이런 정감은 연마와 승화를 거치지 않으면 담담해지고 엷어지기가 쉽지 않다.

적천보살은 『여하면대통고』에서 이렇게 언급한다. 그는 어렸을

---

[58] '우익藕益'은 명나라 고승 지욱(智旭, 1596~1655)의 호이다. 천태학을 연구하고 천태종을 선양하였다. 저서에 『능엄경현의』, 『범망경합주』, 『아미타경요해』 등이 있다.

때 자상한 할머니와 서로 의지하며 살았는데, 나중에 할머니께서 돌아가셨다. 그는 이 일을 받아들이기가 아주 힘들었지만 불법의 가피로 결국엔 담담하게 대면할 수 있었다. 나 역시 이런 느낌을 가져본 적이 있다. 어렸을 때에 나는 부모가 세상을 떠나면 분명 더 살 수 없어서 부모를 찾으러 가야 한다고 생각했었다. 하지만 대승 불법의 가피와 십수 년의 연마로 부모를 비롯해 친척이 하나씩 나 자신을 떠날 때 나는 내 자신의 마음을 안으로 살폈다. 그 결과 부모와 친척의 죽음이 결코 나에게 엉겨 붙거나 나를 괴롭히지 못했다. 오히려 어떤 측면에선 나에게 힘을 주기도 했다. 수행자들은 이런 것들을 단단히 장악하고 친지와 친구에 대한 정이 자타의 해탈을 훼손시키지 않도록 평소에 의연하게 대면하고 우수한 불법으로 친지와 친구에 대한 모든 탐착을 끊어버리길 희망한다.

E. 마음 정돈이 훌륭함

如諸行路客 不執暫留舍 여제행로객 부집잠류사
如是行有道 豈應戀生家 여시행유도 기응연생가

길 가는 나그네가
잠시 다리를 쉴 집을 찾듯이
윤회의 세계에서 유랑하는 나그네도
태어날 곳을 항상 찾는다.

우리는 모두 밖으로 여행을 나가 본 적이 있다. 여행 중에는 여관에서 잠시 쉬는 일을 피할 수 없다. 만일 정상인이라면 여관의 그 어떤 소유물에 대해서도 내 것이라는 식의 탐착과 연연함이 절대 생길 수 없다.

마찬가지로 우리가 삼계 윤회에서 유랑하는 가운데 자신의 가정·친지·친구·권속 등은 그저 윤회의 여정 속에 있는 하나하나의 일시적인 역할일 뿐이다. 짧은 순간에 곧바로 흩어져 사라지게 된다. 만일 자기 자신이 이런 일시적인 역을 탐착하면 그것은 극도로 우매한 행위이며, 자기 자신과 친지·친구는 인연이 모이면 만나게 되고 인연이 다하면 흩어진다. 이러는 가운데 집착할 만한 가치가 있는 항상 변하지 않는 법은 아무것도 없다. 인연이 모이면 과거에 전혀 왕래하지 않던 낯선 사람, 심지어 같은 하늘에 지낼 수 없는 원수도 아주 친한 권속 친구가 될 수 있다. 인연이 다하면 전에 은혜와 사랑이 비할 데 없던 친지·친구가 원수가 될 수도 있다.

여행하는 가운데 여관에서 혹은 차나 배에서 일부 배짱이 맞는 사람을 만나면 수행자들은 아주 기쁘게 이야기꽃을 피운다. 그러나 곧 조금도 연연해하지 않고 작별하곤 각자의 갈 길로 간다. 삼계 윤회에서도 마땅히 마찬가지의 태도를 견지해야 한다. 현세에 환생한 세상에서 잠시 만난 친구는 우연히 만난 나그네와 마찬가지로 하나하나씩 곧 흩어지게 된다. 자기 자신은 그들과 최대한 화목하게 지내야 하나 탐착을 일으키지 말아야 한다. 만일 자기 자신이 이런 잠시 만난 친구·친지·가정에 연연해하고 버리지 못한다면 이는 여행하는 가운데 우연히 만난 사람을 탐착하는 것처럼 우매하고 웃기는 일이며, 오직 자기 자신에게 고통을 안겨줄 뿐이다.

2. 사마타에 장애가 되는 인연을 끊음 **643**

인도의 대성취자 탕빠 상제는 "부부의 무상함이 마치 장터에 나온 손님과 같다."라고 말했다. "가족과 친지·친구도 장터에서 잠시 만난 사람과 마찬가지로 곧바로 흩어지게 된다. 이런 무상법에 연연해할 무슨 가치가 있는가?"라고 말한다. 『불자행』에서는 "언제나 같이 살던 친속이 각기 저승으로 떠나고 모아 쌓은 재물만 후세에 전하니, 식객이 객실을 떠나듯이 이생을 버리는 것이 불자행이다."라고 설하고 있다. 현생의 친지·친구 등에 대한 모든 탐착을 버려야 비로소 진정한 불자가 되는 것이다.

이전에 티베트 고승대덕들은 "외부에 있는 마귀는 결코 무섭지 않으며, 집안에 있는 친지야말로 정말 무섭다."라고 말했다. 지금과 같은 이런 시대에 집안에 있는 사람은 확실히 정법을 수행하는 데 있어 커다란 장애이다. 여기에 앉아 있는 수백의 수행자 가운데 몇 명이나 자신의 출가수행에 대해 가족의 이해와 지지를 얻었는가? 만일 친지나 친구의 생각에 완전히 따른다면 이곳에 와서 정법을 문·사·수 수행을 할 수 있는 사람이 몇 명 되지 않을 것이다. 그러므로 수행자들은 윤회에서 우연히 만나는 그런 무상한 친지와 친구에 대해 연연해하며 버리지 못하는 태도를 지니지 말아야 한다. 마땅히 탐착을 끊어 없애고 그들을 멀리하며 혼자서 정법을 수행하는 대도로 걸어가야 한다.

迨及衆親友 傷痛及哀泣 태급중친우 상통급애읍
四人捐吾體 居時赴寒林 사인견오체 계시부한림

죽음에 임하면 친지들이
나를 둘러싸고 슬퍼하면서
네 명이 내 시체를 메고 시다림으로 갈 것인데,
그 전에 왜 일찌감치 거기에 가서 수행하지 않는가?

만일 지금 가족들에 대한 애착 때문에 시다림에 가서 수도하기 위해 친속들을 떠나지 못한다고 해도, 마침내 죽음을 맞이함은 면할 수 없다. 그때 가족들이 자신의 시체를 둘러싸고 매우 슬퍼하여 애통해 하지만, 시간이 얼마 지난 뒤 반드시 시체를 송장 터로 보내 던져 놓은 뒤 상관하지 않으며, 이것은 세상 사람 누구나 피하기 어려운 불행한 운명이다. 그대가 친속들을 얼마나 사랑했든 상관없이 죽은 후에는 그들은 시체를 절대 연연해하지 않으며 얼마 동안 통곡을 한 뒤에는 시체를 처리하여 천장·토장·화장 등을 한다.

옛 인도에서는 일반적으로 시체를 포목이나 멍석을 사용해 싸거나 혹은 관 속에 넣어 네 사람이 메고 시다림으로 보냈다. 친속들은 울고 눈물 흘리며 뒤따라가지만, 그때 자신의 중음신 역시 후회막심하며 견지기 힘들 정도로 고통스러워한다. 결국엔 친속들과 헤어져서 혼자 시다림 속에 누워 있는 운명을 피하기 어렵고 친지·친구·권속에 연연해하는 것이 최후엔 반드시 자기 자신과 친속들의 갑작스런 슬픔을 만들어낸다. 그러니 지금 스스로 친속을 버리고 자기 자신이 송장 터에 안주하여 고통을 소멸시킬 정법을 수행하는 게 더 낫다.

사망할 때 불법을 알지 못하는 일부 사람들이 옆에서 울며 난리를 치면 죽은 이의 마음이 방해를 받아서, 비록 죽은 이가 생전에 일정한 수행이 있었다 해도 그의 왕생이나 환생에 거대한 장애가 될 수 있다. 가족들이 죽음이 임한 사람 옆에서 울고 난리를 치거나 혹은 그 몸을 만지고 움직이는 것은 죽은 이에게 고통을 안겨줄 수 있다. 현재 수많은 죽었다 다시 살아난 사람들이 이 점을 증명해 주고 있다.

일부 사람들은 죽었다 살아난 뒤, 윤회 인과의 진실성을 인식하고 자기 자신이 결국은 죽음의 결말을 맞이한다는 것도 인식하여 적극적으로 불법 수행에 몰입하고 스스로 세간을 벗어나기를 구한다. 루훠 중학교의 손 선생은 죽었다가 살아난 경험이 있는데, 그는 종종 죽음에 임했던 경험을 주위 사람들에게 알려주어 동료들이 불법을 공부하는 정도를 걷게 하고 있다. 서다현 병원에 예미미라는 사람이 있었는데, 그도 병상에서 죽었다가 살아난 뒤 영혼 후세의 존재를 진실로 인식했다. 그는 자신의 평범치 않은 경험을 바탕으로 영혼과 윤회를 경시하는 수많은 사람들을 교육하였다. 내 생각에 만일 누가 직접 경험하거나 혹은 다른 사람의 영향을 받아서 자기가 반드시 죽는다는 결말을 이해하고 윤회 인과의 존재를 명백히 알면, 반드시 내심으로부터 윤회에서 벗어나고자 하는 마음을 일으키고 스스로 정법을 찾아 나설 것이다.

F. 산중 암자에 거주하기를 권함

無親亦無怨 只身隱山林 무친역무원 지신은산림
先若視同死 歿已無人憂 선약시동사 몰이무인우

친지와 원수를 멀리하고
혼자서 적정한 산림 속에 은거하며 법을 수행하니,
이미 인간 세상에 없다고 여겨지기에
죽어도 슬퍼할 자 없네.

　자기 자신이 필연적으로 친지와 친구들에 의해 송장 터에 버려지게 될 것이므로, 현명한 지자는 마땅히 이런 비참한 결말이 오기 전에 자기 자신이 스스로 친지와 친구들 곁을 떠나서 적정한 산림에서 정법을 수행할 것이다. 이래야 친지와 친구들의 마음속에서 자기 자신이 이미 죽은 것으로 여겨질 수 있다.
　어떤 수행자들은 가정과 가족을 버리고 줄곧 적정처에 안주해 법을 수행하고, 가족들도 그의 생사와 행방을 모르는 채 시간이 흘러 그를 그리워하지 않게 되고 다시는 그를 위해 근심하지 않게 된다. 수행자가 적정처에서 혼자 정법 감로의 안락을 향유하고 또 고요히 육신을 버릴 때, 주위에서도 큰소리로 울부짖고 가슴 아파하고 슬퍼하는 사람이 없다.
　밀라레빠 존자는 『산거만의가山居滿意歌』에서 다음과 같이 노래한다.

염려할 친지와 친구가 없고 서로 속박하는 원수도 없다.
이렇게 암굴에서 죽으니 후회도 없고 원한도 없고 마음이 만족스럽네.
친지와 친구는 내가 늙는 것을 모르고 형제자매는 내가 죽을 시기를 알지 못한다.

이렇게 암굴에서 죽으니 후회도 없고 원한도 없고 마음이 만족스럽네.
내가 죽어 아는 이 없고 내 시체는 대머리 독수리도 보지 못한다.
이렇게 암굴에서 죽으니 후회도 없고 원한도 없고 마음이 만족스럽네.
내 시체는 파리가 먹고 내 피는 구더기가 마신다.
이렇게 암굴에서 죽으니 후회도 없고 원한도 없고 마음이 만족스럽네.
암굴 속 시체에 핏자국이 없고 암굴 밖 까마득히 인적이 없다.
이렇게 암굴에서 죽으니 후회도 없고 원한도 없고 마음이 만족스럽네.
내 시체를 둘둘 감는 사람이 없고 내가 죽어 울부짖는 사람도 없다.
이렇게 암굴에서 죽으니 후회도 없고 원한도 없고 마음이 만족스럽네.
내가 어딜 가도 묻는 이 없고 내가 머물러도 아는 이 없다.
이렇게 암굴에서 죽으니 후회도 없고 원한도 없고 마음이 만족스럽네.
적정한 암굴에 거하는 사람이 없고 이렇게 죽기를 원하는 사람이 궁하다.
일체 유정에게 이익이 되도록 가피해 주고 원만하게 해주십사고 부처님께 기도한다네.

四周旣無人 哀傷或爲害 사주기무인 애상혹위해
故修隨念佛 無人擾令散 고수수염불 무인요령산

죽을 때 주위에 아무도 없어서
슬픔과 해로움의 영향을 끼치지 않기에
여기서 아미타불 정토왕생을 수행하면
누구도 산란하게 하는 방해를 하지 못한다.

적정하고 방해 없는 환경은 수행자가 죽을 때 최고로 좋은 왕생 조건의 하나이다. 청정하고 사람 없는 산림에서 혼자서 사망을 대면할 때, 주위에 친지·친구의 곡소리도 없고 원한 맺힌 원수가 상해를 가하지도 않아 자기 자신은 아무런 근심 없이 왕생 요결을 관수할 수 있다. 만일 집안이나 병원 안이라면 이런 조건을 갖추기 아주 어렵고 친척과 친구들 혹은 의사의 떠드는 소리, 자녀나 후대가 재산 때문에 싸우는 소리, 이런 소란이 종종 죽은 이의 주위에서 발생한다. 이런 분위기 속에서 망자는 관수를 할 수 없을 뿐 아니라 아주 쉽게 탐진 번뇌를 일으킨다.

티베트의 수많은 수행자들은 죽음에 임했을 때, 스스로 청정한 사원이나 산림을 찾아서 친지 친구들을 피해 사망을 맞이한다. 안둬·캉춰 일대에서는 노인들이 만일 얼마 살지 못할 거라 생각하면 곧바로 서둘러 사원으로 가서 승려들의 도움 아래 죽음을 맞이하는데, 사람들은 종종 이렇게 말한다. "아, 더 살 가망이 없구나! 마땅히 사원으로 가야 한다."

수행하기 좋은 환경에서 죽음을 맞이하는 사람은 다른 방해를 받지 않고 상사 삼보에 대한 신심을 유지한 채 청명한 경지에서 아미타불을 염송할 수 있다. 임종 시 아미타불을 관하며 불상을 마주보고 나무아미타불을 염송하면 이 사람은 부처님 광명을 얻는다. 죽음을 맞이한 자가 만일 능히 불타를 관상할 수 있고, 또 도반이 옆에서 그를 위해 불의 장엄 보상을 지시하고 그를 위해 찬송 귀의불의 게문을 염송해 줄 수 있다면, 그는 반드시 부처님의 가피를 얻을 것이다.

『월등경』에서는 "항상 청정한 계율을 지니고 정진하고 수행하는 자는 임종 시 근심이 없어 광명 중에 해탈한다."라고 말한다. 적정처에 안주하여 정법 수행에 정진하는 자는 밤낮으로 항상 구호주와 함께 있어 그가 사망 시나 위중한 병을 만났을 때, 정념을 잃지 않을 것이고 죽음의 고통이 그의 수행 경지를 뺏어가지 못할 것이다. 나와 남에게 모두 이롭다면 수행인으로서 수도를 택하지 않을 이유가 어디 있겠는가!

故當獨自棲 事少易安樂 고당독자서 사소이안락
靈秀宜人林 止息衆散亂 영수의인림 지식중산란

따라서 나는 조용한 숲속에 깃들어
사소한 일이나 근심과 걱정 없이
빼어난 풍경이 사람의 마음을 넓게 하고 즐겁게 하는 산림에서
모든 산란함을 멈추기 위해 노력해야 한다.

적정처에 안주하는 것은 여러 가지 이익이 있다. 진정 해탈을 구하고자 하는 사람은 마땅히 가르침에 따라 적정처를 찾아 안주하고 수행해야 한다. 적정처를 선택할 때도 일정한 표준이 있다. 첫째는 사소한 일과 방해되는 일이 아주 적어야 한다는 것이다. 사람들의 왕래 잡음 같은 것인데, 수행하는 장소는 마땅히 이런 방해가 아주 적어야 한다. 둘째는 생명 유지에 도움이 되는 의식 등은 안락을 쉽게 일으키는 순연을 충분히 갖추고 있어야 하며, 셋째는 풍경이 뛰어나 사람의 마음을 넓게 하고 즐겁게 하여 안주해서 법을 수행하는 데 적합해야 한다는 것이다. 이런 조건을 충분히 갖춘 적정 산림에 수행자가 만일 그 속에 안주하면 자기 자신이 가벼운 몸과 마음으로

성실하게 선정을 수행할 수 있고, 혼침·도거 등 모든 산란함을 멈추기 위해 노력할 수 있다.

적정처의 표준에 대해 『보운경』에 설명되어 있으며 그 외의 경전에도 비교적 상세한 얘기가 있다. 『대승장엄경론』에서 "지자의 수행처는 생활하기가 쉽고 편리한 곳이 마땅하며, 풍수가 뛰어난 곳에 어진 벗과 같이 주하면 적정심을 쉽게 성취한다."라고 말한다. 이 뜻은 수행자가 적정처를 선택할 때 마땅히 갖춰야 할 조건은 4사 공양에 모자람이 없으며, 지방 영주가 법에 따르고, 악인 도적이 방해하지 않으며, 날씨가 좋고 역병이 발생하지 않으며, 도반의 성격이 어질고 계율이 청정하고 견해가 같으며, 밤낮으로 시끄럽지 않고 수행에 방해되지 않아 그 속에 안주하여 자기 마음을 쉽게 다스린다는 뜻이다.

이러한 조건과 본론에서 얘기하는 것은 대체적으로 동일하다. 이런 환경에 안주하면 선정 수행에 많은 도움이 된다. 본사 석가모니불께서는 『삼매왕경』에서 "모든 세속의 욕심을 멀리하고 적정한 산림에 의지하는 것은 무소와 함께 사는 것과 마찬가지로 빠른 시간 안에 삼매를 얻는다."라고 말했다.

盡棄俗慮已 吾心當專一 진기속려이 오심당전일
爲令入等至 制惑而精進 위령입등지 제혹이정진

모든 세속의 사려를 버린 후
나는 마땅히 일심을 관하고,
자기 마음이 삼매에 들게 하기 위해
모든 번뇌를 다스리고 선정 수행에 정진해야 한다.

적정처에 의지한 후 자기 자신은 반드시 세속의 사려를 버리고 소연경을 관상함에 온 마음을 집중하고 선관 수행에 정진하여 번뇌 습기를 끊어 없애야 한다. 이것이 수행자가 적정처에 의지하는 주요 행리이다.

부처님께서는 『욱가장자청문경』에서 "출가 보살은 적정처에 머무름을 마땅히 이와 같이 관해야 한다. 어째서 적정처에 머무는가? 사문의 모습이 아닌 자들은 흉악하고 근심이 많으며 계행과 원력이 없고 은밀하거나 안정되지도 못하여 함께 주할 바가 아니다. 정령이나 맹수, 도적의 무리, 백정 등 그들은 사문 공덕을 갖추지 못했기에 함께 주하지 않는다. 지금 내가 적정처에 머무는 것은 사문 공덕을 원만하게 구족하기 위함이 된다."라고 말씀하셨다. 이 뜻은 수행자가 적정처에서 마땅히 자신을 반복적으로 관찰하고 정법 수행에 정진하며 자기 마음을 다스려야 한다는 것이다. 산림 속의 새·짐승·도적처럼 비록 오랜 시간 동안 산림에서 거한다 해도 발심이 없고, 율의가 정법과 상응하지 않고, 밀행·적정행을 수행하지 않는 등 그 어떤 사문 공덕도 충분히 갖추지 못한다면 아무리 긴 시간이 지나도 아무런 의미가 없다는 것이다.

경전에서는 또 정사에서 거하는 수행자가 31가지 두려움을 멀리해야 하고, 무아견을 수행해야 하며, 비어 한적함에 안주해야 한다는 등의 내용을 서술하고 있다. 『보적경』에서도 수행자가 적정처에 안주한 후 사람이 아닌 호랑이·늑대·맹수를 대면하는 두려움을 어떻게 다스려야 할지, 어떻게 승의를 관찰하고 정지·정념을 유지하고 번뇌 악념을 끊어 없애는 수행법을 지켜나갈지에 대해 상세하게 서술하고 있다. 이런 종류의 가르침은 다른 경론 속에도 아주 많으며, 모든 수행자가 세간을 멀리하고 산림 속에 안주한 후 마땅히 온 마음을 모아 정법을 억념하고 선관 수행에 정진하여 번뇌를 끊어 없애야 한다고 명확하게 지적하고 있다.

샨티데바(적천보살寂天菩薩, C.E. 685~763)

고대 남인도 현강국의 왕자로 태어나 왕위 계승 전날 밤 꿈에 문수보살을 친견하고 출가하기로 결심, 궁을 떠나 숲속에서 혹독한 고행 후 나란타 사원에서 정식 출가하여 선관禪觀을 닦아 중관 귀류논증학파의 대성취자가 되었다. 대중 앞에서 스스로 체득한 지혜의 경지에서 흘러나오는 『입보리행론』을 송독한 후 인도 전역을 돌며 불법을 설파하고 중생을 제도하였으며, 『대승집보살학론』, 『제경집요』 등 다수의 논전을 지었다.

진메이펑춰(직메푼촉晉美彭措 린포체, 1933~2004)

티베트불교 닝마파의 대성취자로서 아미타불의 화신으로 알려져 있으며, '여의보 법왕如意寶法王'이라고도 불린다. 1980년 중국 쓰촨성(四川省) 써다(色達)현 라룽(喇荣)에 오명불학원五明佛學院을 설립하였으며, 그곳에 평생 주석하면서 현교와 밀교의 많은 경론을 체계적으로 강의하여 수많은 제자들을 정법의 길로 이끌었다. 그렇게 배출된 그의 제자들이 현재 중국을 비롯한 전 세계에서 활발한 홍법활동을 펼치고 있다.

수다지 켄포(索达吉 堪布, 1962~)

1985년 오명불학원으로 출가하여, 진메이펑춰 린포체의 가르침을 받고 수행하였으며, 진메이펑춰 린포체 생전 시 스승의 가르침을 중국 제자들에게 전달하는 통역을 담당하였다. 다년간 다수의 티베트 경론을 중국어로 번역하였고, 많은 법문을 통해 티베트불교의 주옥같은 가르침을 중국과 세계에 전하고 있다. 현재 오명불학원 교수이다.

지엄화상(1956~)

19세에 구례 화엄사에 입산 출가하여, 월하 화상을 계사로 비구계를 수지하고 화엄사 강원을 졸업하였다. 봉암사 등에서 14안거를 성만하였으며, 화엄사 강원 강주, 운암사 도감을 역임하였다. 1995년 중국에 유학, 남경대학에서 철학박사 학위를 취득하고, 사천성 오명불학원에서도 수학하였으며, 해인사 승가대 교수를 지냈다. 중국 유학 중이던 1999년, 운명적으로 만난 대성취자 진매남카랑빠 존자(연용상사)와 다라라모 린포체를 근본스승으로 모시고 수행하였으며, 2011년 스승으로부터 연화생대사 복장법의 전법을 전수·위임 받았다. 그밖에 도둡첸 린포체, 츄니도지 존자, 풀빠자시 린포체의 전법제자가 되었다. 현재 서울 미륵정사와 남경 관음사에서 연용상사부모의 복장법(떼르마), 도둡첸 린포체의 롱첸닝틱, 츄니도지존자의 사심지, 풀빠자시의 구전성숙 등 법을 펼치고 있다. 『입보살행론 광석』, 『대원만수행요결』, 『친우서』, 『불자가 행해야 할 37가지 가르침』 등을 편역하였다.

입보리행론 강해 2

초판 1쇄 인쇄 2020년 12월 1일 | **초판 1쇄 발행** 2020년 12월 8일
편역자 지엄 | **펴낸이** 김시열
펴낸곳 도서출판 운주사

　　　　(02832) 서울시 성북구 동소문로 67-1 성심빌딩 3층
　　　　전화 (02) 926-8361 | 팩스 0505-115-8361
ISBN 978-89-5746-628-5　03220　값 35,000원
ISBN 978-89-5746-626-1　(세트)
http://cafe.daum.net/unjubooks 〈다음카페: 도서출판 운주사〉